Deutsche Geschichte im Osten Europas

Pommern

herausgegeben von Werner Buchholz

Deutsche Geschichte im Osten Europas

HARTMUT BOOCKMANN † · OST- UND WESTPREUSSEN

FRIEDRICH PRINZ · BÖHMEN UND MÄHREN

GERT VON PISTOHLKORS · BALTISCHE LÄNDER

NORBERT CONRADS · SCHLESIEN

ISABEL RÖSKAU-RYDEL · GALIZIEN, BUKOWINA, MOLDAU

GÜNTER SCHÖDL · LAND AN DER DONAU

ARNOLD SUPPAN · ZWISCHEN ADRIA UND KARAWANKEN

JOACHIM ROGALL · LAND DER GROSSEN STRÖME

WERNER BUCHHOLZ · POMMERN

GERD STRICKER · RUSSLAND

SIEDLER VERLAG

Deutsche Geschichte im Osten Europas

BEGRÜNDET VON WERNER CONZE †

HERAUSGEGEBEN VON

HARTMUT BOOCKMANN † WERNER BUCHHOLZ
NORBERT CONRADS GERT VON PISTOHLKORS
FRIEDRICH PRINZ JOACHIM ROGALL
ISABEL RÖSKAU-RYDEL GÜNTER SCHÖDL
GERD STRICKER ARNOLD SUPPAN

SIEDLER VERLAG

Deutsche Geschichte im Osten Europas

Pommern

HERAUSGEGEBEN VON WERNER BUCHHOLZ

SIEDLER VERLAG

INHALTSVERZEICHNIS

GRUNDLAGEN UND EUROPÄISCHE BEZÜGE DER GESCHICHTE POMMERNS 13
Werner Buchholz

Grundfragen der Landesgeschichtsschreibung Pommerns 13
Pommern und die Vertreibung der Deutschen 14
Die historische Bedeutung der Odermündung 16
Pommern und die deutsche Ostsiedlung 17
Epochen pommerscher Geschichte 18

Pommern bis zur Teilung von 1368/72 21
Rudolf Benl

VON DER CHRISTIANISIERUNG BIS ZUM BEGINN DER DEUTSCHEN SIEDLUNG 22

Land und Leute – das Missionswerk Bischof Ottos von Bamberg 22

Pommerns Verhältnis zu Polen und zu Sachsen – die Gründung des pommerschen Bistums 28

Pommern im Spannungsfeld zwischen Heinrich dem Löwen und den Dänenkönigen 32

Die Dynastie der Greifen 37

Die kirchliche Entwicklung vor dem Einsetzen der deutschen Siedlung 39

VOM BEGINN DER DEUTSCHEN SIEDLUNG BIS ZUR LANDESTEILUNG VON 1295 43

Die innere und äußere Lage Pommerns an der Schwelle zur deutschen Siedlung 43

Die deutsche Besiedlung Pommerns 48
Die Entwicklung der deutschen Siedlung 48
Die Beziehung zwischen Deutschen und Slawen im Rahmen der Ansiedlung 60

Dorfformen und Flurformen 63
Die Dorfgemeinde – Hufen und Haken – bäuerliche Rechte und Pflichten 66
Neue Verfahren im Ackerbau, neue Haustypen 70
Dorf-, Personen- und Flurnamen als Quellen der Siedlungsforschung 71

Die Entwicklung der Städte 75
Vorformen des Städtewesens in Pommern – die Entwicklung der deutschrechtlichen Städtegründungen 75
Die inneren Verhältnisse der Städte – städtische Einkünfte und Abgaben 82
Volkstumsverhältnisse in den Städten – gesellschaftliche Schichtung 84
Die Stadtanlage 86

Die auswärtige Politik der pommerschen Herzöge bis 1295 86

Die Entstehung der Neumark 89

Bildung der Ritterschaft – Anfänge des pommerschen Ständewesens 91

Umgestaltung der Landesverwaltung 93

Das Bistum Cammin im 13. Jahrhundert 96

Die kirchliche Entwicklung seit dem 13. Jahrhundert (Klöster, Pfarreien) 98

Rügen von 1168 bis 1325 100

Ostpommern in den letzten Jahrzehnten des 13. Jahrhunderts 102

VON DER LANDESTEILUNG VON 1295 BIS ZUR TEILUNG VON 1368/72 104

Die Landesteilung von 1295 104
Die äußeren Beziehungen Pommerns von 1295 bis 1325 105
Der Kampf Pommerns um die Reichsunmittelbarkeit 107
Die Auseinandersetzungen um das rügische Erbe 115
Handel und Wirtschaftsleben – Anfänge der Hanse 117
Das Bistum Cammin in der ersten Hälfte des 14. Jahrhunderts 121
Der Kampf der Camminer Kirche mit Gnesen 122

Herzogliche Schwäche und städtische Macht in der zweiten Hälfte des 14. und im 15. Jahrhundert 127
Klaus Conrad

VOM TODE BARNIMS III. BIS ZUM BEGINN DER ALLEINREGIERUNG BOGISLAWS X. 128

Die pommerschen Städte im Kampf mit König Waldemar IV. von Dänemark und die Folgen 128

Zerfall der herzoglichen Macht und wachsender Einfluß der Stände in den Herzogtümern Wolgast und Barth 143

Die Herzöge von Pommern-Stolp und das Bistum Cammin bis zum Konzil von Konstanz 154

Die nach Brandenburg und dem Reich gerichtete Politik der Herzöge von Pommern-Stettin 160

Erich von Pommern, sein Krieg mit der Hanse und seine Nachfolgepläne 166

Das Stift Cammin und die Stadt Kolberg 173

Die Wolgaster Herzöge und die Bürgermeister Heinrich Rubenow und Otto Voge 176

Die Kämpfe mit Brandenburg um die Unabhängigkeit des Herzogtums 180

LÄNDLICHE VERHÄLTNISSE, RELIGIOSITÄT, KIRCHE UND KUNST 193

Pommern von der Einigung bis zum Ende des Dreißigjährigen Krieges 203
Roderich Schmidt

DIE VERHÄLTNISSE UM 1500 205

Landesherrschaft, Kirche und Volksfrömmigkeit 205

Die Reformation 210

AUSEINANDERSETZUNGEN MIT KAISER UND REICH 223

Pommern in der religiösen Auseinandersetzung zwischen 1535 und 1555 223

Kirchenordnung und Lehre bis zum Dreißigjährigen Krieg 231

Die Entwicklung bis zum Ende des Dreißigjährigen Krieges und die Teilung des Landes im Westfälischen Frieden 233

Das schwedische Pommern vom Westfälischen Frieden bis zum Wiener Kongreß 237
Werner Buchholz

POMMERN IM SCHWEDISCHEN REICH 1648 BIS 1718 238

Die Grenzverhandlungen mit Kur-Brandenburg 239

Landständische Verfassung und Einrichtung des Landesregiments 243

Erste Verhandlungen über das Landesregiment (1649–1653) 246

Das Tribunal in Wismar (1653–1720) 250

Das Landesregiment 253
Militärwesen und Militärgerichtsbarkeit 254
Landesherrliche Finanz- und Domänenverwaltung und das Kontributionswesen 255
Die königlich-schwedische Post in Pommern 257

Unter dem Regiment des schwedischen Hochadels (1660–1680) 259

Die innere Entwicklung Schwedisch-Pommerns unter dem karolinischen Absolutismus (1680–1700) 262

Bevölkerung und Wirtschaft 263
Landwirtschaft – Arbeitsorganisation und soziale Verhältnisse 264
Gewerbe und Handel 271

Schwedisch-Pommern, das Reich und die schwedische Politik 1648 bis 1718 272

Schwedisch-Pommern im Nordischen Krieg (1700–1721) 280

VON DER WIEDEREINRICHTUNG BIS ZUM ENDE DER SCHWEDISCHEN HERRSCHAFT 286

Wiedereinrichtung der schwedischen Herrschaft (1720–1723) 286

Die innere Entwicklung Schwedisch-Pommerns 1720 bis 1815 288

Schwedisch-Pommern, das Reich und die schwedische Politik 1720 bis 1815 294

Das Ende der schwedischen Herrschaft in Pommern 301

Hinterpommern als brandenburgisch-preußische Provinz 1648 bis 1815 305
Martin Schoebel

INBESITZNAHME HINTERPOMMERNS DURCH DAS KURFÜRSTENTUM BRANDENBURG 308

VOM SCHWEDISCH-POLNISCHEN KRIEG ZUM FRIEDEN VON SAINT-GERMAIN-EN-LAYE 317

VOM LANDESREGIMENT ZUM VERWALTUNGS- UND WIRTSCHAFTS-STAAT 320

Militär und Heeresverfassung 320

Landesherrliche Domänen- und Finanzverwaltung 324

BEVÖLKERUNG UND WIRTSCHAFT 332

Agrarwirtschaft und soziale Lage der Bauern 332

Handel und Gewerbe 336

VOM NORDISCHEN KRIEG BIS ZU DEN NAPOLEONISCHEN KRIEGEN 341

Preußen und Pommern im Nordischen Krieg (1715–1720) 341

Die innere Entwicklung Pommerns unter Friedrich Wilhelm I. und Friedrich II. 345

Der Siebenjährige Krieg 352

Retablissement der Provinz unter Franz Balthasar von Brenckenhoff 354

Die Napoleonischen Kriege 358

Pommern 1815 bis 1875 365
Thomas Stamm-Kuhlmann

EINE PROVINZ ERHÄLT IHR GESICHT 366

ALTSTÄNDISCHER WIDERSTAND UND NEUSTÄNDISCHE REPRÄSENTATION 370

EIN TREUER RÜCKHALT DER KONSERVATIVEN PARTEI 377

VON DER GUTSHERRLICHEN HAUSANDACHT ZUR KIRCHENKONFERENZ 385

DURCH AUSWANDERUNG ZUM HEIL 390

VOM ADLIGEN GUTSHERRN ZUM KAPITALISTISCHEN LANDWIRT 393

DIE POMMERSCHEN KONSERVATIVEN IN DER REVOLUTION 405

ZEITEN DES AUFSCHWUNGS 409

Pommern als preußische Provinz im geeinten Deutschland seit 1875 423

DIE PROVINZ IN DATEN UND FAKTEN 424
Dietmar Lucht

Kaiserreich 424
Verwaltung 424
Wirtschaft und Verkehr 430
Bildung, Wissenschaft, Religion 433
Parteien 439

Erster Weltkrieg 440

Weimarer Republik 443

DIE ENTWICKLUNG POMMERNS IM DEUTSCHEN REICH 447
Kyra Inachin

Die administrative Gliederung der Provinz 449

Landwirtschaft, Industrie und Verkehrswesen 453
Landwirtschaft 453
Industrie 458
Verkehrswesen 462

Soziale Verhältnisse 467

Der Erste Weltkrieg 468

Pommern in der Weimarer Republik 469
Die Novemberrevolution 471
Die Verwaltung der Provinz 472
Wirtschaftliche Entwicklung 479
Politik und Gesellschaft 485

Pommern im Dritten Reich 489
Der Aufstieg der Nationalsozialisten 491
Der Gau Pommern 500

Das Ende 506

DER WEG IN DIE KATASTROPHE 509
Dietmar Lucht

Die Zeit des Nationalsozialismus (1933–1939) 509

Zweiter Weltkrieg 511

Vorpommern nach dem Zweiten Weltkrieg 515

Anmerkungen 523

Bibliographie 538

Personenregister 562

Ortsregister 569

Konkordanz der Ortsnamen 574

Abbildungsnachweis 575

Grundlagen und europäische Bezüge der Geschichte Pommerns

WERNER BUCHHOLZ

Grundfragen der Landesgeschichtsschreibung Pommerns

Pommern, das Land am Meer, und seine Einwohner haben eine Geschichte durchlebt, die an Wechseln und Umbrüchen ungewöhnlich reich war. Phasen der Ruhe und der inneren Konsolidierung waren, wenn es sie überhaupt gab – etwa in dem Jahrhundert nach der Reformation oder nach der Entstehung der preußischen Provinz 1815 –, nur kurz. Darüber wird in diesem Buch ausführlich berichtet. An dieser Stelle sollen einleitend grundlegende Konstituanten und Konstanten vorgestellt werden, die sich gleichsam wie Leitmotive durch die gesamte pommersche Geschichte hindurch verfolgen lassen. Hier geht es um das Unverwechselbare in der Geschichte Pommerns, während in der nachfolgenden Darstellung von der wechselvollen Geschichte des Landes am Meer und seiner Einwohner erzählt wird.

Im einzelnen soll in exemplarischer Weise die Einbindung der pommerschen Geschichte in ihren europäischen Kontext skizziert werden. Von den Möglichkeiten des historischen Vergleichs, der zugleich Voraussetzung für die Erarbeitung des allgemeinen, gemeinsamen europäischen Hintergrundes historischer Kulturlandschaften ist wie für die Erkenntnis des Individuellen und Unverwechselbaren, soll hier gesprochen werden, aber auch von den Einflüssen, die von außen die Geschicke Pommerns bestimmten. Nicht zuletzt soll der Weg der Landschaft am Meer vom pomoranischen Stammesherzogtum über das deutsche Reichsfürstentum und die Schwedenzeit bis hin zur Entstehung der preußischen Provinz und deren leidvollem Ende nachgezeichnet werden.

In der Geschichtswissenschaft werden Erkenntnisprozesse häufig dadurch in Gang gesetzt, daß dem Historiker die Probleme und Herausforderungen seiner eigenen Zeit Anregungen zu Fragen geben, mit denen er an die Geschichte herantritt. Aktuelle Entwicklungen eröffnen ihm neue Perspektiven auf die Vergangenheit. Das aktuelle Geschehen kann aber auch dazu beitragen, bereits bestehende Wertungen über historische Ereignisse und Zeiten zu verändern, wenn der Historiker selbst in einer Zeit tiefgreifender Umbrüche lebt, so daß am Ende die historischen Ereignisse ganz neu und ganz anders bewertet werden.

In den einzelnen Kapiteln dieses Buches wird von den Autoren auf jeweils eigene Weise die Frage beantwortet, inwieweit das aktuelle Geschehen unserer Zeit, das heißt das Ende des Kalten Krieges, die Beseitigung des Eisernen Vorhangs, die europäischen Einigungsprozesse oder die deutsche Vereinigung dazu geeignet sind, die bisherige Sicht auf die Geschichte Pommerns zu verändern. Diese Bezüge sind grundlegend für eine überregional vergleichende Betrachtung, aus der die Maßstäbe für Einordnung, Beurteilung und Bewertung pommerscher Geschichte gewonnen werden können, die sich aus einer isolierten Betrachtung der Geschichte einer einzelnen Landschaft nicht erschließen.

Wir erkennen heute das analytische Potential, das sich in den europäischen Bezügen der Geschichte einer historischen Kulturlandschaft verbirgt. Das trifft in besonderem Maße für Pommern zu, das im Laufe seiner Geschichte mehreren europäischen Mächten teils nacheinander, teils gleichzeitig angehörte. Damit, so scheint es, liegen die europäischen Bezüge offen zutage. Gemeint sind hier aber auch die verdeckten Bezüge, die sich nicht – wie etwa die politischen – auf den ersten Blick zu erkennen geben. Dazu gehören die wirtschaftlichen ebenso wie die kulturellen Kraftlinien und Einflüsse, die Regionen zu Einheiten verbinden. Als übergreifende, alle seine Regionen umfassende kulturelle Einheit hat Europa ohnehin nie ganz aufgehört zu existieren, auch nicht nach der Reformation. So atmet noch zu Beginn des 17. Jahrhunderts an den pommerschen Höfen von Wolgast und Stettin das Mäzenatentum der Greifenherzöge sowie ihr persönliches Interesse für Kunst und Wissenschaft ganz den europäischen Geist der Zeit.

Wegen der exponierten geographischen Lage Pommerns an der Odermündung richtete sich seit den frühesten Anfängen seiner Geschichte das Interesse der benachbarten Mächte auf das Herzogtum der Greifen. Die Geschicke des Landes und seiner Einwohner wurden immer wieder von der Position Pommerns innerhalb des jeweiligen Beziehungsgeflechts der europäischen Mächte beeinflußt. Heute ermöglicht unser durch die aktuellen Ereignisse geschärfter Blick für gesamteuropäische Prozesse ein vertieftes Verständnis für die europäischen Bezüge und Hintergründe der Geschichte Pommerns. Dabei handelt es sich um eine integrale europäische Sichtweise auf die Geschichte einer einzelnen Landschaft, die im universalistisch geprägten Bewußtsein der mittelalterlichen Gelehrten und Herrschaftsträger durchaus schon einmal vorhanden war, die wir heute aber erst wieder neu gewinnen müssen.

Auch das Verständnis für den bislang letzten und wohl schmerzhaftesten Einschnitt in der Geschichte Pommerns erschließt sich in seinen tieferen Dimensionen vollständig erst aus der übergeordneten Warte der europäischen Politik: die Vertreibung der Bewohner aus Hinterpommern, der östlichen Landeshälfte bis hin zur Oder sowie die Neubesiedlung des von seiner alteingesessenen Bevölkerung entleerten Landes mit Menschen aus den verschiedenen Regionen Polens und seiner ehemaligen Ostgebiete.

Pommern und die Vertreibung der Deutschen

Auf die Frage, was ihm für das 20. Jahrhundert und seine Geschichte besonders charakteristisch erscheine, antwortete der Schriftsteller und gebürtige Rheinländer Heinrich Böll, unser Jahrhundert werde wahrscheinlich einmal als »das Jahrhundert der Vertriebenen und Gefangenen« in die Geschichte eingehen. In der Tat begann das 20. Jahrhundert mit Vertreibungen auf dem Balkan, und es sieht ganz danach aus, als endete es auch wieder mit Vertreibungen auf dem Balkan. Aber die Vertreibungsvorgänge im Europa des 20. Jahrhunderts beschränken sich keineswegs auf den Balkan. Sie sind eine gesamteuropäische Erscheinung. Zu den Vertreibungen der Albaner aus dem

Kosovo von 1914 und 1999 tritt die lange Reihe der Vertreibungen von Griechen und Türken, Finnen beziehungsweise Kareliern, Esten, Polen, Kroaten, Serben, Deutschen aus Schlesien, Ostpreußen, der Neumark, Pommern und weiten Teilen Osteuropas, von den geplanten und nicht zur Ausführung gekommenen Vertreibungen, die etwa der Generalplan Ost vorsah, gar nicht erst zu reden. Oft sind Vertreiber und Vertriebene von demselben nationalistischen Bewußtsein geprägt gewesen. Angesichts der Häufigkeit solcher Vertreibungen im Europa des 20. Jahrhunderts kann diese Aufzählung keinerlei Anspruch auf Vollständigkeit erheben, denn jeder wird aus seiner Kenntnis leicht noch einige weitere hinzufügen können. Ihnen allen liegt die »Irrlehre vom ethnisch homogenen Nationalstaat« zugrunde. Solange diese politisch virulent ist, so lange wird in Europa wohl noch mit Vertreibungen zu rechnen sein.

Die Vertreibungen aus Pommern weisen freilich eine Besonderheit auf, die mit der geographischen Lage des Landes zu beiden Seiten der Odermündung zusammenhängt: sie machten – nimmt man Stettin mit seiner näheren Umgebung aus – an der Oder halt. Immer vollzog sich das Schicksal Pommerns und seiner Einwohner unter dem determinierenden Einfluß seiner Lage zu beiden Seiten der Odermündung. Für den nach Westen verschobenen polnischen Staat kam es darauf an, Stettin in seinen Besitz zu bringen. Das war auch schon das Ziel Schwedens im 17. und Preußens im 18. Jahrhundert gewesen. Der Besitz Hinterpommerns allein erschien aus polnischer Sicht ebensowenig erstrebenswert wie aus der des brandenburgischen Kurfürsten im 17. Jahrhundert. Stettin und die Odermündung erweisen sich dadurch als das Herzstück Pommerns. Anders als die alten Mächte bediente der Nationalstaat des 19. und 20. Jahrhunderts sich jedoch der Vertreibung und des Bevölkerungsaustausches, während sich der Staat der Frühen Neuzeit, der noch von einem personalistischen Herrschaftsverständnis ausging, mit dem Treueid und der Huldigung seiner neuen Untertanen begnügte. Tempora mutantur!

Vom Standpunkt des historischen Bruches, ja des Epochenwechsels von 1945 offenbart sich die Odermündung wieder einmal als eine fundamentale Größe der Geschichte Pommerns, von deren geographischem Verlauf das Schicksal des Landes über die Jahrhunderte hinweg abhängig gewesen ist. Dabei ist hier mit dem Ausdruck »Schicksal« – fernab von überhöhtem Pathos – nicht etwa eine höhere Macht gemeint, die sich in irrationaler Weise menschlicher Kontrolle entzieht, sondern ganz konkret der geographische Verlauf der Oder, insofern dieser nämlich in den Jahren des Zweiten Weltkriegs für die politischen und militärischen Entscheidungen über das fernere Schicksal der Pommern maßgeblich war, nämlich darüber, ob sie vertrieben werden sollten wie die Hinterpommern oder in ihrer Heimat wohnen bleiben durften wie die überwiegende Mehrheit der Vorpommern. Die Oder war eben nicht nur Lebensader, sondern vor allem auch Schicksalsfluß für Pommern.

Die historische Bedeutung der Odermündung

Sicherlich ahnte Herzog Wartislaw I. nichts von der Bedeutung, die seine Expansionspolitik für die nachfolgenden Generationen haben sollte. Es war dieser erste in den historischen Quellen greifbare Repräsentant der Greifendynastie, der zu Beginn des 12. Jahrhunderts seinen Herrschaftsbereich über die seit Generationen stabile Odergrenze des Stammesherzogtums der Pomoranen nach Westen hinaus erweiterte. Der Verfall des einst mächtigen Liutizenbundes hatte zur Entstehung eines Machtvakuums westlich der Oder geführt, in das die Pomoranen unter ihrem Herzog hineinstießen. Damit hatte Wartislaw I. entscheidende Weichen für die weitere Geschichte Pommerns gestellt. Indem es den Greifen damals gelang, sich an beiden Seiten der Odermündung festzusetzen und das Odermündungsgebiet zum Zentrum ihrer Herrschaft zu machen, entstand hier eine machtpolitisch besondere Situation, vergleichbar etwa mit der Lage Dänemarks zu beiden Seiten des Sunds. Sicherlich erreichte der Oderhandel zu keiner Zeit den Umfang und die Bedeutung des Sundhandels, aber er war immerhin so bedeutend, daß auch hier zahlreiche Mächte Interesse an der Kontrolle der Verkehrsader entwickelten. Insbesondere galt dies für die Gebiete im Bereich der Odermündung, wo sich Binnen- und Seehandel trafen und kontrolliert wurden. Dort machte nicht nur der städtische Kaufmann gute Gewinne, es winkten auch der Herrschaft nicht unerhebliche Zolleinkünfte. So haben seit dem frühen Mittelalter Polen, Dänemark, die sächsischen Herzöge und nicht zuletzt Brandenburg militärisch in dieses Gebiet eingegriffen, wobei sie häufig mit den Erzbistümern Gnesen beziehungsweise Roskilde und Magdeburg in Verbindung standen. Der Druck auf die Odermündung entlud sich im 15. und 16. Jahrhundert in zahlreichen Auseinandersetzungen zwischen Pommern und Brandenburg. In der Mitte des 17. Jahrhunderts führte die europäische Kräftekonstellation schließlich zur Aufhebung des Monopols nur einer Macht an der Odermündung zugunsten des schwedisch-brandenburgischen Dualismus. Auch hierin war die Lage an der Oder vergleichbar mit der am Sund, wo es fast gleichzeitig zur Aufhebung der dänischen Monopolstellung kam und Schweden sich auf dem östlichen Ufer des Sunds festsetzte.

Das Odermündungsgebiet hatte das Land nicht nur in zwei wirtschaftlich etwa gleich starke Teile untergliedert, es war auch immer das politische, wirtschaftliche und administrative Zentrum der Greifen und ihrer Nachfolger in der Herrschaft Pommerns gewesen. Hier lagen die beiden Residenzen: Stettin am Hauptstrom der Oder noch vor deren Einmündung in das Haff, Wolgast an der Peene, dem westlichsten Mündungsarm. Hieraus ergab sich das Bedeutungsgefälle zwischen den Städten Stettin und Wolgast. Stettin, von wo aus die Oder vollständig kontrolliert werden konnte, war von Anfang an die bedeutendere, Wolgast dagegen lag nur an einem von drei Mündungsarmen, wenn auch zunächst an dem einzigen, der von tiefgehenden Seeschiffen passiert werden konnte. Der Zoll brachte hier nicht unbeträchtliche Einnahmen, nachdem aber die Swine in der Mitte des 18. Jahrhunderts schiffbar gemacht worden war, sank die Bedeutung Wolgasts, bis es schließlich nur noch ein Schatten seiner einstigen Größe war.

Pommern und die deutsche Ostsiedlung

Versteht man unter »Geschichte« den Teil der Vergangenheit, aus dem Schriftquellen überliefert sind, dann können wir feststellen, daß auch am Anfang der Geschichte Pommerns ein Vorgang stand, den wir heute als Teil eines umfassenden europäischen Prozesses begreifen gelernt haben: die deutsche Ostsiedlung des Mittelalters. Ebenso wie die anderen europäischen Wanderungsbewegungen des Hochmittelalters, etwa die der Normannen oder der Franzosen nach Spanien hinein, wurde auch die deutsche Ostsiedlung verursacht durch das Bevölkerungswachstum im Westen Europas, das vom 11. bis zur Mitte des 14. Jahrhunderts andauerte. Damit ist der innere Zusammenhang der mittelalterlichen Wanderungsbewegungen benannt. Ziel dieser Wanderungs- und Siedlungsbewegungen war die Kultivierung bis dahin ungenutzten Bodens, der sogenannte Landesausbau. Die deutschen Siedlungsvorgänge in Pommern folgten ebensowenig wie die übrigen Wanderungsbewegungen einer wie auch immer gearteten Ideologie. Vielmehr war die deutsche Siedlung in Pommern ausschließlich von praktischen Erfordernissen geprägt. Vorgänge des Landesausbaus setzten im Frühmittelalter in Südfrankreich ein, breiteten sich im hohen Mittelalter nach Ostmitteleuropa aus und von dort nach Osteuropa bis weit in das Gebiet des heutigen Rußland hinein. Erst die um die Mitte des 19. Jahrhunderts sich durchsetzende nationale Geschichtsschreibung konstruierte rückblickend einen slawisch-germanischen Gegensatz in die deutsche Ostsiedlung des Hochmittelalters hinein. Aber das war Ideologie des 19. Jahrhunderts, nicht des Mittelalters.

In Pommern waren es die Herzöge und die adligen Grundeigner, welche die Siedlungs- und Städtegründungsprozesse in ihrem Herrschaftsbereich in Gang setzten. Zu diesem Zeitpunkt, um die Wende vom 12. zum 13. Jahrhundert, waren sie relativ schwach und erhofften sich von den Siedlern Vorteile im Sinne der Konsolidierung sowie der Stärkung ihrer Herrschaft. Es ging ihnen um den Ausbau ihres Landes, um dessen intensivierte Nutzung im Interesse der Sicherung von Herrschaft und Territorium. Eingewanderte Siedler und alteingesessene Grundeigner gingen ein Verhältnis gegenseitigen Nutzens ein: bessere Rechte und gute wirtschaftliche Bedingungen gegen Abgaben und Dienste zur Sicherung von Herrschaft und Territorium. Dabei war unerheblich, welche Sprache und Sitten die ins Land gerufenen Siedler hatten, entscheidend waren ihr Können und ihre Fähigkeiten in der Beherrschung der neuen und effektiveren Kulturtechniken. Außer Können und Fähigkeiten gab es keine Festlegung bei der Suche nach Siedlern. Angesiedelt werden sollten »cuiuscunque gentis et cuiuscunque artis homines« (Menschen welcher Herkunft und welchen Handwerks auch immer), so steht es in zahlreichen von pommerschen Herzögen und rügischen Fürsten ausgestellten Urkunden. Die Hoffnungen der Herzöge und des pommerschen Adels sollten sich erfüllen: Es ist ihnen gelungen, die Herrschaft vom pomoranischen Stammesherzogtum kontinuierlich bis in die deutsche Zeit hinein zu bewahren, wenn auch in den äußeren Formen eines Reichslehens mit der daraus folgenden Einschränkung der einstigen Unabhängigkeit.

Die Einheimischen lernten die neuen Kulturtechniken offenbar so leicht und schnell von den Eingewanderten, daß man in weiten Teilen Pommerns schon bald nicht mehr zwischen den Nachkommen von Zugewanderten und den Nachfahren der Einheimischen unterschied. Eine Ausnahme stellten die Regionen des östlichen Hinterpommern dar. Die dort siedelnden Kaschuben haben sich bis ins 20. Jahrhundert hinein als eigenständige Volksgruppe erhalten. Auch sie gehören zum unverwechselbaren Bild Pommerns. In den Kaschuben, die schon in den ältesten Herzogstiteln aufgeführt werden, sah der Sprachwissenschaftler Friedrich Lorentz wohl nicht ganz zu Unrecht die direkten Nachfahren der alten slawischen Pomoranen.

Dafür, daß die Zahl der Siedler relativ gering gewesen ist, spricht auch, daß einige Gebiete Pommerns gar nicht in die deutsche Siedlung einbezogen wurden, diese aber dennoch die deutsche Sprache annahmen, vermutlich zusammen mit den neuen Kulturtechniken, deren Bezeichnungen deutsch und deren Gebrauch mit dem Deutschen verbunden war. Das gilt etwa für Rügen, wo keine oder nur geringfügige Siedlungsvorgänge nachweisbar sind, aber die Einwohner der Insel spätestens zu Anfang des 14. Jahrhunderts zum Gebrauch der deutschen Sprache übergegangen waren.

Zum Problem wurde die Unterscheidung zwischen »slawisch« und »germanisch« seit dem 19. Jahrhundert, seitdem der Nationalismus begann, das Denken der Europäer zu bestimmen. In dieser Zeit schrieb Martin Wehrmann seine »Geschichte Pommerns«, die einerseits von dem ungeheuren Kenntnisreichtum ihres Verfassers Zeugnis abgibt, andererseits die auf Pommern bezogenen Teilprozesse der deutschen Ostsiedlung als »Großtat des deutschen Volkes« feierte, die zur »Germanisierung des Landes« geführt habe. Auch daran mag deutlich werden, daß die hier vorgelegte Geschichte Pommerns einem dringenden Erfordernis entspricht. Abgesehen von der Geschichte Pommerns von Hans Branig, deren Darstellung jedoch erst in der Mitte des 14. Jahrhunderts mit dem Entstehen eines modernen Landesbewußtseins in Pommerns einsetzt, ist seit dem Erscheinen der Darstellung Wehrmanns keine umfassende Gesamtdarstellung der pommerschen Geschichte geschrieben worden.

Epochen pommerscher Geschichte

Ein Merkmal Pommerns sind die unterschiedlichen Formen herrschaftlich-staatlicher Selbständigkeit, die diese Landschaft im Laufe ihrer von radikalen Umbrüchen und Veränderungen geprägten Geschichte angenommen hat: das unabhängige Stammesherzogtum des 12. Jahrhunderts, der Lehnsstaat des Heiligen Römischen Reichs, das deutsche Reichsfürstentum der Frühen Neuzeit, die Schwedenzeit mit der für Pommern eigentümlichen Zwitterstellung als Provinz dieses Ostseereichs und als Lehen des Heiligen Römischen Reiches deutscher Nation. Ein Reichsfürstentum, das seine Stimme im Reichstag wahrnahm und seine Reichssteuern bezahlte, ist Pommern bis zum Untergang des Alten Reiches im Jahre 1806 gewesen. In Erinnerung geblieben ist zuletzt aber vor allem das Bild der preußischen Provinz, das Pommern der Großagrarier und der Junker. Im heutigen Bewußtsein hat sich Pommern geradezu als eine preußische Kernprovinz eingeprägt, und wenn Preußen in der Erinnerung als ein Staat weiterlebt, der von Großagrariern gelenkt und bestimmt wurde, so trifft das auch für Pommern zu. Nicht zuletzt dürfte das darauf zurückzuführen sein, daß seit dem 19. Jahrhundert zahlreiche Pommern im preußischen Staat führende Positionen einnahmen.

Wenn der Name Pommern heute noch immer zuerst und vor allem Assoziationen an Preußen weckt, dann schiebt sich auch hier das 19. Jahrhundert zwischen uns und die davorliegenden historischen Epochen. Wir haben es hier, bezogen auf die gesamte Geschichte Pommerns, mit einer für eine ehemalige preußische Provinz nicht untypischen historiographischen Schräglage zu tun, denn hier sind historische Traditionen verschüttet worden. Pommern ist nicht der monolithische Block, als den ihn die preußische Provinzialhistoriographie dargestellt hat. Die ehemaligen schwedischen Pommern verteidigten nach dem Übergang ihres Landes an Preußen 1815 mit Erfolg ihre Selbstverwaltung, lehnten die preußische Städteordnung ab, und eine Patrimonialgerichtsbarkeit, wie sie in anderen Teilen Preußens noch bis in die zweite Hälfte des 19. Jahrhunderts bestand, kannten sie schon seit den Reformen Gustavs IV. Adolf im Jahre 1806 nicht mehr. Noch bis zum Ende des 19. Jahrhunderts gab es im Lande zwei unterschiedliche Rechtssysteme mitsamt dazugehörenden doppelten, voneinander unabhängigen Gerichtsinstanzenzügen. Hinzu kam das bunte Völkergemisch Hinterpommerns, das sich, neben der deutschen Mehrheit, aus polnischen und kaschubischen Einwohnern sowie den Slowinzen zusammensetzte, die zwar den Kaschuben nahestanden, bis zur Wende vom 19. zum 20. Jahrhundert aber eine durchaus eigenständige Volksgruppe bildeten.

Tatsächlich haben große Teile Pommerns länger zu Schweden als zu Preußen gehört, ganz zu schweigen von der langen Zeit staatlicher Selbständigkeit. Stralsund, Greifswald und Rügen waren de facto fast 190 Jahre schwedisch, dagegen nur 130 Jahre preußisch. Ihre preußische Zeit war dazu noch geprägt von Sonderregelungen, mit denen sie bis an die Schwelle zum 20. Jahrhundert zäh ihre aus der Schwedenzeit überkommenen Rechte verteidigten, bevor sie diese dann schließlich mit der Einführung des Bürgerlichen Gesetzbuches im Jahre 1900 in der Substanz endgültig aufgeben mußten. Die preußische »Geschichte ohne Gleichen« haben sie im 17. und 18. Jahrhundert auf der anderen Seite als Gegner Brandenburgs beziehungsweise Preußens mitgemacht. Sie waren Bürger der von den brandenburgischen Soldtruppen beschossenen und zerstörten pommerschen Städte. Als Julius von Bohlen, der borussophile Landeshistoriker Pommerns im 19. Jahrhundert, sie deswegen bedauerte, haben sie sein Bedauern wohl kaum nachempfinden können. Diesen Traditionsstrang pommerscher Geschichte aus dem allgemeinen Bewußtsein verdrängt zu haben ist eine der spezifischen Leistungen einer borussophilen Geschichtsbetrachtung, die ganz im Sinne der preußischen Staatsdoktrin die Auffassung vertrat, schon im 15. Jahrhundert hätten die Hohenzollern nationale deutsche Interessen vertreten in ihrem Bestreben, die Greifen aus ihrer angestammten Herrschaft zu verdrängen. Aus diesem Blickwinkel stellte sich die lange Zugehörigkeit Pommerns zu Schweden »als ein großes nationales Unglück«

dar. Damit wurden nationale Interessen und ein nationales Unglück in eine Zeit projiziert, in der niemand national gedacht und empfunden hatte und das Aufkommen eines Nationalgefühls noch Jahrhunderte auf sich warten ließ.

Die hier vorgelegte Geschichte Pommerns will insgesamt dazu beitragen, diese Schräglage der pommerschen Historiographie ins Gleichgewicht zu bringen und jeder der Epochen der pommerschen Geschichte zu ihrem Recht zu verhelfen, als da sind:

1. Das selbständige hochmittelalterliche Staatswesen der Pomoranen, das bereits ein Jahrhundert lang im Lichte der Quellen greifbar wird, bevor die Greifenherzöge und die einheimischen adligen Grundeigner die Initiative zu Kolonisation und Landesausbau ergreifen und bevor sich die Pommernherzöge um die Wende vom 12. zum 13. Jahrhundert in schneller Folge reihum in die Lehnsabhängigkeit vom staufischen Kaisertum, von Dänemark, von Polen sowie von Brandenburg begeben, je nachdem, wer von diesen gerade den stärksten militärischen Druck auf die Odermündung ausübt.

2. Das Reichslehen seit dem Ende des 12. Jahrhunderts und die damals einsetzende Epoche der Kolonisations- und Städtegründungsprozesse, die bis in die zweite Hälfte des 14. Jahrhunderts hinein andauert. Parallel hierzu verläuft der Prozeß der Integration der Greifenherrschaft als Reichslehen in das Heilige Römische Reich.

3. Das frühneuzeitliche Reichsfürstentum der Reformationszeit bis hin zum Ausbruch des Dreißigjährigen Krieges mit den charakteristischen Prozessen frühneuzeitlicher Staatsbildung dieser Zeit. Diese Prozesse werden durch den Verlust der Eigenstaatlichkeit Pommerns abgebrochen und unter den neuen Herrschaften in entsprechender Weise umgeformt.

Heute ist das Territorium der historischen Kulturlandschaft Pommern aufgeteilt zwischen Polen und Deutschland. Hierin liegt eine Chance, die es zu nutzen gilt. Da beiderseits der deutsch-polnischen Grenze ein Interesse an der Pflege des pommerschen Kulturerbes und der Geschichte des »Landes am Meer« besteht, sind die Voraussetzungen zu Zusammenarbeit und wissenschaftlichem Austausch vorhanden. Das bietet die Möglichkeit, die weitere Erforschung der pommerschen Geschichte gemeinsam voranzutreiben und dabei gleichzeitig ein Stück deutsch-polnischer Geschichte aufzuarbeiten. An der im Jahre 1984 gegründeten Universität Szczecin (Stettin) wurden gleich mehrere Professuren eingerichtet, die sich mit der Geschichte Pommerns befassen. In Greifswald wurde 1994 vom Bund eine Stiftungsprofessur für pommersche Geschichte und Landeskunde eingerichtet. Hier ist polnischen und deutschen Historikern die Möglichkeit geboten, gemeinsam die pommersche Geschichte zu erforschen und zu einer allgemein akzeptierten Darstellung zu gelangen. Wir erleben heute schon die objektivierende Wirkung des internationalen wissenschaftlichen Diskurses. Mit diesem Band soll auf diesem Wege ein gutes Stück weiter vorangeschritten werden.

Pommern bis zur Teilung von 1368/72

RUDOLF BENL

Von der Christianisierung bis zum Beginn der deutschen Siedlung

LAND UND LEUTE – DAS MISSIONSWERK BISCHOF OTTOS VON BAMBERG

Das westslawische Volk der Pomoranen ist durch Bischof Otto von Bamberg, der in diesem Volk die Grundlagen des Christentums legte, zum ersten Mal in das Blickfeld der führenden Schichten des römisch-deutschen Reiches gerückt worden. Das Pomoranenvolk siedelte um das Jahr 1100 in einem Gebiet, das im Osten durch die Weichsel, im Süden durch die Netze-Warthe-Niederung, im Westen durch die Oder und deren östlichen Mündungsarm, die Dievenow, und im Norden durch die Ostsee begrenzt wurde. Das Gebiet der Pomoranen, das in den damaligen Quellen als Pomorania (Pomerania) bezeichnet wurde, deckte also einen teilweise anderen Raum ab als der Begriff »Pommern«, wie ihn die deutsche Sprache und die deutsche Landeskunde verwenden. Daß sich die Bedeutung geographischer Namen verschiebt, ist eine ganz gewöhnliche Erscheinung; man denke nur an die Wanderung des Sachsen-Namens oder die des Franken-Begriffs oder an die Ausweitung des Preußen- oder des Hessen-Namens.

»Pomorania« bedeutet »Land am Meer«, der Name »Pomoranen« – das Volk heißt nach dem Land – folglich »Leute am Meer«. Der Name dürfte im großpolnischen Raum – also im Raum um Posen und Gnesen – entstanden und im Laufe des 11. Jahrhunderts von den an der Ostseeküste zwischen Oder und Weichsel wohnenden Kleinstämmen als Selbstbezeichnung übernommen worden sein. Diese Bezeichnung faßte sie einend zusammen und unterschied sie zugleich von den jenseits von Netze und Warthe siedelnden Polanen (Polen), durch die seit dem ausgehenden 10. Jahrhundert ihre Unabhängigkeit bedroht war.

Die Sprachwissenschaft rechnet die Pomoranen zu der polabisch-pomoranischen Sprachgruppe der Westslawen. Die deutsche Besiedlung Pommerns hatte das Verklingen der pomoranischen Sprache zur Folge. Nur im äußersten Osten der Provinz Pommern hielt sich die Sprache noch sehr lange: in den Kreisen Bütow und Lauenburg, die allerdings erst im 15. Jahrhundert mit Pommern verbunden worden sind, und bei den freilich nicht zahlreichen Kaschubischsprachigen in geringen Resten bis zum Anfang des 20. Jahrhunderts. In den westlich der Weichsel gelegenen Teilen Westpreußens hat sich bei den dort sehr zahlreichen Kaschuben die pomoranisch-kaschubische Sprache viel wirksamer gehalten.[1]

Innerhalb seiner Grenzen hat das Volk der Pomoranen natürlich nicht in gleichmäßiger Dichte gesiedelt, weite Teile des Landes, zum Beispiel der Baltische Höhenrücken sowie die diesem südlich vorgelagerten Sanderzonen, waren von Wald bedeckt. Ein breiter Waldstreifen, zu dessen Durchquerung Otto von Bamberg 1124 und 1125 jeweils drei Tage benötigte, schied das Land im Süden vom Land der Polen. In den westlich der Oder gelegenen Landschaften, auf die die pommersche Macht noch im 12. Jahrhundert ausgriff und die Bestandteil des Landes wurden (einschließlich der Insel Rügen), siedelten Teilstämme der westslawischen Lutizen sowie – auf Rügen und dem davorgelegenen Festland – die an sich ebenfalls zu den Lutizen gehörenden, aber stets ein gewisses Eigenleben führenden Ranen.[2]

In der zweiten Hälfte des 11. Jahrhunderts entwickelte sich bei den Pomoranen – wohl nicht zuletzt unter dem Eindruck der wachsenden Bedrohung ihrer Unabhängigkeit durch die Polen – ein monarchisch geleitetes staatliches Gebilde, an dessen Spitze ein Herzog stand und dessen Mittelpunkt der Persanteraum (Belgard, Kolberg) war. Das wenige, was wir über die inneren Verhältnisse dieses Gemeinwesens wissen, erfahren wir aus den Lebensbeschreibungen des heiligen Otto und aus späteren, nach der Christianisierung ausgestellten Urkunden sowie aus der Spatenforschung. Danach gab es eine nicht unbeträchtliche gesellschaftliche Differenzierung; eine adlige Grundbesitzerschicht hatte sich gebildet, die über große Teile des Bodens verfügte und über abhängige Bauern gebot. Ähnlich gestaltet waren die inneren Verhältnisse bei den westlich der Oder wohnenden Lutizen. Der Zug zu straffer Vereinheitlichung unter einem monarchischen Herrscher fehlte dort allerdings. Die beiden nordwestlichen der vier lutizischen Kernvölker, die Kessiner (westlich der unteren Recknitz) und die Zirzipanen (zwischen oberer Recknitz, Trebel, West-Peene und einer zwischen Güstrow und Rittermannshagen verlaufenden Linie), waren nach dem um 1057 erfolgten Auseinanderbrechen des Lutizenbundes in den unter einer einheimischen Dynastie straff zusammengefaßten abodritischen Machtbereich hinübergezogen worden; ihr Gebiet gehörte später zum Lande Mecklenburg. Die beiden anderen lutizischen Hauptstämme waren die an der Tollense sitzenden Tollenser – auch ihr Gebiet sollte später größtenteils zu Mecklenburg gehören – und die zu beiden Seiten der Peene sitzenden Redarier. Schließlich siedelten im Odermündungsgebiet noch der Stamm der Ukranen (zwischen der Oder, der Zarow und dem Haff) und der Stamm der Wolliner (auf den Inseln Wollin und Usedom). Südwestlich von den Ukranen hatten die Retschanen ihre Sitze. Örtliche Herrscher scheinen über diese Gebiete westlich der Oder geboten zu haben. Eine große Rolle haben auch Seefahrts- und Handelssiedlungen an der Küste (Wolgast, Usedom, Wollin, Stettin) gespielt, die sich großer Unabhängigkeit und großen Einflusses erfreuten. In diesen Großsiedlungen hatte eine handeltreibende »adlige« Schicht das Sagen, die wenigstens zum Teil auch auf dem Lande reich begütert war.

Ein Pommernherzog (dux [...] Bomeraniorum) erscheint erstmals zum Jahre 1046 in einer annalistischen Quelle aus der Mitte des 11. Jahrhunderts: 1046 nimmt ein Herzog Zemuzil zusammen mit dem Herzog der Polen und dem der Böhmen, Kasimir II. und Bretislaw, an einem Hoftag Heinrichs III. in Merseburg teil und ehrt wie jene den König durch Geschenke als seinen Oberherrn. Der Mittelpunkt der Herrschaft dieses Zemuzil könnte im Persanteraum, in Kolberg oder in Belgard, gelegen haben. Über den Sitz und den Umfang seiner Herrschaft werden im Schrifttum jedoch auch andere Vermutungen angestellt. Jedenfalls umfaßte sie nicht das gesamte Stammesgebiet der Pomoranen. Ob er mit dem später in Pommern herrschenden Geschlecht der Greifen

Der südliche Ostseeraum mit Pommern bildete lange Zeit eine heidnische Insel im christianisierten Mittel- und Nordeuropa. Frühe Missionsversuche der Herzöge von Polen um 1000 scheiterten schon nach wenigen Jahren. Erst dem nach Pommern gerufenen Bamberger Bischof Otto gelang es, auf zwei langen Missionsreisen 1124 und 1128 die Führungsschicht der Pommern zu bekehren und damit den Grundstein für die künftige Zugehörigkeit Pommerns zur christlichen Welt des Abendlandes zu legen. Der 1139 in Bamberg verstorbene Bischof erfuhr seitdem eine große Verehrung als Apostel der Pommern. In Stein gehauen schaut er vom Stettiner Schloß noch heute auf Pommern.

in Verbindung zu bringen ist, muß man wegen der außerordentlich spärlichen und kargen Quellenaussagen zu Pommerns Anfängen und Frühzeit dahingestellt sein lassen.[3]

Eine quellenmäßig besser gesicherte Grundlage gewinnen wir für die Zeit nach dem Umschwung in der polnischen Politik gegenüber den Pomoranen. Dieser Umschwung ist mit dem Namen des Polenherzogs Bolesław III. Krzywousty (Schiefmund) verbunden. Die polnischen Herrscher aus dem Geschlechte der Piasten hatten schon seit dem Ende des 10. Jahrhunderts versucht, die zwischen Weichsel und Oder siedelnden Pomoranen zu unterwerfen und dem Christentum zuzuführen. Mehr als kurzfristige Erfolge hatten sie in ihrem Bemühen jedoch nicht erzielt. So war ein von Bolesław I. Chrobry in Kolberg gegründetes, dem Erzstuhl von Gnesen unterstelltes und mit einem Sachsen namens Reinbern besetztes Bistum nach wenigen Jahren des Bestehens in einer heidnischen Reaktion, die auch der Polenherrschaft ein baldiges Ende bereitete, um 1005 wieder untergegangen. Bolesław III. unterwarf nun in langen, mit großer Grausamkeit geführten Kämpfen das gesamte Stammesgebiet der Pomoranen zwischen Weichsel und Oder. Auch der westliche Teil, das heutige Pommern, dessen Schwerpunkt sich vom Persanteraum nach Westen verschoben hatte, in den Raum von Cammin und Stettin, mußte sich schließlich ergeben. Nach der Eroberung Stettins durch die Polen im Winter 1121 regte sich kein Widerstand mehr. Herzog Wartislaw, der erste gesicherte Vertreter jener Dynastie, die bis 1637 über Pommern herrschen sollte, durfte sein Land behalten, mußte allerdings die polnische Oberhoheit anerkennen und sich verpflichten, an Polen jährlichen Tribut zu zahlen sowie sein Volk dem Christentum zuführen zu lassen.[4]

Da sich der polnische Klerus nicht imstande sah, das Christianisierungwerk durchzuführen, beauftragte Herzog Bolesław einen von der Iberischen Halbinsel stammenden Mönch namens Bernhard damit und wandte sich nach dessen Scheitern – den allzu demütig Auftretenden nahmen die Heiden nicht ernst, Bolesław hat ihn bald darauf als ersten Bischof von Lebus eingesetzt – an den Bischof Otto von Bamberg. Diesen Mann aus schwäbischem Geschlecht hatte Bolesław noch in guter Erinnerung aus der Zeit, als er Kaplan in Płock am Hofe von Bolesławs deutscher Stiefmutter gewesen war. Mit Billigung von Kaiser und Papst brach Otto im Mai 1124 nach Gnesen auf. Dort gab ihm Bolesław polnische Begleiter mit, darunter drei Geistliche, die die ohnehin schon beträchtliche Zahl von Geistlichen in Ottos Begleitung noch erhöhten. Anfang Juni betrat Otto pommerschen Boden – wahrscheinlich bei Zantoch. Herzog Wartislaw erwartete den Bischof an der Grenze seines Landes. Er selbst war in seiner Jugend, die er in Sachsen verbracht hatte, getauft worden, hatte in seinem fast rein heidnischen Lande bisher aber weder Gelegenheit noch wohl auch Lust gehabt, dem christlichen Glauben gemäß zu leben. Seine Frau war Christin; neben dieser hatte er allerdings noch zahlreiche Nebenfrauen, von denen er sich auf Ottos Veranlassung bald trennte. Otto predigte in Pyritz, in Cammin, dem Sitze des Herzogs, in Wollin und Stettin – in beiden Orten gab es zunächst Widerstreben gegen die christliche Lehre –, in Lebbin und Warp (Neuwarp), schließlich noch im Osten des Landes: in »Clodena« an der Rega, in Kolberg und Belgard. Im Februar 1125 verließ er Pommern und kehrte über Gnesen in seine

Heimat zurück. Wo er predigte, gründete Otto eine Kirche, in Wollin und Stettin sogar je zwei, und taufte zahlreiche Menschen. Dennoch war Pommern noch weit davon entfernt, ein christliches Land zu sein. Daß Otto auch im Odermündungsgebiet wirken konnte, zeigt, daß der Pommernherzog seine Macht mittlerweile – wohl um 1120 – in das Haffgebiet und wahrscheinlich auch schon in den Peeneraum ausgebreitet hatte. Die näheren Umstände der pommerschen Ausdehnung liegen im dunkeln.

Ein heidnischer Rückschlag in dem ja nur ganz oberflächlich christianisierten Osten des Landes und das Heidentum im neuen lutizischen Westteil des Landes veranlaßten Wartislaw, den Bischof von Bamberg um einen zweiten Missionszug zu bitten. Diesmal zog Otto unter ausdrücklichem Schutz des römisch-deutschen Königs Lothar und der deutschen Reichsgewalt. Über Magdeburg und die Havelgegend erreichte er Wartislaws Herrschaftsgebiet im späten Frühjahr 1128 bei Demmin. Auf einer Art Landesversammlung, zu der Wartislaw die Großen der lutizischen Gebiete Pommerns auf den Pfingsttag – es war der 10. Juni – nach Usedom entboten hatte, erreichte er eine grundsätzliche Entscheidung zugunsten der Annahme des Christentums. Mindestens drei Kirchen hat Otto auf seiner zweiten Missionsreise in Vorpommern geweiht, nämlich in Usedom, Wolgast, Gützkow. Stettin, Wollin und Cammin, wo er bereits 1124/25 Station gemacht hatte, wurden nun wieder aufgesucht. Sein gebietendes Auftreten, seine Unerschrockenheit, seine eindrückliche Erscheinung und die Macht seines Wortes taten auch diesmal ihre Wirkung, und natürlich wußte man hinter ihm die Macht der Herzöge Wartislaw und Bolesław und letztlich das Ansehen des Reiches. Politisch bedeutsam war, daß der Reichsbischof den Pommernherzog, der die polnische Oberhoheit abzuschütteln trachtete und daher mit dem Reich liebäugelte, mit Bolesław versöhnte, indem er Wartislaw veranlaßte, die polnische Oberhoheit erneut anzuerkennen. Das scheint den Zorn König Lothars erregt zu haben, der den Bischof zu sofortiger Rückkehr in die Heimat aufforderte. Über Gnesen kehrte Otto nach Bamberg zurück.

Das Geheimnis seines Erfolges lag wohl darin, daß Otto von Bamberg den Heiden in der gebietenden Haltung des Kirchenfürsten gegenübertrat. Mit den bischöflichen Gewändern angetan, verkündete er dem Volk die Grundwahrheiten des christlichen Glaubens. Seit der Zeit seines Aufenthalts in Polen beherrschte er das Polnische, doch war er des Pomoranischen nicht mächtig; so mußte er seine Worte von Dolmetschern übersetzen lassen. Wichtig war dem Bischof, der um die Bedeutung äußerer Formen wußte, vor allem, daß das Volk von seinen heidnischen Bräuchen abließ. Um dieses zu erreichen, ergriff er nach heutigem Verständnis harte Maßnahmen. Er verbot den Getauften jeglichen Verkehr mit den noch Ungetauften, untersagte ihnen sogar, mit diesen gemeinsam zu essen und zu trinken oder ungetaufte Knaben zu den Spielen der christlichen Knaben zuzulassen. Die bei den heidnischen Pomoranen verbreitete Tötung neugeborener Mädchen bekämpfte er heftig. Überhaupt schärfte er den rauhen Pomoranen immer wieder die Beachtung christlicher Milde und Friedsamkeit ein. Stieß er auf Widerstand, scheute er sich nicht, mit der Macht des Polenherzogs oder des Pommernherzogs zu drohen. Daß er in den heidnischen Priestern haßerfüllte Feinde hatte, läßt sich denken, denn sie mußten ohnmächtig die Zerstörung ihrer Heiligtümer und

Die slawischen Völker an der Ostsee verehrten eine Vielzahl von heidnischen Gottheiten, unter ihnen den Gott Swantewit, dessen vier Köpfe in die vier Himmelsrichtungen schauten. Oft wurde er mit einem Trinkhorn dargestellt, das dem Oberpriester zu Weissagungen diente. In der Pfarrkirche von Altenkirchen, der ältesten Kirche auf der Insel Rügen, ist in der Nordwand ein besonders schön gearbeiteter Stein eingemauert, der eine Figur mit einem Trinkhorn zeigt, in der eine Darstellung des Gottes Swantewit vermutet wird. In Wirklichkeit dürfte es sich jedoch um einen christlichen Grabstein für Tezlaw, den Bruder des Fürsten Jaromar I. von Rügen, handeln. Er war vermutlich Oberpriester des Swantewitkultes auf Arkona und nahm gemeinsam mit seinem Bruder nach der Eroberung der Insel durch den Dänenkönig 1168 das Christentum an.

Götterbilder ansehen und sogar miterleben, daß Otto in Stettin den Verkauf des dort zu Wahrsagezwecken gebrauchten Rosses des Hauptgottes Triglaw befahl.

Bischof Otto starb am 30. Juni 1139. Im Totenbuch des Klosters Michelsberg bei Bamberg wurde ihm schon damals der Beiname eines *apostolus gentis Pomeranorum* gegeben. Das Verdienst um die Christianisierung Pommerns war einer der Hauptbeweggründe für die Kanonisation. Bald nach seinem Tod setzte ein Pilgerstrom zu seinem Grab in der Kirche des Benediktinerklosters auf dem oberhalb Bambergs gelegenen Michelsberg ein. Die Pilger erlebten Wunder an seinem Grabe, und schließlich ließen sich Bischof Otto II. von Bamberg und Wolfram, Abt des Klosters auf dem Michelsberg, die Heiligsprechung in besonderer Weise angelegen sein, die auch Herzog Bogislaw I. und Bischof Konrad I. von Cammin unterstützten. Endlich gab Papst Clemens III. seine Zustimmung. Im August 1189 fand in Würzburg in Form einer delegierten Kanonisation die Heiligsprechung Ottos durch die Bischöfe von Eichstätt und Merseburg statt. In Pommern wurde dem »Apostel« des Landes stets ein dankbares Andenken bewahrt, doch nahm die Otto-Verehrung in Pommern erst in der ersten Hälfte des 14. Jahrhunderts einen großen Aufschwung. Auch in nachreformatorischer Zeit, als man im lutherischen Pommern die Heiligenverehrung ablehnte, tat das der Verehrung des Bischofs Otto, der als erster die christliche Lehre in Pommern verbreitet hatte, kaum Abbruch.[5]

POMMERNS VERHÄLTNIS ZU POLEN UND ZU SACHSEN – DIE GRÜNDUNG DES POMMERSCHEN BISTUMS

Um 1130 war offensichtlich, daß die Tage des heidnischen Slawentums zwischen Elbe und Oder gezählt waren. Die dortigen slawischen Stämme hatten versäumt, sich durch rechtzeitige Annahme des Christentums und gesellschaftliche Weiterentwicklung – wie es in Polen der Fall war – die Bewahrung ihres Volkstums unter gleichzeitiger Einordnung in eine christlich geprägte Staatengemeinschaft zu sichern. Nun drohten ihre Länder die Beute der Nachbarn zu werden: des römisch-deutschen Reiches, Dänemarks, Polens, des mittlerweile zumindest vordergründig christlichen, kraftvoll nach Westen strebenden Pommernherzogtums. Die Frage war nur, wer in diesem Spiel die besseren Trümpfe in der Hand hatte und den Sieg davontragen würde. Das Vordringen Pommerns über die Oder hinweg barg viel Zündstoff. In der Zeit Kaiser Ottos des Großen (936–973), als schon einmal das gesamte Gebiet zwischen Elbe-Saale und Oder-Bober-Queis für einige Jahrzehnte unter der Hoheit des Reiches stand, waren diese Landstriche in herrschaftlicher Hinsicht in mehrere Marken des Reiches aufgeteilt worden und in kirchlicher Hinsicht der Metropolitanhoheit deutscher Erzbischöfe zugewiesen worden. Über den Peeneraum, also im wesentlichen das heutige Vorpommern, hatte der Kaiser so verfügt: Die Gebiete nördlich und westlich der Peene – die Peene fließt zunächst in nordöstlicher, von Loitz an in östlicher Richtung – sollten der an der Ostseeküste gelegenen Mark Hermann Billungs unterstehen sowie zum Sprengel des Erzbistums Hamburg-Bremen beziehungsweise zur Diözese seines Suffragans Oldenburg (in Holstein) gehören, die Gebiete auf der anderen Seite der Peene bis hin zur Oder sollten Bestandteil der Nordmark sein, die ihren Schwerpunkt im Havelraum hatte, und dem Sprengel des Erzbistums Magdeburg beziehungsweise den Diözesen seiner Suffragane Havelberg und Brandenburg zugeschlagen werden. Umstritten ist, ob auch östlich von Demmin der Flußlauf der Peene die Grenze bilden sollte oder ob die Länder nördlich der unteren Peene, die Länder Ziethen, Lassan, Gützkow und Demmin, ebenfalls zur Diözese Havelberg rechnen sollten. Nach dem Slawenaufstand von 983 bestanden diese Rechte nur noch als Ansprüche, doch als um 1120 durch Lothar von Supplinburg wieder Bewegung in die deutsche Ostpolitik geriet, gewannen sie erneut Bedeutung, zumal 1126 der stolze Norbert von Xanten, der Gründer des Prämonstratenserordens, den Magdeburger Erzstuhl bestieg und 1134 der kraftvolle Askanier Albrecht der Bär Markgraf der Nordmark wurde, beides Persönlichkeiten, die nicht gern zurücksteckten. Schließlich wurde die folgende Lösung gefunden: Zum einen wurde das 1140 gegründete pommersche Landesbistum tatsächlich, 1188 auch rechtlich exemt, das heißt unmittelbar dem Papst unterstellt, was allerdings bis ins 13. Jahrhundert immer wieder einmal von Magdeburg oder Gnesen angefochten wurde; nach 1230 war die Exemtion von seiten Magdeburgs unbestritten, und Gnesen mußte, als es den Kampf im 14. Jahrhundert wieder aufnahm, eine Niederlage einstecken. Zum anderen mußte Polen für ganz Pommern die Oberhoheit des Reiches anerkennen. 1135 nahm Bolesław III. Pommern von Kaiser Lothar zu Lehen, Herzog Wartislaw I. war als Lehnsmann Bolesławs folglich Reichsaftervasall. Möglicherweise bezog sich die zwischengeschaltete polnische Oberhoheit auch nur auf den östlich der Oder gelegenen Landesteil; dann wäre Wartislaw für Vorpommern Lehnsmann Albrechts des Bären, des Nordmarkgrafen, gewesen.[6]

Durch den Tod Erzbischof Norberts im Jahre 1134, den Tod Kaiser Lothars 1137, das Ableben Bolesławs III. im darauffolgenden Jahr und das 1139 erfolgte Hinscheiden Bischof Ottos wurden neue Wege eröffnet. Otto hatte bis zu seinem Tode die Kirche im Pommerlande von Bamberg aus geleitet. Obwohl der Geistliche Adalbert, wohl ein Pole, schon seit der Missionszeit als zukünftiger pommerscher Bischof bestimmt war – er war bereits auf den Missionszügen einer der Helfer und Dolmetscher Ottos gewesen –, hatte es infolge der widersprüchlichen Vorstellungen über die rechtliche Stellung des künftigen Bistums bislang nicht zu dessen Gründung kommen können. Im Jahre 1140 wurde Adalbert schließlich von Papst Innozenz II. zum Bischof geweiht und für Pommern, das heißt für das gesamte damalige Herrschaftsgebiet Ratibors I., des Bruders und Nachfolgers Wartislaws I., ein Bistum errichtet. Zur Bischofskirche wurde die Adalbertskirche in Wollin bestimmt.

Die Wahl Wollins zum Bischofssitz bot mancherlei Vorteile: Es lag, vor feindlichen Zugriffen aus dem Landesinnern geschützt, in der Nähe der Küste auf einer der Haffinseln; innerhalb des Herzogtums konnte man ihm Mittelpunktslage zusprechen, zugleich lag es an der Grenze des lutizischen zum pomoranischen Teil des Landes. Die Gründungsurkunde des Bistums ist nicht überliefert. Das im Wortlaut überlieferte Papstprivileg von 1140 setzt das Bistum schon voraus. Entgegen einer mißverständlichen Bestimmung dieses Papstprivilegs war nicht die Leba, sondern wohl der Gollenberg die Ostgrenze des neuen Bistums. Die Bestimmung, die dem Bischof eine Naturalabgabe »von jedem Ackerer bis zum Leba-Flusse« einräumt, bot aber eine Handhabe bei späteren Bestrebungen, die Grenze nach Osten hinauszurücken. Sie war wohl auch eine Erinnerung an die alte Ostgrenze von Wartislaws Herzogtum. An Einnahmen wurden dem Bistum Anteile an Gefällen des Herzogs aus Burgen, Märkten, Krügen und Zöllen sowie die genannte Naturalabgabe »von jedem Ackerer« zugewiesen. Diese letztere Abgabe entsprach der *biscopovznizha* (biskopnica), der festen Abgabe, die die slawischen Bauern in den Diözesen des Hamburg-Bremer Sprengels als Ersatz für einen echten Vollzehnt zu entrichten hatten. Grundbesitz hat das Bistum damals nicht erhalten.[7]

Der Tod Bolesławs III., der durch sein »Testament« Polen in mehrere Teilfürstentümer für seine vier Söhne und deren Nachkommen aufteilte, von denen jeweils der älteste das Ganze vertreten und die Oberhoheit über die anderen ausüben sollte, zeitigte bald Veränderungen im pommersch-polnischen Verhältnis. Welchem von Bolesławs Söhnen die Lehnsherrschaft über Pommern zugefallen ist, ist nicht eindeutig zu entscheiden, entweder dem ältesten, Kasimir II., oder Mieszko III. Ohnehin hat diese durch die Teilung bewirkte Schwächung der polnischen Macht, die durch den Hader der Brüder noch weiter beeinträchtigt wurde, die Bindungen Pommerns an Polen sehr rasch gelockert. Das ersieht man daraus, daß sich auch Mieszko III. mit einem polnischen Heer an dem sogenannten Wendenkreuzzug beteiligte, der sich wesentlich gegen das doch zumindest oberflächlich christianisierte Pommern richtete. Ein solcher Vorgang ließe sich aber schwerlich mit einem 1147 etwa noch bestehenden Unterordnungsverhältnis Pommerns zu Polen in Einklang bringen.

Das Unternehmen von 1147, das schon bei den Zeitgenossen Unbehagen auslöste, war eine der Folgen jener nach der Einnahme Edessas vor allem durch Bernhard von Clairvaux entfachten Kreuzzugsbegeisterung, die zum zweiten Kreuzzug führte. Da die Großen Sachsens aber wenig Lust verspürten, nach Übersee aufzubrechen, wurde mit Einwilligung des Papstes der an sich gegen das muselmanische Heidentum gerichtete Druck in Sachsen gegen das heidnische Wendenland abgeleitet. Im Sommer 1147 zogen zwei sächsische Heersäulen ins Wendenland. Die nördliche brach sich schon in der Gegend des Schweriner Sees am abodritischen Widerstand, die südliche, größere, bei der sich neben anderen Bischöfen Erzbischof Friedrich von Magdeburg, Bischof Anselm von Havelberg und Bischof Wigger von Brandenburg befanden, rückte gegen Pommern vor. Bei Demmin teilte sich das Heer, ein Teil belagerte die dortige Burg, der andere zog weiter gegen Stettin. Dort wurde das fragwürdige Unternehmen abgebrochen, da man sich einem christlichen Herzog, Ratibor, und christlichen Bewohnern gegenübersah. Ratibor I., der seinem wohl um die Mitte der dreißiger Jahre in Stolpe an der Peene ermordeten Bruder Wartislaw I. nachgefolgt war, weil dessen Söhne noch in minderjährigem Alter standen, fand sich 1148 bei einem Fürstentag in Havelberg ein und beschwor dort seinen christlichen Glauben. Unmittelbar danach scheint Pommern das Land der Ukranen besetzt zu haben. Den Zug nach Stettin darf man wohl als einen erneuten Versuch des Erzbischofs von Magdeburg betrachten, die junge pommersche

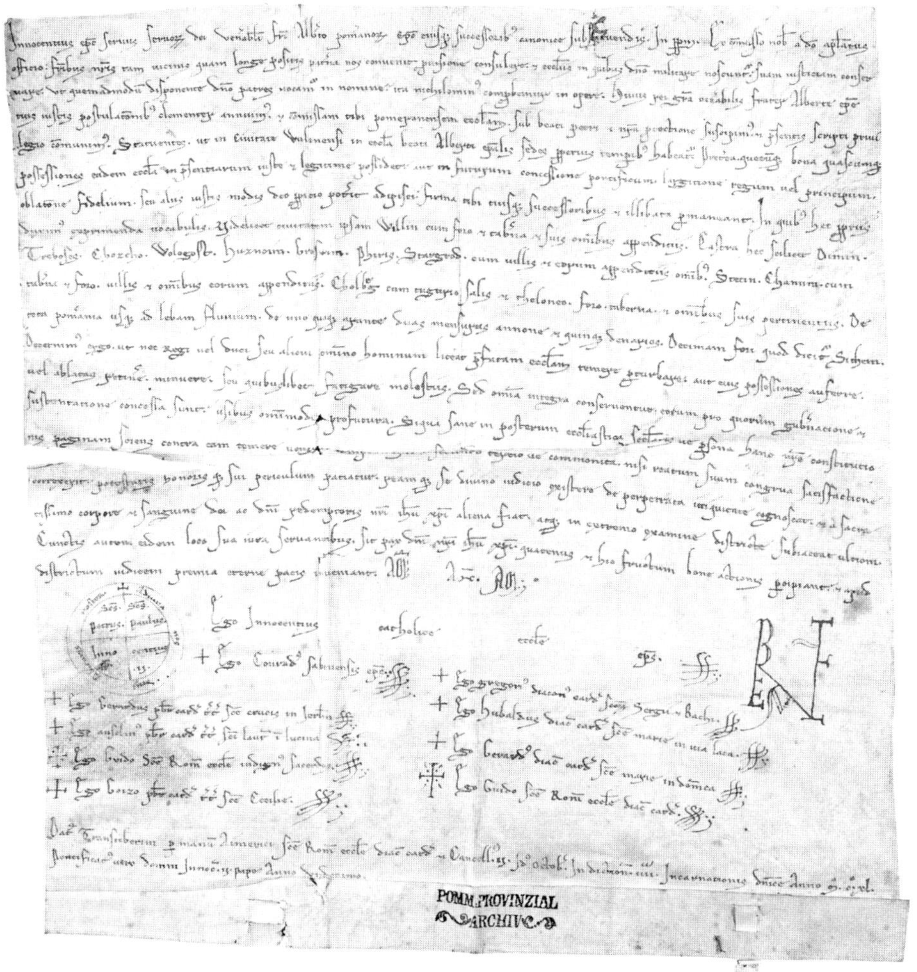

Mit dem Christentum erreichte Pommern in der Mitte des 12. Jahrhunderts auch die Schriftlichkeit. Eine der ältesten überlieferten pommerschen Urkunden ist das Gründungsprivileg des Papstes Innozenz II. von 1140 für das Bistum Cammin. Erhalten hat sich nur diese im 13. Jahrhundert gefertigte Kopie, deren Schreiber nicht nur – wie üblich – den Text wiedergab, sondern auch die einzelnen graphischen Elemente der Vorlage genau nachahmte.

Kirche seinem Sprengel einzuverleiben. Möglicherweise haben daneben die Bischöfe Anselm und Wigger danach getrachtet, ihre alten Ansprüche im vorpommerschen Raum zur Geltung zu bringen. Erreicht wurde immerhin eine Stärkung des geistlichen Einflusses von Magdeburg, was sich bei der Gründung des Klosters Stolpe und des Stifts Grobe bald zeigen sollte.[8]

Wenn 1157 die Pommern den Polen bei ihrem Widerstand gegen den Feldzug des Kaisers Friedrich I. Barbarossa zu Hilfe gekommen sind, so wird dies wohl kaum als Zeichen für eine fortbestehende Unterordnung Pommerns unter Polen zu werten sein. Dieses Ereignis lag zeitlich bereits nach dem Tode Ratibors I., der 1155/56 gestorben ist. Ihm waren in Oderpommern seine Neffen, die Söhne Wartislaws I., Bogislaw I. und Kasimir I., gefolgt. Ratibors eigene Nachkommen folgten in den Ländern Schlawe und Stolp, die im Zuge der Lockerung der polnischen Oberhoheit über Pommern in den unmittelbaren Besitz Ratibors zurückgelangt zu sein scheinen und nunmehr zur Ländermasse der pommerschen Dynastie gehörten. Die Quellen zu dieser Herrschaft Schlawe-Stolp sind jedoch so spärlich, daß sich über deren Geschichte und ihre Herrscher wenig Gesichertes aussagen läßt. Offenbar hat Polen, nachdem es in Schlawe-Stolp die unmittelbare Verwaltung hatte aufgeben müssen, sich wenigstens die Oberhoheit über dieses Gebiet vorbehalten und diese – anders als in Oderpommern, dem Herzogtum um Stettin – auch behauptet. Die ehelichen Verbindungen, die zwei Töchter Mieszkos III. von Großpolen mit Angehörigen der pommerschen Dynastie eingegangen sind, beziehen sich auf Schlawe-Stolp und nicht auf Oderpommern. Alle anderen Hinweise auf pommersch-polnische Beziehungen in den siebziger Jahren, zum Beispiel die Teilnahme Bogislaws I. an einem Hoftag Mieszkos in Gnesen von 1177, reichen nicht aus, um die These erneuter polnischer Oberhoheit tragfähig zu untermauern. Pommern war vielmehr infolge der neuen Politik Sachsens unter Herzog Heinrich dem Löwen und Dänemarks unter König Waldemar I. gegenüber den Ostseeslawen, vor allem gegenüber den Abodriten, in eine andere Richtung gelenkt worden.[9]

POMMERN IM SPANNUNGSFELD ZWISCHEN HEINRICH DEM LÖWEN UND DEN DÄNENKÖNIGEN

Im Jahre 1158 hatte Heinrich der Löwe in Fortsetzung der Politik seines Großvaters Lothar von Supplinburg den Kampf gegen den Abodritenherrscher Niklot, den Stammvater der Dynastie, die bis 1918 in Mecklenburg herrschen sollte, aufgenommen. Gleichzeitig hatten die Dänen begonnen, gegen die Burg Wolgast, von wo aus durch ranische Seeräuber die dänischen Gewässer und Küsten beunruhigt wurden, vorzugehen und sich die Ranen, welche auf der schon seit langem als Einflußgebiet Dänemarks geltenden Insel Rügen, geschützt durch die breiten, sumpfigen Flußtäler von Recknitz, Trebel und Ryck, und auf dem der Insel vorgelagerten Festland saßen, botmäßig zu machen. Im Spannungsfeld zwischen dem Dänenkönig und dem Sachsenherzog, die bald miteinander gingen, bald gegeneinanderstanden, bewegte sich die an

Eine der ersten Kirchen Pommerns war die Peter-und-Pauls-Kirche in Stettin. Sie war bereits von Bischof Otto von Bamberg 1128 geweiht worden. Der erste Kirchenbau, wahrscheinlich aus Holz aufgeführt, geriet rasch in Verfall. Im 15. Jahrhundert wurde vermutlich genau an dieser Stelle eine Backsteinkirche errichtet, die zwischen 1677 und 1683 einige Umbauten erfuhr und heute mit dem reichgegliederten Westportal zu den wenigen älteren Kirchen Stettins gehört. Ein besonderer Blickfang sind die sehr realistisch gestalteten Terrakottaköpfe mit ihren individuellen Gesichtszügen am Fuß der Nischen an den inneren Strebepfeilern.

Windungen reiche Politik der pommerschen Herzöge im Verlauf der nächsten fünfzehn Jahre. 1160 kam Niklot bei den Kämpfen ums Leben. Bei dem verzweifelten Versuch seines Sohnes Pribislaw, das Erbe des Vaters zu retten, erfuhr er zwar die Hilfe Bogislaws I. und Kasimirs I., doch errang ein sächsisches Heer im Juli 1164 am Kummerower See bei Verchen einen gewaltigen Sieg. Bogislaw und Kasimir wurden Lehnsmannen Heinrichs des Löwen, von dem sie die Burg Demmin zugesprochen erhielten. Auch Zirzipanien, das sich bis dahin unter der Herrschaft Pribislaws befunden hatte, scheint damals in pommersche Hände übergegangen zu sein.

Das Ausmaß der Lehnsbindung der Pommern an den Sachsenherzog ist in der Forschung umstritten; fest steht jedenfalls, daß Bogislaw und besonders Kasimir, der 1180 in Diensten Heinrichs des Löwen gefallen ist, abgesehen von einer kurzen Trübung im Jahre 1177 dem Sachsen bis zu dessen Sturz treu geblieben sind. Der Abodrite Pribislaw unterwarf sich 1167 dem Herzog, ließ sich taufen und erhielt von Heinrich den größten Teil seines väterlichen Erbes zurück, das als sächsisches Lehen Keimzelle des späteren Landes Mecklenburg wurde. Pribislaw stellte ebenso wie die pommerschen Brüder Hilfstruppen, als im Juni 1168 dem Heidentum und der Unabhängigkeit Rügens durch den dänischen König Waldemar ein Ende gesetzt wurde. Bogislaw und Kasimir führten ihre tapfer kämpfenden Krieger beim Sturm auf die Feste Arkona selbst an. Die Brüder hatten sich wohl Hoffnungen gemacht, der Dänenkönig werde ihnen die eroberte Insel übertragen. Doch Waldemar beließ der einheimischen rügischen Dynastie die Herrschaft, wenn auch natürlich unter dänischer Oberhoheit.

Nun schlug die Bundesgenossenschaft der Pommern in Feindschaft um. Von Heinrich dem Löwen ermuntert, der sich ebenfalls von dem Dänenkönig getäuscht fühlte, nahmen die Wenden ihre Seeräuberzüge an die dänischen Küsten wieder auf. Daraufhin stießen die Dänen im Herbst 1170 mit ihrer Flotte in das Odermündungsgebiet (Wollin, Cammin) und 1171 nach Zirzipanien vor. Da ihnen und ihren Pferden die Unwegsamkeit des sumpfigen Geländes zu schaffen machte, ließen sie es dabei bewenden, den lutizischen Burgherrn Cotimar zur Übergabe seiner Inselburg bei Behren-Lübchin zu zwingen. 1173 unternahmen sie erneut einen Vorstoß in das Haff. Diesmal segelten sie vor die größte Burg und Siedlung Pommerns, vor Stettin. Wartislaw II. Swantiboriz, Angehöriger einer Seitenlinie des Herzogshauses, der die Verteidigung Stettins leitete, ergab sich den Dänen nach Verhandlungen und nahm Stettin von König Waldemar zu Lehen. Von einer selbständigen Herrschaft des Swantiboriz über Stettin verlautet später jedoch nie mehr etwas. 1177 söhnten sich Heinrich der Löwe und König Waldemar aus und verabredeten ein gemeinsames Vorgehen gegen Pommern. Bogislaw I. scheint damals die Anlehnung an Polen gesucht zu haben, erfuhr aber von dort infolge innerpolnischer Wirren keine Hilfe. Während Waldemar wiederum im Haffgebiet plünderte, sengte und heerte, belagerte Heinrich die Burg Demmin erfolglos und zog es schließlich vor, mit seinem Lehnsmann Kasimir I. im Einvernehmen zu leben. Dieser fand drei Jahre später im Kampf für den Sachsen den Tod. Bei diesen Kämpfen, welche den Sachsenherzog und die pommerschen Herzöge auf der einen, das Erzstift Magdeburg, die Askanier und die wettinischen Markgrafen der Lausitz auf der anderen Seite sahen, mag es den Pommern darum gegangen sein, in Konkurrenz mit den Askaniern südwärts in Barnim und Teltow hinein und vielleicht auch weiter bis in die Lausitz auszugreifen und gleichzeitig dem magdeburgischen Einfluß in der pommerschen Kirche entgegenzutreten. 1178 unternahm die dänische Flotte noch einen Zug gegen Wolgast; dann hinderten innere Schwierigkeiten die Dänen an weiteren Einfällen.[10]

Der Sturz Heinrichs des Löwen hatte für den gesamten norddeutschen Raum bedeutsame Folgen. Auch der Pommernherzog Bogislaw I. wurde von der Entmachtung seines Lehnsherrn betroffen. Er fand sich vor Lübeck im Feldlager Kaiser Friedrichs I. ein, als dieser die zu Heinrich dem Löwen haltende Stadt belagerte, und unterwarf sich dem Kaiser, der ihn daraufhin feierlich zum Herzog von Slawien erhob. Viel ist über die von dem dänischen Geschichtsschreiber Saxo Grammaticus beschriebene Zeremonie, vor allem die Übergabe von Adlerfahnen und deren rechtliche Bedeutung gerätselt worden. Sicher ist, daß es sich hier um eine Belehnung mittels des Lehenssinnbildes zweier oder mehrerer Fahnen gehandelt hat. Bogislaw wurde also Lehnsmann des Kaisers, sein Herrschaftsgebiet, das mittlerweile vielleicht um die Teilgebiete, in denen sein erbenlos verstorbener Bruder geherrscht hatte, nämlich um die Länder Demmin, Gützkow, Cammin, Treptow (an der Rega), Stargard und den westlichen Teil des Landes Kolberg, vergrößert worden war, wurde Lehen des Reiches und damit in den Verband des Reiches aufgenommen. Umstritten ist, ob der Kaiser Bogislaw durch diese Belehnung auch zum Reichsfürsten erhoben hat. Überwiegend sieht man in dem Akt von 1181 keine Erhebung in den Reichsfürstenstand, doch völlig ausschließen kann man sie nicht.

Auf jeden Fall ist durch den Vorgang von 1181 erstmals eine unmittelbare Beziehung zwischen Pommern und dem römisch-deutschen Reich hergestellt worden. Lange hielt diese erste Beziehung jedoch nicht an, denn die Dänen unternahmen unter ihrem König Knut VI., dem Sohn und Nachfolger Waldemars I., in den Jahren 1184 und 1185 insgesamt drei Vorstöße in das Peene- und in das Odermündungsgebiet und zwangen Bogislaw I. zur Unterwerfung. Hilfe von seiten des Kaisers erfuhr Bogislaw nicht, obwohl Barbarossa über die dänischen Erfolge ergrimmt war. Der Herzog mußte sein Land 1185 vom Dänenkönig zu Lehen nehmen, das für die nächsten vierzig Jahre im Banne der dänischen Großmacht stand. Auch Borwin, der Sohn des 1178 verstorbenen Pribislaw, und sein Vetter Niklot wurden dänische Lehnsträger. 1201 bezog Dänemark auch die Grafschaft Holstein sowie Lübeck und Hamburg in seinen Herrschaftsbereich ein. Markgraf Otto II. von Brandenburg stieß 1195/99 zwar im Oderraum gegen die Dänen vor, und in den Jahren 1211 bis 1214 kämpften die Truppen seines Bruders und Nachfolgers Albrecht II. im Haffgebiet, wobei Stettin und Pasewalk zeitweise in brandenburgische Hand fielen, doch konnte König Waldemar II., der 1202 seinem Bruder Knut VI. nachgefolgt war, die dänische Stellung wiedererrichten. Die Macht des Reiches im westlichen Ostseeraum war völlig zusammengebrochen. Als König Friedrich II., der Enkel Barbarossas, 1214 in einer zu Metz ausgestellten Urkunde feierlich auf »alle zum Römischen Reich gehörenden Grenzgebiete jenseits der Elbe und der Elde« zugunsten Dänemarks verzichtete, schien die dänische Stellung an der holsteinischen, der mecklenburgischen und der pommerschen Küste für unabsehbar lange Zeit abgesichert zu sein. Die Gefangennahme König Waldemars II. brachte die Dinge allerdings schon zehn Jahre später wieder in Bewegung.

Bogislaw I. starb 1187, zwei Jahre nachdem er sich dem Dänenkönig hatte unterwerfen müssen. Die Vormundschaft über seine zwei unmündigen Söhne Bogislaw II. und Kasimir II., die aus seiner zweiten Ehe mit Anastasia stammten, sowie die Landesverwesung übernahm Wartislaw II. Swantiboriz, doch scheinen die Dänen diesen für nicht sehr zuverlässig gehalten zu haben, denn 1189 entsetzte ihn Knut VI. seines Amtes und bestellte seinen treuen Lehnsmann Jaromar, Fürsten von Rügen, zum Vormund der zwei herzoglichen Brüder. Jaromar hat sein Amt allerdings dazu mißbraucht, pommersche Gebiete seiner Herrschaft anzugliedern. Jaromars Urkunde von 1193 für das rügische Kloster Bergen läßt erkennen, daß der Fürst damals nicht nur zwischen Ryck und Peene, sondern sogar südlich der Peene, in der Landschaft Ziethen, herrschte. Die Herzoginwitwe Anastasia klagte bei König Knut, dem gemeinsamen Lehnsherrn, und dieser entschied, daß nur die Länder Tribsees und Wusterhusen, also das nördlich der Trebel-Ryck-Linie und nördlich der Ziese gelegene Gebiet, dem Rügener als dänisches Lehen gehören, alles südlich davon Liegende Pommern zustehen solle. Diese Entscheidung hat Jaromar offenbar mißachtet. Die um 1198 anzusetzenden Vorstöße des Markgrafen Otto II. von Brandenburg in den Ostseeraum mögen ihm diese Mißachtung erleichtert haben. 1207 und 1209 gebot er jedenfalls wieder über den Raum zwischen Peene und Ryck. Der Tod Jaromars I. im Jahre 1216 scheint es den Pommern aber ermöglicht zu haben, im Gegenstoß – wenigstens zeitweise – über den Ryck und die Ziese hinwegzugreifen. Das Land Wusterhusen hat Pommern jedenfalls erst 1230 zurückgewonnen und von dieser Zeit an auch die Ryckgrenze gegenüber dem Fürstentum Rügen gehalten. Weiter westlich, im Gebiet der oberen Trebel, sprang die Grenzführung in einem starken Keil nach Süden bis hart vor Demmin und verfestigte sich dann im Laufe des 13. Jahrhunderts an der Linie Krongraben-Burggraben.

Um 1214 teilten die Brüder Bogislaw II. und Kasimir II. das Land in nahezu der gleichen Weise, wie dies ihr Vater und sein Bruder ein halbes Jahrhundert zuvor getan hatten; Bogislaw II. übernahm das um Stettin gebildete Teilgebiet, Kasimirs II. Landesteil umfaßte westlich und östlich davon gelegene Gebiete.

Die Annahme des Christentums durch das Herzogshaus und das gesamte Land war ein wesentlicher Faktor bei der Herausbildung und Festigung pommerscher Staatlichkeit. Sich auf die Lehre der Kirche stützend und mit Schützenhilfe von seiten des christlichen Klerus konnte der Herzog sich sowohl den Landesadel und die örtlichen Gewalten in den erst jüngst unterworfenen lutizischen Gebieten als auch den Landesadel seines eigenen pomoranischen Stammes unterordnen. War die landesherrliche Stellung Wartislaws I. noch keineswegs unerschütterlich, so findet sich in einer späten Urkunde seines Sohnes Bogislaw I. die stolze Aussage, daß »Wir erhabener als die übrigen zu sein scheinen«. Der Vorgang der »Verstaatung« drückt sich auch darin aus, daß Herzog Bogislaw I. und sein Bruder Herzog Kasimir I. begonnen haben, pommersche Münzen – Pfennige – prägen zu lassen. Münzstätten waren Stettin, Prenzlau, Demmin, Cammin und wohl auch Kolberg. Waren es zunächst Münzunternehmer, die das Prägegeschäft nach Vereinbarung mit den Herzögen gleichsam im Regiebetrieb ausübten – die Münzen selbst nennen die Namen der Münzmeister Walter, Dietrich, Eilbert, Gottfried und Hartmann –, scheint Bogislaw I. noch vor 1180 in der Münzstätte Stettin die Münzprägung in die eigene herzogliche Verwaltung genommen zu haben; in den übrigen Münzstätten muß diese Übernahme nicht lange danach ebenfalls erfolgt sein.[11]

Ausgenommen von der Herrschaft der Pommernherzöge blieben die Insel Rügen und ihr Vorland. Schon vor der endgültigen Unterwerfung der Ranen unter die dänische Oberhoheit hatte Dänemark die Ranen dreimal – wenn auch nur kurzfristig – in Abhängigkeit gebracht (um 1100, 1136, 1160/62). 1168 gelang es König Waldemar I. und seinem Getreuen Bischof Absalon von Roskilde, die Tempelburg Arkona an der Nordspitze der Insel Rügen einzunehmen. Das Götzenbild des Swantewit sowie dessen Heiligtum wurden zerstört; die Macht des heidnischen Priestertums war gebrochen. Ein geheimes Einverständnis zwischen den Dänen und dem der dänischen Sache und dem Christentum zugeneigten Ranenfürsten Jaromar I. scheint bei diesem dänischen Vorgehen gewaltet zu haben. Dem Fall Arkonas folgte die rasche Unterwerfung der gesamten Insel. Jaromar nahm sein Fürstentum, also auch dessen festländischen Teil, vom Dänenkönig zu Lehen, als dessen treuer Gefolgsmann er sich von nun an stets bewährte. Mit Eifer nahm er sich der Christianisierung seiner Ranen an; die Insel wurde kirchlich an Dänemark angeschlossen und dem Bistum Roskilde unterstellt, auf Festland-Rügen konnte das Bistum Schwerin seinen Anspruch jedoch wahren. Zeichen der Unterstellung der Insel unter die geistliche Gewalt des Bischofs von Roskilde war der Bischofsroggen, eine Zehntabgabe an den Bischof, der außerdem noch einige Tafelgüter auf der Insel besaß. Die Abgabe betrug gemäß einer Liste von etwa 1318 jährlich zwei Drittel eines Scheffels (das entspräche 23,3 Liter) je Haken – das muß der von Anfang an geforderte Hebesatz gewesen sein – und war in Ralswiek, am Sitz des Offizials des Bischofs, abzuliefern. Dänische Einflüsse – neben deutschen – haben in der Folgezeit stark auf das Kirchenwesen der Insel eingewirkt, insbesondere im Bereich der Kirchenbaukunst. Eine dänische Siedlung fand auf Rügen jedoch ebenso wie auf dem Festlande allenfalls ansatzweise statt.[12]

DIE DYNASTIE DER GREIFEN

Das pommersche Herrscherhaus der Greifenherzöge und das von dem Abodriten Niklot und seinem Sohne Pribislaw abstammende Haus Mecklenburg sind die zwei einzigen deutschen Geschlechter slawischen Ursprungs, denen es gelungen ist, in den höchsten Stand des Reichsadels, in den Reichsfürstenstand, und zu landesherrlicher Stellung innerhalb des Reiches aufzusteigen. Der Name »Greifen« leitet sich von dem Wappentier des Geschlechts her, das spätestens seit Herzog Kasimir II. im Schilde geführt wurde. An einer heute verlorenen Urkunde aus dem letzten Jahrzehnt des 12. Jahrhunderts hat nachweislich ein Siegelabdruck gehangen, der den Herzog mit einem Schild zeigte, auf dem ein Greif zu sehen ist. Seit dem 15. Jahrhundert hat das Geschlecht selbst die Bezeichnung »Greifen« geführt.

Über die Herkunft der Greifen wissen wir so gut wie nichts. Ihre ersten unzweifelhaften Vertreter sind die Brüder Wartislaw I. und Ratibor I. Ob und wie die beiden mit früheren im pommerschen Raume genannten Herrschern zusammenhängen, darüber lassen sich nur Vermutungen anstellen. Ein Swantopolk, den der Polenherzog Bolesław III. in den Jahren 1111/12 im Zuge seiner Kriege gegen die Pomoranen besiegte, könnte der Vater der zwei Brüder gewesen sein. Das im 12. und im frühen 13. Jahrhundert eine wichtige Rolle spielende, mit den Herzögen blutsverwandte Geschlecht der Swantiboriden, als deren erster gesicherter Vertreter uns jener Wartislaw II. Swantiboriz entgegentritt, der 1173 Stettin vor den Dänen zu verteidigen versucht hat, mag sich von einem Pommernherrscher Swantibor herleiten, der 1105/06 von einer Opposition gestürzt und später an Polen ausgeliefert worden ist. Swantopolk und Swantibor könnten Vettern gewesen sein. Wenn die Swantiboriden eine Seitenlinie des Greifengeschlechts waren, würde sich die Tatsache, daß nach dem Tod Bogislaws I. für kurze Zeit Wartislaw II. Swantiboriz Vormund von dessen Söhnen und Landesverweser war, leicht erklären lassen.

Ein anderes Rätsel aus der Genealogie der Greifen, dessen Lösung von ungleich größerer Bedeutung wäre als die gesicherte Einordnung der Swantiboriden, gibt die Nachkommenschaft Ratibors I. auf. Damit verknüpft sich nämlich die Frage des Bestehens einer selbständigen Herrschaft Schlawe-Stolp. Für die Annahme, die Herren der beiden Länder Schlawe und Stolp seien Nachfahren Ratibors I. gewesen, spricht entgegen manchem Widerspruch noch immer die größte Wahrscheinlichkeit. Als den frühesten der selbständigen Herren in Schlawe darf man einen Bogislaw ansetzen, der offenbar in zweiter Ehe mit einer der zahlreichen Töchter des Polenherzogs Mieszko III. vermählt war. Sein Nachfolger war ein Sohn aus erster Ehe, wie sein Vater Bogislaw (III.) genannt und ebenfalls mit einer der Töchter Mieszkos verheiratet. Ihm folgte Ratibor II., der entweder ein Halbbruder Bogislaws (III.) aus der zweiten Ehe seines Vaters oder sein Vetter gewesen ist. Mit Ratibor II. starb in den zwanziger Jahren des 13. Jahrhunderts diese Nebenlinie des Greifenhauses im Mannesstamme aus.

Daß Wartislaws Frau eine Sächsin gewesen sei, beruht auf einer erst neuzeitlichen Annahme; die erste Frau seines Sohnes Bogislaw I. war eine Dänin, die zweite, Anastasia, scheint eine Rurikidin gewesen zu sein. Sie war die Mutter der Brüder Bogislaw II. und Kasimir II. Miroslawa, die Frau Bogislaws II., entstammte als Tochter Mestwins I. dem pommerellischen, Ingardis, die Frau Kasimirs II., dem dänischen Herrschergeschlecht.[13]

DIE KIRCHLICHE ENTWICKLUNG VOR DEM EINSETZEN DER DEUTSCHEN SIEDLUNG

Sitz des 1140 gegründeten pommerschen Bistums war Wollin mit seiner sicherlich überaus einfachen, dem heiligen Adalbert geweihten Bischofskirche. 1163 oder 1164 starb Adalbert, der erste Bischof. Sein Nachfolger Konrad I. verlegte – wohl zu Beginn der siebziger Jahre, als die dänischen Vorstöße ins Odermündungsgebiet begannen – den Bischofssitz an das von dem Magdeburger Liebfrauenstift besetzte Prämonstratenserstift Grobe, das sich bei der Burgsiedlung Usedom angesiedelt hatte. Um 1175 wurde der Bischofssitz erneut verlegt, nach Cammin, wo man alsbald begann, einen Dom zu errichten. Die Abkopplung von den Usedomer Kanonikern befreite das pommersche Bistum von der Gefahr, von der Magdeburger Kirche vereinnahmt und schließlich in deren Metropolitanverband einbezogen zu werden. Nun wurde endlich auch ein Domkapitel gegründet. Herzog Kasimir II. gewährte der Camminer Kirche »nach dem Vorbilde der heiligen und ehrwürdigen Kölner Kirche und der übrigen Bischofs- und Stiftskirchen des Reiches« das Recht der freien Bischofs- und Prälatenwahl und gestand zu, daß das Bistum völlig davon befreit sei, aus seinen Gütern und von seinen bäuerlichen Hintersassen an die Herzogsgewalt Leistungen erbringen zu lassen. Damit hatte das junge Bistum eine bemerkenswert unabhängige Stellung innerhalb des Herzogtums gewonnen.

Die Missionierung Pommerns durch Kleriker der Diözese Bamberg gab der pommerschen Sakrallandschaft die erste Prägung. Diese Kleriker hatten aus ihrer Diözese Reliquien und liturgische Bücher, aber auch ihren Festkalender mitgebracht, und so wiesen die Liturgie der Diözese Cammin und ihr Heiligenkalender einen bleibenden Bamberger Einfluß auf; und nicht zuletzt gingen die Weihetitel der Missionskirchen – aber auch späterhin noch das Patrozinium der Stettiner Jakobikirche und natürlich das des Stettiner Ottenstifts – auf Bamberger Einfluß zurück. Sehr bald wirkte sich aber auch der Einfluß der Erzdiözese Magdeburg und ihres Suffragans Havelberg aus, zunächst mit den Klostergründungen der fünfziger Jahre des 12. Jahrhunderts, die sicherlich auch eine Folge des Wendenkreuzzuges waren. 1153 gründete Bischof Adalbert in Stolpe an der Peene ein Benediktinerkloster, dessen Konvent aus der Abtei Berge bei Magdeburg kam, kurz danach gründeten Herzog Ratibor I. und seine Frau Pribislawa in Grobe bei Usedom ein Prämonstratenserstift, das vom Liebfrauenstift in Magdeburg unter Mitwirkung des Brandenburger Prämonstratenserstifts Parduin, zwanzig Jahre später noch einmal von Kanonikern aus Havelberg, dessen Domkapitel ein Prämonstratenserkapitel war, besetzt wurde. Das uckermärkische Prämonstratenserstift Gramzow, das vermutlich 1178/79 gegründet wurde, besetzten allerdings wohl Kanoniker aus dem prämonstratensischen Domkapitel von Ratzeburg. Der Magdeburger Einfluß prägte aber auch den Reliquienschatz des pommerschen Bistums, den Bestand der Weihetitel der pommerschen Kirchen sowie den Camminer Festkalender, und dies so stark, daß man das Bistum Cammin, obwohl es nicht zum Magdeburger Metropolitanbezirk gehörte, als Bestandteil einer Magdeburger Kultprovinz bezeichnen kann, die weite Teile Ostdeutschlands umfaßte. Einfallstor des Magdeburger Einflusses war wohl das Stift

Das 1140 gegründete Bistum der Pommern besaß erst seit 1176 einen festen Bischofssitz. Zuvor residierte der Bischof im Kloster Grobe auf Usedom, von wo er aber vor anrückenden feindlichen Truppen nach Wollin fliehen mußte. In dieser unsicheren Situation ließ Herzog Kasimir I. in Cammin einen Kirchenbau errichten. Ein Jahr später verlegte Bischof Konrad I. seine Residenz dorthin und erhob 1182 die Kirche zur Kathedrale seines Bistums. Die Greifen haben dann 1187 – vermutlich eine Folge der Verlegung des Bischofssitzes nach Cammin – ihre Residenz dort aufgegeben.

Pommern besitzt nur noch wenige bauliche Reste, die über das 13. Jahrhundert zurückreichen. Das älteste erhaltene Fragment ist die romanische Feldsteinmauer und der nördliche Kreuzflügel aus Granitquadern mit dem Nordportal des Camminer Doms, das noch aus der ersten Bauphase nach 1175 stammt. Häufige kriegerische Einfälle in das Gebiet Pommerns verhinderten immer wieder die Fertigstellung dieses Gotteshauses, dessen romanisches Fundament erst Mitte des 13. Jahrhunderts mit einer spätromanischen Backsteinkathedrale überbaut wurde.

Grobe, das vor Errichtung des Camminer Domkapitels für einige Jahre die Aufgabe eines Domkapitels der pommerschen Diözese wahrnahm. Die Prägung durch Bamberg und durch Magdeburg hat Pommern schon vor dem Einsetzen der deutschen Siedlung zu einer deutschen Kultlandschaft, zu einem Teil der Germania sacra, gemacht. Der polnische Kulteinfluß war demgegenüber gering. Das wenige, was er hinterlasssen hat, wurde im Spätmittelalter vollkommen zurückgedrängt.

Erheblicher, wenngleich – von Rügen abgesehen – auch nur vorübergehend, war der Einfluß der dänischen Kirche. Er schlug sich fast ausschließlich in den zur Zeit der dänischen Oberhoheit in Pommern gegründeten Klöstern nieder. Den Anfang machte das 1173 im zirzipanischen Dargun gegründete und mit Zisterziensermönchen aus Esrom (Seeland) besetzte Kloster Dargun. 1173 hat Wartislaw II. Swantiboriz in Kolbatz ein Kloster gegründet, in das ebenfalls Zisterzienser aus Esrom einzogen. Noch im selben Jahrzehnt gründete Herzog Kasimir I. bei Treptow an der Rega das Prämonstratenserstift Belbuck, das Kanoniker aus dem im schonischen Lund gelegenen Trinitatisstift besetzten. Über diesen dänischen Gründungen stand jedoch kein guter Stern. 1198 oder 1199 mußten die Darguner Mönche, vor kriegerischen Auseinandersetzungen flüchtend, auf ihr Besitztum Eldena ausweichen, wo sie eine neue Zisterze gründeten. Dargun selbst wurde 1209 von Doberaner Mönchen neu besiedelt. Die Lunder Prämonstratenser verließen Belbuck schon nach wenigen Jahren, das 1208 von Kanonikern des friesischen Stifts Mariengaarde wiederbesetzt wurde.

Noch im 12. Jahrhundert erfolgten die Gründung eines Nonnenklosters 1191/94 bei Altentreptow (Treptow an der Tollense), das schließlich in Verchen am Kummerower See seinen endgültigen Platz fand, sowie die Gründung von Johanniterhäusern in Schlawe und in Stargard an der Ihna. Dahingegen wird das Kollegiatstift Kolberg erst 1219 bezeugt; es mag allerdings älter sein. Alle anderen Klöster und Stifte wurden erst im Zusammenhang mit oder nach der deutschen Besiedlung des Landes gegründet.[14]

Vom Beginn der deutschen Siedlung bis zur Landesteilung von 1295

DIE INNERE UND DIE ÄUSSERE LAGE POMMERNS AN DER SCHWELLE ZUR DEUTSCHEN SIEDLUNG

Um die Wende zum 13. Jahrhundert war die Bevölkerung des Herzogtums Pommern sowie des Fürstentums Rügen noch fast ausschließlich slawisch. Deutsch bestimmt waren die Konvente in den Klöstern und Stiften, da die Geistlichkeit sich fast nur aus Deutschen zusammensetzte. In den von dänischer Seite gegründeten Klöstern und Stiften war daneben – zumindest zeitweise – das dänische Element nicht unbeträchtlich. Der erste Bischof des pommerschen Bistums, Adalbert, war wohl Pole, seine unmittelbaren Nachfolger – Konrad I., Siegfried, Sigwin – waren jedoch Deutsche. Mit Konrad II., dem fünften der Bischöfe von Cammin, saß von 1219 bis 1233 ein Angehöriger des Swantiboridengeschlechts auf dem Camminer Bischofsstuhl.

In einer Urkunde aus den siebziger Jahren des 12. Jahrhunderts erscheint eine villa Theutunicorum – es ist das spätere Hohenkrug südöstlich von Stettin. Die Bezeichnung der Siedlung als eines »Dorfes von Deutschen« beweist, daß es zu dieser Zeit im Lande nur wenige Deutsche gegeben haben muß. 1187 errichtete der aus Bamberg stammende Beringer, der sich damals, wie es Herzogin Anastasia in einer Urkunde ausdrückte, bereits »lange Zeit ehrenhaft in unserer Burgsiedlung Stettin aufgehalten hatte«, bei dieser Siedlung eine Kirche zu Ehren des heiligen Jakob und überwies sie »im Beisein einer großen Menge von Deutschen und Slawen« dem Kloster Michelsberg bei Bamberg. Einige Jahre später wird diese Kirche als »Kirche der Deutschen« bezeichnet. Bei Stettin muß damals also bereits eine deutsche Ansiedlung, die wahrscheinlich von einer Gruppe von Fernkaufleuten bewohnt war, bestanden haben.

Das Land war um 1200 schwach besiedelt. Bevölkerungsverdichtungen bestanden auf Rügen, im unteren Peeneraum, um Stettin, auf den Haffinseln Usedom und Wollin, im Pyritzer Weizacker, um Stargard, an der mittleren und der unteren Rega, an der Persante um Belgard und um Kolberg, um Köslin sowie zwischen Schlawe und dem Lebatal. Nahezu unbesiedelt waren der Baltische Höhenrücken sowie das waldbedeckte Sandergebiet südlich davon. Die Kriege des 12. Jahrhunderts, insbesondere die im Zusammenhang mit der Aufrichtung der dänischen Herrschaft stehenden Kriegszüge, müssen zu einer Entvölkerung weiter Teile des Landes geführt haben. Auf der Insel Usedom zum Beispiel ist der in der zweiten Hälfte des 12. Jahrhunderts eingetretene Siedlungsverlust auch durch die Ergebnisse der archäologischen Forschung gut nachweisbar. In den Urkunden finden sich immer wieder Hinweise auf wüste Dorfstellen, auf die Menschenleere weiter Gebiete. So wird schon zwischen 1176 und 1180 in einer Urkunde für das Kloster Kolbatz der Ort Prilipp als »großräumiger Ort mit weithin offenliegenden Feldern, die der Bebauer bedürfen«, bezeichnet.

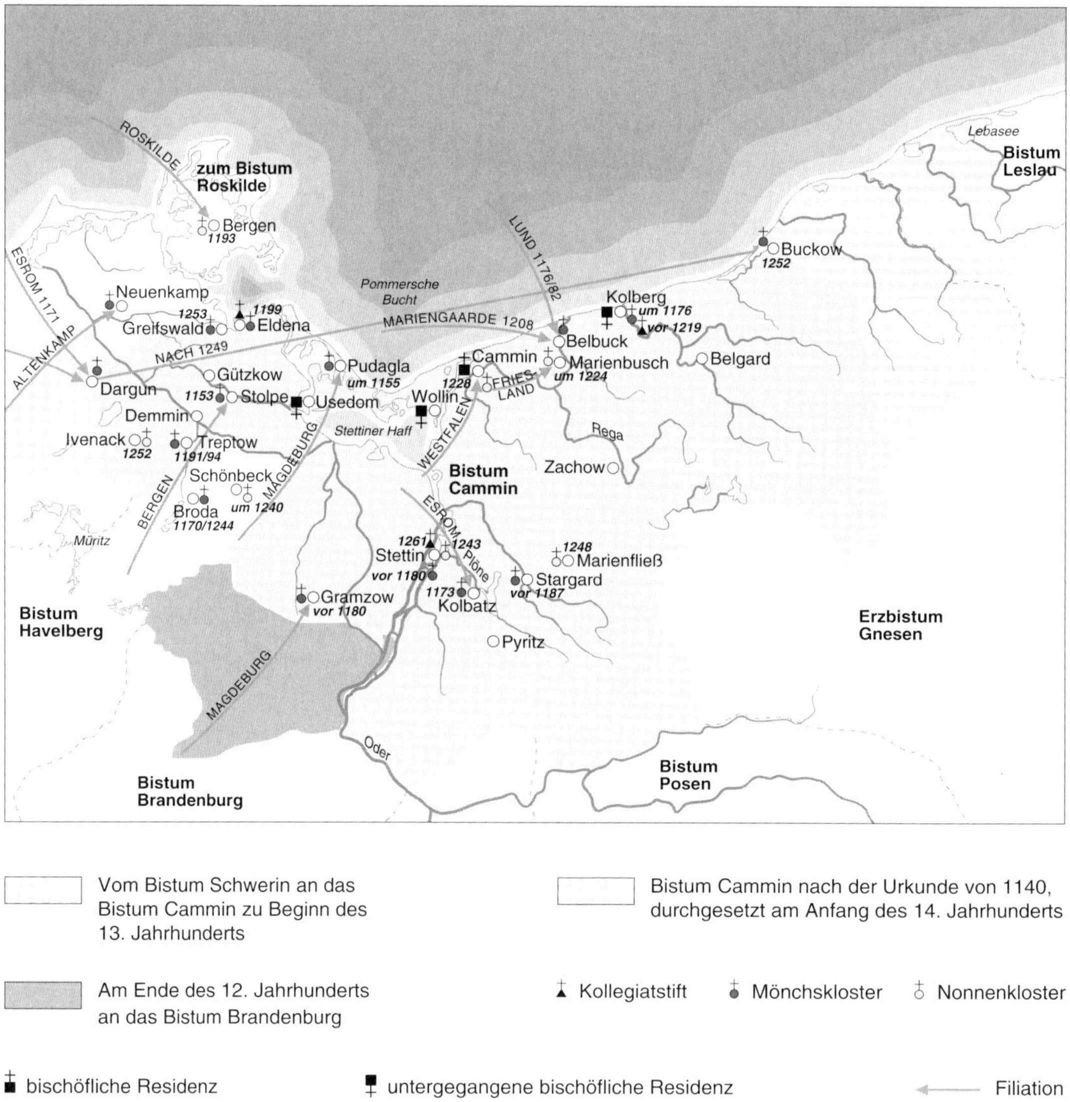

Christianisierung und Bistumsgründungen in Pommern bis 1250

Die Siedlungen waren im allgemeinen klein, sie bestanden nur aus wenigen Höfen. Unregelmäßige Kleinformen, kleine Haufendörfer und weilerartige Gebilde herrschten vor. Daneben haben sich Gassendörfer und Einzelhöfe nachweisen lassen. Die Gemarkungen der Weiler wie die der Gassendörfer waren blockartig aufgeteilt, das heißt die bebauten Teile der Feldmark lagen »wie Tupfen inmitten des Grünlandes«. Jeder dieser unregelmäßigen Blöcke stand einem bestimmten Inhaber zu; der jeweilige Gesamtbesitz der Bauern war ungleichmäßig groß. Diese Art der Feldbewirtschaftung läßt sich wohl auf eine ungeregelte Feld-Gras-Wirtschaft zurückführen. Die Fluren waren weder vermessen noch gegeneinander eindeutig abgegrenzt. Zuweilen lagen Flurstücke zweier Dörfer im Gemenge. Der Boden wurde mit dem von einem Ochsenpaar gezogenen Haken beackert, der die Erde nur aufritzte und lockerte sowie geringfügig wendete, sie aber nicht in Schollen zerlegte und tatsächlich umgrub. Die slawischen Bewohner Pommerns beackerten deshalb überwiegend leichte Böden; wo schwerere Böden bebaut wurden, mußte der Haken nach dem ersten Arbeitsgang ein zweites Mal in Querrichtung geführt werden. Ackerbau, bei dem der Roggenanbau eine große Rolle spielte, und Viehzucht, besonders die Schweinehaltung, stellten die Grundlage der Versorgung dar. Fischfang und Zeidlerei waren demgegenüber zweitrangig.

Die Bildung von Grundherrschaften hatte im 12. Jahrhundert offenbar große Fortschritte gemacht; damit einhergegangen war die Stärkung der landesherrlichen Gewalt. Um 1200 befand sich die Mehrheit der Bevölkerung, das heißt in erster Linie der bäuerlichen Bevölkerung, in Abhängigkeit entweder unmittelbar vom Herzog oder von einem adligen Grundherrn. Die Masse des Volkes galt als unfrei; aus einer Urkunde Kasimirs I., die von »hominibus nostris liberis« (von unseren Freien) spricht, sowie aus anderen Zeugnissen geht hervor, daß nur der Landesadel als frei galt. Auch nur dieser hatte ein Erbrecht an seinem Grund und Boden, wohingegen dem Bauern kein Erbrecht, sondern nur eine widerrufliche Nutzung des von ihm bebauten Landes zustand. Er war dem Grundherrn zu Frondiensten und Abgaben verpflichtet. Die in den Urkunden genannten »heredes« (Erben) waren nicht Bauern, sondern Landesadlige.[15] Alle Versuche, für die Zeit vor dem Einsetzen der deutschen Siedlung einen freien Bauernstand nachzuweisen, dem lediglich »staatsbürgerliche« Leistungen oblegen hätten, sind als gescheitert anzusehen.

Der Zusammenbruch der dänischen Herrschaft an der südlichen Ostseeküste im Gefolge der Schlacht von Bornhöved versetzte die jungen Pommernherzöge Barnim I. und Wartislaw III. in eine neue Lage. Sie konnten nicht mehr auf den Schutz des Dänenkönigs vor ihren aufstrebenden Nachbarn bauen, obwohl Wartislaw III., Sohn einer dänischen Prinzessin, in der Umschrift seines bis 1237 benutzten Siegels auf seine Blutsverwandtschaft mit dem Dänenkönig hinwies. Wachsende Bedeutung mußte nun der einer Linie des askanischen Hauses unterstehenden Markgrafschaft Brandenburg zukommen, in der gerade in diesen Jahren die jungen Markgrafen Johann I. und Otto III. die Herrschaft antraten. Der Kampf Dänemarks um seine Großmachtstellung im südlichen Ostseebereich hatte sich zuletzt mit dem staufisch-welfischen Konflikt verbunden. Auf seiten des Dänenkönigs standen neben den Welfen auch die brandenburgischen Askanier, im gegnerischen Lager der Herzog von Sachsen, der Graf von Schwerin und der alte Gegner und Konkurrent der Mark Brandenburg, der Erzbischof von Magdeburg. Erzbischof Albrecht II. von Magdeburg brachte den jungen Markgrafen 1229 eine schwere Niederlage bei, obwohl diesen von seiten der Pommernherzöge Hilfe zugekommen war. In Fortsetzung der Politik ihres Vaters strebten die zwei markgräflichen Brüder eine Ausdehung ihres Herrschaftsbereiches in das Odermündungsgebiet an. Nachdem sie sich mit dem Kaiser und mit Magdeburg ausgesöhnt hatten, bestätigte Kaiser Friedrich II. ihnen 1231 die letztlich auf den Anspruch der Markgrafen der Nordmark zurückzuführende Lehnshoheit über das Herzogtum Pommern. Schon einige Jahre zuvor – um 1230 – hatte Barnim I. seinen gewiß ohnehin nur noch theoretischen Anspruch auf die Landschaften Teltow und Barnim (südlich und östlich des heutigen Berlin) und seine Herrschaft über den südlichen Teil der Uckermark bis zur Welse zugunsten der Markgrafen aufgeben müssen. Teltow und Barnim hatten offenbar von etwa 1180 bis ins erste Jahrzehnt des 13. Jahrhunderts – möglicherweise in Rechtsnachfolgerschaft des Jakzo von Köpenick – in loser Form Pommern unterstanden; den Barnim hatte Pommern vielleicht schon in den neunziger Jahren des 12. Jahrhunderts verloren.

Gefährlich konnten dem Pommernherzogtum aber auch die anderen Nachbarterritorien werden: das Fürstentum Rügen, das dem Dänenkönig treu geblieben war und auf dessen festländische Besitzungen nördlich der Peene sich seit 1228 die begehrlichen Blicke der Pommernherzöge richteten, die mecklenburgischen Herrschaften, ferner das unter Herzog Heinrich I., dem Bärtigen, machtvoll nach Norden ausgreifende Schlesien und Großpolen. Zumindest in den drei erstgenannten Gebieten hatte die deutsche Siedlung schon längst eingesetzt. Wollten sie nicht hoffnungslos ins Hintertreffen geraten, mußten auch die pommerschen Herzoge sich entschließen, ihr Land dem Zustrom deutscher Siedler zu öffnen, die Besiedlung und Erschließung ihres weithin dünnbesiedelten und vergleichsweise unterentwickelten Landes durch Deutsche zu ermöglichen. Sie konnten damit rechnen, daß die Neusiedler nicht nur wüst liegende Gebiete urbar machen, bereits bebaute wirtschaftlich heben und somit die herzoglichen Einkünfte wesentlich steigern, ja vervielfachen würden. Zugleich sollten sie in den gefährdeten, dünnbesiedelten Grenzräumen gegen das Vordringen der Nachbarn wie ein Sperriegel wirken. Kasimir I. erhoffte sich bereits 1170 bei der Gründung des in dem damals pommerschen Uckerlande gelegenen Stifts Broda die Ansiedlung von Deutschen auf dessen Ländereien. Vielleicht hat er auch wenig später bei der Gründung des Klosters Dargun an die Besiedlung von dessen Ländereien mit Deutschen gedacht, doch ist die Echtheit des Siedelprivilegs wie die ganze Urkunde nicht über jeden Zweifel erhaben. Nicht zuletzt durfte man von einer deutschen Siedlung auch die endgültige Christianisierung des Landes erwarten, in dem trotz des Wirkens des Bischofs Otto ein Jahrhundert zuvor heidnischer Glaube und heidnische Gebräuche noch immer mächtig waren.

Das »Dorf der Deutschen« im Eigentum des Klosters Kolbatz, das wenige Jahre darauf urkundlich genannte »Schoneuelt« im Kolbatzer Gebiet (Groß oder Klein

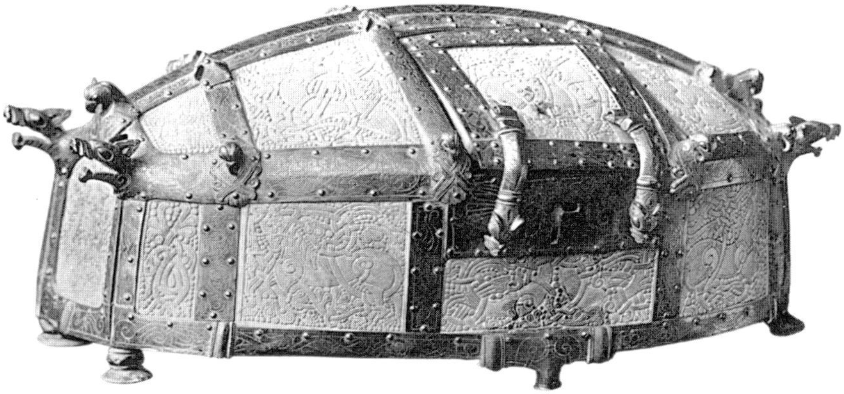

Eines der wertvollsten Stücke des Camminer Domschatzes ist der sogenannte Cordulaschrein, ein ovaler Schrein von etwa einem halben Meter Länge. Er ist aus kunstvoll geschnitzen Elchschaufeln hergestellt, die von vergoldeten Bronzebändern gehalten werden. Diese wertvolle Wikingerarbeit, wohl um das Jahr 1000 in der Gegend von Lund entstanden, hat Erzbischof Askar von Lund vermutlich Bischof Otto von Bamberg geschenkt, der den Schrein in Pommern zur Ausstattung einer seiner Kirchen zurückließ. Von dort gelangte er im 12. Jahrhundert nach Cammin, wo die Gebeine der heiligen Cordula, einer Gefährtin der heiligen Ursula von Köln, in ihm verwahrt wurden. Seit dem Zweiten Weltkrieg ist der Schrein verschollen.

Schönfeld), der Ort mit dem in Pommern frühesten deutschen Namen, die um 1180 nachweislich im Eigentum des Klosters Stolpe stehende »villa Johannis«, ein sicherlich deutsches, heute nicht mehr mit Gewißheit zu identifizierendes Dorf, die deutsche Kaufmannssiedlung bei Stettin, die fast ausschließlich deutsch besetzten Klöster und Stifte, die sich ebenfalls aus Deutschen zusammensetzende Weltgeistlichkeit (etwa Goswin, der erstmals 1215 genannte Pfarrer von Levin), vereinzelte deutsche Adlige: das waren um 1225 die einzigen Vertreter des Deutschtums im Greifenherzogtum. Nun entschlossen sich die Vettern Barnim und Wartislaw, ihr Land der großen von Deutschland ausgehenden Siedel- und Umgestaltungsbewegung zu öffnen, die bereits hundert Jahre zuvor begonnen und wie in einem Sog immer mehr Länder erfaßt hatte und die schließlich zu einer völligen Umwandlung des östlichen Mitteleuropa führen sollte.[16]

DIE DEUTSCHE BESIEDLUNG POMMERNS

Die Entwicklung der deutschen Siedlung

Unsere Kenntnisse von der deutschen Siedlung in Pommern beruhen ganz überwiegend auf Angaben in Urkunden, die für geistliche Empfänger, das heißt vorwiegend für Klöster und Stifte, ausgestellt wurden. Ein Siedlungsgeschehen mag in diesen Urkunden entweder ausdrücklicher Gegenstand oder auch beiläufige Nebensache sein. Rechtsgeschäfte – und Siedlungsvorgänge sind Vorgänge rechtlicher Art – im nichtgeistlichen Bereich sind bis weit ins 13. Jahrhundert hinein nicht urkundlich festgehalten worden, und auch späterhin überwiegen bei den Urkunden die geistlichen Empfänger entschieden. Da Klöster und Stifte im Zuge der Siedlung jedoch nicht die große Rolle gespielt haben, die man ihnen früher oft zugesprochen hat, die Hauptlast vielmehr bei den Herzögen, bei deren ritterlichen Lehnsträgern, bei bäuerlichen Siedlungsunternehmern und den Siedlern selbst lag, bietet die urkundliche Überlieferung in ihrer Einseitigkeit ein verzerrtes Bild. Gerade die bedeutsamen urkundlichen Zeugnisse des Siedelwerks, etwa der Zehntvertrag von 1240 und der von 1273, belegen dieses als einen wesentlich von weltlichen Gewalten getragenen Vorgang. Lokationsurkunden, in anderen von der deutschen und deutschrechtlichen Siedlung erfaßten Ländern Hauptquellen der Forschung, sind in Pommern, von zwei oder drei Ausnahmen abgesehen, nicht überliefert, obwohl es solche zumindest da und dort nachweislich gegeben hat.

Noch vor den Pommernherzögen leitete der rügische Fürst Wizlaw I. in seinem Land die deutsche Besiedlung ein. Zwar hatte schon 1209 sein Vater Jaromar I. dem damals der rügischen Herrschaft unterstehenden Kloster Eldena das Recht erteilt, Dänen, Deutsche und Slawen auf seinen Besitzungen anzusiedeln, doch lief die Besiedlung des festländischen Teils des Fürstentums Rügen mit Deutschen offenbar erst nach 1220 an. Eine dänische Siedlung an der deutschen Ostseeküste blieb – nicht zuletzt wegen Menschenmangels auf den dänischen Inseln – in kaum feststellbaren Anfängen stecken. Der Zehntvertrag von 1221, den Wizlaw mit Bischof Brunward von Schwerin, zu dessen Diözese Festland-Rügen gehörte, abschloß, läßt drei Arten von Dörfern erkennen: solche, die von Deutschen in zuvor gerodetem Gebiet neu angelegt werden sollen; solche, die schon vor der Ankunft der Deutschen bestanden hatten und von diesen nun, zum Teil unter Verdrängung der slawischen Bevölkerung, zum Teil unter deren (vorläufigem) Beibehalt, besiedelt und nach deutschem Recht und deutscher Bewirtschaftungsweise »umgesetzt«, das heißt umgestaltet wurden; sowie offenbar auch solche, in denen Slawen, die die von ihnen bisher bebauten Äcker Deutschen hatten überlassen müssen, angesiedelt worden sind.

Da das Siedelwerk für den Landesherrn mit einem beträchtlichen Aufwand verbunden war, versuchte er verständlicherweise, in den Genuß zumindest eines Teils der infolge der Aufsiedlung sprunghaft ansteigenden Zehnteinnahmen zu kommen. Dieser Kampf um die »Neubruchzehnten« ist der Hintergrund des rügischen Zehntvertrages wie auch der späteren entsprechenden Verträge im Herzogtum der Greifen sowie der vielen anderen Zehntabkommen in den ostdeutschen Ländern. In dem rügischen Vertrag von 1221 wird die Absicht, das Land zu vermessen, ausgesprochen, und tatsächlich begegnen uns die Folgen der Verwirklichung des Plans allenthalben in den Urkunden der nächsten Jahrzehnte, teils in unmittelbaren Hinweisen auf den Vorgang der Vermessung, teils in der Erwähnung von Hufen, die ja eine Folge der Vermessung der Feldmarken sind. Die zahlreichen Hagenhufendörfer (überwiegend in Küstennähe) sowie die vielen Angerdörfer (eher im Landesinnern), die Festlandsrügen aufweist, belegen die Dichte der deutschen Siedlung. Die Hagenhufendörfer tragen deutsche Namen, meist auf -hagen endend, die Angerdörfer haben oft die Namen ihrer slawischen »Vorgänger« übernommen.

Die Slawen wurden nicht vertrieben, sondern in vielfältiger Form in den Landesausbau einbezogen. Wie sehr das Deutschtum aber im Laufe des 13. Jahrhunderts infolge seiner zahlenmäßigen Überlegenheit, seiner wirkungsvollen Wirtschaftsweise und infolge der Angleichung der Slawen die Oberhand gewonnen hat, beweist eine Verfügung Fürst Wizlaws II. in seinem Testament von 1302, in der er besonders »meiner Slawen in Michaelsdorf, Bresevitz und in der Wiek bei Barth« gedenkt. Nicht nur diese Wendung, sondern auch die Fülle von deutschen Personen-, Orts- und Flurnamen, von Ausdrücken aus dem deutschen Rechtsleben, die uns in den Urkunden des 13. Jahrhunderts entgegentritt, nicht zuletzt die mit Stralsund 1234 einsetzende Gründung deutscher Städte macht die Stärke des Kolonisationsvorgangs und den hohen Grad der Eindeutschung offenkundig. Im Gegensatz zum festländischen Teil des Fürstentums Rügen hat die deutsche Siedlung die Insel erst seit dem Ende des 13. Jahrhunderts erfaßt, aber bei weitem nicht so stark wie das Festland. Trotzdem ist die slawische Sprache im 15. Jahrhundert – wahrscheinlich schon in den ersten Jahrzehnten – auch auf Rügen erloschen.[17]

Im Greifenherzogtum waren das damals noch größtenteils (bis zur Welse, dem südlichen Grenzfluß) zu Pommern gehörende Uckerland sowie das Gebiet an der unteren Oder die Landschaften, die als erste von der deutschen Siedlung erfaßt wurden. Zugunsten des Templerordens hat Barnim I. im Jahre 1234 eine Verleihung umfangrei-

Nach dem Übertritt zum christlichen Glauben war Fürst Jaromar I. von Rügen um die Ausbreitung der neuen Lehre in seinem Fürstentum bemüht. 1193 rief er aus dem Bistum Roskilde Nonnen in seine Residenz Bergen und gründete dort ein Zisterzienserinnenkloster, das er mit umfangreichem Besitz ausstattete. Der Reichtum des Klosters floß in einen großen Kirchenbau zu Ehren der Mutter Gottes. Besonders schön sind die spätromanischen Fresken im Chor, die lange Zeit überdeckt waren. Sie stammen aus dem 13. Jahrhundert und zeigen an der Südwand des Chores die hier abgebildete Hölle, gegenüber an der Nordwand ist das Paradies dargestellt.

cher Ländereien – ausdrücklich zu deutschem Recht – an dem Flüßchen Mietzel sowie die Vergabe von 200 Hufen an der Röhrike vorgenommen, wobei eine Vermessung in Hufen in beiden Fällen wahrscheinlich schon erfolgt, auf jeden Fall aber vorgesehen war. Die Besiedlung dieser fast wüsten und menschenleeren Gebiete mit Deutschen war in Aussicht genommen, was aus der Erwähnung von Freijahren deutlich hervorgeht. Barnim I. hat die Vergabungen getätigt, um in diesem Raum nördlich der unteren Warthe, in den kurz zuvor Heinrich I. von Schlesien vorgedrungen war, seinen Herrschaftsanspruch zur Geltung zu bringen. Dies ist ihm hinsichtlich des Gebietes nördlich der Mietzel allerdings nicht gelungen. Es fiel kurzfristig an Schlesien, kam dann zu Pommern zurück und geriet nach 1250 auf Dauer in die Hände der Markgrafen von Brandenburg.

Von größerer Bedeutung war die Schenkung des nördlich der Röhrike gelegenen Landes Bahn durch Barnim I. an die Templer. In diesem Gebiet war die deutsche Siedlung, erkennbar an bereits eingebürgerten Flurnamen und offenbar von slawischen Grundherren ausgeführt, bereits in vollem Gange, als es an den Orden fiel. Die insgesamt zehn Adligen, von denen wenigstens einige miteinander verwandt waren, wurden aus dem Land ausgesiedelt, konnten ihre gesellschaftliche Stellung aber wohl in anderer Form wahren.

In dem westlich des Landes Bahn gelegenen Land Fiddichow war der märkische Ritter Burkhard von Vehlefanz im Auftrag Herzog Barnims als Siedlungsunternehmer tätig. Man nimmt an, daß die dortigen großen Angerdörfer auf ihn zurückgehen. Urkundlich fassen läßt sich sein Wirken im Falle des Dorfes Roderbeck, wo er wohl für die Herbeischaffung der Siedler gesorgt und die Anfänge der Rodung geleitet hatte. Die mit 64 Hufen vermessene Feldmark des Dorfes verkaufte er dann vor dem Juni 1252 an das Zisterziensernonnenkloster vor Stettin. In dem nördlich anschließenden weiträumigen Besitz des Klosters Kolbatz kündigt sich die deutsche Siedlung mit einer Urkunde von 1236 an, in der bereits mit der Anlage ganz neuer Dörfer in bewaldetem Klostergebiet oder auch mit der Umbenennung von Dörfern im Zuge deutschrechtlicher Umsetzung gerechnet wird. Tatsächlich sind im Kolbatzer Bereich mehrmals slawische Siedlungsnamen durch deutsche Namen ersetzt worden (Cirnow wurde Neumark, Cabowe wurde Alt Falkenberg, Zipberese wurde Woltersdorf und so fort). Der Klosterbesitz wurde seit den vierziger Jahren voll in den deutschen Siedelstrom einbezogen; ganz neue Dörfer wurden angelegt sowie slawische Siedlungen mit deutschen Siedlern zu deutschem Recht und auf deutsche Wirtschaftsweise umgesetzt. Auch die ansässigen Slawen bezog man ein. Schon 1241 gewährte Herzog Barnim I. den Slawen unter den klösterlichen Hintersassen das deutsche Recht. Dies ist ein ungewöhnlich früher Beleg für gleichberechtigte Beteiligung von Slawen und erlaubt nicht den Schluß, es sei schon damals auch in anderen Teilen Pommerns so gewesen.

Eine andere frühe Keimzelle – neben dem Raum nördlich der unteren Warthe – lag im Uckerland. Auch hier, wo Barnim I. gegenüber Brandenburg bereits territoriale Einbußen hatte hinnehmen müssen, spielte bei der Ansetzung von Deutschen der Gedanke der Grenzsicherung eine große Rolle. Die älteste deutsche Stadt des Greifenherzogtums, Prenzlau, wurde 1234 im Uckerland gegründet. Aber auch die bäuerliche Siedlung kam hier bereits in den dreißiger Jahren in Gang. Die urkundliche Erwähnung von Hufen, von deutschen Ortsnamen, von Mühlen am Salvei-Bach belegt die Siedlungstätigkeit. Der Zehntvertrag von 1240, den Barnim I. mit Bischof Konrad III. von Cammin abschloß, zeigt den Landesausbau im Gebiet südwestlich und westlich von Stettin auf einem Höhepunkt. Fast zwanzig Dörfer – die in der Urkunde angegebenen runden Hufenzahlen deuten auf die planmäßige Anlage hin –, deren Zehntabgaben der Bischof dem Herzog lehnsweise überträgt, werden genannt. Auch mit den Zehnten der *vici* Prenzlau, Penkun, Stettin, Pyritz und Usedom wurde Barnim belehnt. Bezüglich der Zehnten von den Hufen nicht namentlich genannter »schon lange wüst liegender Dörfer« in den Burgbezirken Pyritz, Prenzlau, Penkun, Stettin und Zehden wurde für die Zeit nach ihrer Neubesiedlung eine Teilung der Einnahmen zwischen dem Bischof, dem Herzog und den Grundherren, die hier die Dorfgründungen offenbar selbst vornehmen sollten, verabredet. Drei Jahre später gab es in vier um Stettin gelegenen, dem dortigen Zisterzienserinnenkloster gehörenden Dörfern Schulzen, was – trotz der slawischen Dorfnamen – auf deutsche Dorfbewohnerschaft schließen läßt. Da Barnim I. im Jahre 1250 auch fast den ganzen ihm noch verbliebenen Rest des Uckerlandes an die brandenburgischen Markgrafen abtreten mußte, kam er dort nicht mehr in den Genuß der Früchte des von ihm eingeleiteten Siedelwerkes.[18]

Auch in Vorpommern, dessen nördlich der Peene und dessen südlich von Demmin zu beiden Seiten der Tollense gelegene Gebiete zum Landesteil Herzog Wartislaws III. gehörten, regte sich der Siedlungswille früh, obwohl Wartislaw im Vergleich zu seinem Vetter Barnim Neuerungen gegenüber offenbar weniger aufgeschlossen gewesen zu sein scheint. Auch hier spielte der Gedanke der Grenzsicherung – gegenüber Mecklenburg – eine Rolle. Das Land Zirzipanien mit Malchin hat Wartislaw III. schon um 1230 an Borwin III. von Rostock – von den im äußersten Osten des Landes gelegenen Teilen abgesehen – an Mecklenburg verloren, doch könnten die Anfänge der Vermessung und Verhufung des Landes, die dann von mecklenburgischer Seite durchgeführt wurden, auf Wartislaw zurückgehen. In den späten dreißiger Jahren wurden auch schon östlich von Demmin Dörfer – sicherlich mit Hilfe deutscher Siedler – deutschrechtlich umgesetzt. Früher noch erfolgte die Umsetzung der drei nördlich von Demmin liegenden Dörfer Groß Rakow, Klein Rakow und Bretwisch. Bei dieser Umsetzung von deutschen, wohl aus Mecklenburg stammenden Bauern (wobei offenbar auch Handwerker beteiligt waren) handelt es sich um die älteste *nachweisbare* Lokation eines pommerschen Dorfes zu deutschem Recht. Die diesbezüglichen Planungen für das im vorpommerschen Anteil Barnims I. gelegene Pätschow reichen zwar noch weiter zurück, doch mag sich hier die Ausführung länger hingezogen haben. Die zahlreichen Angerdörfer im Land Loitz zwischen Demmin im Süden und der oberen Trebel im Norden sind wohl zur Zeit des Bestehens einer selbständigen Herrschaft Loitz zwischen 1236/37 und 1271 angelegt worden.

Gegen 1250 war in dem sich östlich anschließenden Raum eine lebhafte Rodungs- und Siedlungstätigkeit im Gange. Eine große Zahl von Hagenhufendörfern mit deut-

Pyritz, einst das »pommersche Rothenburg«, war eine bedeutende slawische Burgstadt und das Zentrum des reichen Weizackers. Bereits Otto von Bamberg besuchte die Burgsiedlung Pyritz und predigte hier das Christentum. Zu Beginn des 13. Jahrhunderts siedelten neben der slawischen Burgstadt deutsche Kolonisten; 1248 wird erstmals die deutsche Stadt Pyritz urkundlich erwähnt. Sie erhielt 1263 von Herzog Barnim I. das Magdeburger Stadtrecht in derselben Form, wie es auch die Stettiner bereits erhalten hatten. Von der mittelalterlichen Stadtanlage ist nur noch ein Rest der aus Findlingen errichteten Stadtmauer erhalten. Das Stettiner Tor, das als eines der schönsten deutschen Stadttore galt, ist nach 1967 zumindest inTeilen von der polnischen Denkmalpflege wieder aufgebaut worden.

schen, auf -hagen endenden Namen entstand hier, und auch die slawischnamigen Angerdörfer Dersekow, Subzow und Griebenow auf der weiten, wüsten Feldmark von Dersekow wurden mit deutschen Siedlern angelegt. An dem Siedelwerk waren außer dem Kloster Eldena, dem größten Grundherrn im Nordteil dieses Raums, auch und vor allem ritterlicher Adel wie die Herren von Gützkow und die Ritter Behr beteiligt.

In dem nördlich der Ziese gelegenen Land Wusterhusen ging die Umstellung der Siedlungs-, Rechts- und Wirtschaftsformen auf deutsche Weise im dritten Viertel des 13. Jahrhunderts vor sich. 1264 ist zumindest das Dorf Vierow, 1271 ist bereits eine Reihe weiterer Dörfer verhuft. Die große Anzahl slawischer Wüstungen des 13. Jahrhunderts dürfte andeuten, daß in das Werk der Umgestaltung des Siedlungs- und Landschaftsbildes hier in starkem Maße die slawische Bevölkerung einbezogen worden ist. Letzteres gilt sicherlich auch für das sich südlich anschließende Land Lassan. Die Gründung der Stadt Lassan zwischen 1264 und 1278, auf deutsche Siedlung hinweisende Dorfformen, Erwähnung von Hufen sowie deutsche Ortsnamen belegen auch hier die Zuwanderung von Deutschen. Nördlich der unteren Peene, im alten Land Ziethen, hat die Durchdringung mit deutschen Siedlern, wie Flurnamen bezeugen, wohl um 1250 stattgefunden. Südlich der Peene, im alten Land Grozwin, vollzog sich dieser Umschwung etwa zur selben Zeit. Die um 1250 anzusetzende Gründung der deutschen Stadt Anklam, die auf deutsche Siedlung hinweisenden zahlreichen Angerdörfer, deutsche Ortsnamen, Erwähnung von Hufen sind deutliche Anzeichen des Wandels. Dies gilt ebenso für den westlich anschließenden Winkel zwischen Peene und Tollense, an dessen Spitze die um 1244 gegründete deutsche Stadt Demmin liegt und der die alten Länder Meseritz und Ploth umfaßt. Insbesondere fällt hier die Dichte der Angerdörfer auf. Eine noch größere Dichte jedoch weist das Gebiet westlich der Tollense auf. Hier wie in dem südlich angrenzenden, damals noch zu Pommern gehörigen Land Stavenhagen muß die deutsche Siedlung schon früher, bereits um 1240 eingesetzt haben.

Die Wälder der sich in breiten Streifen entlang der Haffküste hinziehenden Ueckermünder Heide ließ die deutsche Siedlungsbewegung des 13. Jahrhunderts unberührt. Nur an den Rändern, im Umkreis der gegen 1260 gegründeten Stadt Ueckermünde, westlich der Odermündung sowie an deren linkem Mündungsufer, wirkte die deutsche Siedlung, in welche die zahlenmäßig geringe slawische Bevölkerung einbezogen wurde, noch im 13. Jahrhundert dorfbildend. Tätigen Anteil daran nahm das Stift Jasenitz. Deutsche Orts- und Flurnamen, auf deutsche Siedler hinweisende Dorfformen, verhufte Feldmarken belegen den hier naturgemäß schwächeren Zustrom von Deutschen.

Schwächer als in den meisten übrigen Teilen Pommerns war der Zustrom von Deutschen auch auf den Haffinseln Usedom und Wollin. Immerhin siedelten sich schon in den vierziger Jahren in den Dörfern Garz und Kaseburg auf Usedom deutsche Bauern an. Deutsche Flurnamen und vereinzelte Hinweise auf Hufenverfassung zeugen von dem langsamen Vordringen des Deutschtums auf der Insel. Das Stift Grobe, das auf Usedom sehr begütert war, hat nicht kolonisierend gewirkt. Auf der Insel Wollin war die deutsche Stadt Wollin, deren Anfänge in den Jahren um 1270 liegen, lange die Haupt-

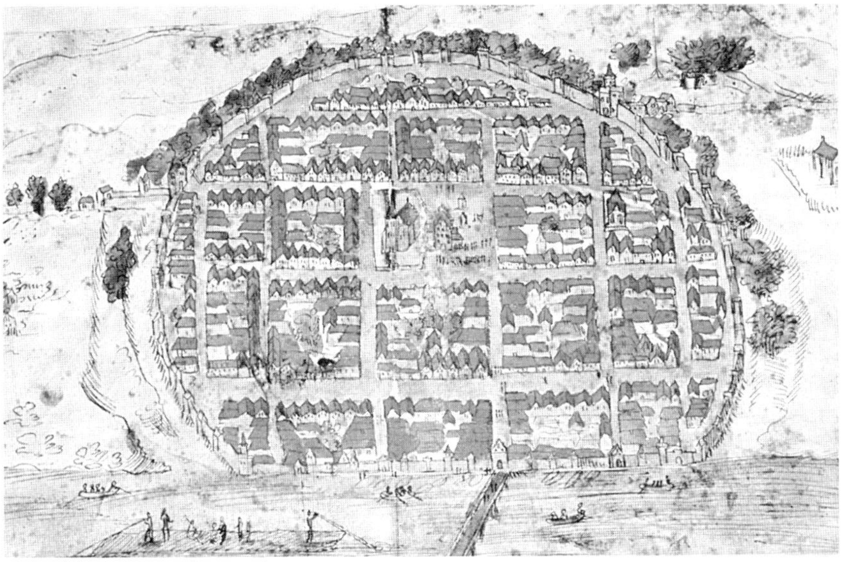

Die planmäßig angelegte mittelalterliche Stadt der deutschen Siedler in Pommern weist häufig einen schachbrettartigen Grundriß auf. Ein Beispiel dafür ist das 1254 von Herzog Barnim I. gegründete Greifenhagen (oben). Die Anlage der Stadt, der er das Magdeburger Recht verlieh, übertrug der Herzog dem »Rodungs- und Siedlungsunternehmer« Rudolf von Belkow und dessen Söhnen Rudolf und Gerhard. Sie hatten das Land urbar machen lassen und Siedler angeworben. Nun trieben sie den Bau der Stadt voran. Der Namensteil »hagen« weist auf den Ursprung der Stadt aus einer solchenRodungssiedlung hin. Auch in Pasewalk (unten) ist der schachbrettartige Grundriß auf der Luftaufnahme aus den dreißiger Jahren noch deutlich zu erkennen. Er prägt das Stadtbild bis heute, da die Grundstücksgrenzen überdauert haben.

stütze des Deutschtums, doch wird die Stadtgründung nicht ohne bäuerliche deutsche Bevölkerung im Hinterland der Insel erfolgt sein. Das Nebeneinander der Dörfer Klein und Groß Mokratz, das die sonst außerordentlich spärlichen Quellen erstmals 1301 erkennen lassen, legt die Vermutung nahe, neben dem slawischen Mokratz sei auch ein deutsches Dorf dieses Namens entstanden. Jedenfalls hat sich slawische Art in der Abgelegenheit der beiden Haffinseln noch bis weit ins 14. Jahrhundert hinein gehalten.[19]

Auf das Land um Pyritz, den fruchtbaren Pyritzer Weizacker, hat die Siedlungsbewegung schon um 1240 übergegriffen. Der erwähnte Zehntvertrag dieses Jahres bezeichnet einige Orte aus dem Umkreis von Pyritz als verhuft und spricht von dem Plan, das weithin wüst liegende Land zu erschließen. Die erste, entscheidende Welle der Besiedlung muß das Land im großen und ganzen bereits vor 1250 erfaßt haben. Der Landvogt Godeke von Schmogerow scheint hier in der zweiten Phase der Siedlung zwischen 1250 und 1260 eine derjenigen des Burkhard von Vehlefanz im Lande Fiddichow ähnliche Stellung als »Siedlungsunternehmer« innegehabt zu haben. Die Dichte des Netzes der Angerdörfer im Lande Pyritz läßt die Stärke des deutschen Zustroms erkennen. Ein Teil der hier von pommerscher Seite aufgewandten Siedlungsbemühungen kam schließlich den askanischen Markgrafen zugute, die den südlichen Teil des Landes Pyritz, die Gebiete um Soldin und Lippehne, in den sechziger und siebziger Jahren erwarben. In dem sich nordöstlich jenseits der Plöne an das Land Pyritz anschließenden Land Stargard hat die deutsche Siedlung einen ähnlichen, doch um mindestens zehn Jahre zeitversetzten Verlauf genommen. Dabei liegt für das Land Stargard ein besonders frühes Zeugnis der Siedelabsicht vor: Schon 1229 hatte Barnim I. dem Johanniterorden erlaubt, auf seinen pommerschen Besitzungen, die größtenteils im Lande Stargard lagen, Siedler zu deutschem Recht anzusetzen. Der Zehntvertrag von 1240 und zwei Urkunden des Jahres 1248 lassen in Angaben über vermessenes Land und in der Nennung eines deutschen Ortsnamens (Seefeld) sowie eines deutschen Flurnamens erste Spuren der deutschen Siedlung erkennen, die aber wohl erst seit 1250 in verstärkter Weise betrieben worden zu sein scheint. Auch hier verdeutlicht die Menge der Angerdörfer das Ausmaß des Zustroms.

Im Lande Cammin, das im wesentlichen den Winkel ausfüllte, der durch die Dievenow, den östlichen Oderausfluß, im Westen und die Seeküste von Dievenow bis zum Eiersberger See gebildet wird und in dem das Domkapitel von Cammin reich begütert war, scheint die deutsche Siedlung an einzelnen Orten um 1260 eingesetzt zu haben. Die Lehmböden des Landes Cammin waren von jeher ein natürlicher Siedlungsboden. Der Zehntvertrag, den Herzog Barnim I. im Jahre 1273 mit Bischof Hermann von Cammin und dem Domkapitel von Cammin sowie dem Kapitel von Kolberg abschloß, zeugt von dem Plan, die Länder Cammin und Kolberg mit Hilfe deutscher Siedler großzügig zu erschließen. Anders als im Land Kolberg hat der beabsichtigte Landesausbau östlich von Cammin offenbar jedoch zunächst nicht im vorgesehenen Umfang durchgeführt werden können, wenngleich nicht anzunehmen ist, daß die Planung von 1273 gar keine Folgen gezeitigt habe. Um 1300 muß eine deutsche bäuerliche Bevölkerung im Land

Cammin bereits in starkem Maße vertreten gewesen sein, doch lassen altertümliche Dorf- und Flurformen erkennen, daß sich hier wesentliche Züge der alten Kulturlandschaft aus slawischer Zeit über die deutsche Siedlung hinweg erhalten haben. Die endgültige Erschließung des Landes mit deutschen Siedlern unter Einbeziehung der slawischen Bevölkerung wird aber erst in der zweiten Hälfte des 14. Jahrhunderts erfolgt sein. Leiter des Siedelwerkes war der örtliche Adel, das Kapitel von Cammin war wohl kaum beteiligt. Der alte Wohngau um Cammin wurde südlich durch eine Linie alter Wallanlagen von einem stark bewaldeten Gebiet eiszeitlicher Talsande getrennt. In diesem südlich des Landes Cammin an Dievenow und Haff gelegenen Gebiet, das schon in vordeutscher Zeit verwaltungsmäßig zur Insel Wollin gehört hatte und wo seit dem 13. Jahrhundert die Stadt Wollin und vor allem das Zisterzienserinnenkloster zu Wollin reichen Besitz erwarben, muß die deutsche Siedlung früher Fuß gefaßt haben. Deutsche Orts- und Flurnamen, die Unterscheidung von Deutsch und Wendisch Weckow sowie von Groß und Klein Stepenitz belegen, daß das Gebiet bereits um 1300 zumindest teilweise erschlossen war; die Bevölkerungsdichte blieb aber niedriger als im Land Cammin. Die Dorfformen lassen vermuten, daß die deutsche Durchdringung hier stärker gewesen ist als in dem nördlich gelegenen Gebiet.

Die ostwärts sich anschließenden Länder Naugard und Massow, die in den sechziger Jahren größtenteils oder ganz in den Besitz des Bischofs von Cammin übergingen, der das Gebiet von Naugard aber schon 1274 weiterverlehnte, waren damals weitgehend menschenleer. Die deutsche Siedlung hat im Norden des Landes angesetzt, wo schon 1268 das Dorf Damerow als deutsches Dorf erscheint. 1278 taucht ein deutschnamiges Dorf im Süden auf, bei Massow. In den Wäldern westlich und nördlich von Naugard begannen die Rodungsarbeiten erst im 14. Jahrhundert. Auf dem urbar gemachtem Land wurden dann neue Dörfer gegründet. Die große Zahl deutscher Ortsnamen sowie die Angerdorfform der meisten Siedlungen sprechen hinsichtlich der Herkunft der Bauern dieser Gegend eine deutliche Sprache.

Durch Verleihungen Wartislaws III. und Barnims I. brachte in den Jahren zwischen 1257 und 1262 Graf Gunzelin III. von Schwerin den größten Teil des Landes Daber, das an die Länder Naugard und Massow östlich anschließt, sowie 4000 Hufen, die südöstlich des Landes Daber lagen, in seine Hand. Das Gebiet dieser 4000 Hufen war dicht bewaldet und so gut wie unbesiedelt, im Land Daber gab es eine wohl nur geringe slawische Bevölkerung. Der Graf aus dem heutigen Mecklenburg nahm sofort ein großzügiges Besiedlungsvorhaben in Angriff, bei dem ihm Ritter aus seiner Heimat zur Seite standen. Mecklenburgische Bauern wurden ins Land geholt, die auf Neuland Dörfer gründeten und wüst liegende Dörfer zu deutschem Recht neu besiedelten. Ortsnamen sowie die zahlreichen Angerdörfer zeugen von der kolonisatorischen Tätigkeit der mecklenburgischen Zuwanderer aus dem Westen. 1277 gab Gunzelin seinen gesamten Besitz in Hinterpommern auf. Einen Teil, nämlich 460 Hufen, hatte schon zuvor das livländische Kloster Dünamünde, welches seit den sechziger Jahren 500 Hufen im Lande Daber besaß, in seine Hand gebracht; das Kloster sowie adlige Geschlechter wie die Behr setzten das Werk des Landesausbaus fort.

Das weite Gebiet zu beiden Seiten der Rega, und zwar von deren Unterlauf um Labes bis zur Mündung in die Ostsee, ist erstmals vor 1260 von der deutschen Siedlungsbewegung ergriffen worden. 1255 war die deutschrechtliche Umsetzung des nördlich von Labes gelegenen Dorfes Karow sowie dessen Besetzung mit deutschen Siedlern geplant. Das Stift Belbuck, das die Durchführung übernehmen sollte, fühlte sich aber offenbar überfordert, weshalb sich Herzog Wartislaw III. der Angelegenheit selbst angenommen zu haben scheint. Seit den siebziger Jahren haben dann vorwiegend Mitglieder des Geschlechts der Borcken, aber auch andere Angehörige des örtlichen Adels, Deutsche wie Slawen, in dem fast siedlungsleeren Raum an der oberen Rega kolonisierend gewirkt. Die Dichte des deutschen Zustroms und die Stärke des Landesausbaus müssen um 1280 auf den Höhepunkt gelangt sein.

Ähnlich verlaufen ist offenbar die Siedlungsbewegung in dem nördlich angrenzenden Gebiet um Plathe. Das um Greifenberg und Treptow an der Rega gelegene Land an der unteren Rega, in dem das Stift Belbuck reich begütert war, wies in vordeutscher Zeit eine verhältnismäßig dichte slawische Besiedlung auf. Auch hier hat der Landesausbau um 1260 begonnen, wie die 1262 erfolgte Gründung der deutschen Stadt Greifenberg nahelegt. Es entstanden Dörfer von wilder Wurzel wie Grandshagen und Koldemanz, das in dem spärlichen und kargen Quellenbestand erstmals 1294 erscheint; noch häufiger aber wurden bestehende Dörfer mit deutschen Siedlern deutschrechtlich umgesetzt, wie zum Beispiel Trieglaff, Dadow und Tressin. Die slawische Bevölkerung wurde im allgemeinen wohl einbezogen; die Unterscheidung zwischen Deutsch und Wendisch Pribbernow läßt auf ein zumindest da und dort gegenteiliges Verfahren schließen.

Im Gebiet um das zwischen 1277 und 1281 als deutsche Stadt gegründete Treptow an der Rega verlief die Entwicklung seit 1260 ebenso und wurde auch hier weitgehend vom Stift Belbuck bestimmt. Neben von wilder Wurzel gegründeten Dörfern wie Gützlaffshagen und Hagenow stehen umgesetzte Dörfer wie Behlkow, wiewohl hier wie andernorts die zahlreichen slawischen Ortsnamen keineswegs als Beweis für das Bestehen einer Siedlung schon in vordeutscher Zeit gelten können. Das Nebeneinander von Groß beziehungsweise Deutsch Zapplin und Klein beziehungsweise Wendisch Zapplin zeigt, daß die deutschen Siedler in diesem Fall ihr Dorf neben eine vorhandene Siedlung gesetzt haben. Auch hier erreichte die deutsche Zuwanderung eine hohe Dichte, wie die Füller der Anger- und der Hagenhufendörfer unterstreicht.[20]

Im Land Kolberg, dessen östlicher Teil seit 1248 und dessen westlicher Teil seit 1276 weltlicher Besitz des Bischofs von Cammin war, stellte die 1255 gegründete Stadt Kolberg zunächst eine Insel des Deutschtums dar. In den sechziger Jahren setzte die bäuerliche deutsche Siedlung ein, die jedoch erst mit der Inangriffnahme der dem Zehntvertrag von 1273 zugrunde liegenden Pläne zu einem mächtigen Strom anschwoll. Einer der beiden Schwerpunkte der Ansiedlung lag in dem Gebiet südlich Kolbergs zu beiden Seiten der Persante. Die Umsetzung der dortigen slawischen Siedlungen zu deutschem Recht mit Hilfe deutscher Siedler ist hier ein Werk des achten und des neunten Jahrzehnts des 13. Jahrhunderts. Die slawischen Ortsnamen deuten an, daß hier kaum Dörfer von völlig wilder Wurzel gegründet worden sind. Anders war es in dem zweiten Schwerpunkt des Siedlungsgeschehens, dem Gebiet westlich von Köslin, wo die deutsche Siedlung einige Jahre später eingesetzt haben dürfte. Das im 13. Jahrhundert dichtbewaldete Gebiet an der Küste weist eine große Zahl deutschnamiger Hagenhufendörfer auf, die in den letzten beiden Jahrzehnten des Jahrhunderts und in den Jahren unmittelbar nach der Jahrhundertwende auf Rodungsland entstanden sind.

Gleichzeitig oder noch früher setzte die deutsche Siedlung in dem schon in vordeutscher Zeit nicht menschenleeren Raum südlich von Köslin ein. Die Umgestaltung der Kulturlandschaft gemäß den mit den Deutschen ins Land gekommenen Vorstellungen von Recht, Niederlassung und Landbau geschah hier unter Einbeziehung der Slawen. Leiter der Siedlung waren vornehmlich ritterliche Vasallen – deutsche wie slawische – des bischöflichen Landesherrn, der das Siedelwerk maßgeblich beeinflußt haben dürfte. Die anderen geistlichen Einrichtungen des Landes Kolberg traten demgegenüber zurück mit Ausnahme des mecklenburgischen Klosters Dargun, das im Hösliner Küstengebiet umfangreichen Landbesitz hatte, den es durch Besiedlung erschloß.

Für die Siedlung in dem zu beiden Seiten der mittleren und der oberen Persante liegenden Land Belgard ist die Quellenlage besonders schlecht. Die Erschließung setzte in diesem – von der Umgebung Belgards abgesehen – dünnbesetzten Gebiet in den sechziger Jahren ein, nahm aber wohl erst gegen 1280 zu. Die deutsche Stadt Belgard dürfte im Kern auf die Zeit um 1260 zurückgehen. Als sie 1299 ihre Lokationsurkunde erhielt, bestanden im Umland sicherlich schon mehrere deutsche Dörfer, doch läßt die Dürftigkeit der Quellenlage nur die deutschrechtliche Umgestaltung des Dorfes Bulgrin deutlich erkennen.

In den Ländern Schlawe und Stolp bestanden insofern ganz andere Bedingungen für die deutsche Siedlung, als diese Länder nicht zum Greifenherzogtum gehörten, sondern zum pommerellischen Herzogtum der Samboriden und erst 1316/17 an das Greifengeschlecht fielen. Die deutsche Siedlung stieß hier zeitweise auf Widerstände. Das 1260 gegründete Kloster Buckow war der zunächst einzige, doch tatkräftige Träger des Siedelwerkes. Ansätze gab es schon in den ersten Jahren nach der Gründung, doch setzte der starke Zustrom von bäuerlichen deutschen Siedlern in den umfangreichen Besitz des Klosters im Westteil des Landes Schlawe erst nach 1270 ein. Deutschnamige Orte entstanden von wilder Wurzel, Fluren, auf denen bereits ein slawisches Dorf bestanden hatte oder die wüst lagen, wurden von deutschen Bauern umgesetzt, wobei die slawische Bevölkerung einbezogen wurde, wie das Vorkommen eines slawischen Schulzen in Böbbelin beweist. Das Dorf Malchow, dessen Aufsiedlung sich ausnehmend gut verfolgen läßt, hat im Gebiet an der Grabow eine Vorreiterrolle gespielt. So hat die Gegend zwischen Köslin einerseits und Rügenwalde sowie Schlawe andererseits ihr Gesicht innerhalb einiger Jahrzehnte völlig verändert. Dazu trug wesentlich die Anlage zahlreicher Hagenhufendörfer bei, die in den ersten Jahrzehnten des neuen Jahrhunderts entstanden. Auch nördlich und südlich von Schlawe drang die deutsche Siedlung durch, was die Dorfformen anzeigen.

Die ersten, zaghaften Versuche eines bäuerlichen Deutschtums im Lande Stolp gehen offenbar auf die achtziger Jahre des 13. Jahrhunderts zurück; in diesen Jahren befreite Herzog Mestwin II., der Landesherr, einige nördlich von Stolp gelegene Dörfer von den Lasten sowohl des polnischen wie des deutschen Rechts. Die spärlichen Quellen aus den Anfangsjahren des neuen Jahrhunderts lassen erkennen, daß auch südlich und östlich von Stolp die Besiedlung in Gang gekommen war, und eine das Dorf Zezenow betreffende Lokationsurkunde von 1337, also eine die deutschrechtliche Umsetzung (und wohl auch Ansiedlung von Deutschen) regelnde Urkunde, beweist, daß in diesen Jahren auch schon im Ostteil des Landes Stolp deutsche Siedler Fuß faßten. Die deutschnamigen Hagenhufendörfer an der Mündung der Stolpe dürften schon früher entstanden sein.[21]

Die Beziehungen zwischen Deutschen und Slawen im Rahmen der Ansiedlung

Die deutsche Besiedlung Pommerns ist ein Bestandteil jener großen Bewegung, die als »mittelalterliche deutsche Ostsiedlung« in den zweieinhalb Jahrhunderten zwischen 1100 und 1350 eine erhebliche Erweiterung des deutschen Siedlungs- und Sprachraums in Mitteleuropa und nach Ostmitteleuropa hinein bewirkt hat und die neben der ethnischen Umgestaltung des von ihr erfaßten Gebietes dieses auch in politischer, wirtschaftlicher, gesellschaftlicher und geistig-religiöser Hinsicht im Sinne des im »Westen« bereits erreichten Standes tiefgreifend beeinflußt hat. In Pommern wurde das Siedelwerk von den Landesherren gefördert und geleitet, dem Fürsten von Rügen, den Greifenherzögen, dem Bischof von Cammin. Die starke Stellung des Landesherrn im Bodenrecht schon der slawischen Zeit erleichterte die Bereitstellung des für die Siedler erforderlichen Grund und Bodens. Wo der Landesherr nicht selbst die Nutzung über den Grund und die neu angelegten oder deutschrechtlich umgesetzten Dörfer behalten wollte, zog er als Mitorganisatoren und Mitförderer kirchliche Einrichtungen und ritterliche Lehnsleute heran, die, da sie überwiegend aus dem Reich kamen, in Pommern selbst erst Fuß fassen mußten und ihre Verbindungen in die alte Heimat dazu nutzten, Siedler von dort ins Land zu bringen; doch lag die Besiedlung zum Teil auch in der Hand einheimischer slawischer Adelsgeschlechter. Aufgabe dieser ritterlichen Vasallen war es, die Abgrenzung und Vermessung der Feldmark vorzunehmen, die Rodung, die Anlage beziehungsweise Umgestaltung und Erweiterung des Dorfes zu leiten, Anwerbung, Transport und Ansiedlung der neuen Bauern durchzuführen oder zu überwachen und dabei die slawische Bevölkerung einzubeziehen, die Errichtung etwa einer Mühle und eines Kruges zu veranlassen, die Festlegung der Abgaben und Leistungen vorzunehmen, die die Bauern zu entrichten und zu erbringen hatten, sowie – im Einvernehmen mit anderen Berechtigten, etwa dem Bischof oder einem Kloster – die Art der Zehnterhebung und -aufteilung festzulegen. Die ritterlichen »Siedlungsunternehmer« (Lokatoren) bedienten sich in den einzelnen Dörfern jeweils eines angesehenen Mitglieds der neuen bäuerlichen Siedlergemeinschaft, das sie als Unterlokator und Helfer vor Ort einsetzten. Dieser übernahm in dem neuen Dorf dann das Schulzenamt. Der Ritter konnte das Schulzenamt auch gleich selbst übernehmen oder in der Folge erwerben, was anfänglich jedoch selten geschah.

Klöster und Stifter bedienten sich dort, wo sich infolge von Verleihung durch den Landesherrn ausgedehnte Liegenschaften in ihrem Eigentum befanden, ebenfalls der Hilfe ritterlicher und bäuerlicher Lokatoren. Die Bedeutung der bäuerlichen Lokatoren, der späteren Schulzen, war dort wohl besonders groß, wo der Landesherr auch Grund- und Dorfherr war, das Land also nicht an Vasallen verlehnt oder kirchlichen Einrichtungen übereignet hatte und der Dorfgründungsvorgang beziehungsweise die »Umsetzung« eines vorhandenen slawischen Dorfes, die »Besetzung« des Dorfes (»locatio« oder »possessio«) unter seiner unmittelbaren Aufsicht erfolgte. Da aus dem 13. Jahrhundert fast ausschließlich für geistliche Einrichtungen ausgestellte Urkunden überliefert sind, das damalige Geschehen sich heute in seinen Verhältnissen gewissermaßen verzerrt darstellt, hat man den tätigen Anteil der Klöster und Stifte an der deutschen Siedlung früher überschätzt. Neben Klöstern wie Neuenkamp und Buckow, die sich um die Siedlung verdient gemacht haben, stehen Institute wie Stift Grobe, deren Einsatz gering war. Von den schon im 12. Jahrhundert gegründeten Klöstern scheint nur Kolbatz in starkem Maße die Siedlung gefördert zu haben.

Die deutschen Siedler stammten ausschließlich aus dem niederdeutschen Raum. Die Mundart- und Wortforschung erlaubt genauere Aussagen über die Landschaften Altdeutschlands, denen die Siedler entstammten. Niedersächsische Bauern zogen einerseits in einer breiten Spur entlang der Ostseeküste in Pommern ein, andererseits – zusammen mit westfälischen Siedlern – weiter südlich über das mecklenburgische Endmoränengebiet. Entlang der Oder schob sich, im Nordwesten von dem Flüßchen Zarow, im Nordosten nicht ebenso eindeutig teils von der Rega, teils von der Persante begrenzt, ein aus Brandenburg, letztlich aus der Altmark kommender Siedlerstrom wie ein Keil bis an das Stettiner Haff vor (»mittelpommerscher Keil«). So wurden entsprechend den unterschiedlichen Siedlerströmen Vorpommern nördlich der Zarow, die Haffinseln und das hinterpommersche Küstenland (bis Stolp) auf Dauer im wesentlichen niedersächsisch, das Gebiet zu beiden Seiten der Oder um Stettin sowie der größte Teil des hinterpommerschen Höhenrückens märkisch geprägt.

Infolge eines offenbar beträchtlichen Bevölkerungsüberschusses konnte die von Westen nach Osten fortschreitende deutsche Prägung des Landes bald überwiegend von Deutschen getragen werden, die bereits von im Lande heimisch gewordenen Siedlern abstammten. Man darf sich diese Verdeutschung nicht als geschlossenes, ununterbrochenes Vorrücken der deutschen Bevölkerung vorstellen, sondern vielmehr als ein allmähliches Zusammenwachsen von vorgeschobenen Siedlungsinseln mit der Masse des schon überwiegend oder weitgehend deutsch besiedelten Gebietes; es entstanden immer neue vorgelagerte Siedlungsinseln, was dann wieder zur Ausweitung des Gesamtgebietes führte. Wo die deutschen Siedler auf slawische Bevölkerung trafen, wurde diese in den Siedlungsvorgang früher oder später einbezogen. Nirgendwo erfolgte eine Vertreibung der Slawen. Wohl konnte es vorkommen, daß infolge der deutschrechtlichen Umsetzung eines Dorfes die slawischen Bewohner in ein neues Dorf umgesiedelt wurden, wie es im Falle des im Land Loitz gelegenen Kirch Baggendorf geschah, das gegen 1240 deutsch übersiedelt wurde und aus dem um 1300 slawische Familien auszogen, die dann Wendisch Baggendorf gründeten. Viel häufiger verlief die Entwicklung umgekehrt: Neben ein slawisches Dorf wurde ein größeres deutsches Dorf gesetzt, das in der Folge entweder, wie das etwa auf der Feldmark von Grammendorf geschah, das slawische Dorf aufsog oder von diesem, durch den Namenzusatz »Groß« unterschieden, auf Dauer getrennt blieb, etwa im Fall von Groß und Klein Sabow.[22]

Die Assimilation der Slawen setzte ein beträchtliches zahlenmäßiges Übergewicht der Deutschen auch auf dem Lande voraus. Der Zehntvertrag von 1273 sah vor, daß die deutschrechtliche Umsetzung von bestehenden slawischen Dörfern in den Ländern Cammin und Kolberg mit Hilfe von mindestens zu zwei Dritteln aus Deutschen bestehenden Siedlergruppen ins Werk gesetzt werden solle. Eine genaue Bestimmung des Zahlenverhältnisses für das gesamte Land erlauben weder diese Angabe noch andere ähnlich geartete, doch weisen alle Quellenzeugnisse auf ein beträchtliches Übergewicht der Deutschen hin. Der hohe Anteil slawischer Ortsnamen in Pommern darf nicht zu falschen Schlüssen führen; die allermeisten der mit ausschließlich oder überwiegend deutscher Bevölkerung »umgesetzten« Dörfer behielten ihre slawischen Namen, und auch sehr viele der aus wilder Wurzel gegründeten Dörfer wurden slawisch benannt.

Eine von 1256 stammende, mehrere deutsche Flurnamen nennende Urkunde des Fürsten Jaromar II. von Rügen über das heute nicht mehr existierende Dorf »Szarnekevitz« gibt beispielhaft Aufschluß darüber, wie sich das Geschick der Slawen inmitten deutscher Bevölkerung gestalten konnte. Der Fürst verfügte, daß die Slawen dieses deutsch umgesetzten Dorfes dort bleiben sollten, wo sie derzeit säßen; sie seien nicht gehalten, Äcker zu bebauen, sondern sollten nur Wälder und Weiden nutzen; mehr Slawen, als schon angesetzt seien, dürften in dem Dorfe nicht angesetzt werden. Eine Urkunde von 1285 zu dem später aufgelassenen Dorf »Betsin« (bei Treptow an der Rega) läßt erkennen, daß dieses Dorf damals verhuft war und seine Gemarkung von einem Berg begrenzt wurde, »den die Slawen neben der Mühle bebauen«. Entweder also waren bei der Ansetzung deutscher Siedler die vorhandenen Slawen an diesen Berg ausgesiedelt worden, oder es handelte sich dabei – was wahrscheinlicher ist – um das Ackerland des alten Slawendorfes.

Noch vor Ablauf des 13. Jahrhunderts war die Eindeutschung Vorpommerns im wesentlichen abgeschlossen, und die des größeren Teils der westlich des Gollens gelegenen Gebiete Hinterpommerns war fast überall weit fortgeschritten, wenn nicht bereits vollzogen. Die letztwillige Verfügung des rügischen Fürsten Wizlaw II. von 1302, daß »meine Slawen« in Michaelsdorf, in Bresewitz und in der Wiek (bei der Burg) von Barth bei ihren alten Rechten belassen sein sollten, deutet darauf hin, daß Slawen beziehungsweise nach slawischer Art lebende Menschen in Festland-Rügen damals schon eine Ausnahme darstellten. Dies ist nicht allein auf die Dichte der deutschen Siedlung zurückzuführen, sondern auch auf die alle Bereiche des Lebens, vornehmlich die Sprache erfassende Angleichung der Slawen an die Deutschen, die durch Unterschiede im körperlichen Erscheinungsbild – solche bestanden nicht – auch nicht gehemmt werden konnte.

Der Vorgang der Angleichung läßt sich in der adligen Oberschicht Hinterpommerns ebenfalls beobachten, wenngleich Heiraten zwischen Angehörigen von Adelsgeschlechtern deutscher und solchen pomoranischer Herkunft lange Zeit sehr selten waren. Ein frühes Beispiel stellte die Ehe des Ritters Ulrich von Bevenhusen, der sich um 1275 in Pommern niedergelassen hat, mit einer Slawin dar, die eine Bonin oder eine Kameke gewesen sein mag. Im Jahre 1301 bezeichnet ein Ritter pomoranischer Herkunft ein vereinzelt in einer lateinischen Urkunde vorkommendes deutsches Wort als ein Wort »unserer Mundart«. Sehr lange dagegen hielt sich die slawische Sprache bei der dem Fischfang nachgehenden Bevölkerung an der Seeküste, vor allem im Haffbereich und auf den Inseln Usedom und Wollin.

Mit dem Fortschreiten der deutschen Siedlung, vor deren Einsetzen es in Pommern nur wenige Kirchen gegeben hatte, ging der Ausbau des Pfarreinetzes einher; er war um 1300 im wesentlichen abgeschlossen. Im Bistum Cammin gab es damals etwa 220 Pfarrkirchen, von denen zwei Drittel in der zweiten Hälfte des 13. Jahrhunderts entstanden waren.[23]

Dorfformen und Flurformen

Die slawische Bevölkerung hatte in kleinen, wenige Häuser umfassenden Siedlungen gelebt und dabei die Nähe von Wasserläufen gesucht. Die als Acker genutzte Fläche lag in kleinen Blöcken regellos verteilt innerhalb der Flur. Mit den deutschen Siedlern setzten sich die planmäßigen Siedlungs- und Flurformen durch, die in den von der deutschen Siedlung schon früher erfaßten Ländern, in Brandenburg und vor allem in Mecklenburg, entwickelt worden waren und sich letztlich auf Formen des deutschen Altsiedellandes zurückführen lassen. In Pommern wurden zwei Siedlungstypen besonders wichtig: das Hagenhufendorf und das Angerdorf.

In den Hagenhufendörfern, die als Rodungsdörfer auf zuvor bewaldetem Gebiet entstanden waren, lagen die Gehöfte in weiten Abständen, die durch die Breite der den einzelnen Höfen zugewiesenen Landstreifen bestimmt waren, entlang der Dorfstraße. Jeder Bauer besaß das von ihm bewirtschaftete Land in Gestalt einer »Hagenhufe«; diese zog sich in einem breiten, langen Landstreifen über die gesamte Dorfmark hin, der Bauernhof lag also auf der Hufe des Bauern. Einer Gemeinweide, Allmende oder Gemeinheit, bedurften die Häger demzufolge nicht. Wenn ein Hagendorf eine Allmende hatte, dann allenfalls eine kleine.

Bei den inmitten der Flur liegenden Angerdörfern lagern sich um einen langgestreckten, langrunden oder dreieckigen Anger dicht an dicht die Gehöfte der Bauern. Die Straße führt durch das Dorf, gabelt sich darin, den Anger umschließend, der den Dorfteich enthält und Raum für die nächtliche Unterbringung des Viehs bietet, auch oftmals Baulichkeiten wie eine Kirche oder eine Schmiede aufweist. Die dichte Aneinanderreihung der Höfe macht die Aufteilung der Flur in ebenso viele Besitzstreifen, wie Bauern im Dorfe leben, unmöglich. Vielmehr teilt man die Ackerflur hier in mehrere Gewanne, die nun ihrerseits in so viele Steifen zerlegt werden, wie das Dorf Bauernstellen umfaßt. Jeder Hof erhält in jedem Gewann je einen Streifen, die Streifen eines Bauern liegen also mit denen der anderen Bauern im Gemenge, was – im Gegensatz zu den Hagensiedlungen – die Anwendung des Flurzwanges notwendig macht.

Angerdörfer treten in großer Dichte im Peeneraum auf, besonders südlich der Peene, ferner westlich der unteren Oder, im Pyritzer Weizacker, zu beiden Seiten des Madüseebeckens bis hin zur oberen Rega, am Unterlauf der Rega, in geringerer Dichte dann auch im Lande Kolberg und im Lande Schlawe. Handelt es sich nördlich der Peene um kleine Dörfer mit zunächst weniger als zehn Höfen, so sind die Angerdörfer südlich und ostwärts davon als große oder manchmal sogar übergroße Angerdörfer anzusprechen. Ob sich der Typus des Angerdorfes in Pommern ebenso von Anfang an mit der Wirtschaftsform der Gewannflur verbunden hat, wie es in Brandenburg der Fall war, ist allerdings sehr fraglich. Hagenhufendörfer gibt es nur in Küstennähe, in großer Dichte liegen sie innerhalb eines breiten Küstenstreifens, der sich vom Umland der Stadt Barth bis ins Hinterland von Wolgast hinzieht; vereinzelt treten sie auch im westlichen Hinterpommern auf, in größerer Anzahl findet man Hagenhufendörfer jedoch erst wieder zwischen Kolberg und Köslin sowie westlich und nördlich von Schlawe.

Das Angerdorf ist die typische Form der deutschen Siedlung in Pommern und bildete in deren ersten Jahrzehnten eine ausgesprochene Modeform. Neben dem Typus des Angerdorfes und dem des Hagenhufendorfes steht als Siedlungsform aus der Endphase der mittelalterlichen deutschen Kolonisation in Pommern das große Straßendorf. Es tritt infolgedessen vor allem in Hinterpommern auf, je weiter ostwärts, desto häufiger. Das Kennzeichen des Straßendorfs bildet die lange, doppelseitig bebaute Dorfstraße ohne platzartige Erweiterung. Ein Straßendorf kann als planmäßig in voller Länge gegründetes deutsches Großdorf oder bei Zusiedlung von Deutschen durch nachträgliche Verlängerung eines Gassen- oder Zeilendorfes entstanden sein.

Sacksiedlungen, Vertreter eines vierten, des letzten hier zu nennenden Typus, sind durch das »blinde« Enden der an einer Seite des Dorfes in dieses hineinführenden Straße gekennzeichnet; daß die Straße im Dorfe aufhört, das ist stets durch die Lage der Siedlung an einer feuchten Niederung verursacht. Sackdörfer, besonders Sackgassendörfer, können häufig als Fortsetzung slawischer Siedlungen angesehen werden und finden sich vor allem im östlichen Hinterpommern. Überhaupt sind die Landesteile, die später und in schwächerem Maße von der deutschen und deutschrechtlichen Siedlung erfaßt worden sind, also die östlichen und südöstlichen Gebiete Hinterpommerns, das Land Cammin, die Haffinseln, mehr oder weniger von Siedlungskleinformen geprägt, die zum großen Teil wohl in der einen oder anderen Form slawische Siedlungen fortsetzen oder unter deutscher Leitung mit zunächst slawischer Bevölkerung angelegt worden sind. Ein gutes Beispiel eines Gebietes mit zahlreichen »Restformen« bot die Insel Rügen mit ihren vielen Weilern, unregelmäßigen kleinen Gehöftgruppen, die im

Mittelalter einen zahlenmäßig sehr beträchtlichen Zuzug deutscher Menschen ja nicht erfahren hat.[24]

Der Ansiedlungsvorgang begann wohl stets mit der Abgrenzung der Feldmark des geplanten Dorfes. Fand die Ansiedlung auf erst noch zu rodendem Land statt, sollte also eine Dorfgründung »aus wilder Wurzel« erfolgen, so mochte ein Hagenhufendorf geplant sein, und man wird sofort mit der Vermessung der den einzelnen Siedlern zuzuweisenden Hagenhufen mit Hilfe des Meßseils begonnen haben. Danach ging es an das gemeinschaftliche Werk der Rodung. Befand sich am Ort des geplanten deutschen Dorfes bereits eine oder auch mehrere slawische Ansiedlungen – und auf solche Ansiedlungen trafen die deutschen Siedler vielfach, besonders zum Beispiel im Gebiet südlich der Peene oder im Pyritzer Weizacker –, so war eine Abgrenzung der Feldmark ebenfalls notwendig, da die slawischen Siedlungen feste Grenzen im allgemeinen nicht kannten; die Rodung war jedoch weniger aufwendig, da zumindest eine von der slawischen Bevölkerung genutzte kleine Ackerfläche bereits vorhanden war. Das Ackerland wurde in Langstreifen vermessen, und jedem Bauern wurden mehrere Streifen zugewiesen. Eine Urkunde von 1262 macht den Vorgang deutlich: Der Abt von Dargun leiht dem Ritter Johann von Wachholz als dem Lokator das Dorf »Rathenowe« (Rottmannshagen), damit er es mit Siedlern entsprechend der Anzahl der Hufen besetze, die er von dem zwischen Zettemin und Rathenowe gelegenen Tal und Sumpf, über den die »Bolbrücke« führe, quer durch bis zu den Besitzungen des Ritters Johann Voß vermesse. Die Slawen wurden entweder in das Dorf aufgenommen, sei es als Vollbauern mit Anteil am Hufenland, sei es als Kossäten ohne einen solchen, oder blieben – von dem Dorf abgesondert – wohnen, wo sie bereits saßen, sich von Fischfang, Zeidlerei oder bescheidenem Ackerbau auf ihren herkömmlichen Feldblöcken nährend. Freijahre, das heißt Abgabenfreiheit oder -erleichterungen für einen Zeitraum von vier oder zehn Jahren oder von anders gestalteter Ausdehung sollten den Siedlern den Neubeginn erleichtern.

Die erste Vermessung der Hufen geschah in recht großzügiger Weise, so daß sich die Grundfläche der bäuerlichen Wirtschaftseinheit bei späteren, genaueren Nachmessungen oft als zu groß erwies; solche Nachmessungen ließ der Landesherr vornehmen, da die feststehende Fläche einer Hufe, die ja auch ein Flächenmaß war, die Grundlage für die Zins- und Steuererhebung bildete. Auch spätere Zurodung durch die Bauern konnte zur Entstehung eines »overslachs«, einer »überschüssigen« Fläche Ackerlands, führen. Nachmessungen waren, weil sie auf eine Abgabenerhöhung abzielten, bei den Bauern natürlich nicht beliebt, weshalb viele Dorfgemeinschaften in der zweiten Hälfte des 13. Jahrhunderts dem Landesherrn sein Nachmessungsrecht durch eine einmalige Zahlung abkauften.

Der deutsche Bauer des Ostsiedlungsgebietes war Getreidebauer. Deshalb sollte das Ackerland nach Möglichkeit die Gemarkung ganz ausfüllen. In langen, schmalen Streifen, Kennzeichen des deutschen Dorfes, zogen sich die Anteile der Bauern über die gesamte Gemarkung hin. Das Ackerland wurde in drei Gewanne eingeteilt, der einzelne Bauer hatte an jedem der drei Gewanne Anteil, und zwar lag darin je ein Drittel seines Besitzes in Gestalt einer streifenförmigen Parzelle. Er hatte so die Gewähr, daß sein Besitz an allen Güteklassen des Bodens beteiligt war. In den Schlägen wechselten in fester Reihenfolge Anbau von Wintergetreide, Anbau von Sommergetreide und Brache. Ein Drittel des Ackerlandes war also stets unbebaut und und bot in diesem Jahr der Brache Weidemöglichkeit für das zur Dungerzeugung erforderliche Vieh. Es ist allerdings umstritten, ob diese Wirtschaftsform der Dreifelderwirtschaft in Pommern überall von Anfang an vertreten oder gar vorherrschend war. Offenbar war das zunächst nur in den südlichen Teilen des Landes und im »mittelpommerschen Keil« der Fall, wo sich die märkischen Siedler niedergelassen hatten. Die Gewanne wurden im Turnus der Dreifelderwirtschaft bebaut, wobei Flurzwang herrschte.

In den größten Teil Vorpommerns und in die küstennahen Teile Hinterpommerns brachten die deutschen Siedler jedoch eine schlaglose Einfelderwirtschaft mit; das Ackerland war in viele schmale, gleichgerichtete Streifen geteilt, die verschiedenen Streifen eines Bauern lagen ohne feste Reihenfolge über die Flur verstreut. Dennoch war kein Flurzwang erforderlich, da jeder Bauer seine Streifen von der Straße aus erreichen konnte. Das gesamte Ackerland stellte im Grunde *ein* »Gewann« dar, das Jahr für Jahr bei Vorherrschen des Roggenbaus besät wurde, ohne daß regelmäßig Jahre der Brache eingeschoben wurden. Die Weidefläche lag außerhalb des Saatlandes in den Wäldern und Wiesen. Die Bewirtschaftungsart entwickelte sich auf der Langstreifenflur vom ständigen Roggenbau über freie Körnerfolgen zu Mehrfeldersystemen, mit deren Einführung die Einteilung der Langstreifenkomplexe in mehrere Schläge, also eine Art von »Vergewannung«, einherging. Ein ähnlicher Vorgang ist auch die Umwandlung slawischer Blockfluren in Blockgewannfluren durch streifige Parzellierung der über die Gemarkung verstreuten ungleich großen Blöcke; der Besitz der Bauern lag nach dem Abschluß der »Vergewannung« in Gemengelage.[25]

Die Dorfgemeinde – Hufen und Haken – bäuerliche Rechte und Pflichten

Die Vollbauern eines Dorfes, die *burscop,* bildeten eine rechts- und besitzfähige Genossenschaft, die vom Schulzen und den Dorfschöffen vertreten wurde und als Genossenschaft auch dem Grundherrn gegenübertrat. Die Besitzfähigkeit der »Bauernschaft« stellte sich dar im gemeinschaftlichen Besitz der »Allmende«, der von allen genutzten Wald- und Weideflächen. Im Jahre 1288 kommen vier Angehörige des Geschlechts der Behr mit den »Bürgern« (civibus) ihres Dorfes Sanz überein, daß von jeder der dreißig Hufen des Dorfes jährlich vier Mark Wendisch oder fünf Drömt Getreide (etwa 48 Zentner bei Roggen) sowie ein Bündel Flachs und ein »Rauchhuhn« als Grundzins und Zehnt – dieser war in dem genannten deutschen Siedlerdorf also in der Hand des Grundherrn – entrichtet werden sollten. Die Schulzen – selten »Bauermeister«, *burmester,* genannt –, in den Hagedörfern als »Hagenmeister« bezeichnet, in den lateinischen Urkunden als *sculteti, magistri indaginis, prefecti, villici* vorkommend, waren im allgemeinen die Lokatoren des Dorfes beziehungsweise deren Nachkommen oder die Unterlokatoren, welche dem ritterlichen Lokator und Grundherrn bei der Dorfgründung zur Seite gestanden hatten und von diesem mit dem Schulzenamt beliehen worden waren. Die Schulzen bewirtschafteten mehrere – etwa vier, fünf, auch sieben – von Grundabgaben, manchmal auch von Bedeleistungen, einer Art Grundsteuer, befreite Hufen. Ihnen standen als den Vorstehern des Dorfgerichts die niedere Gerichtsbarkeit und die daraus fließenden Einnahmen zur Gänze, meist allerdings etwa zu einem Drittel zu. Dem Grundherrn hatten sie ein Lehnpferd zu stellen und bei Kriegszügen zu folgen. Diese Belastung konnte aber auch durch eine Abgabe abgelöst sein. Der Befreiung von der Zehntleistung oder der Beteiligung an der Zehntentrichtung der anderen Bauern stand die Verpflichtung gegenüber, dem Zehntherrn bei der Zehnterhebung behilflich zu sein. So mußte der Schulze von Boldekow den Mönchen von Kloster Stolpe »alle jar vore berichten, wen ze dar komen umme eren tegheden, wen ze dar komen thu halende, wo de lude heyten, unde wo vele huven dat malck heft, dar ze den tegheden af hebben scholen«.

Die Betreibung des Dorfkruges war vielfach ebenfalls ein Vorrecht der Schulzen, seltener betrieben sie daneben auch die Mühle. Dorfschulzen slawischer Herkunft sind bezeugt (für Gaulitz und Schillersdorf); die Dörfer, in denen diese Schulzen wohnten, mußten allerdings nach deutschem Dorfrecht, nach »Schweriner Recht«, wie dieses Dorfrecht in manchen Quellen genannt wird, angelegt sein. In der Regel umfaßte eine Bauernstelle zwei (Land-)Hufen. Die urkundlichen Quellen schweigen sich zur Größe der Bauernstellen freilich geradezu aus, und durch Erbteilung, Hinzukauf und anderes mehr werden die ursprünglichen Verhältnisse der Siedlungszeit meistenorts bald verwischt worden sein. Die Landhufen – als »mansos rurenses, qui vulgo lanthoven dicuntur«, bezeichnet sie eine Urkunde von 1319 – umfaßten dreißig Morgen (iugera) zu 65 Ar, also 19,6 Hektar. Sie sind die Hufen etwa der Anger- und der Straßendörfer. Hagenhufen in den Hagenhufendörfern waren mit sechzig Morgen doppelt so groß. Nur eine Hufe bewirtschaftete der einzelne Häger. Der slawische Haken (uncus) ist etwa halb so groß wie die Landhufe, umfaßte also fünfzehn Morgen. Wenn für eine Siedlung im 13. Jahrhundert die Einteilung der Feldmark in soundso viele Haken bezeugt ist, so kann davon ausgegangen werden, daß es sich um ein altes Dorf mit slawischer, noch nach slawischer Art und slawischem Recht wirtschaftender Bevölkerung handelte, deutsche Vorstellungen durch die Landes- und die Grundherrschaft immerhin so weit durchgesetzt worden waren, daß die Abgaben auf eine bestimmte Wirtschafts*größe* bezogen wurden. Hinsichtlich dieser Größe nahm man nun schätzungsweise an, daß sie die Hälfte einer deutschen bäuerlichen Wirtschaft betrage. Eine regelrechte Vermessung solcher Wirtschaftseinheiten ist – anders als im Falle der deutschrechtlichen Dörfer – im allgemeinen wohl nicht geschehen. Die gesetzliche Festlegung, daß der Haken, die »Hakenhufe«, sich zur Landhufe wie 1 : 2 verhalten solle, ist erst im 16. Jahrhundert erfolgt. Angaben über Leistungen aus der Hufe beziehungsweise dem Haken bestätigen deren Verhältnis: Gemäß dem Zehntvertrag von 1273 zum Beispiel sollen die deutschen Bauern in den neuen Dörfern als Zehntersatz dem Bischof und dem Kapitel von Cammin von der Hufe das Doppelte dessen entrichten, was die Slawen vom Haken leisten. Daß man den Deutschen größere Flächen zur Bearbeitung anwies, als die Slawen

Einfache, aus Feldsteinen gemauerte Kirchen wie die im 15. Jahrhundert erbaute Pfarrkirche in Groß Borckenhagen bei Rügenwalde prägen bis heute das Bild vieler pommerscher Dörfer. In der robusten und wehrhaften Architektur spiegelt sich auch ein wenig der Charakter der Bewohner wider, die den kargen und steinreichen Böden in mühevoller Arbeit die dürftige Ernte abtrotzten, von der sie noch einen großen Teil an den Klerus und den Landesherrn abführen mußten.

bewirtschafteten, lag an deren fortgeschrittenen Wirtschaftsweisen. Wenn jedem Haken durchschnittlich eine bäuerliche Familie entsprochen haben sollte, müßte das Verhältnis der Leistungsfähigkeit ursprünglich sogar 1 : 4 gewesen sein, da ein Hufenbauer ja wohl zwei Landhufen beziehungsweise eine Hagenhufe bebaut hat. Die Quellen erlauben jedoch diesbezüglich völlig unanzweifelbare Aussagen nicht. Die ursprünglichen Verhältnisse werden sich auch hier rasch verschoben haben. Es kann nicht erstaunen, daß Haken vor allem auf Rügen und den Haffinseln vorkommen.[26]

Wenn in einem Dorf ein Hof eines ritterlichen Grundherrn lag, so umfaßte dieser im allgemeinen sechs Hufen; wenige umfaßten mehr, einige weniger Land. In manchen Dörfern übte der dort ansässige Ritter – er mag der Lokator des Dorfes gewesen sein – die Aufgaben des Schulzenamtes aus, wie eine Urkunde über die Rechte des in dem Dorf Sparrenfelde (bei Stettin) sitzenden Ritters Christian ausweist, und unterschied sich in seiner gesellschaftlichen Stellung wohl kaum von einem bäuerlichen Schulzen, wie überhaupt in den ersten Jahrzehnten nach der Ansiedlung die Übergänge vielfach fließend gewesen sein dürften.

Der deutschrechtliche Bauer war von Dienstleistungen zugunsten des Landesherrn oder des Grundherrn, die den slawischen Bauern stark belastet hatten, mit Ausnahme der im Falle von Landesverteidigung notwendigen Dienste befreit. Als Grundabgabe entrichtete er einen festen Jahreszins, der anfänglich mancherorts noch Getreideleistungen umfaßte, aber immer mehr zu einem reinen Geldzins wurde. Die jährliche Höhe der Abgaben aus einer Landhufe belief sich auf einen Wert von vier bis sechs Mark in Pfennigen jährlich, das entspricht 42 bis 63 Scheffel nach dem Getreidepreis vom Ende des 13. Jahrhunderts oder einer bis 1,5 Mark in Silber fein. Eine Hägerhufe entrichtete etwas weniger als das Doppelte, ein Haken etwa die Hälfte, nämlich 1,6 bis 2,5 Mark in Pfennigen. In der ersten Hälfte des 14. Jahrhunderts scheint die Belastung niedriger gewesen zu sein. Die Hufenbauern des Zisterzienserinnenklosters vor Stettin zum Beispiel entrichteten um 1310 einen Zins von einer bis zwei Mark.

Die deutschrechtlichen Bauern waren persönlich frei, sie konnten ihre Hofstätte und ihren Landanteil verkaufen, für welchen Fall sich der Grundherr ein Vorkaufsrecht vorbehalten haben mochte, und aus dem Dorf abziehen. Der bäuerliche Besitz war erblich, die Hofwehr, also die bewegliche Ausstattung einschließlich des Viehstapels, und vielleicht auch die Gebäude selbst waren Eigentum des Bauern, ein Rückkaufsrecht des Grundherrn gegen Erstattung eines angemessenen Preises für Hofreite und Hufenanteil bestand in den ersten Jahrhunderten nach der deutschen Siedlung noch nicht und kam – Zeichen der sich verschlechternden Stellung der Bauern – erst in der frühen Neuzeit auf. Im Einzelfall konnte ein solches Rückkaufsrecht jedoch schon im 13. Jahrhundert vereinbart werden. Das Besitzrecht war im übrigen ein dingliches, wurde also von einem Wechsel der Grundherrschaft nicht berührt.

Nicht zu den Vollbauern und damit zur Dorfgenossenschaft gehörten die Kossäten, die keinen Anteil am Hufenland besaßen. Sie bebauten Gartenland, weshalb sie auch als Gärtner (ortulani) bezeichnet wurden, oder außerhalb des eigentlichen Hufenschlages liegendes Ackerland von geringerem Ausmaß. Spannvieh hielten die Kossäten nicht. Oftmals waren sie gleichsam als Hilfskräfte Hufenbauern oder dem Schulzen oder dem Grundherrn zugeordnet. Als Dorfhandwerker konnten sie ebenfalls tätig sein. Kossäten gab es nicht in jedem Dorf. Den Quellen nach zu schließen waren sie enger an die Scholle gebunden als die Hufenbauern. Die Ansicht, wonach es sich bei ihnen um Nachkommen der slawischen Vorbevölkerung gehandelt habe, ist aufgegeben, wenngleich ein gewisser Teil der Kossätenschicht tatsächlich slawischer Abkunft gewesen ist. Bei der Erhebung der Bede mußten im Jahre 1280 die deutschen und die slawischen Gärtner gleicherweise vier Pfennige entrichten. Zum großen Teil dürften die Kossäten jüngere Bauernsöhne ohne Hoferbe und deren Nachkommen sowie Altenteiler gewesen sein. Der Name ist jedenfalls deutsch: »Kotsete« – der auf einer »Kote/Kate« sitzt. Auffallend häufig sind die Kossäten zu Hühnerabgaben verpflichtet. Den Pfarrkirchen der Dörfer waren im allgemeinen drei oder vier Hufen zugewiesen, welche die Pfarrer entweder durch Knechte bewirtschaften ließen oder an Bauern verpachteten.[27]

Neue Verfahren im Ackerbau, neue Haustypen

Daß nach der Einwanderung der Deutschen die Fläche des bebauten Landes um ein Vielfaches wuchs und daß die deutsche bäuerliche Wirtschaftseinheit im Vergleich zur slawischen die doppelte, wenn nicht gar vierfache Fläche bestellen konnte, lag an den mit den Deutschen ins Land kommenden überlegenen Verfahren des Ackerbaus. Die Slawen verwendeten bei der Bodenbearbeitung einen typologisch den Krümmelgeräten zuzuordnenden Haken in der Art des »Mecklenburgischen Hakens«, dessen einziges arbeitendes Teil die – wohl eiserne – Schar war. Der Haken wurde mit zwei Ochsen bespannt. Ein Sech hatte der Mecklenburgische Haken ebensowenig wie der ostwärts der Oder offenbar gebrauchte, nach dem Fundort eines Exemplars benannte Haken von Cammin. Demgegenüber hatte der Beetpflug der Deutschen drei arbeitende Teile: das Sech, die Schar und das Streichbrett. Er hing an einem von vier Pferden gezogenen Radvorgestell. Das Sech lockert das Erdreich, die Schar löst die Scholle, die sich über die Schar an das rechtsseitige Streichbrett schiebt, welches die Erde zur Seite drückt und gleichzeitig um 90 bis 180 Grad wendet. Ebenso trug die bei den Slawen noch unbekannte regelmäßige Düngung, die die Deutschen einführten, zur Steigerung der Ernteerträge bei.

Die Slawen hatten nur Handdrehmühlen und Hirsestampfen gekannt. Die Deutschen errichteten Wasser- und Windmühlen; bei der Vervielfachung der Getreideerzeugung war dies eine Notwendigkeit. Die Müller erhielten als Vergütung einen Teil des Mahlgutes, den Mahlschatz; an den Grundherrn, von dem sie die Mühle in meist erblicher Leihe innehatten, entrichteten sie jährlichen Zins. Dieser war teilweise nicht gering, konnte das Vierfache der Abgabe einer Bauernwirtschaft betragen, woraus man wohl schließen darf, daß das Betreiben einer Mühle ein einträgliches Geschäft gewesen sein muß. Letzteres gilt auch für die Dorfkrüge, deren Inhaber möglicherweise das Alleinrecht besaßen, zum Zweck des Verkaufs Bier zu brauen.

Die aus dem Westen kommenden Siedler brachten das niederdeutsche Hallenhaus mit. Bei Häusern dieses Typs teilen zwei Reihen kräftiger Holzständer, die, durch Rähme und Balken kreuzverbunden, das steile Sparrenwerk und damit das Strohdach tragen, den Innenraum in drei ungleich tiefe »Schiffe«: in eine hallenartige Mitteldiele, an deren rückwärtigem Ende sich im Mittelalter ein Herdraum befand, und zwei niedrige und schmale Abseiten, die als Stallungen dienten. Diese nahmen aber nicht die ganze Tiefe des Hauses ein, da die Abseiten in ihrem hinteren Teil zu »Luchten«, breiten zur Diele hin offenen Nischen, welche als Wohnraum dienten, ausgestaltet waren. Das Hallenhaus war »Einheitshaus«, das heißt es umfaßte Stallung, Scheune (im Dachraum) und Wohngelasse.

Im Bereich des mittelpommerschen Keils kommt das mitteldeutsche Ernhaus vor. Es ist – im Gegensatz zu dem dachbetonten Hallenhaus – wandbetont und so gut wie nie Einheitshaus, in älterer Zeit durchweg »Wohnstallhaus«. Es ist zweiflüchtig längsgeteilt und durch zwei Bundwände, von Außenwand zu Außenwand reichende Innenwände, dreizonig quergeteilt. Stets ist es mit Nebengebäuden zu einem Gehöft, meist einer Dreiseithofanlage, zusammengefaßt.[28]

Dorf-, Personen- und Flurnamen als Quellen der Siedlungsforschung

In den Namen der deutsch benannten Dörfer spiegelt sich oft der großbäuerliche Lokator; besonders gilt dies für die Hagenorte wie zum Beispiel die um Greifswald gelegenen: Hinrichshagen, Friedrichshagen, Hermshagen und andere mehr. Der Wechsel des Hagenmeisters konnte hier in der Frühzeit sogar einen Ortsnamenswechsel zur Folge haben. Die Namen Weitenhagen und Mesekenhagen bezeugen durch ihr erstes Glied die Mitwirkung slawischer Lokatoren. Die Dorfgründung durch einen Ritter belegt der Name des Dorfes Poppenhagen bei Köslin, welches auf den Ritter Poppo von Schletzen zurückgeht. Auch im Namen der Dörfer anderen Typs kann zuweilen der Lokator und erste Schulze begegnen, so im Namen des bei Stettin gelegenen Völschendorf, dessen Lokator ein Volzeke, wohl ein Slawe, gewesen ist.

Sehr viele der slawisch benannten Dörfer und Gründungen aus wilder Wurzel führen keineswegs, wie man vermuten könnte, unmittelbar oder mittelbar eine slawische Siedlung fort. Zum Teil greifen die neuen Siedlungen einen vorhandenen slawischen Flurnamen auf, etwa das nach dem Mellensee benannte Mellen östlich von Daber, zum Teil sind sie von Siedlern aus bereits eingedeutschten Gebieten, etwa aus Mecklenburg, ins Land gebracht worden. Dies trifft wohl für die Dörfer Grabow, Böken und Passow im Lande Loitz zu, deren Namen sich von bei Gadebusch in Westmecklenburg gelegenen Dörfern ableiten; von dort dürften die Siedler gekommen sein. Der Name des östlich von Daber gelegenen Schwerin ist von mecklenburgischen Siedlern dorthin übertragen worden. Das Dorf Bartikow bei Greifenhagen ist von einem sich nach dem Dorf Bertkow in der Altmark nennenden ritterlichen Geschlecht gegründet worden. Doch auch deutsche Umbenennungen slawisch benannter Gemarkungen sind bei der Zusiedlung von Deutschen und der deutschrechtlichen Umsetzung von Dörfern vorgekommen. Nebuzcowe bei Stettin wurde Zabelsdorf, die dem Kloster Kolbatz gehörenden Dörfer Cabowe und Zipberese wurden Falkenberg und Woltersdorf, das ebenfalls diesem Kloster gehörige Niznaw erhielt den – slawischen – Namen Belkow, den die deutschen Siedler aus ihrer Heimat mitgebracht haben mögen (Belkau bei Stendal). Doch liegt in all diesen Fällen wohl bestenfalls eine Kontinuität der Gemarkungsfläche, nicht aber eine Kontinuität der Dorfstelle und des Dorfberings vor. Von dem nach Angaben einer Urkunde angeblich aus Sidelowe umbenannten Dorf Mönkeberg (bei Ueckermünde) wissen wir sogar ganz genau, daß es keine Siedlung in irgendeiner Weise fortgesetzt hat, sondern durch Rodung aus wilder Wurzel innerhalb eines Sidelowe benannten Waldes entstanden ist.

Das im gesamten Bereich der deutschen Ostsiedlung anzutreffende Nebeneinander von zwei gleich benannten Dörfern, die sich durch den Vorsatz »Groß« und »Klein« unterscheiden, findet sich auch in Pommern. Dabei entspricht das große Dorf im allgemeinen dem neuen, deutschen Dorf – so ist es etwa im Falle von Groß und Klein Weckow (östlich von Wollin), von Groß und Klein Latzkow, von Groß und Klein Küssow (am Madüsee). Hinsichtlich der beiden Dörfer namens Jestin (südlich von Kolberg) jedoch erfahren wir aus einer Urkunde von 1296, daß das »große« das alte, das »kleine« das neue Dorf war. Offenbar hat hier im Zuge der deutschrechtlichen Umsetzung die Verlegung der bisherigen slawischen Bewohner in ein neues Dorf, das einige Kilometer entfernt lag, stattgefunden.[29]

Es ist also nicht angängig, von einem slawischen Ortsnamen auf slawische Bevölkerung zu schließen. Die aus dem ersten Jahrhundert nach Beginn der Siedlung allerdings nicht allzu zahlreich überlieferten Namen von Bauern unterstreichen diese Feststellung und belegen zugleich die Dichte der deutschen Siedlung. Wenn im Jahre 1262 für die Dörfer Gülzow, Scharpzow und Duckow (bei dem mecklenburgischen Malchin) drei deutsche Schulzen genannt werden, wenn das dem Kloster Kolbatz gehörende Dorf Damerow 1277 Schöffen, »die beim Volke lantscepen heißen«, haben soll, »wie schon vordem«, im selben Jahre der Schulze Willekin in Neuklenz (bei Köslin) vorkommt, wenn 1320 der Bauer Dietrich Gildemeister in Behlkow südlich von Treptow an der Rega genannt wird, so beweist all dies, wie wenig aussagekräftig die Ortsnamen sind, wenn es das zahlenmäßige Verhältnis zwischen Deutschen und Slawen zu umreißen gilt. Unter den bis 1340 namentlich genannten Bauern sind Deutsche offenbar in großer Überzahl. Zu berücksichtigen ist freilich, daß im Zuge des ethnischen Umbruchs und der sprachlichen, rechtlichen und geistigen Eindeutschung der slawischen Bevölkerung deutsche Taufnamen bei den Slawen immer beliebter geworden sind, so daß die vordringenden biblischen und christlichen Namen (etwa Johannes) die Einordung der Träger unmöglich machen.

So dürfte folgender Fall für viele andere heute quellenmäßig nicht mehr nachvollziehbare Fälle stehen: Im Jahre 1327 kommen in dem Dorfe Stolzenhagen nördlich von Stettin gemäß urkundlicher Nennung siebzehn Bauern vor, von denen aufgrund des Namens dreizehn als Deutsche angesehen werden können, einer nicht eingeordnet zu werden vermag und die drei übrigen als Hinricus Slavus, Nicolaus Slavus, Hermannus Slavus erscheinen. Diese drei zumindest waren slawischer Herkunft, ihre Sprache dürfte aber das Niederdeutsche gewesen sein. In großer Zahl sind Namen von Geistlichen überliefert. Da der Klerus aber vorwiegend dem deutschen Stadtbürgertum und dem ritterlichen Adel entstammt haben dürfte, sind ihre Namen weniger beweiskräftig. Eher »unterschichtig« dürften dagegen die Konversen der Klöster gewesen sein. Aus dem Jahre 1328 sind die Namen von vierzehn Konversen des Stifts Belbuck überliefert, zehn davon sind deutsch, zwei nicht bestimmbar, zwei slawisch. Die Namen von vier Bauern des bei Treptow an der Rega gelegenen Hagenow, sicherlich eines Dorfes aus wilder Wurzel, lauten im Jahre 1340: Thideke Blok, Eghardus Tymmonis, Vretekowe, Hermannus Symmedarse. Die beiden letzteren Namen belegen die um sich greifende Angewohnheit der Bauern, einen Namen nach ihrem oder ihrer Vorfahren Herkunftsort zu tragen. »Vretekowe« und Hermann »Symmedarse« (oder deren Vorfahren) sind offenbar aus dem unzweifelhaft deutschen Frätow (bei Greifswald) beziehungsweise dem bei Hagenow gelegenen Zimdarse gekommen; Hermann könnte slawischer Herkunft gewesen sein. Bei den Bauern der Insel Rügen herrschen umgekehrt natürlich noch um 1340 slawische Namen weitaus vor.

Neben den Ortsnamen sind auch die von den Urkunden seit dem 12. Jahrhundert überlieferten Flurnamen Zeugen der slawischen Bevölkerung wie der deutschen Siedlung. Wenn man von der nicht unanfechtbaren Nennung deutscher Flurnamen zum Jahre 1222 absieht, sind die 1234 urkundlich vorkommenden Namen Zichelesbrukke, Bochwalt, Siluerenmos und Lotstich (alle bei Bahn) die ältesten belegten deutschen Flurnamen in Pommern; in Vorpommern ist es der 1242 genannte Name des Hügels Oldenborchwal bei Loitz. In den Folgejahren nimmt die Zahl rasch zu, wobei entsprechend dem Verhältnis und der Gewichtung innerhalb des überlieferten Urkundenbestandes der Schwerpunkt auf Vorpommern liegt. Die große Mehrheit der bis 1945 gebräuchlichen Flurnamen war freilich nicht mittelalterlichen Ursprungs; der slawische Anteil war sehr gering.

Der von der deutschen Siedlung ausgelöste grundsätzliche Wandel der Verhältnisse erfaßte in Gestalt des deutschen Rechts und deutscher Verfahren des Wirtschaftens sogartig auch die slawische Bevölkerung. In den Siedlungen, die ohne Zuzug von Deutschen geblieben waren, erfolgte früher oder später ebenfalls die »Umlegung« zu deutschem Recht: Vermessung und Umgestaltung der Dorfflur, Neugestaltung des Dorfberings, Einführung des Erbrechts der Bauern bezüglich ihrer Höfe und ihres Landes, Festsetzung der Zinse und der Zehnten, wobei Geldzinse immer mehr überwogen, Bildung von Dorfgemeinschaften mit einem Schulzen und einem Dorfschöffengericht, Einführung neuer landwirtschaftlicher Geräte und Verfahren. Die Slawen des Klosters Kolbatz konnten schon seit den vierziger Jahren des 13. Jahrhunderts das »ius Theutunicum« erhalten. Die Umlegung eines slawischen Dorfes führte, wenn sie gelang, zur Steigerung der Erträge und damit des Wertes der Siedlung. Die zahlreichen Umlegungen zu deutschem Recht, in Pommern anders als in vielen Teilen Ostdeutschlands urkundlich nicht ausdrücklich belegt, waren eine wichtige Triebkraft innerhalb des ethnischen

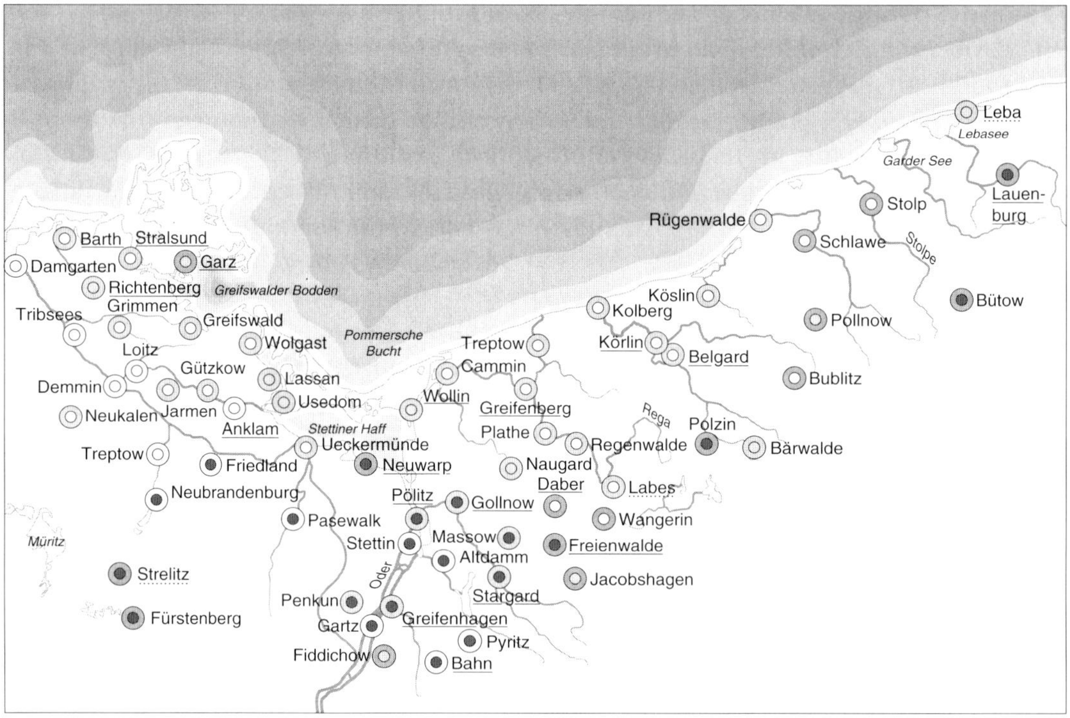

1226 bis 1268
1268 bis 1300
14./15. Jahrhundert
Lübecker Stadtrecht
Magdeburger Stadtrecht
Weichbildrecht (spezifisches Landrecht)
planmäßige Entstehung
unbestimmte Entstehung

Stadtgründungen in Pommern bis zum 15. Jahrhundert

Umbruchs, den Pommern im 13. Jahrhundert erlebte. Es muß aber betont werden, daß nicht die Verwendung deutscher Rechts- und Wirtschaftsformen, sondern die deutsche bäuerliche Siedlung diesen Umbruch ausgelöst und getragen hat.[30]

DIE ENTWICKLUNG DER STÄDTE

Vorformen des Städtewesens in Pommern – die Entwicklung der deutschrechtlichen Städtegründungen

Neben der bäuerlichen Siedlung war für die Eindeutschung des Landes die Entstehung deutschrechtlicher Städte und das Heimischwerden eines deutschen Stadtbürgertums entscheidend. Zwar gab es bereits in slawischer Zeit Großsiedlungen, die aufgrund ihrer Einwohnerzahl als »städtisch« angesehen werden könnten und in denen ein Großteil der weitgehend arbeitsteilig schaffenden Bewohnerschaft nicht bäuerlicher, sondern einer Handelstätigkeit oder gewerblich-handwerklichen Beschäftigung oblag. Diese Großsiedlungen (besonders Demmin, Wolgast, Stettin, Usedom, Wollin, Kolberg sind zu nennen) lagen vorwiegend in der Nähe der Seeküste. Sie waren Orte der Götterverehrung sowie Sitze landesherrlicher Burgen. Der Burg vorgelagert war ein Suburbium, dessen Bewohner für die Bedürfnisse der Burg arbeiteten. Eine Marktsiedlung konnte daneben liegen, in der Handel und Gewerbe stattfanden. Rechtlich standen diese Siedlungen mit dem umgebenden Land auf einer Stufe, waren also nicht durch ein besonderes »Stadtrecht« vom Land getrennt. Die Festigung des frühpommerschen Herzogsstaates der Greifen sowie die Kriege der zweiten Hälfte des 12. Jahrhunderts führten zur Schwächung der Bedeutung einiger dieser Handels- und Gewerbemittelpunkte; andere scheinen einen Aufschwung genommen zu haben (Pyritz, Stargard). Tatsächlich haben die Landesherren wie auch anderswo im westslawischen Bereich bei ihren Stadtgründungen nicht an diese Siedlungen angeknüpft; man hielt sie offenbar nicht für geeignet, als Ausgangspunkte eines Städtewesens nach westlichem Muster zu dienen.

Den alten Streit, ob sich die deutschrechtliche Stadt evolutionär aus der slawischen, im allgemeinen an eine Burg angelehnten Großsiedlung entwickelt habe oder ob die Stadt im Rechtssinne gleichsam ein fremder »Import« gewesen sei, kann man wohl vermittelnd dahingehend bescheiden, daß die deutschrechtliche Stadt mit ihren aus dem Reich stammenden Bewohnern fast stets die Nähe einer slawischen »Burgstadt« gesucht hat, dann aber doch von dieser räumlichen Abstand, oft sogar einen sehr großen wie im Falle Kolbergs, gehalten hat. Kontinuität bestand also nicht hinsichtlich der Örtlichkeit in engerem Sinne oder gar in rechtlicher und bevölkerungsmäßiger Hinsicht, sehr wohl aber in bezug auf den weiteren Siedlungsraum, auf den Namen – wenngleich nicht auszuschließen ist, daß der Name weniger von der Burgsiedlung als von der Burg selbst genommen ist – und auf die wirtschaftliche Bestimmung, die die deutschrechtliche Stadt von ihrer slawischen »Vorgängerin« übernahm, weshalb man von einer »funktionalen

Im Gegensatz zu den kleineren Landstädten erlebten die neugegründeten Siedlungen an den großen Verkehrsstraßen und entlang der Ostseeküste im 13. Jahrhundert einen ungewöhnlich raschen Aufschwung. So erhielt Greifswald, das nach 1200 als kleine Siedlung von den Mönchen des nahe gelegenen Klosters Eldena angelegt wurde, bereits 1250 das lübische Stadtrecht. Schon ein Jahrzehnt später begannen die Greifswalder mit dem Bau der Marienkirche, die noch während der Bauzeit zu einer dreischiffigen Hallenkirche ohne Chor erweitert wurde. Spätestens 1350 war das Werk vollendet. Etwa zur gleichen Zeit entstanden in Greifswald noch zwei weitere Pfarrkirchen.

Kontinuität« sprechen kann. Etwa seit 1150 ließen sich in südlichem Anschluß an die Burgsiedlung Stettin deutsche Kaufleute nieder, vor 1200 liegen die Anfänge der deutschen Kaufmannssiedlung neben der slawischen Siedlung Prenzlau. Die Niederlassungen der Kaufleute wurden hier zu Keimzellen der späteren deutschen Städte.

Das uckermärkische Prenzlau ist die älteste deutschrechtliche Stadt Pommerns. In der Urkunde, die den am 27. Dezember 1234 vollzogenen Gründungsvorgang festhält, erklärt Herzog Barnim I., daß er, »auf Unseren Nutzen und Vorteil achten wollend und die Gewohnheiten anderer Gebiete übernehmend, in Unserem Lande freie Städte einzurichten« beschlossen habe. Die slawische Burg Prenzlau und die daran angelehnte Siedlung hatten auf dem linken Ufer der Ucker gelegen, die deutsche Stadt Prenzlau entstand auf dem rechten Ufer unter Einbeziehung einer Kaufmannsansiedlung um die Kirche Sankt Nikolai und einer etwa 500 Meter nördlich davon gelegenen zweiten Kaufleuteansiedlung um Sankt Jakobi. Die Planmäßigkeit der Gründung ist an dem Schachbrettgrundriß abzulesen.

Barnim verlieh der Stadt das Recht der Stadt Magdeburg, 300 Hufen innerhalb der Stadtmark; ihre Kaufleute sollten sich im Lande der Zollfreiheit erfreuen, und erst nach drei Freijahren sollten für die Hufen Abgaben entrichtet werden. Acht namentlich genannte Männer, die wahrscheinlich schon vorher in der deutschen Gemeinde neben der Burg Prenzlau gewohnt hatten, sollten als Lokatoren die Stadt »voranbringen« (das Diktat der Urkunde nennt den Vorgang »promotionem«). Von den 300 Hufen erhielten sie achtzig, außerdem Anteile an den künftigen Gefällen. Ihrem Anführer wurde das Schultheißenamt verliehen. Die Lokation Prenzlaus zeigt beispielhaft viele Züge der folgenden Stadtgründungen: die planmäßige Gründung in räumlicher Entfernung von der slawischen Burg und der Burgsiedlung, falls es eine solche gab, das Auftreten von Lokatoren, die Übernahme des Schultheißenamtes durch den Lokator beziehungsweise einen der Lokatoren, die Bewidmung mit Magdeburger (im Landesteil Wartislaws III. mit lübischem) Recht, die Ausstattung mit einer großen Anzahl von Hufen (meistens waren es zwischen 100 und 200) und die Gewährung von Freijahren. Entsprechungen zu den Dorfgründungen sind natürlich nicht zu übersehen.

In rascher Folge entstanden nun in Pommern – das Fürstentum Rügen sei vorerst ausgeklammert – deutsche Städte, wobei Barnim I. die Gründung deutschrechtlicher Städte eifriger betrieb als sein Vetter Wartislaw III. in seinem Landesteil. Die Stadt Bahn muß als Gründung der Templer etwa gleichzeitig mit Prenzlau entstanden sein. 1237/43 wird die Lokation Stettins durchgeführt. 1240 wird Gartz an der Oder als deutsche Stadt gegründet, 1242 folgt Loitz als Gründung des Ritters Detlev von Gadebusch als des Herrn des Landes Loitz. In den vierziger Jahren entstehen als deutsche Städte Demmin, Greifswald, Altentreptow (Treptow an der Tollense); alle drei waren Gründungen Wartislaws III., im Falle Greifswalds hat sicherlich das Kloster Eldena in irgendeiner Form mitgewirkt, vielleicht als Gründerin des Viertels um Sankt Marien, das lübische Stadtrecht hat 1250 Wartislaw III. verliehen. Im fünften Jahrzehnt des 13. Jahrhunderts entstehen ferner Anklam, Altdamm, Pyritz (dessen Stadtrechtsurkunde allerdings erst 1263 ausgestellt werden sollte), vielleicht auch schon Stargard. Von 1254 datiert die Lokationsurkunde von Greifenhagen; in den sechziger Jahren entstanden noch Ueckermünde und Wolgast als deutsche Städte. Das vorpommersche Gützkow ist möglicherweise ebenfalls schon in diesen Jahren angelegt worden. Von 1260 stammt die Gründungurkunde der kleinen Stadt Pölitz, die sich im Bannkreis des nahen Stettin nie richtig entfalten konnte, von 1262 die von Greifenberg an der Rega, von 1268 die des schon 1266 gegründeten Gollnow. Um 1260 ist die deutsche Stadt Wollin gegründet worden, etwa gleichzeitig vielleicht auch Usedom, das 1298 jedenfalls Stadt gewesen ist. Spätestens in den sechziger Jahren ist auch Penkun als deutsche Stadt ausgelegt worden. Naugard und Massow sind Gründungen Bischof Hermanns von Cammin, ersteres ist vor 1268, letzteres kurz vor 1274 entstanden.

Als Stadt – *civitas* – wird Pasewalk erstmals 1276 bezeugt. Ob die deutsche Stadtgründung noch vor 1250 durch Herzog Barnim I. oder erst durch die brandenburgischen Markgrafen nach der Abtretung der Uckermark an Brandenburg erfolgt ist, weiß man nicht. Das hundert Jahre später – 1354 – wieder an Pommern zurückgekommene Pasewalk stand stets in Konkurrenz zu Prenzlau. Als Gründungen hinterpommerscher Adliger sind im Regagebiet Plathe (1277), Regenwalde (wohl 1279/80) und Labes (um 1280) ins Leben getreten. Die Lokation von Lassan erfolgte durch Barnim I. zwischen 1264 und 1278, die deutschen Städte Cammin und Treptow an der Rega gründete Barnim I. im Jahre 1274 beziehungsweise zwischen 1277 und 1281. Erst von seinem Sohn Bogislaw IV. dürfte Neuwarp ausgelegt worden sein; 1295 war es jedenfalls bereits vorhanden. Belgard ist 1299 als Stadt bezeugt. Spätestens um 1300, vielleicht auch schon Jahrzehnte früher, ist am Madüsee Werben als Stadt des Bischofs von Cammin gegründet worden. Im Camminer Stiftsland entstanden im 13. Jahrhundert zwei Städte: Kolberg 1255 und Köslin 1266. Körlin wurde zu Beginn des 14. Jahrhunderts Stadt, Bublitz hat Bischof Friedrich 1340 gegründet.

Im östlichen Hinterpommern setzen Städtegründungen erst im 14. Jahrhundert ein. 1310 wurden Stolp und Neustettin gegründet, es folgten 1312 Rügenwalde (für das es einen in den siebziger Jahren von Wizlaw II. von Rügen während seines ostpommerschen Abenteuers gegründeten, später offenbar verkümmerten deutschrechtlichen Vorgänger gab), 1317 Schlawe, 1343 Zanow, 1341 Lauenburg und 1346 Bütow. Die beiden letzteren Städte waren Gründungen des Deutschen Ordens, Stolp eine des Markgrafen Waldemar von Brandenburg, Neustettin eine des Herzogs Wartislaw IV., die übrigen sind Gründungen des ostpommerschen Geschlechts der Swenzonen. Das kleine Jacobshagen ist 1336 als Stadt dreier Brüder von Stegelitz bezeugt, und das im pommersch-neumärkischen Grenzbereich gelegene Freienwalde haben vor 1338 die Wedel als Stadt gegründet. Fiddichow ist von Barnim III. im Jahre 1347 zur Stadt erhoben worden.[31]

Im Fürstentum Rügen steht das von Wizlaw III. im Jahre 1234 gegründete Stralsund – wohl in der Nähe eines slawischen Dorfes Stralow, dessen Namen die neue Stadt anfänglich trug – am Beginn der Entwicklung des Städtewesens. Der Aufbau dieser für den gesamten Ostseeraum ungemein wichtigen Handelsstadt setzte im Gebiet des Alten Marktes ein und erfaßte nach und nach die ganze Fläche der Altstadt. Bald siedelten sich Bürger auch südlich der Linie Apollonienmarkt–Papenstraße an; es entstand die

Die Stadt Greifenberg an der Rega ist eine Gründung Herzog Wartislaws III., der ihr 1262 das lübische Stadtrecht und hundert Hufen Landbesitz verlieh. Zwei Jahre später erhielt das junge Gemeinwesen von Herzog Banim I. den Namen »Griphenberch«. Seinen Wohlstand verdankte das mittelalterliche Greifenberg, das sich noch vor 1365 der Hanse anschloß, dem Recht der freien Schiffahrt auf der Rega, das Anlaß zu einem Dauerstreit mit dem benachbarten Treptow und dem Kloster Belbuck gab. Charakteristisch ist der große, quadratische Marktplatz mit einer Seitenlänge von hundert Metern. Ihrer Bedeutung entsprechend beherbergte die von der Marienkirche beherrschte Stadt 1386 die erste Lateinschule Pommerns.

Neustadt, die 1256 erstmals erwähnt wird und deren Pfarrkirche Sankt Marien ist. Bürger von Rostock spielten bei der Gründung der Stadt eine große Rolle. Aus Mecklenburg, Westfalen, Holstein, Niedersachsen stammte – wohl häufig nicht unmittelbar, sondern nach Wanderung mehrerer Generationen – der Großteil der Bürger; ein gutes Drittel muß aus der näheren Umgebung der Stadt, dem rügisch-vorpommerschen Raum, gekommen sein. Nicht sehr viel später sind auch die Städte Barth und Damgarten angelegt worden; die Urkunde Jaromars II. für Barth von 1255 setzt die Stadt jedenfalls voraus, die Urkunde dieses Fürsten für das unmittelbar an der Grenze zu Mecklenburg liegende Damgarten von 1258 ist eine regelrechte Gründungsurkunde. Damgarten ist in einer Zeit rügisch-mecklenburgischer Auseinandersetzungen zum Schutz der Grenze gegründet worden. Die Stadt Tribsees ist vor 1267, die Stadt Grimmen vor – wahrscheinlich lange vor – 1304 gegründet worden.

Die Stadt Garz auf Rügen stellt eine Gründung Wizlaws III. aus dem zweiten Jahrzehnt des 14. Jahrhunderts dar. Schon für das Jahr 1313 ist als erste deutschrechtliche Stadt auf der Insel die nahe gelegene Stadt Rugendal bezeugt; dieses Rugendal hat sich jedoch nicht entwickeln können. Seine Gründung während der Auseinandersetzung mit Stralsund war von Wizlaw III. vielleicht als Schlag gegen die mächtige Stadt am Strelasund gedacht, der Niedergang Rugendals ist daher wohl eine Folge der Wiederherstellung des Einvernehmens zwischen Stralsund und dem Fürsten und steht sicherlich mit der Gründung der benachbarten Stadt Garz im Zusammenhang. Als Städtchen – *oppidum* – des Klosters Neuenkamp erscheint Richtenberg seit 1297 – selten genug – in den Quellen; es war wohl mehr ein Flecken und völlig bedeutungslos. Bemerkenswert an Richtenberg ist, daß es trotz seiner Kleinheit im Gegensatz zu den anderen pommerschen und rügischen Kleinstädten, in denen ein nicht unbeträchtlicher Teil der Einwohnerschaft dem Ackerbau nachging, ein reines Handwerkerstädtchen war und keinen ländlichen Grundbesitz sein eigen nannte.

Die Aussetzung einer deutschrechtlichen Stadt ist nicht von der Siedlungsentwicklung in deren Umland zu trennen. Der große Bedarf einer Stadt an Nahrungsmitteln, insbesondere an Getreide, bedingt ein leistungsfähiges bäuerliches Umland und damit einen fortgeschrittenen Stand der deutschen Siedlung. Wo eine Stadt gegründet wird, dort darf im allgemeinen auf bereits erfolgte deutsche Durchdringung des flachen Landes geschlossen werden. Kolberg dürfte hierin eine gewisse Ausnahme darstellen.

Die deutschen Städte Pommerns, auch die kleineren, sind auf bis dahin unbesiedeltem Gelände gegründet worden, auch wenn größere oder kleinere slawische Siedlungen beziehungsweise Burgen, auf die man sich, wie die Übernahme des Namens zeigt, meist bezog, in der Nähe bereits bestanden. Der Abstand mochte nur einige Hundert Meter betragen wie im Falle von Pyritz oder Köslin oder ein paar Kilometer wie im Falle von Kolberg, Neuwarp und Schlawe. Die deutsche Stadt Wollin ist – dies stellt eine Ausnahme dar – auf dem Gelände der verfallenen slawischen Siedlung errichtet worden. Ähnlich verhielt es sich vielleicht mit Cammin. Auch die Entwicklung Stettins stellt eine Ausnahme dar. Die slawische Siedlung lag dort zwischen dem Burghügel und der Oder. Eine deutsche Niederlassung bildete sich seit der zweiten Hälfte des 12. Jahrhunderts

Die Hansestadt Stralsund stand im 14. Jahrhundert Lübeck, dem Haupt der Hanse, an Größe und Bedeutung kaum nach. Dem nahe älterer slawischer Siedlungen am Strelasund gegründeten Gemeinwesen verlieh Fürst Wizlaw I. in einer Urkunde vom 31. Oktober 1234 (unten) das lübische Stadtrecht. Relativ schnell entwickelte sich die Stadt durch den Zuzug von west- und norddeutschen Kolonisten zur größten des Fürstentums Rügen. Lübeck fürchtete die Konkurrenz so sehr, daß es die neue rügische Gründung 1249 plünderte. Seine Blütezeit erlebte das Mitglied der Hanse 1370 nach den beiden Siegen des Städtebundes über den dänischen König, die in den Stralsunder Vertrag von 1370 einmündeten. Das Rathaus aus dem 14. Jahrhundert (oben) läßt das Vorbild Lübecks deutlich erkennen, versucht es aber zugleich zu übertreffen.

südlich der slawischen Siedlung zwischen Hackgasse und Hagenstraße; sie erweiterte sich in der Folge bis zur Splittstraße. Eine weitere deutsche Siedlung entstand auf der westlich davon gelegenen Hochfläche um die 1187 geweihte Jakobikirche. Doch auch in der slawischen Siedlung ließen sich Deutsche nieder. 1237 bekundet Barnim I. seinen Entschluß, Rechtsprechung und Verwaltung in der alten Siedlung von den Slawen auf die Deutschen zu übertragen. 1243 wurden die alte, ehedem slawische, und die neue Siedlung zu einer deutschrechtlichen Stadt zusammengefaßt und von Barnim mit Magdeburger Recht begabt. Inwieweit die Slawen der alten Siedlung in die Stettiner Bürgerschaft aufgenommen worden sind, ist strittig. Allenfalls ein Teil dürfte, mit dem Bürgerrecht ausgezeichnet, dort wohnen geblieben sein. Die wohl erst nach der Stadtrechtsverleihung angelegten Wieken legen die Vermutung nahe, daß eine große Zahl von Slawen um 1240 dorthin umgesiedelt worden ist.[32]

Die inneren Verhältnisse der Städte – städtische Einkünfte und Abgaben

Die weitaus meisten der pommerschen Städte lebten nach lübischem Recht, die übrigen, insbesondere die von Barnim I. gegründeten, nach Magdeburger Recht oder einer Abwandlung desselben. Allerdings gingen die Städte Stargard, Massow, Gollnow, Anklam, schließlich Neuwarp und wohl auch Ueckermünde bald vom Magdeburger zum lübischen Recht über. Oberhof für die Städte Magdeburger Rechts war Stettin, das heißt, daß von dorther Rechtsauskünfte, vor allem privatrechtlicher, aber auch strafrechtlicher Art eingeholt werden und »gescholtene« Urteile dort einer Überprüfung unterzogen werden konnten. Eine entsprechende Regelung gab es im Bereich des lübischen Rechts nicht: Greifswald scheint hier Oberhof für mehrere Städte gewesen zu sein, für Kolberg, Cammin und Ueckermünde ist es ausdrücklich bezeugt; später ging die Appellation von Kolberg unmittelbar nach Lübeck. Als Stargard 1292 zum lübischen Recht überging, wurde Anklam als Oberhof bestimmt. Letztlich waren natürlich stets der Schöffenstuhl in Magdeburg und der Rat von Lübeck Oberhof. Das Urteil des Oberhofs erhielt erst durch die Umwandlung in ein Urteil der Tochterstadt Rechtskraft.

Als Vertreter des Landesherrn gab es in den Städten Magdeburger Rechts den Schultheiß, in denen lübischen Rechts den Vogt. Der Rechtspflege diente in ersteren die Bank der Urteil findenden Schöffen, der der Schultheiß vorstand. Sie entschied in Fällen der streitigen Gerichtsbarkeit und der niederen Strafgerichtsbarkeit. Neben sie trat, wo er nicht – wie vielleicht in Stettin – von Anfang an vorhanden war, bald der Rat als Verwaltungsorgan der Bürgergemeinde. In den Städten lübischen Rechts oblagen dem Rat, neben dem keine gesonderte Schöffenbank bestand, auch die gerichtlichen Aufgaben. Die Städte waren bald bestrebt, den Schultheiß beziehungsweise den Vogt, den Vertreter des Landesherrn, von sich abhängig zu machen, was aber zum Beispiel Stettin nicht gelang. Einige Städte lübischen Rechts erlangten jedoch ein Mitspracherecht bei der Bestellung des Vogts. Die Bedeutung von Schultheiß und Vogt sank allerdings im 14. Jahrhundert stark, und an die Spitze des Rates und der Bürgergemeinde traten zwei Bürgermeister. In Greifswald erscheinen solche urkundlich 1300, im rügischen Stralsund bereits 1293, in den Städten Magdeburger Rechts erst nach 1330. Bei Hochgerichtsfällen mußten die Städte den herzoglichen Landvogt beiziehen. Die in den Städten wohnenden Geistlichen und herzoglichen Lehnsträger unterlagen dem Stadtrecht nicht.[33]

Die deutschrechtliche Stadt hatte ihre Beziehungen nach außen ebenso zu regeln wie die innerstädtischen Verhältnisse. Das setzte die Einrichtung einer Verwaltung und deren Arbeiten auf der Grundlage der Schriftlichkeit voraus. Eine städtische Kanzlei, an deren Spitze ein Notar oder Schreiber stand, der die Stadtbücher und den Schriftverkehr nach auswärts führte – in den kleineren Städten wird er anfänglich der einzige Kanzleibedienstete gewesen sein –, haben die pommerschen Städte schon im 13. Jahrhundert gehabt. Ein Stettiner Stadtschreiber – Gottfried – ist urkundlich erstmals für 1282 nachweisbar. Stettin scheint aber schon sehr viel früher über eine kanzleiartige Einrichtung verfügt zu haben. Andere Städte wie Greifswald und Kolberg stehen Stettin hinsichtlich der Ausbildung einer eigenen Kanzlei kaum nach. Die Lückenhaftigkeit der urkundlichen Überlieferung erlaubt aber für die meisten Städte, vor allem für die kleineren, nur in Umrissen gesicherte Feststellungen.

Ein wichtiger Schritt im Bemühen einer Stadt um immer größere Unabhängigkeit vom Landesherrn war dessen Zusage, eine bei oder in der Stadt gelegene landesherrliche Burg abreißen zu lassen. Stettin erlangte dieses Zugeständnis schon 1249, das rügische Barth 1255, Gartz 1259, Pyritz in den siebziger Jahren. Die Städte übernahmen damit gleichzeitig die Aufgaben der geschleiften Burgen im Rahmen der Landesverteidigung, wozu sie dank Wällen, Gräben und Mauern imstande waren. Der Landesherr bezog aus den Städten einen Zins von jeder der den Städten bei ihrer Gründung übertragenen Ackerhufen, ferner den Wordenzins, eine wohl meist geringfügige Abgabe von den Grundstücken, auf denen die Häuser errichtet waren, außerdem Anteile an den Gerichtsgefällen. Wohl anstelle der einzelnen Grundzinse ließ sich der Landesherr seit dem Ende des 13. Jahrhunderts von den Städten die Orbare, eine abgerundete Festsumme, zahlen, in die vielfach auch ununterscheidbar Bedeleistungen eingeflossen gewesen sein dürften. Dieser Erklärung der Orbare stimmen allerdings nicht alle Forscher zu.

Einkünfte bezogen die Städte aus der Nutzung der Stadtmark, vor allem der Ackerhufen, aus ihnen vom Herzog übertragenen Holzschlagrechten und Fischereigerechtigkeiten, aus Gerichtsgefällen, aus Marktgebühren und aus Krambuden. Schon im 13. Jahrhundert gelang es einzelnen Städten, Zollstätten des Landesherrn und deren Einkünfte in ihre Hand zu bringen. Viele Städte erwarben vom Landesherrn oder anderen Grundherren in ihrem Umlande ganze Dörfer, aus denen dann die bäuerlichen Zinserträgnisse in den Stadtsäckel flossen, und infolge von Erwerbung als Geschenk, durch Kauf oder als Pfand konnten auch Hebungen, die der Landesherr zuvor aus der Stadt bezogen hatte (Wordenzins, Hufenzins, Orbare, Gerichtsanteile und anderes mehr), zugunsten des städtischen Schatzes umgeleitet werden.[34]

Volkstumsverhältnisse in den Städten – gesellschaftliche Schichtung

Die Bevölkerung der Städte Pommerns und Rügens war von Anfang an deutsch, wenngleich es in jeder Stadt eine mehr oder weniger geringe Anzahl von Einwohnern slawischer Abkunft gegeben haben dürfte; in manchen kleineren Städten wie etwa Lassan war der slawische Anteil wohl recht beträchtlich. Die in den urkundlichen Quellen und den Stadtbüchern überlieferten Namen belegen jedoch das Deutschtum der erdrükkenden Mehrheit der Stadtbewohner, selbst wenn man berücksichtigt, daß die Unterschichten, innerhalb deren der slawische Anteil höher gelegen haben wird, sich darin weniger deutlich spiegeln. Mit Hilfe der Herkunftsnamen lassen sich Wanderungsbewegungen nachvollziehen. Vor allem in den kleineren Städten war der Anteil der unmittelbar aus dem ländlichen Umland Zugezogenen erheblich. Auch die Bewohnerschaft so bedeutender Städte wie Pyritz und Greifenhagen ergänzte sich im 14. Jahrhundert vorwiegend aus den umliegenden Dörfern, aus Brietzig, Naulin, Sabow und anderen im Falle von Pyritz; aus Pakulent, Kolow, Kummerow, Kunow, Lindow im Falle von Greifenhagen. Kleine Städte wie etwa Barth konnten Sprungbrett für die endgültige Ansiedlung von aus dem Westen, etwa aus Mecklenburg Gekommenen in einer großen Stadt wie Stralsund sein.

Die Herkunft der Stadtbewohner in Vorpommern weist überwiegend – mittelbar oder unmittelbar – auf Mecklenburg; von dort fand noch in der zweiten Hälfte des 14. Jahrhunderts ein lebhafter Zuzug in vorpommersche Städte statt. Vierzig Prozent der Zuwanderer nach Stettin stammten in der Zeit bis zur Mitte des 14. Jahrhunderts aus dem Umfeld der Stadt, aus der Uckermark und dem mittelpommerschen Keil beiderseits der Oder; hinsichtlich der Zuwanderer, deren westlich gelegene Ursprungsgegenden erkennbar sind, lassen sich Schwerpunkte in Westfalen, im Harzgebiet und im altmärkisch-magdeburgischen Raum ausmachen. Demgegenüber tritt Vorpommern zurück. Zuwanderung über Lübeck bildet bei dem eher binnenländisch ausgerichteten Stettin anders als im Falle Greifswalds oder Kolbergs die Ausnahme und ist erst nach 1280 zu beobachten.

Slawische Bevölkerung lebte in den Wieken, außerhalb der Stadtbefestigungen gelegenen Siedlungen. Einige dieser Wieken sind die Fortsetzung einer Burgsiedlung, als die Burg selbst nach der Gründung einer deutschrechtlichen Stadt in der Nähe gar nicht mehr bestand (etwa in Gartz an der Oder und Pyritz) – diese Wieken sind jedoch bald verschwunden –, andere sind erst bei der Gründung der Stadt oder danach vor deren Toren angelegt worden (Barth, Tribsees, Greifswald, Ueckermünde, Greifenhagen, Altdamm, Wollin, auch Stettin, nach dessen Gründung als deutsche Stadt offenbar zumindest der Großteil der slawischen Bevölkerung in die zwei nördlich beziehungsweise südlich vor der Stadt neu angelegten Wieken umgesiedelt wurde). Die meisten Wieken der zweiten Art befanden sich im Eigentum des Landesherrn; sie hatten Dienstsiedlungscharakter und gingen überwiegend – einige bereits um 1300 – früher oder später in das Eigentum der Städte über. Ihre Bewohnerschaft wurde anfänglich ausschließlich von Slawen gestellt, die großenteils der Fischerei nachgingen. Einige der in den Quellen seit dem 14. Jahrhundert überlieferten Wieken sind Vorstädte, die die Städte von dieser Zeit an vor ihren Mauern anlegten, etwa die südlich vor Greifenhagen und die südöstlich von Gartz an der Oder angelegte Wiek oder die Wiek von Gollnow; diese Vorstädte sind im allgemeinen keine ausgesprochenen Slawenwohnplätze, wenngleich sich dort nicht wenige Einwohner slawischer Abkunft niedergelassen haben dürften.

Juden gab es in geringer Anzahl in einigen der Städte des mittelalterlichen Pommern. 1261 bestimmte Barnim I., die in Stettin und anderswo im Lande lebenden Juden sollten bei den Rechten gehalten werden, die die Juden in Magdeburg besäßen. Bis zur Mitte des 14. Jahrhunderts war ihre Lage nicht bedrückt, nur von Greifswald wissen wir, daß man dort ihre Niederlassung zu verhindern trachtete. Dennoch hat es in Greifswald wie auch in Stralsund Juden gegeben. Ihren Unterhalt bestritten sie, indem sie Geld verliehen und sich im Handel mit allerlei Trödel betätigten. Vereinzelt mögen sie da und dort zum Bürgerrecht zugelassen worden sein, von einem Juden namens Jordan ist zu 1325 die Aufnahme ins Bürgerrecht von Stettin überliefert. In Stralsund lebten sie jedenfalls inmitten der Stadt, in einer Straße, die in einer Urkunde aus dem Jahre 1401 Judenstraße genannt wird.

Die gesellschaftlichen Unterschiede waren um so auffälliger, je größer die Stadt selbst war. Grundsätzlich läßt sich eine Dreiteilung der Einwohnerschaft feststellen. Die Oberschicht, die man mit dem nicht quellengemäßen Ausdruck »Patriziat« bezeichnen könnte, setzte sich überwiegend aus Fernkaufleuten zusammen. In Stralsund vereinigten sich die wohlhabenden unter den Kaufleuten schon im 13. Jahrhundert in der Gewandschneiderkompanie. Die Angehörigen des Patriziats einer Stadt stellten, miteinander häufig verwandt oder untereinander verschwägert, die Mitglieder des Rates und – in den Städten Magdeburger Rechts – der Schöffenbank. Sowohl der Rat als auch die Schöffenbank ergänzten sich durch Zuwahl, was die Stellung der der Oberschicht angehörenden Geschlechter festigte. Vielen der patrizischen Familien gelang es, umfangreichen Liegenschaftsbesitz innerhalb der Stadtmark, auf dem flachen Lande – dort als Lehnsträger des Herzogs oder geistlicher Anstalten –, zum Teil auch in anderen Städten zu erwerben. Beispiele für eine derartige Begüterung stellen die Stettiner Schultheißenfamilie Barvot (Barfuß) sowie das in Greifenhagen und mit einem anderen Ast auch in Stettin ansässige Geschlecht derer von Wobbermin dar.

Die größte Stadt im pommersch-rügischen Raum dürfte gegen Ende des 14. Jahrhunderts Stralsund mit etwa 13 000 Einwohnern gewesen sein, Stettin folgte mit 8000 bis 9000 Einwohnern, zu den großen Städten muß man auch Greifswald, Stargard und Kolberg, vielleicht auch Anklam rechnen; Demmin, Wolgast, Gartz an der Oder, Greifenhagen, Gollnow, Pyritz gehörten zu den Städten mittlerer Größe.[35]

Die Stadtanlage

Als Gründungsstädte wiesen die pommerschen Städte überwiegend eine regelmäßige Anlage auf mit rechtwinklig, netzartig sich schneidenden Straßen und einem meist in der Stadtmitte gelegenen Marktplatz, auf dem das Rathaus stand. Das wohl beste Beispiel dafür ist Greifswald. Vielerorts ist heute das Rathaus in eine der Platzwände eingefügt, zum Beispiel in Greifenberg und in Labes, auch in Stargard und in Stralsund. Die Trennung von Markt- und Kirchplatz ist vielerorts zu beobachten, auch in kleineren Städten, etwa in Bahn. In Barth und in Greifenhagen dagegen wurden Rathaus und Hauptkirche nebeneinander inmitten des Marktes errichtet. Völlig frei stehen noch heute die Rathäuser in Cammin, Regenwalde und Treptow an der Rega. Der Umriß der bald auch ummauerten Städte war entweder rechteckig wie in Labes, Daber und Treptow an der Rega oder bildete wie im Falle Usedoms und Greifenhagens ein Rechteck mit abgerundeten Ecken oder ein Langrund wie in Bahn, Wollin, Gollnow und, unregelmäßig abgewandelt, auch in Demmin.

Altdamm war nahezu kreisrund angelegt: zwei Straßen, eine Hauptstraße (Mühlentorstraße) und zwei Nebenstraßen (Wollweberstraße und Fürstenstraße), von denen die erstere mit der Hauptstraße parallel lief, die zweite in einem Bogen auf diese zulief, führten in nordöstlich-südwestlicher Richtung durch die Stadt. Diese drei Straßen wurden im rechten Winkel von drei Gassen gekreuzt (Breite Straße, Lange Straße, Plönestraße), an deren einem Ende jeweils, wie auch am südwestlichen Abschluß der Mühlentorstraße, ein Stadttor stand. An einem der drei Kreuzungspunkte der Hauptstraße lag ein großer Marktplatz, auf dem das Rathaus stand. Ein Dreieck, in dem sich der Umriß des Stadthügels abzeichnete, bildeten Pyritz und in seiner endgültigen Gestalt, doch nicht ganz regelmäßig, auch Stralsund. Das Zusammenwachsen Stettins aus mehreren Siedlungskernen spiegelt sich in größerer Unregelmäßigkeit seines inneren Gefüges und seiner Gesamtstraßenführung.[36]

DIE AUSWÄRTIGE POLITIK DER POMMERSCHEN HERZÖGE BIS 1295

In den Auseinandersetzungen zwischen den an die Oder anrainenden Mächten, die bestrebt waren, den mittleren Oderraum, wo Warthe und Netze, Drage und Küddow ihre Wasser mit denen der Oder vereinigen, als eine Drehscheibe Ostmitteleuropas in ihre Hand zu bringen, spielte das die Odermündungen beherrschende Pommern eine gewichtige Rolle. Die im 13. Jahrhundert jenes Gebiet bewegenden Kämpfe, in denen die Greifen den kürzeren zogen, haben für Jahrhunderte Weichen gestellt. Ebenfalls erfolglos waren im 13. Jahrhundert die Bemühungen der Greifen nach Osten hin, in den pommerellischen Raum hinein, und nach Westen, wo es galt, gegen Mecklenburg und Rügen die Stellung zu halten. Der Mißerfolg an Warthe und Netze war ein bleibender, dagegen sollte es im 14. Jahrhundert doch noch gelingen, das pommersche Gebiet entlang der Seeküste nach Osten und nach Westen zu erweitern.

Ratibor II., der letzte männliche Vertreter des in Schlawe-Stolp herrschenden Astes des Greifengeschlechts der Ratiboriden, ist wahrscheinlich 1223, wohl noch vor der am 7. Mai dieses Jahres erfolgten Gefangennahme des Dänenkönigs Waldemar II., welche den Zusammenbruch der dänischen Herrschaft an der südlichen Ostseeküste auslöste, gestorben. Sofort nach seinem Ableben setzten sich die Dänen im Land Schlawe fest. Der Versuch Barnims I., der hierbei im Einvernehmen mit seinem Vetter Wartislaw III. handelte, nach der das Ende der dänischen Großmachtstellung besiegelnden Schlacht bei Bornhöved von 1227 als Vertreter des überlebenden älteren Astes des Hauses sich nun der Länder Schlawe und Stolp zu bemächtigen, war nur vorübergehend erfolgreich.

Um die Jahreswende 1235/36 setzte sich der pommerellische Herzog Swantopolk in den Besitz dieser Länder; er konnte mütterlicherseits auf Abstammung von den Ratiboriden verweisen. Die pommerschen Herzöge gaben ihren Anspruch jedoch nicht auf. In den fünfziger Jahren unternommene Versuche, ihn mit kriegerischen Mitteln durchzusetzen, mißlangen allerdings. Nachdem Mestwin, der älteste lebende Sohn Swantopolks II., 1264 in einem merkwürdigen Akt Barnim I. als Erben aller seiner Länder eingesetzt hatte – für Mestwin war dies nur ein Schachzug im Kampf gegen seinen Bruder Wartislaw –, schien das Ziel wieder näher gerückt. Swantopolk II. starb 1266, und nun rückte Barnim I. in das Land Schlawe ein, in dessen Besitz er bis 1269 geblieben zu sein scheint. Im selben Jahr nahm Mestwin sein Teilherzogtum von den brandenburgischen Markgrafen der johanneischen Linie zu Lehen, um deren Hilfe gegen Barnim zu gewinnen. Nun setzte Wizlaw II. von Rügen sich – offenbar im Einvernehmen mit Barnim I. – im Lande Schlawe fest. Seine Ansprüche mochten auf der Tatsache gründen, daß er über seine Mutter ein Enkel Swantopolks II. war, vielleicht hat er sich auch auf Verwandtschaft mit den Ratiboriden berufen. Barnim, ein Schwestersohn Swantopolks, hat bis zu seinem Tode dann keinen auf dauernden Erwerb der Länder Schlawe und Stolp zielenden Versuch mehr unternommen. Um den Rügener aus dem Lande zu bekommen, näherte sich der wankelmütige und listenreiche Mestwin – sein Bruder war 1271 gestorben – wieder den brandenburgischen Markgrafen, die er mittlerweile im Bunde mit Herzog Bolesław von Großpolen bekriegt hatte, und nahm 1273 das Land Schlawe, das damals allerdings tatsächlich in Wizlaws II. Hand war, und das Land Stolp von ihnen zu Lehen. Wizlaw zog sich 1277 aus Schlawe zurück und überließ damit den Brandenburgern das Feld. 1283 gelang es Mestwin II., diesen das Land Schlawe abzunehmen. Er hatte inzwischen wieder einmal die Seite gewechselt und 1282 den jungen Herzog von Großpolen, Przemysł II., als Erben Pommerellens eingesetzt. Diese Entscheidung war nun allerdings die letzte Wahl des wendigen Mestwin.[37]

1231 hatte Kaiser Friedrich II. den Markgrafen Johann I. und Otto III. die Lehnshoheit über das Herzogtum Pommern (ducatus Pomeranie) bestätigt. Die beiden pommerschen Herzöge Barnim I. und sein Vetter Wartislaw III. sahen sich bald genötigt, sich diesem Anspruch zu fügen. Wahrscheinlich gegen Ende des Jahres 1234 hat Barnim I. seinen Landesteil von den Markgrafen zu Lehen genommen und ihnen gleichzeitig – vielleicht auch schon vorher – den südlich der Welse gelegenen Teil der

Uckermark verkauft. 1235 versuchten die Dänen, in Pommern wieder Fuß zu fassen, und nahmen Wolgast und kurzfristig sogar Demmin ein. Mit Hilfe Lübecks – und vielleicht auch Brandenburgs – gelang es Wartislaw III., sie aus Demmin zu verdrängen. 1236 folgte Wartislaw dem Vorbild seines Vetters: Er nahm – wohl unter dem Eindruck der gleichzeitigen Bedrängnis von seiten Mecklenburgs und der eben abgewehrten von seiten Dänemarks – seinen Landesteil mit Ausnahme der vom Herzogtum Sachsen lehnrechtlich abhängigen Gebiete in Kremmen von den Markgrafen zu Lehen; gleichzeitig mußte er ihnen die Länder Stargard, Beseritz und Wustrow, die flächenmäßig etwa das spätere Mecklenburg-Strelitz ausmachten, abtreten.

Die Bestimmung der Belehnungsurkunde, wonach die Herrschaft Wartislaws im Falle erbenlosen Todes – er hatte 1236 wohl noch keine Kinder, sollte aber auch bei seinem Tode keine hinterlassen – an die Markgrafen heimfallen solle, hätte der Einheit des Landes gefährlich werden können. Es war deshalb ein Erfolg Barnims I., wenn er 1250 im Vertrag von (Hohen-)Landin erreichen konnte, daß er und sein Vetter von den Markgrafen zu gesamter Hand belehnt wurden, so daß, falls der eine erbenlos sterben sollte, dessen Landesteil dem anderen »anwachsen« mußte, was bei Wartislaws Ableben im Jahre 1264 ja auch eintrat. Erkauft werden mußte dieses Zugeständnis mit der Abtretung des bei Pommern verbliebenen Rests der Uckermark. Demgegenüber war es ein weniger ins Gewicht fallender Gewinn, daß die beiden Vettern von ihren Lehnsherren gleichzeitig mit dem Lande Wolgast belehnt wurden, da sie es wohl ohnehin schon innehatten. Auf dieses Land – zumindest auf dessen Hälfte – konnten die Askanier seit 1230 Anspruch erheben, denn es war das Heiratsgut von Johanns I. dänischer Gemahlin Sophie. Mit der anderen Hälfte war 1235 der rügische Fürst Wizlaw I. vom Dänenkönig belehnt worden; er muß aber schon vor 1250 daraus verdrängt worden sein. Bereits 1230 hatten die Pommern das seit Jahrzehnten rügisch beherrschte Land Wusterhusen zurückgewonnen.

Verluste hat Pommern auch an seinem Westsaum hinnehmen müssen. Um 1230 bemächtigten sich die mecklenburgischen Landesherren, die Brüder Johann I., Nikolaus I., Borwin III. und Pribislaw, des allergrößten Teils von Zirzipanien und rückten damit die Grenze gefährlich nahe an Demmin, den Hauptsitz Wartislaws III., heran. Ebenfalls im Zuge der pommersch-mecklenburgischen Auseinandersetzungen der dreißiger Jahre gelangte das aus den Harzlanden stammende Geschlecht der Herren von Gadebusch in den Besitz des Landes Loitz und errichtete dort eine kleine Landesherrschaft, deren Kern nördlich der Stadt Loitz lag. Bald suchten die Loitzer jedoch Anschluß an Pommern und nahmen ihr Ländchen von Wartislaw III. zu Lehen. 1275, nachdem das Geschlecht ausgestorben war, bemächtigte sich Wizlaw II. von Rügen des Landes Loitz. Die Grafschaft Gützkow, in den Händen der Nachkommen einer mit Jakzo I. von Salzwedel verheirateten Tochter Bogislaws I., war zwar seit etwa 1290 eine echte eigene Landesherrschaft, die aus der Stadt Gützkow und einigen nördlich davon gelegenen Dörfern bestand, konnte aber dennoch von den pommerschen Herzögen, von denen sie lehnsabhängig war, wie ein Teil des Herzogtums behandelt werden. Östlich des Landes Loitz und nördlich der Grafschaft Gützkow, bei Greifswald, stießen Rügen und Pommern unmittelbar aufeinander; Grenzfluß war der Ryck. Auf Dauer verloren ging für Pommern allerdings das Land Stavenhagen, das sich von 1282 an im Pfandbesitz der mecklenburgischen Herrschaft Werle(-Güstrow) befand, bis Herzog Otto I. von Pommern das Land 1317 endgültig an Werle abtrat.[37]

DIE ENTSTEHUNG DER NEUMARK

Im Gebiet von mittlerer Oder, unterer Warthe und unterer Netze überschnitten sich die Bestrebungen der pommerschen Greifen sowie der großpolnischen und der schlesischen Piasten. Das Ausgreifen der letzteren nach Norden unter den Herzögen Heinrich I. und Heinrich II. in den Jahren zwischen 1234 und 1241 machte sie zu Nachbarn Barnims I., von dessen Herrschaftsgebiet sie zeitweise weite Gebiete nördlich der Warthe innehatten. Durch Verleihung von Rechten zugunsten geistlicher Einrichtungen, sei es von Rechten an ausgedehnten Liegenschaften, sei es von Rechten an Zehnten, versuchten sämtliche Einflußmächte jenes Raums – neben den Greifen, den großpolnischen und den schlesischen Piasten auch die Bischöfe von Cammin und Lebus –, die deutsche Besiedlung zu fördern, weil das einen besseren Grenzschutz und die Wahrung ihrer Belange im Hinblick auf Sicherung oder Ausweitung ihrer Gebiete beziehungsweise ihrer Diözesangrenzen versprach. Eine wesentliche Rolle in den Kämpfen jener Jahre spielte die an der Mündung der Netze in die Warthe gelegene Burg Zantoch. Auch wenn diese sich um 1250 in der Hand Przemysłs II. von Großpolen befand, hatte Barnim I. bis dahin doch die Gebietsverluste, die er zuvor im Warthe-Netze-Raum hatte hinnehmen müssen, großenteils wieder wettmachen können. Um 1250 setzte jedoch das Ausgreifen der Askanier auf das Gebiet östlich der Oder ein, was schließlich eine erhebliche und endgültige Rücknahme der pommerschen Grenze zur Folge hatte. Bei ihrem Vorgehen gegenüber Pommern wurden die Askanier wesentlich von dem Wunsch geleitet, einen Zugang zur Ostsee zu gewinnen.

1250/52 gelangte Brandenburg in den Besitz der Hälfte des um die Burg Lebus auf beiden Seiten der Oder gelegenen Landes Lebus. 1253 gründete Johann I. in dem neu erworbenen Gebiet die Stadt Frankfurt. Bestandteile des Landes Lebus waren auch die Länder Küstrin und »Chinz«; ersteres lag zwischen dem Lauf der Warthe und dem der Mietzel, mit »Chinz« wird das nördlich der Mietzel und südlich des Landes Zehden gelegene Gebiet gemeint gewesen sein. Die Länder Küstrin und »Chinz« gelangten wohl schon 1250 in den Besitz der Markgrafen. Mitte der fünfziger Jahre nahmen sie Barnim I. auch die nördlichen, bis dahin von diesem besetzt gehaltenen Teile der eigentlich großpolnischen Kastellaneien Zantoch und Driesen ab. Auf dem Gebiet der Kastellanei Zantoch gründete Markgraf Johann I. im Jahre 1257 mit Zielrichtung gegen die Burg Zantoch die Stadt Landsberg an der Warthe. Als Mitgift der mit Markgraf Konrad vermählten Tochter Przemysłs I., Konstantia, gewann Brandenburg die Kastellanei Zantoch – jedoch ohne die Burg – in aller Form. 1261 nahmen die Markgrafen Barnim I. das Gebiet um Soldin ab, wenige Jahre danach auch das Land Zehden, in dem sie einen wohl auf eine Schenkung Barnims I. zurückgehenden, die Stadt Königsberg in der Neumark und deren Umgebung umfassenden Güterbezirk des Bischofs von Brandenburg antrafen; der Bischof mußte gegen Entschädigung weichen. 1269 war das Gebiet an der oberen Ihna um Arnswalde in der Hand der Askanier. Den westlich von Arnswalde gelegenen Landstrich zwischen den beiden Ihna-Armen erhielt Barnim I. aber 1278, wenige Monate vor seinem Tod, von Brandenburg zurück; er blieb auf Dauer bei Pommern. 1276 kaufte Brandenburg dem Bischof von Cammin das diesem wohl seit den fünfziger Jahren gehörende Land Lippehne ab. Die Askanier hatten gegenüber Pommern also in etwa die Linie Königsberg in der Neumark – Schönfließ – Pyritz erreicht; letzteres war zwar pommersch geblieben, doch war ihm die neumärkische Grenze gefährlich nahe gerückt.

Die »marchia transoderana«, die man bald als »Neumark« bezeichnete, war eine nicht mehr aus der Welt zu schaffende Wirklichkeit geworden. Barnim I., seine Söhne und Nachfolger mußten sich damit abfinden. Sein ältester Sohn, Bogislaw IV., hatte schon 1280 auch den Verlust des Landes Bernstein und im Gebiet der oberen Rega den des Landes Zinnenburg, zu dem das Gebiet von Schivelbein gehörte, hinzunehmen. Um die Burgen Zantoch und Driesen wurden noch mehrfach Kämpfe zwischen den Markgrafen und den Herzögen von Großpolen ausgetragen, bis schließlich erstere gegen Ende des Jahrhunderts die beiden Burgen für sich gewannen.[38]

In ihrer Politik nach außen hin waren Barnim I. und Wartislaw III. also viel weniger erfolgreich als bei der inneren Neugestaltung ihres Landes. Geringen Gewinnen im Westen standen erhebliche Verluste, vor allem im Süden an der Grenze zu Brandenburg, gegenüber. Wenn es auch nicht zutrifft, daß die gesamte Regierungszeit Barnims I. von kriegerischen Auseinandersetzungen zwischen den brandenburgischen Markgrafen und ihrem pommerschen Lehnsmann Barnim, der zudem seit 1267 mit einer Tochter Markgraf Ottos III. verheiratet war, überschattet gewesen sei, so ist doch nicht zu leugnen, daß die Markgrafen vor Gewaltanwendung nicht zurückschreckten, wenn es galt, einen Vorteil zu wahren. Zum Waffengang kam es in der Mitte der fünfziger Jahre, als Barnim sich dem brandenburgischen Vorgehen östlich der Oder entgegenzustemmen suchte, und in den Jahren 1273 bis 1275, als es um die Herrschaft im Gebiet um Arnswalde und zwischen den beiden Ihna-Armen ging. Das Vordringen der Brandenburger an der oberen Rega im Jahre 1280 gehörte schon zu den Vorwehen des großen Kampfes, in dem 1283/84 die im Rostocker Landfriedensbündnis vereinigten Landesherren – darunter Bogislaw IV., Wizlaw II. und sämtliche mecklenburgischen Herren – und bedeutenden Städte der deutschen Ostseeküste und die brandenburgischen Askanier andererseits aufeinanderprallten. Nachdem der römisch-deutsche König Rudolf sich vermittelnd eingeschaltet hatte, wurde im August 1284 eine Art Vorfriedensvertrag geschlossen, der den Vorkriegszustand wiederherstellte, das heißt, daß der Verlust des Landes Bernstein und des Schivelbeiner Gebiets von Pommern anerkannt wurde.[39]

BILDUNG DER RITTERSCHAFT – ANFÄNGE DES POMMERSCHEN STÄNDEWESENS

Mit dem Zustrom deutscher Siedler setzte auch der Zustrom ritterlichen Niederadels ein. Herkunftsgebiete waren hauptsächlich Niedersachsen, das Harzvorland, Holstein und die Altmark; einige der in Pommern (einschließlich des Fürstentums Rügen und des Stifts Cammin) ansässig gewordenen Geschlechter sind über einen Zwischenhalt in Mecklenburg oder als Zweig eines zuvor dort eingewurzelten Geschlechts ins Land gekommen. Ihre Aufgabe fanden die Angehörigen dieser Sippen als Lokatoren und Grundherren, ferner im Rahmen der anstelle der alten Kastellaneiverfassung nun entstehenden Landvogteiverfassung, in der nach deutschem Muster gestalteten Hofverwaltung und selbstverständlich vor allem innerhalb des ritterlichen Aufgebots des Landesherrn bei Kriegszügen. Mit seinem liegenschaftlichen Besitz war der Landesadel an den Landesherrn gebunden, das heißt, er war diesem eidlich zu Treue und Gefolgschaft verpflichtet und diente ihm *von* seinen Lehen, deren Obereigentümer der Landesherr war. Mit Teilen ihres Besitzes konnten Rittergeschlechter auch an Klöster und Stifte lehnrechtlich gebunden sein.

Deutsche Ritter sind zunächst in der Umgebung Wartislaws III. nachzuweisen. Der Wechsel von slawischem zu deutschem Gefolge erfolgt bei ihm unvermittelt. Seit 1236/37 trifft man in seiner Burg Demmin anfänglich ganz überwiegend, dann ausschließlich nur noch auf Deutsche. Der letzte slawische Kastellan von Demmin hat den Ritterschlag empfangen und ist in die neuen, deutschen Verhältnisse übernommen worden. Drei Jahre später bahnte sich ein ähnlicher Umschwung auch am Hofe Barnims I. an. Daß ein solcher in der Umgebung Wizlaws I. erst in der Mitte der vierziger Jahre stattfand, könnte auf den in Rügen starken Einfluß Dänemarks, dessen König der Lehnsherr der rügischen Fürsten war, zurückzuführen sein.

Einer der ersten der seit den dreißiger Jahren zuströmenden Ritter war der 1237 bei Wartislaw III. erscheinende, aus Mecklenburg stammende Lothar von Brüsewitz. Aus Mecklenburg kamen etwa auch die seit 1245 in Pommern nachweisbaren, ursprünglich im Ratzeburgischen beheimateten Pentz, ferner die von 1254 an in Pommern nachweisbaren Schwerin und die wohl ursprünglich an der Unterelbe beheimateten, von 1296 an in Pommern belegten Below. Westfalen war die Urheimat, Niedersachsen wohl das mittelbare, Mecklenburg das unmittelbare Herkunftsgebiet der Behr (seit 1237 in Pommern nachweisbar), Niedersachsen das der Blankenburg (seit 1243), der Heydebreck (seit 1254), der Rahmel (vor 1256), der Wedel (seit 1269), die dann im neumärkisch-pommerschen Grenzgebiet Besitz gewannen, und der Bevenhusen (seit 1276), aus der Altmark kamen die Bartikow (seit 1242) und die Hindenburg (seit 1266). Aus dem Bremischen stammten die von der Osten (seit 1248) und die von Düring (seit 1241). Die Neuenkirchen und die Lepel sind seit 1251, die Platen seit 1255 – sie sind von 1275 an auch in der rügischen Ritterschaft vertreten –, die Manteuffel seit 1259, die Wachholz seit 1262, die Köller seit 1280, die Fleming seit 1281, die Glasenapp seit 1287 (und zwar gleich im Stiftsland Cammin) in Pommern belegt; ein Maltzahn, aus Mecklenburg kommend, wo wie bei den Behr ein anderer Ast des Geschlechts angesessen hat, ist erstmals 1241 in Pommern nachweisbar. Im Fürstentum Rügen trat spätestens seit 1254 ein Ast des auch in Mecklenburg begüterten Geschlechts Moltke in Erscheinung. Der erste aus dem ursprünglich altmärkischen, dann in dem brandenburgischen, später mecklenburgischen Land Stargard begüterten Geschlecht der Dewitz, der in Pommern seinen Sitz nahm, kam um 1320 ins Land. Die Eickstedt sind ebenfalls erst im 14. Jahrhundert – und zwar aus Brandenburg – nach Pommern gekommen.

Viele der genannten Geschlechter haben im Zuge der west-östlich gerichteten Siedlungsbewegung – oftmals unter Aufgabe ihrer vorpommerschen oder im Odermündungsgebiet gelegenen Besitzungen – selbst eine Ostwanderung vorgenommen und finden sich schließlich im östlichen Hinterpommern, so die Blankenburg, die Fleming, die Heydebreck, die Massow, die Rahmel, die Wachholz. Dagegen sind die seit den siebziger Jahren im Regagebiet ansässigen Borcke und die im Land Kolberg und an der Rega sitzenden Vidante sowie die im östlichen Hinterpommern begüterten Geschlechter der Bonin, der Kleist, der Natzmer, der Puttkamer, der Zitzewitz slawisch-pomoranischer Herkunft; ebenfalls slawischen Ursprungs sind die dort sitzenden Kameke, die allerdings von der Insel Usedom stammen. Im übrigen verschwand der slawische Adel westlich der Persante sehr rasch aus dem öffentlichen Leben. Einige der Geschlechter werden ausgestorben sein, die meisten dürften jedoch – nicht fähig, den neuen Verhältnissen gerecht zu werden – einen gesellschaftlichen Abstieg erlebt haben. Daß slawische Geschlechter vor den Deutschen grollend nach Polen ausgewichen seien, ist eine in der Literatur häufig anzutreffende, aber nie bewiesene Behauptung.[40]

Die ritterlichen Lehnsmannen der Herzöge spielten nicht nur als deren »Mitarbeiter« in Verwaltung und Verteidigung des Landes eine Rolle, sondern begannen auch bald, sich korporativ einerseits zur Verfolgung von Sonderinteressen, andererseits aber auch zwecks Sicherung von Belangen des Landes zusammenzuschließen, die über vordergründige, kurzfristige, auch eigennützige Vorteile der Herzöge hinauswiesen. Wenn es solche Ziele zu verfolgen galt, die zwangsläufig einen mehr oder weniger deutlichen Widerspruch zu unmittelbaren Absichten der Landesherren bedeuteten, gesellten sich die Räte der großen Städte im eigenen Interesse der Ritterschaft von Anfang an zu. Am Ende dieser Entwicklung stand im 15. Jahrhundert ein voll ausgebildetes Ständewesen, in dem dann nicht allein Vertreter der Ritterschaft und der Städte, sondern auch die Prälaten des Landes, etwa die Äbte der großen Klöster, am Landesregiment mitwirkten. Eine erste Ständeversammlung könnte schon 1280 stattgefunden haben; ihr Zweck wäre es gewesen, eine außerordentliche »Bede«, also eine Steuererhebung zu beschließen. Über die Mitwirkung an auswärtigen Angelegenheiten des Landes wie dem Rostocker Landfriedensbündnis von 1283 und dem Vierradener Friedensvertrag von 1284 sowie der Landesteilung von 1295 führte der Bedeutungszuwachs, den herzogliche Vasallen und Städte erfuhren, 1319 zu dem erfolgreichen Versuch der Vasallen und der Städte des Stettiner Landesteils, einen unbeliebten Beraterkreis um Herzog Otto I. unschädlich zu machen. Noch im selben Jahr kam es zur Errichtung eines »ständischen« Ausschusses durch Wartislaw IV., dem zur Wahrung des Landfriedens im westlich der Swine gelegenen Teil von Pommern-Wolgast richterliche Aufgaben übertragen wurden und dem zwei Lehnsmannen des Herzogs und je zwei Ratmannen der Städte Greifswald, Demmin und Anklam angehören sollten. 1321 wurde ein ähnlicher Ausschuß für einen Teil des Herzogtums Pommern-Stettin eingesetzt.

Den Rittern, Prälaten und Städten von Pommern-Wolgast verbrieften die Stettiner Herzöge als Vormünder der Wolgaster Landesherren 1326 ihre Rechte und sicherten zu, daß sie ohne Zustimmung eines Ausschusses von Lehnsmannen und Ratmannen weder Landvögte einsetzen noch Zölle erheben, noch Burgen bauen würden. Den Städten wurde das Recht eingeräumt, zur Selbsthilfe zu greifen, wenn es galt, den Landfrieden aufrechtzuerhalten. Den Rittern des Landes Stolp und dem Rat der Stadt Stolp verbrieften die Wolgaster Herzöge 1348 geradezu ein Widerstandsrecht, indem sie ihnen erlaubten, im Falle der Mißachtung ihrer Rechte durch die Landesherrschaft eine »Einung« – »concordiam et unionem simultaneam et duraturam« nennt es die Urkunde – einzugehen und nötigenfalls sogar einen neuen Landesherrn zu wählen.[41]

UMGESTALTUNG DER LANDESVERWALTUNG

Spätestens seit Mitte des 12. Jahrhunderts war Pommern in etwa ein Dutzend Burgbezirke eingeteilt, an deren Spitze sich ein in den Quellen »Kastellan« genannter Vorsteher befand. Diese Kastellane entstammten dem örtlichen Adel und konnten von den Herzögen erst im Laufe der Jahrzehnte in eine abhängigere, beamtenähnliche Stellung hinabgedrückt werden. Aufgaben dürften die Kastellane vorwiegend bei der Ausübung der Gerichtsbarkeit in ihrem Bezirk und bei der Landesverteidigung sowie der Abgabenerhebung gefunden haben.

Die Geschlossenheit der Burgbezirke wurde zunächst durch geistliche Immunitäten durchbrochen und durch deren Befreiung von den Lasten des einheimischen Rechts auf den Gebieten der Gerichtsbarkeit, der Abgabenleistung und des Heeresaufgebots. Diese Entwicklung setzte schon im 12. Jahrhundert ein. Als etwa von 1230 an im Zuge der deutschen Siedlung Hunderte von deutschen Dörfern teils auf herzoglichem, teils auf kirchlichem Land entstanden (in erheblichem Ausmaß einem vom Herzog lehnsabhängigen ritterlichen Grundherrn unterstehend), wurden die Kastellansbezirke weiter aufgebrochen, da die Bewohner dieser Dörfer nach den mitgebrachten deutschen Rechtsvorstellungen lebten. Die seit 1234 nach Magdeburger beziehungsweise lübischem Recht gegründeten Städte beförderten die weitere Auflösung. In Demmin, Stettin, auf Usedom verschwindet der Kastellan in den dreißiger Jahren des 13. Jahrhunderts, auf Wollin vielleicht schon früher, in Cammin in den vierziger Jahren, und auf Burg Kolberg endet die slawische Burgverfassung zehn Jahre später. An ihrer Stelle bildeten sich nach deutschem Vorbild etwa zehn Landvogteien, die sich zum Teil mit den alten Burgbezirken deckten; im allgemeinen verliefen die Grenzen der neuen Einheiten jedoch anders. Im Fürstentum Rügen wurden fünf Landvogteien errichtet.

Die Landvögte entstammten vorwiegend dem ritterlichen Landesadel. Ihren Sitz hatten sie in Städten. Der Landvogt übte in seinem Bezirk gemeinsam mit den Landschöffen die Hochgerichtsbarkeit (in Fällen von Mord, Totschlag, Notzucht, Brandstiftung, Diebstahl) aus; Missetäter, die als Hintersassen kirchlichen oder adligen Grundherrschaften unterstanden, welche vom Herzog die Immunität auch in bezug auf die Halsgerichtsbarkeit erlangt hatten – und das hatten die meisten erreicht –, wurden freilich von den dortigen grundherrlichen Gerichten abgeurteilt. Die Städte allerdings gehörten hinsichtlich hochgerichtlicher Fälle zur Landvogtei. Solche Fälle urteilte der Landvogt in den Städten lübischen Rechts gemeinsam mit dem Rat der Stadt ab, in denen Magdeburger Rechts mit der Schöffenbank. Zu den weiteren Aufgaben eines Landvogts zählte die Einziehung der Steuern, insbesondere der Bede, und der Zölle; er führte dem Landesherrn das ritterliche Lehnsaufgebot seines Sprengels zu, verwaltete und beaufsichtigte die in seiner Landvogtei gelegenen landesherrlichen Dörfer und Liegenschaften und die Abgaben daraus und beaufsichtigte die der Landesverteidigung dienenden Leistungen der Bauern im Burgen- und Brückenbau. Die Machtfülle der Vögte erregte beim Landesadel und bei den Städten nicht selten Anstoß.

Die Insel Rügen war in neun in slawische Zeit zurückreichende Bezirke, »Garde« genannt, gegliedert, die beibehalten, aber im Laufe des 13. Jahrhunderts – der erste namentlich genannte Landvogt tritt 1276 auf – zu einer Landvogtei zusammengefaßt wurden. Ob es auf Festland-Rügen Kastellane gegeben hat wie in Pommern, ist unsicher. Die zwei für Barth und Tribsees zu 1225 beziehungsweise 1231 genannten Burggrafen dürften solchen nicht entsprochen haben und nicht in slawische Rechtsverhältnisse zurückweisen. Der Aufbau von Landvogteien scheint auf dem Festland bereits um 1220 eingesetzt zu haben. Später sind fünf – im 14. Jahrhundert auch sechs – Landvogteien bezeugt (Barth, Tribsees, Stralsund, Grimmen, Loitz, dazu später noch Hertesburg).[42]

Der Landesausbau durch Siedlung und Städtegründung steigerte die Einnahmen der Landesherren sehr erheblich, verursachte allerdings auch nicht unbeträchtliche Kosten. Die Vergabe weiter Ländereien an geistliche Einrichtungen, an Städte und Vasallen bei Gewährung weitgehender Immunitätsrechte hatte zumindest vordergründig Einnahmeverluste zur Folge, wenn es auch langfristig zum Aufblühen des Landes beitrug und somit mittelbar dem landesherrlichen Säckel wieder zugute kam.

Die nicht glücklich geführten Kriege Barnims I. und eine insgesamt nicht erfolgreiche Politik nach außen hatten einen fühlbaren Geldbedarf zur Folge. Es überrascht daher nicht, daß die Herzöge nach neuen Einnahmequellen suchten. So tauchte Mitte des 13. Jahrhunderts in Pommern eine neue Steuer auf, die Bede. Man konnte sich dabei auf das Vorbild anderer deutscher Länder berufen, etwa auf Brandenburg und Mecklenburg. Die Bede war eine auf den Grund und Boden gelegte, in Gold, manchmal auch in Getreide geforderte Steuer, von der grundsätzlich auch Klöster, Stifte, Städte und ritterliche Grundherrschaften nicht befreit waren. Sie wurde anfänglich nur hin und wieder erhoben, entwickelte sich aber bald zu einer festen Abgabe. In den Städten ist die Bede oftmals ununterscheidbar mit der Orbare vereinigt worden.

Bei der Ausschreibung einer außerordentlichen Bede im Jahre 1280, die der Einlösung verpfändeter Dörfer dienen sollte, bestimmte Bogislaw IV., von jeder seiner Eigenhufen und von seinem Hofe solle der Ritter je einen Schilling entrichten, der Bauer von jeder seiner Hufen die Hälfte, also sechs Pfennig, von jedem Haken aber vier Pfennig, der Kossäte solle drei Pfennig entrichten. Ähnlich wie beim Adel war die Leistung der Geistlichkeit geregelt, wohingegen die Veranschlagung der Bürger stärker abgestuft war. Bald jedoch wurde auch die Bede zum Gegenstand des Güterverkehrs, als die Herzöge dazu übergingen, Bedeerhebungen zu verschenken beziehungsweise zu verlehnen oder sie um kurzzeitiger Vorteile willen zu verkaufen oder zu verpfänden.

Auch der Fürst von Rügen hat in seinem Land die Bede eingeführt, doch zeigten sich nach kurzer Zeit ähnliche Erscheinungen wie im Bereich der Herrschaft der Pommernherzöge. So wurden die Pfarrgeistlichen auf der Insel Rügen schon 1284 von der Bedeleistung befreit. 1314 entrichtete nicht einmal mehr die Hälfte der etwa 2500 an sich dem Fürsten steuerbaren Haken auf der Insel an diesen tatsächlich die Bede. 1343 floß den Wolgaster Herzögen nur noch von vierzig Prozent der im Land Loitz liegenden Hufen die Bede zu; im allgemeinen waren Hufen in geistlichem Besitz und die Eigenhufen der Ritter von der Bedeentrichtung gänzlich befreit, und die Bedeleistung zahlreicher Bauernhufen war auf Dauer oder auf Zeit den ritterlichen Grundherren übertragen. Doch ist andererseits um die gleiche Zeit zu beobachten, daß das Recht des Landesherrn auf Bedeleistungen selbst in Dörfern alter und mächtiger Klöster nicht beeinträchtigt ist.

Einnahmen flossen den Herzögen auch aus ihren Münzstätten zu. Die in der Zeit vor Einsetzen der deutschen Siedlung feststellbaren Münzstätten – Stettin, Prenzlau, Demmin, Cammin und Kolberg – arbeiteten als herzogliche Einrichtungen in deutschrechtlicher Zeit weiter; die Prenzlauer Münze schied allerdings 1250 infolge der Abtretung des Restes der Uckermark an Brandenburg aus, die Kolberger Prägung wurde 1276 bischöflich, die Prägung in Cammin offenbar bald eingestellt. Doch gründeten die Herzöge im 13. Jahrhundert neue Münzstätten, bis zum Jahre 1300 je eine in Pyritz, Greifswald, Anklam und Treptow an der Rega; für ganz kurze Zeit könnte es auch in Stargard und in Usedom eine Münze gegeben haben. Im Fürstentum Rügen war die Stralsunder Münzstätte die einzige, vielleicht wurde daneben zeitweise auch in Barth gemünzt. Stralsund war auch die Stadt, die 1316 als erste das Münzrecht von ihrem Landesherrn erwerben konnte. 1325 erwarben dieses Recht auch Anklam und Greifswald, spätestens 1326 Pyritz, dann Demmin und 1345 Stettin. Die Herzöge behielten sich jedoch über die an die Städte übergegangene Münzprägung ein weitgehendes Aufsichtsrecht vor. Wirklich unabhängig übte das Recht der Prägung nur das mächtige Stralsund aus.

Die in den pommerschen Münzstätten ausgeprägten Pfennige – denarii Slavicales – waren leichte Pfennige. 192 gingen auf eine Rechnungsmark, bestehend aus sechzehn Schillingen zu je zwölf Pfennigen. Vier Mark in ausgemünzten Pfennigen, also 768 Pfennige, ja um 1325 schon 4½ Mark, das heißt 864 Pfennige, entsprachen dem Wert einer Silbermark von 233 Gramm. Nach Erlangung des Münzrechts durch die Stadt Stralsund sonderten sich die dort geprägten Pfennige in ihrem Wert von den wendischen Pfennigen ab, die noch weiter absanken.[43]

DAS BISTUM CAMMIN IM 13. JAHRHUNDERT

Die Privilegien Kasimirs I. hatten dem Bistum Cammin einen hohen Grad an Unabhängigkeit verschafft. Geschlossener Landbesitz, auf dem nach dem Vorbild der Hochkirchen im Reich unabhängige Landesherrschaft hätte ausgeübt werden können, fehlte dem Bistum jedoch. Im Jahre 1240 tauschte Bischof Konrad III. – er entstammte dem Geschlecht der Vögte von Salzwedel und war als vormaliger Magdeburger Domherr mit den Verhältnissen, wie sie im Reich herrschten, vertraut – von Barnim I. gegen Zehntrechte das Land Stargard zu vollem Recht einschließlich der Vogtei, der Zoll- und der Münzrechte ein. Im Tausch gegen das Land Stargard, in dessen tatsächlichen Besitz sich das Bistum offenbar nicht hatte setzen können, erhielt Konrads III. Nachfolger Bischof Wilhelm 1248 die östlich der Persante liegende Hälfte des Landes Kolberg. Wilhelms Nachfolger, dem 1251 zum Bischof gewählten, aus dem thüringischen Geschlecht der Grafen von Gleichen stammenden Bischof Hermann, gelang im Laufe seines langen Pontifikats – er starb 1288 – die Erwerbung weiterer Gebiete und Ländereien für das Bistum Cammin, vor allem der Gewinn der westlich der Persante gelegenen Hälfte des Landes Kolberg, die 1276, endgültig 1277 an das Stift kam.

Das Land Kolberg, das dem Bischof in völliger rechtlicher Unabhängigkeit vom Herzogtum gehörte, war der Mittelpunkt des bischöflichen Grundbesitzes. Daneben besaß das Bistum Grundbesitz geringeren Umfangs. Zu nennen sind vor allem das vorpommersche Jarmen mit sechs umliegenden Dörfern, das 1305 verkauft wurde, ferner Besitz um das vorpommersche Löcknitz, weiterhin offenbar ins 12. Jahrhundert zurückreichender und 1321 verkaufter Besitz am Madüsee um Werben, außerdem das Land Lippehne, das Bischof Hermann in den ersten Jahrzehnten seines Pontifikats erwarb und 1276 an Brandenburg verkaufte, schließlich das Land Massow, welches das Stift wohl in den sechziger Jahren des 13. Jahrhunderts erwarb, und der größte Teil des Landes Naugard. Naugard ging 1274 als Lehen der Camminer Kirche an den Schwestersohn Bischof Hermanns über, den Grafen Otto I. aus dem an der Weser beheimateten Geschlecht der Grafen von Everstein. Im Besitz des pommerschen Hauses Everstein blieb Naugard für nahezu vier Jahrhunderte.

Gegen Ende der siebziger Jahre erwarb Bischof Hermann das Gebiet um Arnhausen und fügte es dem Land Kolberg ein. Ansprüche auf die neumärkischen Länder Schivelbein und Falkenburg, die wohl im Zusammenhang standen mit einer 1317 vorgenommenen Verpfändung dieser Länder durch Markgraf Waldemar an das Stift Cammin und die nach dem drei Jahre später erfolgten Aussterben der brandenburgischen Askanier erhoben wurden, konnte das Stift nicht durchsetzen. Ob das Gebiet des späteren Landes Bublitz schon 1248 an das Bistum gelangt ist, läßt sich nicht ausmachen. 1321 war es jedenfalls bereits in den Händen des Bischofs. Mit dem Land Bublitz war das Stift Cammin unmittelbarer Anrainer des Deutschordenslandes, da der Orden den größten Teil Pommerellens 1309 an sich gebracht hatte. 1350 schloß Bischof Johann mit dem Deutschen Orden einen Grenzvertrag, der ein Zurückweichen des Stifts bedeutete.

In der Stadt Cammin, in der die Domkirche lag, beschränkten sich die weltlichen Hoheitsrechte des Bischofs auf die Domfreiheit. Hauptsächlicher Aufenthaltsort der Bischöfe war im 13. Jahrhundert deshalb das im Stiftsland gelegene Kolberg, im 14. Jahrhundert wurde es Körlin. Zwar gelang es dem Bischof und dem Domkapitel im Jahre 1321, Stadt und Land Cammin von den Herzögen käuflich zu erwerben, doch behielten sich diese das Wiederkaufsrecht vor; 1355 lösten sie Stadt und Land Cammin wieder aus. Das Domkapitel von Cammin verfügte ebenfalls über Grundbesitz, der jedoch nicht geschlossen, sondern über die gesamte Diözese verstreut und der Landesherrschaft des Herzogs nicht entzogen war. In dichterer Ballung lag der Kapitelsbesitz im Gebiet östlich von Cammin.[44]

Das 1140 gegründete Bistum Wollin trat als Landesbistum ins Leben, es sollte sich räumlich mit dem Herrschaftsbereich des Pommernherzogs decken. Allerdings stand der 1140 in der Urkunde des Papstes Innozenz II. festgelegte anerkannte Anspruch des jungen Bistums auf die Zehntabgaben bis zur Leba nicht mit der Wirklichkeit in Einklang, da die Herrschaftsgewalt des Pommernherzogs gegen Osten damals tatsächlich am Gollenberg endete. Hinzu kam, daß in unmittelbarer oder mittelbarer Folge der ottonischen Bistumseinteilung der Peeneraum gleichsam schon vergeben war – an die Bistümer Schwerin, Havelberg und Brandenburg – und für eine weitere Diözese gar kein Platz vorhanden war. Dennoch ist es dem Bistum Cammin nicht nur gelungen, sich zu behaupten, sondern sich sogar von der Bindung an das Herzogtum der Greifen, deren wenig erfolgreiche auswärtige Politik für den Bestand des Diözesangebietes gefährlich werden konnte, frei zu machen. So brachte es Cammin fertig, gerade zu der Zeit, als Pommern Zirzipanien an Mecklenburg verlor, durch geschicktes Zusammenspiel mit den Eroberern das Bistum Schwerin fast ganz aus Zirzipanien zu verdrängen. Der festländische Anteil des Fürstentums Rügen verblieb bei Schwerin, so daß der Ryck und eine von diesem zu Trebel und Recknitz führende Linie nicht nur das Herzogtum vom Fürstentum, sondern auch Cammin von Schwerin schied, wobei das Land Loitz in die Diözese Cammin einbezogen war. Der Erwerb des südlich der Welse gelegenen Teils der Uckermark durch die brandenburgischen Markgrafen hatte den Übergang dieses Gebietes von der Camminer zur Brandenburger Diözese zur Folge. Als Pommern 1250 jedoch den Rest der Uckermark verlor, gelang es Cammin, sich zu halten. Es wurde dadurch zu einem auch märkischen Bistum und war von da an um ein gutes Verhältnis zu den erfolgreichen brandenburgischen Markgrafen bemüht.

Dieses Bemühen sollte sich östlich der Oder, wo die Brandenburger in den Jahrzehnten nach 1250 die Neumark schufen, für Cammin auszahlen. Das Bistum vermochte sich in allen nördlich der Mietzel gelegenen Ländern zu behaupten, obwohl sich Herzog Barnim I. vor den Markgrafen daraus nach Norden zur Röhrike hatte zurückziehen müssen. In dem südlich der Mietzel liegenden Land Küstrin blieb das märkische Bistum Lebus Sieger. Im Gefolge der warthe- und netzeaufwärts vordringenden Markgrafen breitete sich Cammin, den Bischof von Posen verdrängend, östlich der Oder aus. 1298 gab es Camminer Pröpste in Landsberg an der Warthe und in Soldin. Etwa gleichzeitig wurde die Gerichtsbarkeit des Posener Propstes von Zantoch aufgehoben und an das Kapitel des zum Bistum Cammin gehörenden Kollegiatstifts Soldin übertragen. Die Neumark gehörte um 1300 also fast gänzlich zur Diözese Cammin.

Östlich der Drage vermochte sich Posen zu behaupten oder sogar wieder an Boden zu gewinnen. Ungeachtet der Erwähnung der Leba in dem päpstlichen Privileg von 1140 gehörte das Land Stolp im 12. und im 13. Jahrhundert zur Erzdiözese Gnesen, innerhalb derselben einen Archidiakonat bildend; dies war eine Folge der Eroberung Pommerns durch den Polenherzog Bolesław III. Im Lande Schlawe trat jedoch während des 13. Jahrhunderts der Bischof von Cammin als geistlicher Oberhirte auf. Erst zu Beginn des 14. Jahrhunderts gelang es Cammin im Zusammenhang mit dem Ende der Selbständigkeit Pommerellens, seinen Anspruch auf das Land Stolp durchzusetzen. Das gute Verhältnis zu Brandenburg war auch hier vorteilhaft. Der Versuch Gnesens, das Land Stolp zurückzugewinnen, blieb erfolglos.

Zu Beginn der dreißiger Jahre des 14. Jahrhunderts ist der südliche Teil des Landes Lauenburg, der bis dahin zu dem kujawischen Bistum Leslau (Włocławek) gerechnet wurde, an die Diözese Cammin gelangt. Legt man den nach 1325 geltenden Herrschaftsbereich des Greifenhauses zugrunde, so mußte Cammin nur auf einem kleinen Gebiet desselben eine fremde Diözesangewalt dulden: auf der Insel Rügen die von Roskilde, auf Festland-Rügen die von Schwerin. Umgekehrt reichten die Grenzen Cammins in der Uckermark und in der Neumark weit in brandenburgisches Gebiet hinein. Im Südteil des Landes Lauenburg, das seit 1309, und im Land Bütow, das seit 1329 dem Deutschen Orden gehörte, griff Cammin ebenfalls über die Grenzen Pommerns hinaus. Die Diözese Cammin war eine der flächenmäßig größten Diözesen des mittelalterlichen Deutschland.[45]

DIE KIRCHLICHE ENTWICKLUNG SEIT DEM 13. JAHRHUNDERT (KLÖSTER, PFARREIEN)

Mit dem Beginn der deutschen Besiedlung Pommerns setzte auch eine neue Welle von Kloster- und Stiftsgründungen ein. Hatten im 12. Jahrhundert Zisterzienser und Prämonstratenser monastisches und regularkanonisches Leben nach Pommern getragen, so gingen nunmehr die meisten und wichtigsten Neugründungen auf die jungen Bettelorden zurück. Die Dominikaner sind bereits 1227 in der Bischofsstadt Cammin nachweisbar, nach Greifswald kam der Orden 1254, nach Pasewalk 1272, nach Stolp um 1278. Die genannten Konvente gehörten zur Ordensprovinz Polonia; schon im 13. Jahrhundert einsetzende Versuche, sie aus dieser Provinz herauszulösen und der Provinz Teutonia einzugliedern, der die im brandenburgischen Anteil der Diözese Cammin liegenden Dominikanerniederlassungen Prenzlau und Soldin und der in der Diözese Schwerin liegende, 1251 gegründete Stralsunder Konvent angehörten, schlugen fehl. Die älteste Franziskanerniederlassung entstand 1240 in Stettin; vor 1250, also noch zur pommerschen Zeit, dürfte das Franziskanerkloster zu Prenzlau gegründet worden sein, 1254 folgte Stralsund, 1262 Greifswald, in Pyritz und in Greifenberg entstanden weitere

Konvente dieses sehr volkstümlichen Ordens. Die Konvente gehörten allesamt zur Ordensprovinz Saxonia. Die Anfänge der pommerschen Augustinereremitenklöster sind quellenmäßig schlecht belegt. Am Ende des 13. Jahrhunderts gab es Konvente in Stargard und in Gartz an der Oder und in dem seit 1276 neumärkischen Lippehne. Im 14. Jahrhundert folgten Anklam und Marienthron (bei Neustettin).

Den Zisterziensern gelangen im 13. Jahrhundert noch drei Gründungen: in der Diözese Cammin 1260 als Tochtergründung von Dargun das im Land Schlawe gelegene und damals noch zum pommerellischen Herzogtum gehörende Kloster Buckow, in der Schweriner Diözese 1231 das festländische Neuenkamp und als dessen Tochter 1296 in der Diözese Roskilde das Kloster auf der Insel Hiddensee. Das älteste pommersche Kloster, das Kloster Stolpe, nahm 1304 die Zisterzienserregel an. Den bereits bestehenden Kollegiatkapiteln, dem Camminer Domkapitel und dem Stift Kolberg, gesellten sich zwei Stettiner hinzu: das 1261 gegründete bedeutsame Marienstift und das 1346 errichtete Ottenstift. Ein um 1260 in Ueckermünde gegründetes Chorherrenstift fand schließlich bei Jasenitz seinen endgültigen Ort. Nonnenklöster entstanden – von dem 1224 gegründeten Marienbusch (bei Treptow an der Rega) abgesehen – seit den vierziger Jahren des 13. Jahrhunderts. Die Nonnen lebten in Stettin, Marienfließ, Köslin, Wollin und Krummin nach der Zisterzienserregel, in Marienbusch und Stolp nach der Prämonstratenserregel, in Pyritz nach der Augustinerregel und nach der Benediktinerregel in der Altstadt Kolberg. Fast nichts ist über den Nonnenkonvent in Gartz an der Oder bekannt.

Das älteste Kloster des Fürstentums Rügen, das 1193 gegründete Kloster Bergen, war eine Zisterzienserinnenniederlassung, deren erste Nonnen aus Roskilde gekommen waren. Ritterorden spielten im Pommern des 13. Jahrhunderts – wenn man von dem Templerbesitz im Lande Bahn absieht – eine geringe Rolle. Die ältesten, bis ins 12. Jahrhundert zurückgehenden Besitzungen waren die der Johanniter im Land Schlawe und im Land Stargard.

Der Schwerpunkt der Kirchgründungstätigkeit Bischof Ottos hatte im Odermündungsraum gelegen. Im letzten Drittel des 12. Jahrhunderts wurde der Ausbau des Pfarrnetzes in Gestalt von Kirchgründungen fortgesetzt; dabei überwog der westlich der Oder gelegene Teil der Diözese Cammin. Am Ende des 12. Jahrhunderts gab es innerhalb des Bistums etwa 25 Pfarrkirchen. Mit dem Einsetzen der deutschen Besiedlung in den zwanziger Jahren des 13. Jahrhunderts begann die Zahl der Kirchen deutlich anzusteigen. Insbesondere wurde nunmehr das flache Land mit einem dichten Kirchspielnetz überzogen. In den neuen deutschrechtlichen Städten gab es im allgemeinen nur eine Pfarrkirche, die Städte, die in zwei (Demmin, Anklam, Wollin) oder in drei (Stettin, Greifswald) Pfarrsprengel eingeteilt waren, lagen allesamt westlich von Oder und Dievenow. Am Ende des 13. Jahrhunderts, als der Ausbau des Pfarreinetzes im wesentlichen abgeschlossen war, gab es im Bereich des Bistums Cammin einschließlich seiner brandenburgischen Teile etwa 220 Pfarrkirchen, deren größter Teil unter dem Pontifikat des tatkräftigen Bischofs Hermann (1251–1288) entstanden ist. Das Patronatsrecht übte derjenige aus, welcher die Kirche gegründet und bewidmet hatte. Das mochte der

Landesherr selbst sein, einer seiner Lehnsleute, ein Kloster oder ein Stift. Die Insel Rügen besaß ein engmaschiges Pfarreinetz, das im wesentlichen noch ins 12. Jahrhundert zurückreichte. Um 1300 war die Insel in etwa ein Dutzend Kirchspiele gegliedert. Das Pfarreinetz auf dem festländischen Anteil des Fürstentums Rügen wurde erst im Zuge der deutschen Siedlung im 13. Jahrhundert geschaffen. Als einzige rügische Stadt hatte Stralsund mehr als eine Pfarrkirche, nämlich wie Greifswald und Stettin drei.

Schon seit den dreißiger Jahren des 13. Jahrhunderts traten Archidiakone als Vertreter des Bischofs auf, die im wesentlichen mit den Angelegenheiten der geistlichen Gerichtsbarkeit beauftragt waren. Von folgerechter Durchbildung und flächendeckender Einrichtung konnte jedoch keine Rede sein. Nach dem Ende des Aufbaus des Kirchspielgefüges war eine abschließende Regelung des Archidiakonatswesens möglich. Im Jahre 1303 bestimmte Bischof Heinrich (aus dem Geschlecht derer von Wachholz), es seien die fünf Archidiakonate Cammin, Stargard, Stettin, Usedom und Demmin zu bilden, die mit Dignitäten des Domkapitels von Cammin zu verbinden seien. Gleichzeitig legte der Bischof die Grenzen der Archidiakonatsbezirke fest. Im Jahre 1304 kam noch der Archidiakonat Stolpe hinzu. Nicht einbezogen in die Regelung von 1303/04 waren der mit dem Kapitel von Kolberg verbundene Archidiakonat Kolberg, der im wesentlichen die Länder Kolberg, Belgard und Schlawe umfaßte, das Land Stolp, das damals noch nicht zur Diözese Cammin gehörte, die camminischen Teile der Neumark, in denen kein Archidiakonat, sondern kleinere Archipresbyterate bestanden, und der zu Cammin gehörende Teil der Uckermark, für den erst einige Jahrzehnte später eine endgültige Regelung getroffen wurde.

Schon früh führte das Streben nach Bildung junge Pommern auf Universitäten fern der Heimat. So sind etwa vom Ende des 13. Jahrhunderts bis 1350 ungefähr vierzig als pommersch anzusprechende Namen in die Matrikel der Universität Bologna eingetragen worden, meist mit dem Zusatz »de Saxonia Caminensis diocesis«. Viele der hier Vermerkten tauchen später in der Heimat wieder auf, überwiegend als Kleriker. Auch der spätere Bischof von Cammin, Friedrich von Eickstedt, ist Student zu Bologna gewesen.[46] Vor der Mitte des 14. Jahrhunderts war es ja nicht möglich, innerhalb Deutschlands ein vom Papst anerkanntes *studium generale* zu besuchen.

RÜGEN VON 1168 BIS 1325

Nach der Eroberung der Insel Rügen durch den Dänenkönig Waldemar I. wurde von diesem die Stellung der einheimischen Dynastie nicht angetastet. Fürst Jaromar war ein treuer Lehnsmann der Dänenkönige und wurde unter anderem durch die Betrauung mit der Vormundschaft während der Unmündigkeit der Pommernherzöge Bogislaw II. und Kasimir II., die er nicht ohne Eigennutz wahrnahm, belohnt. 1217 oder 1218 ist Jaromar I. gestorben. Ihm folgte zunächst sein ältester Sohn Barnuta, der aber nach wenigen Jahren, mit der Herrschaft Gristow abgefunden, aus unbekannten Gründen seinem Bruder Wizlaw Platz machte und zum Stammvater des Hauses derer von Gristow wurde, das erst in der Neuzeit ausstarb. Unter Wizlaws I. Regierung wurde die deutsche Besiedlung des Landes Tribsees, des Festlandsanteils, eingeleitet und zu wesentlichen Teilen vollbracht. Auch Wizlaw, der 1219 mit einem rügischen Häuflein an der Eroberung Estlands durch König Waldemar II. teilnahm, war ein treuer Gefolgsmann Dänemarks. 1235 erhielt er die Hälfte des Landes Wolgast als dänisches Lehen; daraus müssen ihn die Pommernherzöge aber schon vor 1250 verdrängt haben. Wizlaw I. starb zwischen 1250 und 1256. Sein Sohn Jaromar, schon seit 1245/46 Mitregent, folgte ihm als Herrscher nach. Jaromar II. war mit einer Tochter des pommerellischen Herzogs Swantopolk II. verheiratet. Er kam bereits 1260 im Zuge innerdänischer Wirren, in die er eingegriffen hatte, ums Leben. Seinem Sohn und Nachfolger Wizlaw II. gelang es zwar nicht, seine auf Erbrechte gestützten Ansprüche auf die Länder Schlawe und Stolp durchzusetzen, doch glückte ihm 1275 die Erwerbung des Landes Loitz. Dieses hätte nach Anfang der siebziger Jahre beim Tode des letzten der Herren von Loitz an sich an Pommern fallen müssen, und wirklich gebot noch im Januar 1275 Barnim I. über das Land Loitz. Wie es dann doch zum Wechsel kam, der sich offenbar friedlich vollzog, bleibt unklar.

Innerhalb der ottonischen Markeneinteilung hatte das Land Tribsees, das spätere Festland-Rügen, zur Billungermark und damit zum Herzogtum Sachsen, das Land Loitz jedoch zur Nordmark gehört, deren Rechtsnachfolgerin die Markgrafschaft Brandenburg war. Die Herzöge von Sachsen betrachteten ungeachtet der tatsächlichen dänischen Lehnshoheit das Land Tribsees auch stets als sächsisches Lehen und als Teil des Reiches; 1261 übertrugen sie die Lehnshoheit dem reichsunmittelbaren Bischof von Schwerin. 1293 erkannte Wizlaw II. diese Rechtsauffassung an und nahm das Land Tribsees vom Schweriner Bischof zu Lehen. Damit wurde allerdings das Lehnsverhältnis, mit dem Wizlaw II. vom römisch-deutschen König Rudolf 1283 von Reichs wegen ausgezeichnet worden war und das sich wohl nur auf Festland-Rügen, schwerlich auch auf die Insel bezogen hatte, aufgehoben und Wizlaw also vom Rang eines unmittelbaren auf die Stufe eines mittelbaren Reichslehensträgers herabgesetzt. Jedenfalls wurde bis 1304 Festland-Rügen vom Reich als eines seiner Glieder angesehen. Die Hintergründe der vorübergehenden Eingliederung Festland-Rügens in den Reichsverband vor 1304 dürften in den Bündnisverhältnissen der Auseinandersetzungen von 1283/84 zu suchen sein, die Rügen und Dänemark in unterschiedlichen Lagern sahen.

Im Mai 1304 trat der römisch-deutsche König Albrecht I. alle Länder jenseits von Elbe und Elde an Dänemark ab und gliederte sie damit aus dem Reiche aus. Folglich wurden Wizlaws II. Söhne, die seiner Ehe mit einer Tochter Herzog Ottos von Braunschweig entstammten, Wizlaw III. und Sambor, auch für das Land Tribsees wieder Lehnsmannen des Dänenkönigs. Im Juni 1304 starb Sambor, weshalb eine Neubelehnung des überlebenden Wizlaw III. durch König Erich V. Menved nötig wurde. Diese fand im Oktober 1304 statt und bezog sich auf alle Teile des Fürstentums, auf Festland-Rügen wie auf die Insel; das Land Loitz, das auf dem Gebiet der alten Nordmark lag und somit von König Albrechts Verzicht nicht betroffen war, wurde ausdrücklich ausgenommen. Erst als zehn Jahre später Markgraf Waldemar auf die Lehnshoheit über Loitz verzichtet hatte, belehnte König Erich den Rügener auch mit diesem Land. Die weitere Entwicklung machte König Albrechts Verzicht bald gegenstandslos, und nach dem 1325 erfolgten Anfall des Fürstentums Rügen an Pommern gewöhnte man sich sehr bald daran, ganz Rügen einschließlich der Insel, die bis zur Reformation freilich im Verband der Diözese Roskilde verblieb, als Teil des Reiches zu betrachten. Schon der römische Kaiser Ludwig der Bayer und sein Nachfolger Kaiser Karl IV. behandelten Rügen, das Festland wie die Insel, als Teil des Reiches. Ansprüche von seiten Dänemarks wurden nicht mehr erhoben.

Wizlaw III. war der letzte Fürst des selbständigen Rügen. Eine wohl noch in der heidnischen Zeit begründete Nebenlinie des Fürstenhauses waren die Herren von Putbus, deren Geschlecht, im 19. Jahrhundert mit der preußischen Fürstenwürde ausgezeichnet, in weiblicher Linie noch heute blüht. Die rügischen Fürsten nahmen ihre Stellung als Lehnsmannen des Dänenkönigs ernst, was ihre häufige Anwesenheit bei dänischen Hoftagen belegt. An dänischen Heerfahrten nahmen sie im 13. Jahrhundert allerdings selten teil. Anwesenheit und Besitz von Dänen innerhalb des Fürstentums ist bezeugt.[47]

OSTPOMMERN IN DEN LETZTEN JAHRZEHNTEN DES 13. JAHRHUNDERTS

Die Frage, wer nach dem Tod des söhnelosen pommerellischen Herzogs Mestwin II., des Letzten aus dem Samboridengeschlecht, die Nachfolge antreten werde, beschäftigte die Herrscher der an Pommerellen angrenzenden Länder in den letzten Jahrzehnten des 13. Jahrhunderts außerordentlich stark. Seit 1283 übte Mestwin auch im Lande Schlawe, aus dem sowohl Wizlaw II. als auch die johanneischen Markgrafen verdrängt worden waren, wieder Herrschaftsrechte aus. Eine Zeitlang spielte in dem Gerangel um Macht und Einfluß im ostpommerschen Raum Mestwins Schwiegersohn, Pribislaw II. von Parchim-Richenberg, ein Angehöriger des mecklenburgischen Herrscherhauses, eine Rolle. Dieser Pribislaw verwaltete von 1276/77 an das Land Belgard, zunächst als Lehnsmann des Pommernherzogs. Infolge einer Bestimmung des Friedensvertrages von Vierraden von 1284 erlangten die Markgrafen 1285 oder 1286 die Pfandherrschaft über die pommerschen Länder Belgard, Daber und Welschenburg. 1287 belehnten sie damit Pribislaw und zwei seiner Verwandten; doch schon 1288 hat Bogislaw IV. im Einverständnis mit Mestwin und offensichtlich auch mit Brandenburg Pribislaw aus den drei Ländern verjagt und diese wieder selbst in Besitz genommen.

Bereits 1288 hatte Mestwin sich auf den großpolnischen Herzog Przemysł II. als seinen Erben festgelegt, und diese Entscheidung hatte beim Adel des Landes Zustimmung gefunden. Doch wollten sich die Markgrafen, die im pommerellischen Raum einen Zugang zur See zu gewinnen hofften, nicht so leicht ausschalten lassen. Sie sicherten sich die Unterstützung von seiten Wizlaws II. und trafen mit diesem, dem es vorwiegend darum ging, doch noch das Land Schlawe in seine Hand zu bringen, 1289 eine Vereinbarung über die Teilung des pommerellischen Erbes. Auch zu Wizlaws Sohn Jaromar, der als Nachfolger Bischof Hermanns 1289 zum Bischof von Cammin gewählt worden war – er ist 1293 oder 1294, noch bevor er die Bischofsweihe hätte empfangen können, gestorben –, traten die Markgrafen in ein freundschaftliches Verhältnis; Jaromar hoffte wohl, nach Mestwins Tod mit Hilfe Brandenburgs die Camminer Diözesangrenze bis an die Leba vorschieben zu können. Nach Mestwins Tod am Weihnachtstag des Jahres 1294 gelang es Przemysł jedoch, Pommerellen in seine Hand zu bringen, ohne daß die Markgrafen zunächst eingriffen. Sofort jedoch wurde der Verdacht laut, daß diese Mitwisser oder gar Anstifter gewesen seien, als Przemysł am Aschermittwoch des Jahres 1296 Opfer eines Überfalls wurde, den Ritter aus seiner Umgebung verübten. Nun trat Władysław Łokietek (Ellenlang) aus der kujawischen Linie des Piastenhauses, der bereits in Großpolen die Nachfolge des söhnelosen Przemysł angetreten hatte, auch in Pommerellen als dessen Erbe auf. Doch schon 1300 mußte er überall, in Polen wie in Pommerellen, dem Böhmenkönig Wenzel II. das Feld überlassen. 1301/02 versuchte Wizlaws II. Sohn Sambor, die rügischen Ansprüche auf Schlawe, wo er bei Teilen des Adels Unterstützung fand, durchzusetzen, hatte aber keinen Erfolg.

1305 starb Wenzel II., im August 1306 wurde sein Sohn Wenzel III. ermordet, und Ellenlang faßte in Polen wie in Pommerellen wieder Fuß. Nun griff Brandenburg ein, das von dem ermordeten Wenzel einen Rechtstitel auf Pommerellen erworben hatte. Noch 1306, spätestens in der ersten Hälfte des Jahres 1307 besetzten die Markgrafen Otto IV. und Waldemar das Land Schlawe, 1308 das Land Stolp und Danzig. In Danzig und im gesamten Weichselland blieb allerdings der von Ellenlang zu Hilfe gerufene Deutsche Orden als lachender Dritter Sieger. Markgraf Waldemar verkaufte dem Orden 1309 die Länder Danzig, Dirschau und Schwetz, welche dieser dem Ordensstaat eingliederte. Dem Markgrafen selbst blieben vom ehemaligen Herzogtum Pommerellen nur die Länder Schlawe und Stolp. Zur Zeit der großen gegen Brandenburg gerichteten Koalition der Jahre 1315 bis 1317 hat er sie in großer Bedrängnis seinem treuen Lehnsmann Wartislaw IV. überlassen. Sie bildeten fortan einen Bestandteil des Greifenherzogtums. So hatten in dem Kampf um das samboridische Erbe die zunächst am wenigsten Beteiligten den Sieg davongetragen: in erster Linie der Deutsche Orden, daneben das Herzogtum Pommern-Wolgast; dagegen waren Großpolen, Brandenburg, Rügen, die dem Ziel zeitweise so nahe schienen, leer ausgegangen.[48]

Von der Landesteilung von 1295 bis zur Teilung von 1368/72

DIE LANDESTEILUNG VON 1295

Wartislaw III. starb 1264, ohne Kinder zu hinterlassen; Barnim I. starb 1278. Aus seiner zweiten Ehe hinterließ er den beim Tode des Vaters etwa zweiundzwanzigjährigen Bogislaw IV., aus seiner dritten Ehe mit Mechthild, Markgräfin von Brandenburg, stammten die Söhne Barnim II. und Otto I. Viele Jahre mußte Mechthild mit ihren brandenburgischen Verwandten die Rechte ihrer unmündigen Söhne gegenüber dem Halbbruder schützen. Erst im Frühjahr 1294 nahmen die beiden selbständig Regierungshandlungen vor, doch schon im Mai 1295 starb Barnim II. – möglicherweise durch Gewalt. Die jahrelangen Unstimmigkeiten, die sich aus dem Anspruch der jüngeren Söhne auf Mitbeteiligung ergeben hatten, wurden im Juli 1295 beigelegt. Unter Mitwirkung von acht Angehörigen des Lehnsadels und vier Stettiner Bürgern, dem Schultheißen und drei Ratmannen, teilten Bogislaw IV. und sein Halbbruder Otto das Herzogtum in der Art, daß ein landeinwärts gelegener Mittelteil zu beiden Seiten der Odermündung dem Jüngeren und ein aus zwei voneinander getrennten Teilen bestehendes, den Kern westlich und östlich rahmendes Gebiet dem Älteren zugewiesen wurde.

In Vorpommern wurde im großen und ganzen die Peene die Scheide, wodurch die nördlich davon gelegenen Landstriche mit den Städten Greifswald, Wolgast, allerdings auch die den Fluß am rechten, südlichen Ufer berührenden Städte Demmin und Anklam an Bogislaw, die näher zur Oder hin sich erstreckenden Gebiete mit den Städten Altentreptow (Treptow an der Tollense), Ueckermünde, Gartz und Stettin an Otto fielen. Die Haffinseln Usedom und Wollin sollten Bogislaw zustehen, so daß die zwei Teile seines Gebiets hier an schmaler Stelle zusammenhingen. Östlich der Oder bildete etwa der Verlauf der Ihna und der Stepenitz die Grenze; folglich hatten die Städte Altdamm, Greifenhagen, Pyritz und Gollnow Otto, alle nördlich und östlich davon gelegenen Gebiete mit den Städten Stargard, Cammin, Treptow an der Rega, Greifenberg, Plathe, Labes und Belgard Bogislaw als Herrn anzuerkennen. Daß auf diese Weise alle Städte Magdeburger Rechts dem Stettiner Landesteil Ottos und alle Städte lübischen Rechts dem Landesteil Bogislaws zugewiesen wurden, war sicherlich beabsichtigt; zumindest spielte die Frage der Stadtrechte in den Überlegungen eine Rolle.

Die Teilung sollte nur als eine Nutzungsteilung gelten, die Brüder sollten das Herzogtum so lange zur gesamten Hand in ungeteilter Gemeinschaft innehaben, bis sie beide – Otto war damals noch kinderlos – Erben gezeugt hätten. Nach innen sollten sie gegenüber den Lehnsmannen und den Städten als eine Einheit auftreten. Daß im Falle des Aussterbens einer Linie die andere erbberechtigt sein solle, wird in dem Vertrag nicht ausdrücklich gesagt, geht aber unausgesprochen aus ihm hervor. Für das Teilgebiet Ottos und seiner Nachkommen ist im Schrifttum die Bezeichnung »Pommern-

Stettin«, für den Teil Bogislaws IV. und seiner Nachkommen die Bezeichnung »Pommern-Wolgast« üblich. Die Teilung von 1295 bestimmte wesentlich die Entwicklung des Landes in den folgenden 170 Jahren. Erst das Aussterben der Stettiner Linie im Jahre 1464 ermöglichte die Zusammenführung der Länder des Greifenhauses in einer Hand.[49]

DIE ÄUSSEREN BEZIEHUNGEN POMMERNS VON 1295 BIS 1325

In dem Vierteljahrhundert nach der Teilung waren die nach außen gerichteten Bestrebungen der nun vielfach getrennte Wege gehenden Teilherzogtümer hauptsächlich von zwei Gesichtspunkten bestimmt: von der Regelung der pommerellischen Verhältnisse und von den Ausgriffen des wiedererstarkten Dänemarks; dabei spielte das Verhältnis zu Rügen, dessen Fürstenhaus vom Aussterben bedroht war, eine besondere Rolle. Beide Fragen betrafen den Wolgaster Herzog – also Bogislaw IV. und nach seinem Tod 1309 seinen Sohn Wartislaw IV. aus der Ehe mit Margarete von Rügen, einer Tochter Wizlaws II. – als den näheren Nachbarn mehr als den Stettiner Herzog Otto I. Beide Linien waren nunmehr bestrebt, mit den brandenburgischen Markgrafen im Einverständnis zu leben, was Otto I., Sohn einer brandenburgischen Mutter, besser gelang als seinem Halbbruder, der in den pommerellischen Angelegenheiten zunächst andere Wege ging als die Markgrafen und der beziehungsweise dessen Sohn schließlich doch Nutznießer von deren Politik wurde, als 1316/17 Waldemar in einer Zeit äußerer Bedrängnis Wartislaw die Brandenburg aus dem pommerellischen Erbe verbliebenen Länder Schlawe und Stolp abtrat. Bereits 1315 hatte der Markgraf, offenbar ebenfalls unter dem Eindruck der Gefahr, die von der gegen Brandenburg gerichteten Koalition ausging, das im pommersch-neumärkischen Grenzgebiet gelegene Land Bernstein an Otto I. verkauft und diesen damit belehnt. So zogen beide Greifenlinien aus den Bedrängnissen Waldemars Nutzen. Bernstein mußte Pommern freilich nach manchem Hin und Her im 15. Jahrhundert endgültig zugunsten Brandenburgs abschreiben, und im Lande Schlawe mußten sich Wartislaw IV. und seine Söhne bis 1347 mit der Lehnshoheit begnügen und die tatsächliche Landesherrschaft einem dort reich begüterten Geschlecht überlassen, den Swenzonen.

Der Palatin Swenza hatte während der Herrschaft Mestwins II. zu den Großen des pommerellischen Herzogtums gehört und die polnischen Ansprüche auf Pommerellen unterstützt. Einer seiner Söhne, Peter von Neuenburg, hatte dann aber zu den Hauptvertretern der böhmischen Partei Wenzels II. gezählt, weshalb ihn Władysław Łokietek nach seiner Rückkehr zur Rechenschaft gezogen hatte. Dies hatte das ganze Geschlecht, vor allem Peters Brüder Jesko und Lorenz, auf die Seite der brandenburgischen Markgrafen getrieben, welche den Swenzonen 1307 ihre Stellung und ihre Besitzungen bestätigten. Im Weichselmündungsgebiet, das an den Deutschen Orden fiel, war ihre Rolle zwar ausgespielt, doch im Land Schlawe walteten sie auch unter märkischer und dann pommerscher Lehnshoheit als selbständige Landesherren, was sich unter anderem in ihrer Städtegründungspolitik äußerte: 1312 wurde Rügenwalde, 1317 Schlawe,

1343 Zanow gegründet. 1347 übernahmen die Herzöge der Wolgaster Linie das Land Schlawe von den Swenzonen, deren wirtschaftliche Verhältnisse zerrüttet waren, in unmittelbare eigene Verwaltung bei gleichzeitiger Übernahme von deren Schuldenlast. Daß sie sich überhaupt so lange in ihrer Stellung halten konnten, dürften die Swenzonen der Tatsache verdankt haben, daß die Stettiner Herzöge, welche nach 1326 für Wartislaws IV. unmündige Söhne die Vormundschaft führten, sich um Ostpommern, das ja zum Wolgaster Teilherzogtum gehörte, kaum kümmerten. Auch die Verpfändung des Landes Stolp an den Deutschen Orden, die im Jahre 1329 erfolgte, erwuchs aus dieser Gleichgültigkeit. Den finanziellen Anstrengungen der Bürger von Stolp und einer Einung von Adligen des Landes war es schließlich zu danken, daß 1341, nach Ablauf der Pfandfrist, das Land Stolp ausgelöst werden konnte. Ein kleiner Teil des Landes, das Gebiet um Bütow, verblieb jedoch beim Orden, weil dieser es 1329 mit allen Rechten auf immerdar gekauft hatte.

Ob ein 1308 oder schon 1307 unternommener Überfall der Markgrafen auf die Stadt Cammin, bei dem in der Stadt selbst, aber auch am Dom und an den Domherrenwohnungen so schwere Schäden entstanden, daß die Verlegung des Bischofssitzes erwogen wurde, mit den damals noch schwebenden pommerellischen Fragen oder eher mit Auseinandersetzungen zwischen den Markgrafen und den Herren von Werle, mit denen Bogislaw IV. verbündet war, zu tun hatte, bleibt unklar.[50]

König Erich V. Menved von Dänemark hat gegen Ende des 13. Jahrhunderts die dänische Ausdehnungspolitik wieder aufgenommen, um an der südlichen Ostseeküste den Zustand wiederherzustellen, der vor der Schlacht bei Bornhöved bestanden hatte. 1301 unterwarf er die Herrschaft Rostock und 1302 die Stadt Rostock. Der römisch-deutsche König Albrecht I. bestätigte ihm 1304 die von Friedrich II. im Jahre 1214 gegenüber seinem Urgroßvater Waldemar II. von Dänemark ausgesprochene Abtretung der jenseits von Elbe und Elde liegenden zum Reich gehörenden Länder, nahm die Reichsstadt Lübeck von dieser Abtretung allerdings ausdrücklich aus. Die Abtretung betraf also das Herzogtum Sachsen-Lauenburg, die Grafschaft Holstein, aber auch Mecklenburg und hinsichtlich weiter reichender Auswirkungen selbst Pommern, obwohl dieses als brandenburgisches Lehen wohl nicht als abgetreten gelten konnte. In besonderer Weise hatte es Erich jedoch auf die reichen, nach größtmöglicher Unabhängigkeit strebenden Seestädte zwischen Lübeck und Stettin abgesehen. Erich gelang es, zahlreiche Fürsten und Herren Norddeutschlands für seine Absichten zu gewinnen, von deren Verwirklichung eine schmerzliche Einschränkung der kommunalen Autonomie der Städte zu befürchten war. 1310 schloß er mit Wizlaw III. von Rügen ein Abkommen, in dem dieser dem König für den Fall seines erbenlosen Todes den Anfall von Rügen zusicherte. Bei dem großen Hoftag, den der König 1311 vor Rostock abhielt und an dem neben zahlreichen norddeutschen Fürsten, Herren und Edlen auch Markgraf Waldemar teilnahm, verschloß die Stadt dem König und seinen Gästen jedoch ihre Tore.

Im Dezember 1311 mußte Wismar sich ergeben, 1312 wurde Rostock erneut bezwungen, 1313 gaben Greifswald und Stralsund, das mit seinem Landes- und Stadtherrn in Unfrieden lebte, klein bei. 1314 wendete sich das Blatt jedoch. Waldemar schied aus der Koalition aus, und Stralsund unterstellte sich Waldemars Schutz. In den folgenden Jahren gelang es Erich, Wizlaw und ihren Verbündeten nicht, das sich auf Waldemar, die pommerschen Herzöge und einen Teil der rügischen Ritterschaft stützende Stralsund zu unterwerfen. Für die Stadt und die Ritter ging es zum einen darum, sich in Verteidigung eines fürstlichen Privilegs von 1304 eine gegenüber dem Landesherrn möglichst starke Stellung zu sichern, zum anderen die infolge des Vertrages von 1310 drohende Gefahr des Anfalls an Dänemark zu bannen. Für Waldemar stand neben Stralsund (und allgemeinen Zielsetzungen) der Versuch, von Heinrich II. von Mecklenburg das Land Stargard (etwa dem späteren Mecklenburg-Strelitz entsprechend) zurückzugewinnen, im Vordergrund, und für Wartislaw IV. ging es darum, sich als einem Enkel Wizlaws II. die Möglichkeit der Erbfolge in Rügen offenzuhalten. Diesem Zweck diente auch eine 1315 zwischen Herzog Christoph von Halland, dem Bruder König Erichs, und Wartislaw geschlossene Vereinbarung, die diesem die Belehnung mit dem Fürstentum Rügen für den Fall des erbenlosen Todes Wizlaws III. und für den Fall, daß Christoph seinem Bruder auf dem dänischen Throne nachfolgen würde, zusicherte. Dieses ohne Wissen König Erichs gegebene Versprechen sollte zehn Jahre später eingelöst werden.

In verschiedenen Abkommen, unter denen der im Dezember zu Templin geschlossene Vertrag der letzte und der wichtigste war, wurden 1317 die kriegerischen Auseinandersetzungen beendet. Stralsund hatte sich behauptet – auch gegenüber einer viermonatigen Belagerung zu Wasser und zu Lande – und konnte in den Folgejahren von dem stets in Geldnöten steckenden Wizlaw noch manche Rechte erwerben. Diesen Triumph verdankte es nicht zuletzt dem Geschick seines bedeutenden Bürgermeisters Gerwin Semlow. Die dänische Machtpolitik war gescheitert. Die große Gefahr für die Weiterentwicklung der gemeindlichen Selbstverwaltung der Städte, die in einem Sieg Dänemarks und der Territorialgewalten beschlossen gewesen wäre, war beseitigt. Nach König Erichs V. Tod im Jahre 1319 fiel das Königreich jahrelangen inneren Wirren anheim. 1321 übertrug Wizlaw III. das Erbrecht an Rügen auf seinen Schwager Wartislaw IV., so daß dieser, als Wizlaw III. kurz nach seinem einzigen Sohn 1325 gestorben war, das Fürstentum, ohne auf Widerstand zu stoßen, einnehmen konnte.[51]

DER KAMPF POMMERNS UM DIE REICHSUNMITTELBARKEIT

Am 14. August 1319 starb Markgraf Waldemar von Brandenburg. Da vom märkischen Askaniergeschlecht nunmehr nur noch ein einziger Vertreter, Heinrich, ein unmündiger Knabe, lebte, eröffneten sich den Anrainern der Mark große Aussichten. Otto I. und sein Neffe Wartislaw IV. legten sofort ihre Zwistigkeiten bei. Wartislaw IV. ließ sich noch im Spätsommer des Jahres 1319 von den Rittern und den Städten der Neumark zum Vormund und Beschirmer des jungen Markgrafen Heinrich wählen. Wartislaws Absichten zielten darauf ab, die Uckermark und die Neumark zu gewinnen. Um im Osten die Länder Schlawe und Stolp zu sichern, schloß er im Juli 1320 mit dem Hochmeister des

Deutschen Ordens ein gegen Polen gerichtetes Bündnis, in das auch Bischof Konrad IV. von Cammin einbezogen war. In der Uckermark stießen die Pommern auf den ebenfalls Erwerbungsabsichten verfolgenden Heinrich II. von Mecklenburg, doch gelang es Wartislaw und Otto, die uckermärkischen Städte auf ihre Seite zu ziehen.

Schon zuvor, im Juli 1320, hatte der Tod des jungen Markgrafen die Lage entscheidend geändert; es bestand nun die Aussicht, daß Pommern nicht nur brandenburgisches Gebiet gewinnen, sondern die brandenburgische Lehnshoheit abschütteln könne. Ein erster Schritt dazu sollte die Lehnsübertragung aller ihrer Länder durch Otto I., seinen Sohn Barnim III. und Wartislaw IV. an den Bischof und die Kirche von Cammin sein. Daß es sich dabei um einen bloßen Schachzug gehandelt hat, dürfte daraus hervorgehen, daß später nie mehr von diesem Rechtsakt die Rede war. Das wahre Ziel war die Reichsunmittelbarkeit. In diesem Sinne wandten sich die Herzöge an den römisch-deutschen König Ludwig den Bayern, der hier für den noch nicht beendeten Thronstreit mit Friedrich von Österreich Verbündete zu gewinnen hoffte. Daher sagte er ihnen die unmittelbare Belehnung mit Pommern zu und versprach zugleich, sie nicht wieder der Mark zu unterwerfen.

Da die Herzöge, die in dem Thronstreit nicht vorzeitig Partei ergreifen wollten, es verabsäumten, auf die Zusage des Königs einzugehen, fiel es diesem sicherlich nicht schwer, im April 1323, als er seinen erst siebenjährigen Sohn Ludwig mit der Mark belehnte und diesem Reichsfürstentum damit wieder einen Herrn gab, in die Belehnung auch die Lehnshoheit über Pommern einzuschließen. Kurz danach ernannte der König den Grafen Berthold VII. von Henneberg(-Schleusingen) zum Verweser der Mark. Die noch von den Pommern gehaltenen Teile der Uckermark und der Neumark unterwarfen sich bereitwillig dem neuen Landesherrn. Die Pommern waren jedoch nicht gewillt, sich dem brandenburgischen Anspruch erneut zu fügen. Ein Bündnis mit dem Polenkönig Władysław Łokietek und ein wenige Monate später geschlossenes Abkommen mit dem Deutschen Orden zeugen von Ratlosigkeit und Zerfahrenheit. Da nahmen der Anfall der rügischen Erbschaft an Wartislaw IV. und der sich an dessen frühen Tod anschließende Rügische Erbfolgekrieg auf pommerscher Seite alle Kräfte in Anspruch.

Die Verhältnisse wurden dadurch erschwert, daß sie mit dem Kampf, den der in Avignon residierende Papst Johannes XXII. gegen den von ihm als Todfeind behandelten Ludwig den Bayern führte, verknüpft waren und gleichsam einen Teil dieser Auseinandersetzungen darstellten. Die aus dieser Feindschaft resultierende Ernennung des streng päpstlich gesinnten Dominikaners Arnolds von Eltz zum Nachfolger des 1324 verstorbenen, den Herzögen stets ergebenen Bischofs Konrad IV. verschärfte die Spannungen und führte nun auch innerhalb des Stiftslandes zu Zwist und Hader. Arnold konnte sich überall durchsetzen, schließlich auch gegenüber dem lange Zeit widerspenstigen Köslin, doch starb er schon 1330. Im Verhältnis zwischen Pommern und Brandenburg wechselten Zeiten der Entspannung mit solchen heftiger, auch kriegerischer Auseinandersetzungen, die 1332 in der für Pommern siegreichen Schlacht am Kremmer Damm gipfelten; die Geschichtlichkeit dieser Schlacht wird allerdings von manchen mit guten Gründen angefochten.

Mehr Spiegelfechterei von seiten der Herzöge – für die minderjährigen Söhne Wartislaws IV. handelten Otto I. und Barnim III. als Vormünder – als eine aussichtsreiche Weichenstellung war 1330 die Lehnsauftragung aller ihrer Länder an Johannes XXII. und die römische Kirche. Dieser Akt war folgenlos wie der zehn Jahre ältere, der den Bischof von Cammin zum Lehnsherrn der Herzöge gemacht hatte. Ein 1333 zu Lippehne ausgehandelter Landfrieden auf drei Jahre, der die Entscheidung der schwebenden Fragen dem Kaiser – Ludwig trug seit 1328 die Kaiserkrone – anheimstellte, brachte keine Lösung, weil er die entscheidende Frage, die der Lehnshoheit, gar nicht erwähnte. Seit 1336 kam es erneut zu kriegerischen Handlungen, in die Auseinandersetzungen Ottos und Barnims mit einigen ihrer Lehnsmannen verflochten waren. Von einem im März 1337 mit König Johann von Böhmen, einem der gefährlichsten Gegner Kaiser Ludwigs, abgeschlossenen Bündnis erhofften sich Otto I. und Barnim III. wohl eine Stärkung ihrer Stellung gegenüber dem Kaiser. Ebenfalls im März 1337 legten Markgraf Ludwig und Bischof Friedrich von Cammin, der aus dem pommerschen Geschlecht derer von Eickstedt stammende Nachfolger Bischof Arnolds, den seit fast zwanzig Jahren schwelenden Streit um den in seiner Begründung nicht eindeutig zu klärenden Anspruch, den das Stift Cammin auf die Länder Lippehne, Schivelbein und Falkenberg erhob, in der Form bei, daß der Markgraf die strittigen Länder vom Bischof zu Lehen nahm.

Auch im Verhältnis zwischen den pommerschen Herzögen und den Markgrafen war die Zeit für eine friedliche Lösung reif. Diesen war es nicht gelungen, Otto und Barnim zur Anerkennung der brandenburgischen Lehnshoheit zu zwingen. Beim Reichstag zu Frankfurt, auf dem Barnim III. persönlich erschien, wurde 1338 der Streit beigelegt. Kaiser Ludwig löste das Teilherzogtum Pommern-Stettin – nur dieses, nicht auch Pommern-Wolgast – aus der Lehnsabhängigkeit von Brandenburg, belehnte Otto und Barnim von Reichs wegen mit ihrem Herzogtum, dessen von alters her bestehende Reichszugehörigkeit betont wurde, und sprach seinem Sohn Ludwig, diesen für den erlittenen Verlust entschädigend, sowie dessen Erben eine Anwartschaft auf Pommern-Stettin zu, falls Otto und Barnim, ohne erbberechtigte Söhne zu hinterlassen, sterben sollten. Diese Anwartschaft wurde durch einen Vertrag zwischen Otto und Barnim einerseits und Markgraf Ludwig andererseits festgeschrieben. Kaiser Ludwig stellte eine Urkunde aus, in der er die Länder Ottos I. und Barnims III. aus der Lehnshoheit Brandenburgs löste und unmittelbar der Reichsgewalt unterstellte. Bogislaw V. von Pommern-Wolgast und seine Brüder forderte der Kaiser in einem etwa gleichzeitig ausgestellten Reskript auf, ihr Land von Markgraf Ludwig und seinem Bruder Stephan zu Lehen zu nehmen. Nunmehr hatte also Pommern-Stettin die Reichsunmittelbarkeit und seine Herren die anerkannte Reichsfürstlichkeit erlangt, doch gegen ein bitteres Zugeständnis. Das Erbrecht der Wolgaster, das diesen aufgrund der bei der Landesteilung getroffenen Abmachungen zustand, war verletzt, die Einheit des Pommernlandes schwer bedroht, um so schwerer, als Barnim III. im Jahre 1338 tatsächlich keine männlichen Nachkommen hatte und baldiger Anfall des Landes an Brandenburg somit nicht auszuschließen war.[52]

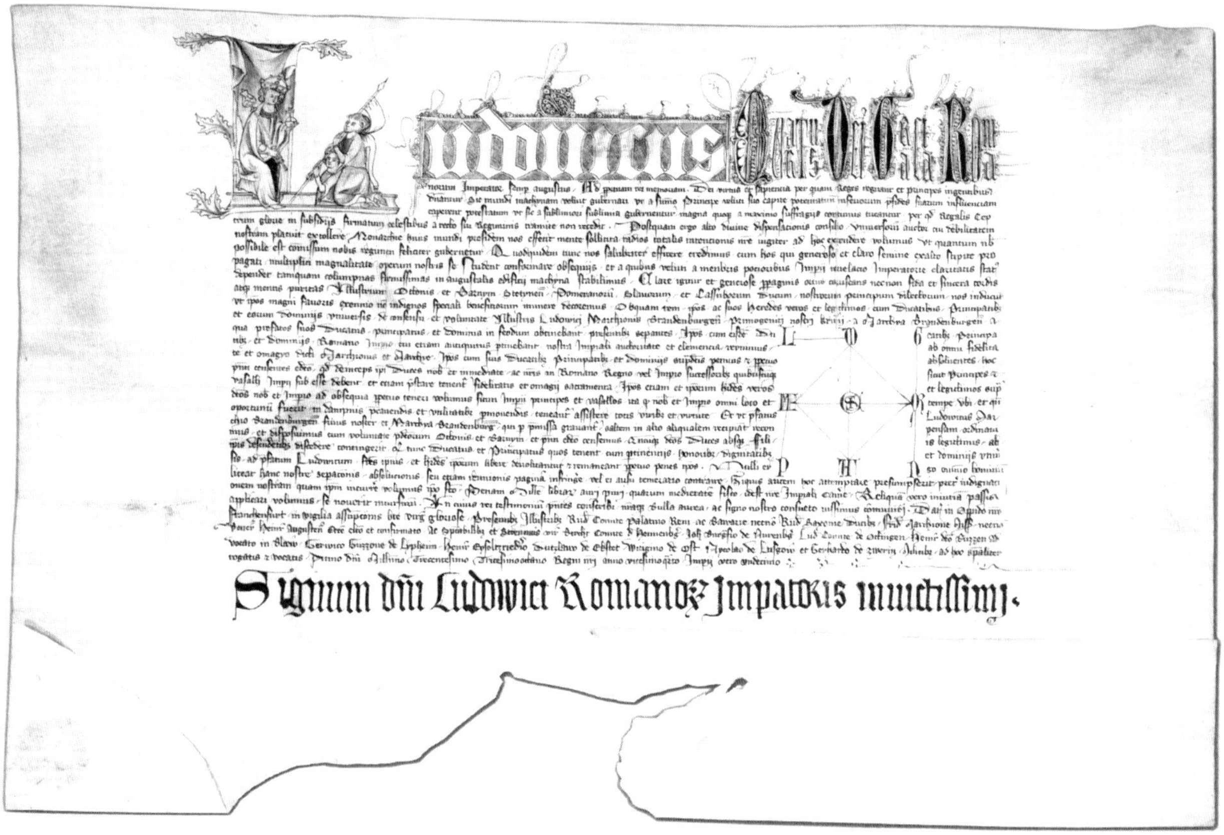

Ein wichtiges Ziel der pommerschen Reichspolitik im 14. Jahrhundert war der Erwerb der Reichsunmittelbarkeit, die zu Lasten der Lehnshoheit der Brandenburger Markgrafen gehen mußte. Mit dem Aussterben der Askanier schien die Gelegenheit günstig, doch warf der Übergang der Markgrafschaft an die Wittelsbacher die Pommern in ihren Bemühungen zurück. Durch eine geschickte Bündnispolitik gelang es den Herzögen Otto I. und Barnim III. von Pommern-Stettin 1338, den Wittelsbacherkaiser Ludwig III. zur Anerkennung ihrer Ansprüche zu bewegen. Der Sohn des Kaisers auf dem brandenburgischen Thron wurde mit der Eventualsukzession in Pommern-Stettin abgefunden. Die herausragende Bedeutung des Belehnungsaktes auf dem Frankfurter Reichstag kommt in der Prunkurkunde zum Ausdruck, die sich die beiden Herzöge von der kaiserlichen Kanzlei ausstellen ließen. Die Initiale des Kaisernamens zeigt in bildlicher Darstellung die Belehnung der knieenden Herzöge mit dem Fahnenlehen Pommern. Das von Meister Leonhard von München ausgeschmückte Privileg zählt noch heute zu den schönsten mittelalterlichen Urkunden, wenn auch ihre Goldbulle bereits vor Jahrhunderten verlorenging. Die Herzöge von Pommern-Wolgast erlangten die Reichsunmittelbarkeit im Juni 1348 unter König Karl IV.

In dem Vertrag zwischen den Herzögen und dem Markgrafen war vereinbart, daß die Ritter und die Städte von Pommern-Stettin dem Markgrafen als dem Eventualnachfolger huldigen sollten. Mit Schwierigkeiten, die sich daraus ergeben könnten, rechneten die Vertragspartner selbst, denn zahlreiche Bestimmungen des Vertrages regelten das Vorgehen für den Fall eines Widerstandes von seiten der Ritterschaft und der Städte. Tatsächlich regte sich im Lande selbst nach dem Bekanntwerden der Vereinbarung ein Aufbegehren, sowohl bei den Wolgaster Herzögen als auch bei einem Teil des Landesadels und den Städten. Insbesondere die Städte im Stettiner Teilherzogtum waren auf die Wahrung der Einheit des Landes bedacht, drohte doch bei Anfall des Landes an Brandenburg die Gefahr, daß sie des ihnen aufgrund des Teilungsvertrages von 1295 zustehenden Rechts der freien Fahrt durchs Haff in die See verlustig gingen. Im Juni 1339 erklärten die Städte Stettin, Greifenhagen und Gollnow, sie wollten nur die Wolgaster Herzöge als Erben ihrer Stettiner Landesherren anerkennen, und begaben sich unter den Schutz der Wolgaster. Diese fanden in ihrem Widerstand gegen die Frankfurter Abmachungen Unterstützung von seiten der bedeutendsten Städte ihres eigenen Landesteils, nämlich von Stralsund, Greifswald, Anklam und Demmin. Zwar leisteten die zu Pommern-Stettin gehörenden Städte Altentreptow (Treptow an der Tollense), Penkun, Gartz an der Oder und Pyritz dem Markgrafen Ludwig 1340 die Eventualhuldigung, doch im Januar 1341 huldigten Stettin und Greifenhagen – Gollnow scheint seinen Widerstand aufgegeben zu haben – den Wolgaster Herzögen als ihren neuen Landesherren. Daraufhin verlegte Barnim III. den Oberhof für die Städte seines Landes von dem störrischen Stettin nach Gartz.

Die Schwierigkeiten, die dem Markgrafen Ludwig von 1342 an durch den Erwerb der Grafschaft Tirol, aber auch durch die Kämpfe um die Altmark und die Verschärfung der Auseinandersetzungen zwischen seinem Vater, dem Kaiser, einerseits und dem Papst und dem in Böhmen herrschenden Luxemburgergeschlecht andererseits erwuchsen, ließen für Ludwig die Frage der Eventualbelehnung bald in den Hintergrund treten. Diese neue Lage erleichterte in Pommern die Beilegung des Streits. 1344/54 fand die Versöhnung sowohl zwischen den Stettiner Herzögen und den widerspenstigen Städten Stettin und Greifenhagen als auch zwischen den Herzögen der beiden Linien untereinander statt.

Die Wahl eines Angehörigen des Luxemburgergeschlechts, des Markgrafen Karl von Mähren, zum römisch-deutschen König im Jahre 1346 und der Tod Kaiser Ludwigs des Bayern im nächstfolgenden Jahr veränderten die Lage dann völlig. Dem neuen König mußte daran gelegen sein, den nunmehrigen Führer des »wittelsbachischen« Lagers, den Markgrafen Ludwig, zur Anerkennung seines Königtums zu zwingen. Um Druck auszuüben, band er die Nachbarn der Mark Brandenburg an sich, den Erzbischof von Magdeburg, den Herzog Rudolf I. von Sachsen-Wittenberg und die Brüder Albrecht II. und Johann von Mecklenburg. Pommern sollte durch die endgültige Regelung der Lehnsfrage gewonnen werden. Am 12. Juni 1348 belehnte Karl IV. in Znaim den persönlich anwesenden Barnim III. – er war nach dem Tod Ottos I. damals der einzige männliche Vertreter der Stettiner Linie, doch sollten ihm von seiner welfischen

Frau noch drei Söhne geboren werden – mit Pommern-Stettin, bekräftigte die Reichsunmittelbarkeit des Herzogtums und sicherte Barnim die Eventualnachfolge in Pommern-Wolgast und im Fürstentum Rügen zu. Gleichzeitig belehnte er Barnim und die drei Wolgaster Herzöge, Bogislaw V., Barnim IV. und Wartislaw V., mit dem gesamten Herzogtum Pommern und dem Fürstentum Rügen. Von brandenburgischer Lehnshoheit und Eventualnachfolge war mit keinem Wort die Rede. König Karl stellte vielmehr die Einheit Pommerns als eines Reichslehens zur Gesamtheit mit gegenseitiger Nachfolgeberechtigung aller Linien wieder her.

Im Oktober 1348 leisteten die Wolgaster Herzöge dem König in Stettin den Treueid. Dennoch ließen sich die Pommern nicht völlig ins »luxemburgische« Lager ziehen. Der König hatte im August 1348 Partei für einen dreisten Abenteurer ergiffen, der mit der Behauptung an die Öffentlichkeit trat, er sei der von langer Pilgerfahrt in die Heimat zurückgekehrte Markgraf Waldemar – dieser war 1319 verstorben –, und Anspruch auf die Mark erhob. Mit solch fragwürdigen Machenschaften suchte König Karl Brandenburg den Wittelsbachern zu entreißen. Die Pommernherzöge trieb das jedoch ins gegnerische Lager.

Zu diesem Wechsel trugen aber auch die alte Gegnerschaft der Wolgaster im Verhältnis zu Mecklenburg, das ganz im königlichen Fahrwasser schwamm, sowie das bewaffnete Eingreifen des Dänenkönigs Waldemar IV. zugunsten seines Schwagers, des Markgrafen Ludwig, bei. Die im Februar 1350 vollzogene Belehnung Ludwigs mit der Mark durch König Karl, der in nüchterner Einschätzung der Erfolgsaussichten den falschen Waldemar hatte fallenlassen, hatte eine Umschichtung der Bündnisse zur Folge. Die pommerschen Herzöge zogen sich von dem wittelsbachischen Markgrafen zurück. Ob die Kampfhandlungen wieder aufgeflammt sind, ist eher fraglich. Der pommerschen Seite mußte aber auf jeden Fall daran gelegen sein, einen möglichst großen Teil der Uckermark, in welcher allerdings auch die Fürsten von Anhalt Erwerb einzuheimsen hofften, auf Dauer zu gewinnen. Die Wolgaster Linie brachte aus anhaltischer Hand im Jahre 1354 Pasewalk und 1359 aus der Hand des Markgrafen – es war seit 1352 nicht mehr Ludwig der Ältere, sondern dessen Halbbruder Ludwig der Römer – auch noch Torgelow an sich. Beide Städte blieben fortan bis auf den heutigen Tag bei Pommern. Die uckermärkischen Gebiete, welche Barnim III. in diesen Jahren an sich brachte – es handelte sich um die östlichen Teile des Landes mit den Städten Brüssow, Angermünde und Schwedt – sollte Pommern allerdings im 15. Jahrhundert wieder an Brandenburg verlieren, obwohl Kaiser Karl IV. Barnim III. diesen Erwerb 1355 und seinen Söhnen 1370 bestätigte.

Barnim III. unterhielt von nun an beste Beziehungen zu Karl IV.; seine häufigen Aufenthalte am Kaiserhof – in Regensburg, in Nürnberg, in Prag – bezeugen dies ebenso wie seine Anwesenheit im Gefolge des Kaisers bei dessen Reise in das zum Römischen Reich gehörende Königreich Burgund im Jahre 1365, auf der Karl Papst Urban V. in Avignon aufsuchte und sich in Arles zum burgundischen König krönen ließ. Seinen ältesten Sohn Kasimir III. ließ Barnim am Hofe des Kaisers erziehen. Der von Karl mit großer Hartnäckigkeit unter Einsatz verschlagener diplomatischer Winkelzüge und

Kaum ein Motiv hat das romantische Bild von Pommern so geprägt wie die Ruine des Klosters Eldena. Seine Gründung im Jahre 1199 verdankt es Mönchen, die aus dem Kloster Dargun geflüchtet waren und mit Unterstützung des Fürsten Jaromar I. in das sumpfige Waldgebiet am Greifswalder Bodden übersiedelten. Von Eldena ging auch die Gründung der benachbarten Stadt Greifswald aus. Bis zur Reformation galt der Konvent als besonders wohlhabend. Sein Reichtum gründete sich vor allem auf die großen Salinen nördlich von Greifswald. Nach der Reformation fiel der umfangreiche Klosterbesitz an die Herzöge von Pommen-Wolgast, die ihn der Greifswalder Universität übergaben. Lange Zeit besaß Greifswald dadurch eine der reichsten Universitäten Europas.

Große Kirchenbauten findet man in Pommern nur in den mittelalterlichen Handelsstädten an der Ostsee, in Stettin und in Stargard. Im Vergleich zu den Marienkirchen in Stralsund, Greifswald und Stolp zeugt der Bau der Stargarder Marienkirche in besonderer Weise von den Schwierigkeiten, die durch die hohen Baukosten hervorgerufen wurden. Die architektonische Vielfalt dieses Sakralbaus ist weniger das Ergebnis ständig sich wandelnder Geschmacksvorstellungen und entsprechender Um- und Neubauten, sondern eine Folge der langen Bauzeit von mehr als 150 Jahren. Aus der ältesten Bauphase stammen noch die Pfeiler und Gewölbe der Seitenschiffe, während das zweitürmige Westwerk zwischen 1350 und 1400 errichtet wurde. In den letzten zwei Jahrzehnten des 14. Jahrhunderts vollendete der Baumeister Heinrich Brunsberg auch den östlichen Teil der Kirche. Die Fertigstellung des Langhauses erfolgte jedoch erst in der zweiten Hälfte des 15. Jahrhunderts.

schließlich mit kriegerischen Mitteln erfolgreich betriebenen Verdrängung der Wittelsbacher aus der Mark Brandenburg und deren Einverleibung in die kaiserliche Hausmacht legte er keine Hindernisse in den Weg, obwohl die Luxemburger Pommern damit gefährlich nahe zu kommen drohten. So füllte Barnim III. das unmittelbare Verhältnis, in das dank seinem unermüdlichen Bemühen Pommern in rechtlicher Hinsicht zum Reich und dessen Oberhaupt getreten war, persönlich mit Leben, während die Beziehungen zu den Wolgaster Verwandten im allgemeinen kühl waren, bisweilen unfreundlich. Die Wolgaster fanden auch nicht ein so herzliches Verhältnis zum Kaiser wie Barnim, obwohl Karl 1363 in vierter Ehe Elisabeth heiratete, eine Tochter Bogislaws V. aus dessen Ehe mit einer Tochter König Kasimirs III. von Polen. Der Kaiser sah in ihr aber wohl weniger die Tochter eines Pommernherzogs als die Enkelin des Polenkönigs, dessen Gewogenheit er bei seinen auf die Mark Brandenburg zielenden Bemühungen benötigte. Am Krakauer Hof ihres Großvaters war sie erzogen worden. Elisabeth, die einzige pommersche Herzogin auf dem römischen Kaiserthron – Karl ließ sie 1368 von Papst Urban V. in Rom auch zur Kaiserin krönen –, wurde 1368 die Mutter des späteren Kaisers Sigismund, mit dem das Luxemburgergeschlecht 1437 ausstarb.[53]

DIE AUSEINANDERSETZUNGEN UM DAS RÜGISCHE ERBE

Neben dem Kampf mit Brandenburg um die Reichsunmittelbarkeit, den vorwiegend die Stettiner Linie austrug, belastete eine weitere Frage, der Jahrzehnte währende Streit der Wolgaster Linie mit Mecklenburg um das rügische Erbe, die äußeren Beziehungen Pommerns. Nach dem Tode Wizlaws III. hatte Wartislaw IV., ohne auf Widerstand im Lande selbst zu stoßen, das Fürstentum Rügen gemäß den Vereinbarungen in Besitz genommen. Doch sofort wurden außerhalb des Landes von dritter Seite Ansprüche erhoben. Der Bischof von Schwerin berief sich auf die Belehnung Wizlaws II. mit Festland-Rügen, die 1293 sein Vorgänger im Bischofsamt dem rügischen Fürsten erteilt hatte, und sprach den festländischen Teil als dem Stift Schwerin heimgefallenes Gut an. Angesichts dessen und in Anbetracht mecklenburgischer Begehrlichkeiten versicherte sich Wartislaw IV. der Unterstützung des dänischen Königs Waldemar III. und seines Vormunds, des Grafen Gerhard III. von Holstein. Als Wartislaw überraschend am 1. August 1326 starb, sahen sich seine unmündigen Söhne auch noch den weit gefährlicheren Forderungen der Herren von Mecklenburg und der Herren von Werle gegenüber, die sich von dem durch Waldemar III. seiner Würde entsetzten und aus dem Lande vertriebenen König Christoph II. von Dänemark mit dem Fürstentum Rügen belehnen ließen, obwohl dieser bereits Wartislaw damit belehnt hatte. Von 1326 bis 1328 zogen sich die kriegerischen Auseinandersetzungen um Rügen hin, in deren Verlauf es Heinrich II. von Mecklenburg gelang, den größten Teil Festland-Rügens in seine Hand zu bringen und zu halten. Die jungen Wolgaster Herzöge fanden bei den Städten ihres Landes Unterstützung, wobei sich besonders Greifswald und Demmin hervortaten, aber auch Stralsund und Anklam zu nennen sind, sowie bei König Waldemar III. und Graf Gerhard, die beide für die unmündigen Knaben – jedoch nur hinsichtlich des Bereichs des Fürstentums Rügen – die Vormundschaft wahrnahmen. Otto I. und Barnim III., die zunächst lediglich für die übrigen Lande der Wolgaster die Vormundsrechte und -pflichten ausübten, bis sie dann ihre diesbezügliche Zuständigkeit auf Rügen ausdehnten, setzten sich anfänglich nicht mit dem erforderlichen Nachdruck für die Belange ihrer Mündel ein. Auch von seiten der Ritterschaft des Wolgaster Landesteils und der hinterpommerschen Städte blieb Hilfe aus, so daß die vier großen vorpommerschen Städte bei der Verteidigung der Rechte ihrer jungen Herren auf sich allein gestellt waren. Um so größer war das Verdienst, das diese sich selbst zusprachen.

Der Rügische Erbfolgekrieg wurde 1328 nach einer entscheidenden Niederlage Heinrichs II. bei Völschow durch den Frieden von Brudersdorf beendet. Die Mecklenburger und die Werler entsagten ihren Ansprüchen auf Festland-Rügen gegen eine Abfindungssumme von 31 000 Mark Silber, die ihnen innerhalb von zwölf Jahren ausgezahlt werden sollte und für die ihnen die Länder Barth, Grimmen und Tribsees verpfändet wurden, das heißt der größte Teil Festland-Rügens ohne die Vogteien Stralsund, Hertesburg und Loitz. Als die Pommern 1340 die verpfändeten Länder nicht einlösen konnten, waren diese rechtmäßig teils den Mecklenburgern, teils den Werlern verfallen. Da die pommersche Seite das aber nicht hinnehmen wollte, kam es erneut zu Kämpfen, die auch durch mehrere Waffenstillstände (von 1343, 1344 und von 1346) nicht beendet werden konnten. Ebenfalls noch keine Entscheidung brachte das für die Wolgaster Herzöge, die von Barnim III. unterstützt wurden, siegreiche Gefecht am Schoppendamm von 1351, bei dem Graf Johann V. von Gützkow, auf pommerscher Seite kämpfend, fiel. 1354 befanden sich Grimmen und Barth in pommerscher Hand, 1356 erneut auch Tribsees, so daß Wolgast seinen Anspruch auf ganz Festland-Rügen also nunmehr tatsächlich durchgesetzt sah. Von mecklenburgischer und werlischer Seite wurde dies alsbald in Verträgen anerkannt.

Der kanonische Prozeß, den Bischof und Kapitel von Schwerin 1327 anstrengten und den sie bis in die vierziger Jahre hinein vor verschiedenen geistlichen Gerichten in der Absicht führten, den angeblichen Rechten ihrer Kirche auf Festland-Rügen oder doch zumindest auf Stralsund zum Sieg zu verhelfen, hatte auf die Geschehnisse keinen Einfluß, zumal dem Bischof Machtmittel, die er in die Waagschale hätte werfen können, nicht zu Gebote standen. Der ungeschmälerte Gewinn des Fürstentums Rügen, die Erwerbung der Länder Schlawe und Stolp, die Inbesitznahme der Städte Pasewalk und Torgelow sowie weiterer uckermärkischer Gebiete und der nach 1359, mit dem Tod des söhnelosen Grafen Johann IV. von Gützkow eingetretene Heimfall der Grafschaft Gützkow an die Wolgaster Herzöge: das waren überwiegend einer zähen Politik zu verdankende territoriale Gewinne des halben Jahrhunderts nach Bogislaws IV. Ableben. Dieser äußere Machtzuwachs und die Erlangung der Reichsunmittelbarkeit verliehen Pommern ein entscheidendes Gewicht unter den Ländern Norddeutschlands. Was sich daraus würde machen lassen, hing vom politischen Geschick der kommenden Geschlechter ab.[54]

Vor dem Einsetzen der deutschen Siedlung war der Handel im Oderraum von der Nord-Süd-Richtung geprägt. Auf der Oder und entlang dem Fluß ging ein lebhafter Handel ins Binnenland hinein. Die deutsche Ostsiedlung verschob entsprechend der Richtung der Siedlerzüge die Handelsströme um neunzig Grad, in West-Ost-Richtung. Die frühe, schon im 12. Jahrhundert erfolgte Ansiedlung deutscher Kaufleute bei dem slawischen Stettin bezeugt die damalige Bedeutung der Oder als einer Handelsstraße, die zunächst vorwiegend bei der Einfuhr von Salz und von Heringen eine große Rolle spielte. Getreideausfuhr fand offenbar nicht statt, das Land erzeugte hierin keine Überschüsse. Das änderte sich mit der Entwicklung und dem Erfolg der deutschen Siedlung.

Stralsund, die im Mittelalter bevölkerungsreichste Stadt des pommersch-rügischen Landes, war auch dessen bedeutendste Handelsstadt. In scharfem Wettbewerb mit Lübeck, das die lästige junge Nebenbuhlerin am Strelasund 1249 durch einen Überfall von der Seeseite und weitgehende Zerstörung sogar auszulöschen oder doch entscheidend zu schwächen suchte, gelangte Stralsund bald zu gebietender Stellung. Seine Kaufleute schalteten sich bereits im 13. Jahrhundert in den Fernhandel ein. Auf dem Seeweg führten sie heimische und aus dem Oderraum stammende Erzeugnisse wie Getreide, Hopfen, Vieh, Heringe, Bier und Wein aus, handelten aber auch mit Erzeugnissen fremder Herkunft, mit Tuchen aus Flandern, Metallwaren und Leinen aus Westfalen, Wolle aus England, Stockfisch aus Norwegen, Salz aus den Lüneburger Salinen, Heringen aus Schonen, Eisen und Kupfer, Teer und Pech aus Schweden, Getreide und Holz aus Preußen und Polen, Flachs und Hanf aus Livland, Pelzen und Wachs aus Nowgorod. Die Stralsunder Handelsbeziehungen mit Dänemark gehen mindestens bis in die Mitte des 13. Jahrhunderts zurück.

Nicht viel jünger sind die sehr engen wechselseitigen Beziehungen zu England. Stralsund hat unter den von den Engländern angelaufenen Ostseehäfen offenbar eine Vorzugsstellung innegehabt, die es gegen Ende des 14. Jahrhunderts an Danzig verlor. In Norwegen und in Schweden gelang es den Stralsunder Kaufleuten nicht so rasch, Fuß zu fassen. Schon früh setzten dagegen die sehr lebhaften Beziehungen zu Flandern ein und zu dessen wichtigster Stadt, zu Brügge, dem Brennpunkt des westeuropäischen Handels. Ebenfalls schon im 13. Jahrhundert nahm man den Handel mit Livland und Estland, mit Riga und Reval, und mit Nowgorod auf. Rege waren die Handelsbeziehungen zwischen Stralsund und der zweitgrößten Stadt Pommerns, Stettin, das sich von jenem weitgehend die Waren des Ostens, Englands und Flanderns vermitteln ließ. Stettin, im Odermündungsraum und an einem verhältnismäßig bequemen und deshalb wichtigen Oderübergang gelegen, fiel allein aufgrund seiner Lage eine maßgebliche Rolle im Handel zu.

War noch in den fünfziger Jahren des 13. Jahrhunderts an eine nennenswerte über Stettin laufende Ausfuhr nicht zu denken und der Handelsverkehr auf der Oder noch ganz von den Verhältnissen des unentwickelten und eben erst im Umbruch befindlichen Landes bestimmt, wie die Stettiner Zollrolle und die Greifswalder Zollrolle er-

Der Städte- und Handelsbund der Hanse umfaßte das gesamte mittelalterliche Nordeuropa und reichte von der flandrischen Küste bis in die Rus hinein. Seine Mitglieder unterhielten zahlreiche auswärtige Handelsniederlassungen und pflegten enge Verbindungen mit ihren Kontoren. Die Hanse beförderte jedoch nicht nur den Handel, sondern trug auch zu einem Austausch unterschiedlicher Kultureinflüsse bei. So hat sich auf dem Holzpaneel eines Chorgestühls der Nikolaikirche in Stralsund eine Darstellung der in Pommern unbekannten Zobeljagd erhalten, eine schöne plastische Schnitzerei aus dem 14. Jahrhundert, mit der die Nowgorodfahrer sich ein Denkmal setzten.

kennen lassen, so war Pommern seit dem Ende des 13. Jahrhunderts in der Lage, Getreideüberschüsse zu erzeugen. Dies erlaubte es Stettin, trotz seiner eher binnenländischen Ausrichtung, die auf seiner Lage und der magdeburgisch-altmärkischen Prägung seiner Bewohnerschaft und seines Umlandes beruhte, sich in den von Lübeck vermittelten sowohl west-östlich gerichteten als auch Dänemark und Schonen einbeziehenden Handel der eigentlichen Seestädte Wismar, Rostock, Stralsund und Greifswald einzuschalten. Etwa seit 1280 ist ein auch politisches Zusammengehen Stettins mit diesen Städten beobachtbar. Nicht zufällig treten damals in der Stettiner Bürgerschaft erstmals Lübecker Namen hervor. Der Handel Stettins lag zu dieser Zeit bereits in der Hand einer innungsmäßig verfaßten Kaufmannschaft. Die Stettiner Zollrolle deutet an, was im 13. Jahrhundert ins Land ein- und was ausgeführt wurde: Getreide, Hopfen, Holz sind Erzeugnisse des Landes und zur Ausfuhr bestimmt, Vieh und Häute waren Einfuhrgut aus Dänemark, beim Salz handelte es sich um über Lübeck eingeführtes Lüneburger Salz, der über Stettin ausgeführte Wein dürfte lausitzischer, insbesondere Gubener Wein gewesen sein, die eingeführten Heringe werden wohl zunächst vorwiegend vor der pommersch-rügischen Küste, zunehmend aber auch vor Schonen gefangen worden sein.

Am Ende des 13. Jahrhunderts war die Getreideausfuhr bereits das Geschäft, welches den Kaufleuten des Landes als das lohnendste erschien. Vor allem an dieses Handelsgut war gedacht, wenn Stettin bestrebt war, den Handel des Landes unter seine Herrschaft zu bringen. Zu diesem Zweck bemühte es sich mit Erfolg, die Verfügung über die Straßen und die Wasserwege in dem wald- und sumpfreichen Odermündungsgebiet zu erlangen, wodurch sich die Handelsströme über Stettin würden leiten lassen. Um den Handel noch besser in den Griff zu bekommen, scheute Stettin nicht davor zurück, ein auf 1283 datiertes herzogliches Privileg zu fälschen, womit der Stadt angeblich das Stapel- oder Niederlagsrecht eingeräumt wurde, wonach alle Waren, oderabwärts wie oderaufwärts gehende, in Stettin ausgeladen und zum Verkauf angeboten werden mußten, ferner das Recht, daß kein Fremder Getreide ausführen dürfe, das nicht von einem Stettiner Bürger gekauft sei. Mit diesem Privileg, dem Otto I., als man es ihm 1308 vorlegte, irrtümlich Echtheit zuschrieb und welches er deshalb bestätigte, versuchte Stettin, einen maßgeblichen Einfluß auf die eigene Versorgung sowie die des Landes, auf die Preisbildung sowie auf den Außenhandel zu erlangen. Allen Bemühungen zum Trotz gelang es Stettin jedoch nicht, die Vergünstigungen, die ihm aufgrund der Urkunde scheinbar zustanden, völlig durchzusetzen und den Wettbewerb der kleineren Städte seiner Umgebung auszuschalten. Insbesondere Gartz und Greifenhagen vermochten sich, von den Herzögen hierin unterstützt, zu behaupten.

Die Umkehrung der Handelsströme hatte zur Folge, daß im 13. Jahrhundert die Oderschiffahrt zwischen Schlesien und der Mündung des Flusses weitgehend zum Erliegen kam. Die zahlreichen an der Oder angelegten Mühlen und Wehre, die in der Tat geeignet waren, die Schiffahrt zu behindern, sind erst eine Folge, nicht eine Ursache erlahmenden Interesses an der Oderschiffahrt gewesen. Lebhaft waren allerdings auch im 14. Jahrhundert die Beziehungen zwischen Frankfurt an der Oder und Stettin; die

Frankfurter trieben trotz der beurkundeten Vorrechte Stettins sogar über Stettin hinaus mit anderen Ostseestädten Handel, wenngleich möglicherweise auf Stettiner Schiffen.

Die im 14. Jahrhundert vollzogene Einbindung des pommerschen Wirtschaftslebens in das hansische Handelssystem zeitigte zwar viele Vorteile – nicht zuletzt auf kulturellem Gebiet –, verursachte aber einen folgenschweren Rückstand im gewerblichen Bereich. Da es billiger war, die qualitativ hochwertigen Gewerbeerzeugnisse aus dem Westen auf den hansischen Handelswegen zu Wasser und zu Land nach Pommern zu bringen, als sie hier selbst herzustellen, konnte sich in den pommerschen Städten ein leistungsfähiges Exportgewerbe nicht entfalten, insbesondere nicht im Textil- und im Metallwarenbereich. Die Einfügung Pommerns in den gesamthansischen Handel war für den Ausbau mancher heimischer Gewerbe zu Wettbewerbsfähigkeit zu früh erfolgt.[55]

Pommersche Städte spielten innerhalb der Städtehanse zwar keine überragende, aber doch eine nicht zu übersehende Rolle. Die Städtehanse, Erbin der Gotländischen Genossenschaft, eines Zusammenschlusses deutscher Kaufleute vorwiegend des Ostseeraums, hatte sich in Jahrzehnte währender, erst in der Mitte des 14. Jahrhunderts abgeschlossener Verfestigung als Bündnis der bedeutenden Handelsstädte Niederdeutschlands und des deutsch bestimmten Ostseeraums entwickelt. In einer Zeit, in der im Ostseeraum Hunderte neuer deutscher Städte aufblühten, die bald politische Bedeutung erlangten und Beziehungen untereinander aufnahmen, mußte eine Genossenschaft von Wanderkaufleuten, wie sie die Gotländische Genossenschaft darstellte, als unzeitgemäß früher oder später beiseite geschoben werden. Sie verschwand am Ende des 13. Jahrhunderts. An ihre Stelle war bereits eine Vorform der Städtehanse getreten, deren Kern das Bündnis der »Wendischen Städte« unter der Führerschaft Lübecks war. Die Bezeichnung »Wendische Städte« taucht erstmals 1280 auf. Außer Lübeck gehörten zu diesem Bund auch Hamburg, Kiel, Wismar und Rostock; er konnte seit den sechziger Jahren des 13. Jahrhunderts als gefestigt angesehen werden. Das Rostocker Landfriedensbündnis von 1283 führte auch Stralsund, Greifswald, Stettin, Demmin und Anklam in die Gemeinschaft mit dem aus Lübeck, Wismar und Rostock gebildeten älteren Kern. Eine Abstimmung dieser fünf pommerschen Städte im Rahmen der Wendischen Städte ist fortan öfters in Dingen zu beobachten, welche den Handel im westlichen Oderraum betrafen. Die größte Bedeutung kam naturgemäß Stralsund und Greifswald zu, demgegenüber traten Anklam und Demmin zurück, erst recht die hinterpommerschen Hansestädte, etwa Kolberg und die kleineren Städte Rügenwalde und Stolp, die ohnehin nicht vor Anbruch des letzten Drittels des 14. Jahrhunderts als hansisch anerkannt waren.

Stettin trat 1352 einem Bündnis der Städte Lübeck, Wismar, Rostock und Stralsund bei, das der den Handel bedrohenden Unsicherheit zur See abhelfen sollte. Seitdem konnte Stettin als hansisch gelten. Diese Annäherung Stettins fiel zeitlich zusammen mit dem Aufblühen der Hanse nach einer Phase gehemmter Entwicklung, die eine Folge des dänischen Ausdehnungsstrebens zu Beginn des 14. Jahrhunderts gewesen war. Dies kam vor allem 1356 im Zusammentritt des von Lübeck einberufenen ersten allgemeinen Hansetages zum Ausdruck. Die Zusammensetzung dieses Hansetages ist nicht überliefert. Sicherlich haben daran auch Vertreter pommerscher Städte teilgenommen, zumindest solche Stralsunds und Greifswalds. Für die Zurückhaltung Stettins innerhalb der Hanse gibt es mehrere Gründe. Zu nennen ist die im Vergleich zu den weiter westlich gelegenen Ostseestädten geringere Wirtschaftskraft, die mit Stettins für den Ostseehandel abseitiger Lage zu tun hatte, mit seinem Mangel an Hinterland und der dementsprechend geringen Getreideausfuhr – der Lübecker Kaufmann pflegte in anderen Größenordnungen zu denken. Ferner ergaben sich aus der Lage stärker binnenländisch ausgerichtete Interessen, und schließlich hat auch die Abhängigkeit vom Landesherrn die Stadt daran gehindert, engere Verbindungen zur Hanse zu unterhalten. Diese Abhängigkeit hatte Herzog Barnim III. Stettin spüren lassen, als er die Bürger 1346 nach Brechung ihres Widerstandes zwang, auf dem Gelände der alten, schon 1249 geschleiften herzoglichen Burg ein festes Steinhaus mit Wall, das heißt eine neue Burg, zu errichten.

Innerhalb der hansischen Städte Pommerns spielte ein in seinem Kern in vorhansische Zeiten zurückreichendes engeres Bündnis der Städte Stralsund, Greifswald, Demmin und Anklam eine wichtige Rolle. Dieser Vierstädtebund ließ sich insbesondere die Aufrechterhaltung des Landfriedens, die Wahrung der Landeseinheit über die Wirrnisse im Herzogsgeschlecht hinweg und die gegenseitige städtische Nachbarschaftshilfe angelegen sein. Der Bund war einer der Keime des sich entwickelnden pommerschen Ständewesens.[56]

DAS BISTUM CAMMIN IN DER ERSTEN HÄLFTE DES 14. JAHRHUNDERTS

Die Besetzung des Camminer Bischofsstuhls zeigt, daß das pommersche Bistum im 14. Jahrhundert sich dem Sog zweier außerhalb seines eigenen geistlichen und weltlichen Bereichs liegender Gewalten nicht mehr entziehen konnte: dem des pommerschen Herzogtums und dem des avignonesischen Papsttums. Schon im 13. Jahrhundert hatte der Papst bei Bischofswahlen mehrmals eine ausschlaggebende Rolle gespielt. Dies stand mit der Exemtion des Bistums, also mit seiner unmittelbaren Unterstellung unter den päpstlichen Stuhl natürlich in ursächlicher Verbindung. Auch nach dem Tod des Bischofs Petrus entschied 1301 über die strittige Wahl des Demminer Archidiakons Heinrich von Wachholz zu seinem Nachfolger letztlich der Papst. Bischof Heinrich, der durch die Neueinteilung der Archidiakonate hervortrat, starb 1317; ihm folgte Konrad IV., vor seiner Wahl Dekan des Camminer Kapitels, der in den sieben Jahren seiner Amtszeit den Herzögen sehr nahestand. Nach Konrads Tod hatte aufgrund päpstlicher Provision bis 1330 der bereits erwähnte Arnold von Eltz den Bischofsstuhl inne. Sein Nachfolger wurde – wiederum durch päpstliche Provision, die hierbei aber dem Wunsch des Domkapitels folgte – der Camminer Domherr Friedrich von Eickstedt; er versuchte, sowohl mit den pommerschen Herzögen als auch mit dem brandenburgischen Markgrafen in Frieden zu leben. Den mit Brandenburg schwebenden Streit um die Länder Lippehne, Falkenburg und Schivelbein legte er 1337 bei. Schon zu Friedrichs Lebzeiten wurde der Camminer Domherr und Demminer Archidiakon Johann, Herzog von Sachsen-Lauenburg, als Nachfolger vorgesehen. Im Jahre 1343 verzichtete Bischof Friedrich auf das Bistum – wohl aus Altersgründen –, und nun providierte Papst Clemens VI. den erst fünfundzwanzigjährigen Demminer Archidiakon mit dem Bistum. Johann war ein Sohn Herzog Erichs von Sachsen-Lauenburg und durch seine Mutter ein Enkel Bogislaws IV. Den Wolgaster Herzögen konnte ein Vetter auf dem Camminer Bischofsstuhl nur genehm sein. Trotz der nahen Verwandtschaft war der Bischof den Herzögen jedoch keinesfalls durchwegs gefügig.

Während des Pontifikats Johanns wurden hinsichtlich der Unterstellung des Bistums beziehungsweise Stifts Cammin sowohl in weltlicher als auch in geistlicher Beziehung Weichen gestellt. Der weltliche Besitz des Bischofs war seit der Mitte des 13. Jahrhunderts aus dem Herzogtum herausgenommen; der Bischof war seitdem bezüglich seines weltlichen Land- und Liegenschaftsbesitzes den Herzögen staatsrechtlich nebengeordnet. Diese Stellung wurde hundert Jahre lang nicht angefochten. Ungeklärt war allerdings im Gegensatz zu der Beziehung zum Herzogtum, das spätestens seit dem Zusammenbruch der dänischen Großmachtstellung als Teil des römisch-deutschen Reiches angesehen wurde, das Verhältnis des Stifts zum Reich. Da es keinem weltlichen Territorium unterworfen war, brachte das Stift an sich die Voraussetzung mit, als Reichsstift und Reichsfürstentum behandelt zu werden. Entsprechende Bemühungen wurden aber offensichtlich im 13. Jahrhundert weder von seiten der Bischöfe selbst noch von seiten des Reiches unternommen. Der erste römisch-deutsche König, der gewillt war, Cammin als reichslehnbares Hochstift zu betrachten und den Bischof in ein Lehnsverhältnis zum König zu bringen, war Karl IV. Die entsprechenden, quellenmäßig allerdings schwer faßbaren Maßnahmen fielen in die Zeit um 1348, also in die ersten Jahre seiner Regierung. Dem einem reichsfürstlichen Geschlecht entstammenden Bischof Johann war es sicherlich nur recht, wenn ihn die Reichsspitze auch als Camminer Bischof als Reichsfürsten behandelte. Daß die ersten wirklichen, wenngleich zaghaften Versuche, das Stift Cammin in ein unmittelbares Verhältnis zum Königtum zu setzen, scheiterten, lag wohl auch und nicht zuletzt an einer Ungeschicklichkeit Bischof Johanns. Bogislaw V., offenbar durch des Königs Vorgehen aufgeschreckt und für sein Herzogtum gefährliche Folgen ahnend, konnte Johann und sein Domkapitel 1356 zu einem Schutzvertrag veranlassen, der die Hinabdrückung des Bistums zu einem pommerschen Landesbistum – als solches war es einst ins Leben gerufen worden – einleitete und spätere Versuche einzelner Camminer Bischöfe, doch noch Reichsunmittelbarkeit und Reichsfürstlichkeit zu erlangen, entscheidend erschwerte, ja vereitelte.[57]

DER KAMPF DER CAMMINER KIRCHE MIT GNESEN

Der Polenherzog Mieszko I. schenkte um 991 dem päpstlichen Stuhl sein Herrschaftsgebiet oder zumindest dessen größten Teil. Diese Schenkung bot den Päpsten später eine Handhabe, alles polnische Land als Eigentum des heiligen Petrus zu betrachten.

Als mit dem fünfundzwanzigjährigen Demminer Archidiakon Johann von Sachsen-Lauenburg 1348 ein Enkel Herzog Bogislaws IV. den Bischofsstuhl von Cammin bestieg, schien das Geschlecht der Greifen auch das Camminer Domstift, das bisher gleichberechtigt war, in seine Landesherrschaft einzubinden. Doch Bischof Johann I. verfolgte ganz andere Pläne, nämlich die Anerkennung des Bistums als Reichsstand, die er bei König Karl IV. durchzusetzen suchte. Nach dem Scheitern dieser Politik mußte er jedoch 1356 ein Schutzbündnis mit den Herzögen akzeptieren, das die Reichsunmittelbarkeit des Bistums in weite Ferne rücken ließ. Abgebildet ist die Grabplatte des Bischofs im Camminer Dom.

Aus diesem Grund lastete auf den polnischen Herzogtümern beziehungsweise später auf dem Königreich Polen die Verpflichtung, dem Papst alljährlich einen Zins zu entrichten. Diese seit dem 13. Jahrhundert »Peterspfennig« genannte Abgabe war zunächst von Haus und Herd, seit dem 14. Jahrhundert vom einzelnen Einwohner des Landes als Kopfzins zu entrichten. Als die Kurie gegen Ende des 13. Jahrhunderts versuchte, die Eintreibung des Peterspfennigs straff durchzusetzen, stieß sie in den westlichen Teilen der piastischen Länder, besonders in Schlesien, auf Widerstand, weil die dortigen deutschen Siedler sich zur Zahlung nicht verpflichtet fühlten. Dies galt auch für das Kulmer Land, das sich unter der Landesherrschaft des Deutschen Ordens befand. Papst Johannes XXII., unter dem der kuriale Fiskalismus einen ersten Höhepunkt erreichte, forderte 1317 in einer Bulle, daß der Peterspfennig auch in den Diözesen Cammin und Kulm zu entrichten sei, da diese »infra dicti ducatus antiquos limites«, also innerhalb der alten Grenzen des polnischen Herzogtums, lägen und dem Erzbischof von Gnesen als dem Metropoliten unterstünden. Ging es Avignon wohl hauptsächlich um das Geld, sahen Herzog Władysław Łokietek und der Gnesener Erzstuhl in der Frage des Peterspfennigs und der dadurch ermöglichten Berufung auf »alte Grenzen« Polens ein willkommenes Mittel, das drohende Abdriften Schlesiens in den böhmischen Lehnsverband zu verhindern, Pommerellen doch noch zu gewinnen und vielleicht gar Pommern, zumindest Ostpommern, an Polen zu binden.

Der Kurie ging es stets nur darum, ihre finanziellen Ansprüche rechtlich zu untermauern, und nicht darum, polnischen Bestrebungen nach Wiederherstellung angeblich alter Grenzen tatkräftige Schützenhilfe zu leisten. Für die Diözese Cammin stand freilich ihre exemte Stellung auf dem Spiel, obwohl diese von Johannes XXII. im Jahre 1318 noch einmal bestätigt wurde. Bei der Einsammlung der Annaten, die in jenen Jahren vor sich ging, wurde Cammin jedenfalls noch zu den deutschen Diözesen gerechnet. Als trotzdem päpstliche Kollektoren in der Diözese Cammin erschienen, um den Peterspfennig zu erheben, wurden sie tätlich abgefertigt. 1337, nach Ausbruch des unerbittlichen Kampfes zwischen Papst und Kaiser, klagte der päpstliche Kollektor Galhard von Chartres, daß in der Diözese Cammin, die bekanntlich innerhalb der alten Grenzen des Königreiches Polen liege, niemand den Peterspfennig zahle, weil dort ein Sohn des Bayern – gemeint war Markgraf Ludwig, der Lehnsherr der Pommernherzöge – herrsche und der Bischof ein Deutscher sei. Um das von ihm über die Diözese verhängte Interdikt kümmere sich niemand, »weil sie dem verdammten Bayern anhängen«.

Galhard identifizierte in den folgenden Jahren die kurialen Belange immer mehr mit den territorialen Ansprüchen Polens auf die »alten Grenzen« und glaubte in immer stärkerem Maße, in *den* Deutschen im Gegensatz zu *den* Polen die widerspenstigsten Gegner der römischen Kirche ausmachen zu können. Papst und Kurie in Avignon folgten der Sicht ihres Legaten. In Danzig verhandelte Galhard mit Angehörigen des Camminer Domkapitels und mit dem Prokurator des Camminer Bischofs Friedrich. Darüber hat sich ein für das pommersche Selbstverständnis wichtiger Bericht erhalten. Die Pommern erboten sich, anhand alter Grenzzeichen an den Grenzen zwischen Polen und Pommern zu zeigen, daß Pommern nie zu Polen gehört habe, es folglich auch den

Peterspfennig nicht zahlen müsse. Vielmehr seien die pommerschen Herzöge und der Camminer Bischof Fürsten des Reiches. Die Camminer Diözese sei seit den Zeiten des heiligen Otto stets exemt gewesen. Der Anspruch des polnischen Königs auf Pommerellen wurde von pommerscher Seite bei diesen Verhandlungen ebenso als ungerechtfertigt zurückgewiesen wie der Anspruch des Bischofs von Leslau (Włocławek) auf die Ausübung von Diözesangewalt westlich der Leba. Schließlich wurde Galhard 1343 von dem neuen Papst Clemens VI., der versöhnlicher als seine Vorgänger gestimmt war, abberufen.

Papst Clemens selbst verschärfte noch einmal die Lage, als er bei der Überlassung des Zehnten der kirchlichen Einkünfte, die in den polnischen Diözesen erhoben wurden, an den polnischen König das Bistum Cammin wie ein polnisches Bistum behandelte. Der Protest Bischof Johanns, der erneut darauf hinwies, daß sein Bistum exemt sei, auch nicht innerhalb der Grenzen des Königreichs Polen liege und die Einziehung von Geldern zugunsten des polnischen Königs eine schwere Kränkung der pommerschen Herzöge darstellen würde, bewirkte, daß der Papst 1345 seine Anordnung widerrief. Von da an war im Zusammenhang mit Cammin nie wieder von diesem Zehnten und vom Peterspfennig die Rede. Gnesen gab zwar die Versuche, Cammin unter seine Metropolitangewalt zu zwingen, noch nicht auf, doch Polen mußte die Exemtion Cammins schließlich endgültig anerkennen, und auch der 1364 erhobene Anspruch des polnischen Königs Kasimir III. auf das Bistum Cammin als einen Polen angeblich entfremdeten Landesteil und sein Versuch, den Papst dafür einzuspannen, liefen ins Leere.

Im Zusammenhang mit den Auseinandersetzungen um die Sprengelzugehörigkeit der Diözese Cammin verfaßte ein Augustinermönch namens Augustinus, Lektor des Stargarder Konvents, in den Jahren zwischen 1342 und 1347 eine Darstellung der pommerschen Geschichte, die der Zurückweisung der polnischen Ansprüche diente. Auftraggeber war vielleicht das Domkapitel von Cammin. Um die von alters her bestehende Unabhängigkeit Pommerns von Polen und einen tiefgreifenden Gegensatz der beiden Länder darzutun, stellte Augustinus Beweisgründe zusammen. Er stützte sich dabei vorwiegend auf Chroniken, deutsche wie polnische. Gewidmet hat Augustinus von Stargard, der vielleicht nicht aus Pommern stammte, das Werk dem Herzog Barnim III. Greift sein »Protocollum« auch auf geschichtliche Mythen zurück, die zum Teil von dem mehr als hundert Jahre zuvor verstorbenen Krakauer Bischof und polnischen Geschichtsschreiber Magister Vincentius Kadłubek herrühren, so ist es doch das erste Werk einer pommerschen Geschichtsschreibung und ein frühes Zeugnis pommerschen Selbstverständnisses und Eigenbewußtseins. Daß diese Ausflüsse einer nach damaligem Verständnis gelehrten, aber ungezügelten Erfindungs- und Verknüpfungsgabe tatsächlich außerhalb des kleinen Kreises der geistigen und politischen Führungsschicht des Landes verbreitet gewesen seien, ist zu bezweifeln; inwieweit die Ausführungen des Augustinermönches innerhalb dieses Kreises wirklich geglaubt wurden, bleibe dahingestellt. Allzu offensichtlich trumpft der Verfasser mit scheinbarem Wissen um längst Zurückliegendes auf, wohingegen er jüngst Vergangenes wie die deutsche Siedlung in Pommern nicht zu wissen scheint oder unterschlägt, weil es ihm für den Zweck der Beweisführung nicht erheblich erscheint.

Dem Herzog Barnim III., dem es 1388 gelungen war, die unmittelbare Lehnsbeziehung seines Teilherzogtums zum Reich herzustellen, und der in eine so enge persönliche Beziehung zum römischen Kaisertum trat wie noch keiner seiner Vorgänger, war es schlechthin ein Anliegen, seine Politik – die nach innen gerichtete und die innerhalb des Reiches für Pommern die gebührende Stellung erstrebende – geschichtstheologisch zu untermauern. 1339 suchte er das Grab des heiligen Otto im Kloster Michelsberg in Bamberg auf und ehrte den *pium confessorem nostreque terre apostolum,* der seine Vorfahren von heidnischem Irrtum zum Glauben gewendet und durch den Christus ihn selbst und sein Volk (gentem) mit göttlicher Gnade erfüllt habe, durch eine Stiftung zugunsten des Klosters. Hier tritt der Heilige zum herzoglichen Geschlecht und zum pommerschen Land und Stamm in eine heilsgeschichtlich zu deutende Beziehung. Herzogshaus, Land – *terra* – und Stamm – *gens* – werden als seit den Zeiten Ottos bis zur Gegenwart unveränderte und untrennbar zusammengehörige Wirklichkeiten vorgestellt. Die Förderung des Otto-Kultus durch Barnim III. führte zu einem erneuten Schub kultisch-liturgischen Einflusses der Bamberger Kirche auf Pommern und die Diözese Cammin.[58]

Herzogliche Schwäche und städtische Macht in der zweiten Hälfte des 14. und im 15. Jahrhundert

KLAUS CONRAD

Vom Tode Barnims III. bis zum Beginn der Alleinregierung Bogislaws X.

DIE POMMERSCHEN STÄDTE IM KAMPF MIT KÖNIG WALDEMAR IV. VON DÄNEMARK UND DIE FOLGEN

Mit dem Tod Herzog Barnims III. von Pommern-Stettin, eines der bedeutenderen Greifenherzöge, wurde auch in Pommern-Stettin wie zuvor schon im Teilherzogtum Pommern-Wolgast deutlich, wie infolge der Erbberechtigung jeweils aller Herzogssöhne die herzogliche Gewalt zerfiel. Eine einheitliche politische Linie ließen die Handlungen der vielen Herzöge, die bald zusammen, dann auch gegeneinander auftraten, nicht erkennen. Durch die wiederholten Erbteilungen war die materielle Grundlage ihrer Herrschaften schmal, so daß häufig weniger politische Einsicht als finanzielle Bedrängnis das Handeln bestimmte, am auffälligsten gegenüber den östlichen Nachbarn, dem Deutschordensstaat und Polen, deren Geldzahlungen große Anziehungskraft ausübten. Für die Historiker späterer Zeiten hat darüber hinaus die Namensgleichheit vieler Herzöge Verwirrung gestiftet, da immer wieder unklar blieb, welcher Bogislaw, Barnim, Kasimir oder Wartislaw jeweils in Urkunden oder Berichten gemeint war, zumal keiner der Herzöge das Mittelmaß politischer Begabung überragte. Die Geschichte der pommerschen Herzöge dieser Zeit bildet ein Dickicht, das nur mühsam zu durchdringen und zu lichten ist.[1]

Trotz der Schwäche seiner Landesherren ist Pommern in der zweiten Hälfte des 14. Jahrhunderts von außen nie ernsthaft bedroht worden. Die Politik seiner mächtigen Nachbarn im Osten, des Deutschordensstaates und Polens, war nicht nach Westen gerichtet, der westliche Nachbar Mecklenburg verbrauchte seine Kräfte in Schweden, und das südliche Nachbarland Brandenburg entwickelte sich immer mehr zum Machtvakuum. Neben der Schwäche der Herzöge wuchs jedoch die Macht der großen Städte des Landes. Von ihnen bildeten Stralsund und Greifswald zusammen mit Lübeck, Wismar und Rostock den Kern des sogenannten wendischen Drittels der Hanse, das damals die hansische Politik entscheidend bestimmte. Sie betrieben eine von ihren eigenen Interessen geleitete Politik, die sich nicht mit der ihrer Landesherren deckte, ihr vielmehr oft zuwiderlief. So waren die Herzöge in dem wichtigsten politischen Geschehen in der zweiten Hälfte des 15. Jahrhunderts, dem Kampf der Hanse mit König Waldemar IV. von Dänemark, nur Randfiguren.

Anfang 1360 hatte König Waldemar, der beharrlich daran arbeitete, die frühere Macht seines Königreiches wiederherzustellen, König Magnus von Schweden aus Schonen verdrängt.[2] Die Hansestädte, deren Wirtschaft eng mit den schonischen Märkten, nicht zuletzt mit dem Heringshandel verknüpft war, versuchten, von Waldemar die Bestätigung ihrer umfangreichen Privilegien zu erhalten, die sie sich dort erworben hatten. Dieser stellte jedoch Gegenforderungen und verlangte für die Bestätigung 4000 Mark. Zwar zahlten die Städte nach einigem Zögern diese Summe, doch waren sie nun zu keinerlei Zugeständnissen mehr bereit. Als am 1. August 1361 die in Greifswald versammelten Sendboten der wendischen Städte die Nachricht erreichte, Waldemar habe die Insel Gotland angegriffen und am 27. Juli die Hansestadt Wisby erobert und gebrandschatzt, beschlossen sie noch auf dieser Versammlung ein Verbot des Handels mit Dänemark, und auf einer weiteren Versammlung in Greifswald am Ende des Monats einigten sie sich auf militärische Maßnahmen.

Im Gellen, nordwestlich von Stralsund, versammelte sich im nächsten Frühjahr die Flotte der verbündeten Städte und segelte von dort nach Norden in den Öresund. Doch verlief das Unternehmen unglücklich. Auch König Waldemar hatte eine starke Flotte im Öresund zusammengezogen. Ihr gelang es Mitte Juni, einen hansischen Verband von zwölf Koggen vor Helsingborg zu erobern. Dieser dänische Sieg brach den Willen der Hansestädte zu weiterem militärischen Vorgehen, auch wenn sie die Kriegshandlungen noch nicht sogleich beendeten. Mitte November schlossen sie einen Waffenstillstand. Es folgten lange Verhandlungen, die der König immer wieder hinauszögerte, um die Städte zu zermürben. Schließlich kam im Herbst 1365 der Friede von Vordingborg zustande, der viele strittige Fragen ungeklärt ließ und sich besonders für die preußischen Hansestädte als nachteilig erwies.

Die preußischen Hansestädte, die sich am Krieg nur finanziell beteiligt hatten, drangen jetzt, durch ständige dänische Übergriffe auf ihre durch den Öresund segelnden Schiffe geschädigt, auf eine erneute militärische Gegenwehr. Nicht zuletzt auf ihr Betreiben hin schlossen sich am 19. November 1367 in Köln die hansischen und die niederländischen Seestädte zur Kölner Konföderation zusammen, einem Bündnis, das durch ein Geflecht von Verträgen der Städte mit verschiedenen Fürsten und von Verbindungen dieser untereinander ergänzt wurde. Wichtigste Partner der Städte waren die Grafen von Holstein, Herzog Albrecht II. von Mecklenburg und sein Sohn Albrecht, seit 1363 König von Schweden. Der am 9. April 1368 wiederaufgenommene Krieg brachte den Verbündeten rasche Erfolge. Am 2. Mai wurde Kopenhagen erobert. Es folgten die wichtigsten Schlösser Schonens mit Ausnahme Helsingborgs, das erst am 8. September 1369 kapitulierte. Im Sommer war Schonen für die Kaufleute wieder zugänglich.

Noch vor Ausbruch des Krieges hatte König Waldemar Dänemark verlassen, um zunächst in Polen, dann in Deutschland Verbündete gegen die übermächtige Koalition seiner Gegner zu suchen. Zu den bescheidenen Erfolgen, die er dabei hatte, gehörte auch, daß er die Stettiner und die jungen Wolgaster Herzöge zu Kampfhandlungen gegen Mecklenburg gewann. Das ist den Wolgaster Herzögen Bogislaw VI. und Wartislaw VI. übel bekommen. Herzog Albrecht von Mecklenburg einigte sich mit den Herzögen von Stettin vertraglich und schlug am 11. November 1368 die Wolgaster bei Damgarten. Herzog Wartislaw VI. wurde auf der Flucht gefangengenommen. Anfang Juli 1369 mußte er im Frieden von Ribnitz für sich und seine Mitgefangenen 18 000 Mark Silber an Lösegeld zahlen.

Auch im rügischen Adel, der enge Beziehungen zu Dänemark unterhielt, gab es Unruhen, die aber von Stralsund niedergehalten wurden. Aus dem bedeutendsten rügischen Adelsgeschlecht stammte auch der Mann, der während der Abwesenheit König Waldemars an der Spitze des dänischen Reichsrates stand: der Reichshauptmann Henning von Putbus. Im Mai 1369 hatten die Hansestädte auf ihrer Tagung in Wolgast beschlossen, sich an seinem Besitz schadlos zu halten, dennoch hatte Henning von Putbus nach den dänischen Niederlagen Verhandlungen mit den Städten aufgenommen, nicht zuletzt in der Absicht, diese von ihren fürstlichen Verbündeten zu trennen, die eine völlige Aufteilung Dänemarks anstrebten. Eine solche Aufteilung ging weit über die Ziele der Hanse hinaus und konnte nicht in ihrem Interesse liegen. Den Städten genügten durch Privilegien begünstigte und wohlabgesicherte Handelsmöglichkeiten in Dänemark und einem weiterhin dänischen Schonen sowie die sichere Passage durch den Öresund. Nach ersten Verhandlungen im Sommer traf der Reichshauptmann Ende November 1369 mit 25 dänischen Reichsräten in Stralsund ein, wo sich die Vertreter der Städte versammelt hatten. In dieser großen Stadt des alten Fürstentums Rügen schloß dann der rügische Adlige an der Spitze des dänischen Reichsrates am 30. November zunächst einen Präliminarfrieden mit den verbündeten Städten. Am 14. April 1370 liefen die Bündnisse der Städte mit den Fürsten aus und wurden nicht erneuert. Es folgte, ebenfalls in Stralsund, am 24. Mai 1370 der endgültige Vertragsabschluß, der als Friede von Stralsund in die Geschichte eingegangen ist.

Der Vertrag brachte den Städten eine gemeinsame und umfassende Privilegierung in Dänemark und Schonen, die allerdings kaum weiter ging als das, was einzelnen von ihnen schon unter Waldemars Vorgängern verliehen worden war. Dazu erhielten sie als Garantie auf fünfzehn Jahre die Verwaltung der Sundschlösser Helsingborg, Malmö, Skanör und Falsterbo und als Entschädigung während dieser Zeit zwei Drittel der Einkünfte aus den Schlössern. Schließlich sicherten sie sich ein Mitspracherecht bei der Nachfolge König Waldemars.

Der Friede, der im pommerschen Stralsund geschlossen wurde, griff weit über die pommersche Landesgeschichte hinaus, und das gilt nicht nur für die hansische Seite. Auf dänischer Seite hatte der rügische Adlige Henning von Putbus als Reichshauptmann Bedeutendes geleistet, indem er in einer für Dänemark verzweifelten Lage das Auseinandergehen der Interessen seiner Gegner genutzt und damit den Fortbestand des Königreiches gesichert hatte. Henning von Putbus hat auch in der Folgezeit noch eine wichtige Rolle in der dänischen Politik gespielt, vor allem hat er zum Aufstieg von Waldemars Tochter Margarete beigetragen.

Der Friede von Stralsund war nicht nur ein Triumph der Hanse, er hat auch ihrem Gegner neuen Auftrieb gegeben. Das zeigte sich alsbald, als König Waldemar einen hansischen Geleitbrief schroff als ungenügend zurückwies. Damit begann er ein zähes Ringen um die Ratifizierung des Vertragswerkes, in dem allerdings die Städte nun auch hartnäckig blieben. Als der König das Majestätssiegel, das für eine über seine Person hinausgehende Bestätigung nötig war, nicht mitführte und den Vertrag nur vorläufig mit seinem Sekretsiegel versah, stellten auch die Städte nur vorläufige Gegenurkunden aus. Sie waren besiegelt mit dem Siegel der Stadt Stralsund. Die Besiegelung mit dem Majestätssiegel hat Waldemar dann immer weiter hinausgezögert und bis zu seinem

Die Stadt Pasewalk läßt noch deutlich mittelalterliche Wehrhaftigkeit erkennen. Lange Zeit war die nördliche Uckermark zwischen Pommern und Brandenburg heftig umkämpft. Ihr Zentrum war Pasewalk, das Herzog Barnim I. im Jahre 1250 an die Markgrafen von Brandenburg abtreten mußte. Völlig unklar ist, von wem die Stadt ihre Stadtrechte erhielt. Nach dem Aussterben der Askanier im Jahre 1319 versuchten die Pommern, die Stadt zu gewinnen, doch 1323 kam sie wieder unter brandenburgische Hoheit. Erst 1354 kehrte sie als Pfand an Pommern zurück und verblieb bei dem Herzogtum, da das Pfand von den Brandenburgern nicht ausgelöst wurde. Der Versuch Kurfürst Friedrichs II. von Brandenburg, die Stadt zu erobern, scheiterte 1445 an der energischen Gegenwehr ihrer Bürger ebenso wie der brandenburgische Angriff von 1469.

Seit dem späten Mittelalter bis zum Ende des 19. Jahrhunderts ist Stralsund die bedeutendste Stadt Pommerns. Ihre herausragende geographische Lage am Strelasund ermöglichte ihr die Kontrolle über die gesamte Schiffahrt an der westlichen Küste des Herzogtums. Der wirtschaftlichen Bedeutung entsprach auch ihre politische Stellung in der Hanse wie im Herzogtum. Immer wieder verfolgte der Stralsunder Rat im 14. und 15. Jahrhundert gegenüber den pommerschen Herzögen eine eigenständige Politik, führte Kriege und schloß Friedensbündnisse nicht selten sogar gegen die Herzöge. Dem Reisenden eröffnete sich die Macht der Stadt bereits in der imposanten Silhouette der gewaltigen Bürgerhäuser, die von den Türmen der drei Stadtkirchen überragt wurden.

Tode am 24. Oktober 1375 nicht mehr vollzogen. Entsprechend haben die Städte ihre Urkunden für den König zurückgehalten. Verwahrungsort war Stralsund.

Dafür, daß man Stralsund – und nicht etwa Lübeck – als Verhandlungsort auswählte, mögen verschiedene Gründe gesprochen haben. Schon zuvor hatte die Hanse sich häufig in der Stadt versammelt, denn sie lag direkt am Meer und verfügte über einen ungehinderten Zugang von der See her. Geschützt durch zu Teichen aufgestaute Sümpfe, war sie beim damaligen Stand der Kriegstechnik uneinnehmbar und dadurch im späten Mittelalter eine der unabhängigsten Ostseestädte. Als sich die verbündeten Städte von ihren fürstlichen Bundesgenossen zu lösen begannen, war es wichtig, die Friedensverhandlungen mit Dänemark außerhalb von deren Machtbereich führen zu können. Auch hierfür erwies sich Stralsunds Lage als günstig. Darüber hinaus bot die Stadt durch ihre Größe und ihre Einrichtungen die Voraussetzungen für solche Verhandlungen. Sie verfügte über eine hochentwickelte Kanzlei, die imstande war, die umfangreichen Vertragswerke der Jahre 1369 bis 1371 zu erstellen.

Schließlich standen damals Persönlichkeiten an der Spitze der Stadt, die zu den führenden Politikern der Hanse gehört zu haben scheinen. Hier ist vor allem Bertram Wulflam zu nennen, seit 1364 einer der Bürgermeister der Stadt. In der Zeit von 1361 bis 1370 hat er Stralsund auf 35 Hansetagen vertreten, das heißt auf den meisten, die in dieser Zeit überhaupt abgehalten wurden. Dazu war er immer wieder an Gesandtschaften und an Verhandlungen der Hanse beteiligt, so 1367 an den Verhandlungen mit König Waldemar, später an denen mit den fürstlichen Verbündeten der Städte. Neben dem Lübecker Bürgermeister Jakob Pleskow muß er damals den stärksten Einfluß auf die hansische Politik ausgeübt haben. Das hat er auch noch nach 1370 getan, wo er an weiteren 26 Hansetagen teilnahm, nicht zuletzt an solchen, auf denen über die dänische Thronfolge verhandelt wurde. Der letzte war der Hansetag zu Stralsund, der am Johannistag (24. Juni) 1385 begann und auf dem die termingerechte Rückgabe der Sundschlösser an Dänemark beschlossen wurde.

Die Verwaltung der vier Sundschlösser, die beim Friedensschluß für fünfzehn Jahre auf die Kölner Konföderation übergegangen war, hatte diese vor viele Probleme gestellt. Zunächst hatte man sie Henning von Putbus übertragen und die Verträge mit ihm mehrmals verlängert; 1378 übernahmen zwei Stralsunder Ratsherren die schwierige Aufgabe. 1381 betraute die Hanse Bertram Wulflams Sohn Wulf damit, der die Aufgabe, zunächst zusammen mit einem Wismarer Partner, später allein, geschickt und energisch meisterte. Die Rückgabe der Sundschlösser war der Endpunkt in der Nachgeschichte des Stralsunder Friedens. Bei den Verhandlungen, zu denen auch der schwedische König Albrecht nach Stralsund gekommen war, haben sich vor allem die preußischen Städte gegen die Rückgabe ausgesprochen, ohne sich jedoch durchsetzen zu können. Mit ihr sah man auch die Aufgaben des 1368 geschlossenen Bündnisses als erledigt an und löste die Kölner Konföderation auf.

Der Friede von Stralsund hat sich auf die Entwicklung der wichtigen pommerschen Fernhandelsstädte Stralsund, Stettin, Greifswald und Kolberg unterschiedlich ausgewirkt. Greifswald fiel bei etwa gleichbleibendem, auf sein Hinterland gestützten Handel

Wohlstand und Macht des mittelalterlichen Stralsund gründeten sich auf seinen Seehandel und die Schiffahrt. Am nördlichen Ostseeufer befand sich in geschützter Lage der Hafen mit seinen riesigen Speichern. Seine Bedeutung wuchs noch nach dem Dreißigjährigen Krieg, als die Schweden ihren gesamten Warenverkehr mit ihrer Provinz Pommern über Stralsund abwickelten. Zugleich bauten sie die Stadt zu einer gewaltigen Festungsanlage aus. Der Kupferstich stammt aus der »Topographie Brandenburg und Pommern« von Merian.

gegenüber seinen Konkurrenten zurück. Dagegen haben Stralsund und Stettin einen Aufschwung erlebt.[3] Stettin, das den seewärtigen Verkehr aus dem Odermündungsgebiet beherrschte, hat vor allem Handel nach Lübeck betrieben und in diesem auch Stralsund übertroffen. Wichtig war die Getreideausfuhr, die es gegen Konkurrenten wie Stargard auf seinen Hafen zu konzentrieren suchte. Besonders für Stettin schienen sich neue Aussichten im Jahre 1390 aufzutun, als der polnische König Władysław Jagiełło versuchte, den polnischen Handel von der Weichsel und dem Deutschordensland abzuziehen und über die Warthe zur Oder zu leiten, und darüber den Kaufleuten der pommerschen Herzogtümer und einer Reihe weiterer Städte am 18. August ein großes Verkehrsprivileg ausstellte. Vorausgegangen waren pommersche Privilegien für die polnischen Kaufleute. Jedoch blieb dieser Versuch ohne länger anhaltende Wirkung. Der Handel auf der Weichsel über Thorn und Danzig ließ sich nicht nachhaltig unterbrechen.

Besonders günstig haben sich die Verhältnisse nach 1370 für Stralsund ausgewirkt. Sein Handelsvolumen übertraf bald das von Rostock und näherte sich dem von Lübeck. Nachhaltig verstärkte sich der Zustrom zu den schonischen Märkten mit dem Heringshandel in Skanör und Falsterbo. Aber auch der Handel nach Osten, besonders der mit dem Ordensland Preußen, nahm zu, daneben aber auch der mit Norwegen und vor allem dann der mit England und Schottland. Begünstigt wurde nach 1370 aber auch das Eindringen holländischer Kaufleute in den Ostseeraum – sie waren vor allem in der Frachtfahrt tätig – sowie der Engländer. Ihre Konkurrenz sollte auf Dauer zu Spannungen führen. Aufsehen scheint im Jahre 1381 in Stralsund eine englische Handelsflotte erregt zu haben, die aufgrund des Tiefgangs ihrer Schiffe bei Hiddensee vor Anker ging und ihre Ladung dann mit Hilfe kleinerer Schiffe löschte.

Langfristig erwies es sich für die pommerschen wie überhaupt für die wendischen Fernhandelsstädte als Nachteil, daß sich ihr Handel auf keine einheimische Produktion stützen konnte, sondern vor allem als Transithandel zwischen Nord- und Ostsee organisiert war. Allerdings besaßen die großen Städte ein hochentwickeltes Handwerk, das sich in der zweiten Hälfte des 14. Jahrhunderts immer mehr spezialisierte und aufteilte. Um 1400 gab es in Stralsund ungefähr 800 Handwerksbetriebe in etwa 85 verschiedenen Gewerken. Für Greifswald wird die Zahl der Handwerksbetriebe auf 400 bis 450 geschätzt. Doch waren dies Kleinbetriebe, die zwar ein umfangreiches Hinterland bedienten, für eine Exportproduktion aber nicht geeignet waren. Für die Bedürfnisse der Stadt selbst sorgte ein Kleinhandel, der in den größeren Städten ebenfalls stark spezialisiert und unterteilt war. Größere und anders organisierte Betriebe, die zum Teil kapitalkräftigen Bürgern und Ratsherren gehörten, scheint es in Stralsund für den Schiffbau gegeben zu haben. Um 1400 sind neun Schiffbauareale nachgewiesen, in der Zeit danach bis zu dreizehn. Für Kolberg, die viertgrößte Stadt des damaligen Pommern, legte der Export von Salz eine Grundlage des Wohlstands. Auch seine Produktion geschah in vielen Salzpfannen, die wiederum einer großen Zahl von Eigentümern gehörten.

Insgesamt muß nach 1370 der Wohlstand nicht nur in den städtischen Oberschichten, sondern auch bei Handwerkern und im Kleinhandel zugenommen haben. Damit strebten auch neue Bevölkerungsschichten, vor allem die obere Mittelschicht, nach Teilhabe an der Leitung der Städte, die überall in den Händen einer begrenzten Zahl von Familien lag, die allein den Rat stellten. So entwickelten sich im ausgehenden 14. Jahrhundert in ganz Norddeutschland soziale Spannungen, die sich in Unruhen und Aufruhr entluden.

In Pommern ist ein erster solcher Fall aus Anklam überliefert. Dort empörten sich im Jahre 1386 die Fleischer und Bäcker gegen einen Ratsbeschluß und töteten den gesamten Rat. Zunächst konnten sich die Aufrührer und ein neugewählter Rat bei ihrem immer geldbedürftigen Landesherrn Herzog Bogislaw VI. Duldung erkaufen, dann scheinen sie aber am Zusammenhalt der Hanse und ihrer Führungsschicht gescheitert zu sein, die eine Rückkehr zur alten Ordnung erzwang. Dieser immer wiederkehrende Vorgang, daß sich aufstrebende Bevölkerungsschichten zeitweise in einer einzelnen Stadt durchsetzten, dann aber am gesamthansischen Widerstand scheiterten, läßt sich deutlicher in Stralsund verfolgen.

In Stralsund hatte der Bürgermeister Bertram Wulflam seine führende Stellung ausgebaut und zusammen mit seinem Mitbürgermeister Albert Gildehusen eine Familienherrschaft errichtet, in der auch Bertrams Sohn Wulf eine Rolle zu spielen begann. Gegen sie und die zunehmende Selbstherrlichkeit des alternden Bertram wuchs vor allem in der Kaufmannskorporation der Gewandschneider eine Opposition, aus der in der zweiten Hälfte der achtziger Jahre wichtige Vertreter in den Rat gewählt wurden. Eine Führerpersönlichkeit, welche die Menschen für sich gewinnen konnte, erhielt sie in Karsten Sarnow, der 1389 in den Rat aufgenommen wurde. Seine Beliebtheit steigerte er 1391 durch einen Sieg über mecklenburgische Seeräuber, die von Ribnitz aus ihr Unwesen trieben. Über hundert von ihnen sollen in Stralsund enthauptet worden sein. Sarnow wurde zum Bürgermeister gewählt und setzte am 2. Mai 1391 eine Reform der Stadtverfassung durch, die ein Gremium von zwölf Gemeindealtermännern neben den Rat stellte und die Finanzverwaltung neu ordnete. Dies vor allem traf Bertram Wulflam und Albrecht Gildehusen, in deren Händen sich die Finanzen der Stadt seit langem befanden. Sie wurden zur Rechnungslegung aufgefordert. Beim ersten Termin am 28. Juni kam es zu bedrohlichen Tumulten gegen Wulflam, der sich unter den Schutz Sarnows begeben mußte, den dieser nur zögernd gewährte. Vor dem zweiten Termin am 30. Juni flohen Bertram Wulflam, seine drei Söhne und Albert Gildehusen aus der Stadt, die sie daraufhin verfestete.

Bertram Wulflam begab sich anscheinend nach Lübeck, während seine Söhne ihre Rückkehr nach Stralsund in Pommern betrieben, unter anderem auch bei Herzog Wartislaw VI. Die nächsten Hansetage befaßten sich mit der Angelegenheit, forderten erst eine Rechtfertigung Stralsunds, dann die Rückberufung der Geflohenen und ihre Wiedereinsetzung in ihre Ämter, zuletzt in ultimativer Form. Als der Stadt die Verhansung drohte, wendete sich dort die Stimmung. Die in Stralsund gebliebenen Anhänger Wulflams betrieben jetzt immer offener die Rückkehr der Geflohenen, bis sich schließlich Anfang 1393 der Rat der Forderung der Hanse beugte. Wenig später wurde Karsten Sarnow festgenommen und am 21. Februar enthauptet. Den hochbetagten Bertram

Von der wirtschaftlichen Blüte der kleinen Stadt Treptow an der Rega im Mittelalter künden nur noch wenige Zeugnisse. Seit der Mitte des 14. Jahrhunderts war Treptow Mitglied der Hanse, allerdings ohne Stimme auf den Hansetagen. In dieser Zeit trieb die Stadt Handel mit Lübeck, Stralsund, Danzig, Riga und Gotland, doch schied sie bereits 1450 wieder aus der Hanse aus. Eine Vorstellung von dem Reichtum der Treptower Patrizier ermöglicht noch die Grabplatte des Ratsherrn Arnold Krampehl und seiner Ehefrau aus dem Jahr 1382 in der Marienkirche. Ursprünglich sollte sie eine Familiengruft abdecken, doch scheint nur der Ratsherr in dem Grab bestattet worden zu sein.

Wulflam allerdings ereilte kurz vor seiner Rückkehr der Tod. Die patrizische Partei machte die Reform der Stadtverfassung rückgängig. Eine abermals stark mit der Gewandschneiderkompanie verbundene erneute Verschwörung im folgenden Jahr wurde frühzeitig aufgedeckt und blutig unterdrückt. Wulf Wulflam, Bertrams Sohn, konnte die führende Stellung seiner Familie in der Stadt erneuern und fortführen, bis sie am 1. November 1409 jäh endete, als er auf dem Friedhof zu Bergen einem Racheakt zum Opfer fiel.

Neben Anklam und Stralsund erscheint auch Stettin am Anfang des 15. Jahrhunderts als Ort innerer Unruhen, deren Verlauf jedoch teilweise undeutlich ist. Im Jahre 1416 finden wir neben dem Rat auch Älterleute aus elf Gewerken an der Verwaltung der Stadt beteiligt, ohne daß wir erfahren, wie es zu dieser Änderung der Verfassung gekommen ist. Doch gab es gegen einen allgemeinen Beschluß der Hanse im Jahre 1418, der Einschränkungen der Macht des Rates einer Hansestadt verbot, solche Widerstände und Unruhen, daß die Stadt schließlich im Jahre 1420 aus der Hanse ausgestoßen und erst im September 1421 gegen Zahlung eines Bußgeldes wieder aufgenommen wurde.

Offener Aufruhr brach in Stettin aus, als der Rat aufgrund des Reichssteuergesetzes vom 2. Dezember 1427 die Bürger zur Zahlung heranzog. Die Aufrührer vermuteten Veruntreuung städtischer Geldreserven und verlangten eine Kontrolle der Finanzen. Daraufhin schlug Herzog Kasimir V. die Unruhen nieder und ließ die Anstifter hinrichten. Eine über die Stadt verhängte Strafsumme von 12 000 Mark hat Stettins Finanzen schwer belastet. Zu grundlegenden und dauerhaften Änderungen haben all diese Unruhen nicht geführt. Die Leitung der Städte blieb überall in den Händen einer Ratsoligarchie.

Die Schwäche der landesherrlichen Gewalt gab den Städten Selbständigkeit, zwang sie aber auch, ihre Interessen mit eigenen Machtmitteln durchzusetzen und zu sichern. Um diese zu steigern, taten sie sich zusammen und gingen untereinander Bündnisse ein. Am dauerhaftesten war die Verbindung der vier vorpommerschen Städte Stralsund, Greifswald, Anklam und Demmin.[4] Sie traten schon seit dem Anfang des 14. Jahrhunderts häufig gemeinsam auf. Am 11. November 1339 schlossen sie sich zu einem Landfriedensbündnis zusammen, das im 14. und 15. Jahrhundert immer wieder erneuert und abgewandelt wurde. Unter Führung des mächtigen Stralsund schützte es die Städte und ihre Kaufleute vor Übergriffen und Beraubung, auch gegen den Landesherrn. Zeitweise wurde die Verbindung durch Bündnisse mit anderen Städten erweitert, so 1393 durch einen Vertrag mit Neubrandenburg. Mehrfach war vor allem Stettin einbezogen, etwa 1428 und 1434 in einen Münzverein, 1446 und 1451 in Zusammenschlüssen gegen Straßenraub. Nach der Mitte des 15. Jahrhunderts hat Demmin offenbar an Bedeutung verloren und wurde immer häufiger durch Stettin ersetzt. Doch in der Zeit davor finden wir die vier Städte nicht nur vertraglich vereint, sie traten auch vielfach in anderen Zusammenhängen gemeinsam auf, wenn es um Vermittlungen ging, oder 1421 als Beteiligte an den neugeschaffenen Quatembergerichten. Zu Anfang des Jahres 1452 bestätigte ihnen Herzog Wartislaw IX. im »Goldenen Privileg« gemeinsam ihre Rechte und Freiheiten.

Stargards Kornhandel landwärts und seewärts wurde sowohl von seiner Lage an der schiffbaren Ihna als auch durch den unmittelbar südlich an die Stadtfeldmark angrenzenden fruchtbaren Pyritzer Weizacker begünstigt. Der Speicher an der Ihna war Umschlagplatz für die von Land einkommenden Waren, die hier auf Flußschiffe verladen wurden. Im 17. Jahrhundert litt der Stargarder Handel unter der schwedischen Konkurrenz von Stettin und den hohen Zollschranken an der Ihnamündung. Zeitweise war Stargard nun Sitz der brandenburgischen Provinzialverwaltung und seit dem 18. Jahrhundert Garnisonsstadt. Der wirtschaftliche Aufschwung kehrte jedoch erst im 19. Jahrhundert mit der Eisenbahn nach Stargard zurück.

Nur wenige Bauten aus der spätmittelalterlichen Blütezeit Stargards haben den Zweiten Weltkrieg überstanden. In der Großen Mühlengasse 8 steht das älteste erhaltene Bürgerhaus aus dem 15. Jahrhundert. Die Backsteinfront ist deutlich gegliedert und läßt unschwer das Kaufmannshaus erkennen. Im Erdgeschoß lag das Kontor mit der geräumigen Diele hinter dem großen Tor, durch das die Wagen einfuhren. Im ersten Geschoß befanden sich die repräsentativen Wohnräume, darüber zuweilen Lagerräume.

Von Lübeck bis Danzig prägten die Kaufmannshäuser die Hansestädte an der Ostsee. Die zweckmäßige Anlage war überall die gleiche, dennoch gab es ortsspezifische Eigenheiten. Wie sich das Leben in einem solchen Kaufmannshaus abspielte, davon hat Thomas Mann in vielen seiner Werke einen Eindruck vermittelt.

Eine entsprechende festvereinte Städtegruppe gab es im östlichen Pommern nicht. Allerdings sind die zehn Städte Stargard, Kolberg, Stolp, Köslin, Greifenberg, Treptow an der Rega, Wollin, Rügenwalde, Schlawe und Belgard in den Jahren 1427, 1471 und 1481 Bündnisse miteinander eingegangen. In diesem Raum haben sich die Städte häufiger mit dem Adel zu Landfriedensbündnissen zusammengeschlossen, so 1417 Stargard, Greifenberg, Treptow, Wollin, Cammin und Massow mit einer Reihe adliger Geschlechter, 1435 die Städte Kolberg und Treptow mit den von Borcke.

Neben vielen kleinen Fehden und Überfällen auf Kaufleute gab es für einige Städte auch Konflikte, die sich über längere Zeit hinzogen. Immer wieder auflebende Fehden führte die Stadt Anklam mit dem in dieser Gegend begüterten und mächtigen Geschlecht von Schwerin, besonders mit dessen südwestlich der Stadt auf Burg Spantekow sitzenden Zweig. Eine erste legten die Herzöge im Oktober 1370 bei. Weitere sind aus den Jahren 1386, 1392, 1397, 1417, 1457 und 1458 bis 1461 überliefert. Vor allem diese Auseinandersetzung erforderte große Kraftanstrengungen der Stadt, da sich der Gegner mit weiteren Adelsfamilien zusammengeschlossen hatte und Anklam im Juni 1458 und ebenso ein Jahr später Niederlagen beibrachte. Im Bündnis mit den Herzögen von Mecklenburg aber konnte Anklam das Blatt wenden und Spantekow belagern. Am 14. November 1461 vermittelte Herzog Erich II. einen Friedensschluß.

Ganz anders geartet war der Streit der Stadt Greifenberg mit Treptow an der Rega und dem Kloster Belbuck.[5] Hier ging es für Greifenberg um die für seinen Handel wichtige Schiffahrt auf der Rega, die von Treptow und dem Kloster durch Wehre und Dammbauten behindert wurde. Die Streitigkeiten waren ein erstes Mal in der ersten Hälfte des 14. Jahrhunderts gerichtlich entschieden und 1331 durch einen Vergleich beendet worden, brachen aber im 15. Jahrhundert erneut aus. Zunächst stritt man sich wiederum vor Gericht, 1449 vor dem Herzog beziehungsweise König Erich, darauf vor päpstlichen Gerichten. Schließlich aber fochten die Gegner den Streit mit Waffengewalt aus. Erst Herzog Bogislaw X. konnte ihn am 23. Oktober 1488 wenigstens vorläufig durch einen Vergleich beenden, der Greifenbergs Schiffahrt sicherte.

Einen weiteren, im Mittelalter nicht mehr beigelegten Kampf einer binnenländischen Handelsstadt um die Freihaltung ihrer Verbindung zur See führte Stargard an der Ihna mit Stettin, das die Stapelgerechtigkeit im gesamten Odermündungsgebiet für sich beanspruchte. Stargard, das im 15. Jahrhundert in seiner Wirtschaftskraft durchaus mit Stettin konkurrierte, exportierte Getreide über die Ihna, das an deren Mündung auf seegängige Schiffe verladen und gewöhnlich durch die Dievenow weiterverfrachtet wurde. Gegen diese Konkurrenz des eigenen Getreidehandels ging Stettin nach einem längeren Vorspiel im Frühjahr 1454 gewaltsam vor, verpfählte die Ihnamündung und beschlagnahmte das dort lagernde Korn der Stargarder. Damit begann ein lang andauernder Kleinkrieg der beiden Städte, in den diese auch die Hanse und ihre Landesherren, die Stettiner und Wolgaster Herzöge, einschalteten. Am 8. Mai 1459 erging in der Sache ein vorläufiges Urteil von Lübeck, Rostock, Stralsund, Wismar und Danzig, das aber zu keiner endgültigen Lösung führte. Der immer wieder erneuerte Streit der beiden Städte zog sich noch bis ins 18. Jahrhundert hin.

ZERFALL DER HERZOGLICHEN MACHT UND WACHSENDER EINFLUSS DER STÄNDE IN DEN HERZOGTÜMERN WOLGAST UND BARTH

Die Städte, zumindest die vier größten, nämlich Stralsund, Greifswald, Stettin und Kolberg, waren damals die Punkte in dem weiten Land, deren Entwicklung am weitesten vorangeschritten war und die durch ihren Fernhandel in ständigem Kontakt mit dem hochentwickelten Städtewesen Nordwesteuropas standen. Sie spielten auch in der Geschichte des Ostseeraums eine bedeutsame Rolle. Von ihren Landesherren läßt sich das weit weniger behaupten. Der durch Teilungen verursachte Machtzerfall erfaßte in besonderem Maße die Wolgaster Linie des Greifenhauses. Dort hatte der außerordentlich tatkräftige Herzog Bogislaw V., der Schwiegersohn König Kasimirs III. von Polen und Schwiegervater Kaiser Karls IV., die Regierung geführt und das rügische Erbe gesichert, zuerst allein, dann zusammen mit seinem jüngeren Bruder Barnim IV., während wir den jüngsten der drei Brüder, Wartislaw V., nicht aktiv an der Regierung beteiligt finden.

Die Periode der Stabilisierung des Herzogtums unter Bogislaw V. endete mit dem Tode Herzog Barnims IV. am 22. August 1365, denn nun forderten seine Söhne Wartislaw VI. und Bogislaw VI., unterstützt von ihrem Onkel Wartislaw V., von Bogislaw V. an der Regierung beteiligt zu werden.[6] Am 12. Oktober 1365 verbündeten sie sich mit Herzog Albrecht II. von Mecklenburg, mit dem bereits ein Bündnis ihres Vaters Barnim IV. aus dem Jahre 1363 bestand. Krieg brach unter den verfeindeten Wolgastern aus, in dessen Verlauf auf Bitten Bogislaws V. auch dessen kaiserlicher Schwiegersohn Karl IV. am 17. September 1367 mit einem Vermittlungsauftrag an Lübeck eingriff. Die Auseinandersetzung endete mit einem am 25. Mai 1368 in Anklam abgeschlossenen vorläufigen Vergleich, dem am 8. Juni 1372 in Stargard ein Teilungsvertrag folgte. In ihm erhielten Wartislaw VI. und Bogislaw VI. den wolgastischen Anteil an Vorpommern mit den Inseln Rügen und Usedom, während sich ihr Onkel Bogislaw V. auf den hinterpommerschen Anteil mit Wollin zurückzog. Sein Bruder Wartislaw V. hatte sich schon 1368 mit dem Land Neustettin abfinden lassen, das, als er 1390 kinderlos starb, dem hinterpommerschen Teilherzogtum zufiel.

Die Brüder Wartislaw VI. und Bogislaw VI. waren in ihrem herrscherlichen Treiben durch den ihnen zugefallenen Landesteil am stärksten auf die Vorgänge in Mecklenburg, Dänemark und Schweden ausgerichtet, ohne allerdings nennenswerten Einfluß auf sie zu haben. Hier gewann zunächst die Frage der Nachfolge König Waldemars Bedeutung. Nach dem Stralsunder Frieden hatte sich Herzog Albrecht II. von Mecklenburg dem König angenähert und mit ihm am 30. Oktober 1371 einen Vertrag abgeschlossen, der Albrecht, dem Sohn von Waldemars ältester Tochter Ingeborg und Herzog Albrechts III. Bruder Heinrich, die Nachfolge zusicherte, eine Zusicherung, die allerdings dem dänischen Königswahlrecht widersprach. Gegen die Gefahr, daß neben Schweden auch Dänemark unter mecklenburgische Herrschaft kommen könnte, regte sich mannigfacher Widerstand. Nachdem Waldemar 1375 gestorben war, setzte seine jüngere Tochter Margarete, die mit König Hakon von Norwegen verheiratet war, in

Schiffahrt und Schiffbau sind für die pommersche Küste seit dem Mittelalter von großer Bedeutung, vor allem für die Entwicklung der Städte. Auf den Stadtsiegeln, dem wichtigsten Beglaubigungsmittel, sind daher nicht von ungefähr häufig Schiffe abgebildet. Zwischen 1265 und 1329 führte die Stadt Stralsund vier verschiedenen Siegel, die alle eine Kogge zeigen, jedoch mit erheblichen baulichen Unterschieden. Abgebildet ist das große Koggensiegel von 1329.

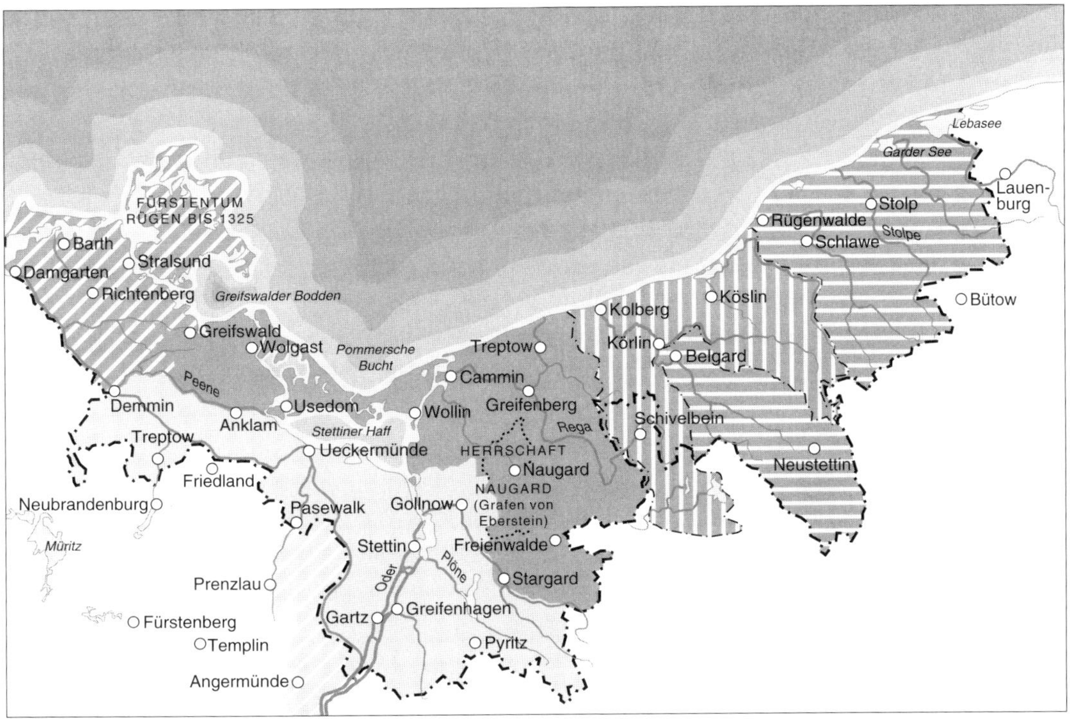

Herzogtum Pommern-Wolgast bis 1459

Fürstentum Rügen (seit 1325 zu Pommern-Wolgast)

Herzogtum Pommern-Stolp 1372 bis 1459 (1402/03 geteilt)

Grenze Pommerns seit 1377

Herzogtum Pommern-Stettin 1295 bis 1478

Zeitweilig zum Herzogtum Pommern-Stettin gehörend

Bistum Cammin mit Erwerbungen und brandenburgischen Lehen

Pommern 1295 bis 1478

Dänemark durch, daß nicht Albrecht, sondern ihr Sohn Olaf im Mai 1376 zum König gewählt wurde. Dieser Wahl stimmte entsprechend dem Stralsunder Friedensvertrag auch die Hanse zu.

Die Wolgaster Herzöge Wartislaw VI. und Bogislaw VI. unterstützten zunächst Margarete, verbanden sich schon im April 1376 mit dem dänischen Reichsrat zugunsten Olafs und stellten sich auch im Oktober dieses Jahres auf die Seite des jungen Königs und seiner Mutter. Untereinander allerdings waren sie sich so wenig einig, daß sie am 6. Dezember 1376 ihr Teilherzogtum nochmals aufteilten. Bogislaw VI. erhielt den östlichen Teil mit Usedom, Wolgast, Anklam, Greifswald und Gützkow, während der westliche Teil mit Rügen, Stralsund, Barth, Damgarten, Tribsees und Loitz Wartislaw VI. zufiel. Dieser näherte sich in der Folgezeit seinem mecklenburgischen Nachbarn und schloß im Jahre 1381 ein Bündnis mit Herzog Heinrich III. Doch scheinen beide Wolgaster Herzöge mehr durch Geldmangel als politische Weitsicht in ihrem Handeln bestimmt worden zu sein. Als am 24. Februar 1389 dänische Truppen ihre mecklenburgisch-schwedischen Gegner bei Falköping schlugen und König Albrecht von Schweden gefangennahmen, gerieten auch Vasallen Herzog Bogislaws VI. in ihre Gefangenschaft. Dieser verschrieb daraufhin im Juli in Falsterbo in Schonen Königin Margarete seine Dienste gegen ein Jahrgeld und erwirkte dadurch die Freilassung seiner Leute.

Im Bemühen, König Albrecht von Schweden freizubekommen und das in der Hand seiner Anhänger verbliebene Stockholm zu verteidigen, entfachten die Mecklenburger einen Kaperkrieg, der in den Jahren nach 1392 den Ostseehandel lahmlegte. Dies war an sich nichts Neues, vielmehr beeinträchtigte und schädigte die Piraterie als Begleiterscheinung des Ringens zwischen Mecklenburg und seinen dänischen und schwedischen Gegnern Handel und Seeschiffahrt in der Ostsee während des ganzen letzten Viertels des 14. Jahrhunderts. Schon in der ersten Zeit diente sie Mecklenburg im Kampf gegen Dänemark. Dadurch fielen bei der Bekämpfung des Übels von den wendischen Hansestädten Wismar und Rostock weitgehend aus. Das vom Landesherrn unabhängige Stralsund wurde zum dauerhaftesten Partner Lübecks. Im Frühjahr 1376 schickten die beiden Städte Friedeschiffe zur Sicherung der Schiffahrt aus, im Juni desselben Jahres beschloß die Hanse, um die Kosten des Kampfes zu decken, ein Pfundgeld zu erheben, das heißt eine Abgabe von allen aus ihren Häfen auslaufenden Schiffen und ihren Waren.

Die vor allem auch von Adligen betriebene Piraterie blieb nicht auf die mecklenburgische Seite beschränkt. Vielmehr verlagerte sie sich in den achtziger Jahren immer mehr nach Dänemark und in seine Inselwelt, und der dänische Adel beteiligte sich daran bis in die Führung des Landes hinein. Auch gegen Henning von Putbus richteten sich Schadensersatzklagen der Hanse. Einen besonderen Weg der Bekämpfung versuchte die Hanse im Jahre 1385. Sie beauftragte den Stralsunder Wulf Wulflam in einem festen Jahresvertrag mit einer hohen Vergütung, die Bekämpfung der Piraterie in eigener Verantwortung und auf eigenes Risiko durchzuführen. Glaubt man den Worten seiner Stralsunder Gegner, war man sich später über seinen Mißerfolg einig. Doch ging in den Jahren nach 1385 das Unwesen zurück, teilweise allerdings aufgrund von

Verträgen, die man mit den Piraten schloß, und wohl auch deshalb, weil es damals von Dänemark ebenfalls bekämpft wurde.

Danach aber erreichte der Kaperkrieg in seiner Erneuerung durch die mecklenburgischen Herzöge seinen Höhepunkt. Damals kam auch der Name »Vitalienbrüder« für die Piraten auf. An diesem mit reiner Seeräuberei vermischten Kaperkrieg beteiligten sich nicht nur Adlige aus Pommern und Rügen, sondern auch die Wolgaster Herzöge, und hier vor allem Wartislaws VI. Sohn Barnim VI. Dieser konnte nach dem Tod des söhnelosen Bogislaw VI. im Jahre 1393 und dem seines Vaters 1394 die Herrschaft des ganzen Teilherzogtums zusammen mit seinem Bruder Wartislaw VIII. übernehmen, der zunächst eine geistliche Laufbahn eingeschlagen hatte und mit dem Archidiakonat Tribsees providiert worden war.

Barnim VI. war ein unruhiger Geist, der sich an vielen Kriegs- und Kaperunternehmen beteiligte. An der pommersch-mecklenburgischen Grenze erbaute er bei Ahrenshoop dafür ein festes Haus samt einem Hafen, eine Anlage, die im Jahre 1395 von Rostock zerstört wurde. Aus mehreren Briefen des Hochmeisters des Deutschen Ordens geht hervor, daß er die Vitalienbrüder im Rügischen Bodden duldete und schützte und ihnen im Winter gestattete, sich in die Peene zurückzuziehen. Im Mai 1398 sicherten Barnim und sein inzwischen aus dem geistlichen Stand wieder ausgeschiedener Bruder Wartislaw VIII. dem Deutschen Orden vertraglich zu, die Seeräuber nicht weiter zu unterstützen, doch unternahm er selbst darauf Kaperfahrten in den Öresund, wo er von der Hanse im Hafen von Kopenhagen eingeschlossen und zu einem Vergleich gezwungen wurde. In den Jahren 1400 bis 1403 beteiligte er sich an den Kämpfen, die Fürst Balthasar von Werle gegen Lübeck führte. Bei einem Anschlag der beiden auf die Stadt wurden sie vor dem Mühlentor durch einen Gegenstoß der Lübecker in die Flucht geschlagen, wobei der verwundete Barnim nur knapp der Gefangennahme entkam. Vor und nach diesen Unternehmen war er in Kämpfe in der Mark Brandenburg verwickelt. Er endete früh, jedoch nicht im Kampf. Als 1405 eine Pestwelle über Pommern hinwegging, erkrankte er. In seiner Not erhoffte er sich Rettung von der wundertätigen Madonna im Wallfahrtsort Kenz südlich von Barth. Doch bevor er sich dorthin bringen lassen konnte, erlag er am 23. September 1405 auf dem herzoglichen Hof Pütnitz der Krankheit. Erst als Toter gelangte er nach Kenz, wo er bestattet wurde. Bekannt ist er weniger durch seine Taten als durch das außergewöhnliche Grabdenkmal, das man ihm dort schuf. In einem aufklappbaren hölzernen Schrein ruht die etwas überlebensgroße, farbig gefaßte Schnitzfigur des Herzogs.

Im Seekrieg gegen die Piraterie war die Teilnahme der Wolgaster Herzöge an ihr nur eine Randerscheinung gewesen. Schwer wog dagegen bei den wendischen Städten der Ausfall Rostocks und Wismars, die sich ihren mecklenburgischen Landesherren beugten. So lag die Hauptlast des Kampfes für diesen Teil der Hanse auf Lübeck und Stralsund. Darüber hinaus lähmte auch ständige Uneinigkeit innerhalb des Gesamtbundes dessen Handeln. So scheiterte 1394 der Versuch einer großen gemeinsamen Seewehr gegen die Piraten. Für Pommern sind die Pläne dafür insofern interessant, als sie einen Einblick in die Leistungsfähigkeit seiner Hansestädte gewähren. Von den zehn

Herzog Erich II. (um 1425–1474) war der Sohn Wartislaws IX. von Pommern-Wolgast und vermählt mit Sophia, der Tochter Bogislaws IX. von Pommern-Stolp. Aus dieser Eheverbindung leitete er Ansprüche an dem hinterpommerschen Herzogtum Ottos III. ab, die er aber nicht durchsetzen konnte. Nach dem Tod des hinterpommerschen Herzogs mußten Erich und sein Bruder Wartislaw X. im Stettiner Erbfolgestreit Ansprüche der Brandenburger abwehren, was nur unter Anerkennung der Lehnsabhängigkeit des Herzogtums von der Markgrafschaft gelang. Erich II. starb 1474 an den Folgen der Pest.

Erichs Großvater Barnim VI. von Pommern-Wolgast (rechts), der auf diesem Gemälde zu sehen sein soll, trägt deutlich die Züge Bogislaws XIV., des letzten pommerschen Herzogs. Als Bogislaw 1637 starb, ohne Kinder zu hinterlassen, bedeutete dies heftige, jahrhundertelange Auseinandersetzungen Schwedens und Brandenburgs um das pommersche Erbe.

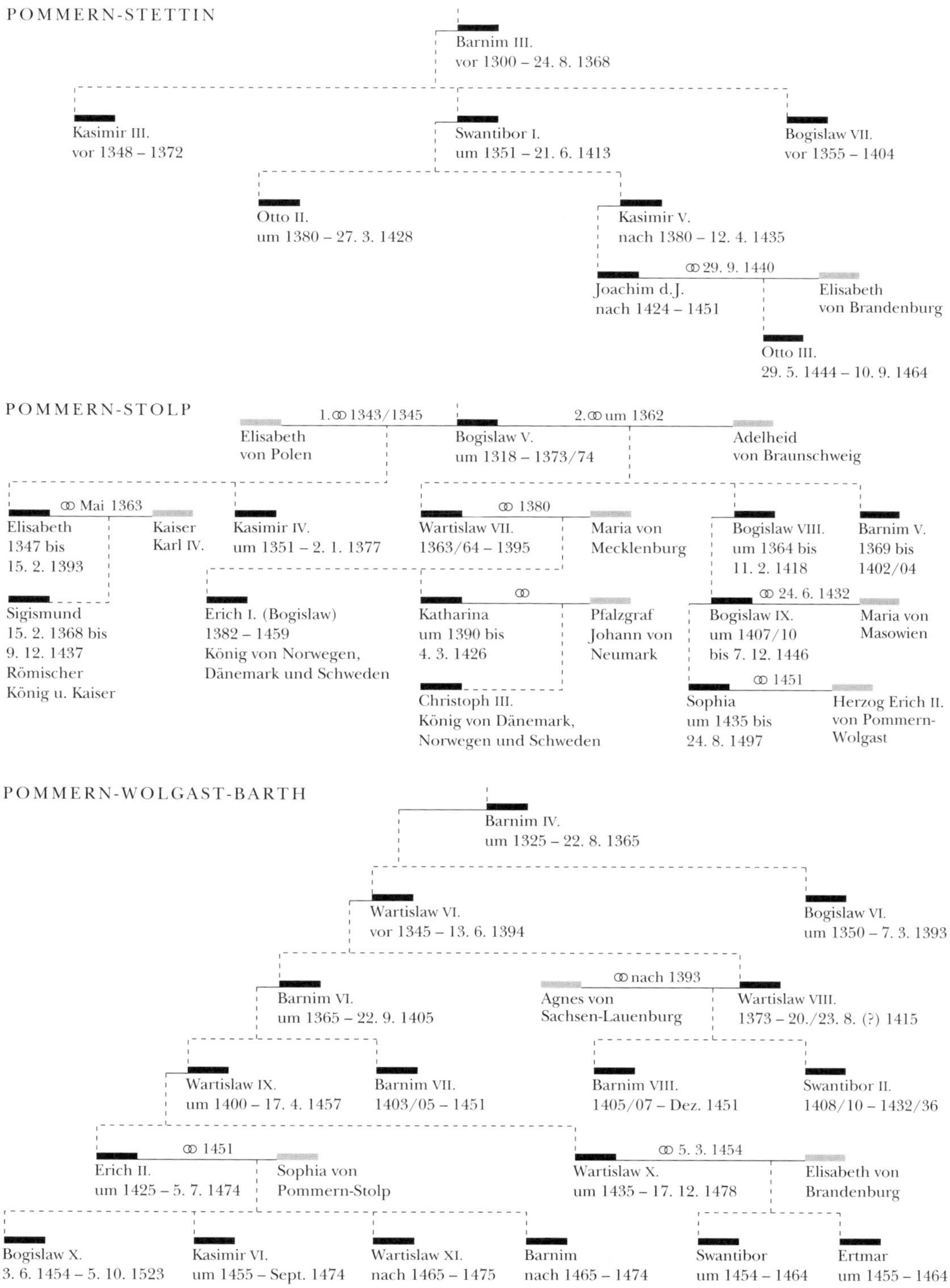

Genealogie der drei Linien der Greifendynastie im 14. und 15. Jahrhundert

Koggen der pommerschen Städte sollte Stralsund allein vier stellen, Greifswald, Anklam, Wolgast und Demmin zwei, ebenfalls zwei sollten auf Stettin, Stargard, Gollnow, Gartz, Greifenhagen, Altdamm und Cammin entfallen und schließlich zwei weitere auf die Städte Kolberg, Rügenwalde, Stolp, Treptow an der Rega, Greifenberg und Wollin. Deutlich tritt hier die Stärke Stralsunds hervor, das allein die doppelte Last jeder der übrigen drei Städtegruppen trug.

Verstärkte Anstrengungen Lübecks und Stralsunds brachten wohl gewisse Erfolge, besonders für Stralsund; zu einer Wende führten jedoch erst die politischen Anstrengungen der Hanse. Es gelang ihr in zähen Verhandlungen, in deren Verlauf Stralsunds Verhandlungsführer Gregor Swerting Opfer eines Totschlags wurde und Herzog Wartislaw VIII. von Wolgast preußische Gesandte gefangensetzte, endlich in Skanör einen Frieden zwischen Königin Margarete und den Mecklenburgern herbeizuführen, der am 17. Juni 1395 in Lindholm, wo König Albrecht von Schweden gefangen saß, besiegelt wurde. Bei der Freilassung König Albrechts verbürgten sich sieben Hansestädte, darunter Stralsund und Greifswald, für ein Lösegeld von 60 000 Mark Silber und verwalteten dafür als Pfand bis zum Jahre 1398 Stockholm, das sie dann, da Albrecht außerstande war, die Summe aufzubringen, an Margarete übergaben.

Seit dem Frieden von Lindholm war die Piraterie zwar nicht mehr Bestandteil der Kriegführung, überwunden wurde das Unwesen aber erst, nachdem der Deutsche Orden 1398 die Insel Gotland, die wichtigste Basis der Vitalienbrüder, erobert hatte und diese dann bis zur Jahrhundertwende aus der Ostsee in die Nordsee abdrängte, wo sie noch längere Zeit die Schiffahrt gefährdeten.

Das Herzogtum Wolgast wurde nach dem Tod Herzog Barnims VI. von Herzog Wartislaw VIII. regiert, und zwar auch als Vormund seiner Neffen Wartislaw IX. und Barnim VII. Der Papst hatte ihm am 29. Mai 1393 gestattet, in den Laienstand zurückzukehren, um heiraten zu können. Nach späterer Überlieferung hat er zur Erlangung des Dispenses eine Pilgerfahrt ins Heilige Land unternommen. Auffällig ist aber, daß er im Herbst 1406 oder im folgenden Frühjahr nochmals zu einer Pilgerfahrt dorthin aufbrach, während der er wiederum Papst Gregor XII. in Rom aufsuchte, der ihm am 7. Mai 1407 eine goldene Rose überreichte. Nach seiner Rückkehr schenkte sie der Herzog dem Kloser Pudagla, wo sie später in den Ruf der Wundertätigkeit geriet. Ob der Herzog auf dieser zweiten Reise über Italien hinausgelangt ist, verschweigen die Quellen.

Gegen Ende seiner Regierung geriet Wartislaw in einen längeren Streit mit der Stadt Greifswald. Diese war 1412 bei der Bekämpfung von Straßenräubern mit herzoglichen Vasallen aneinandergeraten. Es hatte auf beiden Seiten Tote gegeben. Der darüber erzürnte Herzog belagerte die Stadt und söhnte sich erst kurz vor seinem Tod endgültig mit ihr aus. Er starb am 23. August 1415 und hinterließ seine Witwe Agnes mit noch unmündigen Kindern. Da zu dieser Zeit auch die Kinder Barnims VI. noch unmündig waren, führte Herzogin Agnes die Regentschaft im gesamten vorpommerschen Teil des Herzogtums Wolgast. Sie geriet bald unter den unheilvollen Einfluß des Administrators des Bistums Cammin, Kord Bonow, eines Mannes, dessen Leben und Ende ein grelles Licht auf die damaligen Verhältnisse werfen.[7]

Wegen der Bedeutung Cammins als frühes Zentrum des pommerschen Bistums sowie als Domstadt und Sitz eines Domkapitels gerät allzu leicht seine Rolle als Handelsstadt lübischen Rechts und Mitglied der Hanse aus dem Bewußtsein. Seit 1308 hielt Cammin das Privileg der freien Schiffahrt und des freien Heringsfangs auf der Ostsee zwischen Rega- und Swinemündung. Im 14. Jahrhundert nahm die Stadt als Mitglied der Hanse am Kampf gegen Dänemark und die Vitalienbrüder teil. Das stattliche Camminer Rathaus entstand in der Mitte des 14. Jahrhunderts und erhielt im 15. Jahrhundert seinen prunkvollen Ostgiebel.

Bonow entstammte einem rügischen Adelsgeschlecht. Er schlug die geistliche Laufbahn ein, studierte und erwarb den Grad eines Lizentiaten der Theologie. Besonders begabt erwies er sich im Erlangen immer neuer Pfründen. In der Kunst, sich im Dickicht der Beziehungen an der päpstlichen Kurie zurechtzufinden, scheint er bewandert gewesen zu sein. In einer Urkunde von 1411 wird er als päpstlicher Notar bezeichnet. Zunächst läßt er sich seit 1395 als Pfarrer in Altentreptow nachweisen. Als solcher ließ er sich anscheinend vom Papst mit dem Archidiakonat Tribsees des Bistums Schwerin providieren und gelangte nach einem Prozeß spätestens 1397 auch in dessen Besitz. 1395 erhielt er vom Papst Provisionen mit Kanonikaten in Schwerin, Lübeck und Halberstadt, und gleichzeitig wurden ihm Vikarien in Loitz, Völschow und Stavenhagen für den Fall ihrer Vakanz reserviert, von denen er die in Loitz und Stavenhagen tatsächlich erwerben konnte. 1397 providierte ihn der Papst mit einem Kanonikat in Güstrow, 1400 mit einem weiteren in Bützow. Wichtig wurde der Erwerb der Pfarrkirche in Voigdehagen, die er zu einem unbekannten Zeitpunkt erlangte. Diese Kirche war die Mutterkirche der Stralsunder Stadtkirchen; Kord Bonow wurde dadurch oberster Stralsunder Pfarrherr.

Die Gewalttätigkeit dieses Geistlichen tritt ein erstes Mal in einer Urkunde von 1399 zutage. Damals dispensierte ihn Papst Bonifaz IX. von Strafen, die ihm aus dem Vorwurf drohten, den Pfarrer von Stralsund gefangengenommen und getötet zu haben. Wegen dieses Vorwurfs verlor Bonow im Februar 1400 den Archidiakonat Tribsees, wurde aber bereits im Monat darauf vom Papst wieder in sein Amt eingesetzt. Sieben Jahre später erregte die Stadt Stralsund seinen Zorn, angeblich weil sie durch eine Münzverschlechterung seine Einkünfte und auch die der anderen Pfarrer aus den Stralsunder Almosengaben verringert habe. Er tat sich mit seinen adligen Verwandten zusammen, erschien am 6. Oktober 1407 hoch zu Roß mit mehreren hundert Bewaffneten vor der Stadt und überzog die außerhalb der Mauern liegenden Besitzungen und ihre Bewohner mit Plünderung, Raub, Folter und Brand. Als am nächsten Tag das Ausmaß dieser Taten offenbar wurde, rotttete sich das Volk in der Stadt zusammen, und holte, da der eigentliche Täter unerreichbar war, die Geistlichen der Stadt aus ihren Wohnungen und trieb sie in einem Haus am Neuen Markt zusammen. Nur mit Mühe und Not konnte der Rat die Menge daran hindern, das Haus mitsamt den Geistlichen in Flammen aufgehen zu lassen. Man griff schließlich drei von ihnen heraus, die man für Mitwisser und Mitschuldige Bonows hielt, band sie auf Leitern und verbrannte sie auf einem Scheiterhaufen auf dem Neuen Markt.

Das Geschehen erregte weithin Aufsehen. Die Kirche reagierte mit harten Maßnahmen. Verfolgt wurde jedoch in den folgenden Jahren nicht der sorgsam geplante Überfall des Archidiakons, sondern allein der »Papenbrand thom Sunde«. Der Bischof von Schwerin bannte die Stadt, die sich erst nach zwei Jahren durch Zahlung hoher Summen und Stiftung einer Kapelle mit drei Vikarien in Sankt Marien teilweise mit ihm einigen konnte. Endgültig wurde die Angelegenheit erst nach erneuten Zahlungen im Jahre 1416 beigelegt. Kord Bonow dagegen stieg weiter auf. Bischof Magnus von Cammin ernannte ihn zu seinem Generalvikar, und nach dem Tod Herzog Wartislaws VIII.

im Jahre 1415 gewann er starken Einfluß auf die Herzoginwitwe Agnes und ihre Regentschaft. In ihrer Umgebung säte er weiter Haß, bis ihn 1419 Degener Buggenhagen, der Marschall der Herzogin, in Groß Kiesow bei Greifswald erschlug.

Dem Tod Kord Bonows folgte ein zweijähriges düsteres Nachspiel. Vor dem Haß der Herzogin Agnes und der Rache der mächtigen Verwandtschaft Bonows fand Degener Buggenhagen Schutz in Stralsund. Gegen den Rat der Stralsunder ließ er sich zu Verhandlungen mit dem jungen Herzog Wartislaw IX., dem Neffen Wartislaws VIII., überreden und traf sich mit ihm unter Zusicherung des herzoglichen Geleits in der Mühle von Garbodenhagen bei Stralsund. Am Tisch des Herzogs ließ ihn Agnes, die von dem Treffen unterrichtet worden war, am 16. Juli 1420 durch Henneke Behr, einen Verwandten Bonows, erschlagen. Die Vergeltung für Buggenhagens Tod übernahmen die Städte Stralsund und Greifswald. Sie verfolgten den Täter und seine Helfer zum Schloß Usedom, dem Witwensitz der Herzogin Agnes, und nahmen es ein. Die Hauptschuldigen konnten zunächst entkommen, wurden aber nach Weihnachten bei einem weiteren Unternehmen der beiden Städte in Schloß Nustrow nordwestlich von Gnojen gefangengenommen und Anfang 1421 in Stralsund hingerichtet.

Die Abfolge dieser Handlungen hat das vorpommersche Herzogtum aufgewühlt und erschüttert. Sowohl Kord Bonow und Henneke Behr als auch Degener Buggenhagen gehörten zu den führenden Familien des Landes. Der Meuchelmord der Herzogin Agnes hatte die Grenzen von Ehre, Recht und Moral durchbrochen, die Vergeltung der Städte im Gegenzug die Herzogin gedemütigt. Das Land verlangte nach Befriedung. Daher berief Herzog Wartislaw IX. für die Fastenwoche des Jahres 1421 Prälaten, Mannen und Städte, das heißt die Landstände, zu einer Versammlung nach Greifswald, um dort ein landständisches sogenanntes Quatembergericht aus je acht Vertretern des Lehnsadels und der vier Städte Stralsund, Greifswald, Anklam und Demmin zu wählen, das viermal jährlich tagen sollte. Darüber hinaus wurde über die Befriedung des Landes verhandelt. Am 16. Februar, also unmittelbar nach dem Ende der Fastenwoche, hielt der Herzog in einer in Stralsund ausgestellten Urkunde fest, daß er nach großer Zwietracht Frieden und Ordnung im Lande wiederhergestellt habe. Die im Stralsunder Stadtarchiv überlieferte Urkunde faßte offenbar die Ergebnisse der vorausgegangenen Versammlung zusammen. Danach war auf ihr über die Garantie von Rechten und Besitz verhandelt worden, über die Münze, die Bede, die Zölle, über die Bergung von Strandgut, über private Schulden, über die Sicherung der Straßen, über die Wiederaufrichtung des Rechts und über die Beilegung des »Unwillens« wegen des Mordes an Degener Buggenhagen und der Verfolgung seiner Mörder. Zeugen der Urkunde waren zahlreiche Vertreter der drei Stände. Hier finden wir die Landstände an der Wiederaufrichtung und Wahrung der staatlichen Ordnung in fast allen ihren Bereichen beteiligt.[8]

Die abnehmende Fähigkeit der Herzöge, die Ordnung im Lande aufrechtzuerhalten, ließ die Stände in zunehmendem Maße an ihre Seite treten. Zu Anfang des 15. Jahrhunderts wurde das immer deutlicher. So unterwarf am 28. April 1406 die Stadt Stralsund Streitigkeiten mit Herzog Wartislaw VIII. der Entscheidung durch ein landständisches Schiedsgericht. Dann legten am 8. März 1415 die Stände auch die Auseinandersetzung desselben Herzogs mit Greifswald bei. Hatten sich die Stände anfänglich nur aus Vertretern des Adels und der Städte zusammengesetzt, so kam zu Anfang des 15. Jahrhunderts auch die höhere Geistlichkeit (die Prälaten) hinzu.

Ein ständisches Element in der Umgebung der Herzöge bildeten die herzoglichen Räte, die seit der zweiten Hälfte des 14. Jahrhunderts regelmäßig an Beurkundungen teilnahmen, ihnen teilweise zustimmten und dann auch als deren Zeugen auftraten. Es waren dies Träger von Hof- und anderen Ämtern, so der Marschall, verschiedene Vögte, dann Ritter und andere Adlige, dazu einige geistliche Personen, oft aus dem Bereich der herzoglichen Kanzlei, und gelegentlich auch städtische Amtspersonen und Bürger. Insgesamt war es ein lockerer Kreis, der in seiner Zusammensetzung jeweils wechselte, auch wenn die Zugehörigkeit der berechtigten Personen insgesamt festgestanden zu haben scheint.

Nachdem die Vettern Herzog Wartislaws IX. herangewachsen waren, wurde das vorpommersche Herzogtum Wolgast am 6. Dezember 1425 auf einem Treffen im Kloster Eldena erneut geteilt. Wartislaw IX. und sein Bruder Barnim VII. erhielten den östlichen Teil mit Greifswald und dem Lande Wolgast, während ihre Vettern Barnim VIII. und Swantibor II. den westlichen Teil mit den Ländern Rügen und Loitz übernahmen. Die Teilung erfolgte nach dem Vorschlag des gemeinen Rats der Herzöge, der in dem Vertrag auch schiedsrichterliche Aufgaben übernahm. Die bei Teilungen übliche Mitwirkung der Stände blieb hier auf den Rat beschränkt, und es fällt auf, daß unter den aufgeführten Räten städtische Vertreter fehlten. Diese Teilung währte bis zum Ende des Jahres 1451. Nachdem Herzog Swantibor II. verstorben war, erlagen sowohl Barnim VII. als auch Barnim VIII. der Pest, und das vorpommersche Teilherzogtum wurde wieder in der Hand Wartislaws IX. vereinigt.

DIE HERZÖGE VON POMMERN-STOLP UND DAS BISTUM CAMMIN BIS ZUM KONZIL VON KONSTANZ

Das Teilherzogtum Pommern-Stolp[9] der Wolgaster Herzöge umfaßte im 14. Jahrhundert zwar ein weiträumiges Gebiet, doch war es wesentlich dünner besiedelt und weitaus weniger entwickelt als der westliche Teil. Entsprechend dürftig war die Herrschaftsgrundlage der Herzöge. Sie wurde weiter eingeschränkt durch den mächtigen, selbständig auftretenden Adel, und zudem war das Herrschaftsgebiet durch das Territorium des Bischofs von Cammin aufgespalten, das sich als Keil zwischen die mittel- und hinterpommerschen Landesteile schob. In ihm lag auch die einzige bedeutende hinterpommersche Stadt Kolberg.

Auf dieses Gebiet beschränkt regierte in seinen letzten Lebensjahren Herzog Bogislaw V., der Schwiegersohn des polnischen Königs und Schwiegervater des römischen Kaisers. Die Spannung zwischen Armut, eingeschränkten Lebens- und Machtverhältnissen im eigenen Land und Weite in den europäischen Verbindungen ist eine Besonderheit der Greifen aus der Linie Pommern-Stolp. Sie begann mit Bogislaws V. Ehe mit Elisabeth, der Tochter König Kasimirs des Großen von Polen, und wird uns immer wieder begegnen. Die beiden Kinder aus dieser ersten Ehe Bogislaws V., Kasimir und Elisabeth, wurden in Krakau am Hofe ihres Großvaters erzogen.

Elisabeth, die im Alter von etwa sechzehn Jahren die vierte Gemahlin des damals siebenundvierzigjährigen Kaisers wurde, hat die Phantasie der zeitgenössischen böhmischen Geschichtsschreiber beschäftigt, nicht zuletzt aufgrund ihrer erstaunlichen Körperkräfte, soll sie doch Hufeisen mit den Händen zerbrochen haben. Dem scheint ihr robustes Aussehen zu entsprechen, das ihre Porträtbüste in der Triforiengalerie des Prager Veitsdoms überliefert. Auch sonst hat ihre Persönlichkeit zu Sagenbildung angeregt. Dem alternden Kaiser hat sie in der Kraft ihrer Jugend sechs Kinder geboren.

Kasimir genoß die besondere Zuneigung seines polnischen Großvaters. Zwar hatte dieser, selbst ohne männlichen Erben, seit langem seinem Neffen König Ludwig von Ungarn die Nachfolge in Polen vertraglich zugesichert, doch war Ludwig ebenfalls lange kinderlos geblieben. Das scheint König Kasimir veranlaßt zu haben, seinen pommerschen Enkel als Nachfolger Ludwigs in Polen vorzusehen. Daher adoptierte er ihn 1368 und verschrieb ihm testamentarisch die Länder Dobrin, Łęczyca und Sieradz, dazu eine Reihe von Burgen. Dies sollte ihm eine beachtliche Machtstellung in Polen sichern. Der junge Herzog hat sie jedoch nie erlangt. Als König Kasimir 1370 starb, focht König Ludwig von Ungarn sofort das Testament an und beschränkte den ihm gefährlich scheinenden Kasimir auf das Dobriner Land. Dieser hat sich gefügt und das Land von Ludwig zu Lehen genommen. Als sein Vater Bogislaw V. zwischen Oktober 1373 und April 1374 starb, übernahm er auch die Regierung in Pommern-Stolp, allerdings nur für kurze Zeit. Im Kampf für seinen Lehnsherrn König Ludwig wurde er 1376 vor Złotoryja in Kujawien schwer verwundet und erlag Anfang 1377 seinen Verletzungen. Damit nahm der Weg des jungen Mannes, der ihn zeitweise aus der Enge der hinterpommerschen Verhältnisse zu königlichen Würden zu führen schien, ein vorzeitiges Ende.

Die Regierung im Lande Stolp ging nun auf Kasimirs ältesten Stiefbruder Wartislaw VII. über, der zunächst für seine jüngeren Brüder Bogislaw VIII. und Barnim V. mitregierte. Seine schwache Herrscherpersönlichkeit läßt die Ohnmacht der herzoglichen Gewalt in diesem Teil Pommerns besonders deutlich werden. Die Beziehungen zu Polen kühlten sich ab, da König Ludwig Wartislaw VII. und seinen Brüdern das polnische Erbe ihres Stiefbruders vorenthielt. Von materieller Not bedrängt, suchten die Herzöge ihren Vorteil, wo er sich bot, und zwar zunächst beim Deutschen Orden, dessen Macht sie wohl fürchteten, dessen finanzielle Stärke sie aber anzog.[10]

Dem Deutschen Orden lag besonders daran, daß Fürsten und Ritter, die an den Kriegszügen gegen die heidnischen Litauer teilnehmen wollten, unbeschadet durch Pommern kamen und nicht der Raublust des hinterpommerschen Adels zum Opfer fielen, der zwar für westliche Verhältnisse armselig lebte, jedoch recht kampfkräftig war. 1380 einigte sich der Deutsche Orden mit Herzog Wartislaw VII. auf einen Vertrag über die Verfolgung von Verbrechern und Straßenräubern und erneuerte diesen Vertrag 1384. Als Anfang 1386 der litauische Großfürst Jagiełło als Władysław II. König von Polen wurde, intensivierten sich die Bemühungen des zunehmend gefährdeten Ordensstaates um Pommern. Am 10. Juli 1386 schlossen die Herzöge Wartislaw VII. und Bogislaw VIII. mit dem Hochmeister des Deutschen Ordens einen Bündnisvertrag gegen Władysław-Jagiełło von Polen und erhielten dafür 10 000 Mark in preußischer Münze. Doch Wartislaw VII. nahm heimlich auch Verbindungen zu Polen auf und verhielt sich passiv, als im Dezember 1388 Herzog Wilhelm von Geldern auf dem Durchzug nach Preußen überfallen, ausgeraubt und gefangengenommen wurde.

Hier mischten sich Nichtwollen und Nichtkönnen. Schon in der damaligen Zeit hat das Geschehen in der ritterlichen Gesellschaftsschicht Europas Aufsehen erregt. Herzog Wilhelm II. von Geldern, der schon 1383 und 1386 das Ordensland aufgesucht hatte, um dort gegen die heidnischen Litauer zu kämpfen, hatte 1388 in einem Krieg mit dem König von Frankreich das Gelübde einer neuen Preußenfahrt abgelegt und war noch im November dieses Jahres nach Preußen aufgebrochen. Wie viele aus dem Westen kommende Preußenfahrer wählte er den Weg durch Pommern. Bei Zanow im Camminer Stiftsgebiet wurde er am 13. Dezember mit seinem Gefolge überfallen und nach heftiger Gegenwehr, bei der einige seiner Leute ums Leben kamen, gefangengenommen. Zur Ausführung dieser Tat, bei der die zwar unvorbereitete, aber doch große und kriegserfahrene Gefolgschaft eines mächtigen Herrn niedergerungen werden mußte, hatte es eines größeren Aufwandes bedurft. Dazu hatten sich, wahrscheinlich von polnischer Seite angestiftet, einige mächtige Adlige zusammengetan, an ihrer Spitze Eckhard von dem Wolde, neben ihm Matzke von Borcke, einer der unruhigsten Herren im damaligen Herzogtum Stolp, und Hans von Wedel, mit dem der Deutsche Orden gerade ein Soldabkommen gegen Polen abgeschlossen hatte. Nach dem geglückten Überfall führten Eckhard von dem Wolde und seine Mithelfer die Gefangenen durch das Gebiet des Herzogs von Stolp nach Schloß Falkenburg in der Neumark, einem Besitz der von Wedel.

Nachdem der Hochmeister des Deutschen Ordens von dem Geschehen erfahren hatte, versuchte er zunächst vergeblich, Verhandlungen mit dem Herzog von Stolp aufzunehmen. Als aber dem Herzog von Geldern die Verschleppung nach Polen drohte, schickte der Hochmeister Anfang Februar 1389 ein Heer nach Falkenburg, das Burg und Stadt nach wenigen Tagen einnahm, dazu einige »Krähennester« des Adels (wie der Hochmeister sie in einem Bericht nannte) zerstörte und die bischöfliche Stadt Zanow für eine Beleidigung des Großkomturs im Vorjahr bestrafte. Hatte man erwartet, die Angelegenheit damit zu beenden, sah man sich getäuscht, denn Herzog Wilhelm von Geldern ließ sich nicht befreien. Er hatte sich mit seinem Ehrenwort Eckhard von dem Wolde gefangen gegeben und weigerte sich, sein ritterliches Ehrenwort zu brechen und sein Gefängnis ohne Erlaubnis zu verlassen. Das Ordensheer zog ab, wurde aber im April ein zweites Mal nach Falkenburg geschickt, wo man den Herzog zum Gefangenen des Ordens machte und an einen Ordensbruder gekettet wegführte. Doch auch dieser Versuch mußte wegen der hartnäckigen Gegenwehr des Herzogs abgebrochen werden. Erst nach achtmonatiger Gefangenschaft, während der er allerdings mit Erlaubnis Eckhards von dem Wolde sein Gelübde durch eine Wallfahrt zur heiligen Maria in Juditten und zur heiligen Katharina im ostpreußischen Brandenburg erfüllen konnte, kam er am 14. August 1389 wieder frei.

Der Fall zeigt die Verbindungen der großen Adelsfamilien dieses Raumes, die unabhängig von den Grenzen des Herzogtums, des Camminer Stiftsgebiets und der Neumark zusammenhielten und zusammen handelten. Er offenbart auch die alte Abneigung dieses Adels gegen den Deutschen Orden und seinen Staat, die die polnische Seite geschickt nutzte; nicht zu Unrecht vermutete der Hochmeister hinter dem Überfall den polnischen König beziehungsweise dessen Beamte. Schließlich macht die Episode die Vorstellungen von ritterlicher Ehre deutlich: Ehrenrührig war nicht der Raubüberfall, ehrenrührig wäre der Bruch des Ehrenworts gewesen, mit dem sich der Überfallene gefangen gegeben hatte.

Wie sein Adel neigte auch Herzog Wartislasw VII. gefühlsmäßig eher Polen zu als dem Deutschen Orden. Polen aber lockte jetzt mit Teilen aus dem Erbe seines Stiefbruders Kasimir IV. Im Vertrag von Pyzdry erhielt Wartislaw VII. im Jahre 1390 für sich und seine Brüder Nakel, verpflichtete sich, sein Land für den Durchzug nach Preußen zu sperren und leistete zumindest für Nakel dem polnischen König den Lehnseid. Der Zuzug aus dem Westen ins Ordensland wurde nun zunehmend gestört. Doch wich der Herzog vor Forderungen des Deutschen Ordens immer wieder zurück. Als Matzke von Borcke 1392 den Landkomtur von Böhmen überfallen und einen Komtur aus dessen Begleitung getötet hatte, erklärte sich Wartislaw bereit, bei der Bestrafung Borckes zu helfen oder doch die Strafaktion des Ordensheeres zu dulden, das dann die Borckesche Burg Stramehl zerstörte. Gegen Ende seines nicht sehr langen Lebens unternahm er im Herbst 1392 zusammen mit dem Wolgaster Herzog Wartislaw VIII. eine Pilgerfahrt ins Heilige Land, die er aber in Ungarn wegen einer Erkrankung abbrechen mußte. Ende 1394 oder Anfang 1395 wurde dieser schwache Herrscher von einem seiner Leute getötet.

Bemerkenswert ist dagegen Wartislaws VII. Sohn, den ein besonderes Schicksal aus Hinterpommern an die Spitze des mächtigsten Staates Nordeuropas führte. Wartislaw hatte im Jahre 1380 Maria von Mecklenburg geheiratet, eine Enkelin König Waldemars IV. von Dänemark. Aus dieser Ehe gingen zwei Kinder hervor, der 1382 geborene Bogislaw und Katharina, die wohl 1390 zur Welt kam. Entscheidend für das Leben beider wurde der überraschende Tod des siebzehnjährigen Königs Olaf von Norwegen und Dänemark am 3. August 1387, des einzigen Sohnes von König Waldemars IV. Tochter Margarete, die nun als Reichsverweserin die Regierung in Dänemark, Norwegen und in den von König Albrecht abgefallenen Teilen Schwedens fortführte. Sie ersah als Nachfolger ihres Sohnes ihren pommerschen Großneffen Bogislaw aus. Wartislaw VII. brachte seinen Sohn Anfang 1389 nach Dänemark, wo er den Namen Erich (Erik) erhielt. Als Erich von Pommern[11] ist er in die Geschichte eingegangen. Bereits 1389 konnte Margarete ihm die Thronfolge im Königreich Norwegen sichern, im Jahre 1396 huldigten ihm Schweden und Dänemark, und am 17. Juni 1397 wurde er in Kalmar zum König der von Margarete geschaffenen Kalmarer Union gekrönt. Seither war er Unionskönig der Reiche Dänemark, Norwegen und Schweden, auch wenn Margarete bis zu ihrem Tod 1412 die eigentliche Herrscherin blieb. Kein Pommernherzog vor oder nach ihm hat je eine vergleichbare Stellung innegehabt. Erichs Schwester Katharina wurde ebenfalls von Margarete aufgezogen. Sie heiratete, nachdem sich englische Heiratspläne zerschlagen hatten, 1407 den Pfalzgrafen Johann I. von Neumark, einen Sohn König Ruprechts von der Pfalz. Christoph, das jüngste ihrer sieben Kinder, wurde 1439/43 Nachfolger Erichs als König der Kalmarer Union.

Im Herzogtum Stolp setzten nach Wartislaws VII. Tod seine Brüder Bogislaw VIII. und Barnim V. die unstete Politik fort. Zunächst bemühten sie sich um bessere Beziehungen zum Deutschen Orden. Sie waren jedoch untereinander uneins und teilten daher 1402 ihr Land nochmals auf. Bereits kurz darauf starb Barnim, so daß Bogislaw VIII. wieder das gesamte Herzogtum Stolp in seiner Hand vereinigen konnte. Seine Politik war durch drei Grundgegebenheiten bestimmt: die bedrohliche Nachbarschaft des Ordensstaates, die ihn Anschluß an Polen suchen ließ, die Selbständigkeit des Adels, der durch Überfälle und Räubereien immer wieder kritische Situationen herbeiführte; schließlich die ständige Geldnot, die den Herzog zu Verträgen auch mit dem Deutschen Orden trieb.

Die Bedrohung durch den Deutschen Orden wuchs noch an, als dieser sich in der Neumark festsetzte. Schon 1394 hatte er den von Wedel das Land Schivelbein abgekauft. 1402 erwarb er nach längerem Zögern von König Sigismund die Neumark und stabilisierte seine Herrschaft in dieser bisherigen Schwächezone südlich des Herzogtums. Daraufhin ließ sich Bogislaw VIII. am 28. August 1403 von König Władysław II. von Polen in dessen Gefolge (familia) aufnehmen und verpflichtete sich gegen ein Jahresgehalt, ihm mit hundert Bewaffneten beizustehen. Am 20. August 1409 jedoch, vor Ausbruch des Krieges zwischen dem Deutschen Orden und Polen, schloß er zusammen mit Herzog Swantibor II. von Stettin auch mit dem Deutschen Orden einen Beistandsvertrag, wofür er sich ebenfalls gut bezahlen ließ. Als der Krieg dann ausgebrochen war, verhielt er sich zunächst abwartend. Nachdem aber das polnisch-litauische Heer am 15. Juli 1410 das Ordensheer in der Schlacht bei Tannenberg vernichtet hatte, schlug Bogislaw sich auf die Seite des Siegers. Der polnische König belehnte ihn mit Bütow, Lauenburg, Schlochau, Schivelbein, Hammerstein und Preußisch Friedland. Diese Gewinne verlor er jedoch bereits 1411 im Ersten Thorner Frieden wieder. Hochmeister Heinrich von Plauen, der in den Jahren danach eine neue Auseinandersetzung des Ordensstaates mit Polen vorbereitete, plante im Zusammenhang damit offenbar auch einen Schlag gegen Pommern-Stolp. 1413 schloß er mit dem Verweser des Stiftes Cammin ein Bündnis gegen Herzog Bogislaw, doch wurde der Hochmeister gestürzt, bevor er seine Absichten verwirklichen konnte.

Zeit seines Lebens hatte Herzog Bogislaw VIII. mit dem Stift Cammin zu tun.[12] Er setzte hier die nur selten als planvoll zu erkennende Politik seiner Vorgänger fort, das Gebiet in Abhängigkeit zu bringen. Am 29. Juni 1356 hatte Herzog Bogislaw V. nach einer längeren Auseinandersetzung einen Vergleich mit Bischof Johann I. und dem Domkapitel von Cammin geschlossen, der einerseits den Herzog verpflichtete, die Camminer Kirche wie sein eigenes Herzogtum zu verteidigen, der andererseits aber dem

Domkapitel auferlegte, künftig weder einen Bischof noch einen Domherrn ohne Zustimmung des Herzogs zu wählen. Durch diesen Vertrag übernahm Herzog Bogislaw V. mit seinen Brüdern nicht nur die Schirmvogtei über die Camminer Kirche, er erhielt auch über das Zustimmungsrecht außerordentlichen Einfluß auf die Leitung des Bistums und die Zusammensetzung des Domkapitels. Bogislaw V. und seine Söhne scheinen diesen Einfluß bei Bischof Johanns Nachfolger Philipp von Rehberg ausgeübt zu haben, und man darf annehmen, daß auch dessen Nachfolger, der Propst des Kösliner Nonnenklosters, Johannes Wilkini, 1385 mit Zustimmung der Stolper Herzöge gewählt wurde. Als dieser neue Bischof bereits im nächsten Jahr einem Giftanschlag zum Opfer fiel, setzten die Herzöge durch, daß einer der Ihren, und zwar der junge Bogislaw VIII., zum Bischof gewählt wurde.

Hatte der Papst im Falle des Johannes Wilkini noch die Wahl des Domkapitels bestätigt, so bedachte er nun einen anderen Kandidaten. Der römische König Wenzel hatte, vielleicht veranlaßt durch die Stettiner Herzöge, den Papst gebeten, seinen Kanzler Johannes Brunonis zum Camminer Bischof zu providieren. Der Papst folgte dieser Bitte, und Wenzel verlieh als römischer König dem Johannes Brunonis, nachdem dieser ihm gehuldigt hatte, am 7. Juni 1386 Fürstentum und weltliche Herrschaft der Camminer Kirche, behandelte ihn somit als einen dem König unterstehenden reichsunmittelbaren Fürsten.

Das durchkreuzte alle Bemühungen der Stolper Herzöge, das Camminer Bistum in ihrer Abhängigkeit zu halten. Auf der Suche nach einem Ausweg gaben sie zwar die Kandidatur Bogislaws auf, schlossen aber am 24. August und am 7. Dezember 1387 mit dem Domkapitel zwei Verträge, durch die Bogislaw die weltliche Leitung und der Schutz des Bistums übertragen wurde. Er erhielt die Städte und Schlösser des Stifts und dazu das Recht, verpfändeten Besitz einzulösen und bis zur Erstattung der Einlösungskosten zu behalten. Bogislaw fehlte aber die Fähigkeit, die Möglichkeit dieser Verträge wirklich zu nutzen und mehr als nur kurzfristige Vorteile daraus zu ziehen. Es bleibt unklar, wie lange er die durch die Verträge errungene Stellung behielt und zu welchem Zeitpunkt er sie aufgab. Johannes Brunonis jedenfalls, gegen den sich die Verträge richteten, erschien lange Zeit gar nicht in seinem Bistum, sondern ließ sich durch einen Generalvikar vertreten.

Die wirren Verhältnisse im Stift, denen der herzogliche Schirmherr Bogislaw nicht steuerte, veranlaßten Johannes Brunonis schließlich, auf das Bistum zu verzichten. Daraufhin versetzte Papst Bonifaz IX. im Jahre 1394 Johann Kropidło nach Cammin, den Sohn Herzog Bolkos III. von Oppeln, der sich als Erzbischof von Gnesen gegen den Widerstand des polnischen Königs nicht hatte durchsetzen können. In Cammin dagegen konnte er Fuß fassen. Bogislaw VIII. hatte damals anscheinend das weltliche Regiment über das Stift aufgegeben und nur einige von ihm eingelöste Schlösser in seiner Hand behalten. Bereits 1398 jedoch gab Johann Kropidło das Bistum, das seinen Ansprüchen nicht genügte, durch einen Tausch mit dem Bischof von Kulm wieder auf. Der bisherige Bischof von Kulm, Nikolaus von Schippenbeil, hatte in Cammin erheblich größere Schwierigkeiten, sich durchzusetzen, besonders als er von Herzog Bogislaw VIII. forderte, die von diesem einbehaltenen Stiftsschlösser herauszugeben. In den folgenden heftigen Auseinandersetzungen belegte der Bischof den Herzog dann mit dem Bann, aus dem dieser sich bis zu seinem Tod am 11. Februar 1418 nicht mehr lösen konnte.

Das Schisma der Kirche, das durch das Konzil von Pisa 1409 noch erweitert wurde, hatte in seiner letzten Phase auch eine Doppelbesetzung des Camminer Bischofsstuhls zur Folge: Da Bischof Nikolaus auch nach dem Konzil dem abgesetzten römischen Papst anhing, entzog ihm der in Pisa gewählte Papst Alexander V. die Bischofswürde. Als Nikolaus bereits im nächsten Jahr verstarb, bestimmten sowohl Alexander V. als auch der römische Gegenpapst Gregor XII. einen Nachfolger: der Konzilspapst den jungen Herzog Magnus von Sachsen-Lauenburg, Gregor XII. den Bischof Johann von Schleswig. Dieser jedoch machte keine Anstalten, sein neues Amt anzutreten, und so gewann Magnus das Bistum. Allerdings überließ er die Stiftsangelegenheiten weitgehend seinem bereits erwähnten Generalvikar Kord Bonow, der den Kampf mit Herzog Bogislaw VIII. um die Stiftsschlösser fortsetzte. Schließlich brachte Bischof Magnus den Streit zur Entscheidung vor das Konzil zu Konstanz, das drei Sentenzen gegen Bogislaw fällte, die letzte kurz nach seinem Tod. Bedeutsamer war jedoch, daß Bischof Magnus sich auf dem in Konstanz abgehaltenen Reichstag am 16. Mai 1417 von König Sigismund mit dem Camminer Stiftsgebiet belehnen ließ, der es dadurch, wie schon sein Bruder Wenzel 1386, als reichsunmittelbares Fürstentum behandelte. Die ebenfalls in Konstanz anwesenden Herzöge Wartislaw IX. von Pommern-Wolgast und Otto II. von Pommern-Stettin haben diesen Vorgang nicht verhindert, was letztlich den Anspruch des Camminer Stifts auf Reichunmittelbarkeit festigte.

DIE NACH BRANDENBURG UND DEM REICH GERICHTETE POLITIK DER HERZÖGE VON POMMERN-STETTIN

Anders als Pommern-Wolgast war das Stettiner Teilherzogtum vom Meer abgewandt und in seiner Politik vor allem nach Süden ausgerichtet. Die Beziehungen zur Mark Brandenburg als dem wichtigsten Nachbarn standen für die Stettiner Herzöge im Vordergrund ihres Handelns.[13] Die immer wieder geschwächte Herrschaft der Wittelsbacher hatte es Herzog Barnim III. ermöglicht, sein Herzogtum nach Süden zu erweitern und Teile der Uckermark zu gewinnen. Bei seinem Tod am 24. August 1368 hinterließ er, dessen 1330 geschlossene Ehe mit Agnes von Braunschweig lange ohne Erben geblieben war, drei noch junge Söhne: Kasimir III., damals etwa zwanzig Jahre alt, und seine jüngeren Brüder Swantibor I. und Bogislaw VII. Von Kasimir wird berichtet, er sei am kaiserlichen Hof in Prag erzogen worden.

Als Herzog Barnim III. starb, war der Krieg der Hanse und ihrer mecklenburgischen und holsteinischen Verbündeten in vollem Gang, hatte König Waldemar IV. von Dänemark seit über vier Monaten sein Reich verlassen, um in Polen und Norddeutschland Verbündete vor allem gegen Herzog Albrecht II. von Mecklenburg zu suchen. Offenbar hatte er Herzog Barnim III. noch ebenso für sich gewinnen können wie die jungen Wolgaster Herzöge Wartislaw VI. und Bogislaw VI. Nach Barnims Tod jedoch vermochte Herzog Albrecht II. dessen Söhne auf seine Seite zu ziehen und mit ihnen am 7. November in Demmin Frieden und ein Bündnis zu schließen, bevor er am 11. November den Wolgaster Herzog Wartislaw VI. bei Damgarten schlug und gefangennahm.

König Waldemar IV. hatte im August 1368 Herzog Magnus von Braunschweig-Lüneburg in seinen Dienst nehmen können, und dieser hatte sich mit dem vom märkischen Adel beherrschten Markgrafen Otto von Brandenburg verbunden. Man hoffte in Brandenburg, nicht nur zahlreiche mecklenburgische Pfandschaften, sondern auch die von Pommern gehaltenen Teile der Uckermark zurückzugewinnen, und stellte entsprechende Forderungen. In den folgenden Auseinandersetzungen verbanden sich die Söhne Barnims III. am 11. März 1369 in der Torgelower Heide mit Herzog Johann I. von Mecklenburg. Darüber hinaus fanden sie beim Kaiser Unterstützung, der am 3. Mai 1370 Herzog Kasimir III. die Anteile der Stettiner Herzöge an der Uckermark bestätigte.

Die von Markgraf Otto mehrfach wieder aufgenommenen Kämpfe brachten keiner Seite dauernde Gewinne. Die Stettiner Herzöge scheinen Otto vor allem in der Neumark angegriffen zu haben. Im Sommer 1372 belagerten sie das dortige Königsberg und versuchten am 24. August unter Herzog Kasimirs III. Führung die Stadt zu stürmen. Dieser hatte bereits die Stadtmauer erstiegen, als ihn ein tödlicher Pfeil traf. Den Kriegsverlauf hat dieser Tod jedoch kaum beeinflußt, denn die beiden jüngeren Brüder führten den Kampf fort. Im nächsten Jahr änderte sich die Lage in der Mark Brandenburg allerdings grundlegend, denn Kaiser Karl IV. griff in die militärischen Auseinandersetzungen ein, und am 15. August 1373 verzichtete Markgraf Otto in den Verträgen von Fürstenwalde zugunsten von Karls Söhnen Wenzel und Sigismund auf die Mark. Am 2. Oktober belehnte der Kaiser in Prag seine Söhne mit der Markgrafschaft. Damit kam das südliche Nachbarland Pommerns in die Hand des Hauses Luxemburg und blieb darin für die nächsten vierzig Jahre.

Die Pommernherzöge schreckte das Vorgehen des Kaisers auf. Offenbar fürchteten sie, daß eine erstarkte Herrschaft in Brandenburg alte Forderungen wiederaufleben lassen könne. So fanden sie zu ungewohnter Einigkeit. Noch vor den Verträgen von Fürstenwalde schlossen sich die Stettiner und Wolgaster Herzöge samt dem Bischof von Cammin am 17. Mai 1373 in Kaseburg an der Swine zur Wahrung ihres Besitzstandes zusammen. Doch erwiesen sich ihre Besorgnisse als unbegründet. Zwar nahm sich Kaiser Karl IV. der Mark Brandenburg energisch an, doch die Politik, die er in seinen letzten Lebensjahren in diesem Raum betrieb, hatte andere Ziele. Seine Fürsorge für die Markgrafschaft galt ihrer inneren Stärkung. Er verzichtete darauf, das Land durch fortgesetzte Kriege weiter verarmen zu lassen. Statt dessen suchte er die Fürsten Pommerns und Mecklenburgs enger an sich zu binden und in sein politisches Handeln einzubeziehen, durch das zum letzten Mal im Mittelalter kaiserliche Politik in den Norden des Reiches bis zur Ostsee ausgriff. Am 17. Mai 1374 erließ er in Prenzlau einen Landfrieden, den einzigen im Spätmittelalter, der in diesem Raum die Friedegewalt des römischen Kaisers geltend machte. An den folgenden Tagen schloß er mit den Herzögen Wartislaw VI. und Bogislaw VI. von Wolgast und Swantibor I. und Bogislaw VII. von Stettin Bündnisverträge ab. Der Besuch des Kaisers in Lübeck im Jahre 1375 und der Ausbau Tangermündes zum kaiserlichen Wohnsitz machen deutlich, daß Karls Politik im Norden Deutschlands einen neuen Schwerpunkt gefunden hatte.

Im Rahmen dieser Politik gab es für loyale Pommernherzöge Raum für eine ruhige Existenz. Immer wieder lassen sich einzelne von ihnen in der Umgebung des Kaisers nachweisen, wobei allerdings infolge der Namensgleichheiten ihre Identität nicht in jedem Fall zu ermitteln ist. Noch im letzten Lebensjahr des Kaisers, als er Anfang 1378 Paris besuchte, befand sich unter den Teilnehmern des feierlichen Einzuges ein Herzog Bogislaw von Pommern, entweder Bogislaw VI. von Wolgast oder, was wahrscheinlicher ist, Bogislaw VII. von Stettin, dessen Politik stärker zum Reich hin ausgerichtet war.

Mit dem Tode Kaiser Karls IV. am 29. November 1378 endete das Zwischenspiel einer aktiven Reichspolitik im Norden. König Wenzel, sein Sohn, hat sie nicht fortgesetzt. Auch die Mark Brandenburg rückte aus dem direkten Interessenbereich der Luxemburger und fiel in anarchische Zustände zurück. Zunächst war Karls noch unmündiger Sohn Sigismund Markgraf, der 1382 mit seinen pommerschen und mecklenburgischen Nachbarn ein sechsjähriges Landfriedensbündnis schloß. 1388 ging die Markgrafschaft zunächst pfandweise, seit 1397 voll auf Sigismunds Vetter Jost von Mähren über, der sich kaum um das Land kümmerte, geschweige denn eine erkennbare Politik gegenüber seinen pommerschen Nachbarn betrieb.

Die nach Karls IV. Tod auch gegenüber seinem Sohn König Wenzel fortgesetzten guten Beziehungen ließen Swantibor I. von Stettin bald in ein politisches Abenteuer schlittern, dessen Mißerfolg kaum überraschte.[14] Der Deutsche Orden hatte im Verlauf der Auseinandersetzungen mit dem Erzbischof von Riga Papst Bonifaz IX. im Jahre 1393 dazu bewegen können, den aus Livland geflohenen Erzbischof Johann von Sinten gegen seinen Willen zum Patriarchen von Alexandria zu erheben und wenig später Johann von Wallenrode, den Neffen des damaligen Hochmeisters Konrad von Wallenrode, zum neuen Erzbischof von Riga zu ernennen. König Wenzel dagegen, bei dem Johann von Sinten und ein Teil des Rigaer Domkapitels Schutz gesucht hatten, ließ durch diesen Teil des Domkapitels einen Nachfolger für Johann von Sinten wählen und verlieh diesem als Lehnsherr des Rigaer Erzstifts die Temporalien.

Der von den Domherren gewählte Erzbischof von Riga war Otto, der damals noch minderjährige Sohn Herzog Swantibors I. von Stettin. Obwohl keinerlei Aussicht bestand, daß der Papst diese Wahl bestätigen, geschweige denn der Deutsche Orden Johann von Wallenrode fallenlassen werde, begab sich Otto 1395 über Polen-Litauen in das Bistum Dorpat, dessen Bischof ein erbitterter Gegner des Deutschen Ordens war. Durch eine Verbindung der livländischen Ordensgegner mit Polen und Großfürst Witold von Litauen entstand für kurze Zeit eine für Erzbischof Johann von Wallenrode gefährliche Lage, die sich aber entschärfte, als Witold sich 1396 dem Deutschen Orden wieder annäherte und Ordenstruppen das Dorpater Stiftsgebiet besetzten. Im Herbst desselben Jahres verließ Otto Livland wieder, und im darauffolgenden Jahr einigte sich der Deutsche Orden mit seinen livländischen Gegnern. Mit den Stettiner Herzögen fand der Orden erst am 2. April 1403 zu Hammerstein zu einem Ausgleich und einem zehnjährigen Frieden. Vor Ausbruch des Krieges zwischen dem Orden und Polen verpflichtete sich Herzog Swantibor I. zusammen mit Herzog Bogislaw VIII. von Stolp am 20. August 1409 sogar zur Leistung von Kriegsdiensten gegen Polen. In der Schlacht von Tannenberg im Jahre 1410 kämpfte ein pommersches Kontingent unter Swantibors Sohn Kasimir V., der damals in polnische Gefangenschaft geriet und erst nach dem Ersten Thorner Frieden 1411 vom Deutschen Orden wieder ausgelöst wurde.

Immer wieder haben die pommerschen, besonders die Stettiner Herzöge Ende des 14. und Anfang des 15. Jahrhunders Vorteile aus den anarchischen Verhältnissen in der Mark Brandenburg gezogen. Diese war immer mehr in die Hand mächtiger Adelsfamilien geraten, von denen sich die Quitzows gegen Ende des 14. Jahrhunderts die stärkste Machtposition schufen. Nach einem mecklenburgischen Sieg über ein brandenburgisches Heer stellte sich Ende 1399 Prenzlau unter den Schutz der Stettiner Herzöge, die der Stadt am 6. Dezember ihre Rechte verbrieften. Im Juli 1402 eroberten die Herzöge von Pommern-Stettin und von Pommern-Wolgast unter Führung Herzog Swantibors I. von Stettin im Bündnis mit den Grafen von Lindow-Ruppin und Dietrich von Quitzow Schloß Bötzow und die Burg Neumühl und zwei Monate später auch die Stadt Strausberg. Sie hielten dieselbe, bis sie im September 1404 von den brandenburgischen Ständen und den Quitzows wieder daraus vertrieben wurden.

Im Jahre 1409 bestellte Markgraf Jost Herzog Swantibor I. von Stettin zum Verweser der Mittelmark. Da die eigentliche Macht von den Quitzows ausgeübt wurde, scheint sich die Tätigkeit Herzog Swantibors auf Vermittlungsversuche beschränkt zu haben. So berief er 1410 eine Ständeversammlung nach Berlin, auf der er vergeblich zwischen den brandenburgischen Städten und den Quitzows zu vermitteln suchte. Auch andere Vermittlungsversuche schlugen fehl. Doch wurde Herzog Swantibor noch 1412 von der märkischen Ritterschaft als Landeshauptmann angesehen. Damals waren allerdings bereits Ereignisse eingetreten, die nicht nur für die Markgrafschaft, sondern auch für Pommern eine Wende einleiteten.

Als Markgraf Jost von Mähren am 11. Januar 1411 starb, fiel die Markgrafschaft Brandenburg als Erbe an den römischen König Sigismund. Dieser zeigte sich entschlossen, nachdrücklich für das daniederliegende Land zu sorgen. Da er selbst diese Aufgabe nicht übernehmen konnte, bestellte er am 8. Juli im ungarischen Buda den Hohenzollern Burggraf Friedrich von Nürnberg zum Verweser und Hauptmann der Mark Brandenburg. Dies war eine auch für Pommern schwerwiegende Entscheidung. Anstelle des Machtvakuums, das auch schwachen und untereinander zerstrittenen Pommernherzögen immer wieder Möglichkeiten zu erfolgreichen Einfällen und Eroberungen bot, entwickelte die Tatkraft der Hohenzollern einen Staat, von dem Forderungen und Bedrohungen gegen Pommern ausgingen. Das Verhältnis zu ihm und die Auseinandersetzungen mit ihm beherrschten zunehmend die Politik der pommerschen Herzöge.

Man wird bezweifeln können, daß die Pommernherzöge sogleich übersahen, welch grundsätzliche Veränderung hier eintrat, zumal Friedrich zunächst durch andere Verpflichtungen verhindert war, persönlich in der Markgrafschaft aufzutreten. Dort schienen sich die alten Zustände fortzusetzen, was sich auch darin ausdrückte, daß ein Teil der märkischen Stände, vor allem des Adels, an dem von Markgraf Jost eingesetzten Herzog Swantibor I. von Stettin als Hauptmann der Mark festhielt. Als Burggraf Friedrich im Juni 1412 selbst in der Mark eintraf und möglicherweise erste Forderungen an die Stettiner Herzöge stellte, fielen Swantibors Söhne Otto II. und Kasimir V. in sein Land ein. Ihr Vorstoß endete am 24. Oktober 1412 mit einem blutigen Gefecht auf dem durch das Rhinluch führenden Kremmer Damm. Die näheren Umstände des Kampfes, bei dem auf brandenburgischer Seite Graf Hans von Hohenlohe fiel, hat Friedrich seinen Gegnern lange nachgetragen, zumal sie ihre feindseligen Handlungen fortsetzten, Dietrich von Quitzow, einen der Hauptwidersacher Friedrichs, bei sich aufnahmen und 1414, als Friedrich erneut beim römischen König weilte, mit ihm zusammen mehrfach in die Mark einfielen. Friedrich antwortete darauf mit einer Klage beim königlichen Hofgericht. Am 10. Mai 1415 verhängte König Sigismund über Otto II., Kasimir V. und ihre Anhänger die Reichsacht.

Anders als die Stettiner Herzöge begegneten die Wolgaster dem neuen Herrn der Mark freundlich. Sie verabredeten mit ihm am 19. November 1413 in Neuruppin eine Schutzvereinigung und gaben ihm Teile der uckermärkischen Pfandschaften, darunter vor allem Prenzlau, zurück. Am 6. Juni 1414 schloß Herzog Wartislaw VIII. von Wolgast zusammen mit den Herzögen Johann und Albrecht von Mecklenburg sowie den Herren von Werle mit Friedrich ein Bündnis. Ergänzt wurden die Verträge durch familienpolitische Absprachen. Am 19. November 1413 versprach Friedrich seine damals wohl gerade dreijährige Tochter Margarete Wartislaws VIII. etwa fünfzehnjährigem Sohn Wartislaw zur Frau; dieser verstarb aber schon 1414 oder 1415. Zu einer neuen Absprache kam es am 5. November 1415, als Barnims VI. Sohn Wartislaw IX. mit Friedrichs Tochter Magdalene verlobt wurde. Doch auch diese Ehe kam nicht zustande.

Die bisher nur stellvertretende Betrauung des Burggrafen Friedrich mit der Mark änderte sich am 30. April 1415. An diesem Tag übertrug König Sigismund seinem bisherigen Verweser die Markgrafschaft mit der Kurstimme und der Würde des Erzkämmerers als erbliches Lehen – die feierliche Belehnung fand am 18. April 1417 in Konstanz statt. Damit war die Herrschaft der Hohenzollern in der Mark fest etabliert.

Die Maßnahmen,[15] die der neue, am 30. April 1415 mit der Kurstimme belegte Markgraf gegen die Stettiner Herzöge getroffen hatte, führten zu einem umgehenden Erfolg. Die auf seine Klage verhängte Reichsacht bewog die Herzöge Otto II. und Kasimir V. zu raschem Einlenken. Schon am 18. Juni 1415 schlossen sie einen von den Herzögen Rudolf von Sachsen und Ulrich von Mecklenburg vermittelten einjährigen Waffenstillstand, der sie unter anderem auch zur Ausweisung Dietrichs von Quitzow verpflichtete. Dieser begab sich nach Mecklenburg. Nachdem Markgraf Friedrich im Oktober in die Mark zurückgekehrt war, vermittelten die Herzöge Bogislaw VIII. von Stolp und Ulrich von Mecklenburg eine weitere Einigung, die am 16. Dezember in Eberswalde beurkundet wurde.

Der Vertrag, der viele Streitpunkte offenließ, sah vor, daß der Markgraf die Stettiner Herzöge und Herzog Wartislaw VIII. für ihre Aufwendungen in der Uckermark entschädigen sollte. Gegen eine weitere Zahlung sollten diese ihm Boitzenburg und

Zehdenick herausgeben. Die Reichsacht gegen Otto und Kasimir sollte aufgehoben werden. Ausdrücklich ausgenommen blieben die Geschehnisse auf dem Kremmer Damm und die Streitigkeiten, die Friedrich und die Stettiner Herzöge wegen ihrer beider Herrschaft hatten. Über sie sollte der römische König entscheiden. Was sich hinter der zweiten Angelegenheit verbarg, ist unsicher. Möglicherweise ging es um Ansprüche auf Teile der Uckermark, die sich seit 1354 im Pfandbesitz der Stettiner befanden, oder es standen bereits die erneuerten Forderungen des Markgrafen nach Lehnsoberhoheit über die Pommernherzöge dahinter, auf welche die Wittelsbacher 1338 für das Stettiner Herzogtum verzichtet hatten.

Die Frage der Lehnshoheit Brandenburgs über Pommern stellte sich König Sigismund 1417, als die Pommernherzöge in Konstanz bei ihm um ihre Belehnung nachsuchten. Herzog Wartislaw IX. von Wolgast erhielt sie für sich, seinen Bruder Barnim VII. und seine Vettern Barnim VIII. und Swantibor II. ohne Einschränkung am 31. Mai 1417, hatte allerdings am 26. Mai erleben müssen, daß der König Bischof Magnus von Cammin ebenfalls mit seinem Bistum belehnte und dieses dadurch reichsunmittelbar wurde.

Am 31. Mai stellte Sigismund auch Herzog Otto II. und dessen Bruder Kasimir V. von Stettin einen Lehnsbrief aus, der aber die Rechte des Kurfürsten von Brandenburg ausnahm, da dieser meinte, das Herzogtum sei brandenburgisches Lehen. Diese Frage sollte Herzog Rudolf von Sachsen zunächst überprüfen. Daß dies nicht gerade die Urkunde war, die sich Otto und Kasimir erhofft hatten, läßt die Tatsache ahnen, daß sie sich – anders als die sonstigen Lehnsurkunden – nicht im Archiv der pommerschen Herzöge erhalten hat, sondern nur in den Registern der königlichen Kanzlei. Kurfürst Friedrich verfolgte seine Ansprüche hartnäckig und erlangte vom römischen König am 24. Juli die Zusicherung, daß die Belehnung der Stettiner Herzöge die Rechte der Markgrafen in dieser Frage nicht beeinträchtigen solle.

Aus heutiger Sicht verwundert vor allem, daß diese Ansprüche sich gegen das Stettiner Herzogtum richteten, dessen Reichsunmittelbarkeit durch die Frankfurter Verträge mit den Wittelsbachern von 1338 und die Verleihungen Karls IV. von 1348, 1355 und 1357 viel eindeutiger abgesichert war als die der Wolgaster Herzöge. Wir wissen nicht, auf welche Dokumente Kurfürst Friedrich seine Forderungen stützte. Daß er sie gegen die Stettiner Herzöge richtete, hängt sicher damit zusammen, daß diese vor allem durch das Geschehen auf dem Kremmer Damm seine Feindschaft erregt, die Wolgaster aber sich um freundliche Beziehungen bemüht hatten. Auch die verwandtschaftliche Nähe Sigismunds zu seinen Wolgaster Vettern mag mitgespielt haben.

Die wachsende Macht Kurfürst Friedrichs, seine starke Stellung im Reich und sein Rückhalt bei König Sigismund, nicht zuletzt die Erfahrungen, die sie anläßlich der Belehnung in Konstanz hatten machen müssen, ließen die Pommernherzöge enger zusammenrücken. Die Stettiner und die Wolgaster Herzöge verbündeten sich am 21. November 1418 zu Ueckermünde miteinander und fanden auch Unterstützung von mecklenburgischer Seite. Als zu Beginn des Jahres 1419 bei einem Einfall in die Mark der junge Herzog Johann III. von Mecklenburg-Stargard in märkische Gefangenschaft geriet, schlossen seine mecklenburgischen Verwandten, um ihn zu befreien, eine Reihe von Bündnissen, so mit den Herzögen von Braunschweig-Lüneburg, mit Herzog Erich von Sachsen-Lauenburg, mit Fürst Heinrich von Holstein-Stormarn, mit den Herzögen Otto II. und Kasimir V. von Stettin und zuletzt auch mit Herzog Wartislaw IX. von Wolgast. Im Hintergrund unterstützten Polen und der König der Kalmarer Union, Erich, das Bündnis.

Die Verbündeten waren zunächst wenig erfolgreich. Sie scheiterten mit einem Angriff auf Strasburg an dessen Verteidigern und ihren Feuerwaffen, vermochten dann allerdings Prenzlau und große Teile der Uckermark zu gewinnen. Kurfürst Friedrich konnte erst im folgenden Jahr eingreifen. In einer Überraschungsaktion wandte er sich zunächst nach Nordwesten und nahm den Mecklenburgern am 20. März im Handstreich die Burgen Gorlosen und Dömitz ab. Dann zog er in Eilmärschen ostwärts, erschien fünf Tage später vor Angermünde in der Uckermark und besetzte die Stadt. Am folgenden Tag, dem 26. März, versuchte Herzog Otto II. von Stettin, Angermünde zurückzugewinnen. Über die Burg, die noch von seinen Leuten gehalten wurde, drang er in die Stadt ein. Dann aber erlitt er in ihren Straßen eine schwere Niederlage. Eine polnische Hilfstruppe, die vor der Stadt stand, zog sich zurück, als sich der Sieg der Brandenburger andeutete. Das Geschehen in und um Angermünde hat die Phantasie des Volkes in Lied und Sage noch lange beschäftigt.

Als Folge der Niederlage ging die Uckermark wieder verloren. Die Verbündeten fanden sich zu Verhandlungen bereit. Unter Vermittlung von Herzog Wilhelm von Braunschweig wurde am 23. August 1420 in Perleberg ein dreijähriger Waffenstillstand geschlossen. Aber schon Anfang des folgenden Jahres erfuhren die außenpolitischen Verhältnisse eine bedeutsame Änderung. Hatte Kurfürst Friedrich bisher mit dem Wohlwollen und der Unterstützung König Sigismunds rechnen können, so trat jetzt an die Stelle dieses Wohlwollens eine tiefgreifende Verstimmung. Sowohl die Ursachen wie die Folgen waren für die pommerschen Herzöge von Bedeutung.

ERICH VON POMMERN, SEIN KRIEG MIT DER HANSE UND SEINE NACHFOLGEPLÄNE

Nachdem Königin Margarete 1412 gestorben war, ging die Regierung über Dänemark, Norwegen und Schweden, die drei Reiche der Kalmarer Union, vollständig auf König Erich, ihren pommerschen Adoptivsohn, über.[16] Seine Politik ließ bald Spannungen zur Hanse entstehen. Gegen deren Interessen stärkte und begünstigte er im Rahmen der Förderung seiner Städte den Eigenhandel seiner Reiche, dann aber auch den Handel der Holländer und Engländer, der Konkurrenten der Hanse. Doch war das Hauptziel seiner Politik die Wiederherstellung der dänischen Oberhoheit über Schleswig, das die Grafen von Holstein gewonnen hatten. In Erichs Auseinandersetzung mit diesen nahmen die wendischen Städte der Hanse lange Zeit eine vermittelnde Stellung ein. Trotz starker Spannungen mit dem König ließen sie sich dazu bewegen, am 6. Januar 1423 ein

Bündnis mit ihm einzugehen. Die Situation wurde dadurch nicht entschärft, vielmehr häuften sich die Klagen gegen den König und gegen Übergriffe seiner Leute auf die hansische Schiffahrt. Schließlich verbündeten sich die Städte Lübeck, Hamburg, Stralsund, Rostock, Wismar und Lüneburg am 9. September 1426 miteinander und schlossen wenige Tage später auch ein Bündnis mit den Herzögen von Schleswig. Anfang Oktober schickten sie König Erich ihre Absagebriefe.

Anders als gegen König Waldemar vereinte dieser Krieg nur einen Teil der Hanse. Vor allem die preußischen Städte verfolgten eine andere Politik. Nur die sächsischen Städte konnten für eine Teilnahme gewonnen werden. In Pommern standen die Herzöge einig auf seiten ihres mächtigen Verwandten, der in Stolp auch ihr Mitherzog war. Zwar versuchten sie, zwischen ihm und den wendischen Städten zu vermitteln, doch übten sie gleichzeitig starken Druck auf ihre eigenen Städte und auf den Bischof von Cammin und seine Stadt Kolberg aus und hinderten sie daran, sich gegen König Erich zu stellen. Nur Stralsund gegenüber blieben sie machtlos.

Der Krieg gegen König Erich verlief 1427 nach Anfangserfolgen unglücklich. Die Verbündeten erlitten am 29. Mai bei der Belagerung Flensburgs eine Niederlage. Vor allem jedoch gelang es einer dänisch-schwedischen Flotte, am 11. Juli einen Verband von 36 Schiffen unter dem Lübecker Bürgermeister Tidemann Steen zu schlagen, der eine hansische Handelsflotte durch den Sund geleiten sollte. Auch diese fiel dadurch dem Gegner in die Hände. Aufgrund dieser verlustreichen Niederlage kam es zu Unruhen in den Städten, in deren Verlauf der Wismarer und der Rostocker Rat gestürzt wurden. Auch in Stralsund, dessen Flotte an der Niederlage nicht beteiligt gewesen war, bildete sich eine Verschwörung. Sie wurde aufgedeckt, und sechs ihrer Anführer wurden am 28. Januar 1428 auf dem Marktplatz enthauptet.

Eine Wende brachte Stralsund das folgende Jahr. In der Nacht vom 5. zum 6. Mai erschien plötzlich eine große dänische Flotte im Hafen der ungewarnten und völlig überraschten Stadt, verbrannte einen Teil der dort liegenden Schiffe und nahm andere mit sich. Infolge ungünstiger Winde segelte sie zunächst ostwärts von dannen. Zufällig trafen nach ihrem Abzug Lübecker und Wismarer Handelsschiffe in Stralsund ein. Sie wurden sofort entladen und von den Stralsundern bewaffnet. Mit diesen und anderen eigenen Schiffen, die der Zerstörung durch die Dänen entgangen waren oder wiederhergestellt werden konnten, stellten die Stralsunder die zurückkehrende dänische Flotte in den engen Gewässern des Strelasunds und kämpften sie nieder. Die Dänen verloren nach eigenen Angaben 500 bis 600 Mann, von denen der größte Teil in Gefangenschaft geriet. Von König Erich berichten Zeitgenossen, daß er über die Nachricht von der Niederlage »so grotliken bedrovet wart, so dat eme de traene ut sinen ogen gingen«.

Die Niederlage des Königs im Strelasund war ebensowenig kriegsentscheidend wie weitere Verluste, die er erlitt. Das Kriegsende kam in mehreren Phasen. Im August 1430 schloß der in Rostock seit dem Umsturz von 1427 regierende neue Rat, erschreckt durch einen vom gestürzten alten Rat veranlaßten mecklenburgischen Überfall, einen Sonderfrieden mit Dänemark. Im Oktober folgte Stralsund Rostocks Beispiel, ohne allerdings dadurch Vorteile für seinen Handel zu erlangen, den die kriegsbedingte Sperrung der Sundschiffahrt schwer schädigte. Mit den restlichen Verbündeten ging König Erich nach schweren Niederlagen bei Flensburg am 22. August 1432 einen fünfjährigen Waffenstillstand ein. Schließlich veranlaßte ihn der Aufstand, der in Schweden gegen seine Herrschaft ausbrach, am 15. Juli 1435 zum Abschluß des Friedens von Vordingborg, in dem er der Hanse ihre Privilegien bestätigte und die hansischen Schiffe vom Sundzoll befreite, den er seit 1426 erheben ließ. Noch einmal hatte der wendische Kern der Hanse einen Sieg im Ostseeraum erringen können.

Ihren Erfolg über den König verdankten die Städte teilweise den Schwierigkeiten, die diesem in seinen Reichen erwachsen waren und die ihn schließlich zu Fall brachten. Dies hing auch mit den engen Beziehungen Erichs zu seinen pommerschen Verwandten zusammen. 1406 hatte Erich Philippa, die damals etwa zwölfjährige Tochter König Heinrichs IV. von England, geheiratet. Als sich nach einigen Jahren der Verdacht regte, die Ehe könne kinderlos bleiben, setzten Überlegungen ein, wer in diesem Fall Erichs Nachfolger werden solle.[17] Des Königs Wahl fiel auf seinen sehr viel jüngeren Vetter Bogislaw IX., den zwischen 1407 und 1409 geborenen Sohn Herzog Bogislaws VIII. von Stolp. Aus Urkunden des Königs aus den Jahren 1416 und 1417 und deutlicher noch aus der Neuordnung des Wittums der Königin Philippa von 1428 wird zum ersten Mal erkennbar, daß Erich ihn für den Fall seiner Kinderlosigkeit zum Nachfolger ausersehen hatte. Widerstände dagegen, die vor allem aus dem Wahlkönigreich Schweden zu erwarten waren, scheinen zunächst ausgeblieben zu sein.

König Erich hatte Bogislaw IX. aber nicht nur zu seinem Nachfolger ausersehen, er verfolgte mit ihm noch weiter reichende Pläne. 1420 verhandelten seine Gesandten mit Gesandten des polnischen Königs Władysław Jagiełło über eine Ehe zwischen Bogislaw als Erben der nordischen Reiche und Władysławs einziger Tochter Hedwig. Da Władysław damals 69 Jahre alt war, galt sie als Erbin der Länder der polnisch-litauischen Union. Es scheint, als seien die Verhandlungen bis zu einem förmlichen Verlöbnis gediehen. Eine kurze Zeit lang sah es so aus, als könne Bogislaw als Erbe König Erichs und Gatte Hedwigs dereinst die Länder der Kalmarer und der polnisch-litauischen Union in seiner Hand vereinen und damit zum Herrscher eines gewaltigen Reiches werden. Als die Pläne außerhalb Polens bekannt wurden, weckten sie allerdings viele Befürchtungen. Wenn man Schriftstücken des Deutschen Ordens glauben darf, hat wohl König Sigismund die schon angesetzte Hochzeit zunächst einmal verhindert. Er tat das im Interesse des ihm damals noch nahestehenden Kurfürsten Friedrich von Brandenburg, und er hat auch Vermittlungen zwischen diesem und dem König von Polen eingeleitet, der ja noch 1419 die Pommern durch ein Hilfskontingent in ihrem Kampf gegen Friedrich unterstützt hatte.

Die Verhandlungen zwischen Brandenburg und Polen aber führten über einen Ausgleich weit hinaus und veranlaßten König Sigismund am 18. Februar 1421 in einem Brief an Kurfürst Friedrich zu der Ermahnung, sein Blut nicht mit dem des Polenkönigs zu vermengen und etwas zu tun, wodurch er, Sigismund, gegen ihn »in widerwertickeyt« sein müsse. Zum Schluß drohte er ihm seine und des Reiches schwere Ungnade an. Des-

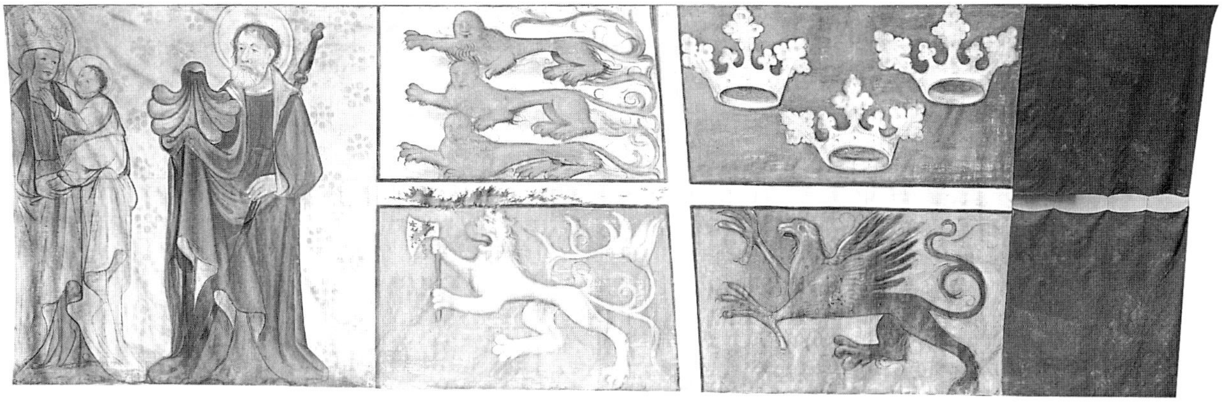

Die Fahne Erichs von Pommern, des Königs der Kalmarer Union, zeigt links auf dem ersten Feld die über die gesamte Höhe dargestellte Mutter Gottes mit dem Christuskind und eine männliche Heiligengestalt, möglicherweise den heiligen Erich. Dahinter folgen die Wappen der vier Reiche König Erichs: in der oberen Reihe die drei Leoparden des dänischen Reichswappens, dahinter das schwedische Drei-Kronen-Wappen, in der unteren Reihe der norwegische Löwe mit Axt und schließlich rechts unten der pommersche Greif. Die Aufnahme Pommerns in Flagge und Siegel des Kalmarer Unionskönigs sollte offenbar den von Erich erhobenen Anspruch auf Erblichkeit der drei nordischen Kronen innerhalb der Greifendynastie unterstreichen. Die Unionsfahne, 1424 von den Lübeckern im Sund erbeutet, hing mehr als 500 Jahre in der Lübecker Marienkirche. In einer Bombennacht des Jahres 1942 ging sie verloren. Die schon früher angefertigte Kopie befindet sich heute im Frederiksborgmuseum in Hillerød.

senungeachtet schlossen Polen und Brandenburg am 8. April 1421 nicht nur ein Bündnis, sondern dazu auch einen Vertrag, in dem die Königstochter Hedwig nunmehr mit Kurfürst Friedrichs zweitem Sohn Friedrich verlobt wurde. Beiden wurde die Thronfolge in Polen zugesichert, sollte Władysław weiterhin söhnelos bleiben. Damit waren die Pläne König Erichs und die Hoffnungen Bogislaws IX. durchkreuzt, Kurfürst Friedrich aber mußte eine tiefgehende Verstimmung König Sigismunds hinnehmen. Er verlor jeden Rückhalt bei ihm und hatte hinfort mit seiner Gegnerschaft zu rechnen.

Der Wandel wirkte sich auf Sigismunds Politik gegenüber Pommern aus, und zwar zunächst in der Frage der Reichsunmittelbarkeit. Als der Stettiner Herzog Kasimir V. ihn im ungarischen Buda aufsuchte, bestätigte er ihm und seinem Bruder Otto II. – vielleicht unter Vermittlung des ebenfalls dort anwesenden Unionskönigs Erich – am 17. Februar 1424 die Belehnungsurkunde seines Vaters Kaiser Karls IV. vom 4. März 1357 und stellte fest, er habe den beiden Herzögen in Konstanz ihr Herzogtum gleich seinem Vater verliehen. In weiteren Urkunden bestätigte er ihnen Privilegien und nicht zuletzt auch ihren Besitz in der Uckermark.

Auch das Heiratsprojekt für Bogislaw IX. wurde wieder aufgenommen, jetzt gemeinsam von den Königen Erich und Sigismund und ungeachtet der Verlobung Hedwigs mit Friedrich von Hohenzollern, der am polnischen Königshof erzogen wurde. Nach ersten Versuchen Sigismunds 1423 und Erichs Anfang 1424 nutzten die beiden Könige Anfang März 1424 ihre Anwesenheit bei der Krönung der jungen polnischen Königin Sofia, die König Władysław 1422 als Einundsiebzigjähriger geheiratet hatte, um den polnischen König durch sehr weitgehende Versprechungen, die auch einen Anschluß des Herzogtums Stolp an Polen in Aussicht stellten, für eine Ehe Bogislaws IX. mit Hedwig zu gewinnen. Władysław ließ sich in ihrer Anwesenheit die Verträge vorlesen, die er mit Brandenburg geschlossen hatte, und erklärte ihnen dann, die Angelegenheit nicht ohne Großfürst Witold von Litauen entscheiden zu können. Eine Gesandtschaft zu Witold wurde von diesem ausweichend beschieden. Noch 1424 gebar Königin Sofia dem greisen Władysław einen Sohn, und das Eheprojekt wurde dann anscheinend aufgegeben. Auch die brandenburgisch-polnische Ehe kam nicht zustande. 1431 starb Hedwig in den Armen ihres Verlobten Friedrich, angeblich vergiftet von ihrer Stiefmutter Sofia.

Nach dem Scheitern des polnischen Eheplans blieb Bogislaw IX. die Aussicht auf die Nachfolge in den drei Reichen der Kalmarer Union. Aber auch diese Aussichten schwanden mit dem Niedergang der Herrschaft Erichs. Er begann 1434 in Schweden mit einem von Engelbrekt Engelbrektsson geführten Aufruhr, der sich von Dalarna aus über das schwedische Reich ausbreitete, veranlaßt und genährt zunächst vom Volkszorn über königliche Vögte und die von ihnen eingetriebenen Steuern, dann aber auch vom Adel für eigene Ziele genutzt. Von Anfang an richteten sich die Vorwürfe auch gegen die Nachfolge Bogislaws, gegen die man das Recht auf freie Königswahl stellte. Im Verlauf der Auseinandersetzungen gewann dieser Streitpunkt immer mehr Gewicht, zumal Erich unbeirrt an seinen Absichten festhielt und entgegenstehende Vereinbarungen und Bestimmungen unterlief. Entscheidend wurde, daß Erich den Rückhalt des däni-

Im Herzogsschloß zu Rügenwalde (links) nahm König Erich von Pommern nach der Vertreibung aus seinen skandinavischen Reichen von 1446 bis zu seinem Tod 1459 Residenz als regierender Herzog von Pommern-Stolp. Auch Herzog Barnim IX. residierte hier für einige Jahre, als ihm Stettin wegen der dortigen reformatorischen Unruhen nicht sicher erschien. Barnim X. war der letzte männliche Sproß des Greifengeschlechts, der von Rügenwalde aus herrschte. Er hatte auf die ihm im Zuge der Jasenitzer Erbvereinigung von 1569 zugefallene Mitregentschaft in Pommern-Stettin verzichtet und sich mit dem Amt Rügenwalde abfinden lassen. Hier verbrachte er mit seiner Gemahlin Anna Maria von Brandenburg ruhige Jahre, bis er 1602 die Regierung in Stettin übernahm.

Erich von Pommern ließ in Rügenwalde um 1450 eine Getrudenkapelle (rechts) erbauen, einen zwölfeckigen Zentralbau mit sechseckigem Innenraum, der von einem Sternengewölbe überspannt wird. Das außerhalb der Stadt liegende Gotteshaus wurde nach der Reformation Friedhofskapelle. Heute befindet sich dort die prachtvolle Barockkanzel der Schloßkirche aus dem 17. Jahrhundert.

Das Städtchen Rügenwalde wurde von Fürst Wizlaw II. von Rügen wahrscheinlich im Jahre 1271 gegründet. Durch seine Mutter, eine Tochter Swantopolks II. von Ostpommern, war Wizlaw in den Pfandbesitz des Landes Schlawe und der Burggrafschaft von Thirlow gekommen. 1277 verkaufte Wizlaw den Markgrafen von Brandenburg dieses Pfandrecht, die wiederum die Swenzonen damit belehnten. Im Jahre 1312 kommt es zur Neugründung der bis dahin nicht recht gediehenen und wieder verfallenen Stadt.

schen Reichsrates verspielte. 1437/38 versuchte er während eines letzten längeren Aufenthaltes in Dänemark die Nachfolge Bogislaws dadurch zu sichern, daß er Burgen auf Lolland, Langeland und Mön an die Herzöge Barnim VIII. von Pommern-Barth, Wartislaw IX. von Wolgast und pommersche Gefolgsleute verlieh, Bogislaw IX. zum Reichsvorsteher ernannte und ihm die Insel Fünen übertrug. Diese Maßnahmen und die veränderten Konstellationen in Schweden waren wesentliche Gründe für den endgültigen Bruch mit dem dänischen Reichsrat.

Für Bogislaw IX. wirkte sich jetzt verstärkt ein Nachteil aus, der an sich von Anfang an bestanden hatte: Anders als sein Vetter Erich stammte er nicht von König Waldemar IV. und dem dänischen Königshaus ab. Diese Bedingung erfüllte der Sohn von Erichs Schwester Katharina, Christoph von Bayern. Diesen holte der dänische Reichsrat ins Land, als er sich im Sommer 1439 von Erich lossagte. Im Oktober 1439 setzte auch der schwedische Reichsrat Erich ab, Norwegen folgte wenig später. Noch zehn Jahre lang kämpfte der König von der Insel Gotland aus um seine Herrschaft, dann zog er sich 1449 nach Rügenwalde zurück.

Mit Erichs Königsmacht waren auch die Hoffnungen Bogislaws IX. dahingeschwunden. Zusammen mit den anderen Pommern hat er Dänemark wohl noch im Jahre 1439 verlassen. Das Spiel um die Nachfolge in der Kalmarer Union und das Heiratsprojekt mit der polnischen Prinzessin Hedwig hatten ihn hoch aufsteigen lassen, jedoch mehr als Objekt der Ziele seines Vetters Erich denn als selbständig handelnde Person. Zuletzt blieb er nur der kleine Herzog seines kleinen Stolper Herzogtums. Er starb lange vor seinem Vetter Erich am 7. Dezember 1446. In Pommern war er vor allem in die von seinem Vater ererbten Auseinandersetzungen mit dem Bischof von Cammin und anschließend in solche mit der Stadt Kolberg verwickelt.

Weitaus tiefer als Bogislaw stürzte König Erich selbst ab, der als der mächtigste König des Nordens regiert hatte und nun das letzte Jahrzehnt seines Lebens in Rügenwalde verbrachte, wo er im Jahre 1459 starb. Trotz seines Scheiterns darf seine Bedeutung für die nordischen Reiche nicht übersehen werden, wo er Kanzlei und Verwaltung neu ordnete und die Städte förderte. In Pommern hat er immer wieder eingegriffen. Für die Herzöge war er eine einigende Kraft, der sie sich unterordneten. Nicht nur zu ihnen, sondern auch zu seinem Vetter, dem römischen König und Kaiser Sigismund, hat er seine verwandtschaftlichen Beziehungen gepflegt und genutzt. Politisch nicht unbegabt und von hartnäckigem Durchsetzungsvermögen, hat er sich jedoch immer wieder von Ehrgeiz und Unausgeglichenheit dazu verleiten lassen, die Grenzen des Möglichen zu mißachten.

DAS STIFT CAMMIN UND DIE STADT KOLBERG

Eine unruhige Entwicklung machte das Camminer Stiftsgebiet durch.[18] Nachdem Herzog Bogislaw VIII. am 11. Februar 1418 im Bann gestorben war, führte seine ebenfalls gebannte Gemahlin Sophia von Holstein zusammen mit ihrem noch unmündigen

Sohn Bogislaw IX. den Streit mit dem Bischof um die Stiftsschlösser fort. Im Jahre 1424 ließ sich Bischof Magnus aus dem ungeliebten Cammin nach Hildesheim versetzen. Am 10. Mai 1424 providierte Papst Martin V. den Archidiakon von Pyritz Siegfried Bock zum Bischof von Cammin, der nach späteren Quellen Kanzler König Erichs gewesen sein soll. Doch setzte auch er den Streit um die Stiftsschlösser fort und erreichte, daß am 29. Juli 1434 die Reichsacht über Herzog Bogislaw IX. und seine Mutter verhängt wurde. Spätestens dies hat seinen Vetter Erich veranlaßt einzugreifen, da Bann und Reichsacht Bogislaw als seinen Nachfolger belasteten.

Auf Drängen Erichs und unter seiner Vermittlung kam am 1. Mai 1436 in Kolberg ein Vertrag zustande, der die Frage der Stiftsschlösser regelte und die Lösung Bogislaws aus dem Bann vorsah. Darüber hinaus war die Bestätigung der Schirmherrschaft des Herzogs bedeutsam, welche die Selbständigkeit des Stiftes einschränkte, und dazu die Regelung der Bischofswahl, die dem Herzog über ein Zustimmungsrecht große Einflußmöglichkeiten sicherte. Der Vertrag hat die 1417 in Konstanz befestigte Reichsunmittelbarkeit des Bischofs untergraben und die Abhängigkeit des Bistums von den Herzögen verstärkt. Kaum war der Streit um die Stiftsschlösser beigelegt, gab es Unstimmigkeiten zwischen Cammin und Kolberg, der wichtigsten und mächtigsten Stadt im Stiftsgebiet und darüber hinaus in ganz Hinterpommern. Auch noch im 15. Jahrhundert bildete die Salzgewinnung, die bei dem damaligen großen Salzbedarf trotz des Vordringens des billigeren Baiensalzes aus Frankreich einträglich blieb, die Grundlage ihres Wohlstandes und ihrer Macht, zumal das durch Sieden gewonnene Kolberger Salz sich durch größere Reinheit als das Seesalz auszeichnete. Streitigkeiten um die Rechte und Anteile an seiner Gewinnung waren Teil einer Folge von Auseinandersetzungen der Stadt mit dem Bischof und dem Kolberger Domkapitel.

Kolbergs Geschicke leitete im 15. Jahrhundert ein bedeutender Bürgermeister: Hans von Schlieffen. Er stammte aus einer durch ihre Anteile an der Salzgewinnung vermögenden Familie, war selbst auch als wohlhabender Kaufmann tätig und erlangte das Bürgermeisteramt spätestens im Jahre 1436. Offensichtlich hat er auch die Beziehungen Kolbergs zur Hanse intensiviert.

Die Auseinandersetzungen begannen vor dem Hintergrund der kirchlichen Spaltung nach der Absetzung Papst Eugens IV. durch das Basler Konzil im Jahre 1439. Die Stadt hielt zum Papst, der ihr umfangreiche Privilegien verlieh, während Bischof Siegfried und die Stadt Köslin auf seiten des Konzils standen. Ausgelöst hat den Konflikt dann ein Streit um die kirchliche Zuständigkeit in einem Rechtsfall. Vor einem offenbar durch Hans von Schlieffen ausgelösten Aufruhr flohen das Domkapitel und Teile der Geistlichkeit aus der Stadt, die der Bischof bannte. Herzog Bogislaw IX. lud als Schirmvogt des Bistums die Parteien zu einem Tag nach Treptow an der Rega. Dort ließ er am 28. Januar 1442 unter Mißachtung des freien Geleits Hans von Schlieffen festnehmen und erst gegen Zusicherung eines hohen Lösegeldes wieder freigeben. Die Stadt verweigerte die Zahlung, worauf Herzog Bogislaw im August 1443 Kolberg drei Tage lang belagerte und dann versuchte, durch Verrat in die Stadt zu gelangen. Doch wurde der Anschlag aufgedeckt und in eine Niederlage des Herzogs verwandelt.

Die Stärke der Gegner hat Kolberg und Hans von Schlieffen von Anfang an Unterstützung bei der Hanse suchen lassen. Diese hat beharrlich versucht, im Streit zu vermitteln, hat darüber hinaus aber die Stadt auch durch Bewaffnete und Darlehen unterstützt. Nach fehlgeschlagenen Vermittlungsversuchen unter anderem auch des Hochmeisters und der preußischen Städte im November 1443 gelang es erst 1445, die Parteien auf ein Schiedsgericht zu einen, das aus dem Grafen von Eberstein, zwei Vasallen, drei Vertretern von Stargard und Treptow und vor allem aus Ratssendeboten der Hansestädte bestand. Vor diesem Schiedsgericht verglichen die Parteien sich am 14. Mai. Um sich aus seiner bedrohlichen Lage zu befreien, verpflichtete sich Kolberg am 21. Mai, Herzog Bogislaw 9000 Gulden zu zahlen und ihn und Bischof Siegfried um Verzeihung zu bitten.

Durch die mühsam errungene Einigung wurde jedoch der Konflikt nicht endgültig beigelegt. Nachdem Bischof Siegfried am 15. Mai 1446 gestorben war, wählte die Mehrheit des Camminer Domkapitels den von Herzog Bogislaw empfohlenen herzoglichen Kanzler Henning Iwen. Das Basler Konzil bestätigte die Wahl. Kolberg aber und ein Teil des Adels verweigerten die Huldigung. Bischof Henning veranlaßte das Kolberger Domkapitel, die Stadt zu verlassen, und bannte sie. Doch blieb er ohne die Unterstützung Herzog Bogislaws, der im Dezember 1446 starb. Daher einigte er sich unter Zugeständnissen am 1. Januar 1449 mit der Stadt und vermittelte am 22. Juni auch einen Ausgleich mit dem Domkapitel. Doch bereits Ende 1454 oder Anfang 1455 brach der Streit erneut aus und währte dann in dieser letzten Phase über zehn Jahre.

Als 1456 im Auftrag Herzog Wartislaws IX. der Kolberger Dompropst Nikolaus Bruckmann in Sachen der Greifswalder Universitätsgründung in Rom weilte, nutzte er diesen Aufenthalt, um an der Kurie gegen Kolberg zu prozessieren. Er kehrte mit drei Urteilen gegen die Stadt zurück, die jetzt im Stift isoliert war und neben dem Bischof und dem Domkapitel auch und vor allem den Adel zu Gegnern hatte. Später gesellte sich diesen noch Herzog Erich II. hinzu. Dennoch war die Stadt stark genug, einen Vergeltungszug gegen das Domkapitel in Cammin zu führen. Einen gewissen Rückhalt mag ihr ein Bündnis mit König Christian I. von Dänemark gegeben haben, das zumindst von den weiträumigen Verbindungen der Stadt und ihres Bürgermeisters Hans von Schlieffen zeugte, aber auch für ihren Handel wichtig war. Höhepunkt des Krieges wurde ein großangelegter Zug, den Dinnies von der Osten, der im Dienste König Erichs militärische Erfahrung erworben hatte, gegen Kolberg führte. Er scheiterte in einem nächtlichen Überfall am 21. Dezember 1462 (oder 1463) unter starken Verlusten der Angreifer. In einem Vergeltungszug verwüsteten die Kolberger den Besitz ihrer Feinde und belagerten Dinnies in seiner Burg Woldenburg. Dann vermittelten Stargard, Stolp und weitere Städte einen Waffenstillstand.

Die Beilegung der Auseinandersetzungen zog sich aber nochmals über Jahre hin. Zuerst, am 1. Januar 1466, verglich sich Kolberg mit Herzog Erich II., der in diesen für das Verhältnis Pommerns zu Brandenburg entscheidenden Jahren keinen Krieg im Landesinnern brauchen konnte. Ein Jahr später, am 13. Mai 1467, folgte der Friedensschluß mit dem Bischof. Den schwierigen Ausgleich mit dem Kolberger Domkapitel vermittelte Herzog Erich am 30. Januar 1468 in Wollin. Ein endgültiger Vertrag mit Dinnies von der Osten kam erst 1475 zustande.

Der Krieg, der sich mit zwei kürzeren Unterbrechungen von einem und sechs Jahren über einen Zeitraum von 25 Jahren hinzog, hat dem Land und seinen Bewohnern durch Plünderung, Brand und Raub schwer geschadet. Er zeigte aber, daß auch in diesem Teil Pommerns damals städtische Macht neben die des Landesherrn trat. Nicht zuletzt auch in Verbindung damit besaßen die Stände im Stiftsgebiet großen Anteil an der Lenkung des Landes. Von den Städten gehörten nur die Immediatstädte Kolberg und Köslin dazu, in denen auch die Landtage abgehalten wurden. Neben ihnen standen die Stiftsvasallen, deren Besitz häufig sowohl im Stiftsgebiet als auch in den umgebenden Teilen des Herzogtums lag. Die stiftische Geistlichkeit war auf den Landtagen allein durch das Camminer Domkapitel vertreten.

Am 25. Juli 1469 schlossen Kolberg und Köslin einen Vertrag, in dem sie festlegten, künftig einem neuen Bischof nur gemeinsam zu huldigen, und zwar erst dann, wenn dieser ihre Privilegien bestätigt habe. Vorausgegangen war am 3. August 1468 der Tod Bischof Henning Iwens. Bischof Henning ist zwar in seinem Kampf mit Kolberg glücklos geblieben, hat sich aber seinen geistlichen Aufgaben im Bistum mit Erfolg gewidmet und namentlich die innere Ordnung seiner Diözese durch auf Synoden erarbeitete Statuten gefördert. An der Gründung der Universität Greifswald, deren erster Kanzler er wurde, war er maßgeblich beteiligt.

Nach dem Tod Henning Iwens dauerte es zehn Jahre, bis das Bistum Cammin wieder einen Bischof erhielt. Zwar entschied sich das Domkapitel in Übereinstimmung mit den Herzögen für den jungen Grafen Ludwig von Eberstein, doch der Papst verweigerte diesem die Bestätigung und versuchte, den ermländischen Bischof Nikolaus von Tüngen nach Cammin zu versetzen, der sich jedoch weigerte, das Bistum Ermland aufzugeben. So verwaltete der Postulat Ludwig von Eberstein das Bistum, ohne jedoch allgemein anerkannt zu werden. Die Verhältnisse ordneten sich erst wieder, als Papst Sixtus IV. die Versetzung Bischof Nikolaus von Tüngens aufhob und am 16. November 1478 den Italiener Marinus de Fregeno zum Bischof von Cammin providierte.

DIE WOLGASTER HERZÖGE UND DIE BÜRGERMEISTER HEINRICH RUBENOW UND OTTO VOGE

In Vorpommern führte die Pest im Dezember 1451 durch den Tod der Herzöge Barnim VII. von Wolgast und Barnim VIII. von Barth zur Wiedervereinigung des 1425 geteilten Herzogtums Wolgast diesseits der Swine in der Hand Wartislaws IX. Dieser empfing am 1. Januar 1452 in Stralsund die Huldigung des Landes Barth und erteilte im Zusammenhang damit am 2. Januar den vier Städten Stralsund, Greifswald, Anklam und Demmin das »Goldene Privileg«, eine zusammenfassende Zusicherung städtischer Rechte und Freiheiten. Für Streitfälle wurde eine städtische Schiedsgerichtsbarkeit festgelegt. In den kommenden Jahren erwuchsen Wartislaw starke Mit- und Gegenspieler in den Bürgermeistern von Greifswald und Stralsund, Heinrich Rubenow und Otto Voge.

Bei Rubenow treffen wir auf eine neue Stufe der geistigen Entwicklung des Bürgertums in den großen Städten. Er hatte zuerst in Rostock, dann in Erfurt studiert und war danach als »doctor legum« nach Greifswald zurückgekehrt. Dort wurde er zunächst Ratssyndikus, dann 1449 Bürgermeister. Diesem Bürgermeister, der gelehrtes Wissen mit einem beträchtlichen Vermögen verband, verdankt Greifswald in erster Linie, daß in der Stadt eine Universität gegründet wurde, auch wenn dies aus den Gründungsurkunden nicht hervorgeht.

Die Gründung der Universität Greifswald war das wichtigste kulturelle Geschehen in Pommern im 15. Jahrhundert.[19] Schon in den Jahren 1437 bis 1439 hatte die Stadt fünf Semester lang eine Universität beherbergt, die Rostocker, welche unter dem Druck des Basler Konzils und Papst Eugens IV. die geächtete und gebannte Stadt Rostock hatte verlassen müssen. Eine direkte Verbindung von diesen Vorgängen hin zur Greifswalder Universitätsgründung läßt sich nicht ziehen, auch wenn Einwirkungen wahrscheinlich sind. Andererseits gingen von Rostock und den Herzögen von Mecklenburg Widerstände gegen die Entstehung einer so nahe gelegenen weiteren Universität aus.

Am 31. Juli 1455 ließ Herzog Wartislaw IX. in Rom bei Papst Calixtus III. eine Supplik einreichen, in der er um ein Privileg für ein Generalstudium bat, das in Greifswald eingerichtet werden sollte. Der Papst ordnete ein Prüfungsverfahren vor dem Bischof von Brandenburg an. Danach stellte er am 29. Mai 1456 den Stiftungsbrief aus, den der Bischof von Cammin, Henning Iwen, am 21. September öffentlich verkündete, nachdem der Herzog die päpstliche Aufforderung erfüllt hatte, die jährlichen Einkünfte der Universität von den ursprünglich vorgesehenen 600 auf 1000 Gulden zu erhöhen. Greifswald erhielt darin das Privilegium eines Studium generale, als dessen Kanzler der Papst den Camminer Bischof bestellte. Nicht erhalten hat sich ein Privileg, das Kaiser Friedrich III. der Universität erteilte.

Am 17. Oktober 1456 eröffnete Bischof Henning Iwen in Anwesenheit Herzog Wartislaws IX. die Universität in einem Festakt in der Greifswalder Nikolaikirche. Der Herzog übergab Heinrich Rubenow als Vizekanzler und erstem Rektor zwei Zepter als Zeichen der Hoheitsrechte der Universität. Daß Heinrich Rubenow erster Rektor wurde, bestätigte seinen Anteil an der Neugründung und ermöglichte es ihm, zu ihrer Festigung beizutragen. Bei der Ausstattung der Gründung steht allerdings der Name des Herzogs obenan, dessen Anteil aber bei genauerem Hinsehen zusammenschrumpft. Seine Schenkungen waren teilweise verpfändet und mußten erst ausgelöst werden. Neben dem Herzog haben sich die Kirche und nicht zuletzt die vorpommerschen Klöster, unter ihnen vor allem Eldena, an der Ausstattung beteiligt. Die Stadt Greifswald ließ sich die Sorge für die juristische Fakultät angelegen sein, von der sie sich den stärksten eigenen Nutzen erhoffte. In der Tat sollte gerade diese Fakultät dem Herzogtum in den kommenden Jahrzehnten vor allem bei der Abwehr brandenburgischer Ansprüche wertvolle Dienste erweisen. Ergänzend zur Universitätsgründung wurde die Kirche Sankt Nikolai zur Kollegiatkirche erhoben. Kanoniker waren Professoren der Universität. Die wirtschaftliche Ausstattung der Kanonikate, die Präbenden, dienten ihrer Versorgung. Allein sechs Präbenden hat Heinrich Rubenow gestiftet.

Hatte sich das Zusammenspiel Herzog Wartislaws IX. mit dem Greifswalder Bürgermeister Heinrich Rubenow bei der Universitätsgründung als segensreich erwiesen, so mündete das Verhältnis des Herzogs zu dem Stralsunder Bürgermeister in ein unheilvolles Zerwürfnis.[20] Otto Voge entstammte einer Stralsunder Patrizierfamilie, die sich seit Anfang des 14. Jahrhunderts im Rat nachweisen läßt. Der Vater war von 1409 bis zu seinem Tode 1416 Bürgermeister der Stadt gewesen. Ihn selbst finden wir 1432 im Rat, seit 1443 als Bürgermeister von Stralsund.

Die Spannungen mit Herzog Wartislaw IX. begannen sogleich, nachdem dieser nach dem Tod seines Vetters Barnim VIII. Stralsund und das Barther Teilherzogtum wieder übernommen hatte. Im Zusammenhang mit dieser Übernahme geriet Wartislaw IX. in Gegensatz zu den Herzögen von Mecklenburg, da er Katharina von Wenden, der Braut Herzog Ulrichs von Mecklenburg, einer in Barth aufgewachsenen Nichte Herzog Barnims VIII., nicht nur testamentarische Legate ihres Onkels vorenthielt, sondern sich vor allem weigerte, eine Schuld von 20 000 Gulden anzuerkennen, die Katharina Barnim geliehen hatte.

Stralsund unter der Führung von Otto Voge war nicht bereit, Wartislaw, der den Willen des verstorbenen Herzogs mißachtete, gegen Mecklenburg zu unterstützen. Der Herzog unterlag bei einem mißglückten Kriegszug und wurde durch den Friedensvertrag vom 18. Januar 1453 dazu verpflichtet, Katharina samt ihrem Erbe und ihrem Vermögen an Herzog Ulrich auszuliefern. Wartislaw verband sich daraufhin mit den Gegnern des Stralsunder Bürgermeisters, deren Zahl auch innerhalb der Stadt zunahm. Auf einer Landesversammlung im Februar 1453 in Stralsund sollte ein Anschlag auf ihn ausgeübt werden, wovon Voge jedoch gerade noch rechtzeitig Kenntnis erhielt. Er ließ daraufhin von Rügen nur den Landvogt Raven Barnekow mit seiner Begleitung übersetzen. Der Herzog wartete den Ablauf des Geschehens vor der Stadt ab. Als Voge Barnekow auf der Landesversammlung in der Nikolaikirche wegen des Anschlages anklagte und einen Verräter nannte, antwortete der Landvogt mit scharfen Gegenanklagen. Voge ließ ihn festnehmen, foltern und am 15. März durch das Rad hinrichten.

Der derart herausgeforderte und in seiner Ehre getroffene Herzog verlegte sich nun darauf, die Stadt, ihren Besitz und ihren Handel zu schädigen. Dies ließ die Unzufriedenheit mit dem Bürgermeister und die Gegnerschaft gegen ihn in Stralsund anwachsen. Voge ging mit Härte dagegen vor, mußte aber am 23. Mai aus der Stadt weichen und begab sich zunächst zu Schiff nach Kolberg. Der Stralsunder Rat, in dem nun seine Gegner die Oberhand hatten, verfestete Voge und konnte sich mit Herzog Wartislaw rasch einigen, indem er das Zerwürfnis auf die Person Voges konzentrierte und die Angelegenheit der Barnekows zunächst beiseite ließ. Einen erneuten Kriegszug Wartislaws gegen Mecklenburg im September 1453 unterstützte die Stadt – sehr zu ihrem Schaden, denn auch dieser verlief wenig glücklich für die pommersche Seite. Als man ein Jahr später Frieden schloß, mußten die Stralsunder für gefangene Bürger hohe

Auslösesummen zahlen, der Herzog für das von ihm zerstörte Schloß Galenbeck Schadenersatz leisten.

Währenddessen hatte sich Otto Voge von Kolberg aus zu König Christian I. von Dänemark begeben, zu dem er von einer früheren diplomatischen Mission her gute Beziehungen hatte. Wiederholte Bemühungen vor allem des Königs und der Hanse um Voges Rückkehr scheiterten an der Unversöhnlichkeit Herzog Wartislaws IX. und nach dessen Tod im April 1457 auch seiner Söhne Erich II. und Wartislaw X. Erichs II. Haß zog sich auch der Greifswalder Bürgermeister Heinrich Rubenow zu, als er am 5. August 1457 eine Jagdgesellschaft des Herzogs gefangennahm, der bei Greifswald widerrechtlich jagte. Auch Rubenow wurde gestürzt, fand aber in Stralsund Zuflucht, wo sich die Stimmung gegen die Herzöge zu wenden begann. Die jedes Recht mißachtenden Herzogssöhne überfielen daraufhin am 5. Oktober Stralsunder Kaufleute, die unter der Zusage herzoglicher Sicherheit den Michaelismarkt in Barth besucht hatten. Ungeachtet ihrer Zusage führten sie die Kaufleute gefangen nach Wolgast und Grimmen und machten reiche Beute.

Mit diesem offenkundigen Unrecht hatten Erich und Wartislaw sich außerhalb dessen gestellt, was das Land hinzunehmen bereit war. In Stralsund zwangen Unruhe und Empörung der Bürger den herzogtreuen Rat, die Auslösung und Entschädigung der betroffenen Kaufleute zu versprechen. Am 9. November erneuerten die vier Städte Stralsund, Greifswald, Anklam und Demmin unter Berufung auf das Geschehene ihr altes Bündnis. Vor der Einigkeit der vier Städte wich Herzog Erich zurück, zumal ein von ihm veranlaßter Einfall der Mecklenburger auf Stralsunder Gebiet mit deren Niederlage geendet hatte. Dem Goldenen Privileg entsprechend unterwarf er seine Sache mit Stralsund dem Schiedsgericht der übrigen drei Städte, das ihn zur Rückgabe des Raubes beziehungsweise zum Ersatz des Schadens verurteilte.

Diese Entwicklung der Dinge brachte in Greifswald und Stralsund die Machtverhältnisse ins Wanken. Am 12. Dezember 1457 wurde Heinrich Rubenow feierlich nach Greifswald eingeholt und konnte sein Wirken zum Wohle der Stadt und der Universität fortsetzen, bis am 31. Dezember 1462 ein Mordanschlag seiner Gegner seinem Leben ein jähes Ende setzte. Wenig später als Rubenow, am 11. März 1458, wurde der Stralsunder Bürgermeister Otto Voge wieder in seine Heimatstadt aufgenommen und in seine Ämter eingesetzt. Im Gegensatz zu Rubenow konnte er seiner Vaterstadt noch lange dienen. Nach siebzehn Jahren klang sein Leben am 22. August 1475 ruhig aus.

Die Fehde, welche die unversöhnten Söhne Raven Barnekows gegen Stralsund, seine Kaufleute und Kaufleute verbündeter Städte führten, gelangte 1465 vor das kaiserliche Kammergericht in Wien, wo der rechtsgelehrte Jaroslaw Barnekow seine Familie vertrat. Das Gericht verurteilte Stralsund am 9. Mai 1465 zu einem hohen Schadenersatz. Da die Stadt das Urteil mißachtete, wurde am 21. November 1469 die Reichsacht über sie verhängt. Inzwischen hatten aber die Herzöge Erich und Wartislaw Vergleichsverhandlungen mit den Parteien aufgenommen, denn infolge der Auseinandersetzungen mit Brandenburg nach dem Tode Herzog Ottos III. waren sie dringend auf die Hilfe Stralsunds angewiesen und zu hohen Opfern dafür bereit. Nach langen Verhandlungen brachte

Herzog Erich II. am 12. Januar 1470 einen Vergleich zustande, der den Konflikt beendete. Die Barnekow verzichteten darauf, Personen, die an Raven Barnekows Tod beteiligt waren, weiter zu verfolgen. Stralsund verzichtete auf den Ersatz von Schäden aus der Fehde und verpflichtete sich, den Leichnam des Landvogts vor Greifswald dem Herzog zu übergeben. Während die Stadt alles vermied, was als Anerkenntnis einer Schuld gedeutet werden konnte, übernahm Herzog Erich alle Veranstaltungen zur Ehrung des Toten und zur Sühnung seines Todes, zahlte den Söhnen 3000 Gulden und verlieh ihnen Schloß Gützkow und ein weiteres Lehen.

DIE KÄMPFE MIT BRANDENBURG UM DIE UNABHÄNGIGKEIT DES HERZOGTUMS

Nachdem Kurfürst Friedrich von Brandenburg 1421 durch seine Polenpolitik bei König Sigismund in Ungnade gefallen war, fühlten sich die Pommernherzöge ermutigt, ihre Interessen offensiv zu verfolgen.[21] Am 15. September 1423 schlossen König Erich und alle Pommernherzöge mit dem Deutschen Orden in Preußen ein Schutzbündnis. Dem König verschafften diese Verträge Rückhalt bei seinen Auseinandersetzungen mit den Hansestädten, die Herzöge fühlten sich gestärkt in ihren Aktionen gegen Brandenburg. Schon Anfang 1425 fielen sie zusammen mit Herzog Heinrich von Mecklenburg in die Uckermark ein, gewannen am 15. Februar Prenzlau durch Verrat und schlossen am 1. Mai in Demmin mit Herzog Heinrich von Mecklenburg und den Fürsten von Wenden ein zehnjähriges Bündnis. Das mit Brandenburg verbündete Polen mißachtete dabei nicht nur seine Bündnispflichten, sondern unterstützte im Gegenteil die pommerschen Herzöge durch Truppen. Bei dem Versuch, die Stadt Vierraden zu belagern, erlitt Kurfürst Friedrich gegen die solchermaßen gestärkten Pommern, die durch Truppen aus Polen und dem Deutschordensland verstärkt waren, eine Niederlage und mußte sich eilig und unter Verlust seines Kriegsgeräts zurückziehen.

Die Niederlage hat wohl zu dem Entschluß Friedrichs beigetragen, der Herrschaft in der Mark Brandenburg zu entsagen. Auf einer Versammlung der märkischen Stände in Rathenow legte er am 13. Juni 1426 die Regierung der Markgrafschaft in die Hände seines ältesten Sohnes Johann, der nach militärischen Erfolgen eine ruhigere Phase der Beziehungen zu den Pommernherzögen einleitete. Am 22. Mai 1427 wurde der Krieg zwischen Pommern und Brandenburg durch den Freundschaftsvertrag von Eberswalde beendet, den die Stettiner Herzöge Otto II. und Kasimir V. mit dem Markgrafen abschlossen und in dem sie auf Angermünde verzichteten, jedoch Burg und Stadt Greifenberg behielten. Herzog Kasimirs Sohn Joachim wurde mit Barbara, der vierjährigen Tochter Markgraf Johanns, verlobt. Brandenburg griff erneut die Frage der Lehnshoheit auf. Über sie sollte der römische König entscheiden. Den Vertrag von Eberswalde ergänzte am 16. Juni in Templin ein Bündnisvertrag, dem am 19. Juni auch Herzog Heinrich von Mecklenburg-Stargard und Fürst Wilhelm von Wenden beitraten.

Der Vertrag von Eberswalde hielt über die Regierungszeit Markgraf Johanns hinaus. Geändert wurden die Eheabsprachen: Herzog Joachim erhielt statt Markgraf Johanns Tochter Barbara deren jüngere Schwester Elisabeth zugesagt, die er am 29. September 1440 heiratete und die ihm am 29. Mai 1444 den Sohn Otto III. gebar, den letzten Erben der Stettiner Linie. Bereits 1437 aber hatte Markgraf Johann die Herrschaft in der Mark Brandenburg seinem jüngeren Bruder Friedrich übergeben. Friedrich II., seit 1440 auch Kurfürst, verfolgte wie sein Vater das Ziel, die der Markgrafschaft entfremdeten Besitzungen und Rechte zurückzugewinnen. Zunächst richteten sich seine Bestrebungen allerdings gegen Mecklenburg, gegen das er ebenfalls Forderungen auf Lehnshoheit geltend machte. Dazu verbündete er sich am 11. April 1440 mit Herzog Joachim von Stettin und am 20. April mit den anderen pommerschen Herzögen. Gegen die Verbündeten mußte Herzog Heinrich von Mecklenburg-Stargard sich schon am 5. Juli 1440 zu einem vorläufigen Frieden bereit finden. Dieser Friede, der in seiner Folge mehr Brandenburg als die Pommernherzöge begünstigte, wurde am 12. April 1442 in Wittstock durch eine endgültige Einigung zwischen Brandenburg und den Herzögen von Mecklenburg ergänzt, die vor allem die Wolgaster Herzöge verstimmte, die darin nicht einbezogen waren. Die Wende in den pommersch-brandenburgischen Beziehungen trat wenig später ein.

Am 14. September 1444 erwirkte Kurfürst Friedrich II. vom römischen König Friedrich III. die Berechtigung, der Mark Brandenburg alle ihr entfremdeten Besitzungen wieder zuzuführen. Er forderte daraufhin von den Pommern, ihm gegen Erlegung der einstigen Pfandsumme die Teile der Uckermark herauszugeben, die sich noch in ihren Händen befanden. Als sie das verweigerten, zog der Kurfürst 1445 mit Heeresmacht vor Pasewalk. Dort aber traf er auf die wohlvorbereiteten und gutgerüsteten Vettern Barnim VII. und Barnim VIII., welche die Stadt erfolgreich gegen ihn verteidigten. Als er abzog, folgten ihm die Pommern in die Uckermark und konnten zeitweise Angermünde und Oderberg gewinnen. Im Herst 1445 schloß sich auch der Stettiner Herzog Joachim dem Bündnis der Wolgaster Herzöge an, verlor aber daraufhin Schloß und Stadt Stolpe und Schloß Greiffenberg in der Uckermark an Brandenburg. Ein dauerhafterer Friede kam erst am 29. Mai 1448 in Prenzlau zustande. Kurfürst Friedrich II. behielt Stolpe und Greifenberg, mußte aber auf Pasewalk sowie Alt- und Neu-Torgelow verzichten. Den Frieden sollte die Ehe festigen, welche Markgraf Friedrich der Jüngere, der jüngste Bruder Kurfürst Friedrichs und sein Mitregent, am 9. Februar 1449 mit Agnes, der Tochter Herzog Wartislaws IX., einging.

Doch änderten sich die politischen Bedingungen, als die Pest 1451 nicht nur die Wolgaster Herzöge Barnim VII. und Barnim VIII., sondern auch Herzog Joachim von Stettin hinwegraffte. Damit war der erst siebenjährige Otto III. einziger Erbe der Stettiner Linie. Zu seinem Vormund hatte Herzog Joachim nicht etwa einen der Wolgaster Herzöge ernannt, sondern Kurfürst Friedrich II. von Brandenburg, den Onkel seiner Gattin Elisabeth, die an dieser Entscheidung nicht unbeteiligt gewesen sein dürfte. Dem Kurfürsten bot diese Vormundschaft eine willkommene Gelegenheit, im Stettiner Herzogtum Fuß zu fassen. Als Ottos Mutter Elisabeth am 5. März 1454 eine zweite Ehe mit dem Wolgaster Herzog Wartislaw X. einging, nahm Friedrich ihren Sohn Joachim zu sich nach Berlin, um ihn dort an seinem Hof zu erziehen. Der Kurfürst hat anscheinend tatkräftig in die Regierung des Herzogtums eingegriffen, sich auch alljährlich Rechenschaft aus Stettin ablegen lassen.

Einen weiteren Anlaß zum Eingreifen in die pommerschen Verhältnisse nahm Friedrich wahr, als 1459 mit dem siebenundsiebzigjährigen König Erich der letzte männliche Vertreter des hinterpommerschen Zweiges des Wolgaster Herzoghauses starb. Erich hatte nach dem Tod seines einstmals zu seinem Nachfolger ausersehenen Vetters Bogislaw IX. im Jahre 1446 allein in Hinterpommern regiert. 1451 hatte er Bogislaws Tochter und Erbin Sophia,[22] die seit dem Tod ihres Vaters an seinem Hof in Rügenwalde lebte, mit Herzog Erich II. verheiratet, dem Sohn Herzog Wartislaws IX. von Wolgast, der durch seine Neigung auffällt, sich mit seiner Umwelt zu zerstreiten. So forderte er alsbald als Sophias Gemahl von dem alten König, an der Regierung beteiligt zu werden, konnte sich mit dieser Forderung aber nicht hinreichend durchsetzen. Nach dem Tod König Erichs gelang es ihm aber, sich von den Ständen am 16. Juni 1459 die Stellung eines Verwesers des Landes bestätigen zu lassen, indem er diesen umfangreiche Privilegien teils bestätigte, teils neu erteilte. Doch stieß er mit seinen Ansprüchen von zwei Seiten her auf Widerspruch. Schon beim Tode seines Vaters Wartislaw IX. im Jahre 1457 hatte er sich mit seinem Bruder Wartislaw X. über die Regierung im Herzogtum Wolgast zerstritten. Nun forderte Wartislaw X. einen Anteil am hinterpommerschen Erbe. Neben Wartislaw mischte sich aber auch Kurfürst Friedrich II. als Vormund Herzog Ottos III. ein und meldete für diesen ebenfalls Forderungen auf Teile Hinterpommerns an, obwohl der Stettiner Linie eigentlich keine Ansprüche auf das Wolgaster Hauptteil zustanden. Doch hatte Herzog Wartislaw IX. solche in einem Vertrag eingeräumt, in dem er das Land unter seine Söhne und seinen Enkel Otto aufteilte. Diese Regelung erkannte Erich II. allerdings nicht an, da der Vertrag in keiner vollgültigen Ausfertigung vorlag.

Was folgte, ist ein Zeugnis für die Kurzsichtigkeit, ja Blindheit, mit der die Wolgaster Brüder in die Zukunft steuerten. Statt auf die Gefahr zu achten, die ihnen von Brandenburg drohte und die sie zur Einigkeit hätte zwingen müssen, standen sie einander in Feindschaft gegenüber. Und in dieser Feindschaft suchte Wartislaw X. gegen seinen Bruder Hilfe ausgerechnet bei Kurfürst Friedrich II. von Brandenburg. Es mag sein, daß er dabei von seiner Gemahlin Elisabeth beeinflußt wurde, der Witwe Herzog Joachims und Nichte des Kurfürsten, die möglicherweise schon auf die Vormundschaftsregelung ihres Sohnes Otto III. eingewirkt hatte. Am 6. September 1459 schlossen Wartislaw und der junge Stettiner Herzog Otto III. in Neu-Angermünde einen Vertrag mit dem Kurfürsten, in dem dieser sich verpflichtete, die beiden in ihren Ansprüchen gegen Erich II. zu unterstützen. Für diese und weitere Hilfe gegen Mecklenburg verpfändete Wartislaw dem Kurfürsten seine Anteile an Pasewalk sowie Alt- und Neu-Torgelow und gab damit vielumkämpfte Objekte preis. Allerdings ist es aus unbekannten Gründen zu einer Übergabe an Kurfürst Friedrich dann doch nicht gekommen.

Es dauerte Jahre, bis sich die Pommernherzöge unter Vermittlung des brandenburgischen Kurfürsten zu einer Aussöhnung bereit fanden. Als es im April 1463 endlich dazu kam, stand das Herzogshaus bereits vor einer weiteren Katastrophe: Der Pest, die seit dem Frühjahr 1464 Norddeutschland heimsuchte, fielen, wie schon 1451, drei weitere männliche Mitglieder des Hauses zum Opfer. Zuerst starben nach dem 3. Mai Swantibor und Ertmar, die Kinder Herzog Wartislaws und der Elisabeth von Brandenburg, dann aber erlag der Seuche am 10. September im Alter von zwanzig Jahren Herzog Otto III. von Stettin. Mit seinem Tod erlosch die Stettiner Linie.

Sofort erhoben die Wolgaster Herzöge Erich II. und Wartislaw X. – jetzt in vollem Einvernehmen – aufgrund der uralten Zusammengehörigkeit des Greifenhauses Anspruch auf das Stettiner Herzogtum.[23] Die Zusammengehörigkeit des Gesamthauses war noch kurz zuvor die Voraussetzung der Teilung des Landes nach König Erichs Tod gewesen, an der auch der Stettiner Herzog Otto III. beteiligt worden war. Jedoch fehlten genaue Vorstellungen darüber, und die juristischen Beweismittel lagen vergessen irgendwo in herzoglichen Archiven. Doch Kurfürst Friedrich II. von Brandenburg meinte infolge der von ihm beanspruchten Oberlehnsherrschaft nach dem Aussterben der Stettiner Linie ebenfalls ein eindeutiges Recht auf das nun erledigte Lehen zu haben. Aber auch auf brandenburgischer Seite fehlten aus heutiger Sicht Kenntnisse über die tatsächlichen und vermeintlichen Rechte. Kurfürst Friedrich richtete am 17. September ein Schreiben an die Stände des Landes Stettin, in dem er sie ermahnte, nur ihn als Herzog anzunehmen, in einem weiteren Schreiben forderte er sie auf, ihm zu huldigen. Etwa um die gleiche Zeit begaben sich die beiden Herzöge persönlich nach Stettin, um dort ihre Sache zu betreiben. Die Stadt aber und die Stände des Landes verhielten sich beiden Seiten gegenüber zurückhaltend und zögerten Entscheidungen hinaus.

Dahinter stand neben politischer Vorsicht, vielleicht auch Uneinigkeit, vor allem das natürliche Bestreben, die Lage zur Sicherung und Erweiterung eigener Rechte und Vorteile zu nutzen. Die Geschichtsschreibung der darauf folgenden Zeit hat daraus das harte Gegeneinander einer brandenburgisch gesinnten Partei vor allem bei Stettin und den Städten und einer Gegenpartei gezeichnet, die treu zum angestammten Herzogshaus gehalten habe, sagenhaft verdichtet in der Schilderung des Begräbnisses Herzog Ottos III. Sie lautet bei Thomas Kantzow in der ersten hochdeutschen Fassung seiner Chronik am Anfang von Buch 11: »So ist auch ein Burgermeister zu Stettin gewest, Glinden geheissen, welcher ein Marker gewest; derselbig warff Hertzog Otten, als er begraben wart, Schilt und Helm hynnach in das Grab und sagte: ›da leit unser Herschafft‹ und wolte also das Land auff den Marggrafen fhüren; dan der Marggraff hette Verstentnus mit ime und etlichen andern gemacht. Aber ein Eickstete spranck in das Grab und holete Schilt und Helm wider heraus und sagte: ›Nein; nicht also! wyr haben noch geborne Herschafft der Hertzogen von Pomern und Wolgast!‹ Und hat sich mit dem Adel entslossen, das sie Hertzog Erichen und Hertzog Wartislaff von Pomern und Wolgast den Schilt und Helm prachten mit Erpietung ires Gehorsams und Undertenigkheit.«[24]

Doch auch die Vorgänge, die zuverlässig überliefert sind, bieten einiges an Spannung. Die Räte des Kurfürsten, die mit dessen zweitem, zur Huldigung auffordernden Schreiben nach Stettin kamen, mußten erfahren, daß vor ihnen bereits die Herzöge dort gewesen waren, und wurden wie diese auf einen Landtag am 15. November vertröstet. Als zu diesem Termin eine neue brandenburgische Abordnung anreiste, wurde ihr mitgeteilt, der Tag habe schon am 11. November stattgefunden. Allerdings waren auch die Herzöge wiederum ohne Erfolg geblieben und nur auf Klagen und Forderungen gestoßen. Eine Entscheidung war auf einen weiteren Landtag am 13. Januar 1465 verschoben worden.

Die Gegensätze verschärften sich zum Jahresende durch einen Briefwechsel der Herzöge mit Kurfürst Friedrich, in dem der Kurfürst als Herzog von Stettin den Pommernherzögen ihre Rechte auf Stettin absprach und diese darauf pochten, daß das Land Stettin seit heidnischen Zeiten ihren Voreltern und ihnen gehört und ein Burggraf von Nürnberg dort nie ein Dorf besessen habe. Er möge den angemaßten Titel ablegen, der ihn nicht kleide. Der Streit erhielt weitere Nahrung durch die Flucht der Herzogin Elisabeth vor ihrem Gatten Wartislaw X. Sie stellte sich unter den Schutz ihres Oheims Friedrich, weil, wie dieser empört an die Stadt Gartz schrieb, Herzog Wartislaw »sich annders denn geborlich unnd erlichen lueden wol temet, gegen er haldet, nach dem ergesten gedacht, sie gemordet und von erem live und leven het willen brengenn« und ihr überdies ihre Einkünfte entzogen habe.

Nicht nur in Briefen und Verhandlungen mit den Ständen betrieben die Gegner ihre Sache, sondern beide Seiten suchten auch beim Kaiser ihr Recht, der schließlich am 21. März dem Kurfürsten Friedrich einen Lehnsbrief über die Herzogtümer Stettin und Pommern, der Kassuben und Wenden und dazu mehrere ihn begleitende Urkunden ausstellte. Er bereitete dem Brandenburger damit keine Freude. Zum einen ging Kaiser Friedrich III. davon aus, daß das Herzogtum Stettin durch das Aussterben der Stettiner Linie als erledigtes Lehen an ihn und nicht an den Kurfürsten von Brandenburg zurückgefallen und entsprechend von ihm neu zu vergeben sei, behandelte es also als reichsunmittelbar, auch wenn er gleichzeitig die Rechte der Markgrafen von Brandenburg an dem Land betonte. Zum anderen folgerte der Kaiser aus dieser Sachlage, daß die Brandenburger für die Belehnung zu zahlen hätten. Sie erhielten nur Abschriften der Urkunden, die pergamentenen Originale ließ der Kaiser beim Nürnberger Rat verwahren. Dort konnten sie gegen 37 000 Rheinische Gulden ausgelöst werden. Dies Geld aufzubringen, war Kurfürst Friedrich weder willens noch in der Lage. Der Kurfürst, welcher der Meinung gewesen war, der Kaiser sei ihm wegen der ihm geleisteten Dienste zu Dank verpflichtet, war enttäuscht und verbittert. Die Summe, so klagte er seinem Bruder Albrecht, sei vielleicht ein angemessener Kaufpreis für ein solches Land. Dieses aber, so stehe zu befürchten, müsse man erst noch mit Waffengewalt erobern.

Da der Kurfürst in seinen Verhandlungen mit den pommerschen Ständen, welche festgelegte Termine immer wieder verschoben, nicht weiter gedieh, suchte er nach einer Lösung, die für ihn zwar ein Nachgeben bedeutete, bei der er aber seine Ehre gewahrt sah. Auf einem Tag, der wohl im April in Prenzlau zustande kam, konnte er anscheinend die Stände des Landes Stettin dazu bewegen, in der Frage einer brandenburgischen Oberlehnsherrschaft Zugeständnisse zu machen. Schließlich kam es am 21. Januar 1466 in Soldin zu einem Vertragsabschluß zwischen Herzog Erich II. und dem Kurfürsten, in dem die Herzöge Erich und Wartislaw das Stettiner Herzogtum von Kurfürst Friedrich zu Lehen nahmen und ein Schutzbündnis mit ihm abschlossen. Beide Seiten sollten das Recht haben, Titel und Wappen des Herzogtums zu führen.

Der Soldiner Vertrag, der eine Lösung des Konflikts und damit eine Wende zu bieten schien, scheiterte an seiner Ausführung, vor allem an der geforderten Huldigung an den Kurfürsten, welche zunächst Stettin verweigerte. Die Herzöge Erich und Wartislaw erwirkten derweil durch ihren Gesandten in Wien ein Schreiben, durch das der Kaiser sich am 14. Oktober 1466 scheinbar gegen sie stellte, Einspruch gegen den Soldiner Vertrag erhob, Pommern erneut als reichsunmittelbares Lehen erklärte und die Herzöge aufforderte, nichts zu unternehmen, was dem entgegenstehe. Am 26. Mai 1467 huldigten Stadt und Land Stettin den Herzögen Erich und Wartislaw, die ihrerseits die Stadt Stettin mit erweiterten, umfassenden Privilegien versahen. Auf pommerscher Seite bereitete man sich nun auf einen brandenburgischen Angriff vor. Doch der Kurfürst war infolge anderer politischer Vorgänge, vor allem in Böhmen, zeitweise auch aufgrund gesundheitlicher Beeinträchtigung nicht in der Lage, sogleich gegen Pommern vorzugehen. Er verschärfte lediglich eine 1467 verhängte Handelssperre gegen Stettin. Im Laufe des Jahres haben sich dann die Herzöge von Mecklenburg-Schwerin, am 13. Januar 1468 auch Herzog Ulrich von Mecklenburg-Stargard auf die Seite Brandenburgs ziehen lassen, nachdem es ihnen nicht gelungen war, zwischen den Gegnern zu vermitteln. Im Reich hatte Kurfürst Friedrich die Pommernherzöge damit weitgehend isoliert, die nur von seiten Polens noch auf Unterstützung hoffen konnten, und diese Unterstützung erwies sich im Verlauf des Krieges als nicht unwichtig.

Anders als zu Brandenburg erlangten die Beziehungen pommerscher Herzöge zu Polen zwar immer wieder Bedeutung für Pommern, doch haben sie nie vergleichbar tief in die Existenz des Landes eingegriffen wie die zu den Hohenzollern in der Mark Brandenburg. Zu politischen Höhenflügen hatten die Pläne König Erichs geführt, seinen zum Nachfolger in der Kalmarer Union ausersehenen Vetter Bogislaw IX. mit der polnischen Königstochter Hedwig zu vermählen. Zwar erreichten diese Pläne ihr Ziel nicht, doch auch die 1432 geschlossene Ehe Bogislaws mit der Nichte des polnischen Königs, Maria von Masowien, hat sich in der Folge günstig für Pommern ausgewirkt.

Aus dieser Ehe stammte Sophia, die Erbin des Landes Stolp, die im Jahre 1451 Herzog Erich II. von Wolgast heiratete, eine der bedeutenderen Frauen aus dem Greifenhaus, deren Bild allerdings durch die Verleumdungen ihres Sohnes Bogislaw X. verdunkelt worden ist. Sie war eine stolze und ehrgeizige, kluge und – wenn man dem polnischen Historiker Długosz glauben darf – auch schöne Frau. Als Erbin des Herzogtums Stolp besaß sie ein starkes Selbstbewußtsein, das auch durch die Reichtümer genährt wurde, die ihr König Erich vererbte. Diese weckten später die Begehrlichkeit ihres Sohnes Bogislaw X. und wurden ein Kern seines Zerwürfnisses mit ihr. Mit dem schwierigen Charakter ihres Gatten Erich stand ihr eigenes Wesen offenbar nicht immer im Einklang, auch wenn aus der Ehe vier Söhne und fünf Töchter hervorgegangen sind.

Politisch bedeutsam wurde ihr freundschaftliches Verhältnis zu dem ihr nahe verwandten König Kasimir IV. von Polen, der sich von dem Reiz ihrer Persönlichkeit gewinnen ließ und nach Długosz bedauert haben soll, sie nicht zur Frau genommen zu haben. Sophia hat diese Freundschaft immer wieder erfolgreich zugunsten Pommerns eingesetzt.

Im sogenannten Dreizehnjährigen Krieg des Deutschen Ordens mit Polen trat Herzog Erich II. in die Dienste König Kasimirs, der ihm am 3. Januar 1455 vorläufig die von der mit ihm verbündeten Stadt Danzig besetzten Länder Lauenburg und Bütow zur Nutznießung überließ. Vier Jahre später zog sich Erich den Zorn des Königs zu, als er, von innen und außen bedrängt, Lauenburg wieder in die Hände des Deutschen Ordens spielte. Plünderungen polnischer und tatarischer Truppen im Herzogtum Stolp waren die Folge. Dann gelang es seiner Gemahlin Sophia, die König Kasimir in seinem Lager in Friedland aufsuchte, Erich wieder mit dem König zu versöhnen, auch wenn die Unzuverlässigkeit Erichs mehrfach neue Spannungen verursachte. Am 21. August 1466 schloß er mit König Kasimir ein Bündnis, in dem auch auf die Verwandtschaft der Herzogin mit dem König verwiesen wurde. Gleichzeitig wurde festgelegt, daß Erichs ältester Sohn Bogislaw (X.) am polnischen Hof zusammen mit den Söhnen des Königs erzogen werden sollte. Dort soll der polnische Historiker Długosz sein Lehrer gewesen sein.

Im selben Jahr konnte Herzog Erich, nun im Einvernehmen mit dem König, durch ein Abkommen mit den Söldnern des Deutschen Ordens am 11. Oktober die Länder Lauenburg und Bütow gegen Zahlung von 8000 Gulden zurückerwerben. Sie gehörten seither, zunächst noch in ungeklärtem rechtlichen Verhältnis, zu Pommern. Dem Zweiten Thorner Frieden, der am 19. Oktober 1466 den Dreizehnjährigen Krieg beendete, trat Herzog Erich mit Zustimmung Sophias am 23. Juni 1467 bei. Danach schoben sich die Auseinandersetzungen mit Brandenburg in den Vordergrund.

Mitte Juli 1468 begann Kurfürst Friedrich II. seinen Krieg gegen Pommern und gewann in rascher Folge Gartz, Vierraden und Löcknitz, dann Klempenow, Alt-Torgelow, Penkun, Brüssow, Schwedt und Bahn. Gleichzeitig fielen die Mecklenburger in das Tollensegebiet ein. Für kurze Zeit geriet Treptow in ihre Hand. Diesem Auftakt folgte seit Herbst 1468 ein Wechsel von Waffenstillständen und erneuten Kampfhandlungen. Ein unter mecklenburgischer Vermittlung im Januar 1469 in Prenzlau geschlossener Vertrag erneuerte das Soldiner Abkommen, führte auch zu weiteren Huldigungen an den Kurfürsten, wurde aber von Pommern bald wieder gebrochen. Im Juli 1469 scheiterte ein großangelegter Angriff des Kurfürsten und der Mecklenburger gegen Ueckermünde. König Kasimir IV. von Polen vermittelte am 27. August 1469 einen Waffenstillstand bis zum 2. Januar 1470. In der Zwischenzeit sollte er auf dem polnischen Reichstag zu Petrikau den Streit entscheiden. Mit den Mecklenburgern kam es im Oktober zum Abschluß eines Friedensvertrages. Bei den gleichzeitigen Verhandlungen in Petrikau gelang es König Kasimir nicht, mehr als eine Verlängerung des Waffenstillstands zu erreichen.

Eine entscheidende Wende trat ein, als Kurfürst Friedrich II., niedergedrückt von Schwermut und dem Nachlassen seiner Kräfte, im April 1470 zugunsten seines Bruders Albrecht der kurfürstlichen Würde und der Herrschaft über die Mark Brandenburg entsagte. An die Stelle des seelisch und körperlich zermürbten Friedrich, der schon im Jahr darauf verstarb, trat sein ihm an politischer Begabung überlegener Bruder, der

Im Jahre 1329 wird erstmals eine Burg des Deutschen Ordens in Bütow, das *castrum Bütov,* erwähnt. 1346 gründete der Deutschen Orden die Stadt Bütow und stattete sie mit dem sonst für Pommern untypischen Kulmer Recht aus. Der heutige Bau der prächtigen Burg, einst Sitz eines Ordenspflegers, entstand zwischen 1399 und 1405. Schon die Burg als solche zeigt an, daß das Land Bütow nicht zum historischen Kern Pommerns gehörte. Für Pommern sind solch wehrhafte Burgen eher untypisch.

Die Blockholzkirche in Bahrenbusch unweit Neustettins (links) entstand um 1570 im Zuge der sogenannten zweiten Kolonisation. Ihre Wände bestehen aus Kiefernbalken, die von außen durch Holzstützen gehalten werden. Alles an dieser Kirche besteht aus Holz: innen die flache Balkendecke, der Altartisch, die Kanzel aus dem Jahre 1635, die Innenverkleidung der Wände, sogar der Kronleuchter.

Die Fachwerkkirche in Techlipp, Kreis Rummelsburg (rechts), stammt aus derselben Zeit. Fachwerkkirchen stellen sich dem heutigen Betrachter oft als Idyll dar. Tatsächlich sind sie ein Ausdruck der Armut, die es nicht zuließ, eine Steinkirche zu bauen. Die Gegend von Rummelsburg war für ihre kargen Böden bekannt und galt gewissermaßen als das Armenhaus Pommerns. Andererseits bewahrte die Rummelsburger Gegend mit ihren Wäldern und ihrem hügeligen Hinterland bis heute die vielleicht schönste und ursprünglichste Natur ganz Pommerns.

sich, obwohl nur ein Jahr jünger, ungebrochener Kraft und Lebensmutes erfreute und zudem nach zeitweiliger Entfremdung in enger Beziehung zu Kaiser Friedrich III. stand. Das öffnete ihm Türen, die seinem Bruder verschlossen gewesen waren. Als Kaiser Friedrich III. am 12. Dezember 1470 Albrecht mit der Mark Brandenburg, der Kurwürde und dem Amt des Erzkämmerers belehnte, stellte er ihm gleichzeitig einen Lehnsbrief über die Länder Stettin und Pommern aus, worin er die brandenburgischen Ansprüche auf das Erbe Herzog Ottos III. anerkannte. Und im Gegensatz zu seinem Lehnsbrief für Kurfürst Friedrich verlangte er dafür lediglich die Kanzleigebühr von 200 Gulden.

Am 17. Dezember zeigte der Kaiser den Herzögen Erich II. und Wartislaw X. die Belehnung Albrechts an und forderte die Stände auf, diesem zu huldigen. Albrecht allerdings, der voraussah, daß er allenfalls mit außerordentlichen Anstrengungen in den Besitz des Herzogtums gelangen könne, strebte von Anfang an ein friedliches Vorgehen an. Da er selbst verhindert war, sich in der Mark Brandenburg aufzuhalten, ließ er dort unter der Statthalterschaft seines damals fünfzehnjährigen Sohnes Johann lediglich Übergriffe abwehren, die Herzog Erich unter Bruch des immer wieder verlängerten Waffenstillstandes unternahm.

Auf dem Reichstag zu Regensburg wurde die pommersche Angelegenheit vor dem Kaiser verhandelt. Die Sache der Herzöge vertraten vergeblich deren Gesandte Jaroslaw Barnekow und der Greifswalder Jurist Georg Walter. Am 1. August 1471 befahl der Kaiser den Herzögen »zu Wolgast und Bardt«, den Kurfürsten nicht länger daran zu hindern, die ihm verliehenen Lande in Besitz zu nehmen. Dazu setzte er zwei Richter ein, die an Ort und Stelle über die Streitfragen entscheiden sollten. Am 3. November 1471 kam Kurfürst Albrecht zum ersten Mal als Regent in die Mark. Im März 1472 fanden dann in Rörchen die Verhandlungen vor den kaiserlichen Richtern statt, bei denen auf pommerscher Seite Greifswalder Gelehrte mit umfangreichen Gutachten auftraten. Als diese Verhandlungen ergebnislos blieben, traf Kurfürst Albrecht Kriegsvorbereitungen. Im letzten Moment gelang es den Herzögen von Mecklenburg, die Herzöge Wartislaw und Erich zu einem Treffen mit dem Kurfürsten in Prenzlau zu bewegen. Dort wurde dann aber so erregt verhandelt, daß die Pommernherzöge im Zorn davonritten und nur mit Mühe von den Mecklenburgern zurückgeholt werden konnten. Immerhin beendete am 30. Mai 1472 den Stettiner Erbfolgestreit ein Friedensschluß, auch wenn er nicht von Dauer sein sollte.

Auf der Grundlage des Friedens von Prenzlau führte Kurfürst Albrecht nun Titel und Wappen eines Herzogs von Stettin, Pommern, der Kassuben und der Wenden und behielt alle Eroberungen aus dem Krieg, das heißt die Städte und Burgen Gartz, Penkun, Vierraden, Löcknitz, Klempenow, Stolzenburg und Alt-Torgelow. Die übrigen Länder mußten die Herzöge noch in Prenzlau von ihm als vom Kaiser belehnten Oberlehnsherrn zu Lehen nehmen. Beim Aussterben des Herzogshauses sollten die Länder an die Markgrafen fallen. Am 5. November 1472 bestätigte der Kaiser den Vertrag.

Die Herzöge Erich II. und Wartislaw X. haben sich mit dem Vertrag und dem Verlust der Städte und Burgen nicht abgefunden. Der junge Markgraf Johann, der die Regentschaft in der Mark führte, blieb in steter Sorge vor pommerschen Anschlägen. In Gartz suchte er die brandenburgische Herrschaft durch den Bau eines Schlosses zu sichern. Wie 1470 mit dem Rückzug Friedrichs II. aus Brandenburg, so trat 1474 im Greifenhaus eine Wende ein, als am 5. Juli 1474 in Wolgast Herzog Erich II. der Pest erlag. Erbe und Nachfolger wurde sein am 3. Juni 1454 geborener ältester Sohn Bogislaw X., der das Herzogtum in seiner Hand vereinen und aus Schwäche und Zerissenheit herausführen sollte. Seine jüngeren Brüder starben bald nach dem Vater, Kasimir VI. im September 1474, Barnim, der jüngste, wohl auch noch in diesem Jahr, Wartislaw XI. vermutlich im folgenden. Bogislaw X. scheint sich zuvor überwiegend in Hinterpommern aufgehalten zu haben und teilweise von seinem Vater an der Regierung beteiligt worden zu sein. So konnte er am 25. November 1474 auf einem Landtag in Stargard die Huldigung der hinterpommerschen Stände entgegennehmen, denen er Rechte und Privilegien bestätigte.

Anfänglich scheint seine Mutter Sophia noch in seine Politik hineingewirkt zu haben. Auf dem Landtag in Stargard war sie anwesend. Am 10. Juni 1475 schrieb sie an den Kaiser und bat ihn um Unterstützung gegen Brandenburg. Wenig später aber brach zwischen ihr und ihrem Sohn ein heftiger Streit um ihr Leibgedinge aus. Zum Mißfallen des Herzogs bat sie den Danziger Rat um Vermittlung, der am 15. Oktober 1475 in Lauenburg einen Vergleich zustande brachte. Doch trotz des gestörten Verhältnisses suchte sie zusammen mit Bogislaw im Juli 1476 den polnischen König in der Marienburg auf, nicht zuletzt, um bei diesem Rückhalt gegen Brandenburg zu finden. Bogislaw X. versuchte zunächst, die Leistung des Lehnseides an den Kurfürsten hinauszuzögern, hierin unterstützt durch seinen Oheim Wartislaw X. Doch scheint er sich dem jungen Regenten der Mark, Kurfürst Albrechts Sohn Johann, genähert zu haben, der in einem Grenzstreit mit Mecklenburg vermittelte. Gegen den Rat Wartislaws X. heiratete er am 21. September 1477 Margarete, die Tochter Kurfürst Friedrichs II. von Brandenburg.

Im Glogauer Erbstreit, der seit 1476 die Markgrafschaft von Südosten her belastete, leistete Bogislaw Markgraf Johann zunächst noch mit 300 Reitern Hilfe, während Wartislaw X. jetzt eine Gelegenheit zum erfolgreichen Kampf gegen Brandenburg gekommen sah. Er nahm mit König Matthias von Ungarn, dem Gegner Kurfürst Albrechts, Verbindung auf. In einer für Markgraf Johann kritischen Phase überfiel er am 2. April 1478 Gartz, eroberte zunächst die Stadt und nach einigen Tagen, während deren er Vierraden gewann, auch die von dem märkischen Hauptmann Werner von der Schulenburg verteidigte Burg. Nach einigem Zögern schloß sich ihm Bogislaw an und nahm am 20. Mai die Festung Löcknitz. Es folgte ein von den Mecklenburgern vermittelter Waffenstillstand bis zum 28. Juni.

Dann aber wendete sich das Blatt.[25] Am 15. Juni brach Kurfürst Albrecht auf die Hilfeersuchen seines Sohnes hin von Onolzbach auf, traf zur Monatswende in Berlin ein und forderte von dort aus Bogislaw auf, sich von Wartislaw zu trennen und Gartz und Löcknitz zurückzugeben. Albrecht konnte sich auf ein starkes Heer stützen, dem die Pommern nichts Vergleichbares entgegenzustellen hatten. Am 23. Juli brach er mit

Gollnow ist ein typisches Beispiel für eine deutsche Stadtgründung neben einem älteren wendischen Dorf, das wenig später in der deutschen Stadt aufging. Die Gründung im Jahre 1266 verdankt die Stadt Herzog Barnim I., der ihr auch 1268 das Magdeburger Stadtrecht verlieh. 1339 wurde ihr die Zollfreiheit auf der Ihna zugesprochen, was sich besonders günstig auf den Handel auswirkte. Seit 1383 besaß Gollnow zudem eine Münzstätte mit dem Recht, »Weißpfennige« zu prägen. Aus dieser Zeit stammt auch die Stadtmauer mit dem prächtigen Wolliner Tor. Die Besetzung durch die Schweden 1630 bis 1720 versetzte dem wirtschaftlichen Aufschwung der Stadt einen Schlag, von dem sie sich erst Ende des 19. Jahrhunderts wieder erholte.

seinen Söhnen Johann und Friedrich von Königsberg in der Neumark auf, stellte den fliehenden Bogislaw schließlich in Daber, das er belagerte. Nach Einnahme der Stadt mußte Bogislaw vom Schloß aus um Waffenruhe bitten. In einem Vertrag vom 23. August sagte er vor allem die Herausgabe von Gartz zu. Vor Gartz mußte der Kurfürst dann allerdings erfahren, daß die Herausgabe dieser pommerschen Eroberung gar nicht in Bogislaws Macht stand. Darauf unternahm Albrecht einen zweiten, gegen Stettin gerichteten Vorstoß links der Oder, gewann Vierraden, Schwedt und Penkun und lagerte dann bei der Burg Löcknitz, die er verlassen und teilweise zerstört vorgefunden hatte. Dort erreichte ihn eine Gesandtschaft des polnischen Königs. Da sich Albrecht durch den König von Ungarn von Süden her bedroht fühlte, ging er auf die Vermittlung der polnischen Gesandten ein und schloß am 28. September mit den Herzögen Wartislaw X. und Bogislaw X. einen Waffenstillstand bis zum 24. Juni 1479, der jeder Seite das beließ, was sie in Händen hatte. Bei den Verhandlungen um einen endgültigen Frieden ging es in den kommenden Monaten vor allem um die Lehnshoheit des Markgrafen über die Herzöge, der sich nicht nur diese, sondern auch Städte und Adel widersetzten. Um Vermittlung bemühte sich vor allem der von den Pommern in Gartz gefangengenommene Werner von der Schulenburg, der Bogislaws Vertrauen gewann und in seinen Dienst trat, aber auch Bogislaws brandenburgische Gemahlin Margarete.

In dieser noch ungeklärten Lage starb am 17. Dezember 1478 Herzog Wartislaw X. Seine beiden Söhne hatte er schon 1464 verloren. So war Bogislaw X. jetzt das einzige männliche Mitglied des Greifenhauses. Zum ersten Mal seit der Teilung von 1295 wurde die Herrschaft über Pommern wieder in einer Hand vereinigt.

Ländliche Verhältnisse, Religiosität, Kirche und Kunst

Die zweite Hälfte des 14. und das 15. Jahrhunderts war in Pommern vor allem eine Zeit städtischer Macht, städtischen Wohlstands und städtischer Kultur, wofür es bis auf den heutigen Tag zahlreiche Zeugnisse gibt. Wie sich die ländlichen Verhältnisse in dieser Zeit wandelten, ist hingegen nur in Umrissen erkennbar.[26] Die großen Umwälzungen standen an ihrem Ende noch bevor.

Größere Gutswirtschaften sind im 15. Jahrhundert in Pommern noch kaum nachweisbar. Auch im östlichen Pommern, wo sich ein großer Teil des Landes in Händen weniger adliger Familien befand, lebten die adligen Grundherren von den Zinsen und Abgaben ihrer Bauern, ohne größere Eigenwirtschaften aufzubauen. Die Organisationsform der Agrarproduktion blieb unverändert, das Land wurde weiterhin größtenteils von Bauernfamilien bewirtschaftet.

So hat sich auch die Lage der deutschen Bauern im 15. Jahrhundert nicht spürbar verändert. Sie besaßen ihr Land zu Erbzinsrecht; der Grundherr hatte lediglich das Obereigentum, allerdings in zunehmendem Umfang mit der Gerichtsbarkeit verbunden. Die Bauern waren persönlich frei und von Diensten an den Grundherrn noch wenig beschwert. Auch ihre Freizügigkeit war noch kaum eingeschränkt. Die Lage der ursprünglich sehr viel schlechtergestellten slawischen Bauern scheint sich eher gebessert und sich immer mehr an die der deutschen Bauern angeglichen zu haben.

Da die Möglichkeit der Veräußerung bäuerlichen Besitzes zunächst kaum eingeschränkt war, entwickelten sich im Laufe der Zeit sehr unterschiedliche Bauernhofgrößen. Unterschiedlich war in zunehmendem Maße auch die auf Landbesitz außerhalb der gewöhnlichen Abgaben liegende Belastung durch Renten, die von geistlichen und weltlichen Institutionen und von Bürgern erworben wurden. Im Umkreis der Städte, namentlich der Seestädte, diente Landbesitz auch als Anlageform von Handelskapital, was dann häufigen Besitzwechsel zur Folge hatte.

Zumindest umrißhaft wird ein Vorgang erkennbar, der die späteren Umwälzungen der ländlichen Verfassung des Landes ermöglicht hat. Die ständige Geldnot der Herzöge zwang diese, immer mehr landesherrliche Rechte und Einkünfte zu verpfänden oder zu veräußern. Häufig entschädigten sie damit auch ihre Vasallen für Belastungen durch Kriegsdienste. So gelangte vor allem die Gerichtsbarkeit bis hin zur Hochgerichtsbarkeit zunehmend in die Hände der Grundherren, was deren Machtstellung gegenüber den Bauern wesentlich stärkte. So wurden im 15. Jahrhundert die Voraussetzungen geschaffen, aus denen die Gutsherrschaft der frühen Neuzeit entstehen konnte.

Im ausgehenden Mittelalter tritt mit zunehmender Deutlichkeit eine weitverbreitete Volksfrömmigkeit in Erscheinung.[27] Es war dies zudem eine religiös erregte Zeit. Die seit der Mitte des 14. Jahrhunderts immer wiederkehrenden Pestepidemien, welche ganze Städte und Landstriche entvölkerten, entließen die Menschen nicht aus dem Bewußtsein der Todesnähe. Die Pest verwischte alle Standesgrenzen. Aus dem Greifenhaus erlagen ihr die Herzöge Barnim VI. (1405), Joachim, Barnim VII. und Barnim VIII.

Die mittelalterlichen Ritterorden der Templer, Johanniter und der Deutsche Orden unterhielten in Pommern zahlreiche Niederlassungen und trieben gemeinsam mit dem Landesherrn die Kolonisation voran. Die älteste dieser Niederlassungen entstand vor 1229 in Stargard. Mittelpunkt der Komturei war die im 13. Jahrhundert errichtete Johanniskirche, die zwischen 1429 und 1464 zu einer dreischiffigen Hallenkirche ausgebaut wurde. Besonders gut unterrichtet sind wir über den Bau des Westturms, der nach einer dort angebrachten Inschrift 1408 begonnen wurde. Sie nennt nicht nur das Jahr des Baubeginns, sondern auch die drei Leiter des Kirchenbaus, die »verständigen Männer« und »provisores huius ecclesie« Mathias Schönenberg, Henning Busseler und Heinrich Bauwerts. Bis 1945 hing im Turm der Johanniskirche eine weitere Holztafel, die in Kapitalen berichtete: »Die Mönche legten mir den allerersten Stein 1408.«

(1451), dann Otto III. und Herzog Wartislaws X. junge Söhne Swantibor und Ertmar (1464) und schließlich Herzog Erich II. (1474).

In den städtischen Quellen Pommerns tritt uns die damalige Religiosität des Landes am deutlichsten entgegen. Sehr reichhaltig zeigen sich die Testamente, die sich besonders zahlreich im Stralsunder Archiv erhalten haben. Da aber christliche Frömmigkeit nie nur Sache des einzelnen war, sondern nach Gemeinsamkeit strebte, durchdrang sie nicht zuletzt auch die Korporationen der Kaufleute, Handwerker und anderer Berufe, in denen sich städtisches Leben organisierte. Sie vertraten immer auch religiöse Anliegen, stifteten und unterhielten Altäre und Kapellen in den Stadtkirchen und waren unter Umständen auch am Kirchenbau beteiligt, wie etwa die Korporation der Stralsunder Gewandschneider seit der Wende zum 15. Jahrhundert am Bau der Marienkirche.

Im 15. Jahrhundert schloß man sich darüber hinaus zunehmend auch zu rein religiösen Bruderschaften zusammen. So entstanden in Pommern damals etwa dreißig Marien- und Rosenkranzbruderschaften. In Vorpommern waren daneben vor allem auch die Fronleichnamsbruderschaften beliebt. Solche Bruderschaften hatten als Aufgabe auch die Ausgestaltung kirchlicher Feste, die in großer Zahl den Alltagsablauf unterbrachen. Ein Stück der Unruhe der Zeit spiegelte sich in der zunehmenden Zahl der Wallfahrten und der Wallfahrtsziele wider, die man aufsuchte, um Hilfe bei wundertätigen Reliquien zu finden oder die Ablässe zu erhalten, die für den Besuch ausgesetzt waren. Neben den älteren weitentfernten Zielen wie dem Heiligen Land, Rom, Santiago di Compostela oder Aachen wurden nähere Wallfahrtsorte beliebt, in Pommern etwa die Marienkapellen auf den drei Bergen: dem Gollen bei Köslin, dem Heiligen Berg bei Pollnow und dem Revekol bei Schmolsin; in Betracht kamen auch die Marienkapelle in Binow bei Kolbatz mit ihrer Quelle oder die ebenfalls bei einer heilenden Quelle gelegene Kirche in Kenz, zu der der pestkranke Herzog Barnim VI. im Jahre 1405 rettungsuchend aufbrach. Im Zusammenhang mit größeren Pilgerfahrten schloß man sich zu Pilgerbruderschaften zusammen, so etwa der Jakobusbruderschaft ehemaliger Santiago-Pilger in Greifenberg, Kolberg und Köslin.

In starkem Maße wurde die Frömmigkeit der Zeit von der Sorge um das Seelenheil bestimmt, sei es das eigene oder auch das nahestehender Verstorbener. Dieser Sorge dienten die vielen Ablässe, die auf den Besuch bestimmter Kirchen und Altäre ausgesetzt waren, weiter die Altarstiftungen, Seelenmessen und Jahrgedächtnisse. An den Kirchen fallen die Erweiterungen auf, die für die Aufnahme neuer Kapellen und Altäre notwendig wurden, welche reiche Bürger, Familien oder Korporationen stifteten, zum Beispiel die Erweiterung des Kolberger Doms auf fünf Schiffe oder die des Chores von Sankt Johannes in Stargard. Die Kirchen, namentlich die Hauptkirchen der Städte, füllten sich mit einer heute kaum mehr vorstellbaren Zahl von Altären. So gab es etwa an Sankt Jakobi in Stettin über achtzig, an Sankt Nikolai in Stralsund über sechzig.

Aus dem Kapital der Altar- und Kapellenstiftungen wurde die große Zahl der Geistlichen unterhalten, die an ihnen Messen lasen und am Gottesdienst der Kirchen beteiligt waren. Ihre wirtschaftliche Lage war meist gedrückt, und oft waren sie schlecht ausgebildet. Dies gilt auch für einen Teil der übrigen Geistlichkeit, vor allem für die

Die Heilige Familie aus Pflugrade bei Naugard ist eines der schönsten plastischen Kunstwerke aus vorreformatorischer Zeit. Trotz Bilderstürmen überstanden auf dem Lande erstaunlich viele christliche Kultgegenstände und religiöse Bilddarstellungen des späten Mittelalters die Reformation beziehungsweise wurden sogar neugeschaffen. Das dürfte ein Ausdruck der Anhänglichkeit der Landbevölkerung an den Kult und die äußeren Erscheinungsformen des alten Glaubens sein. Auch in Pommern war die Reformation ein weitgehend städtisch geprägter Vorgang, der auf das Land nicht übergriff. Die bäuerliche Bevölkerung wie auch große Teile des Adels sahen in der alten katholischen Lehre mehr gewachsene Entsprechungen zu ihrem Lebensalltag als in der reformatorischen Glaubenslehre.

Das Deckengemälde im Chorumgang der Petrikirche zu Wolgast vermittelt einen lebhaften Eindruck von den farbenfrohen Ausschmückungen der Kirchen vor der Reformation. Nach der neuen Lehre lenkten sie die Gläubigen aber zu stark ab und wurden daher oftmals übertüncht. Gefordert waren nun Schlichtheit und Konzentration auf das Wort Christi. Die Wolgaster Wandmalerei wurde im Jahre 1942 wiederentdeckt und freigelegt.

Zu den von der reformatorischen Lehre bekämpften Praktiken der katholischen Kirche zählte vor allem das Ablaßwesen. Ein besonders schönes Beispiel eines Ablaßbriefes hat sich in einer Urkunde von 1325 erhalten, der zufolge mehrere Kardinäle und Bischöfe in Avignon dem Kloster Verchen erlaubten, an bestimmten Festtagen allen Pilgern, die im Kloster die Beichte ablegten oder das Kloster in ihrem Testament bedachten, einen vierzigtägigen Ablaß zu gewähren. Der päpstliche Urkundenschreiber, der solche Stücke sicher häufiger ausfertigte, scheint ein Kanoniker mit viel Humor gewesen zu sein, denn bei der Ausgestaltung der Urkunde konnte er sich nicht enthalten, mit ironischen Anspielungen das Mönchstum aufs Korn zu nehmen.

Vikare, welche Pfarrstellen für deren eigentliche Inhaber verwalteten, die den Hauptteil der Einkünfte als Pfründen genossen. Die Häufung solcher Pfründen zeigt das Beispiel Kord Bonows. Im Gegensatz zu diesem Frömmigkeitsbetrieb und dem seelsorgerlichen Defizit der Kirche standen kleine vereinzelte häretische Gruppen vor allem in den unteren Volksschichten. Ein anrührendes Zeugnis ihrer Frömmigkeit enthalten Inquisitionsprotokolle von Verhören, die der böhmische Coelestinerprovinzial Peter Zwicker vom Spätherbst 1393 bis zum Frühjahr 1394 in Stettin gegen Waldenser aus Pommern und der Neumark durchführte. Die Befragten lehnten jede Eidesleistung ab, wodurch sie in der Regel auffielen, desgleichen jede Art der Tötung, also auch Hinrichtungen, ferner die Marien- und Heiligenverehrung und zusammen mit der Lehre vom Fegefeuer die Fürbitte für die Toten. Die aus dem 13. Jahrhundert stammenden und im verborgenen weitergegebenen Überzeugungen wurden damals in Stettin mit auffallend milden Strafen verfolgt.

Mißstände in der Seelsorge waren keine speziell pommersche Erscheinung. Zu ihnen gesellten sich im Bistum Cammin aber über lange Zeit solche in der kirchlichen Leitung. Nach dem Tod Bischof Philipps von Rehberg 1385 setzte eine Jahrzehnte anhaltende Periode ohne stetige kirchliche Führung ein, die erst nach 1424 durch die Bischöfe Siegfried Bock und Henning Iwen unterbrochen wurde, sich aber nach Bischof Hennings Tod 1468 erneut fortsetzte. Henning Iwen war dagegen einer der bedeutenderen Camminer Bischöfe. Er war nicht nur an der Gründung der Greifswalder Universität beteiligt, sondern hat sich auch der inneren Verfassung seiner Kirche angenommen. Er hat 1448 und 1454 Diözesansynoden abgehalten und in den Synodalstatuten die Kirchenzucht zu heben versucht.

Von den Klöstern des Landes sind allenfalls wirtschaftliche Reformen bekannt. So wurde die daniederliegende Wirtschaft des Klosters Pudagla unter Abt Heinrich Wittenburg (1394–1433), die des Klosters Neuenkamp seit 1472 durch Abt Johann Sasse saniert. Die lange Zeit verarmten Klöster Buckow und Hiddensee erreichten gegen Ende des 15. Jahrhunderts eine gewisse Stabilisierung. Der Kreis der pommerschen Klöster hat sich im ausgehenden Mittelalter nicht mehr wesentlich vergößert. Neu hinzu kamen vor allem Kartäuserklöster, so das 1360 von Herzog Barnim III. gegründete Kloster Gottesgnade bei Stettin, das 1442 begonnene Kloster Gottesfriede in Schivelbein und vor allem die Kartause Marienkrone in Rügenwalde, deren Einrichtung 1394 durch Herzogin Adelheid, der Witwe Herzog Bogislaws V., begonnen wurde. König Erich hat sie in seinen letzten Lebensjahren begünstigt und ihre Küche mit Fischen versorgt. Den gleichen Namen Marienkrone erhielt auch das Kloster der Birgittinerinnen, die sich 1421 von Mölln aus in Stralsund niederließen. Das Kloster kam bald zu Wohlstand. Bereits 1436 fand dort ein Generalkapitel des Ordens statt.

Von dem geistigen Leben der Klöster wissen wir wenig. Eine eher bescheidene Annalistik gab es in den Zisterzienserklöstern Kolbatz und Buckow. Zu einigen Klöstern sind Nachrichten über ihre Bibliotheken erhalten, so zu Eldena, Neuenkamp, Pudagla, Jasenitz, dem Franziskaner- und dem Dominikanerkloster in Greifswald – beide hatten enge Beziehungen zur Universität – und den Kartausen bei Stettin und Rügenwalde.

Teile der Eldenaer und der Jasenitzer Bibliothek verwahrt die Universitätsbibliothek Greifswald.

Schwer zu verfolgen ist die Entwicklung des spätmittelalterlichen Schulwesens in Pommern. Neben den Schulen der Dom- und Kollegiatkapitel und der Klöster entstanden an den städtischen Pfarrkirchen schon früh Schulen, deren Patronat zum Teil der Rat innehatte, so in Stralsund seit 1303 beziehungsweise 1319, in Demmin und in Barth. Mit dem gerade in den Städten steigenden Bedarf traten daneben wohl auch private Schulen unterschiedlicher Qualität. In Greifswald wurde zusammen mit der Universitätsgründung ein Pädagogium eingerichtet, das auf das Studium vorbereiten sollte. Der schulischen Bildung diente die seit 1412 bestehende Stiftung des Stettiner Bürgermeisters Otto Jageteufel, ein Wohnheim für 24 mittellose Schüler. Der Kreis der Lese- und Schreibkundigen auch außerhalb der Geistlichkeit hat sich jedenfalls im ausgehenden Mittelalter erheblich vergrößert.

In der spätmittelalterlichen Kunst Pommerns spiegelt sich besonders die städtische Kultur des Landes. Die Burgen und Schlösser, in denen die Landesherren und ihr Adel hausten, sind meist späteren Bauten gewichen oder in ihnen aufgegangen wie etwa Teile des Stettiner Schlosses aus der zweiten Hälfte des 14. Jahrhunderts in den späteren Schloßbauten. Viel von seiner ursprünglichen Gestalt hat sich im Schloß von Rügenwalde erhalten, in dem König Erich seine letzten Jahre verbrachte.

Unter den Wehrbauten dieser Zeit beeindrucken durch ihre künstlerische Ausgestaltung viele der Tore und Toranlagen, welche die Städte errichteten, als sie ihre Verteidigungsanlagen ausbauten, und zwar gerade solche der mittelgroßen Städte wie Pasewalk, Pyritz, Stargard, Stolp. Sie waren auch ein Stück Selbstdarstellung dieser Städte. Der Selbstdarstellung dienten auch die städtischen Rathäuser und ihre Ausgestaltung, wofür die Marktfassade des Stralsunder Rathauses das eindrucksvollste Beispiel bietet. In Stralsund und Greifswald haben sich auch schöne Beispiele der Bürgerhäuser erhalten, die im 15. Jahrhundert entstanden. Viele sind allerdings später verändert worden.

Auch noch im ausgehenden Mittelalter hat sich städtische Kunst und Kultur im kirchlichen Bereich entfaltet. Zwar ist ein Großteil der Kirchenbauten bereits in früheren Zeiten entstanden, aber der zunehmende Wohlstand in der zweiten Hälfte des 14. und im 15. Jahrhundert hat zum einen viele Erweiterungen nötig gemacht, nicht zuletzt, um die wachsende Zahl von Altären und Kapellen aufnehmen zu können; so etwa die erwähnte Erweiterung des Kolberger Doms auf fünf Schiffe. Zum anderen sind in dieser Zeit viele Kirchen neu gebaut worden, oft als Ersatz älterer Vorgänger. Eine der größten ist die Marienkirche in der Stralsunder Neustadt, die nach dem Einsturz des Vorgängerbaus Ende des 14. Jahrhunderts begonnen wurde. Den gewaltigen Bau erstellte als Hauptbauherr die mächtige Gewandschneiderkompanie, die damit ein Gegenstück zur Kirche des Rats, Sankt Nikolai, schuf.

Im Gegensatz zur Bauweise dieser in ihrem Äußeren überaus schlichten Kirche stehen Bauten, die mit dem Namen des von 1400 bis 1428 in Stettin nachweisbaren, möglicherweise aus dem Deutschordensland stammenden Meisters Hinrik Brunsberg[28]

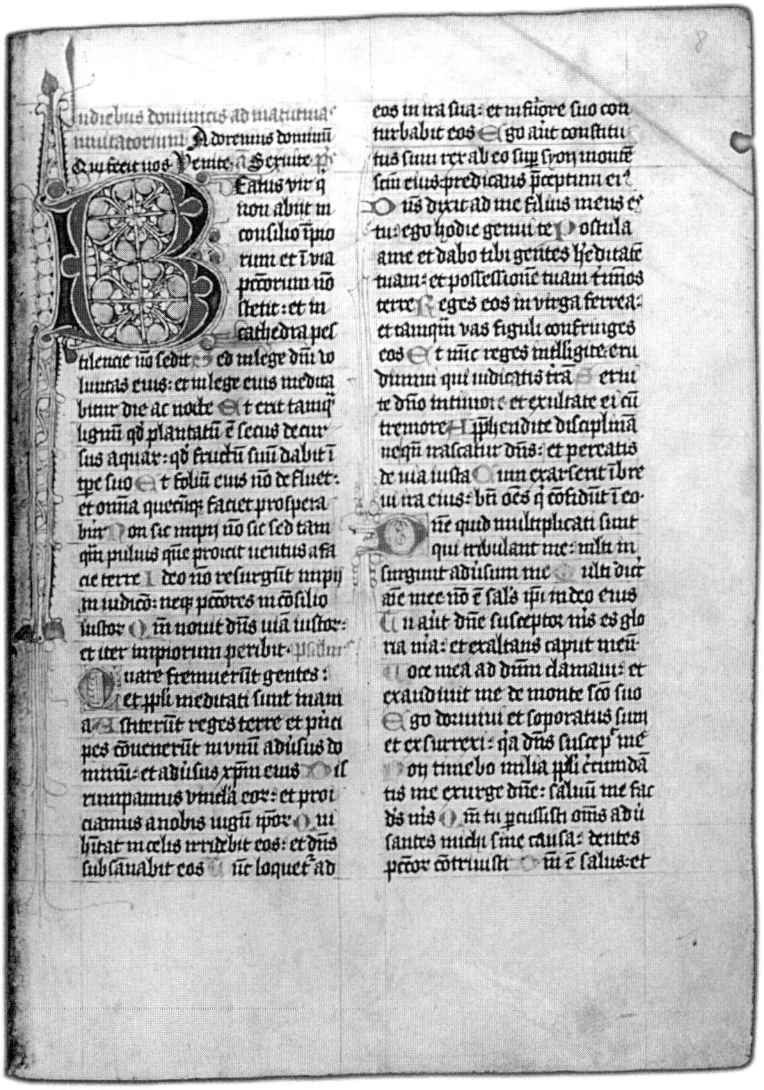

Es ist ein besonderes Phänomen, daß seit dem 12. Jahrhundert in Pommern Schreibstuben bei den Klöstern und Stiften belegt sind, doch beschränkten sich diese weitgehend auf die Ausfertigung von Urkunden. Kopisten, die an Abschriften größerer Werke arbeiteten, sind jedoch äußerst selten, ebenso Buchmaler, die mit der Ausschmückung solcher Handschriften betraut wurden. So sind nur wenige Prunkhandschriften überliefert, die in Pommern entstanden sind. Das wertvollste Stück ist ein Lektionar aus dem 14. Jahrhundert mit besonders schön gestalteten Initialen in Purpur, Blau und Gold. Neben vielen liturgischen Texten enthält es auch einen Auszug aus einer Vita Bischof Ottos von Bamberg.

verbunden werden. Hier zeigt die Backsteingotik gerade in der Ausgestaltung großen Reichtum an Schmuckformen. Brunsberg, dessen Tätigkeit am Bau von Sankt Katharinen in Brandenburg durch eine Inschrift gesichert ist, wird in Pommern besonders der Chor von Sankt Marien in Stargard zugeschrieben. Möglicherweise geht auf ihn auch das südliche Seitenschiff des Neubaus von Sankt Jakobi in Stettin zurück. Der Stargarder Kirchenbau hat die Architektur der näheren Umgebung, etwa in Pyritz, stark beeinflußt.

Geht man die Kunstwerke Pommerns durch, fällt auf, wie viele Kirchen nicht nur in den Städten, sondern auch auf dem Land in der Zeit der Spätgotik gebaut worden sind. Und sie sind nicht nur gebaut, sondern auch reich ausgestattet worden. Ist auch vieles in der Reformations- und Nachreformationszeit untergegangen, so ist das Erhaltene auch in den Dorfkirchen immer noch beachtlich. Der bedeutendste spätgotische Künstler Pommerns, der aus Lassan stammende Bildhauer Bernt Notke,[29] ist allerdings mit Werken in seiner Heimat nicht nachweisbar, sondern hat nach 1467 von Lübeck aus mit seiner Werkstatt eine weiträumige Tätigkeit im Norden entfaltet. Überhaupt lassen sich große, überregional arbeitende Werkstätten von Malern oder Bildhauern in den Städten Pommerns nicht erkennen. Viele gerade der bedeutenderen Altäre und Bildwerke scheinen importiert worden zu sein, wie etwa die »Schöne Madonna« des Junge-Altars in der Stralsunder Nikolaikirche.

Überschaut man den Reichtum an Kunstwerken aus der Zeit des ausgehenden Mittelalters vor allem im mittleren und westlichen Pommern, so hellt sich das trübe Bild auf, das der Zustand der Landesherrschaft hat entstehen lassen, deren Armut und Bedeutungslosigkeit nicht die ihres Landes, schon gar nicht die ihrer großen Städte war.

In den 110 Jahren zwischen dem Tod Herzog Barnims III. und Herzog Wartislaws X. hat Pommern unter dem Fehlen fähiger Herrscher gelitten. Veränderungen des Landes ergaben sich weniger aus dem Handeln der Herzöge als aus ihrer Schwäche. Dies ließ die Macht der Stände anwachsen und förderte Zusammenschlüsse der wirtschaftlich aufblühenden Städte und des Adels, der sich immer mehr Herrschaftsrechte aneignen konnte. Das kulturelle Leben konzentrierte sich auf die Städte, besonders die großen Fernhandelsstädte, an ihrer Spitze das mächtige und nahezu unabhängige Stralsund. Ohne die Stütze durch städtische Kultur und Wirtschaftskraft wäre auch die Gründung einer eigenen Landesuniversität in Greifswald 1456 nicht möglich gewesen. Zunehmende außenpolitische Folgen hatte die Schwäche der Herzöge im 15. Jahrhundert, als die Hohenzollern die Mark Brandenburg erstarken ließen und immer nachdrücklicher die Oberlehensherrschaft über Pommern forderten. Diese Forderungen bedrohten schließlich die Selbständigkeit Pommerns, da eine Linie des Herzogshauses nach der anderen ausstarb, zuerst 1459 mit König Erich die Stolper, dann mit dem jungen Herzog Otto III. im Jahre 1464 die Stettiner Linie. Als 1478 auch Wartislaw X. ohne Nachfolger starb, blieb als einziger männlicher Vertreter des Greifenhauses der junge Herzog Bogislaw X. in einer ungeklärten, schwierigen Lage zurück. Damals war nicht abzusehen, daß er das bedrohte Herzogtum aus seiner Schwäche herausführen und tiefgreifend verändern würde.

Pommern von der Einigung bis zum Ende des Dreißigjährigen Krieges

RODERICH SCHMIDT

Die herausragende Herrschergestalt auf dem pommerschen Herzogsthron ist fraglos Bogislaw X. (1454–1523), Sohn Erichs II. von Pommern-Wolgast, der von seinen Zeitgenossen den Beinamen der Große erhielt. Seine Jugendzeit wird lediglich durch Sagen erhellt. Demnach soll er in ständigem Zwist mit Mutter und Vater gelegen haben und von einem Bauern bei Rügenwalde vor der Verwahrlosung gerettet worden sein. Fest steht, daß Bogislaw eine Zeitlang am polnischen Hof weilte. Nach dem Tod des Vaters übernahm er 1474 die Herrschaft im hinterpommerschen Landesteil, und als 1478 auch das Erbe seines Onkels Wartislaw X. an ihn fiel, vereinte er nach langer Zeit wieder das gesamte Herzogtum. Unter seiner Regierung gelang es, die Lehensabhängigkeit von Brandenburg endgültig abzuschütteln.

Die Verhältnisse um 1500

LANDESHERRSCHAFT, KIRCHE UND VOLKSFRÖMMIGKEIT

Am Ende des 15. Jahrhunderts, als die Bestrebungen um die Reichsreform in ein konkretes Stadium traten, wurde in den Territorien zugleich der Ausbau der Landesherrschaft vorangetrieben. In Pommern vollzog sich diese Entwicklung während der Regierungszeit Herzog Bogislaws X., der als der bedeutendste Vertreter des Greifengeschlechtes gilt. Unter ihm wurde Pommern, das seit 1295 mehrfach geteilt war, wieder vereinigt, doch mußte Bogislaw die Lehnshoheit Brandenburgs 1479 ausdrücklich anerkennen. Sich von ihr zu befreien und die Reichsunmittelbarkeit zu erlangen war das außenpolitische Ziel der pommerschen Herzöge, das schrittweise bis 1530 erreicht wurde.

Innenpolitisch hat Bogislaw durch ein Bündel von Einzelmaßnahmen die landesherrliche Gewalt geordnet, gefestigt und erweitert. Dazu gehörten eine Neuregelung des Steuer-, Münz- und Gerichtswesens, die Einrichtung von herzoglichen Ämtern anstelle der alten Vogteien, die Einlösung verpfändeter Besitzungen und Hebungen, die gezielte Anwendung des Lehnsrechts gegenüber dem Adel, der Ausbau der herzoglichen Verwaltung, der Kammer, der Kanzlei, des Hofgerichts, Hand in Hand damit eine weitgehende Verschriftlichung aller Verfahren, die Einführung des römischen Rechts und schließlich die Heranziehung eines Stammes von zum Teil gelehrten Räten und Amtsleuten, teils aus dem Adel, teils aus dem Kreis der Geistlichkeit, die für ihre Dienste durch Verleihung von Pfründen, Vikarien und ähnlichem entschädigt beziehungsweise besoldet wurden.

Es lag auf der Linie dieser Maßnahmen, auch die Kirche stärker der herzoglichen Landesverwaltung zu verpflichten. 1494 schloß der Herzog mit Klöstern und Geistlichen einen Vertrag, durch den das althergebrachte Einlagerrecht, das die Herzöge zu freier Einquartierung in Städten, Klöstern und Pfarreien berechtigte, durch Zahlung einer festen Geldsumme oder durch Leistung von Naturalien abgelöst wurde. Zugleich war die herzogliche Verwaltung bestrebt, die Steuerfreiheit der Geistlichen einzuschränken. Ähnliches galt für die geistliche Gerichtsbarkeit. Alle geistlichen Richter sollten sich der Eingriffe in Verfahren, die vor ein weltliches Gericht gehörten, enthalten. Für die Überschreitung der geistlichen Gerichtsbefugnisse wurden hohe Strafen festgesetzt. Klagen von Geistlichen gegen weltliche Personen suchte der Herzog vor das Hofgericht zu ziehen. Geistlichen wie weltlichen Untertanen wurde verboten, geistliche Gerichte außerhalb des Landes anzurufen oder vor ihnen zu erscheinen. Auf der Rückreise von seiner Fahrt ins Heilige Land hatte Bogislaw X. im Jahre 1498 in Rom von Papst Alexander VI. unter anderem das Recht auf Besetzung der Prälaturen im Lande erlangt. Er hat dies genutzt, um in den Propsteien der Kollegiatkirchen in Stettin, Cammin, Greifswald und Kolberg verdiente Räte und andere ihm ergebene Personen unterzubringen. Auf diese Weise wurde das Vermögen der Kirche der Landesherrschaft nutzbar gemacht, ihre Diener zugleich dem Herzog verpflichtet und so insgesamt der herzogliche Einfluß gestärkt. Die Tendenz zur Ausgestaltung eines landesherrlichen Kirchenregiments ist deutlich zu erkennen.

Von entscheidender Bedeutung war in diesem Zusammenhang die Stellung des Bischofs von Cammin. Seine Diözese reichte im Westen und im Südosten über die pommerschen Landesgrenzen hinaus, während das stiftische Territorium die hinterpommerschen Landesteile von den mittel- und vorpommerschen trennte. Die Rechtsstellung des Camminer Bischofs – Reichsunmittelbarkeit oder Unterordnung unter die Landesherrschaft – hatte seit dem 14. Jahrhundert zu immer neuen Auseinandersetzungen geführt, die Reich und Konzilien beschäftigten. Der 1472 vom Camminer Domkapitel postulierte Graf Ludwig von Eberstein wurde von Bogislaw X. wegen seiner Brandenburg zugeneigten Haltung abgelehnt, seine Ernennung in Rom hintertrieben. Der von Papst Sixtus IV. statt dessen 1479 eingesetzte Marinus de Fregano band sich dem Herzog gegenüber vertraglich, daß Bischofswahlen und die Wahl der Camminer Domherren von der herzoglichen Genehmigung abhängig sein sollten. Marinus konnte sich aber weder im Stiftsgebiet noch im Bistum durchsetzen und verließ Pommern 1481.

Nach mehrjähriger Sedisvakanz ernannte Innozenz VIII. im Jahre 1485 den Olmützer Propst Benedikt von Waldstein zum Bischof von Cammin. Von Bogislaw X. anerkannt, sah dieser sich aber gezwungen, die Reichsabgaben an die herzogliche Kammer zu zahlen und mit dem Kaiserhof über dieselbe zu verkehren. Die Stiftsstände verpflichteten ihn, die wesentlichen Verwaltungsakte im Stift nur mit ihrer Zustimmung vorzunehmen. 1490 gab Bischof Benedikt die weltliche Regierung im Stift auf. Bogislaw X. nutzte daraufhin seinen Besuch in Rom dazu, den ihm treu ergebenen Domherrn Dr. Martin Carith vom Papst zum Koadjutor mit der Provision der Nachfolge im Bischofsamt ernennen zu lassen, sobald Bischof Benedikt resignierte. Dies geschah 1498. Auch Martin Carith verzichtete auf die Reichsstandschaft. Als er jedoch 1518 seinerseits die Ernennung eines Koadjutors in Rom gegen den Willen des Herzogs betrieb, kam es zum Bruch, und Bogislaw setzte die Ernennung des Erasmus von Manteuffel durch, der 1522 das Bischofsamt antrat.

Das ausgehende 15. Jahrhundert zeigte auch auf geistlich-religiösem Gebiet ein zwiespältiges Gesicht. Einerseits kann von einer ausgeprägten Volksfrömmigkeit und von einer gesteigerten Kirchlichkeit gesprochen werden, die sich in einer Vielzahl von frommen Stiftungen, Wallfahrten und Heiligenkulten äußerte, freilich einen weitgehend vom Massenwesen bestimmten Charakter aufwies. Schaustellungen und äußerliches Gepränge bestimmten das Bild der vielfältigen gottesdienstlichen Aktivitäten. Eine zugleich vorhandene vertiefte Innerlichkeit, individuell geprägt und auf kleinere Zirkel beschränkt, trat demgegenüber weniger in Erscheinung. Andererseits regte sich zunehmend Kritik an den kirchlichen Zuständen, und der Ruf nach kirchlichen Reformen verstummte nicht.

Unsere Kenntnis über die kirchliche und religiöse Situation in Pommern gründet sich vornehmlich auf schriftliche Zeugnisse aus dem 16. Jahrhundert. Sie sind weitgehend durch die Reformation und ihre Frontstellung gegen Mönchtum, katholischen Klerus und Papismus geprägt, besitzen in ihren Einzelnachrichten besonders über aus-

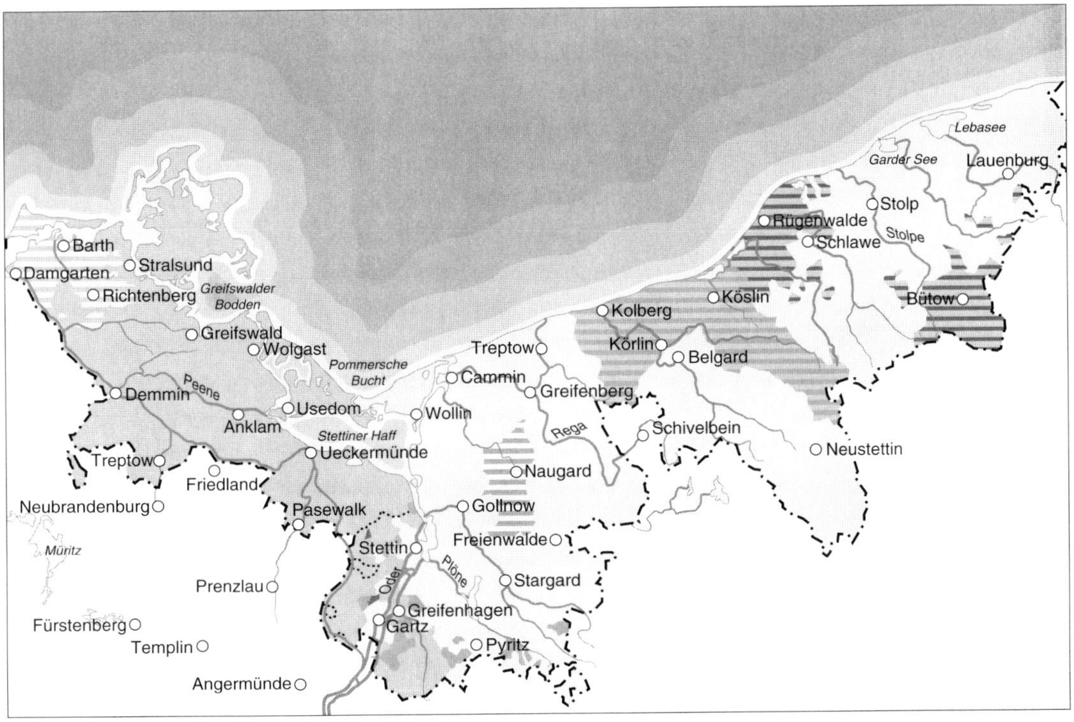

Pommern-Wolgast 1569 bis 1625

Pommern-Stettin 1569 bis 1625

Abfindungsgebiet Bogislaws XIII. (1569)

Stift Cammin/Abfindungsgebiet Kasimirs (1569)

Herrschaft Naugard

Abfindungsgebiet Barnims XII. (1569)

Brandenburgischer Besitz

Gemeinsamer Besitz von Pommern-Wolgast und Pommern-Stettin

Pommern 1478 bis 1637

artende und geschmacklose Aufführungen im Gottesdienst aber durchaus Zeugniskraft, zumal sie durch das, was auf den Reformsynoden des 15. Jahrhunderts in Pommern verhandelt worden ist, ihre Bestätigung finden.

Die Kritik richtete sich gegen die Amtstätigkeit und den Lebenswandel der Geistlichen. Es wurden Verbote erlassen gegen die Unsitte, weltliche Kleidung zu tragen, Völlerei zu treiben und zwielichtige Weiber in der Wohnung zu haben. Eine von Bischof Benedikt 1492 nach Stargard einberufene Synode rügte die immer offener zutage tretende Verletzung des Zölibats und den häufigen Aufenthalt von Klerikern in Gaststätten. Die Residenzpflicht der Geistlichen wurde eingeschärft, die Pfründenhäufung untersagt, die Erteilung der Absolution gegen Geld verboten. Strenge Bestrafung drohte Geistlichen, die sich eines Verbrechens wie Mord, Kirchenraub und Gewalttat schuldig gemacht hatten. Eine Synode, die 1500 unter Bischof Martin Carith in Stettin tagte, verbot den Geistlichen die Teilnahme an entwürdigenden Schaustellungen, verrohenden Wettspielen und frechen Karnevalsveranstaltungen. Sie wurden eindringlich angewiesen, regelmäßig Gottesdienst zu halten, die Sakramente sorgfältig zu verwahren, die liturgischen Gewänder in Ordnung zu halten, ihre Fürsorge dem baulichen Zustand der Kapellen und Kirchhöfe zuzuwenden. Um den Gottesdienst besser zu ordnen, ließ Martin Carith 1505 ein Brevier für den Klerus und 1506 ein Missale herausgeben. Wenn auch die Statuten der Reformsynoden vornehmlich Mängel aufzeigen und diese abzustellen trachteten, nicht aber die positiven Seiten des kirchlichen Lebens nennen, so bleiben die Verfallserscheinungen doch unübersehbar. Hierzu gehört auch der Niedergang der Klosterzucht, worüber zahlreiche Nachrichten vorliegen, sowie die willkürliche Handhabung der geistlichen Gerichtsbarkeit, die rücksichtslose Art, mit der Geldgeschäfte betrieben und die Besitzungen der Kirchen und Klöster vermehrt und in Anspruch genommen wurden. Als Reaktion kam es zu gewaltsamen Übergriffen auf kirchliches Eigentum, zu Plünderungen von Klöstern und Kirchen und zu Angriffen und Mordanschlägen auf Geistliche. Wenn Herzog Bogislaw X. die geistliche Gerichtsbarkeit einzuschränken bestrebt war und im Dezember 1521 das Kloster Belbuck der herzoglichen Vermögensverwaltung unterstellte, dann nicht bloß in der Absicht, die weltliche Gewalt gegen die Kirche auszuweiten, sondern auch, um geordnete Zustände auch dort zu wahren, wo sie gefährdet erschienen.

Herzog Bogislaw X. hat das Aufkommen der reformatorischen Bewegung noch erlebt, aber nur dort eingegriffen, wo aus der Unruhe Unordnung zu entstehen drohte. Auf seiner Reise zum Reichstag in Worms 1521 hat er in Wittenberg Station gemacht, um Luther predigen zu hören. Bereits 1518 hatte er seinen Sohn Barnim nach Wittenberg zum Studium geschickt. 1523 besuchte er in Stettin eine Predigt des evangelischen Predigers Paul vom Rode, um sich auch über diesen ein Urteil zu bilden. Obwohl der Herzog an Rode nichts zu tadeln fand, hat er an der überkommenen Lehre der Kirche festgehalten. Noch kurz vor seinem Tod verbot er in einem Erlaß das Auftreten der »aufrührerischen Prediger und verlaufenen Mönche«.

In unmittelbarer Nachbarschaft der alten, bereits um 1000 erwähnten slawischen Siedlung »Salzkolberg« gründeten Bischof Hermann von Cammin und Herzog Wartislaw III. von Pommern 1256 die Stadt Kolberg. Durch Salzgewinnung, Fischfang und Handel gelangte die Bürgerschaft rasch zu Wohlstand und Vermögen, so daß um 1540 der Chronist Thomas Kantzow schrieb: »Colberg ist eine sehr hüpsche und wol erbaute Stat von eitel steinen Heusern.« Von den mittelalterlichen Bürgerhäusern hat keines die schweren Brände und Belagerungen überstanden, die die Stadt im 16. und 17. Jahrhundert heimsuchten. Auf den Ruinen entstand bald eine Generation nicht weniger prächtiger Bauten, unter anderen das hier abgebildete Merkurhaus.

DIE REFORMATION

Auch in Pommern hatten sich im Verlauf des 15. Jahrhunderts Strömungen gegen die offizielle Kirche bemerkbar gemacht: Waldenser, Hussiten, die in den dreißiger Jahren von der Kurmark und von der Neumark her eindrangen, um 1440 die Sekte der »Putzkeller« in und um Barth.

Luthers Thesen sind von Wittenberg aus bald auch in das Land an der Ostsee gedrungen. In der pommerschen Geschichtsschreibung werden die Anfänge der Reformation nicht zu Unrecht mit der Persönlichkeit verbunden, die als der Reformator Pommerns gilt, mit Johannes Bugenhagen. In Wollin 1485 geboren, hatte er in Greifswald studiert und war früh mit humanistischen Geistern in persönliche und briefliche Beziehungen getreten. 1504 wird er Rektor der Lateinschule in Treptow an der Rega, 1517 Lektor an dem vor den Toren der Stadt liegenden Prämonstratenserstift Belbuck. Im selben Jahr erhält er von Herzog Bogislaw X. den Auftrag, Materialien für eine Historie zu sammeln; so entstand innerhalb eines Jahres die erste Gesamtdarstellung der Geschichte des Landes, die »Pommeriana«. Im Herbst 1520 lernte Bugenhagen Luthers Schrift »Von der Babylonischen Gefangenschaft der Kirche« kennen und wurde durch sie veranlaßt, sich dem Wittenberger Theologen zuzuwenden. Bereits im Frühjahr 1521 siedelte er nach Wittenberg über, wo er in der Folgezeit als einer der engsten Vertrauten Luthers das Amt des Stadtpfarrers innegehabt und dann auch als Professor an der Universität gelehrt hat.

In Belbuck hatte sich unter dem Abt Johann Boldewan ein Kreis gebildet, der sich ebenfalls mit der Lehre Luthers beschäftigte. Ihm gehörten unter anderem Männer wie Christian Ketelhut, der Reformator Stolps und Stralsunds, und Andreas Knöpke, der Reformator Rigas, an. Von diesem Kreis sprang der Funke nach Treptow über. Unter dem Einfluß der Predigten des Johannes Kureke, der diesem Kreis ebenfalls angehörte, kam es in der Stadt zu Ausschreitungen gegen das kirchliche Brauchtum und gegen die Heiligenverehrung. Kureke wurde verhaftet und der Häresie angeklagt, jedoch auf Veranlassung von Bischof Martin Carith nach dem Versprechen, sich jeglichen Angriffs auf die Kirche und die Obrigkeit zu enthalten, freigelassen. Diese Vorgänge waren für den Herzog der Anlaß, das Kloster Belbuck seiner Verwaltung zu unterstellen. Ein Teil der Mönche entfloh, Abt Boldewan wurde ebenfalls vorübergehend in Haft genommen; 1522 begab er sich nach Wittenberg.

Im Jahre 1521 wurde auch in Pyritz das Evangelium im Sinne Luthers verkündet, und zwar durch Johannes Knipstro. Er hatte in Frankfurt an der Oder studiert und hier 1518 in einer Disputation zwischen Professor Konrad Wimpina und seinem Schüler, dem Ablaßhändler Johann Tetzel, leidenschaftlichen Widerspruch gegen die Ablaßpraxis erhoben. Man verbannte ihn in das Franziskanerkloster Pyritz. Aber nicht nur hier, sondern auch in der Mauritiuskirche der Stadt hat er – aus dem Kreise der Bürgerschaft gerufen – Luthers Lehre verkündet. Als Bischof Erasmus von Manteuffel Maßnahmen gegen die kirchlichen Neuerer erließ, sah sich Knipstro 1523 veranlaßt, Pyritz zu verlassen. Er hat sich dann, bevor er sich nach Stralsund begab, bereits vorübergehend in Stettin und in Stralsund aufgehalten, wohin ihn die Gilden und Gewerke gerufen hatten. 1523/24 kam es auch in Pyritz zu Ausschreitungen, doch hat sich die lutherische Predigt in dieser Stadt erst in den dreißiger Jahren durchgesetzt.

In Stettin, der Hauptstadt des Landes, blieben die kirchlichen Verhältnisse lange Zeit in der Schwebe. Im Jahre 1522 wandten sich die Ratsherren an Luther mit der Anfrage, wie man es mit der Steuerfreiheit der Geistlichen, namentlich der Domherren, halten solle. Luther antwortete, daß diese, da sie den Schutz der bürgerlichen Gesellschaft genössen, auch deren Lasten mittragen sollten. Man bat dann um Entsendung eines evangelischen Predigers, und Luther schickte 1523 den Magister Paul vom Rode, der in Wittenberg studiert und seit 1520 in Jüterbog gewirkt hatte. Rode hat zunächst auf der Lastadie, dann in der Jakobikirche gepredigt. In Stettin verband sich, wie auch anderswo, die Auseinandersetzung um die rechte kirchliche Lehre mit Auseinandersetzungen zwischen dem Rat und der Bürgerschaft um deren Anteil am Stadtregiment. Seit 1523 nahmen die Streitigkeiten gewaltsame Formen an. Rode mahnte zur Mäßigung. Anders der im Sommer 1525 aus Stolp nach Stettin gekommene Dr. Johann Amandus, der durch seine Predigten die Gegensätze anheizte und für einige der Übergriffe verantwortlich gemacht werden konnte. Als die höhere katholische Geistlichkeit vom Herzog Schutzbriefe erbat und die Bürger ihre Zahlungen an Kirchen und Klöster einstellten, griff Herzog Georg I. im Jahre 1526 ein. Er ließ Amandus festsetzen und ausweisen. 1527 kam es zu einer Regelung, daß außer der Jakobikirche auch andere Kirchen für den evangelischen Gottesdienst geöffnet wurden, jedoch so, daß beide Glaubensrichtungen die Kirche benutzen konnten. Das führte zu den heftigsten Wortauseinandersetzungen, was wiederum gewaltsame Übergriffe verursachte. Ungelöst blieb die Frage der Besoldung der evangelischen Prediger. Gleichwohl gewann die evangelische Sache immer mehr an Boden. Widerstand ging bis zuletzt von den Stettiner Domherren aus, die den Herzog erneut um Schutz baten und geltend machten, daß sie alte Leute seien, denen eine Neuerung schwerfalle.

Gewalttätiger verliefen die Dinge in Stolp und in Stralsund. Vom Belbucker Abt Johann Boldewan war Christian Ketelhut 1521 nach Stolp geschickt worden. Obwohl er hier in sehr maßvoller Weise das Evangelium im Sinne Luthers verkündigte, mußte er auf herzogliches Gebot bereits 1522 die Stadt wieder verlassen. Nun sammelte der aus Stolp stammende Peter Suawe die lutherisch gesinnten Bürger um sich. Ende 1524 kam dann Johannes Amandus, der wegen seiner aufreizenden Predigten aus Königsberg hatte weichen müssen, nach Stolp. Er nutzte die Mißstimmung in der Bürgerschaft gegen den Rat, geistliche und weltliche Dinge vermischend, zu Aufrufen gegen Fürsten und Obrigkeit. Wanderprediger gossen weiteres Öl ins Feuer. Die reformatorische Bewegung erhielt durch Amandus einen revolutionären Zug. Er rief die Menge zum Sturm auf Kirchen und Klöster auf. Die Marienkirche wurde verwüstet, die Klosterkirche in Brand gesteckt, Geistliche wurden mißhandelt. Im November 1525 erschien Herzog Georg I. in der Stadt, um die alte Ordnung wiederherzustellen. Es wurde den Bürgern jedoch zugestanden, sich einen Prediger zu wählen, der das Evangelium lauter und rein nach den Kirchenvätern und nach des »Heiligen Romischen Rikes und unser

Ordnung« predigen und lehren sollte. Man wählte den Magister Jacob Hogensee, der, nach Studium in Wittenberg, 1520 in Danzig gepredigt hatte und von hier vertrieben worden war. Er stand Melanchthon nahe und hat ruhig, aber konsequent die Reformation in Stolp durchgesetzt.

In Stralsund, der bedeutendsten Stadt des Landes, gärte es schon seit längerer Zeit. Die Gegensätze zwischen Rat und Kirche spitzten sich immer mehr zu. Aber ebenso nahm auch die Konfrontation zwischen den Vertretern des Bischofs von Schwerin, zu dessen Diözese Stralsund gehörte, und der Bürgerschaft bedrohlichere Formen an. Seit 1522 weilte Johann Kureke, seit 1523 Christian Ketelhut in der Stadt. Während jener leidenschaftlich und stürmisch auftrat, zeichnete sich Ketelhut, dem die Kanzel der Hauptkirche Sankt Nikolai freigegeben wurde, durch Besonnenheit aus. Schmäh- und Spottlieder, von beiden Seiten verbreitet und bei Umzügen und ähnlichen Gelegenheiten gesungen, heizten die Stimmung an und vermitteln uns ein Bild der damaligen Situation. Zu Pfingsten 1524 wurde das Rathaus gestürmt und ein Bürgerausschuß dem Rat an die Seite gestellt. Während die Herzöge in die politischen Kämpfe nicht eingriffen, verlangten sie jedoch Schutz für die katholische Geistlichkeit, die bedroht und angegriffen wurde, sich aber auch ihrerseits nicht zimperlich zeigte.

In der Karwoche des Jahres 1525 kam es dann zu dem gewaltsamen Ausbruch, der als Stralsunder Kirchensturm in die Geschichte eingegangen ist. Eine Speisung von Armen und Bettlern, die großen Zulauf von Gesellen, Knechten und Mägden fand, führte in der Nikolaikirche zunächst zu allerlei Unfug, bald aber zu Plünderung und Raub, schließlich zur Verwüstung der Kirche und zur Zerstörung der Altäre, der Bilder und anderer Kunstwerke. Die tobende Volksmenge fiel anschließend in die Klöster ein und richtete auch hier große Verwüstungen an. Schließlich schritt die Obrigkeit ein und stellte die Ordnung wieder her. Der Rat gab den Ketzern die Schuld. Bei einer Versammlung vor dem Rathaus ergab sich jedoch, daß die Mehrheit der Bevölkerung sich für die evangelische Partei in der Stadt erklärte. Die Folge war, daß ihre Repräsentanten in den Rat aufgenommen wurden und daß dieser mit dem Bürgerausschuß den Entschluß faßte, fortan solle die lutherische Lehre in der Stadt gelten. Damit hatte die Reformation in Stralsund gesiegt, und nun galt es, die Verhältnisse zu beruhigen und zu ordnen.

In Stralsund machte man sich alsbald an die Erarbeitung einer förmlichen Ordnung für das Kirchenwesen. Mit ihrer Abfassung wurde der Schulleiter des Johannisklosters, Johannes Aepinus (später Superintendent in Hamburg), beauftragt. Im November 1525 wurde diese »Ordnung der Kirchen und Schulen zum Sunde« von Rat und Bürgervertretung angenommen. Damit war für die Reformation in der Stadt die rechtliche Grundlage geschaffen. Die Stralsunder Ordnung ist eine der ältesten evangelischen Kirchenordnungen in Norddeutschland. Sie handelt in drei Hauptabschnitten von den Predigern, vom »Gemeinen Kasten« und von der Zucht. Sie sah tägliche Gottesdienste vor, bei denen der Küster mit den Gottesdienstbesuchern den Gesang zu üben hatte. An jeder der drei Pfarrkirchen sollten zwei Geistliche predigen, ein Kaplan sollte für Beerdigungen und Krankenbesuche zuständig sein. Der erste Geistliche an Sankt Nikolai hatte über Predigt und Lehre zu wachen. Dieses Amt hatte zunächst Christian Ketelhut inne, später Johann Knipstro mit der Bezeichnung Superintendent.

Wichtig war auch die Neuordnung des Schulwesens. Es wurden eine Knaben- und eine Mädchenschule mit je drei Lehrern eingerichtet. Im Gemeinen Kasten wurden das gesamte Kirchen-, Kloster- und Spitalvermögen sowie alle Kirchenschätze, Kleinodien, Stiftungen und Renten zusammengefaßt, und aus ihm wurden die Geistlichen und Kirchenbediensteten besoldet, die Armen versorgt und die verbliebenen Priester, Mönche und Nonnen unterhalten. Zwar strengte der Archidiakon des Bistums Schwerin, Hippolyt von Steinwer, beim Reichskammergericht in Speyer einen Prozeß gegen die Stadt Stralsund an und erreichte 1530, daß diese zur Wiederherstellung des alten Kirchenwesens verurteilt wurde; doch dieses Urteil war nicht mehr durchzusetzen. Auch die pommerschen Herzöge hatten vergeblich versucht, die Verbreitung der evangelischen Lehre zu verhindern. Der Rat der Stadt erklärte, er wolle lieber das Leben hingeben als Geistliche annehmen, die anders predigten, als man es zu Wittenberg halte.

Im benachbarten Greifswald nahm die Entwicklung einen anderen Verlauf. Auch hier hatte die Bürgerschaft in Protest gegen die Mißwirtschaft des Rates 1524 die Einsetzung eines Bürgerschaftskollegiums erzwungen, in Fragen der Kirche hielt man jedoch entschieden an der alten Lehre fest, nicht zuletzt unter dem Einfluß der Universität und ihrer damals führenden Vertreter, des Domherrn an Sankt Nikolai Wichmann Kruse und des Juristen Heinrich Bukow. Die zeitweilig in Greifswald tätigen Humanisten, etwa Hermann Bonnus, gewannen keinen Einfluß auf die Verhältnisse in der Stadt, die zu einem Zufluchtsort für vertriebene oder geflohene katholische Priester und Mönche wurde, vor allem aus Stralsund. 1531 aber haben dann die Gewerke Johann Knipstro nach Greifswald gerufen, und er hat hier in der Nikolaikirche am 16. Juli die erste evangelische Predigt gehalten. Jetzt vollzog sich der Umschwung sehr rasch und reibungslos. Bereits am 1. November 1531 wurde in Sankt Nikolai die letzte Messe nach katholischem Ritus gelesen. Auch an den anderen Kirchen der Stadt wurden nun evangelische Prediger tätig.

Überblickt man die Lage in Pommern insgesamt, so erscheinen die Jahre 1524/25 als ein Höhepunkt der Unruhe und der gewaltsamen Auseinandersetzungen. Dabei ist freilich nicht immer klar zu ersehen, welches die eigentlichen Ursachen und welches die Zielrichtung der Kämpfe und der Übergriffe waren. Sozial und wirtschaftlich motiviertes Handeln verband sich mit religiösen Beweggründen. Am Ende der zwanziger Jahre scheint eine gewisse Beruhigung eingetreten zu sein, zu Beginn der dreißiger Jahre aber lebten die Auseinandersetzungen wieder auf, in manchen Orten begannen sie erst jetzt beziehungsweise setzt erst jetzt die Überlieferung hierüber ein.

Was sich auf dem platten Land zutrug, bleibt überhaupt weitgehend im dunkeln. Nur über die sogenannten Feldklöster wissen wir einiges, besonders über das Zisterzienserkloster Eldena bei Greifswald, wo einer der Mönche, Antonius Remmelding, der später als Student nach Wittenberg gegangen ist, den Vorgang der Auflösung beschrieben hat.

Von den Herzögen war der älteste Sohn Bogislaws X., Georg I., ein entschiedener Gegner der neuen Lehre, während sein Bruder Barnim IX., der in Wittenberg studiert hatte, den Dingen ihren Lauf ließ. Die gegen die Protestanten gerichteten Reichstagsbeschlüsse von Speyer 1529 und Augsburg 1530 wurden zwar auch in Pommern verkündet, blieben jedoch ohne Wirkung. Zwar ist Georg I. wiederholt gegen die Neuerungen eingeschritten, aber zweifellos auch deshalb, weil sich die kirchliche Frage mit der politisch-sozialen verband und zudem mit Auseinandersetzungen und Kraftproben zwischen der Landesherrschaft und den Städten im Zusammenhang stand.

Angesichts der Unruhen in der Mitte der zwanziger Jahre war in vielen Städten der Rat dazu übergegangen, die Kirchenrechnungen zu prüfen und die überschüssigen Gelder, aber auch das Kirchensilber einzuziehen und in die Rathäuser zu bringen. Ebenso verfuhren die Herzöge, indem sie eine Kommission zur Inventarisierung der Klostergüter einsetzten und die verzeichneten Schätze, mit Ausnahme der Meßgewänder und der Altarbekleidungen, in herzogliche Schlösser überführen und nach der Landesteilung von 1532 aufteilen ließen. Die Begründung lautete, daß die Klosterschätze vor Raub und Vernichtung geschützt werden sollten. Das darf als Motiv durchaus gelten, aber faktisch wurde hier der erste Schritt getan zur Inbesitznahme der Klöster und zu ihrer Umwandlung in herzogliche Ämter.

Daß die evangelische Bewegung sich auch im Stiftsgebiet von Cammin ausbreitete, war trotz aller Gegenmaßnahmen durch Bischof Erasmus von Manteuffel – 1525 hatte er eine Synode nach Stargard ausgeschrieben, um »heilsame Vorkehrungen und ein geeignetes Heilmittel gegen die Verderben bringende Krankheit der Zeit« zu treffen – nicht zu verhindern. In Kolberg, das mit den Camminer Bischöfen seit langem in immer erneuerter Fehde lag, ist – anders als sonst – die Hinwendung zur lutherischen Sache stärker vom Rat als vom Volk ausgegangen. Zu Beginn des Jahres 1531 hatte sie sich in der größten Stadt des Stiftsgebiets durchgesetzt. Im selben Jahr kam sie auch in Köslin, wo sich erste protestantische Regungen schon 1525 bemerkbar gemacht hatten, zum Zuge, hier allerdings gegen den Widerstand des Rates. Ein Vorfall, der sich in Köslin ereignete, wirft ein bezeichnendes Licht auf die damalige Situation: Ein Bader hatte im angetrunkenen Zustand, eine quakende Ente unter dem Arm und eine Branntweinflasche in der Hand, im evangelischen Gottesdienst Prediger und Gemeinde verspottet. Da der Rat eine Bestrafung verzögerte, steckte die Volksmenge den Störenfried in einen Sack und ersäufte ihn im Stadtgraben. Die Tat blieb nicht ungesühnt. Ein Bruder des Getöteten, Domvikar in Stettin, verklagte die Stadt, die eine hohe Buße leisten mußte.

Der »Einführung« der Reformation in Pommern durch die Herzöge gingen eingehende Verhandlungen voraus. Die Kirchenfrage war wiederholt Gegenstand der Beratungen auf den Landtagen, geriet aber hier zwischen die Mühlsteine der allgemeinen Auseinandersetzungen zwischen Herzögen, Adel, Geistlichkeit und Städten. Auch wurden die Herzöge weitgehend von anderen Problemen, besonders der Frage der Lehnsabhängigkeit von Brandenburg und der Regelung der Beziehungen zu den hohenzollerischen Kurfürsten, aber auch zu Polen, zu Dänemark und zur Hanse in Anspruch genommen. Adel und Städte verhielten sich zunehmend unbotmäßig gegen ihre Landesherren. Die Huldigung der pommerschen Städte konnte oft nur mit Schwierigkeiten und mit Verzögerung erreicht werden, was zur Zurückhaltung der Herzöge gegenüber den städtischen kirchlichen Bestrebungen führte. Ein Umschwung trat erst nach dem vorzeitigen Tod Herzog Georgs I. im Jahre 1531 ein. Sein Sohn Philipp I. war am Hofe seines Oheims Ludwig V. (1508–1544), des Kurfürsten von der Pfalz, in Heidelberg zwar katholisch erzogen, dann aber, nach Pommern zurückgekehrt, von seinem Rat Jobst von Dewitz, der nachhaltigen Einfluß auf ihn gewann, für die evangelische Sache gewonnen worden. Dieser Lehre wandte sich auch sein Kanzler zu, der Domherr Nicolaus Brun. Nachdem die Landesverwaltung durch die Teilung im Oktober 1532 zwischen Barnim IX. und Philipp I. geordnet war, konnte an die Regelung der sich zuspitzenden Kirchenfrage in der Erkenntnis herangegangen werden, daß sie der Schlüssel für eine Beruhigung der Verhältnisse im Lande sein mußte.

Schon im Mai 1531, wenige Tage nach dem Tod Georgs I., wurde auf dem Landtag zu Stettin beschlossen, die freie Predigt des Evangeliums zu gestatten – sofern dadurch nicht Unruhen entstünden. Auf der gleichen Linie lag der im Februar 1532 erteilte Ratschlag des Lüneburger Superintendenten Urbanus Rhegius, an den sich die Herzöge gewandt hatten. Er forderte diese auf, dem Evangelium nicht zu wehren, ermahnte aber zugleich die Städte in Pommern, sich vor Aufruhr zu hüten.

1534 kam dann rasch Bewegung in die Religions- und Kirchenfrage. Herzog Barnim lud seinen Neffen Philipp zu einer Unterredung auf den 24. August nach Cammin ein, um sich hier unter Hinzuziehung der herzoglichen Räte über geeignete Schritte zu verständigen. Dabei wurde beschlossen, auf den 13. Dezember (Lucie) einen Landtag nach Treptow an der Rega einzuberufen, um auf ihm »wegen der zur Zeit herrschenden Unstimmigkeiten in der Erkenntnis des göttlichen Wortes zu beraten«, wie man den »Abfall in christlichem Wesen zu ändern und zu reformieren vermöge«. Vorverhandlungen wurden bereits für den 6. Dezember vorgesehen. Zu ihnen sollten auch die evangelischen Prediger aus Stralsund, Stettin, Greifswald, Stargard und Stolp eingeladen werden sowie Johannes Bugenhagen (Doctor Pommer, wie er sich nannte).

Die Einladung an Bugenhagen galt dem erfahrenen Organisator, hatte er doch bereits in Braunschweig, Hamburg und Lübeck dem evangelischen Kirchenwesen durch entsprechende Kirchenordnungen eine gesicherte Grundlage gegeben. In den pünktlich begonnenen Vorverhandlungen wurde ein sogenanntes Theologengutachten erarbeitet, das dann unter der Bezeichnung »Avescheit to Treptow jegen den Landtdach« für die Gestaltung der kirchlichen Verhältnisse in Pommern bestimmend geworden ist. Die in vierzehn Artikel gegliederten Vorschläge sehen vor, offenkundige Mißstände im Kultus zu beseitigen, das Mönchswesen abzuschaffen, die Feld- und Jungfrauenklöster für die Erziehung junger Adliger umzugestalten, in den Städten Bürgerschulen einzurichten. Die Durchführung aller Maßnahmen wird dem Bischof von Cammin zugedacht, dem der Besitz seiner Güter und Einkünfte zugesichert wird. Zu diesem Theologengutachten arbeiteten die herzoglichen Räte ein im wesentlichen zustimmendes Memorandum aus, das allerdings einen stärkeren Einfluß der Landesherren auf die

Herzog Philipp I. von Pommern-Wolgast (1515–1560) folgte als einziger Sohn Herzog Georgs I. im Jahre 1531 in dem Herzogtum Pommern seinem Vater nach. Seine Erziehung hatte er am pfalzgräflichen Hof seiner Verwandten in Heidelberg erhalten. Mit seinem Onkel Barnim IX., der zuvor mit Philipps Vater die Herrschaft in Pommern gemeinschaftlich ausgeübt hatte, geriet der junge Herzog in heftigen Streit, der schließlich in die erneute Teilung des Herzogtums mündete. Philipp, der zu einem vehementen Verfechter der Reformation wurde, erhielt den Wolgaster Landesteil. Das Gemälde stammt von Lucas Cranach dem Jüngeren.

Herzog Bogislaw XIII. (1544–1606) war der Sohn Herzog Philipps I. von Pommern-Wolgast und seiner Gemahlin Maria, der Tochter des Kurfürsten Johann von Sachsen. Er war in erster Ehe mit Klara, der Tochter Herzog Franz' V. von Braunschweig-Lüneburg, vermählt. Dieser Ehe entstammten elf Kinder, während seine zweite Ehe mit der hier dargestellten Anna von Schleswig-Holstein-Sonderburg (1577 bis 1616) kinderlos blieb. Bogislaw XIII. besuchte vierzehnjährig die Universität Greifswald und war auch später stärker den Wissenschaften und der Kunst als den Regierungsgeschäften zugetan. Als Mitregent seines älteren Bruders Johann Friedrich im Herzogtum Pommern-Wolgast verzichtete er im Jasenitzer Erbvertrag 1569 auf alle Ansprüche an dem Herzogtum und ließ sich mit den Ämtern Neuenkamp und Barth abfinden. 1603 trat er die Herrschaft in Pommern-Stettin als Erbe seines jüngeren Bruders Barnim X. an.

Treptow an der Rega mit der gewaltigen Pfarrkirche Sankt Marien spielte in der Reformationszeit eine Schlüsselrolle in der pommerschen Geschichte. Hier war Johannes Bugenhagen, der »Reformator des Nordens«, seit 1504 als Rektor der Stadtschule tätig. Nördlich der Stadt lag das Kloster Belbuck, an dem Bugenhagen seit 1516 ebenfalls lehrte. Zahlreiche Mönche des Klosters sowie der Abt Johannes Boldewan selbst gingen in der Folge zur Reformation über. Als evangelische Prediger verbreiteten sie in Pommern, aber auch im Baltikum die Lehre Luthers. 1534 faßte in Treptow an der Rega der pommersche Landtag den Beschluß zur offiziellen Einführung der lutherischen Lehre in Pommern sowie der damit verbundenen Überführung der Feldklöster und ihrer Güter in den landesherrlichen Besitz.

Verwendung des Kirchenbesitzes forderte, den Bischof unter das Patronat gestellt und von der Ausübung weltlicher Gewalt, das heißt auch von der im Stiftsgebiet, entbunden wissen wollte. Auch sollte das Domkapitel den Herzögen unterstellt werden und sollten künftige, von diesem vorzunehmende Bischofswahlen nur mit Wissen und Billigung der Landesherren erfolgen.

Sogleich nach Eröffnung des Landtags erklärten die Herzöge ihre Entschlossenheit, die Reformation in Pommern einzuführen. Der Bischof, die Stiftsstände, Adel und Städte aber äußerten Bedenken. Dabei wurde vor allem vorgebracht, daß eine landesgesetzliche Regelung der Reichsgewalt widerspreche und kaiserliche Ungnade nach sich ziehen könne. Man forderte die Aussetzung der Verhandlungen bis zu einem künftigen Reichstag oder einem allgemeinen Konzil. Die Herzöge wiesen dies zurück mit der Erklärung, sie fühlten sich im Gewissen gedrängt, der Wahrheit des Evangeliums Raum zu geben. Daraufhin willigten die Stände grundsätzlich ein, »alle papistrie und ceremonien, so wedder Got weren«, abzutun, vorbehaltlich der Beratung im einzelnen. Bischof Erasmus erklärte, daß er die ihm zugebilligten Rechte nicht als ausreichend ansehen könne, und erbat sich eine Bedenkfrist bis zum 4. April 1535. Mit dem Adel kam es zum Streit wegen der Klöster, auf die er alleinigen Anspruch erhob, während die Herzöge geltend machten, daß ihnen als den Nachkommen der Gründer das Verfügungsrecht zustehe. Daraufhin verließ der Adel in seiner Mehrheit den Landtag. Auch die Städte trugen Bedenken vor, machten allerdings auch den konkreten Vorschlag, mit Visitationen im Lande zu beginnen und mit ihrer Durchführung Bugenhagen zu beauftragen. Das geschah, zudem wurde ihm die Ausarbeitung einer Kirchenordnung aufgetragen. Damit endeten die Treptower Verhandlungen; ein förmlicher Landtagsabschied erging nicht.

Das Entscheidende war der Beschluß zur Visitation und zur Ausarbeitung einer Kirchenordnung. Hier wurde unverzüglich gehandelt. Bugenhagen hat mit den Visitationen, allerdings unter maßgeblicher Beteiligung herzoglicher Räte und Hauptleute, im Januar 1535 begonnen und sich an ihnen bis zum Juni beteiligt, er hat Richtlinien gegeben und Maßstäbe gesetzt. Dann kehrte er nach Wittenberg zurück. Die Visitationen wurden in seinem Sinne weitergeführt und bis 1539 zu einem ersten Abschluß gebracht. Mit ihnen wurde der Reformation praktisch Bahn gebrochen, wurden die konkreten Einzelfragen geregelt. Mit der Kirchenordnung wurde eine Anweisung für die Praxis geschaffen, zugleich aber auch eine theologische Grundlegung.

Die Kirchenordnung erschien bereits im Frühjahr 1535 unter dem Titel »Kercken ordeninge des gantzen Pamerlandes, dorch de Hochgebaren Försten und Heren, Heren Barnym und Philips, beyde gevedderen, up dem landdage tho Treptow tho eeren dem hilligen Evangelio beslaten«. Sie behandelt erstens das Predigtamt, zweitens den Gemeinen Kasten, drittens die Ceremonien (mit Gesängen als Anhang). Als Lehrnorm und Bekenntnisgrundlage werden festgelegt die Confessio Augustana nebst Apologie und Luthers Katechismus. Die Frage des Bischofsamtes blieb offen. Pastoren und Superintendenten sollten in Angelegenheiten der Lehre dem Bischof verantwortlich sein. Ihm wurde auch das Recht der Prüfung und der Amtseinführung der Geistlichen

Anfang des 16. Jahrhunderts baute die Familie Loitz im Ostseeraum ein großes Netz von Handelsniederlassungen und Bankhäusern auf. Ihr beträchtliches Vermögen trug ihr schließlich die Bezeichnung »Fugger des Nordens« ein. Bereits 1474 war Hans Loitz Mitglied des Stettiner Rates, und Michael Loitz bekleidete 1484 das Amt des Stettiner Bürgermeisters. Durch geschickte Heiratspolitik verband sich die Familie 1529 mit einer Danziger Großkaufmannsdynastie und betätigte sich seitdem vorrangig im Bankgeschäft. Die Geschäfte gingen gut und ermöglichten den Bau solch großartiger Bürgerhäuser wie des abgebildeten Loitzenhauses in Stettin. Als aber der brandenburgische Kurfürst und der polnische König ihre Anleihen von mehreren hunderttausend Talern nicht zurückzahlten, ging das Handelshaus 1572 in Konkurs und stürzte zahlreiche Ritter und Städte in den Ruin.

sowie die Leitung der Visitationen zugestanden, freilich unter der Voraussetzung, daß er die Kirchenordnung annehmen würde. Es ist in der Kirchenordnung immer nur von »dem« Bischof die Rede, gemeint ist der von Cammin. Den Bischöfen von Schwerin und Roskilde soll von der Neuregelung in Pommern nur Nachricht gegeben werden. Man ging davon aus, daß sie ihre Zustimmung verweigern würden; dann wollte man ihre Rechte in Pommern »anhalten«. Das zielte darauf, geistliches und weltliches Herrschaftsgebiet zusammenzufügen, wobei der unter der herzoglichen Schirmherrschaft stehende Bischof von Cammin die geistliche Leitung übernehmen sollte, nicht aber die weltliche Verwaltung in den geistlichen Gebieten; diese sollte den Herzögen übertragen werden.

Besondere Beachtung war dem Schulwesen gewidmet. In den Städten sollten allenthalben Knabenschulen eingerichtet und sogenannte Winkelschulen verboten werden; auch an die Errichtung von Mädchenschulen war gedacht. Für die größeren Städte waren drei bis fünf Lehrer vorgesehen, auf dem Lande ein Küster. Die Prüfung der Lehrer sollte den Superintendenten obliegen, die Anstellung im Einvernehmen von Rat, Kastenherren und Pfarrer erfolgen. Für die Gestaltung des Schulwesens im einzelnen sollten die Sächsischen Visitationsartikel Melanchthons von 1528 maßgeblich sein. Die Universität Greifswald, die faktisch daniederlag, sollte durch entsprechende wirtschaftliche Maßnahmen wieder aufgerichtet oder nach Stettin verlegt werden. Auf jeden Fall war für die Landeshauptstadt Stettin an die Errichtung eines Pädagogiums gedacht. Bereits 1539 kam es zur Wiedereröffnung der Greifswalder Universität mit neuen Lehrkräften und neuen Statuten nach dem Muster von Wittenberg. Das Pädagogium in Stettin, für das die Einkünfte der beiden Stettiner Domstifte Sankt Marien und Sankt Otten in Anspruch genommen wurden, ist 1543 eröffnet worden.

Für die Klöster verfaßte Bugenhagen 1535 eine evangelische Regel, die »Pia et vere catholica et consentiens veteri ecclesiae ordinatio caeremoniarum pro canonicis et monasteriis in ecclesiis Pomeraniae«, die scharfe Kritik an Lehre und Praxis der alten Kirche übt sowie agendarische und liturgische Weisungen für Andachtsübungen liefert und angibt, wie man es mit Messe, Vigilien, Mette und Vesper halten solle. Das Klosterleben aber verlor gewissermaßen von selbst seine Bedeutung. Viele der jüngeren Insassen verließen die Klöster und wandten sich entweder der neuen Lehre zu, wurden Pastoren oder Lehrer oder nahmen eine weltliche Tätigkeit auf. Die älteren verblieben meist bis zum Tod im Kloster. Der Streit über Besitz und künftige Funktion der Feld- und Jungfrauenklöster dauerte aber an und entwickelte sich zu einem Rechtsproblem, das über Pommern hinausführte.

Als das Ende der von Bischof Erasmus erbetenen Bedenkzeit herannahte, waren im Land die Würfel bereits gefallen. Der Bischof lehnte die Annahme der Treptower Beschlüsse ab. Auch durch eine Unterredung mit den Herzögen im Juni 1535 konnte er nicht umgestimmt werden. Zwar war er bereit, die Schirmherrschaft der Herzöge zu akzeptieren, auch die neue Kirchenordnung wollte er stillschweigend, wenn auch nicht öffentlich anerkennen. Nicht bereit war er, seine Stellung als Landesherr aufzugeben, denn sein Lehnsherr sei der Kaiser. Schließlich fehlte nicht der Hinweis auf zu befürchtende Unruhen im Lande. Erasmus hatte hier wohl in erster Linie die Unruhe unter seinen Standesgenossen im Auge. Nachdrücklich forderte der Adel, mit der Säkularisierung der Klöster und dem Einziehen des Klosterguts auszusetzen, und ging sogar soweit zu erklären, die Herzöge wollten ihn nicht nur seiner Rechte berauben, sondern hätten das Ziel, ihn »auszurotten«. Demgegenüber erklärten die Herzöge in einem Schreiben an den Adel, es seien gar keine Wege vorhanden gewesen, der Neuerung zu wehren, weil zu befürchten gewesen sei, daß »der gemeine Hauf erregt und wider vns und euch aufzustehen mochte bewogen werden«.

Die Herzöge konnten den Bischof nicht zwingen, aber sie erwirkten doch, daß im Camminer Domkapitel mit der Zeit die evangelischen Mitglieder die Mehrheit erhielten. Dennoch blieb das Stiftsgebiet weiterhin katholisch. Für die geistliche Verwaltung des herzoglichen Territoriums mußten aber Maßnahmen getroffen werden. So wurden zwei leitende Superintendenten eingesetzt, für die dann die Bezeichnung Generalsuperintendent aufkam, und zwar für das Herzogtum Wolgast Johann Knipstro, für das Herzogtum Stettin Paul vom Rode. Für den östlich des Stifts Cammin gelegenen Teil des Stettiner Herzogtums mit dem Sitz in Stolp wurde Jacob Hogensee eine leitende Funktion übertragen. Später wurde auch für das Camminer Stiftsgebiet ein Generalsuperintendent bestellt.

Jobst von Dewitz hatte als enger Vertrauter des jungen, nach über fünfjährigem Aufenthalt am pfalzgräflichen Hof zu Heidelberg gerade erst nach Pommern zurückgekehrten Herzogs Philipp I. mit klarem Blick für die Notwendigkeiten maßgeblich auf die Einführung der Reformation in Pommern hingewirkt. Er hatte zuvor von 1518 bis 1520 in Bologna die Rechte studiert und war als Schloßhauptmann von Wolgast bereits vertrauter Berater der Herzöge Barnim IX. und Georg I. gewesen. Seiner erfolgreichen Verhandlung war auch die Aufnahme Pommerns in den Schmalkaldischen Bund zu verdanken.
Jobst von Dewitz fand seine letzte Ruhestätte in der Wolgaster Fürstengruft. Seine Gemahlin Ottilie von Arnim ließ nach seinem Tod einen Grabstein für die Gruft in Daber fertigen, der sie gemeinsam mit ihrem Gatten darstellt.

Auseinandersetzungen mit Kaiser und Reich

POMMERN IN DER RELIGIÖSEN AUSEINANDERSETZUNG ZWISCHEN 1535 UND 1555

Die Bedenken, die Bischof und Adel hinsichtlich möglicher Verwicklungen mit dem Kaiser auf dem Treptower Landtag im Dezember 1534 geäußert hatten, waren nicht unbegründet. Schon am 8. April 1535 hatte König Ferdinand von Wien aus die Herzöge aufgefordert, den Klöstern und Stiften ihre Güter zu restituieren. Wegen der Säkularisierung des Zisterzienserklosters Neuenkamp hatte der Ordensobere, der Abt von Altenkamp, ein Verfahren angestrengt. Unter dem 8. Mai 1535 erging im Namen des Kaisers ein Mandat, dem am 23. November ein zweites folgte, die Treptower Beschlüsse aufzuheben, jede Veränderung der religiösen Verhältnisse in Pommern zu unterlassen und die bereits säkularisierten Klöster in bestimmter Zeit zu restituieren. Die Herzöge bestritten dem Reichskammergericht die Zuständigkeit in Glaubensfragen, denn für eine solche erklärten sie den Fall, und verlangten ein Schiedsgericht sowie zur Regelung der Religionsfrage ein deutsches Nationalkonzil. Das Mandat wurde auch dem Adel in Pommern zugestellt, und der Abt von Altenkamp verschickte seinerseits unter Bezug auf den Spruch des Reichskammergerichts eine Aufforderung an die pommersche Ritterschaft, sich der Kirchenveränderung im Lande zu widersetzen.

Für die Herzöge waren die Vorgänge Anlaß zur Sorge; sie nahmen auch die Mahnung, dem Kaiser gegenüber nicht ungehorsam zu sein und des Reiches Strafe und Buße zu vermeiden, ernst und sahen sich veranlaßt, Vorsorge vor einer Reichsexekution zu treffen. Aus diesem Grunde wurde die Verbindung mit Kursachsen als der Vormacht der evangelischen Reichsstände und durch dieses mit dem Schmalkaldischen Bund aufgenommen. Im Stile der Zeit wurde das Bündnis mit Sachsen durch eine Eheverbindung, durch die Heirat Herzog Philipps mit Maria, der Tochter des Kurfürsten Johann des Beständigen, Stiefschwester Johann Friedrichs des Großmütigen, geschlossen. Die Ehe- und Bündnisverhandlungen sind auf pommerscher Seite durch Jobst von Dewitz unter Vermittlung Bugenhagens geführt worden.

Die Pommern haben ihre Mitgliedschaft im Schmalkaldischen Bund nur lässig und mit Zurückhaltung wahrgenommen. Als 1546 der Krieg zwischen Kaiser Karl V. und dem Schmalkaldischen Bund ausbrach, hielten sie sich zurück. Bevor sie über die Beteiligung einen Beschluß herbeigeführt hatten, war durch die Niederlage des Bundes bei Mühlberg 1547 die Entscheidung bereits gefallen. Durch geschicktes Verhandeln erreichten sie schließlich einen Ausgleich mit dem Kaiser. 1549 gewährte er ihnen Verzeihung, freilich gegen Zahlung von 90 000 Gulden. Zugleich mußten sie sich dem auf dem Augsburger Reichstag von 1548 erlassenen Interim unterwerfen. Dieses gestand den Protestanten zwar Laienkelch und Priesterehe zu, verlangte aber ansonsten die Wiederherstellung der alten kirchlichen Zustände. Die Pommernherzöge haben das Interim zwar formaliter anerkannt, verboten auch die dagegen geführten heftigen Predigten, erklärten sich aber im einzelnen nicht für zuständig mit der Begründung, es han-

Die Familien der Damitz und Kameke waren ursprünglich Kolberger Patriziergeschlechter, die in den Adel aufstiegen und in der Kolberger Gegend begütert waren. Der Grabstein der Eheleute Jacob Damitz und Magaretha Kameke (links) belegt, daß auch die pommerschen Adligen zur Sicherung ihres Standes und Besitzes untereinander eheliche Verbindungen eingingen. Nicht immer jedoch waren die Beziehungen zwischen den Familien Damitz und Kameke harmonisch. Im Jahre 1605 erschlug Christoph Damitz den Peter Kameke auf freiem Felde, was für die Familie Kameke Anlaß war, einen »Mordstein« (rechts) am Tatort zu errichten. In dieser Zeit des Wandels von der mittelalterlichen zur neuzeitlichen Rechtsauffassung handelte es sich bei der Tat aber keineswegs schlechthin um Mord. Das alte Fehderecht wirkte gerade im Adel als einem Herrschaftsträger sui generis noch lange in die Neuzeit hinein, wenn sich auch die gesellschaftlichen Normen seit dem Mittelalter einschneidend gewandelt hatten. Der einzelne sollte sein Recht nun vor einem der festen Gerichte suchen, die mit der Herausbildung des frühmodernen Staates allenthalben eingerichtet wurden. Der Zweikampf mit tödlichem Ausgang, der zuvor als Gottesurteil galt, wurde nunmehr als Mord klassifiziert. Die Inschrift spiegelt noch den Zwiespalt dieser Zeit im Übergang zwischen zwei Rechtsauffassungen wider: »Anno 1605 den 28 Iunij ist der E. E. selige Peter Kam(e)ke der iunger zu Strackmin erbsessen von Christof Damzen (=Damitz) zum Pleushagen erbsessen erbermlich und unfurmuthligen erstochen und vom Leben zum Tode gebracht desselb got gnedigh sei.«

Der Grabstein des Hofnarren Klaus Hintze in der Kirche von Friedrichswalde-Hinzendorf, Kreis Naugard, offenbart eine sozial herausgehobene Stellung, da eine Bestattung in der Kirche nur einem ganz eingeschränkten Personenkreis zustand. Klaus Hintze gehörte zum Hofstaat des Herzogs Johann Friedrich, über den der Augsburger Patrizier Philipp Hainhofer berichtet: »Vom Damm (= Altendamm) ist noch 2 1/2 Meil Weegs nach Friedrichswald, so ein recht Fürstlich stattlich Jagdhaus, sehr grosses Unterkommen hat, von Herzog Johann Friedrich hochs. Gedächtnis erbauet worden, und Kurfürst Hans Georg von Brandenburg höchstmilden Angedenkens oft mit 300 Pferden drei Wochen lang bei Herzog Johann Friedrich zu Gast gewesen ist.« Hainhofer weilte im Sommer 1617 am Hof zu Stettin und nahm vom 8. bis zum 14. September an einer Jagdpartie in Friedrichswalde teil.

dele sich um eine theologische beziehungsweise kirchliche Angelegenheit, die nicht ihre Sache, sondern die des Camminer Bischofs sei.

Bischof Erasmus von Manteuffel, der konsequent an der alten Ordnung und am katholischen Glauben festgehalten hatte, verstarb im Januar 1544. Nun mußte sich die Zukunft des Bistums und des Stifts entscheiden. Die Herzöge gerieten über die Nachfolge in Streit. Schließlich einigte man sich, Bugenhagen das Amt anzutragen, doch dieser lehnte nach einigem Zögern ab. Nun wählte man 1545 den Kanzler Barnims IX., Bartholomäus Suawe, der sich zum evangelischen Glauben bekannte. Er verzichtete auf die Reichsunmittelbarkeit des Stifts, konnte sich aber in ihm nicht durchsetzen. Kaiser Karl V. hatte die Stiftsstände vom Gehorsam gegen die Herzöge und gegen den Bischof entbunden. So trat Suawe 1549 vom Bischofsamt zurück. Zum Nachfolger wurde der Melanchthon-Schüler Martin von Weiher gewählt, der in Rom in der Camminer Sache die Verhandlungen geführt und sich außerordentlich flexibel gezeigt hatte. Papst Julius III. bestätigte seine Wahl, bestand aber nicht auf einer förmlichen Bischofsweihe. Weihers Einführung erfolgte 1552 durch herzogliche Räte und evangelische Geistliche. Mit den Herzögen geriet der neue Bischof bald in Gegensatz, weil er die von Bartholomäus Suawe aufgegebene Reichsunmittelbarkeit wieder zur Geltung zu bringen suchte. In den fünfziger Jahren hat er im Stiftsgebiet Visitationen unter Beachtung der Kirchenordnung Bugenhagens durchgeführt. Nach seinem Tode 1556 wurde der vierzehnjährige Sohn Herzog Philipps I., Johann Friedrich, zum evangelischen Bischof gewählt. 1560 wurde verfügt, daß Stift und Domkapitel sowie das Territorium von Cammin bestehenbleiben sollten; die Selbständigkeit aber war faktisch beendet, denn fortan gelangten nur Angehörige des Herzogshauses in das Bischofsamt, das sie als Titularbischöfe führten. 1560 wurde auch eine neue Stiftsordnung erlassen und alsbald bestätigt. Sie verpflichtete die Prälaten auf die Augsburgische Konfession und zum Gehorsam gegen die Landesherren, denen auch das Präsentationsrecht vorbehalten wurde. Hatten die Herzöge vordem danach getrachtet, dem Camminer Bischof das weltliche Regiment zu entziehen, so wurde ihm nun die geistliche Leitung im Stiftsgebiet abgenommen und einem eigenen (General-)Superintendenten mit Sitz in Kolberg übertragen.

Auch die Besitzungen des Johanniterordens in Pommern waren von den Veränderungen betroffen. Seit 1543 wurde die Komturei Wildenbruch von herzoglichen Amtsleuten verwaltet. 1547 wurde vertraglich vereinbart, daß der Orden als Lehnsträger des Herzogs diesem gegenüber verpflichtet sei und daß der Komtur eine dem Herzog genehme Person Augsburgischen Bekenntnisses sein sollte. Auch die Komturei Zachan ging 1552 in den Besitz Herzog Barnims IX. über.

Unbeschadet der Gefährdungen, die vom Augsburger Interim ausgingen, festigte sich die evangelische Ordnung stetig. Die Visitationen wurden fortgesetzt und unter Leitung der Generalsuperintendenten ämterweise vorgenommen, so daß nun auch die Dörfer erfaßt wurden. Trotz des Murrens von seiten des Adels wurden die Feldklöster in herzogliche Ämter umgewandelt, die Mönchs- und Nonnenklöster in den Städten teils von den Herzögen in Besitz genommen, teils unter die Verwaltung der Städte gestellt.

Hans Heinrich von Fleming (1552–1622) hat die Mitregierung der Landstände in Pommern maßgeblich geprägt. Als Erbmarschall leitete er den Landtag, war also, modern ausgedrückt, Präsident des Pommerschen Landtags. Darüber hinaus war er als Direktor des Landkastens verantwortlich für die landständische Finanzverwaltung, die unabhängig neben der landesherrlichen Finanzverwaltung bestand. Die Grabplatte Flemings und seiner Gemahlin befindet sich im Dom zu Cammin.

Die Regelung bezüglich der sogenannten Jungfrauenklöster blieb bis in die zweite Jahrhunderthälfte in der Schwebe.

Um dem neuen Kirchenwesen einen stärkeren Zusammenhalt oberhalb der Gemeinden zu geben, trat 1541 auf Anregung Knipstros in Greifswald eine Generalsynode für das Herzogtum Wolgast zusammen. Sie wurde nun zu einer ständigen Einrichtung auch in den anderen Landesteilen. Die von Bischof Bartholomäus Suawe 1545 nach Stettin einberufene Generalsynode war eine gesamtpommersche. An diesen Generalsynoden nahmen auch herzogliche Kommissare teil, um die Herzöge von den Beschlüssen in Kenntnis zu setzen und die Durchführung derselben mit ihrer Hilfe zu sichern.

Bereits auf der ersten Generalsynode beschloß man die Erarbeitung einer Agende, um in der pommerschen Kirche eine Einheitlichkeit der kirchlichen Handlungen herbeizuführen. Sie wurde von Johann Knipstro unter Mitwirkung von Paul vom Rode und Christian Ketelhut verfaßt und erschien 1542 unter dem Titel »Karcken Ordening. Wo sick die Parner und Selensorger inn vorreikinge der Sakrament und ouinge der Ceremonien holden scholen im Land to Pammern«. Sie ist in neunzehn Kapitel eingeteilt und enthält Gottesdienstordnungen für Städte und für Dörfer, Anweisungen über den Vollzug kirchlicher Handlungen, Gebete, Notenmaterial und ein Perikopenverzeichnis.

Unabhängig von den Generalsynoden bildeten sich seit den vierziger Jahren Partikularsynoden, auf denen die Geistlichen der Dörfer mit denen der nächstgelegenen Stadt zusammenkamen, um über Lehre, Gebrauch der Sakramente, Wandel und Gebrechen der Pfarrer und über Besoldung und Einkünfte zu beraten. Zugleich kam es zur Bildung von Synodalbezirken, die die mittelalterlichen Archidiakonate ablösten. Die Grenzen waren anfangs fließend. Nach der Kirchenordnung von 1563 sollte jede Synode fünfzehn bis 29 Kirchspiele umfassen. Zur Leitung wurde vom Generalsuperintendenten jeweils ein Stadtpfarrer eingesetzt, für den die Bezeichnung Präpositus aufkam.

Ein wiederkehrender Beratungspunkt auf den Synoden war die schlechte wirtschaftliche Lage der Pfarrer, denen es oft am Nötigsten fehlte. Wegen der geringen Besoldung waren sie vielfach zum Nebenerwerb gezwungen. Auf dem Lande betrieben sie eigene Landwirtschaft, doch verweigerten ihnen die Bauern mancherorts die ihnen zustehenden Dienste, nämlich den Acker zu bestellen und Fuhren zu leisten. Die Grundbesitzer versuchten in manchen Fällen, sich Kirchenbesitz und kirchliche Gebäude anzueignen und die Pfarrer in Abhängigkeit zu bringen und zu Dienstleistungen zu veranlassen. Aber allmählich besserte sich auch hier die Lage.

Der Augsburger Religionsfriede von 1555 war insofern ein Einschnitt auch für Pommern, als das lutherische Bekenntnis nunmehr offiziell anerkannt war und die Entwicklung, wie sie sich vollzogen hatte, gemäß der vom Greifswalder Professor Joachim Stephani 1612 geprägten Formel »cuius regio, eius religio« in gesicherten Bahnen weitergeführt werden konnte.

Die alte pommersche Bischofsstadt Cammin hat nur wenig von ihrem einstigen Glanz in unsere Tage hinüberretten können. Bereits der große Brand von 1538 legte die mittelalterliche Stadt fast völlig in Schutt und Asche. Von den alten Kurien der Camminer Domherren blieb nichts erhalten. Die Räte der pommerschen Herzöge, die nach der Reformation an die Stelle der einstigen Domherren traten, ließen sich nun ihrerseits Kurien von großer architektonischer Vielfalt errichten. Diese zweite Blütezeit der Bischofsstadt fand mit dem Dreißigjährigen Krieg ihr Ende.

Herzog Philipp I. erteilte im Jahre 1554 dem herzoglichen Tapetmacher Peter Heymans den Auftrag, für das Schloß in Wolgast einen 6,90 mal 4,46 Meter großen Gobelin herzustellen. Der aus Gold- und Silberfäden sowie Seide hergestellte Wandteppich zeigt rechts die Familie Philipps I. und links diejenige Kurfürst Johann Friedrichs von Sachsen mit Luther, Melanchthon und Bugenhagen. Das Bild erinnert an die Torgauer Hochzeit des Herzogs mit der kursächsischen Tochter Maria von 1536 und ist zugleich der Reformation in Pommern gewidmet. Der letzte Sproß des Greifengeschlechts, Herzog Ernst Bogislaw von Croy, vermachte 1684 diesen Teppich der Universität Greifswald mit der Auflage, ihn alle zehn Jahre am Todestag seiner 1660 verstorbenen Mutter in der Aula auszustellen.

KIRCHENORDNUNG UND LEHRE BIS ZUM DREISSIGJÄHRIGEN KRIEG

Schon 1556 wurde in Stettin auf einer Generalsynode und auf dem Landtag beschlossen, die Visitationen zu intensivieren und ständig fortzusetzen, was bis in den Anfang des 17. Jahrhunderts geschah, und die Kirchenordnung von 1535 zu revidieren beziehungsweise neu zu fassen. Inzwischen waren zahlreiche Fragen aufgekommen, die der Regelung bedurften, wie zum Beispiel solche der Ordination, der kirchlichen Strafgewalt und der Gesetzgebung. Jacob Runge, der Knipstro im Amt des Generalsuperintendenten im Herzogtum Wolgast folgte, hatte zur Begründung »Bedenken von Gebrechen in den Kirchen und Schulen in Pommern« formuliert. Mit der Neufassung wurden die drei Generalsuperintendenten Runge, vom Rode und Venediger beauftragt. 1563 wurde die neue Kirchenordnung vorgelegt und, nachdem die Wittenberger Theologen sie begutachtet hatten, mit größter Feierlichkeit in Stettin verabschiedet. Diese Kirchenordnung atmet den Geist Jacob Runges, des bedeutendsten pommerschen Theologen in der zweiten Hälfte des 16. Jahrhunderts. Das hat zu der Kontroverse geführt, ob Bugenhagen oder der stärker von Melanchthon geprägte Runge der eigentliche Reformator Pommerns gewesen sei.

Die Kirchenordnung von 1563 stärkte in dem Bestreben, eine Landes-»Kirche« herzustellen, das Amt des Generalsuperintendenten. Ihm wurden Prüfung und Einführung der Geistlichen sowie die Gerichtsbarkeit über sie vorbehalten. Runge hat den Unterschied zwischen Kirchenregiment und weltlicher Obrigkeit betont, was in der Folgezeit zu vielfältigen Streitigkeiten in und mit den Städten geführt hat. Für die Synoden schreibt die Kirchenordnung von 1563 genaue Regelungen vor, die 1574 und 1617 ergänzt worden sind. Außerdem wurde jetzt auch die Einrichtung von Konsistorien in Greifswald, Stettin und Kolberg vorgesehen, die für die Ehegerichtsbarkeit zuständig sein sollten. Ihnen gehörten der jeweilige Generalsuperintendent, zwei Theologen, zwei Juristen und ein Notarius an; den Vorsitz führte ein Jurist.

Parallel zur Festigung der kirchlichen Organisation bemühte man sich um die Festlegung der evangelischen Lehre. Unbestritten war als Grundlage das Augsburger Bekenntnis, aber bereits über die Apologie gab es unterschiedliche Meinungen. 1561 regten die Landstände die Zusammenstellung eines Corpus der verbindlichen Lehrschriften an. 1565 wurde eine solche unter dem Titel »Corpus doctrinae Pomeranicum« durch die Herzöge für verbindlich erklärt. Das Corpus enthielt die drei altkirchlichen Glaubensbekenntnisse, die Confessio Augustana in deutscher Fassung sowie die Apologie, die »Loci communes« Melanchthons und die beiden Katechismen Luthers. 1573 wurden noch sechs weitere Lutherschriften hinzugefügt.

Diese Festlegung erschien nötig, weil es auch in der evangelischen Kirche Pommerns zu heftigen Auseinandersetzungen um Amt und Lehre gekommen war. Der durch den Stadtsuperintendenten Johann Freder ausgelöste Streit mit der Stadt Stralsund um das Recht des Generalsuperintendenten auf Ordination und auf Visitation in der Stadt zog sich in größter Heftigkeit bis 1615 hin. Stralsund wurde schließlich die Wahl des Stadtsuperintendenten zugestanden, alle übrigen Rechte aber blieben beim

Auch wenn bildliche Darstellungen Gottes und der Heiligen der reformatorischen Lehre geradezu widersprachen, hat man sie den bäuerlichen Gemeinden zugestanden. In der um 1600 erbauten Fachwerkkirche in Dischenhagen malte 1673 Michael Wurm aus Gollnow die Schöpfungsgeschichte sowie das Leben und Leiden Christi. Das Werk wurde mit Öl und Firnis überstrichen, so daß es gut erhalten blieb und noch heute in voller Pracht erstrahlt.

Generalsuperintendenten. In Stettin ging es um die Auseinandersetzung mit Anhängern Osianders. In den siebziger Jahren fanden in Vorpommern die Flacianer Anhang. »Schwarmgeister« und »Irrlehrer« traten in verschiedenen Orten auf und hatten zeitweilig beträchtlichen Zulauf. Auf dem Lande blieben, wie aus den Visitationsakten hervorgeht, noch lange Reste katholischer Volksfrömmigleit lebendig und mischten sich mit alten abergläubischen Vorstellungen. Im ganzen gesehen aber war Pommern am Ende des 16. Jahrhunderts ein evangelisches, vom Luthertum geprägtes Land, dessen Landeskirche allerdings nicht auf die luthersche Orthodoxie der Konkordienformel festgelegt war.

Im Jahre 1585 hat man in Stettin der Einführung der Reformation in Pommern fünfzig Jahre zuvor feierlich gedacht. Aus Anlaß der Hundertjahrfeier der Reformation fanden 1617 an der Universität Greifswald ein Festakt und akademische Veranstaltungen statt; aber auch in verschiedenen anderen Städten wurde das Ereignis festlich begangen. Was bei solchen und ähnlichen Gelegenheiten an Festreden gehalten wurde, erschien vielfach im Druck. Auch in Pommern nahm der Buchdruck im Reformationszeitalter einen gewaltigen Aufschwung. Überregionale Bedeutung erlangte die von Bogislaw XIII. im Jahre 1582 in der Nebenresidenz Barth gegründete fürstliche Druckerei. Ihr berühmtestes Erzeugnis ist die mit 170 Holzschnitten geschmückte Lutherbibel, die sogenannte Barther Bibel von 1588. Hier wie an den anderen Residenzen war die von den pommerschen Herzögen geförderte Kunst und Musik weitgehend vom Geist der Reformation bestimmt.

DIE ENTWICKLUNG BIS ZUM ENDE DES DREISSIGJÄHRIGEN KRIEGES UND DER TEILUNG DES LANDES IM WESTFÄLISCHEN FRIEDEN

Von dem 1618 beginnenden großen Krieg blieb Pommern zunächst verschont, wurde dann aber um so härter getroffen. Ende 1627 mußte das Land den kaiserlichen Truppen geöffnet werden, nur Stralsund widerstand mit dänischer und schwedischer Hilfe der Belagerung durch Wallenstein. Zwar war in der Kapitulation von Franzburg der pommerschen Bevölkerung freie Religionsausübung zugesichert worden, doch kam es überall zu Ein- und Übergriffen. Wegen des 1629 erlassenen Restitutionsedikts befürchtete man die Rekatholisierung des Landes. Deshalb wurde der Schwedenkönig Gustav Adolf, als er am 26. Juli 1630 in Pommern auf Usedom landete, allenthalben als Retter begrüßt. Groß war die Trauer, als er 1632 in der Schlacht bei Lützen fiel.

Von 1635 an fluteten erneut kaiserliche Truppen nach Pommern, die ebenso wie die Schweden Städte und Dörfer plünderten und verwüsteten. Brandschatzung und Mord standen auf der Tagesordnung. Viele Kirchen wurden zerstört. Durch das Restitutionsedikt war in erster Linie das Stift Cammin betroffen. Eine kaiserliche Kommission wurde zur Untersuchung eingesetzt, es meldeten sich auch bereits Interessenten für das Bischofsamt, darunter der König von Polen für einen seiner Söhne. Zur gewaltsamen Rekatholisierung kam es in den Ländern Lauenburg und Bütow, die als polnische

Das Mühlentor in Stargard, die einzige zweitürmige Toranlage des Mittelalters in Pommern, war Teil der mittelalterlichen Befestigungsanlagen. Es überspannte einen Nebenarm der Ihna, deren natürliches Flußbett in einem Bogen die Stadt östlich umfaßte. Der künstliche Seitenarm, der an der Südmauer hinter der Marienkirche abgestaut wurde, diente zum Betrieb der städtischen Wassermühlen, deren Mühlräder sich in der durch die Aufstauung künstlich beschleunigten Strömung drehten.

Hans Georg von Arnim (1583–1641) befehligte die kaiserlichen Truppen bei der Belagerung der Stadt Stralsund im Jahre 1628. Anläßlich einer Inspektion der vor Stralsund liegenden Regimenter soll Wallenstein seinem Feldherrn Arnim eingeschärft haben, daß die Stadt am Strelasund unbedingt eingenommen werden müsse, »und wenn sie mit Ketten an den Himmel geschmiedet wäre«.

Lehen dem Bischof von Włocławek unterstanden, sowie in den zum Bistum Cammin gehörenden Gebieten von Draheim und Tempelburg. Der Versuch, in Kolberg ein Jesuitenkolleg zu errichten, scheiterte.

Herzog Bogislaw XIV. erließ 1634 mit Billigung der Landstände für den Fall seines Todes und des damit abzusehenden Endes des Greifengeschlechts sowie des dann vertraglich vereinbarten Übergangs des Landes an die reformierten Kurfürsten von Brandenburg eine »Regimentsverfassung«, die auch eingehende Bestimmungen über die kirchlichen Verhältnisse enthielt. Die Verbindlichkeit der Augsburgischen Konfession für die Kirche in Pommern, aber auch für alle kirchlichen und landesherrlichen Einrichtungen und Ämter sowie für die Schulen wurde noch einmal für »ewige Zeiten« festgelegt, ebenso die Beachtung des »Corpus doctrinae Pomeranicum«, der pommerschen Kirchenordnung und der Agende. Die Universität Greifswald wurde vom letzten Pommernherzog durch Zuweisung des Klosterbesitzes Eldena reich ausgestattet. Mitten in den Kriegswirren ist Bogislaw XIV. dann 1637 gestorben. Erst 1654 wurde sein Leichnam feierlich in der Stettiner Schloßkirche beigesetzt.

Schweden und Brandenburg einigten sich 1647 dahingehend, daß Brandenburg auf Vorpommern, die Odermündungen und einen Landstreifen rechts der Oder zugunsten Schwedens verzichtete, so daß ihm nur Hinterpommern verblieb. Der Friedensvertrag von Osnabrück bestätigte 1648 diese Abmachung. Brandenburg erhielt außerdem das Territorium des Stifts Cammin als erbliches Fürstentum, das aber verwaltungsmäßig mit Hinterpommern vereinigt wurde. Der Westfälische Friede bekräftigte noch einmal den Augsburger Religionsfrieden von 1555 und dehnte ihn auch auf die Reformierten aus. Schweden und Brandenburg haben jedoch den lutherischen Charakter Pommerns respektiert und für den Wiederaufbau der Kirche nach dem Dreißigjährigen Krieg gesorgt. Mit dem letzten Bischof von Cammin, Herzog Ernst Bogislaw von Croy, einem Schwestersohn des letzten Pommernherzogs, wurde 1650 ein Vergleich geschlossen. Dieser verzichtete gegen Zahlung einer beträchtlichen Summe auf alle Rechte am Bistum und übernahm 1665 die brandenburgische Statthalterschaft in Hinterpommern. Die Kurfürsten von Brandenburg waren fortan als Fürsten von Cammin Rechtsnachfolger der Camminer Bischöfe. Das evangelische Domkapitel hat bis 1810 bestanden.

Das schwedische Pommern vom Westfälischen Frieden bis zum Wiener Kongreß

WERNER BUCHHOLZ

Pommern im schwedischen Reich 1648 bis 1718

Durch den Friedensvertrag von Osnabrück, das *instrumentum pacis Osnabrugense* vom 24. Oktober 1648, erhielt Schweden in völkerrechtlich abgesicherten Formen das ganze Vorpommern mit der Insel Rügen, dazu die hinterpommerschen Städte Stettin, Garz, Damm, Gollnow, Bahn, die Insel Wollin mit der Oder, dem Frischen Haff sowie den drei Mündungsarmen der Oder: Peene, Swine und Dievenow. Hinzu kommen sollte noch ein Streifen rechts der Oder, dessen genaue Grenzen in direkten Verhandlungen mit Brandenburg festzulegen waren. Darüber hinaus erhielt Schweden die Befugnisse der Herzöge von Pommern-Wolgast (Vorpommern) zur Besetzung der Prälaturen und Präbenden des Camminer Kapitels. Nach dem Tod der jetzigen Inhaber sollten diese eingezogen und die Einkünfte zum fürstlichen Tafelgut gelegt werden. Für den Fall, daß die männliche Linie der brandenburgischen Hohenzollern ausstarb, erhielt die Krone Schweden die Eventualsukzession in Hinterpommern sowie im ganzen Kapitel und Bistum Cammin.

Schweden erhielt Vorpommern als ein Reichslehen, jedoch in einer Form, die einen Heimfall an das Reich praktisch ausschloß: Nicht der regierenden schwedischen Königin nebst ihrem Haus und ihren Nachkommen wurden die Reichslehen übertragen, sondern der schwedischen Krone, nicht als erbliches Lehen, sondern für alle Ewigkeit (in perpetuum). Damit wurden diese Gebiete ohne Entlassung aus dem Reichsverband an Schweden abgetreten, und die schwedische Krone erhielt für ihre Reichslehen Sitz und Stimme im deutschen Reichstag. Sie erhielt weiterhin das *privilegium de non appellando* für ihre deutschen Provinzen. Damit verband der Osnabrücker Friedensvertrag die Auflage, in Deutschland ein Oberappellationsgericht als höchste Instanz für die deutschen Untertanen der schwedischen Krone einzurichten.[1] An diesem höchsten Gericht war deutsches Recht anzuwenden.[2] Kein deutscher Untertan sollte vor ein schwedisches Gericht gezogen werden können. Wollte er selbst gegen seinen Landesherrn Klage erheben, trat das der schwedischen Krone erstmalig verliehene *privilegium electionis fori* in Kraft, dem zufolge die Krone wählen durfte, ob der Prozeß vor dem Reichskammergericht oder vor dem Reichshofrat zu führen sei.

Darüber hinaus garantierte der Friedensvertrag die landständische Verfassung in den deutschen Reichsterritorien, wie sie schon im Reichsweistum König Heinrichs (VII.) von 1231 für das Reich ausgesprochen und jetzt erneut in der Reichsverfassung verankert worden war. Darauf ist unter anderem zurückzuführen, daß sich in Zukunft die landständische Drohung mit einer Klage vor den Reichsgerichten als wirksame Waffe gegen absolutistische Tendenzen erwies.

Mit Ausnahme der verhältnismäßig kurzen Zeit des karolinischen Absolutismus von 1680 bis 1718 bestimmte während der Zeit der Zugehörigkeit Pommerns zum schwedischen Reich der Hochadel maßgeblich die schwedische Politik. Dadurch wurde die Entwicklung Vorpommerns im 17. und 18. Jahrhundert stark von hochadligen Interessen geprägt.

In den schwedischen Ostseeprovinzen waren die Privilegien des Adels weitaus vorteilhafter als im schwedisch-finnischen Kerngebiet des Reiches mit seinem starken freien Bauernstand. Durch den Erwerb von Gütern in Pommern oder einer der anderen schwedischen Ostseeprovinzen konnten die schwedischen Adligen in den Genuß der dortigen Privilegien gelangen. Daher betrieb der schwedische Adel eine Politik, die auf Kosten der Stockholmer Zentralgewalt zur Stärkung der partikularen, ständischen Kräfte in den Provinzen führte. Hier trafen sich die Interessen des schwedischen Hochadels mit denen des Provinzadels, der ebenfalls keine Stärkung des Königtums wünschte, was eine Minderung seines politischen Einflusses in der Stockholmer Zentrale oder eine Minderung seiner eigenen Privilegien in den Provinzen nach sich ziehen würde. Diese Interessen des schwedischen Hochadels haben die Entwicklung Pommerns in der Zeit seiner Zugehörigkeit zu Schweden wesentlich mitgeprägt.

Zahlreiche schwedische Adlige erwarben in Pommern Güter. Gleich nach dem Tode des letzten Pommernherzogs, Bogislaws XIV., hatte die Krone das herzogliche Amtsgut, die Domänen, beschlagnahmt und teils als Donationen verliehen, teils als Pfand oder Abschlag ihren Gläubigern überlassen.[3] Die Ritterschaft des pommerschen Festlandes mußte es hinnehmen, daß mit der schwedischen Okkupation über ein Viertel ihres Grundbesitzes auf Dauer den Besitzer wechselte. Der größte Anteil davon kam in den Besitz von königlichen Beamten, gefolgt vom schwedischen Hochadel, Offizieren in schwedischen Diensten und Bürgern.[4]

Seit der Amtszeit des Generalgouverneurs Carl Gustaf Wrangel (1653–1676), erst recht aber im 18. Jahrhundert spielten pommersche Adlige eine einflußreiche Rolle in der schwedischen Reichspolitik: Die Lokalgewalten Pommerns beeinflußten ganz erheblich die Zentralgewalt des schwedischen Reichs. Nicht selten hielten Pommern Schlüsselpositionen im Reichsrat und in der zentralen Reichsverwaltung Schwedens, von denen aus sie ihre heimischen pommerschen Privilegien nicht nur wirksam verteidigen, sondern sogar, wie 1718/20, vermehren konnten. Gerade in der entscheidenden Phase von 1718/20, als die Adelsprivilegien Schwedisch-Pommerns wesentlich erweitert wurden, waren mit Henning Rudolph Horn, Carl Gustav Renskiöld (Reinschild) und Johann Lillienstedt vier gebürtige Pommern zu Reichsräten ernannt worden. Ein weiterer Reichsrat, Graf Karl Gustav Dücker, 1711 bis 1715 Kommandant von Stralsund, war Pfandinhaber ausgedehnter Ländereien in Pommern.[5]

DIE GRENZVERHANDLUNGEN MIT KUR-BRANDENBURG

Der Frieden von Osnabrück hatte der schwedischen Regierung einige Probleme hinterlassen, das waren erstens die Grenzziehung auf dem rechten Oderufer, zweitens die Regelung des pommerschen Landesregiments, drittens die Einrichtung eines höchsten Gerichts für die deutschen Besitzungen Schwedens und viertens die Frage der Investitur Schwedens in seine deutschen Reichslehen durch den Kaiser sowie die hiermit verbundene Wahrnehmung von Sitz und Stimme im deutschen Reichstag.

Die Stunde des schwedischen Generalfeldmarschalls Johann Banér (1596–1641) schlug, nachdem Gustav II. Adolf im Jahre 1632 bei Lützen gefallen und Feldmarschall Gustav Horn in der schwedischen Katastrophe von Nördlingen in Gefangenschaft geraten war. Von 1634 bis zu seinem Tode 1641 war der hochbegabte Militär schwedischer Oberbefehlshaber in Deutschland. Trotz seines Talents und trotz seines Sieges bei Wittstock 1636 konnte Banér, dem nur unzureichende Mittel zur Verfügung standen, den Einfall der Kaiserlichen in Pommern im Jahre 1637 und seine verheerenden Folgen für das Land nicht verhindern. Der Volksmund nannte diese wohl schlimmste Zeit, die Pommern bis dahin je hatte erdulden müssen, die »Banérsche Tid«.

Aus schwedischer Sicht bereiteten die Grenzverhandlungen die geringsten Schwierigkeiten. Der Nürnberger Exekutionsrezeß, der die praktische Durchführung des Westfälischen Friedens regelte, hatte Schweden ausdrücklich das Recht zugesprochen, ganz Pommern besetzt zu halten, bis in den Verhandlungen ein Ergebnis erzielt worden sei.[6]

Im Januar 1649 sandte der Kurfürst seinen Geheimen Rat Ewald von Kleist nach Stockholm zu direkten Verhandlungen mit der Königin Christine über die brandenburgisch-schwedische Grenze in Hinterpommern. Dabei stellte sich heraus, daß die Positionen der beiden Verhandlungspartner recht weit auseinanderlagen. Die Schweden erklärten, der Ausdruck des Osnabrücker Friedens, »littoris orientalis«, meine einen Gebietsstreifen auf dem rechten Oderufer in der Breite zwischen einer viertel und einer halben schwedischen Meile, das heißt zwischen 2,5 und fünf Kilometern. Kleist hielt dagegen, es sei lediglich ein schmaler Uferstreifen gemeint, so breit, daß vier oder fünf Mann nebeneinander gehen könnten.[7]

Eine gemeinsame Grenzregulierungskommission wurde eingesetzt, in der Friedrich Runge die brandenburgische Seite federführend vertrat, die schwedisch-pommerschen Regierungsräte Lillieströhm, Hempel und Schwalenberg aber die schwedischen Interessen wahrnahmen. Trotz der anfänglich recht weit auseinanderliegenden Positionen einigte man sich in verhältnismäßig kurzer Zeit. Im November 1651 stand der Grenzverlauf fest, zumal den Brandenburgern nicht viel mehr übriggeblieben war, als in den meisten der strittigen Fragen nachzugeben.[8] Der Grenzverlauf wurde folgendermaßen festgelegt: von der Oder oberhalb Fiddichow in Richtung Wendisch-Mellen, von dort über den Großen Woltin bis zur Plöne bei Buchholz. Bahn und Wildenbruch bildeten eine schwedische Enklave östlich der eigentlichen Grenze. Kolbatz und Woltin kamen zu Brandenburg. Von Buchholz verlief die Grenze östlich von Gollnow weiter in nordöstlicher Richtung, dann nach Nordwesten nahe der Dievenow in die Ostsee. Damm, Gollnow, Cammin und Bahn als hinterpommersche Orte lagen damit ebenfalls auf schwedischem Gebiet.[9]

Trotz der Einigung in der Grenzfrage kam es zu keinem Vertragsabschluß. Die Schweden forderten zusätzlich ihre Beteiligung an den hinterpommerschen Lizenteinnahmen sowie an der Verwaltung dieser Seezölle. Die Lizenten, auch Großer Seezoll genannt, wurden in den großen Häfen von allen Schiffen erhoben, die Waren aus fremden Herrschaften einführten oder dorthin ausführten. Im Osnabrücker Frieden war ihnen dieses Recht zugestanden worden: »... concedit eidem (der schwedischen Krone) moderna vectigalia (vulgo Lizenten vocata) ad littora portusque Pomeraniae ... iure perpetuo, ...«[10] Nun schaltete sich der Kaiser ein, der die brandenburgische Kurstimme für die Wahl seines Sohnes Ferdinand zum römischen König benötigte. Im November 1652 erging ein kaiserliches Dekret, daß Schweden erst dann die Investitur für seine deutschen Reichslehen und damit auch erst dann Sitz und Stimme im deutschen Reichstag erhalten solle, wenn Hinterpommern an Brandenburg übergeben sei.[11]

Nachdem die Verhandlungen in dieser Frage zunächst festgefahren waren, lenkte die Königin im Juli 1652 ein und schlug die Teilung der hinterpommerschen Lizenteinkünfte zwischen Schweden und Brandenburg vor. Der Große Kurfürst ging auf diesen

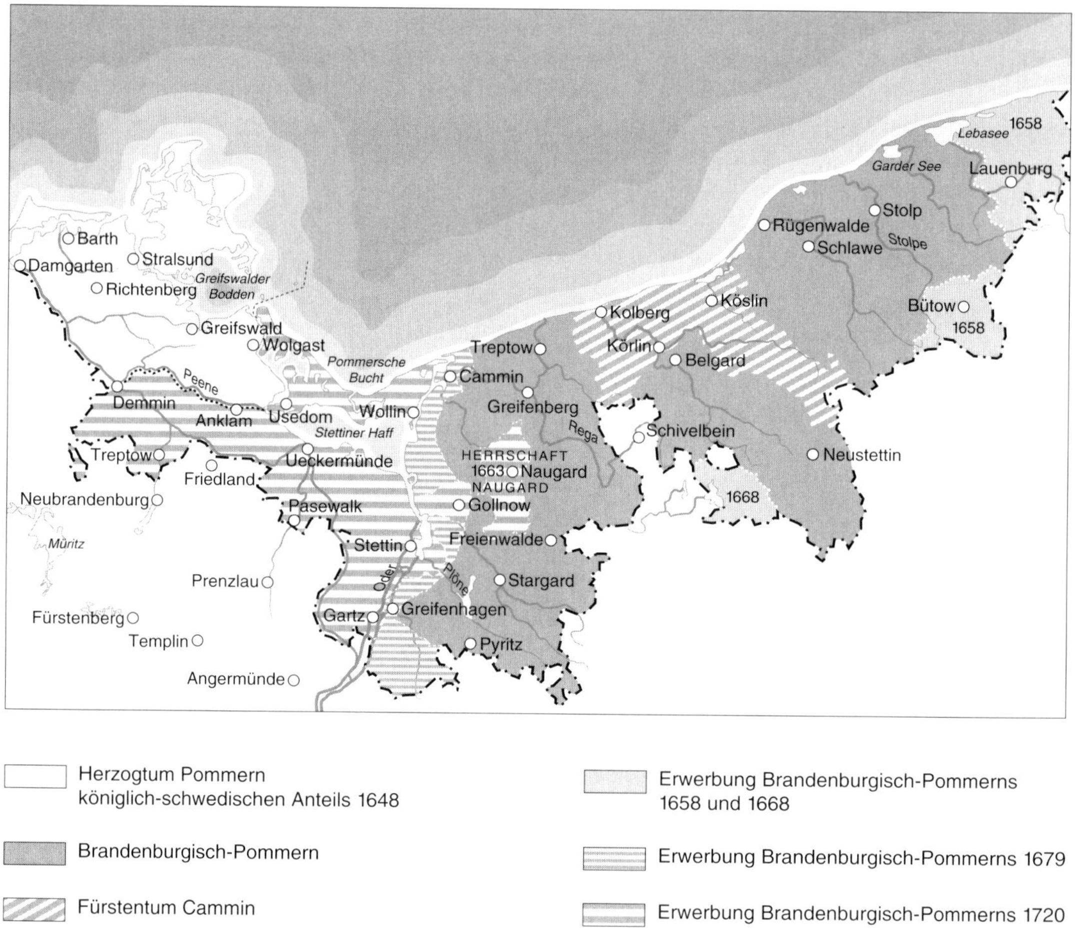

Pommern 1648 bis 1815

Vorschlag ein. Im Mai 1653 wurde in Stettin der Grenzrezeß unterzeichnet, dem eine Reihe weiterer Abkommen folgte: die Verzichterklärung Friedrich Wilhelms auf den schwedischen Teil Pommerns, die besondere Konvention über die schwedische Eventual-Sukzession in Hinterpommern, falls die Kurlinie der Hohenzollern ausstürbe, die Konvention über die schwedische Exspektanz (Anwartschaft) auf die Neumark, das Land Sternberg, Löcknitz und Vierraden, und der Rezeß über die Lizenten, in dem festgelegt wurde, daß Schweden und Brandenburg die hinterpommerschen Lizentkammern und -bedienten gemeinsam unterhalten sollten. Die Lizentbedienten standen im Dienst beider Staaten. Für sie wurde ein besonderes Gericht eingerichtet, dem Schweden und Brandenburger angehörten. Gleich nach der Unterzeichnung des Grenzrezesses, noch im Sommer 1653, räumten die schwedischen Truppen Hinterpommern.

LANDSTÄNDISCHE VERFASSUNG UND EINRICHTUNG DES LANDESREGIMENTS

Schwierig und langwierig gestalteten sich die Verhandlungen der Krone mit den Landständen über die Einrichtung des Landesregiments. Der Friede von Osnabrück garantierte die alten Rechte und Privilegien der pommerschen Landstände »legitime acquisita vel longo usu obtenta«. Damit war der Fortbestand der landständischen Verfassung Pommerns in einem Reichsgrundgesetz verankert.

Grundlage der landständischen Verfassung waren die Gutsherrschaften und die städtischen Magistratsherrschaften. Die Landstandschaft besaßen die adligen Gutsherren der zehn ritterschaftlichen Distrikte Rügen, Barth, Greifswald, Loitz-Grimmen-Tribsees, Wolgast, Demmin, Anklam, Wollin sowie die beiden nach ihrer geographischen Lage benannten Distrikte zwischen Oder und Randow und jenseits der Oder. In diesen ritterschaftlichen Distrikten lagen zwei Drittel des gesamten schwedisch-pommerschen Grundbesitzes. Die Deputierten der adligen Gutsbesitzer vertraten als »Ritterschaft und Adel« auf den Landtagen das flache Land und die gesamte ländliche Bevölkerung.

Neben dem Adel bildeten die Landstädte die zweite Kurie auf den Landtagen Schwedisch-Pommerns. Insgesamt waren 22 Städte landtagsberechtigt. Stralsund und Stettin gaben als vorsitzende Städte in der Städtekurie den Ton an. Zwar zählten Greifswald und Anklam ebenfalls zu den vorsitzenden Städten, konnten mit den beiden erstgenannten aber nur schwer konkurrieren. Dann folgten die achtzehn nachsitzenden Städte Demmin, Pasewalk, Wolgast, Barth, Gollnow, Gartz a.O., Wollin, Greifenhagen, Treptow an der Tollense, Grimmen, Cammin, Tribsees, Usedom, Ueckermünde, Loitz, Damm, Bahn und Damgarten. Als Amtsstädte nicht landtagsfähig waren Franzburg, Garz auf Rügen, Gützkow, Jarmen, Lassan, Neuwarp, Richtenberg, ebensowenig die Städtchen Fiddichow und Penkun, die adliger Gutsherrschaft unterstanden, sowie Pölitz, das zu Stettin gehörte.

Landstädte und Gutsherrschaften stellten die Gesamtheit der Ortsobrigkeiten des schwedischen Pommern dar, die von den Landständen repräsentiert wurden. Eine Ausnahme bildete die Universität Greifswald, die nicht in den Landständen vertreten war, für das Amt Eldena jedoch in derselben Weise Ortsobrigkeit war wie die Ritterschaft im Bereich der adligen Güter. Die Autonomie der Guts- und Magistratsherrschaften als lokale Herrschaftsträger umfaßte die Polizeigewalt, die Gerichtsbarkeit, das Patronatsrecht und die Finanzverwaltung. Gutsherren und Magistrate übten gegenüber allen freien und schollengebundenen Personen, die in ihrem Herrschaftsbereich ansässig waren, die polizeiliche und die gerichtliche Gewalt aus. Zwar konnten diese von den gutsherrlichen Patrimonial- und den städtischen Magistratsgerichten an das landesherrliche Hofgericht in Greifswald beziehungsweise an das Landvogteigericht in Bergen auf Rügen appellieren, in der Praxis wurde davon jedoch kaum Gebrauch gemacht. Die vollständige Autonomie der lokalen Herrschaftsträger war recht weitgehend gewährleistet, da sie in ihrem Bereich die Exekutivgewalt ausübten und zur Durchsetzung ihrer Maßnahmen landesherrliches Militär anfordern konnten.

Die innere Ordnung der lokalen Bereiche lag in der Kompetenz der Landstände. Der Landesherr konnte hier Maßnahmen nur im Einverständnis mit den Landständen nach vorangegangenem Landtagsbeschluß beziehungsweise Magistrats- und Distriktsbeschlüssen ergreifen. Ebensowenig konnten hier Steuern ohne die Einwilligung der Gutsherren und Magistrate erhoben werden. Die Steuereinziehung, auch die landesherrlicher Steuern, lag in den Händen der ständischen Lokalgewalten. Die lokalen Steuerbeamten, die Distriktskollektoren, standen in ständischem Dienst und wurden von den örtlichen Gutsbesitzern auf den Distriktsversammlungen ausgewählt, eingesetzt und besoldet. Ihnen war ausdrücklich verboten, Anordnungen von Dritten entgegenzunehmen.[12] Für ihre sämtlichen Handlungen war die Distriktsversammlung verantwortlich. Daher konnte der Kollektor auch für keine seiner Handlungen gerichtlich oder polizeilich durch andere als die lokalen ständischen Obrigkeiten belangt werden. Eine Ausnahme bildeten die Städte, in denen landesherrliche Abgaben wie Zölle und Lizenten innerhalb der Ringmauern durch landesherrliche Bediente erhoben werden mußten.

Auch auf die Besetzung der städtischen Magistrate konnte der Landesherr keinen direkten Einfluß ausüben. Sie ergänzten sich durch Kooptation. So besaß die landesherrliche Regierung nur ein sehr eingeschränktes Weisungsrecht gegenüber Gutsherren und Magistraten. Nur was die Regierung auf den Landtagen gemeinsam mit den ständischen Vertretern beschlossen hatte, konnte gegenüber den ständischen Lokalgewalten zur Ausführung anbefohlen werden. Dann aber handelte die Regierung faktisch im Auftrag der Landstände.

Der Abwehr absolutistischer Tendenzen diente die Bestimmung, daß die Regierung auf den Landtagen keine Stimme hatte und bei Meinungsverschiedenheiten zwischen den Ständen Landtagsbeschlüsse nicht herbeiführen konnte, indem sie etwa mit einem der beiden Stände stimmte. Ein Landtagsbeschluß konnte also nur dann zustande kommen, wenn die beiden Stände einig waren und die Regierung keinen Widerspruch erhob. Die Gesetzesgewalt, die *suprema potestas legislatoria* konnte nur vom Landesherrn und den Landständen gemeinsam und im Konsens ausgeübt werden.

Die schwedisch-pommerschen Landtage waren reine Ausschußtage. Jeder ritterschaftliche Distrikt entsandte in der Regel einen Deputierten. Die Magistrate der Städte, von denen in der Regel nur Stralsund, Stettin und Greifswald auf dem Landtag vertreten waren, entsandten meist einen Bürgermeister und den Stadtsyndikus. Die kleineren Städte schickten einen Bürgermeister; noch öfter waren sie aber gar nicht selbst anwesend, sondern ließen sich durch eine der Vorderstädte vertreten. Ebenfalls zum Landtag gehörten die Landräte. Diese bildeten kein eigenes Kollegium, sondern nahmen an den Sitzungen ihrer jeweiligen Kurie teil. Die Deputierten waren einem strikt imperativen Mandat unterworfen. Die Landtage der Schwedenzeit hatten im Gegensatz zu denen der Herzogszeit keine wirkliche Entscheidungsgewalt. Beschlüsse wurden von den Distriktsversammlungen und Magistraten gefaßt. An den Distriktsversammlungen konnten sämtliche Gutsherren des Distrikts teilnehmen. Die Distrikte waren in ihren Entscheidungen frei und unabhängig. Sie waren es, die über die Landtagspropositionen des Landesherrn berieten und darüber die verbindlichen Beschlüsse faßten, die dann von ihren Deputierten auf den Landtagen zu vertreten waren. Die Kosten für Verpflegung und Unterkunft, die zu herzoglichen Zeiten vom Landesherrn gezahlt worden waren, mußten seit 1650 von den Ständen selbst getragen werden.[13]

Die landständische Verfassung stand auch bei der Neuordnung des Landes, über die Vertreter der Krone mit den Landständen verhandelten, nicht zur Disposition. Sie blieb in dieser Form bis 1806 erhalten. Mit dem Landkasten besaßen die Landstände eine eigene zentrale Finanzverwaltung, die bis 1806 weitgehend unabhängig vom Landesherrn arbeitete. Im landständischen Herrschaftsbereich zog der Landkasten alle von Grund und Boden erhobenen Steuern ein. Dazu gehörten die Kontribution, die Reichssteuern, das heißt die Kammerzieler und gegebenenfalls die Römermonate, die zu jeweils einem bestimmten Zweck ausgeschriebenen allgemeinen Landessteuern sowie die Steuern, die jeder einzelne Stand für sich in seinem einzelständischen Herrschaftsbereich erhob. Mit diesen Steuern, sofern sie nicht an das Reich oder die Landeskammer abzuführen waren, finanzierten die Landstände allgemeine Landesaufgaben ebenso wie ihre ständischen Angelegenheiten. So erhoben sie Steuern zur Auszahlung der Diäten für die Landräte und die Landtagsdeputierten, für das Gehalt der Landkastenbedienten sowie für alle anderen Personen, die dauerhaft oder zeitweilig in ihrem Auftrag tätig wurden. Der Kampf gegen die Wölfe und die Aufrechterhaltung des Wegenetzes waren weitere wichtige Landesaufgaben, die von den Landständen wahrgenommen und finanziert wurden. Sitz des Landkastens war Anklam, seit 1721 Stralsund.

Mit der Septima der Ritterschaft und dem Nebenmodus hatten die Landstände eigene Steuereinnahmequellen, über deren Erträge sie autonom verfügten. Die Septima war ein Siebentel der landesherrlichen Akzise-Einnahmen, die aus den Akzisekollektoren in die separate Ritterschaftskasse beim Landkasten eingezahlt wurde. Der Nebenmodus wurde von allen Freien erhoben, die auf dem Lande wohnten und keinen Grundbesitz versteuerten. Außerdem wachten die Landstände im Interesse der Autonomie ihrer Guts- und Magistratsherrschaften darüber, daß die Kontribution im Bereich der landständischen Güter allein von den Landkastenkollektoren eingezogen wurde.

Die Rechnungen und Kassen des Landkastens wurden von dem Landkastenmandatar geführt und verwaltet. Dieser wurde von den Landtagen eingesetzt und aus dem Landkasten besoldet. Die Oberaufsicht über den Landkasten führten drei Obereinnehmer, von denen einer von der Städtekurie, der zweite vom Adel und der dritte von der schwedischen Landesregierung in Stralsund eingesetzt wurde. Die landständischen Obereinnehmer wurden meist aus dem Kreis der Landräte ausgewählt. Der landesherrliche Obereinnehmer war immer ein Rat bei der Regierung in Stralsund, dem mitunter der Titel Schloßhauptmann beigegeben wurde. Zur Zeit des schwedischen Absolutismus übte der landesherrliche Obereinnehmer eine Art »Oberdirektorium« aus, über das sich die Landstände 1720, nach der Abschaffung des Absolutismus, nachträglich bei den schwedischen Ständen beklagten, »daß vor der Krieges Recidive geschehen, daß der Herr Ober-Einnehmer des Landt-Castens ex Collegio Illustrissimi Regiminis praesuppiren wollen, alß wann ihm eine OberDirection, fast privative mit außschließung derer Landschaftlichen zweyen Obereinnehmern von Ritterschaft und Stäten zustünde«.[14]

Seit 1720 führten die ständischen Obereinnehmer praktisch allein die Aufsicht über die Einzelkassen ihres Standes. Gemeinsam beaufsichtigten sie die Kassen- und Rechnungsführung der gemeinständischen Kassen, das heißt der Kasse für die Kammerzieler und Römermonate, die Kontributionskasse, die Kassen für die Tribunal-, die Vagabunden-, die Wolfssteuer sowie, seit 1777, die Wegesteuer. Der landesherrliche Obereinnehmer spielte jetzt eine eher passive Rolle.

Neben Obereinnehmern und Landkastenmandatar gehörten zum Personal des Landkastens zwei Landesexekutoren, die mit Unterstützung der Armee rückständige Steuern einzutreiben hatten. 1720 wurde eine dieser beiden Stellen gestrichen. Für den verkleinerten, bei Schweden verbliebenen Landesteil genügte ein Landesexekutor.

ERSTE VERHANDLUNGEN ÜBER DAS LANDESREGIMENT (1649–1653)

Anders als Bremen-Verden war Pommern im Dreißigjährigen Krieg nicht erobertes Gebiet, sondern ein Verbündeter der schwedischen Krone gewesen, dessen Landesregiment, einschließlich der landständischen Verfassung, die Krone schon 1630 förmlich anerkannt hatte.

Die pommersche Landschaft hatte während des Krieges über die Kontributionsverwaltung und das Distriktswesen Machtpositionen erreicht, die sich nicht ohne weiteres auf das Vorkriegsniveau reduzieren ließen, und konnte daher nach 1648 in das Prinzip der Autonomie erheblich größere Ansprüche hineinlegen als die geschwächten Stände der beiden nordwestdeutschen Stifter. Eine Lösung des Autonomieproblems wie in Bremen-Verden – zu den Bedingungen der schwedischen Krone – war in Pommern unmöglich.[15]

Über ihre eigenen lokalen Herrschaftsrechte hinaus hatten die Landstände zu herzoglichen Zeiten erheblichen Einfluß auf die Regierung des Landes ausüben können.

Eines der wenigen Baudenkmäler, das von der einstigen Macht der pommerschen Herzöge noch Zeugnis ablegen kann, ist das herzogliche Schloß hoch über der Stadt Stettin. Bereits seit 1295 residierten die Herzöge zeitweise in der Stadt, aber erst Barnim III. begann 1346 mit dem Bau einer Burg, obwohl sein Vorfahr Barnim I. der Stadt zugesichert hatte, in ihren Mauern kein herzogliches Steinhaus zu errichten. Bogislaw X. war der erste Herzog, der seit 1491 von Stettin aus herrschte. Sein Nachfolger Barnim IX. hat nach einem Brand von 1530 umfangreiche Neu- und Umbauten am Schloß vornehmen lassen. Auch seine Nachfolger betätigten sich als Schloßbauherren, wobei die Renaissanceanlage jedoch weitgehend erhalten blieb. Unter dem letzten regierenden Herzog Bogislaw XIV. setzte dann ein allmählicher Niedergang ein, wertvolles Inventar wurde abtransportiert, und der alte Glanz erlosch. Im 17. Jahrhundert gaben die Schweden Umbauarbeiten in Auftrag, doch gelangten diese aus Kostengründen nicht zur Ausführung. Lediglich die große Turmuhr wurde durch die heute noch vorhandene Uhr ersetzt, die nicht nur zu jeder Viertel- und vollen Stunde schlägt, sondern auch die Mondphasen anzeigt.

Ihrem berühmtesten Sohn, dem 1774 geborenen Maler Caspar David Friedrich, verdanken die Stadt Greifswald und Pommern die schönsten Darstellungen der deutschen Romantik. Zwischen 1818 und 1820 widmete Friedrich seiner Vaterstadt die Ansicht des Hafens mit den großen Seglern und der Idylle der Fischer von Wieck, die vor der Silhouette Greifswalds ihre Boote ausbessern und die Netze zum Trocknen ausbreiten.

Von der Regimentsverfassung von 1634 meinte der schwedische Historiker Oscar Malmström sogar, sie habe alle herzoglichen Rechte und Machtbefugnisse in die Hände der Landstände gelegt.

In ihren Verhandlungen mit der Krone verfolgten die pommerschen Landstände nun das Ziel, die Regimentsverfassung von 1634 wieder in Kraft zu setzen. Die Schweden waren dagegen mit dem Status quo zufrieden und machten zunächst keine Anstalten, einen Vorschlag für eine Regimentsverfassung vorzulegen. Zwischen Oktober 1641 und Juni 1643 hatte Johann Oxenstierna, der Sohn des Reichskanzlers, frei von landständischem Einfluß nach dem Kriegsrecht ein Interimsregiment aufgebaut, das nach Kriegsende fortbestand.

An diesem für sie günstigen Zustand wollten die Schweden festhalten. Die Landstände strebten dagegen die Restauration der politischen Verhältnisse der Herzogszeit an. Sie weigerten sich, dem neuen Landesherrn zu huldigen, bevor die Königin die Landesprivilegien bestätigt hätte, ihren Gravamina Abhilfe geschaffen und eine Verfassung des Landesregiments in Kraft gesetzt war.[16] Erst als die Landstände 1649 Druck ausübten, indem sie die Trank- und Scheffelsteuer zunächst nicht bewilligten,[17] rief die Königin eine Einrichtungskommission ins Leben, die mit den Landständen über die notwendigen Steuerbewilligungen zur Deckung des Landesetats verhandeln sollte.[18] Ihr gehörten Johann Oxenstierna, der Generalgouverneur Carl Gustaf Wrangel und der Präsident des Hofgerichts in Greifswald, Lillieströhm, an.[19]

Im Sommer 1650 traten die Landstände zusammen und nahmen die Verhandlungen mit den königlichen Kommissaren auf. Die Auffassungen über das zu errichtende Landesregiment gingen aber noch immer so weit auseinander, daß abgesehen davon, daß die Landstände die Verlängerung der Trank- und Scheffelsteuer zur Unterhaltung des Militärs bewilligten, es zu keiner Einigung kam und der Landtag von 1650 ergebnislos auseinanderging.

Aber noch im Herbst 1650 legten die Landstände einen eigenen, von einigen Historikern dem Stralsunder Syndikus David Mevius zugeschriebenen Verfassungsentwurf vor, die »Delineatio der Pommerschen Landtverfassung nach des Landes alten Satzungen und Gewohnheiten«. Dieses Schriftstück sollte bald für die Zeit der schwedischen Herrschaft in Pommern hohe Autorität erhalten. Pär-Erik Back nannte es »eine geschickt frisierte Version des politischen Systems der Herzogszeit«. Die schwedischen Unterhändler begegneten diesem »Vorschlag« mit harscher Kritik und legten auf dem folgenden Landtag im Juni 1651 selbst einen Entwurf für eine Regimentsverfassung vor, das »Project des pommerschen Etats«, der unter der Aufsicht Carl Gustaf Wrangels ausgearbeitet worden war.[20] Dieses »Project« wurde den Landständen im Juni 1650 in Wolgast zusammen mit der Bestätigung der Landesprivilegien durch die Königin vorgelegt. Seinem äußeren Aufbau nach war es an die Regimentsverfassung von 1634 angelehnt, jedoch wurden hier erstmals die landesherrlichen Machtbefugnisse formuliert und gegen die ständischen abgegrenzt.[21] Die Stände faßten das als eine Schmälerung ihrer Rechte und Privilegien auf. Bis in den Oktober hinein wurde verhandelt, zu einem Ergebnis kam es auch diesmal nicht.

DAS TRIBUNAL IN WISMAR (1653–1720)

In der Frage der Einrichtung eines Oberappellationsgerichts zur Wahrnehmung des *privilegium de non appellando* der schwedischen Krone für ihre deutschen Besitzungen kam es zuerst zu einer Einigung zwischen den Landständen und ihrem schwedischen Landesherrn.[22] Die Landstände hatten nach 1648 in ihren Verhandlungen mit der Krone unablässig darauf hingewirkt, in Deutschland ein Gericht zu etablieren, bei dem sie im Sinne des für Schwedisch-Pommern charakteristischen, ausgeprägt fürstlich-adlig-patrizischem Kondominats entsprechend weitreichende Kompetenzen bei der Besetzung der Richterstellen und der Aufsicht und der Kontrolle über die Amtsführung erhielten.[23] Als Sitz des Oberappellationsgerichts wurde Wismar ausgewählt aufgrund seiner zentralen Lage zwischen Pommern und Bremen-Verden. Hier wurde im Jahre 1653 das fortan als Tribunal bezeichnete Oberappellationsgericht für Schwedisch-Pommern, Bremen, Verden, Wildeshausen und Wismar eingerichtet.[24] Es blieb hier bis zur Verpfändung Wismars an Mecklenburg-Schwerin im Jahre 1803. Dann zog es nach Greifswald um.

In der Praxis entwickelte sich das Tribunal zu einem Forum, das nicht nur in Zivilprozessen, sondern vor allem in Auseinandersetzungen zwischen Krone und Landständen letztinstanzliche Entscheidungen fällte.[25] Von den Landständen war dem Tribunal diese Rolle als einer Art Oberregierung von vornherein zugedacht worden. Um ihren Einfluß auf das Tribunal zu sichern, hatten die Stände bereits 1649 gefordert, selbst für die Unterhaltung des Tribunals aufzukommen. Pär-Erik Back kommentierte diese landständische Forderung, die von der Krone auch tatsächlich erfüllt wurde: »... die (von den Landständen) bezahlten Mitglieder des Tribunals sollten gleichsam in den Dienst der Landstände treten.«[26]

Zur nachhaltigen Sicherung des landständischen Einflusses auf das Tribunal wurde die Gehaltszahlung der Richter und sonstigen Bedienten des Tribunals mit dem Vorschlagsrecht der Landstände bei der Besetzung der Stellen gekoppelt. Schließlich bestimmte die Tribunalsordnung von 1656, daß von den sechs Assessorenstellen je drei von den Ständen Pommerns und Bremen-Verdens vorzuschlagen waren. Die drei pommerschen Assessorenstellen sollten bei eintretender Vakanz nacheinander von der landesherrlichen Regierung in Stettin, der Ritterschaft und schließlich, bei Eintritt der dritten Vakanz, von den Städten vorgeschlagen werden.[27] Diese drei Assessoren wurden von den pommerschen Landständen besoldet, die übrigen drei von den Landständen Bremen-Verdens. Die beiden höchsten Stellen beim Tribunal, Präsidenten- und Vizepräsidentenamt, wurden vom König besetzt und von der landesherrlichen Kammer besoldet, zeitweilig auch von der Reichskammer in Stockholm. Diese Regelung stellte einen Kompromiß dar, der den starken Einfluß der Landstände auf die Regierung des Landes deutlich erkennen ließ.[28]

Am Tribunal in Wismar wirkte der wohl bedeutendste norddeutsche Jurist der frühen Neuzeit, David Mevius. 1653 wurde er zum ersten Vizepräsidenten des Tribunals ernannt. Er versah dieses Amt bis zu seinem Tode 1670. Mevius wurde 1609 in Greifswald geboren. Nach dem Studium in Greifswald, Rostock, Leiden und Paris, wo er den Naturrechtler Hugo Grotius persönlich kennengelernt hatte, wurde er zunächst Professor in Greifswald und Syndikus der Universität (1635). 1638 wurde er Syndikus der Stadt Stralsund, in deren Diensten er die Unterhandlungen mit Schweden führte. In den schwedischen Politikern Per Brahe, Magnus Gabriel de la Gardie und Axel Oxenstierna fand er Gönner und Förderer. Nach seiner Ernennung zum Vizepräsidenten des Tribunals fiel Mevius praktisch die Leitung dieses obersten Gerichtshofes für die deutschen Besitzungen Schwedens zu, da der Präsident des Tribunals, der Reichsrat Bengt Oxenstierna, vorwiegend als Legat der Krone in Deutschland weilte und auch sonst sein Wismarer Amt nicht ausübte.[29]

Als Bremen-Verden 1720 zu Hannover kam, fielen beim Tribunal zwei Assessorenstellen weg. Da auch die nunmehr in Stralsund residierende landesherrliche Regierung nach 1720 stärker als in der Zeit zuvor mit pommerschen Adligen besetzt wurde, verstärkte sich im 18. Jahrhundert insgesamt das ständische Element beim Personal des Tribunals. Darüber hinaus wurde im Jahre 1721 unter dem Vorsitz der Regierung, ein Vergleich zwischen den pommerschen Landständen und der Stadt Wismar abgeschlossen, der den ständischen Einfluß auf das Tribunal weiter festigte.[30] Präsident und Vizepräsident haben das nicht verhindert.

David Mevius veröffentlichte in insgesamt neun Bänden zivilrechtliche Urteile des Tribunals unter dem Titel »Decisiones Wismariensis Tribunalis«, die zuletzt 1794 in zehnter Auflage erschienen sind. Mit diesem Werk hat Mevius bis ins 20. Jahrhundert hinein wesentlich die Ausformung des Zivilprozesses in Norddeutschland beeinflußt.

Schließlich kamen auch die Verhandlungen zwischen Krone und Landständen wieder in Bewegung, als Königin Christine 1654 einlenkte. Sie ließ durch ihren Vertreter in Pommern, den Regierungsrat Johann Lilieströhm, die Bestätigung der pommerschen Privilegien sowie eine Generalkonfirmation der adligen Lehnsbriefe überreichen. Was die ständischen Gravamina betraf, so ließ die Königin den Vorschlag unterbreiten, die Trank- und Scheffelsteuer abzuschaffen, wenn die Landstände sich bereit erklärten, statt dessen zeitlich unbefristet eine jährliche Kontribution von 60 000 Reichstalern zu zahlen.[31] Indessen hielten die Landstände an ihren Maximalforderungen fest. Die Verhandlungen scheiterten auch diesmal.

Wenig später dankte Christine ab. Die Thronbesteigung ihres Nachfolgers, Karls X. Gustav, wurde begleitet vom Ausbruch des polnischen Krieges. Bis 1662 ruhten die Verhandlungen zwischen Landständen und Krone. Noch immer wurde das Land mit dem in den Jahren 1641 bis 1643 aufgebauten Landesregiment regiert. Erst 1663 kam es zu einer Einigung, die in der Regimentsverfassung von 1663 ihre konkrete Form erhielt. Damit kam der schwedische Hochadel den pommerschen Ständen sowie den in Pommern begüterten schwedischen Adligen sehr weit entgegen. Die Regimentsverfassung von 1663 sicherte den autonomen Status Pommerns. Sie stellte das Landesregiment von 1634 weitgehend wieder her.

Aber es war eine alte Verfassungsordnung restauriert worden, die nicht mehr den wirklichen Gegebenheiten entsprach. Ein Militär- und ein Finanzwesen gab es nach

Carl Gustaf Wrangel (1613–1676) war 1646 zum schwedischen Oberbefehlshaber in Deutschland ernannt worden und 1648 zum Generalgouverneur in Pommern. Dieses Amt versah er bis zu seinem Tode. Als Belohnung für seine Dienste im Namen der schwedischen Krone waren ihm in Schweden, Bremen-Verden und Pommern umfangreiche Ländereien übertragen worden. In Pommern gehörten ihm Gut und Schloß Spycker, das Haus Vorwerk, das er in Wrangelsburg umbenannte, das Nonnendorf, Pritzier mit Brüssow, Groß Ernsthof und Spandowerhagen, Ralswiek auf Rügen, Mölschow und Krummin auf Usedom und die Greifswalder Oie, letztere allerdings nur als Pfandbesitz von der Stadt Greifswald. Damit war Wrangel nach dem Baron von Putbus der zweitgrößte Grundbesitzer im schwedischen Pommern.

dieser Regimentsverfassung in Schwedisch-Pommern nicht. Die Regimentsverfassung von 1663 übertrug, ganz wie ihre Vorgängerin, die Regimentsverfassung von 1634, die landesherrliche Finanzverwaltung dem Schloßhauptmann, »ein ganz unbedeutender Posten beim Stettiner Schloß«.[32] Tatsächlich lag die landesherrliche Finanzverwaltung in Pommern in der Hand der landesherrlichen Kammer, die aber wurde in der Regimentsverfassung nicht einmal erwähnt.

DAS LANDESREGIMENT

Nach der Regimentsverfassung war die königliche Regierung in Pommern eine kollegiale Behörde. Sie bestand aus dem Generalgouverneur als dem Chef der militärischen und der zivilen Verwaltung, dem Präsidenten des Hofgerichts in Greifswald, dem Kanzler sowie zwei Regierungsräten. Die Regierungsmitglieder führten gemeinsam die Oberdirektion in geistlichen, politischen und ökonomischen Geschäften, hatten aber keine Befugnisse über die Landeskammer. Weiterhin führte die Regierung die Aufsicht über Polizei und Gerichtsbarkeit auf der landesherrlichen Domäne. Sie hatte außerdem die Reichs- und Kreistage zu beschicken, gemeine Landessachen, Traktate, Grenzsachen sowie in Angelegenheiten zu entscheiden, die die schwedische Krone als Herzog von Pommern und den Status publicus berührten.

Besondere Rechte übte die Landesregierung im Namen der Krone bei der Gerichtsbarkeit der nachsitzenden Landstädte aus. Während Stralsund, Stettin, Greifswald und Anklam völlig autonom in ihrer städtischen Gerichtsbarkeit waren, besaß in den übrigen Landstädten der Landesherr das Recht, die Stadtrichter einzusetzen »und von ihm und einigen Beysitzern aus den Magistratskollegien die Gerichtsgewalt in der ersten Instanz besorgen zu lassen«.[33]

Als höchstes Gericht für Pommern wurde in Greifswald ein Hofgericht eingerichtet, das sowohl als Appellationsgericht für Zivil- und Strafsachen diente als auch als *forum privilegiatum* für Exemte, betreffend den Adel und die landesherrlichen Bedienten, zuständig war. Für Lehnssachen war das Hofgericht erste Instanz. Die Guts- und Magistratsuntertanen konnten von den Patrimonialgerichten der Güter und den Magistratsgerichten der Städte an das Hofgericht appellieren, was allerdings aus Unkenntnis oder aus Angst vor Repressionen selten geschah. Am pommerschen Hofgericht in Greifswald waren, mit Ausnahme seines ersten Präsidenten Johann Nicodemi Lillieströhm, ausschließlich Deutsche tätig, da es an Schweden fehlte, die *iura publica et privata Imperii Romani* (öffentliches und Zivilrecht des Deutschen Reichs) beherrschten. Mit Bitterkeit vermerkten die Hofräte und Assessoren am Hofgericht, daß die Richter am Tribunal in Wismar ein doppelt so hohes Gehalt wie sie selbst bezogen, obwohl »die meiste und größte Arbeit auff uns alhie ankombt, undt unter 40 undt mehr sachen kaum eine per appellationem dahie (nach Wismar) devolviret wird«.[34]

Für den Adel Rügens und die amtsgesessenen Adligen der Insel Wollin waren das Landvogteigericht in Bergen beziehungsweise das Burggericht in der Stadt Wollin erste

Instanz. Gleichzeitig waren diese beiden Gerichte Appellationsinstanzen für Guts- und Magistratsuntertanen. Bei Verstößen gegen landesherrliche Verordnungen waren diese beiden Gerichte erste Instanz auch für Untertanen der adligen und städtischen Güter.

Militärwesen und Militärgerichtsbarkeit

In Friedenszeiten lagen in Pommern zwei bis drei Infanterieregimenter sowie die Artillerie-Einheiten der beiden Festungen Stralsund und Stettin. Ein Regiment war fest nach Stralsund verlegt. Dabei handelte es sich um das »Stralsundsche Infanterieregiment«, das im 18. Jahrhundert als »Leibregiment der Königin« (Drottningens livregemente) in ständiger Garnison in Stralsund stand. Bis zum Ende der Schwedenzeit gab es keine Kasernen, vielmehr wurden Soldaten und Offiziere in den Bürgerhäusern einquartiert.

Im 17. Jahrhundert war ein zweites Regiment auf mehrere Städte im Lande verteilt, wobei der Großteil der Mannschaften nach Stettin verlegt war, während einzelne Kompanien in Anklam und Greifswald einquartiert waren. Während des Nordischen Krieges wurde 1703 mit dem »Pommerschen Dragonerregiment« ein weiteres Regiment aufgestellt und in den Städten Demmin, Wolgast und Anklam in Garnison gelegt.

Die Militärgerichtsorganisation wurde in den Verhandlungen der Krone mit den Landständen nicht berührt. Die Einrichtung der Kriegsgerichte war, wie alle inneren Angelegenheiten des Militärs, allein Sache der Krone. Allerdings blieb die Militärgerichtsbarkeit auf die militärischen Dienstgeschäfte beschränkt. In allen anderen Angelegenheiten waren die ordentlichen Zivilgerichte des Landes auch für Militärpersonen zuständig.

Im Militärgerichtswesen kam schwedisches Recht, die Kriegsartikel, zur Anwendung. Die Kriegsgerichtsorganisation bestand aus einem Kriegsgericht bei jedem Regiment, dem jeweils ein Auditeur als Richter vorsaß. Als Appellationsinstanz sowie als erste Instanz für die Blutgerichtsbarkeit wurde in Stettin das Amt eines Generalauditeurs für Pommern eingerichtet. In Stralsund gab es für solche Fälle lediglich einen Gerichtsschreiber, der die Ermittlungen vor Ort betrieb. Appellationen an das Tribunal in Wismar waren auch von den Kriegsgerichten möglich, jedoch konnte seit 1657 dann wiederum vom Tribunal an den König appelliert werden, der in jedem Fall in Militärsachen die letzte Instanz war.[35] Ebenso wie in der Kammer wurde auch beim Militär die schwedische Sprache verwendet, da die pommersche Armee im Feld mit nationalschwedischen Truppen kooperieren sollte. Bei der Festungsartillerie fiel dieses Erfordernis weg. Hier war Deutsch Kommandosprache.

Der Berliner Propst Johann Friedrich Zöllner, der im Jahre 1795 durch das schwedische Pommern reiste, berichtete aus eigener Anschauung über die schwedisch-pommerschen Soldaten: »Die hiesigen Soldaten sind deutsch gekleidet, werden aber schwedisch commandirt, damit sie an das Commando gewöhnt sind, wenn sie einst mit schwedischen Truppen zusammen dienen sollen. Die Artilleristen sind zwar auch Deutsche, und werden deutsch commandirt, aber sie tragen die schwedische Nationaluniform.«[36]

Landesherrliche Finanz- und Domänenverwaltung und das Kontributionswesen

In der Regimentsverfassung von 1663 ergaben sich gegenüber 1634 zwei wichtige Veränderungen. Sowohl die landesherrliche Finanzverwaltung als auch das Militär blieben frei von unmittelbarem ständischen Einfluß. Diese beiden Verwaltungszweige waren während der gesamten Schwedenzeit Pommerns direkt der Stockholmer Zentrale unterstellt. Selbst die pommersche Regierung erhielt keine Verfügungsgewalt über die pommerschen Finanzen. Oberkämmerer und Generalgouverneur allein bildeten die Kammer. Der Oberkämmerer leitete als Chef der Landeskammer sämtliche Zweige der landesherrlichen Finanzverwaltung: Akzise-, Zoll-, Konsumtionssteuer-, Lizent-(Seezoll, der jedoch zeitweise direkt der Reichskammer unterstand) und Domänenverwaltung sowie die Verwaltung der landesherrlichen Forsten und Fischereien. Über sämtliche Truppen in Pommern führte der Generalgouverneur allein den Oberbefehl.

Der älteste Zweig der landesherrlichen Finanzverwaltung war die Domänenverwaltung. Die landesherrliche Domäne war in Ämter aufgeteilt, denen jeweils ein Amtshauptmann vorstand. Der Amtshauptmann war nicht nur Finanzbeamter, er übte auch im Namen des Landesherrn die Patrimonialgerichtsbarkeit über die amtsansässigen Untertanen aus, das Patronatsrecht und die gutsherrliche Polizeigewalt im Bereich der landesherrlichen Domänengüter seines Amtes.

Nach dem Tod des letzten Pommernherzogs 1637 hatten die Schweden die Domänengüter zunächst beschlagnahmt; nach 1640 wurden sie teils als Donationen an verdiente Beamte und Offiziere vergeben, teils als Pfand oder Abschlag auf offene Forderungen Gläubigern der Krone überlassen. Zwischen 1637 und 1654 wurde auf diese Weise über die Hälfte der pommerschen Domänen veräußert. Davon gelangten zwei Drittel in den Besitz schwedischer Hochadliger, ein Fünftel in die Hände landfremder königlicher Beamte.

Als die Königin Christine 1654 abdankte, wurde ihr die vorpommersche Domäne zum Unterhalt zugewiesen. Nun wurden die Amtsgüter wieder eingezogen und der Verwaltung Christines unterstellt. Nach dem Tode der letzten Königin aus dem Hause Wasa 1689 wurden diese Güter von den landesherrlichen Ämtern übernommen. Durch die Entfremdung der Domäne war die schwedische Pommernpolitik seit 1654 stark belastet. Die Landstände wehrten sich gegen Kontributionsforderungen der Krone mit dem Hinweis auf die Domäne, deren Einkünfte dem landesherrlichen Etat fehlten. Darüber hinaus entzog die Entfremdung der Domäne der Provinzregierung auf Jahrzehnte die alte Grundlage der Landesverwaltung. Bis zu Christines Tod gab es auf dem flachen Land praktisch keine landesherrliche Lokalverwaltung. Die Krone trat auf dem platten Land nirgends in Erscheinung. Gegen die Grundherrschaften hätte sich die Krone aber nur auf der lokalen Ebene durchsetzen können. Kennzeichnend für die Schwierigkeiten, die der schwedischen Verwaltung begegneten, war, daß bis in die neunziger Jahre hinein von der Krone kein wirksamer Versuch unternommen werden konnte, brauchbare Matrikeln zu erarbeiten, mit denen der Grundbesitz auf der Basis zuverlässiger Informationen über seine Größe und Bonität hätte besteuert werden können.[37]

Krone und Landstände führten langwierige Auseinandersetzungen um das Kontributionswesen. Während des Dreißigjährigen Krieges hatten die Landstände eine eigene Akziseverwaltung aufgebaut, deren Erträge sie an die Schweden abführten und die sie als ihre Kontribution ansahen. Nach 1640 ging diese Akziseverwaltung an die landesherrliche Kammer über; dennoch forderte die Krone Kontributionen von Grund und Boden. Anfänglich bewilligten die Landstände die Kontribution von Fall zu Fall, gegen Ende des 17. Jahrhunderts jedoch bildete sich eine permanente Erhebung heraus. Seit 1681 wurde die Kontribution regelmäßig jährlich erhoben. Zu Beginn der neunziger Jahre lag ihre Quote bei siebzehn Reichstalern pro reduzierte steuerbare (das heißt steuerpflichtige) Hufe. Dabei war die »reduzierte« Hufe kein Ackermaß oder sonstwie eine reale beziehungsweise konkrete Größe, sondern lediglich eine Rechnungseinheit zur Steuererhebung. Nach lebhaftem Protest der Landstände und weiteren Verhandlungen wurde sie 1698 auf vierzehn Reichstaler gesenkt.[38] In dieser Höhe wurde die Kontribution praktisch bis 1800 erhoben.

Bei der Erhebung der Kontribution wurde bis 1800 die sogenannte Anklamer Steuerrepartition von 1658 zugrunde gelegt. Diese Steuerrepartition beruhte auf den Selbstdeklarationen der Grundbesitzer. Sie führte zehntausend reduzierte Hufen auf, wobei drei Landhufen zu einer reduzierten (Steuer-)Hufe zusammengefaßt werden sollten. Diese zehntausend Steuerquoten wurden je zur Hälfte auf die Städtekurie einerseits und die Ritterschaft und landesherrliche Ämter (im Verhältnis 5 : 2) andererseits aufgeteilt. 1681 wurde die Anzahl der Steuerquoten auf fünftausend reduzierte Hufen herabgesetzt, aber weiterhin im selben Verhältnis wie zuvor auf Städte, Ritterschaft und landesherrliche Ämter repartiiert.

Die Verwaltung der Lizenten wurde im 17. Jahrhundert zeitweilig sogar der pommerschen Kammer entzogen und direkt von der Reichskammer in Stockholm geleitet. In diesen Jahren flossen die Lizenteinkünfte in die zentrale Reichskasse in Stockholm und kamen nicht dem pommerschen Landesetat zugute. Seit 1680 wurden die Einnahmen aus den pommerschen Lizenten jedoch ausschließlich für schwedisch-pommersche Angelegenheiten verausgabt. Die Akzise wurde nur in den Städten als eine wirkliche indirekte Steuer auf den Warenverkauf erhoben. Auf dem Lande zogen die Landkastenkollektoren eine vierteljährlich zu entrichtende Kopfsteuer unter dem Namen Quartalpersonensteuer von den Untertanen ein und führten sie an die Landeskammer ab.

Seit 1698 wurde unter dem Namen Konsumtionssteuer in den Städten eine weitere Verbrauchssteuer eingeführt. Dafür wurden die Städte von der Kontribution befreit, mit der hier nicht produktiver Landbesitz belegt, sondern die auf Hausbesitz erhoben worden war. Giebelhäuser zählten wie ganze Hufen, Buden (Häuser, die mit der Traufseite zur Straße standen) wie eine halbe und bewohnte Keller wie eine Viertelhufe, wodurch recht hohe Belastungen auf die Reichen entfielen. Mit dem Austausch der Kontribution gegen die Konsumtionssteuer wurden deren steuerliche Belastungen erheblich gesenkt.

Die Lizenten wurden in den vier Seestädten auf alle ausgehenden und eingehenden Waren erhoben, sofern dafür nicht schon in Schweden Zoll bezahlt worden war. Außerdem wurden an den Landesgrenzen Zölle erhoben. Diese brachten jedoch wenig ein, da der Adel das Privileg der Zollfreiheit genoß. Am meisten warf hier noch der Wolgaster Fürstenzoll ab, der auf die Ladung aller auf der Peene vorbeifahrenden Schiffe erhoben wurde. Als jedoch die Preußen 1745 die Swinefahrt eröffneten, sanken auch diese Einnahmen drastisch.

Lizentverwalter gab es in den drei Seestädten Stralsund, Greifswald und Wolgast. In Barth war nur ein Lizenteinnehmer eingesetzt. Akzisekollekturen gab es in Damgarten, Tribsees, Grimmen, Greifswald, Wolgast, Stralsund und Bergen/Rügen. Außer in Bergen waren sie mit den Konsumtionssteuerkollekturen kombiniert.

Die königlich-schwedische Post in Pommern

Regelmäßige und zuverlässige Postverbindungen waren nicht nur ein wichtiges, sondern geradezu ein unerläßliches Instrument bei der Regierung des ausgedehnten schwedischen Reiches. Wo die Schweden im Dreißigjährigen Krieg in Deutschland vordrangen, vertrieben sie die Postmeister der kaiserlichen Thurn-und-Taxisschen Post und reorganisierten in ihrem Machtbereich ein eigenes Postnetz.[39]

Bis 1683 verlief die einzige, regelmäßig zweimal wöchentlich bediente Postverbindung für den kombinierten Brief-, Paket- und Personenverkehr zwischen Pommern und Schweden über Hamburg und Dänemark, seit 1645 im Frieden von Brömsebro Schweden der freie Postverkehr durch Dänemark zugesichert worden war.

In den sechziger Jahren des 17. Jahrhunderts wurden erstmals Pläne für eine regelmäßige Seeverbindung zwischen Schonen und Pommern erörtert. Man wollte an Dänemark vorbei eine direkte Postverbindung zwischen Schweden und seiner deutschen Provinz einrichten, da der dänische Nachrichtendienst ebenso wie der englische lebhaft am schwedischen Briefverkehr Anteil nahm. Die Verbindung zwischen Ystad und Stralsund kam schließlich 1683 zustande. Von Stockholm nach Ystad lief die Post über Land. Zwischen Ystad und Stralsund verkehrte regelmäßig zweimal wöchentlich eine Postyacht. Bei ungünstigen Windverhältnissen ging diese bei Wittow vor Anker und setzte Reisende und Postsäcke hier an Land, von wo aus diese dann über Land weiter nach Altefähr und von dort mit der Fähre über den Strelasund nach Stralsund befördert wurden.

Als zweite Postlinie wurde regelmäßig die Strecke Stettin–Stralsund–Wismar–Hamburg–Stade bedient. Zwischen Hamburg und Stockholm bestand schon seit 1620 regelmäßiger Postverkehr, da die schwedische Krone einen bedeutenden Teil ihres Finanz- und Kreditverkehrs über die 1616 gegründete Hamburger Bank abwickelte. In den Wintermonaten, wenn die Verbindung Stralsund–Ystad über die Ostsee nicht aufrechterhalten werden konnte, lief der Postverkehr zwischen Pommern und Schweden über Hamburg.

Durch Verordnung vom 10. Juni 1699, das Postwesen in Pommern und Wismar betreffend, wurde die pommersche Post direkt dem Kanzleikollegium in Stockholm unterstellt. Waren zuvor die Postmeister von den Städten eingesetzt worden und hatten ihre Bezahlung von den am Ort erhobenen Gebühren erhalten, so wurde nun das Postnetz im gesamten schwedischen Imperium zentral verwaltet. Durch königliche Instruktion vom 26. Juni 1699 wurde das Postwesen in Pommern und Wismar dem Postmeister in Stralsund unterstellt, der seinerseits der Stockholmer Zentrale verantwortlich war.

Die Briefgebühren wurden in Stockholm festgesetzt. Die pommerschen Einnahmen bestanden im Briefporto, das für die Beförderung innerhalb Pommerns sowie für die Beförderung ins Ausland, soweit der Absender das Porto entrichtete, bezahlt wurde. Außerdem hatte die pommersche Post bedeutende Einnahmen aus den Gebühren für die Beförderung von Gütern und Personen. Auch die Höhe dieser Gebühren wurde in Stockholm festgelegt.

Der Passagierverkehr zwischen Ystad und Stockholm scheint recht lebhaft gewesen zu sein. Für den Zeitraum von 1687 bis 1693 spricht eine Quelle von im Durchschnitt 500 Personen jährlich, die in beiden Richtungen befördert wurden, nicht eingerechnet Soldaten und vornehme (Amts-)Personen, die gratis reisten.[40]

Zwischen Stockholm und Ystad rechnete die schwedische Post mit einer Beförderungsdauer von fünf Tagen. Die Überfahrt nach Stralsund nahm zwölf Stunden in Anspruch, so daß Briefe, zumindest im Sommer und bei guten Witterungsverhältnissen, von Stockholm nach Stralsund etwa sechs Tage benötigten. Jedoch konnten auch Verzögerungen von bis zu drei Wochen eintreten.

Die Einnahmen der Post in Pommern flossen in die zentrale Kasse beim schwedischen Kanzleikollegium, dem die gesamte königliche Post in allen Ostseeprovinzen und in Schweden selbst unterstand. 1738/39 entschied der schwedische Reichstag allerdings, daß die Posteinnahmen zukünftig für die Ausgaben des pommerschen Landeshaushalts zu verwenden und somit an die pommersche Landeskammer abzuführen seien.[41] Neben Finanzverwaltung und Militär war somit die Post der dritte Bereich der landesherrlichen Verwaltung in Pommern, der straff zentralistisch von Stockholm aus gelenkt wurde.

Die Post warf erhebliche Gewinne für die Staatskasse ab, so daß die Krone, in Erwartung weiterer Gewinne, das Postnetz ausweitete. In Pommern erhielten Demmin, Barth, Bergen/Rügen, Anklam, Grimmen, Wolgast, Greifswald, Tribsees, Loitz, Wittow/Rügen und Damgarten eigene Poststationen. Im 18. Jahrhundert wurde auch in Rostock ein schwedisches Postamt eröffnet. Nachdem Anklam 1720 brandenburgische Grenzstadt geworden war, unterhielt die schwedische Post hier noch eine Station für den regelmäßigen Postverkehr zwischen Stralsund und Berlin. Die schwedische Post fuhr bis Anklam, wo Briefe, Pakete und Passagiere auf Fuhrwerke der brandenburgischen Post umgeladen wurden.

Oberpostdirektor für die Post im gesamten schwedischen Reich wurde 1743 ein pommerscher Adliger, Leonhard von Klinckowström (1685–1759).[42] Sein Familienstammsitz war das Gut Engelswacht im Distrikt Greifswald, das sein Vater, in schwedischen Diensten aufgestiegen und geadelt, noch im 17. Jahrhundert erworben hatte.

UNTER DEM REGIMENT DES SCHWEDISCHEN HOCHADELS (1660–1680)

Unter Christine (1644–1654) und Karl X. Gustav (1654–1660) wurden die Gegensätze zwischen Landständen und Krone nicht aufgelöst und die schwedische Landesherrschaft nicht in einer Verfassung des Landesregiments verankert. Die Ansprüche monarchischer Souveränität und landständischen Autonomiestrebens hatten sich als unvereinbar erwiesen.

Eine Veränderung trat ein, als 1660 eine Vormundschaftsregierung für den minderjährigen Karl XI. eingesetzt wurde, in der, wie schon in der Vormundschaftsregierung Christines von 1634, das hochadlige Element erneut bestimmenden Einfluß gewann. Das Adelsregiment der Vormünder Karls XI. zeigte sich bereit, seinen pommerschen Standesverwandten so weit entgegenzugehen, daß eine Lösung des Verfassungskonflikts möglich wurde: 1663 wurde eine Regimentsverfassung verabschiedet, die Erbhuldigung durch die Landstände geleistet, und die Landesprivilegien wurden durch die Krone bestätigt. Darüber hinaus wurde in den folgenden Jahren das Landesregiment durch eine Reihe von Landesordnungen modernisiert, etwa die Gesindeordnung von 1663 und 1673, die Polizeiordnung von 1672/73, die Hofgerichtsordnung von 1672, die Ordnung der Schuldprozesse von 1665, die Kanzleiordnung von 1669 oder die Landkastenordnung von 1672, um nur die wichtigsten zu nennen.

Schwedischer und pommerscher Adel entwickelten in den folgenden Jahrzehnten zahlreiche familiäre Bindungen und wuchsen verwandtschaftlich eng zusammen. Wer mochte Ende des 18. Jahrhunderts noch entscheiden, ob die Lillienstedt, Horn, Meyerfeldt, Mellin, Mellenthin, von Essen, von Platen und andere schwedische oder pommersche Adlige waren? Sie waren zu Angehörigen ein und derselben homogenen Oberschicht des schwedischen Ostseereichs geworden.

1669 einigten sich Landstände und Vormundschaftsregierung über die Finanzierung des Militärs. Gleichzeitig schlossen Krone und Landstände für die Dauer mehrerer Jahre ein Haushaltsabkommen. Beide Vertragswerke führten zur dauerhaften Etablierung eines stehendes Heeres auch in diesem Territorium extremen ständischen Einflusses.

In dieser Zeit hochadliger Herrschaft fand die schwedische Großmacht in der Reichskammer einen entschiedenen Verfechter ihrer zentralstaatlichen Interessen. Auf der anderen Seite stand als Exponent adliger Partikularinteressen in Pommern kein Geringerer als der Generalgouverneur Carl Gustaf Wrangel. Aus der Perspektive des pommerschen Adels durchaus folgerichtig forderte Wrangel von der schwedischen Krone Subventionen für den pommerschen Militärhaushalt. Daß er gleichzeitig auch starke Garnisonen und Befestigungen für Pommern im Interesse Schwedens forderte, das die Provinz als *antemurale regni* (Vormauer des Reichs) betrachtete, spiegelte den Zwiespalt, in dem er sich als pommerscher Gutsbesitzer einerseits und als Vertreter der Zentralgewalt andererseits befand. 1672 setzte sich Wrangel durch: Er verhinderte eine Reform des pommerschen Steuerwesens, die der Ritterschaft erhöhte Belastungen gebracht hätte, erreichte aber gleichzeitig die Beibehaltung des umfangreichen Militär-

Koserow och Damerow
Usedom
Mare
Balticum
Water

Vineta, das Atlantis des Nordens, war nach alten Zeugnissen das größte Handelszentrum Nordeuropas und eine Stadt von unermeßlichem Reichtum. Der Sage nach soll sie im Meer versunken sein. Seit Generationen beflügelt diese Geschichte die Phantasie der Menschen und hält die fieberhafte Suche nach der untergegangenen Welt bis in unsere Tage wach. Die schwedischen Landmesser, die im Auftrag König Karls XI. zwischen 1692 und 1709 den pommerschen Landesteil der Krone aufnahmen, um eine exakte Grundlage für die Steuererhebung zu schaffen, haben Vineta vor dem Strand von Koserow und Damerow auf der Insel Usedom vermutet. So haben sie der Karte von Damerow (links) eine Vedute beigegeben, die das versunkene Vineta im Stil einer reichen barocken Handelsstadt zeigt. Noch heute ist der Mythos von Vineta lebendig: Günther Grass inspirierte er zu seinem Roman »Die Rättin«, und die Stadt Barth ließ sich den Namen Vineta urheberrechtlich schützen, da wissenschaftliche Hypothesen kursieren, die Oder habe ihr Flußbett in den vergangenen tausend Jahren nach Südosten verlagert. Trotz des Anspruchs der Stadt Barth sprechen archäologische Funde vor Wollin eher dafür, daß sich Vineta einst dort befunden hat.

etats dieser schwedischen Provinz. Seine widersprüchliche Politik trug wesentlich zur Katastrophe Schwedens im Schwedisch-Brandenburgischen Krieg (1674–1679) bei. Pommern hatte die Hauptlast dieses Krieges zu tragen, ohne mit ausreichenden Mitteln versehen zu sein. In Schweden führte die Niederlage in diesem Krieg zur Errichtung des Absolutismus, mit dem umfassende Reformen zur besseren Ausnutzung der materiellen Ressourcen des Reiches und seiner Provinzen in Gang kamen. Auch Pommern wurde davon berührt.

DIE INNERE ENTWICKLUNG SCHWEDISCH-POMMERNS UNTER DEM KAROLINISCHEN ABSOLUTISMUS (1680–1700)

Mit der Errichtung des Absolutismus verstärkten sich die Tendenzen zur Zentralisierung und Angleichung der Verhältnisse im gesamten schwedischen Reich, insbesondere die Finanzpolitik wurde radikal geändert. Die effektivere Ausnutzung der Ressourcen sollte vor allem durch die Reduktion der an den Adel veräußerten Domänen erfolgen. Reduktion, das heißt Rückgabe an die Krone, und Landesvermessung zu Steuerzwecken waren die vordringlichen Forderungen der Regierung Karls XI. in Pommern.

Außerdem ging es um weitere Einzelfragen der Steuerpolitik, ob etwa der Zehnte in Pommern eingeführt werden sollte oder ob der Nebenmodus – eine Abgabe, die von freien Bewohnern des flachen Landes, die in keinem Dienstverhältnis standen, erhoben wurde –, der Krone oder den Landständen zustand. Die Wiedereinführung des Zehnten in Pommern, der vormals von den Herzögen eingezogen, inzwischen aber in Vergessenheit geraten war, wurde sogleich in Stockholm von dem in den zentralen Reichsbehörden noch immer einflußreichen Hochadel vereitelt.[43] Die Auseinandersetzung um die Steuer des Nebenmodus endete mit einem Kompromiß. Die Stände erhoben den Nebenmodus im Bereich ihrer Ländereien, die Krone im Bereich des Domaniums.[44]

Nach längerem Widerstand der pommerschen Ritterschaft und des Patriziats der Vorderstädte erfolgte seit 1692 schließlich die geometrische Vermessung Pommerns, zunächst auf dem Land, wo die Arbeiten 1698 abgeschlossen wurden, anschließend in den Städten. Gleichzeitig arbeitete der Kanzler bei der Regierung in Stettin, Magnus Lagerström, an der Ausarbeitung des Steuerkatasters auf der Grundlage der Vermessungsergebnisse für das flache Land. Trotz aller Widerstände lag das Kataster 1709 fertig vor. Es ging als Lagerströmsche Matrikel in die pommersche Landesgeschichte ein, wurde aber infolge des Nordischen Krieges niemals für den Zweck verwendet, zu dem es angefertigt worden war: Steuererhebung von Grund und Boden. Die Karten und Unterlagen der schwedischen Landesvermessung Pommerns sind für diese Zeit einmalig für eine deutsche Landschaft, sie geben eine sehr genaue und umfassende Beschreibung des Landes und seiner Beschaffenheit, der Bevölkerung, der Besitzverhältnisse und der Geschichte.[45]

Die Reduktion war vom schwedischen Reichstag 1680 für das Gesamtreich beschlossen worden. Danach sollten die ohne Zustimmung der jeweiligen Stände veräußerten Tafel- und Kammergüter, die zum fürstlichen Domanium gehört hatten, ohne Abfindung gegen eine mäßige Entschädigung der Besitzer eingezogen werden. Das entsprach einer alten Forderung der Landstände, die sich dadurch Entlastung von der Kontribution erhofften. In Pommern stieß die Reduktion zwar nur auf geringen Widerstand des Adels, dennoch gab es auch hier Konflikte, waren doch etliche einheimische Pommern von Adel in den Besitz herzoglicher Güter gekommen, die nun wieder eingezogen wurden.

Ende Januar 1695 war die Arbeit der pommerschen Reduktionskommission unter der Leitung des Grafen Gustaf Adolf de la Gardie abgeschlossen. In der Einrichtung von sogenannten Tertialgütern fand man einen Kompromiß, den viele Inhaber von Amtsgütern dankbar akzeptierten. Wer sich vor der Überprüfung der genauen Besitzverhältnisse seines von der Krone reklamierten Gutes bereit erklärte, das in seinem Besitz befindliche mutmaßliche ehemalige Amtsgut zum sogenannten Tertialrecht[46] zu empfangen, blieb ungestört in dessen Besitz. Dafür mußte er eine Schätzung der jährlichen Einkünfte seines Gutes über sich ergehen lassen. Von der geschätzten Einnahme wurde ihm ein Drittel erlassen, die übrigen zwei Drittel mußte er jährlich als Pacht an die Landeskammer abführen. Nach diesem Drittel nannte man diese Güter Tertiale. Formell war die Krone Eigentümer dieser Güter. Bewirtschaftet wurden sie in der Regel von den Tertialisten selbst. Güter, deren Ertrag 1500 Reichstaler jährlich überstieg, kamen als Tertiale nicht in Betracht. In Pommern erhielt sich das Tertialrecht bis in die Zeit des Ersten Weltkriegs.[47]

BEVÖLKERUNG UND WIRTSCHAFT

Pommern hat im Dreißigjährigen Krieg erheblich gelitten. Allerdings deuten unter anderem die anhaltend hohen landesherrlichen Zoll- und Steuereinnahmen darauf hin, daß der Rückgang der Bevölkerung und die Verluste der Wirtschaft nicht so extrem waren, wie in der Vergangenheit vielfach angenommen wurde. Mit Ausnahme der Zeit des letzten kaiserlichen Einfalls in Pommern 1643/44 flossen Zoll- und Steuereinnahmen in alter Höhe. Gegen Kriegsende stiegen sie sogar an. Die ländliche Bevölkerung traf es am schlimmsten, doch exakte Zahlen über die eingetretenen Verluste an Menschen und Material liegen für ganz Pommern nicht vor. Daher sind wir auf einzelne Angaben angewiesen. Nach Friedrich Mager soll die ländliche Bevölkerung insgesamt zwei Drittel ihres Bestandes eingebüßt haben. Aber die vorliegenden Zahlenangaben schwanken für einzelne Regionen recht stark. So hatte es etwa im Amt Eldena bei Greifswald vor dem Krieg 140 Bauernhöfe gegeben. Schon 1633, also noch vor dem Einfall der Kaiserlichen unter General Gallas im Jahre 1637, waren davon nur noch 73 besetzt.[48]

Im Kirchspiel Neuenkirchen bei Greifswald, das nicht nur vom Feind, sondern auch noch von einer verheerenden Seuche heimgesucht wurde, sollen 1633 »weder

Stock noch Stiel« existiert haben.[49] Das Amt Ueckermünde zählte nach dem Krieg nur noch 51 von ursprünglich hundert Bauernhöfen.[50] Das zwischen Demmin und Greifswald gelegene Kirchspiel Görmin wurde 1637 von der kaiserlichen Armee in eine Wüstenei verwandelt. Von 35 Bauernhöfen blieben noch ganze acht übrig. Dennoch scheinen die Angaben einiger Quellen, die von Bevölkerungsverlusten von bis zu achtzig Prozent sprechen, stark übertrieben.

Landwirtschaft – Arbeitsorganisation und soziale Verhältnisse

Für Vorpommern ist der Dreißigjährige Krieg der »eigentliche Vernichter des Bauernstandes« gewesen. Hatte das Land noch zu Kriegsbeginn einen vorwiegend bäuerlichen Charakter gezeigt, so kam es nach Kriegsende zur Ausbildung großer Gutsherrschaften bei gleichzeitiger Schwächung des bäuerlichen Besitzrechtes von Erbpacht zu Laßbesitz. Das stand im Einklang mit den säkularen Tendenzen in der allgemeinen Entwicklung der europäischen Landwirtschaft nach dem Krieg.[51] Sinkende Preise für Agrarprodukte und steigende Löhne infolge des kriegsbedingten Mangels an Arbeitskräften hatten zur Überschuldung des Grundbesitzes beigetragen, der ohnehin schon durch erhebliche Kriegsschäden an Gebäuden, Vieh und Hofwehr gebeutelt war. Niedergebrannte Höfe, wüste Felder, nicht bestellte Äcker, Mangel an Vieh, Brot- und Saatkorn waren an der Tagesordnung. Selbst die erhaltenen Höfe waren in der Regel tief verschuldet. Die Gutsherren traten also unter ungünstigen Voraussetzungen in die Phase des allgemeinen Wiederaufbaus ein. Erschwerend kam hinzu, daß die Güter des Adels herzogliche Lehen waren, die den Kreditoren in den Städten schlechtere Sicherheiten boten als Allodialbesitz. Steigende Löhne, sinkende Preise und schlechte Kreditaussichten schienen den sicheren Ruin der überwiegenden Mehrheit der pommerschen Güter zu bedeuten.

Eine Möglichkeit, den steigenden Lohnkosten auszuweichen, bot sich in der Wiedererrichtung von Bauernhöfen durch die Gutsherrschaften. Die Bauern waren aus eigener Kraft kaum dazu in der Lage, doch die mit dem Geld der Gutsherren aufgebauten und ausgerüsteten Bauernhöfe konnten die im Vergleich zur freien Lohnarbeit kostengünstigeren Hand- und Spanndienste auf dem Hoffeld erbringen. Diesem Umstand verdankte der Großteil des Bauernstandes Schwedisch-Pommerns seinen vorläufigen Fortbestand.

Überall bedurfte es für den Wiederaufbau der Hilfe der Gutsherrschaft. Indessen führten der allgemeine Kapitalmangel der adligen Güter und das Interesse an einer möglichst hohen Kapitalverwertungsquote dazu, daß die Gutsherrschaften nur so viele Bauernhöfe wieder neu einrichteten, wie sie an Hand- und Spanndiensten für die Bestellung ihres Gutshofs unbedingt benötigten. Das führte zu einer drastischen Erhöhung der bäuerlichen Dienstpflicht, da möglichst wenige Bauernstellen wiedereingerichtet wurden. Wo Gebäude mit Mitteln der Herrschaft aufgebaut und die Hofwehr mit ihrer Hilfe angeschafft wurde, gingen diese in das Eigentum der Gutsherren über. Auf diese Weise wurde ehemaliger bäuerlicher Erbbesitz in großem Umfang in nichterblichen, jederzeit kündbaren (»legbaren«) Laßbesitz verwandelt.[52] Erb- und Kaufhöfe verschwanden fast vollständig.

Wüste Bauernstellen, die über den auf den Gütern vorhandenen Bedarf an Arbeitskraft hinaus vorhanden waren, blieben entweder zunächst brach liegen, wobei jedoch das Ackerland nach und nach in die Bewirtschaftung des Hoffeldes einbezogen wurde, oder sie wurden zu Ackerwerken zusammengelegt.[53] Der Rückgang an Bauernstellen bei gleichzeitiger erheblicher Vergrößerung der Güter war eine der Hauptfolgen des Krieges.[54] In dieser Zeit setzte die Entwicklung zum landwirtschaftlichen Großbetrieb ein, der sich im 18. Jahrhundert in Schwedisch-Pommern durchsetzte. Ende des 17. Jahrhunderts freilich lagen noch viele Bauernstellen wüst, es waren vor allem Höfe, die schon im Dreißigjährigen Krieg wüst geworden und deren Land nicht wieder in Kultur genommen worden war, aber auch solche, die in den beiden verheerenden Kriegen verwüstet wurden, von denen Pommern in der zweiten Hälfte des 17. Jahrhunderts, 1659/60 und 1674 bis 1679, noch einmal heimgesucht wurde.

Die Bauernordnungen für Vorpommern von 1647 und 1670 vollzogen die faktische Entwicklung auf der Ebene des Rechts nach. Bereits 1645 hatte die schwedische Besatzungsmacht die hinterpommersche Bauernordnung von 1616 mit ihren Bestimmungen über die Leibeigenschaft und Schollenbindung der Bauern, *homines proprii et glebae adscripti*, bestätigt.[55] Für Vorpommern ließ das schwedische Gouvernement dagegen eine eigene Ordnung ausarbeiten, »Des Königlichen Gouvernements in Pommern Beliebte und Renovirte Gesinde-Tagelöhner-Bawr-und Schäffer-Ordnung« von 1647. Im Anschluß an diese Ordnung wurde 1670 für Schwedisch-Pommern eine Bauernordnung erlassen, die bis zum Ende der Schwedenherrschaft in Kraft blieb und die in ihrem Titel IV ebenfalls von der »Leibeigenschaft der Bauern und deren Abforderung« sprach. Die gutsuntertänigen Bauern konnten von nun angelegt werden, ohne daß sie Anspruch auf eine Entschädigung hatten und ohne daß sie der Gutsherr freilassen mußte. Der gelegte Bauer mußte als Einlieger-Tagelöhner seiner Herrschaft weiterhin dienen.

Trotz der Besetzung wüster Höfe mit dienstpflichtigen Bauern mußte ein Teil der Arbeit durch angestelltes Hofgesinde, das heißt in freier Lohnarbeit, erledigt werden.[56] Im Interesse der Gutsherren wurde daher die bäuerliche Schollenpflichtigkeit durch den Gesindezwangsdienst ergänzt, welcher durch die Bauernordnung von 1670 eingeführt wurde. Damit sollte insbesondere die freie Lohnbildung verhindert und die landlose freie Bevölkerung gezwungen werden, Gesindedienste auf den Gütern zu Bedingungen anzunehmen, die für die Gutsbesitzer vorteilhaft waren. Bereits die vorläufige Bauernordnung von 1647 hatte für Vorpommern das »Auf-die-eigene-Hand-Legen«, das heißt sich als Einlieger irgendwo billig einzumieten und nur gelegentlich im Tagelohn zu arbeiten, verboten. Die Bestimmungen der Ordnung von 1670 zielten ebenfalls darauf, den Bedarf der Gutsherren an billigen Arbeitskräften durch Heranziehen der freien Landbevölkerung zu befriedigen.[57]

Jeder Einlieger, auch wenn er seinen Lebensunterhalt als Handwerker verdiente, hatte von nun an ein bis zwei Tage in der Woche Handdienste zu leisten. Die Steuerfrei-

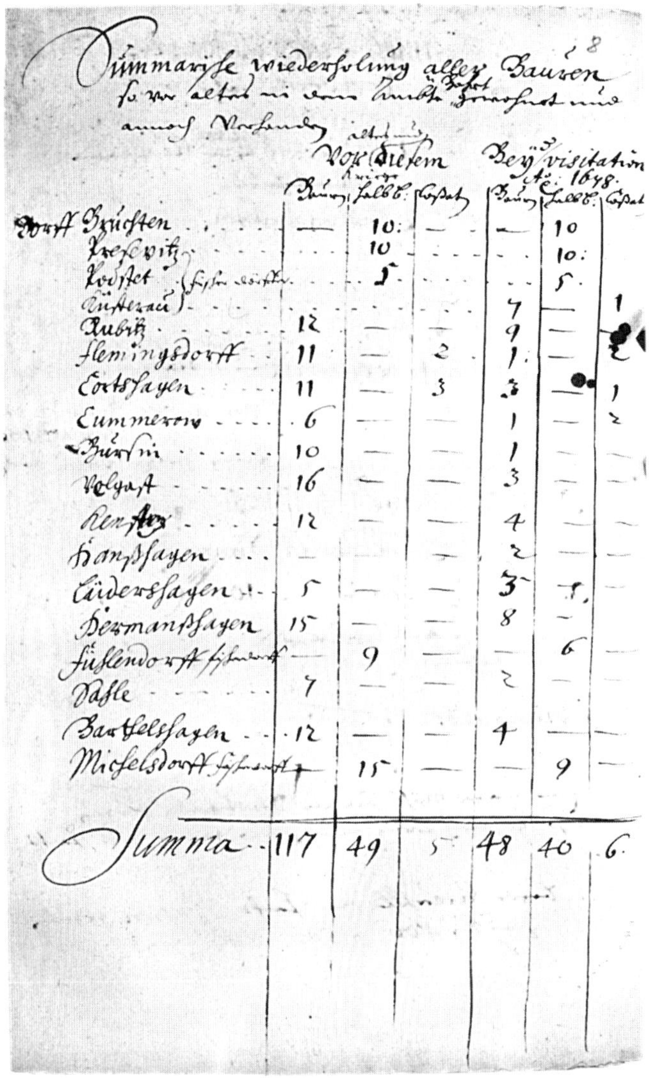

Summarische wiederholung aller Bauren so vor alters in dem Ambte Bahrt gewohnet und annoch vorhanden

	Vor diesem Bauren	Halbb.	Cossaten	Bey visitation Ao. 1648 Bauren	Halbb.	Cossaten
Dorff Bruchsten	—	10	—	—	10	
Kresewitz		10			10	
Redstet		5			5	
Zitterau				7	—	1
Qubitz	12	—	—	9	—	
Flemingsdorff	11	—	2	1	—	2
Eckshagen	11	—	3	3	—	1
Cummerow	6	—	—	1	—	2
Bürsin	10	—	—	1	—	—
Velgast	16	—	—	3	—	—
Kenz	12	—	—	4	—	—
Hanshagen	—	—	—	2	—	—
Lüdershagen	5	—	—	3	1	
Hermanshagen	15	—	—	8	—	—
Fuhlendorff	—	9	—	—	6	—
Dahle	7	—	—	2	—	
Bartelshagen	12	—	—	4	—	—
Michelsdorff	—	15	—	—	9	—
Summa	117	49	5	48	40	6

»Summarische wiederholung aller Bauern, so vor alters in dem Ambte Bahrt gewohnet und annoch vorhanden«. Das Dokument von 1648 bringt in trockenen Zahlen das Thema »Pommernland ist abgebrannt« zum Ausdruck. Sie machen das Ausmaß der Katastrophe und des menschlichen Elends, des Schreckens und der Verluste zwar nicht auf einen Blick, dafür aber eindringlich und ohne Beschönigung deutlich. Flucht und Vertreibung, Mord und Pest haben dazu geführt, daß von den einst 117 Vollbauern des Amtes Barth nach 1648 gerade noch 48 ihre Felder bestellten.

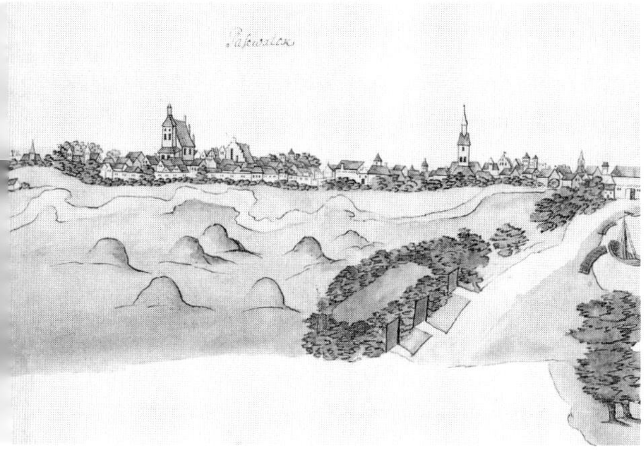

Immer wieder fielen in den vergangenen Jahrhunderten Gebäude, ja ganze Stadtteile Feuersbrünsten, Erdbeben oder Sturmfluten zum Opfer, doch kaum eine deutsche Region hatte so große Verluste hinzunehmen wie Pommern. Vor allem die Zerstörungen des Dreißigjährigen Krieges haben viele Stadtbilder vernichtet, und manches, was diese Katastrophe unbeschadet überstanden hat, wurde ein Opfer späterer Brände oder der Bomben des Zweiten Weltkriegs. Um so wertvoller sind heute die vielen Stadtansichten, die sich aus der Zeit vor dem Dreißigjährigen Krieg erhalten haben. Die vier aquarellierten Zeichnungen aus der Zeit um 1615 zeigen die vorpommerschen Städte Tribsees, Pasewalk, Ueckermünde und Usedom mit ihren mittelalterlichen Befestigungen, Toren, Stadtkirchen und markanten Patrizierhäusern.

heit der Kloster- und Kirchenkaten sowie der Armenhäuser wurde ebenfalls aufgehoben, so daß auch hier die freien Einlieger dem Zugriff des landständischen Fiskus unterworfen wurden: Fortan sollten Knechte und Mägde, die keinen Dienst annahmen, durch erhöhte Besteuerung seitens der Landstände vom »Müßiggang« abgehalten werden. Die landständische Steuerverwaltung, der Landkasten, trat hier in den Dienst der Gutsherrschaften.

In Schwedisch-Pommern wurden die Güter weitaus überwiegend als Teilbetriebe geführt. Dabei spricht die Agrargeschichte dann von Teilbetrieb, wenn die Bauern Arbeitsgeräte, Zugtiere und Arbeitskräfte für die Bearbeitung des Gutslandes stellten.[58] In Schwedisch-Pommern war der Einsatz bäuerlicher Arbeitskraft auf den Gütern die Regel. Ein gutsuntertäniger Vollhufner mußte neben seinem eigenen Acker im Durchschnitt noch einmal anderthalbmal soviel an Hofland bearbeiten.[59] Im Gebiet der Stadt Greifswald war das Verhältnis etwas günstiger. Hier bearbeitete jeder Bauer für die Stadt fast exakt die Größe des Ackerlandes seines eigenen Hofes.[60]

Gegen Ende des Jahrhunderts mußte ein Vollbauer fast überall sechs Tage in der Woche Hand- und Spanndienste leisten, davon durchschnittlich vier Tage mit vollem Gespann (vier Pferde). Daher konnte nur ein Bauer, der zwei volle Gespanne besaß, gleichzeitig die notwendigen Arbeiten auf dem eigenen Hof ausführen, während sein Knecht mit dem zweiten Gespann auf dem Gutshof den Frondienst verrichtete. Jedoch verfügten keineswegs alle Bauern über einen ausreichenden Zugvieh- und Arbeitskräftebestand. Wer nur über ein Gespann verfügte, mußte auf dem Gutshof Handdienste verrichten, wenn zu Hause anzuspannen war, und umgekehrt. Dennoch überwogen bei den Vollhufnern die Spanndienste bei weitem die Handdienste. Da aber die notwendigen Feldarbeiten witterungsbedingt gleichzeitig auf Hof und Gut geleistet werden mußten, kam es zu einer permanenten Arbeitsüberlastung der Bauern, wovon gerade die Akten der schwedischen Landesvermessung aus dem letzten Jahrzehnt des 17. Jahrhunderts und die Protokolle der landesherrlichen Gerichte lebhaft Zeugnis ablegen.

In den landwirtschaftlichen Spitzenzeiten flossen bis zu 75 Prozent der Arbeitskapazität eines Vollbauernhofes, mitunter sogar noch mehr, in die Fronarbeit auf dem Gutshof.[61] In den Gerichtsakten häufen sich daher die Fälle von bäuerlicher Sonntagsarbeit, sogenannter Sonntagsverbrechen, in den beiden letzten Jahrzehnten des 17. Jahrhunderts. Bauern, die der Landreiter, ein Polizist im Dienst des Landesherrn, des Sonntags bei der Arbeit antraf, wurden wegen Verletzung der Sonntagsruhe vor Gericht gestellt. Immer wieder beteuerten sie, daß sie durch den umfangreichen Hofdienst gezwungen seien, ihren eigenen Acker am Sonntag zu bestellen. So mußte ein Bauer aus Patzig auf Rügen sich vor dem Landvogteigericht in Bergen verantworten, weil er am Sonntag einen halben Morgen Saatgerste gebunden hatte. Auch dieser Bauer hatte noch einmal das Anderthalbfache seines eigenen Ackers auf dem Gutshof zu bestellen. Seine Frau war schwer erkrankt, einen Knecht konnte er nicht halten, und er besaß weniger als die notwendigen acht Pferde. Vor Gericht erklärte er, »es habe ihm die noth getahn ... und diese eintzig halbe Morgen nuhr allein übrig im felde gelegen, auch vom hoffdienst, da Er 6 tage in der Wochen dinen müßen, nicht so viel Zeit in der

Woche dazu haben können, nachdem mahle, Er nuhr wenig Sath gehabt, und die fraw in einen Krankheit der Verlehmung gerathen, bittet ihm dieses mahl den fehler guth zuhalten, wolle sich hinführo beßer vorsehen, ob gleich ihm sein Korn aufm felde verderben und stehen bleiben soll«.[62]

Es half den Bauern nichts, wenn sie solche und ähnliche Umstände anführten. Die Gerichte verurteilten sie durchweg zu erheblichen Geldstrafen. Ebensowenig half der Hinweis, daß die adligen Gutsherrschaften ihre untertänigen Bauern häufig an Sonntagen, nicht zuletzt auch an hohen kirchlichen Festtagen, etwa zu Ostern oder zu Pfingsten, zwangen, Frondienste zu leisten. In ihren »Annotationen« vermerkten die schwedischen Landmesser nicht selten Bemerkungen wie diese: »... wenn Feiertage kommen, sind sie (die Vollbauern, Anmerkung des Verfassers) auch dann nicht immer frei vom Hofdienst, wie letztens am Pfingsttag, als sie gleich nach der Predigt zu Hofe pflügen mußten.«[63]

Es ist kein Fall bekannt, in dem eine Herrschaft belangt worden wäre, weil sie ihre Bauern zur Sonntagsarbeit gezwungen hatte. Die gutsherrlichen Patrimonialgerichte hatten ohnehin kein Interesse an der Verfolgung von »Sonntagsverbrechen«. Wenn der Bauer jedoch auf seinem eigenen Acker arbeitete, wurden die landesherrlichen Gerichte gegen ihn tätig.

Die Belastung der Bauern durch Frondienste war durchaus unterschiedlich je nach den verschiedenen Kategorien von Eigentümern: Ritterschaft, Landesherr, städtische Magistrate, städtische Bürger, kirchliche Einrichtungen und Universität Greifswald. Auf den Gütern der Universität leisteten nur rund 32 Prozent aller Bauern die Arbeitsrente, die übrigen lösten den Hofdienst durch Zahlung eines Dienstgeldes, »Pension« genannt, ab. Auf den städtischen Gütern waren es gegen Ende des 17. Jahrhunderts 39,4 Prozent, bei den kirchlichen Einrichtungen und Stiftungen rund fünfzig, beim Landesherrn dagegen schon 65,4 und im Bereich der Ritterschaft sogar rund siebzig. Dort aber, wo ein städtischer Bürger, meist ein Kaufmann, privat ein Gut bewirtschaftete, leisteten durchschnittlich 76,2 Prozent der Bauern Arbeitsdienste.

Die Bauern, die Geld- statt Arbeitsrente leisteten, standen sich weitaus besser. Meist waren sie persönlich freie Leute. Daß es diese Kategorie von Bauern gegen Ende des 17. Jahrhunderts noch gab, war vor allem auf den großen Mangel an Arbeitskräften, insbesondere an qualifizierten, zurückzuführen. Trotz aller Bemühungen war es den Gutsbesitzern Schwedisch-Pommerns nämlich nicht gelungen, so viele Siedler ins Land zu ziehen, daß sämtliche wüsten Bauernstellen hätten besetzt werden können. Das Institut der Leibeigenschaft schreckte sie ab, ins Land zu kommen; auch wenn ihnen vorteilhafte günstige Bedingungen geboten wurden, etwa Freijahre, niedriger Pachtzins und andere Vorteile, befürchteten sie dennoch bei längerem Aufenthalt den Verlust ihrer persönlichen Freiheit.[64] Gleichwohl gab es solche freien Leute, die einen Bauernhof bewirtschafteten, dienstfrei waren und in relativem Wohlstand lebten, auch wenn sie, im ganzen gesehen, als Ausnahmen anzusehen sind. Hier wäre etwa Peter Walter anzuführen, der in dem Dorf Trinwillershagen im Amt Barth dienstfrei eine Hufe bewirtschaftete. Sein Hof war Teil eines verpfändeten Lehngutes. Er hatte ihn 1693 für

600 Gulden antichretisch erworben, das heißt, er war ein Pfandträger, der selbst den Hof bewirtschaftete und den Ertrag an Stelle der Zinsen für sein Kapital vereinnahmte. Der Gutsbesitzer, der das Gut verpfändet hatte, ein Angehöriger der Familie Jork, hatte für diesen Teil eine Pfandsumme von tausend Reichstaler erhalten. Als Lehnsvettern besaßen die Angehörigen der Familie nach dem geltenden Lehnsrecht an dem Hof das *ius reluendi,* was bedeutete, daß der rechtmäßige Erbe des letzten Lehnsträgers den Hof jederzeit wieder einlösen konnte, wenn er die Pfandsumme bezahlte. Für diesen Fall war Walter berechtigt, zu seiner Auslösung die Pfandsumme zurückzufordern.

In Manschenhagen saßen drei Großbauern zur Pacht. Einer von ihnen besaß einen Hof von vier Hufen und zahlte dafür nur 25 Reichstaler jährliche Pacht. Die anderen beiden zahlten nur 25 beziehungsweise 21 Reichstaler und waren von der Kontribution befreit. In Langenhanshagen saßen zwei freie Leute auf dienstfreien Pachthöfen, für die sie acht beziehungsweise zehn Taler jährliche Pacht zahlten.[65] In Wüstenhagen saß Peter Baren Kruus als Pächter auf einer Vollhufe. Er besaß acht Pferde, zwei Zugochsen, dazu sieben oder acht Rinder, hielt einen Knecht und eine Magd, war von der Akzise befreit, leistete nur Kontribution, Kopfsteuer und das Magazinkorn, dieses der Naturalanteil an der Kontribution.[66] Ein systematischer Durchgang der schwedischen Matrikelakten brächte sicherlich eine Reihe weiterer solcher freier und wohlhabender Bauern zum Vorschein. Erst sie machen das Bild vollständig, auch wenn gegen Ende des 17. Jahrhunderts in Schwedisch-Pommern der untertänige Lassit schon zur Regel geworden war.

Neben Leibeigenschaft, Schollenbindung und Gesindezwangsdienst trug vor allem die Finanz- und Kreditpolitik von Landständen und Landesherrn zur wirtschaftlichen und finanziellen Konsolidierung der Gutsbetriebe bei. Die Güter erhielten Schulderleichterungen durch Zins- und Schuldmoratorien, die von den Landständen mit der Regierung ausgehandelt wurden. Bereits 1622 war eine »Constitution in Schuld-Sachen« von der damaligen herzoglichen Regierung erlassen worden. Diese wurde 1665 erneuert, gleichzeitig ein fünfjähriges Zins- und Schuldenmoratorium für die verschuldeten Güter festgelegt. Bei der Einlösung überschuldeter Güter wurde den nächsten Familienangehörigen das Vortrittsrecht eingeräumt, wodurch der Erhalt der Güter in der belehnten Familie gesichert werden sollte.[67]

Es stand ganz im Einklang mit der Zinspolitik großagrarisch geprägter Staaten, wie nicht zuletzt des benachbarten Brandenburgs, wenn auch im schwedischen Pommern die öffentliche Schuld möglichst gering gehalten wurde, damit im Interesse der Gutsbesitzer das allgemeine Zinsniveau im Lande auf möglichst niedrigem Niveau blieb. Trotz gewaltiger Belastungen durch den Krieg war bereits in den letzten Kriegsjahren die landesherrliche Schuld weitgehend getilgt worden. Insgesamt kam der vorpommersche Haushalt seit 1644 nicht nur ins Gleichgewicht, sondern konnte auch einen Teil der Staatsschuld abtragen. Zwar stieg diese 1646 auf 130 000 Reichstaler an, wurde dann aber innerhalb von zwei Jahren auf mehr als die Hälfte reduziert. Am 1. Januar 1650 hatte der vorpommersche Haushalt lediglich noch 31 000 Reichstaler zu verzinsen.[68]

Gewerbe und Handel

Zwischen den einzelnen Provinzen des schwedischen Großreichs und dem Mutterland hinderten Zollgrenzen den Handel, jedoch mußte im Handelsverkehr zwischen dem schwedischen Kernland und den Provinzen nur einmal, jeweils bei der Ausfuhr, Zoll entrichtet werden. Wer über die pommerschen Seestädte Barth, Stralsund, Stettin, Greifswald und Wolgast einheimische Produkte ausführte und hier verzollte, erhielt darüber eine Quittung, bei deren Vorlage bei der Einfuhr in Schweden der dortige Einfuhrzoll erlassen wurde. Umgekehrt zahlten die aus Schweden kommenden Schiffe beim Auslaufen aus schwedischen Gewässern dort die Zollgebühren und wurden dementsprechend gegen Vorlage der Quittung bei der Einfuhr in Pommern vom hiesigen Lizent befreit.

Schwedisch-Pommern war und blieb ein ausgesprochenes Agrarland. Das Handwerk hatte lediglich Bedeutung für die Versorgung der lokalen Märkte, einen Exporthandel von handwerklichen Produkten gab es daher nicht, und auch die Entwicklung von Manufakturen blieb aus. Lediglich aus Stettin wurden Manufakturwaren in geringen Mengen nach Schweden ausgeführt: Hüte, Leinen, Drell, Strümpfe, Papier, Segeltuch und Draht. Neben der Landwirtschaft war der Handel mit landwirtschaftlichen Produkten der Hauptwirtschaftszweig. Die schwedisch-pommerschen Kaufleute exportierten Getreide, in erster Linie Malz und Roggen, aber auch Weizen, Hafer, Äpfel, Birnen, Wolle, Federn, Daunen, Erbsen, Rüben, Pökelfleisch, Mettwürste, Gänse, Walnüsse, Fleisch, Käse und Schinken.[69]

Die bedeutendste Handelsstadt des Landes war Stralsund, mit dem selbst Stettin kaum konkurrieren konnte. Auch während des Dreißigjährigen Krieges hatte sich der Handel Stralsunds recht gut behaupten können, wie die Lizenteinnahmen der landesherrlichen Kammer ausweisen, obwohl der Schiffsbestand der Stadt um rund zwei Drittel von 300 Schiffen vor dem Kriege auf rund hundert bei Kriegsende gesunken war. Nach 1648 nahm der vorpommersche Handel seine Hauptrichtung nach Schweden. Im Durchschnitt gaben in der zweiten Hälfte des 17. Jahrhunderts über 42 Prozent aller von Stralsund auslaufenden Schiffe einen schwedischen Hafen als Destination an. Besonders häufig werden Stockholm, Göteborg und Gävle genannt. Lübeck und die schleswigschen Städte Flensburg, Schleswig und Eckernförde folgten mit je acht Prozent. Erst gegen Ende des 17. Jahrhunderts entwickelte sich Schweden zum Hauptempfänger für schwedisch-pommersche Exporte.

Wichtigster Exportartikel für Pommern als auch für Stralsund blieb auch nach dem Krieg das Malz mit einem Anteil von 62 Prozent an der Gesamtausfuhr der größten Handelsstadt des Landes. Die Ausfuhr von Gerste in ungemälztem Zustand war verboten. Danach folgte mit Abstand Roggen mit 28 Prozent. Die restlichen Anteile an der Ausfuhr Stralsunds teilten sich in Hafer, Weizen und Erbsen. Wie hoch die Exporte an Wolle waren, läßt sich nicht mehr feststellen. Auf Wolle lagen außerordentlich hohe Lizentsätze, die merkantilistisch motiviert waren. Indessen konnten die hohen Ausfuhrzölle keineswegs den Export unterbinden, vielmehr begünstigten sie die illegale Ausfuhr über Land nach Brandenburg und Mecklenburg.

Der Anteil Schwedens an der Gesamtausfuhr Stralsunds von Malz belief sich auf 65 Prozent, an der Roggenausfuhr auf 23,4 und an der Ausfuhr der übrigen Getreidearten auf 72 Prozent. Sonstige Exportgebiete für vorpommersches Malz waren die Städte Schleswig und Lübeck, dann folgten Riga, die Niederlande und Norwegen. Bei der Roggenausfuhr nahm Holland mit 37 Prozent den ersten, Lübeck und die schleswigschen Städte mit zusammen 17 Prozent den zweiten, Riga mit 11,3 Prozent den dritten, Norwegen mit 10,9 Prozent den fünften Rang ein. Als Absatzgebiet für die übrigen Getreidearten spielten neben Schweden nur noch Schleswig und Lübeck eine gewisse Rolle. Dänemarks Anteil an der Stralsunder Ausfuhr war sehr gering. England fiel im 17. Jahrhundert, in krassem Gegensatz zur Hansezeit, als Einfuhrland für vorpommersches Getreide vollständig aus.

Nahezu alle Fertigwaren mußten nach Pommern eingeführt werden, auch Holz, Teer, Pech, Kalk, Eisen, Eisenwaren und andere Metalle, die aus Schweden kamen, Vieh, Fette, Öle, Fische und Tran lieferten Dänemark, Schweden und Holland, Salz wurde aus beziehungsweise über Schottland und Lübeck eingeführt. Über Lübeck bezog das schwedische Pommern die meisten überseeischen Erzeugnisse wie Gewürze, Weine, Apotheker- und Kolonialwaren. Noch in der zweiten Hälfte des 18. Jahrhunderts klagte der Kameralist Johann David von Reichenbach darüber, daß Schwedisch-Pommern diese Waren nur aus zweiter Hand beziehe.[70]

SCHWEDISCH-POMMERN, DAS REICH UND DIE SCHWEDISCHE POLITIK 1648 BIS 1718

Zunächst war es die Frage der Grenzziehung zwischen dem brandenburgischen und dem schwedischen Anteil Hinterpommerns gewesen, die bis 1653 der Investitur Schwedens in seine Reichslehen im Wege gestanden hatte. Die kaiserliche Weigerung, Schweden so lange nicht mit seinen deutschen Besitzungen zu belehnen, wie Hinterpommern noch von schwedischen Truppen besetzt gehalten wurde, konnte damals in Stockholm nicht sonderlich beeindrucken. Der Druck, den die schwedische Besatzung in Hinterpommern auf die Verhandlungen mit dem brandenburgischen Kurfürsten ausübte, wurde von Königin und Reichsrat in Stockholm höher bewertet als das gute Verhältnis zum Kaiser.

Auch nachdem im Sommer 1653 die Frage der Grenzziehung durch den Stettiner Grenzrezeß geregelt worden war, kam es nicht zur Lehnsinvestitur. Jetzt trat der Streit um die Stellung der Stadt Bremen, die Schweden als seine Landstadt betrachtete, in den Vordergrund. Bremen zu unterwerfen, wie es gemäß schwedischer Interpretation des Osnabrücker Friedensinstruments Rechtens gewesen wäre, hatte in der schwedischen Politik ebenfalls eine höhere Priorität als die juristisch korrekte Regelung der Beziehungen zu Kaiser und Reich.

Seit 1657 standen sich der Kaiser und Schweden in offenem Krieg gegenüber. 1657 drangen polnische Truppen unter Czarniecki in Schwedisch-Pommern ein, verheerten

Seit dem Mittelalter verdanken viele pommersche Küstenstädte ihren Wohlstand der Seefahrt, doch brachte der Bau immer größerer Schiffe auch vielfältige Schwierigkeiten mit sich. Die Hafenkais erwiesen sich nun als zu kurz, die Fahrrinnen als zu flach, und die Ostsee spülte immer wieder Sand an, der mühevoll ausgebaggert werden mußte. Nur wenige Häfen besaßen so günstige natürliche Voraussetzungen wie Stralsund, wo im 18. Jahrhundert Schiffe jeder Größe anlanden konnten. Vor der Kulisse Rügens boten sie einen Anblick, der im 18. Jahrhundert zu einem beliebten Motiv der Malerei wurde.

die südlichen Landesteile, vor allem die Distrikte zwischen Oder und Randow und jenseits der Oder, zerstörten und plünderten die Städte Pasewalk, Gartz a. O. und Penkun. 1659 kamen die Kaiserlichen unter General de Souches. Sie stürmten Greifenhagen und brannten die Stadt zum größten Teil nieder. Dann eroberten sie die Insel Wollin und das Städtchen Damm. Damit war ihr Weg frei nach Stettin, das sie nunmehr einschlossen. Die brandenburgische Armee kam den Kaiserlichen zur Hilfe. Der Kurfürst selbst versuchte mit seinen Truppen Greifswald zu erstürmen, wurde jedoch von den Verteidigern unter dem General Müller von der Lühnen zurückgeschlagen. Dagegen fiel Demmin am 9. November 1659 in brandenburgische Hände.

Die Belagerung Stettins wurde wiederum von den Kaiserlichen und den Brandenburgern aufgehoben. Generalmajor Wirtz, der Kommandant Stettins, hatte durch einen tolldreisten Ausfall das gesamte Proviant- und Munitionsdepot der Alliierten bei Curau in seinen Besitz gebracht und nach Stralsund geführt. Was auf dem schnellen Rückzug der Schweden nicht mitgenommen werden konnte, wurde an Ort und Stelle vernichtet. Die abziehenden Brandenburger verwüsteten weite Landstriche, die sie auf Dauer nicht halten konnten.

Unter dem Druck der Bedrohung des deutschen Reiches durch die Türken kam es im Jahre 1664 schließlich doch noch zur Investitur Schwedens in seine deutschen Reichslehen durch den Kaiser,[71] da dieser sich gezwungen sah, an den Höfen Europas um Unterstützung und Hilfe gegen die Türken nachzusuchen, unter anderen in Paris, Warschau und Stockholm. Der Kurfürst von Brandenburg schätzte die Gefahr ebenfalls als sehr groß ein, so groß, daß er sogar auf die von Schweden bislang vergeblich geforderte Bestätigung des Stettiner Grenzrezesses durch den Kaiser drang. Im Gegenzug schickte Schweden noch im Jahre 1663 für seine deutschen Reichslehen insgesamt 793 Mann zu dem vom Regensburger Reichstag bewilligten Triplum des Reichsmatrikularanschlags. Das schwedisch-pommersche Kontingent nahm an den Kämpfen der Reichsarmee an Drau, Mur und Raab sowie an der siegreichen Schlacht bei Sankt Gotthard teil.[72] Darüber hinaus verhandelte der kaiserliche Gesandte Graf Windischgrätz in Stockholm über die Aufstellung eines weiteren Hilfskorps von 1307 Gemeinen, zuzüglich Offizieren, Unteroffizieren, Stabs- und Troßpersonal.[73] Dieses schon zugesagte Kontingent kam jedoch nicht mehr zum Einsatz, da der Krieg mit den Türken bereits am 10. August 1664 mit dem Frieden von Vasvár beendet wurde. Bereits am 25. April (5. Mai) 1664 hatte der Kaiser in Regensburg die Belehnung Schwedens erteilt.

Ein gutes Jahrzehnt nach dem Frieden von Vasvár zeigte sich erneut, daß der politisch führende schwedische Hochadel ein Bündnis mit Frankreich höher bewertete als etwaige gute Beziehungen zu Kaiser und Reich. Am 4. (15.) April 1672 band Ludwig XIV. durch einen großzügigen Subsidienvertrag, der in den folgenden Kriegsjahren mehrmals erneuert wurde, Schweden fest an sich.[74] Als der Krieg zwischen Frankreich und den Niederlanden noch im selben Jahr ausbrach, nahm Schweden zunächst nicht an den Kampfhandlungen teil, sah sich aber in eine vertrackte Situation manövriert, da es sich nun zwischen seinen Pflichten als Reichsstand und seinen Verpflichtungen gegenüber Frankreich entscheiden mußte.

Auf Drängen Frankreichs und nach Erhöhung der jährlichen Subsidienzahlungen durch Ludwig XIV. von 400 000 auf 900 000 Reichstaler trat Schweden Ende Dezember 1674 in den Krieg ein. Unter dem Oberbefehl des Reichsmarschalls und schwedisch-pommerschen Generalgouverneurs Carl Gustaf Wrangel marschierte die schwedische Armee am 30. Dezember 1674 in die Mark Brandenburg ein. Dadurch sollte die französische Armee am Rhein entlastet werden, da Brandenburg seine dortigen Truppen nunmehr abziehen mußte. Der Einfall Schwedens nach Brandenburg hätte wohl mühelos als Landfriedensbruch gewertet werden können. Die Garantiemacht des Westfälischen Friedens selbst brach hier den Landfrieden. Indessen zeigte sich, daß die formale Rechtslage nicht entscheidend war. Vielmehr wurde die Reaktion des kaiserlichen Lagers durch die Beziehungen der Habsburger zu Brandenburg bestimmt. Ein Antrag Brandenburgs im Reichstag, Schwedens Sitz und Stimme zu suspendieren, wurde abgelehnt. Es war der Kaiser selbst, der den brandenburgischen Antrag hintertrieb.[75] Die Ächtung des Herzogs von Pommern hätte die Reichsexekution nach sich ziehen müssen, deren Vollstreckung wiederum dem Brandenburger zu übertragen gewesen wäre. Das hätte einer eventuellen Eroberung und Besetzung Pommerns durch Brandenburg einen sicheren Rechtsgrund gegeben; außerdem wäre die Entscheidung über das zukünftige Schicksal Pommerns an den Reichstag übergegangen, der Kaiser hätte seinen Einfluß auf die Ereignisse weitgehend eingebüßt.

Im Laufe des Jahres 1675 erstarkte jedoch die brandenburgische Stellung. Nur wenige Wochen nach der Schlacht bei Fehrbellin am 28. Juni 1675 erreichte der Große Kurfürst bereits am 17. Juli 1675, daß der Reichstag de facto den Reichskrieg gegen »die Krone Schweden« erklärte, indem die Reichsstände für die brandenburgischen Länder die Reichsgarantie aussprachen »sowohl wider oft ernannte Kron Schweden als auch contra quoscunque aggressores und Helfershelfer cum effectu«.[76] Dabei war es von verfassungsrechtlicher Bedeutung, daß zwischen der Krone Schweden als Souverän einerseits und als Vasall des Kaisers andererseits nicht unterschieden wurde. Eine solche Unterscheidung begegnet uns erst im 18. Jahrhundert, als die materielle Schwäche Schwedens in Stockholm zu juristischen Tüfteleien zwang. Doch auch schon im 17. Jahrhundert gab es eine Unterscheidung zwischen Schweden und Pommern als zwei eigenständigen staatlichen Gebilden, die der landständischen Forderung zugrunde lag, Pommern solle neutral bleiben in Kriegen, die im Namen der schwedischen Krone geführt würden.[77] Schweden hat jedoch Pommern weder de iure noch de facto jemals ein Recht auf Neutralität zuerkannt.[78]

In dem Reichskrieg gegen Schweden (1675–1679) wurde dagegen nicht zwischen Pommern und Schweden unterschieden. Für die Rechtsauffassung des 17./18. Jahrhunderts war entscheidend, daß der schwedische Angriff auf Brandenburg de facto von Pommern aus geführt wurde. Damit konnte das Herzogtum nach damaligem Rechtsverständnis nicht mehr als neutral angesehen und von den Kriegshandlungen verschont werden, wie es die Landstände wünschten. Pommern wurde 1675 wie eine Provinz Schwedens behandelt, der der Reichskrieg erklärt worden war. In der Praxis ließen die militärischen »Sachzwänge« ohnehin keine andere Interpretation zu.

Der aus Husum in Dithmarschen gebürtige Generalmajor Paul Wirtz, seit 1657 Kommandant der Festung Stettin, galt als große militärische Kapazität seiner Zeit, was er unter anderem im Jahre 1659 eindrucksvoll unter Beweis stellte, indem er alle Versuche des Großen Kurfürsten, Stettin einzunehmen, souverän und erfolgreich zunichte machte. Von 1661 bis 1664 bekleidete Wirtz das Amt eines schwedischen Vizegouverneurs in Pommern.

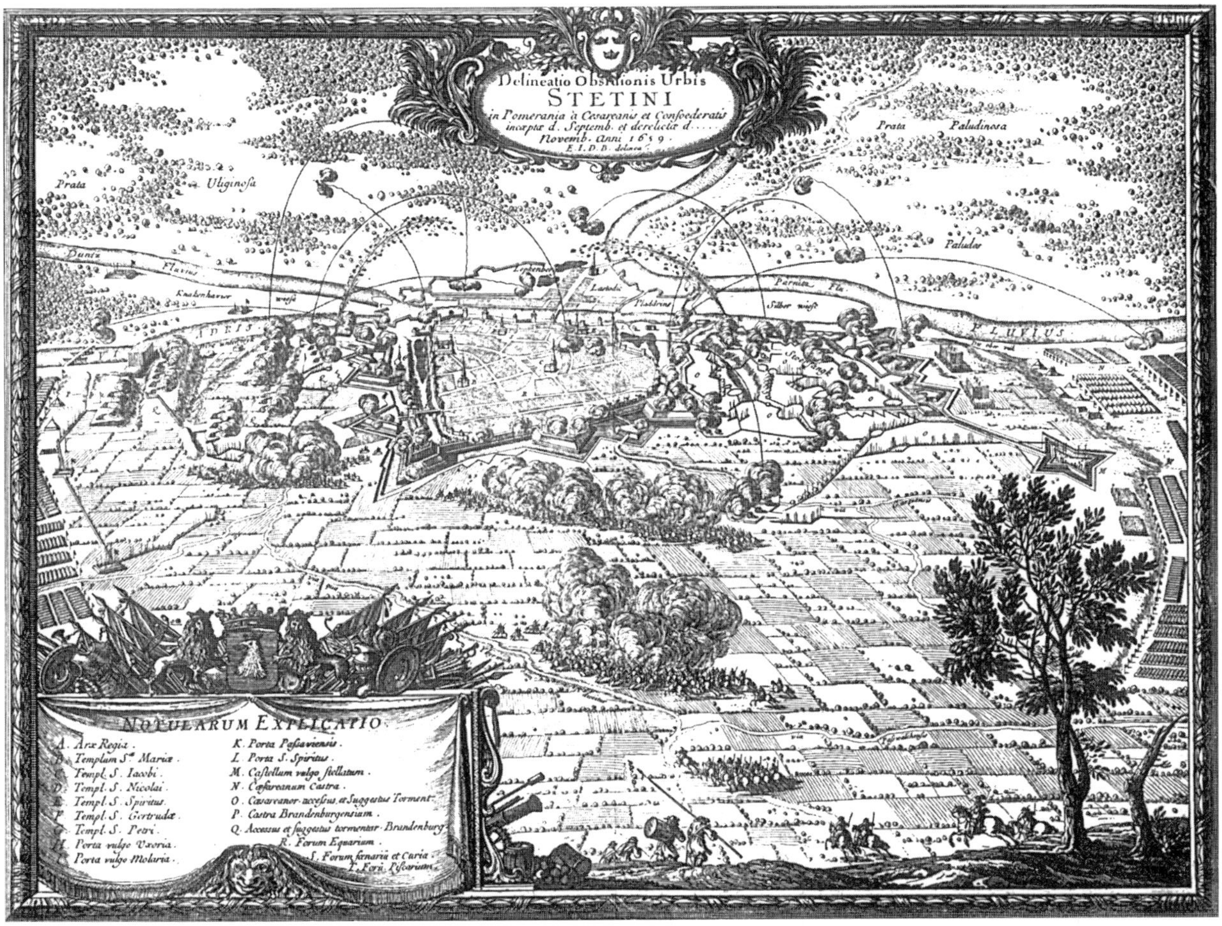

Der Große Kurfürst verfolgte zeit seines Lebens das Ziel, ganz Pommern unter seine Herrschaft zu bringen, obwohl er für den Verzicht auf seine Rechtsansprüche an Pommern mit den weitaus wohlhabenderen Bistümern Magdeburg, Minden und Halberstadt entschädigt worden war. In seinen Auseinandersetzungen mit den Schweden kam der Festung Stettin eine Schlüsselrolle zu. Bereits während des Schwedisch-Brandenburgischen Krieges richtete der Große Kurfürst 1659 seine Bemühung auf die Eroberung Stettins, scheiterte aber an der energischen Verteidigung der Stettiner Garnison.

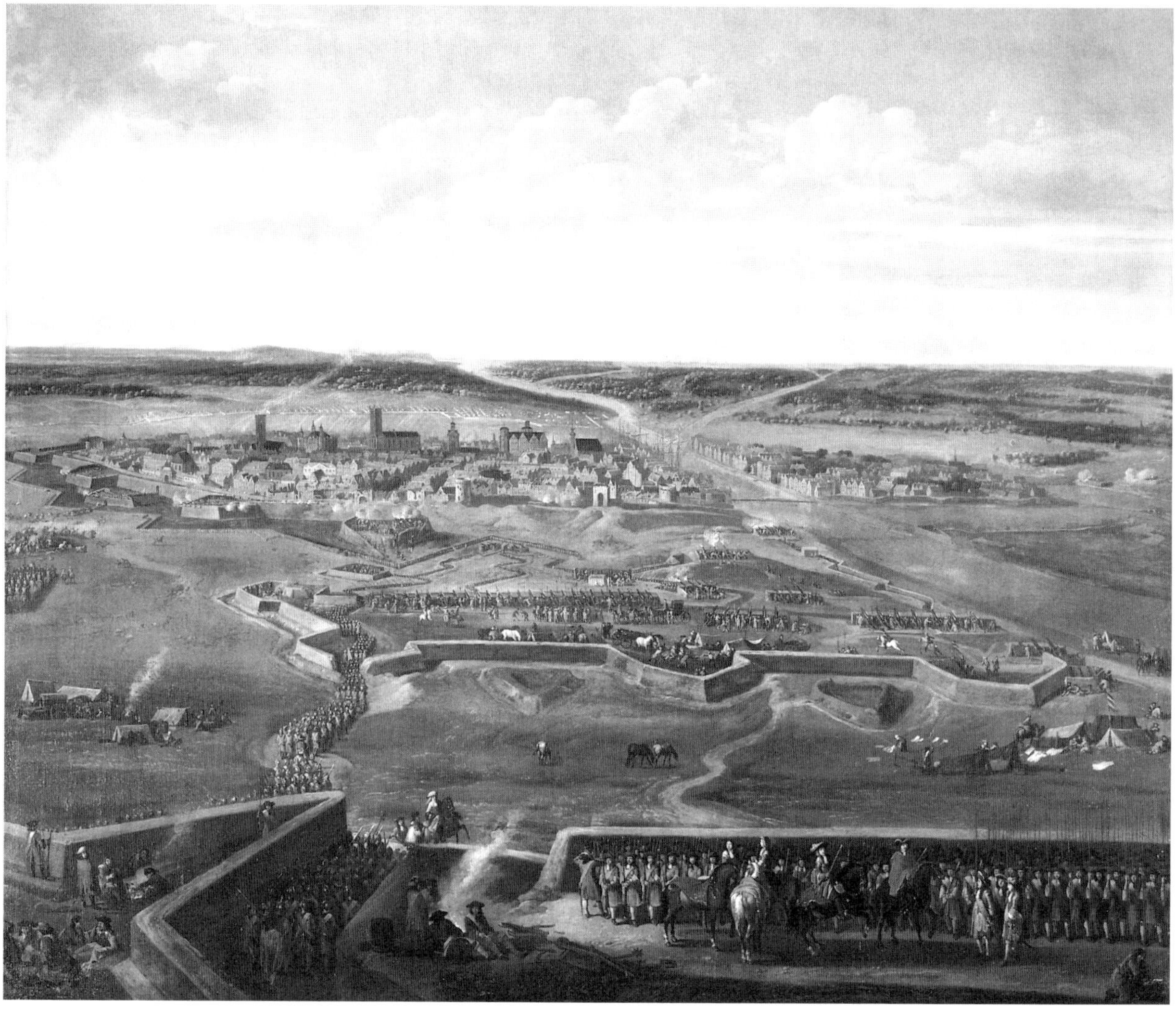

»Belagerung und Beschießung Stettins durch den Kurfürsten Friedrich Wilhelm von Brandenburg im Jahre 1677«. Das zeitgenössische Gemälde von Jan van Huchtenburgh zeigt den zweiten Versuch des Großen Kurfürsten, Stettin unter seine Herrschaft zu bringen. Zumindest militärisch war er nun erfolgreicher als 1659, doch mußte der Brandenburger trotz Einnahme der Stadt schon im Jahre 1680 seine Besatzungstruppen wieder abziehen und die Stadt der schwedischen Krone zurückgeben.

Die Niederlage Schwedens im Jahre 1679 war die Geburtsstunde des karolinischen Absolutismus, unter dem außenpolitisch die Lösung vom traditionellen Bündnispartner Frankreich bei gleichzeitiger Neuorientierung der schwedischen Politik auf die Seemächte England und die Niederlande erfolgte. Dem Abbau der Spannungen zwischen Schweden und den Niederlanden, deren Kapital den schwedischen Handel beherrschte, dienten weitgehende Zollvorteile, die den Niederländern als »meistbegünstigter Nation« häufig auch zum Nachteil der einheimischen Kaufmannschaft eingeräumt wurden.

Verbunden mit dieser Neuorientierung der schwedischen Politik war die Integration des Reichsstandes Schweden in das deutsche Reich, die sich dann im 18. Jahrhundert festigen sollte. Der karolinische Absolutismus verfolgte im Unterschied zur schwedischen Politik des 18. Jahrhunderts jedoch stets eine für Pommern und Schweden gemeinsame Politik. Der Verlauf des Krieges und erst recht die Niederlage hatte in der schwedischen Politik die Einsicht reifen lassen, daß die Sicherheit der überseeischen Provinzen auch mit anderen Mitteln als nur den rein militärischen angestrebt werden mußte. Seit 1680 betrieb daher das absolutistische Königtum eine Politik der Anlehnung an den Kaiser; gleichzeitig wurde die schwedische Armee umfassend reorganisiert, das militärische Gewicht Schwedens ganz entscheidend gestärkt. Eine auf Sicherheit bedachte Außen- und Bündnispolitik ergänzte die Maßnahmen Karls XI.[79] Seit 1685 wurden im schwedischen Pommern 236 Mann – Stab, Offiziere und Unteroffiziere inbegriffen – als Kontingent beim Obersächsischen Kreis unterhalten und im Landesetat ausgewiesen.[80]

1683 brach erneut der Krieg gegen die Türken aus. Mit dem Sieg am Kahlenberg war zwar die unmittelbare Gefahr für Europa abgewehrt, jedoch kam die kaiserliche Armee in den Feldzügen von 1684 und 1685 nicht recht voran. Wieder ließ der Kaiser mit den europäischen Höfen wegen Waffenhilfe, diesmal gegen die Türken und Frankreich, verhandeln. Schweden stellte »wegen der in Teutschlandt habenden Provincien« 236 Reiter, 100 Dragoner und 759 Fußknechte, zusammen 1095 Mann. Die Größe des Kontingents entsprach ziemlich exakt den von Bremen-Verden und Pommern ständig unterhaltenen Kreistruppen.[81] Da die Stärke der Reichskontingente, wie sie in der Reichsmatrikel aufgeführt war, immer nur die Zahl der Gemeinen meinte, kamen noch 73 Offiziere, Unteroffiziere und Stabspersonal für Pommern hinzu sowie rund neunzig Mann für Bremen, so daß das Kontingent insgesamt 1258 Köpfe zählte. Das Kommando führte der Oberst Bogislav von Rahden, ein gebürtiger Vorpommer.

Am 23. August 1686 traf das Kontingent vor Ofen ein und nahm unverzüglich am Sturm auf die Festung teil. Am 2. September erfolgte die Befreiung dieses einstigen Bollwerks der Christenheit. Damit waren die Türken nach anderthalb Jahrhunderten der Herrschaft aus der ungarischen Metropole vertrieben. Ein Teil der »schwedischen« Pommern wurde nun an Drau und Theiß abkommandiert, ein anderer als Besatzung in Ofen zurückgelassen. Mitte Oktober erfolgte im kaiserlichen Heerlager eine Musterung, anschließend die Entlassung nach Hause. Am 29. Oktober traf das Kontingent in Stettin ein, seine Ist-Stärke betrug noch 572 Köpfe.[82]

Im folgenden Jahr stellte das schwedische Pommern 225 Mann zur Reichsarmee, die dem Kommando des Markgrafen Ludwig von Baden, genannt der Türkenlouis, unterstellt wurden. Aufgrund der Reichskriegserklärung an Frankreich von 1689 stellten die Reichslehen der schwedischen Krone für 1690 ein Kontingent von 4000 Mann zur Reichsarmee, in den beiden folgenden Jahren 1691 und 1692 wurden je 2050 Mann gestellt. Damit war Schweden seit Errichtung des karolinischen Absolutismus im Jahre 1680 seinen Verpflichtungen gegenüber Kaiser und Reich voll und ganz nachgekommen.

SCHWEDISCH-POMMERN IM NORDISCHEN KRIEG (1700–1721)

Mit dem Einmarsch des Kurfürsten August von Sachsen, der in Personalunion König von Polen war, in das schwedische Livland im Frühjahr 1700 begann der Nordische Krieg. Die Kampfhandlungen fanden von Pommern weit entfernt statt. Hier machte sich der Krieg vorerst nur durch die Ausschreibung außerordentlicher Steuern und die vermehrte Anwerbung von Truppen bemerkbar. Ansonsten meldeten die Zeitungen ein knappes Jahrzehnt lang nur schwedische Siege. Im Spätsommer 1709 verbreitete sich jedoch die Unglücksnachricht von Niederlage und Vernichtung des schwedischen Heeres bei Poltawa. Der König selbst hatte sich mit einigen Getreuen auf türkisches Gebiet retten können. Wenig später traten die Dänen in den Krieg ein und setzten 1710 mit ihrer Armee nach Schweden über. In Pommern brach die Pest aus. Schon im Frühjahr 1709 waren mehrere Regimenter aus Schweden nach Pommern verlegt worden. Das Regiment »Tyska livregemente« kam nach Stettin, das Regiment Pfaltzburg nach Stralsund. Im Oktober zog sich das schwedische Korps unter General von Krassow, einem gebürtigen Pommern, der den Rücken der inzwischen bei Poltawa vernichteten Hauptarmee hatte decken sollen, nach Pommern zurück.

Ein weiterer Vorbote kommenden Unheils war seit 1710 die umfangreiche Verpfändung der pommerschen Domänengüter zur Finanzierung der weiteren Kriegführung. Der Kanzler der Regierung in Stettin, Magnus Lagerström, wurde mit der Durchführung dieser Aufgabe betraut. Die Güter der herzoglichen Domäne wurden auf sechzehn oder zwanzig Jahre den Kreditoren antichretisch überlassen. Dabei hatten die Pfandinhaber die Möglichkeit, die Einkünfte aus dem Pfandgut zu steigern und die erzielten Mehrerlöse einzubehalten, ohne dafür Rechenschaft ablegen zu müssen. Durch die Verpfändung der Domäne brachte Magnus Lagerström zwischen dem Herbst 1709 und dem Sommer 1712 knapp eine Million Reichstaler im Namen und für Rechnung der Krone zusammen. Diese Art der Kreditaufnahme, die Verpfändung von Hausgut, galt zwar schon seit Beginn des 18. Jahrhunderts als ein verzweifeltes Mittel, die verheerenden Folgen einer dauerhaften Verpfändung regelmäßiger Einnahmequellen waren sogar seit dem Mittelalter bekannt; jedoch zwang die nach der Schlacht bei Poltawa stark gesunkene Kreditwürdigkeit der Krone zu diesem Mittel, das den Gläubigern relativ gute Sicherheit bot.[83]

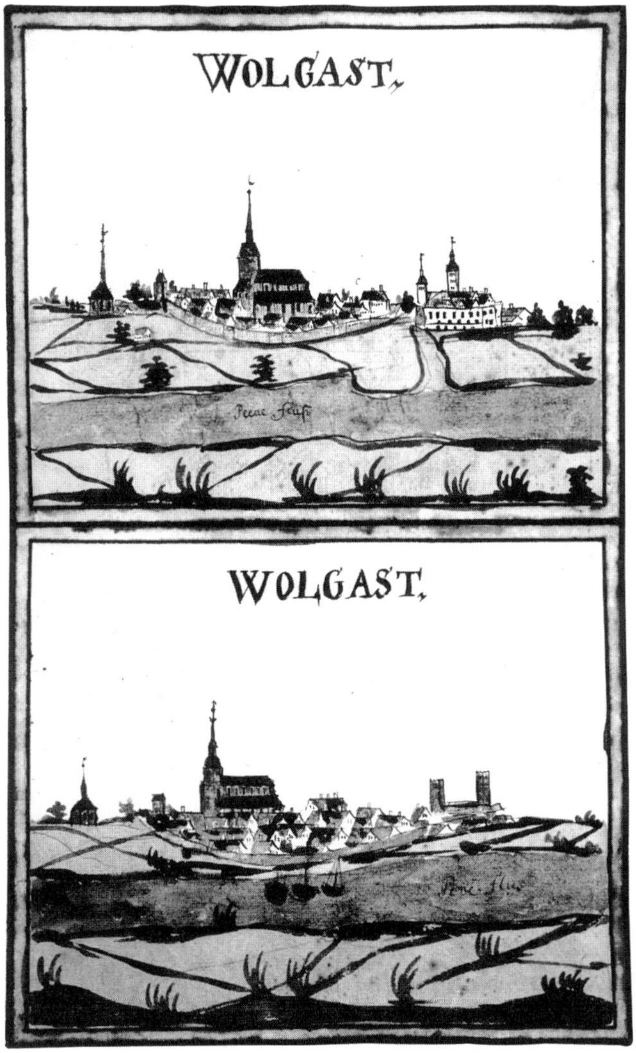

Bis zum Tode des Herzogs Philipp Julius im Jahre 1625 war Wolgast eine der beiden herzoglichen Hauptresidenzen Pommerns. Während der Regierungszeit des Kunstkenners und Theaterliebhabers Philipp Julius bewegte sich das kulturelle Leben am Hof zu Wolgast auf der Höhe der Zeit, denn unter anderem engagierte Philipp Julius regelmäßig englische Schauspieler für sein Hoftheater. Diese glanzvolle Ära ging mit dem Tod des Herzogs zu Ende. Im Jahre 1677 wurden Stadt und Schloß Wolgast vom Großen Kurfürsten zerstört. Das Ausmaß der Zerstörungen des Dreißigjährigen Krieges und der brandenburgisch-schwedischen Auseinandersetzungen veranlaßte wenig später den Chronisten Pristaff, einen Bilderzyklus mit mehr als siebzig aquarellierten Zeichnungen anzufertigen, der alle pommerschen Städte in ihrem baulichen Zustand vor dem Krieg und um 1680 zeigt.

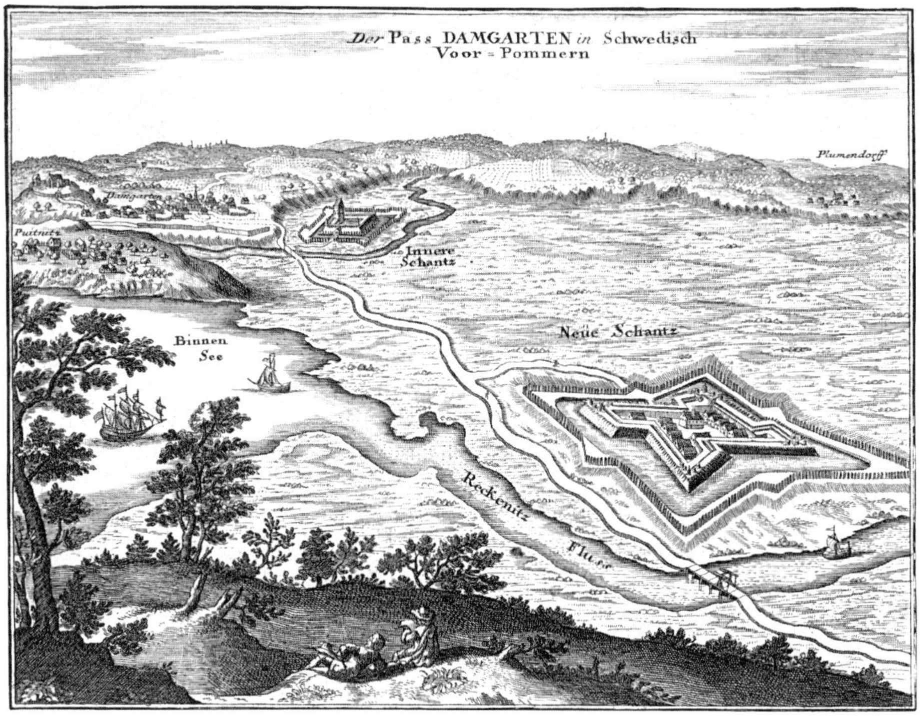

Die westlichste Grenzfestung des Herzogtums Pommern königlich schwedischen Anteils war die Festung Damgarten auf dem rechten Ufer der Recknitz, die den Flußübergang zum mecklenburgischen Ribnitz sicherte. Im Dreißigjährigen Krieg war der Flußübergang mehrfach umkämpft. 1630 siegten die Schweden über die kaiserlichen Truppen, mußten aber 1637 diesen die Stadt für ein Jahr wieder überlassen. Nach Kriegsende erhielt Damgarten eine doppelte Schanze, die »innere Schanze« um die Stadt und die »äußere Schanze« an der Brücke nach Ribnitz. Die bedeutende Festung geriet auch im Nordischen Krieg in den Mittelpunkt unterschiedlicher strategischer Ziele, als die Schweden 1712 von hier aus gegen die Polen und Sachsen den Übergang nach Mecklenburg erzwangen.

Die verbündeten Feindmächte beschlossen mit Rücksicht auf die Seemächte England und Holland, die in Norddeutschland keine Kriegshandlungen wünschten, Schwedens deutsche Provinzen als neutrales Gebiet zu behandeln, solange kein Angriff von ihnen ausging. In der Haager Neutralitätsakte vom Frühjahr 1710 wurde dies von allen Verbündeten und den Seemächten gemeinsam bestätigt. Vereinzelt plünderten die Soldaten im eigenen Land und gaben damit einen Vorgeschmack auf die kommenden Ereignisse. Voll unguter Vorahnungen schrieb der Stralsunder Bürger J. Drevs am 21. Oktober 1709 in sein Tagebuch: »Es ist diese Zeit eine höchst gefährliche, böse Zeit, da wier bereits große Theurung haben und sich Krieg und Pestilenz uns nähern.«[84] Allein in Stralsund fielen der Pest an die 4000 Menschen zum Opfer. Das entsprach rund vierzig Prozent aller Einwohner der Stadt am Strelasund.

Im August 1711 traf die Wucht des Krieges auch Pommern. Karl XII. spielte Rußland, Sachsen und Dänen in die Hände, indem er die Neutralität Pommerns nicht anerkannte, die ohnehin nur von den Seemächten wirklich gewünscht wurde. Am 29. August überschritten die Dänen mit 30 000 Mann bei Damgarten die Grenze. Am 7. September schlossen sie, verstärkt durch sechs russische Dragonerregimenter, Stralsund ein. Mitte Oktober standen weitere 14 000 Sachsen vor Stralsund. Die Verteidigung der Festung leitete General Karl Gustav Dücker. Ihm standen 8000 Mann zur Verfügung. Als die schwedische Flotte die Besatzung der Stadt mit 4000 Mann verstärkte, hoben die Alliierten am 7. Januar 1712 die Belagerung auf und bezogen Winterquartier. In Pommern blieben 7000 Dänen, 8000 Sachsen und 8000 Russen zurück, die aus dem Lande ernährt werden mußten.

Auch Stettin, dessen Verteidigung der Generalleutnant August Meyerfeldt mit rund 4000 Mann leitete, konnte vorerst gehalten werden. Meyerfeldt war am 4. Juli 1711 von Karl XII. vom türkischen Bender aus zum Vizegouverneur Schwedisch-Pommerns ernannt worden. Ende September 1712 landete die neuaufgestellte schwedische Feldarmee unter General Magnus Graf Stenbock auf Rügen. Da die Dänen den Nachschub über die Ostsee abschnitten, die gesamte Armee aber nicht in Pommern unterhalten werden konnte, entschloß sich Stenbock, in Richtung Holstein abzumarschieren. Daß er dort am 8. Januar 1713 das dänische Altona brandschatzen ließ, sollte für Pommern böse Folgen haben: Als Rache für Altona ließ Zar Peter I. die Stadt Wolgast dem Erdboden gleichmachen. Ende September 1713 mußte Meyerfeldt, inzwischen zum Generalgouverneur avanciert, in Stettin kapitulieren. Ganz Vorpommern südlich der Peene ging verloren. Die schwedische Garnison Stettins unter Meyerfeldt erhielt freien Abzug nach Stralsund. Durch den Schwedter Hauptrezeß vom 6. Oktober 1713 kaufte Preußen den Russen für 400 000 Reichstaler ihre Rechte an der Festung Stettin ab. Bis zum Ende des Krieges sollten die Festung Stettin und Vorpommern südlich der Peene unter preußischem Sequester stehen.[85] Die Haager Neutralitätsakte galt auch für das Gebiet nördlich der Peene weiter, solange Karl XII. selbst durch kriegerische Aktionen die Neutralität des Landes verletzte. Für Pommern trat nach der Durchführung des Schwedter Hauptrezesses und der erneuten Bekräftigung der Haager Neutralitätsakte endlich ein Zustand der Ruhe ein.

In der Nacht vom 21. zum 22. November 1714 pochten gegen Mitternacht zwei Reiter an das Tribseer Tor der Festung Stralsund. Sie gaben sich als Kuriere aus und forderten von dem Wachsoldaten, unverzüglich zum Kommandanten der Festung, dem General Graf Karl Gustav Dücker, geführt zu werden. Als dieser sie nach einigem Hin und Her schließlich empfing, erkannte er nach einer »kurzen Besichtigung« in einem der beiden seinen Herrn und König: Karl XII. war nach mehr als fünfjährigem Aufenthalt in der Türkei in sein von allen Seiten bedrängtes Reich zurückgekehrt. Bereits am nächsten Tag, dem 22. November 1714, empfing der König alle seine in Pommern diensttuenden Generäle, den Stralsunder Magistrat und die Geistlichkeit der Stadt. Anschließend inspizierte er einige Regimenter. Von nun an wurde für mehr als ein Jahr das schwedische Reich von Stralsund aus regiert.

Am 16. November wurde Karl XII. angezeigt, daß sich der holstein-gottorfische Administrator Christian August auf dem Weg nach Stralsund befinde. Christian August hatte während der Minderjährigkeit des Herzogs Karl Friedrich, seines und des schwedischen Königs Neffen, das mit Schweden verbündete Herzogtum Holstein-Gottorf bis zur Eroberung der Festung Tönning und seiner Vertreibung durch die Dänen 1713 verwaltet. Der König ritt dem Administrator entgegen, traf ihn vor der Stadt und geleitete ihn persönlich ins Quartier.

Einige Tage später traf in Stralsund der Mann ein, der dem König ebenso zum Schicksal bestimmt war wie sich an diesem Manne das Schicksal des Königs erfüllen sollte: der holsteinische Geheime Rat und erste Ratgeber des Administrators, Baron Georg Heinrich von Goertz. August Strindberg nannte ihn den »bösen Genius« Karls XII. Hier, in Vorpommerns Hauptstadt, besiegelten Karl XII. und Baron Goertz ihren Pakt, der sie bis zu ihrem gemeinsamen Untergang verbinden sollte.

Im Frühjahr 1715 nahm Karl XII. den Preußen Wolgast weg und eroberte die Insel Wollin zurück. Daraufhin brach Friedrich Wilhelm I. im April 1715 die diplomatischen Verbindungen zu Schweden ab und erklärte den Krieg. Zur selben Zeit ging durch die schwedische Niederlage in der Seeschlacht bei Fehmarn die Beherrschung der Ostsee an die Dänen über.

Im Juli schlossen die vereinten dänischen, sächsischen und preußischen Armeen mit zusammen über 50 000 Mann die Festung Stralsund ein. Nur weil die schwere Belagerungsartillerie erst Ende Oktober vor der Festung eintraf, konnten sich die 12 000 Schweden noch verhältnismäßig lange halten. Am 21. Dezember 1715 hatten die Belagerer ihre Vorbereitungen für den Generalsturm auf die Festung abgeschlossen. Die Sappen waren beim Frankentor bis auf dreißig Schritt an das Außenwerk (Ravelin) herangeführt. Am Abend des 21. Dezember 1715 hielt sich Karl XII. in diesem Ravelin auf, um seinen Leuten Mut zu machen. Um ein Uhr am Morgen des 22. Dezember bestieg er ein Boot, das ihn nach Rügen brachte, wo er an Bord einer schwedischen Fregatte ging. Die Fregatte konnte der in der Ostsee aufkreuzenden dänischen Flotte entkommen, der Passagier am 24. Dezember im schonischen Ystad an Land gehen. Zu diesem Zeitpunkt hatte General Dücker bereits kapituliert und am Morgen des 23. Dezember die Festung Stralsund dem Feind übergeben.[86] Vorpommern nördlich der

Peene kam unter dänische Besatzung und Verwaltung. Die brandenburgische und die sächsische Armee verließen noch vor Jahresende das Land.

Der dänische Generalmajor von Divitz nahm als Generalgouverneur im Namen König Friedrichs IV. seinen Sitz in Stralsund. Divitz regierte das Land absolutistisch. Die landständische Verfassung schob er beiseite, landständische wie landesherrliche Beamte wurden auf den dänischen König vereidigt und seiner zentralistischen Herrschaft unterstellt. Spätere Zeugnisse belegen, daß der pommersche Adel die dänische Besatzung als Unterdrückung erlebte. Die Städte dagegen beurteilten sie freundlich. Dänemark bot vor allem die Zollfreiheit im Sund, darüber hinaus wurde der Handelszwang mit Schweden aufgehoben. Insgesamt ist aber die Zeit der dänischen Besatzung zwischen 1715 und 1720 noch gänzlich unerforscht.

Von der Wiedereinrichtung bis zum Ende der schwedischen Herrschaft

WIEDEREINRICHTUNG DER SCHWEDISCHEN HERRSCHAFT (1720–1723)

Bereits im Oktober 1719 wurde deutlich, daß Pommern nördlich der Peene an Schweden zurückgegeben würde.[87] Am 21. Januar 1720 schlossen Schweden und Preußen Frieden. Schweden trat Vorpommern südlich der Peene gegen die Zahlung von zwei Millionen Reichstaler an Preußen ab. Preußen verpflichtete sich im Gegenzug, im fortdauernden Krieg zwischen Schweden und Rußland nicht auf die Seite des Zaren zu treten und sich gegenüber Dänemark dafür zu verwenden, daß der pommersche Landesteil nördlich der Peene an Schweden zurückgegeben werden möge.

Zwischen Dänemark und Schweden kam es am 3. Juni 1720 zum Friedensschluß. Dänemark übergab Schweden alle eroberten und besetzten Gebiete, neben Pommern und Wismar auch die Festung Marstrand, im Gegenzug zahlte Schweden 600 000 Reichstaler und verzichtete auf Wiederherstellung des Herzogtums Holstein-Gottorf sowie auf die Zollfreiheit im Sund, die damit auch den schwedisch-pommerschen Kaufleuten verlorenging.

In Schweden war der Absolutismus inzwischen durch ein ständisches Regiment abgelöst worden, in dem der Adel bestimmenden Einfluß ausübte. Dem Reichsrat gehörten fünf pommersche Adlige an: Graf Henning Rudolph Horn, Graf Carl Gustav Renskiöld (Reinschild), Feldmarschall und Sieger von Fraustadt 1706, Graf Johann Lillienstedt, Vizepräsident des Tribunals in Wismar, und Johann August Meyerfeldt, Graf von Nehringen/Vorpommern. Da Pommern 1719/20 noch besetzt war, zeigten sich die schwedischen Politiker an einer proschwedischen Stimmung der Landstände sehr interessiert. Außerdem hatte der schwedische Reichsrat gerade in pommerschen Fragen noch weitgehend freie Hand. Die strikte und umfassende Kontrolle des Reichsrats durch den Reichstag, wie sie für die schwedische »Freiheitszeit« charakteristisch werden sollte, wurde 1723 erstmals durchgeführt. In dieser für sie überaus günstigen Lage konnte die Ritterschaft hoffen, ihre Wünsche und Vorstellungen hinsichtlich einer Verbesserung ihrer Privilegien zu verwirklichen. Sie zeigte sich entschlossen, die Lage zu nutzen, und drängte die Städte dazu, möglichst umgehend eine Abordnung nach Stockholm zu entsenden, die dort noch vor Abschluß des Friedens über die Landesprivilegien verhandeln sollte, denn: »So vermeinet man so woll inconvenient alß sehr unverantwortlich zu seyn, dieses so gute Tempo, welches so leicht nicht wieder kommen dürffte, zu negligieren …«[88]

Die Ritterschaft strebte darüber hinaus nach einer eigenen Privilegienurkunde, in der besondere Bestimmungen zur Sicherung ihres Besitzrechtes an den Gütern aufgenommen werden sollten, denn die vorpommerschen Adligen waren nicht wenig beunruhigt durch die Allodifikation der Lehngüter im benachbarten Brandenburg und Hinterpommern, wo das adlige Lehnsaufgebot durch eine jährlich zu leistende Geldsteuer abgelöst wurde.

Tatsächlich erfuhr die landständische Verfassung Pommerns durch den Reichsrat und ohne Beteiligung des Reichstags nicht nur eine Restauration, sondern auch eine nachhaltige Stärkung im Zuge der Wiedereinrichtung der schwedischen Herrschaft in Pommern. Die landständische Finanzverwaltung, der Landkasten, wurde praktisch unabhängig, das landständische Steuerwesen wiederhergestellt. Nachdem Anklam an Preußen gefallen war, nahm der Landkasten nunmehr seinen Sitz in Stralsund. Sämtliche Neuerungen im absolutistischen Sinne, welche die dänische Besatzungsmacht eingeführt hatte, wurden wieder aufgehoben. Dem Land wurden Erleichterungen bei den Steuern gewährt, indem die Kontribution für zehn Jahre von vierzehn auf acht Reichstaler pro reduzierte Hufe herabgesetzt wurde. Wolgast erhielt außerdem eine Ermäßigung seiner Steuerquote, da es als Vergeltung für die Brandschatzung Altonas 1713 durch die schwedische Armee seinerseits von den Russen dem Erdboden gleichgemacht worden war. Ein Novum in der Geschichte Pommerns war die Ausstellung einer besonderen Urkunde für die Adelsprivilegien durch den Reichsrat.[89] Diese Urkunde führte gleich ein ganzes Bündel von Bestimmungen an, welche die Besitzrechte des pommerschen Adels an den Gütern stärkten und damit seinen Besitzstand nachhaltig sicherten.

Während im benachbarten Preußen seit 1717 die adligen Güter allodifiziert wurden, behielten die Güter Schwedisch-Pommerns ihren Lehnscharakter. Dabei wurde nicht mehr unterschieden zwischen Mannlehen und Lehen zu gesamter Hand. Bei Überschuldung konnte jeder Lehnsvetter das Lehen »reluieren«, das heißt einlösen, wenn er dem Gläubiger die Pfandsumme auszahlte. Ein Gläubiger, der nicht der pommerschen Ritterschaft angehörte, konnte daher nur antichretisch in den Besitz eines Gutes gelangen und mußte es jederzeit wieder abtreten, wenn ihm der Kredit, den er dem Lehnsträger gewährt hatte, zurückgezahlt wurde. Dagegen konnte praktisch jeder pommersche Adlige Anspruch auf ein verpfändetes Gut anmelden, wenn er über die erforderliche Geldsumme disponieren konnte; künftig sollte es zur Reluition ausreichen, wenn sich nur ein pommerscher Adliger als Lehnsvetter ausgab. Auch wenn sich mehrere Adlige als Lehnsvettern ausgaben, hatte die Reluition »sofort statt zu haben«. War der bürgerliche Pfandinhaber erst einmal aus dem Besitz des Gutes gedrängt, dann konnte eine gerichtliche Prüfung stattfinden, wer unter mehreren adligen Bewerbern der nächste Lehnsvetter war; zwar konnte jeder Adlige reluieren, wenn er sich nur als Lehnsvetter ausgab, er mußte das Gut aber abtreten, sobald ein anderer nachweisen konnte, daß er dem letzten Lehnsträger in verwandtschaftlicher Beziehung nähergestanden hatte.

An diesen Bestimmungen wird deutlich, daß es der Ritterschaft in erster Linie darauf ankam, verpfändete Adelsgüter möglichst schnell aus der Verfügungsgewalt bürgerlicher Gläubiger zu lösen. Später konnte dann in aller Ruhe gerichtlich geprüft werden, wer von mehreren Adligen, die Anspruch auf ein Gut erhoben, das bessere Recht hatte. Grundlage dieser Bestimmungen war, daß die pommerschen Güter ihren Charakter als Lehnsgüter beibehielten, auch wenn dieser Status, im Vergleich zum Allodialbesitz, verminderte Kreditwürdigkeit mit sich brachte. Im schwedischen Pommern blieben die adligen Güter Lehen, im Gegensatz zu Preußen, wo diese seit 1717 allodifiziert wurden. Im Friedensvertrag von 1720 war dem Adel in dem an Preußen abgetretenen Teil Vorpommerns jedoch die Beibehaltung des Lehnscharakters ihrer Güter garantiert worden.[90]

Zur Verbesserung der wirtschaftlichen Stellung der Ritterschaft trugen die erneut bestätigte Abgabenfreiheit der Ritterhufen bei, die Karl XII. am 23. Januar 1715 während seines Aufenthalts in Stralsund aufgehoben hatte, sowie die Zollfreiheit für die Produkte der adligen Güter. Der Sicherung billiger Arbeitskräfte in hinreichender Menge auf den Gütern diente das Verbot der Werbung Leibeigener. Zur ökonomischen Konsolidierung der Gutswirtschaften trug außerdem die Verbesserung der Kreditfähigkeit der Lehnsgüter bei. Während die Krone bei Heimfall und Eröffnung eines Lehens bisher nur die von ihr ausdrücklich genehmigten Schulden übernommen hatte, erteilte sie nun eine grundsätzliche Erlaubnis, Kredite und Hypotheken frei und unbegrenzt auf das Lehnsgut aufnehmen zu dürfen. Beim Tod des Lehnsmanns sollten die Schulden aus dem Gut bezahlt werden.

Insgesamt setzte die Ritterschaft einen Katalog einander ergänzender und unterstützender Rechte durch, in deren Zentrum die Lehnsgüter standen und die die Position der Ritterschaft als exklusiver Stand von Grundbesitzern nachhaltig stärkten, gleichzeitig aber erkennen ließen, daß der Adel gegenüber dem Bürgertum wirtschaftlich bereits in die Defensive geraten war. In Verbindung mit dem allgemeinen und umfassenden Aufschwung der Landwirtschaft, der sich seit 1730 allmählich bemerkbar machte und sich nach der Jahrhundertmitte noch beschleunigte, haben diese Rechte zu der ökonomisch und sozial starken Stellung des pommerschen Adels nicht unerheblich beigetragen, ebenso der Umstand, daß Karl XII. den Stralsunder Ratsfamilien den Adelsstand auf Lebenszeit verliehen hatte. Damit befand sich das Stralsunder Patriziat für seine Güter im Genuß der ritterschaftlichen Privilegien. 1720 bestätigte der Reichsrat den Adelsstand auf Lebenszeit für alle Angehörigen des Rates der Stadt Stralsund.[91] Auch wenn die Ritterschaft dieses Adelsprivileg der Stralsunder mißbilligte, so sah sie es doch nicht ungern, daß seitens der Stadt Stralsund nun jegliche Opposition gegen die ritterschaftlichen Privilegien von 1720 unterblieb. In Schweden dagegen, wo der Reichsrat dem schwedischen Adel ähnlich weitreichende Besitzprivilegien verliehen hatte, mußten diese 1723 auf Druck der drei nichtadligen Stände revidiert werden.[92]

DIE INNERE ENTWICKLUNG SCHWEDISCH-POMMERNS 1720 BIS 1815

Die innere Entwicklung Schwedisch-Pommerns im 18. Jahrhundert war geprägt von dem allgemeinen Aufschwung der Landwirtschaft. Die Gutswirtschaften konsolidierten sich in großem Umfang, und die adligen Gutsbesitzer behaupteten unbestritten ihre Stellung als sozial und wirtschaftlich führender Stand. Die gutsherrliche Lebensführung blieb das soziale Ideal. Zahlreiche wohlhabende Kaufleute legten daher ihre Handelsgewinne in großem Umfang im Erwerb von Gütern an.

Mit dem Aufschwung der Landwirtschaft und der damit verbundenen neuen Blüte der Gutswirtschaften ging der Niedergang des Bauernstandes einher. Der Nordische Krieg verstärkte weiterhin die schon seit dem Dreißigjährigen Krieg vorhandene Tendenz zur ökonomischen Abhängigkeit der Bauern von den Gutswirtschaften. Wieder mußten die Gutsherrschaften die Wiedereinrichtung von Bauernhöfen finanzieren. Weitere Höfe gingen mit Hofwehr und Gebäuden in das Eigentum der Gutsherren über. Diese sprachen ihrerseits von den leibeigenen Bauern nun schon als »ein in den Gütern steckendes und mit angeschlagenes Capital, ohne welchem selbige nicht zu unterhalten und zu cultiviren«.[93]

Diese Entwicklung bereitete das große Bauernlegen in Schwedisch-Pommern vor. Vor allem in der Mitte des Jahrhunderts und dann wieder verstärkt seit 1770 wurde die Zahl der Bauernstellen durch umfangreiche Legungen zugunsten der Bildung großer Gutskomplexe drastisch dezimiert.[94] Die Reste bäuerlichen Erbrechts, die sich bis nach dem Nordischen Krieg noch vereinzelt erhalten hatten, verschwanden vollständig. Insgesamt war gegen Ende der Schwedenzeit der Anteil des Bauernstandes an der Gesamtbevölkerung unter fünfzehn Prozent gesunken, zwei Drittel der Bevölkerung lebten in Leibeigenschaft.[95]

Für das umfangreiche Bauernlegen gerade nach 1770, als in Brandenburg das Legen von Bauernhöfen bereits verboten war, lassen sich mehrere Ursachen ausmachen, die sich gegenseitig verstärkend zusammenwirkten. Zunächst ist hier das Bevölkerungswachstum anzuführen, das sich in doppelter Hinsicht fördernd auf die Gutswirtschaften auswirkte. Einmal erhöhte sich das Angebot an Arbeitskräften, was vor allem nach dem Siebenjährigen Krieg sinkende Gesindelöhne zur Folge hatte. Zum anderen erhöhte sich die Nachfrage nach landwirtschaftlichen Produkten, die ein Ansteigen der Preise und damit insgesamt die weitere Ausbreitung der Geldwirtschaft nach sich zog. Diese Tendenz wurde für Europa von Abel beschrieben.[96] Sie wurde für Schwedisch-Pommern ebenfalls nachgewiesen.[97] Steigende Verkaufserlöse und sinkende Löhne ließen die Rentabilität der Lohnarbeit gegenüber der Fronarbeit ansteigen.

Eine weitere Ursache für die Legungen war die Ausbreitung der Koppelwirtschaft, insbesondere in der zweiten Hälfte des Jahrhunderts, sowie die Rationalisierungen in der Landwirtschaft im Zuge des Aufkommens des Kartoffel- und Kleeanbaus nach dem Siebenjährigen Krieg.[98] Koppelwirtschaft und Rationalisierung verringerten in beträchtlichem Umfang den Bedarf an Hand- und Spanndiensten.[99]

Gegen Ende des 18. Jahrhunderts verstärkte sich der Trend zum Bauernlegen durch Bodenspekulationen, die der anhaltenden landwirtschaftlichen Konjunktur folgten. Ernst Moritz Arndt beschrieb in seinen »Erinnerungen aus dem äußeren Leben«, daß sich gerade pommersche Adlige als Spekulanten betätigten. Namentlich führte Arndt den Freiherrn Schulz von Ascheraden auf Schloß Nehringen sowie die Brüder Bagewitz auf Rügen an. Sie kauften ganze Dörfer auf, legten die Bauern und schufen große Güter, die sie mit Gewinnen von 20 000 bis 30 000 Reichstalern verkauften.[100] Diese Spekulanten führten das endgültige Ende des Bauernstandes im schwedischen Pommern herbei.

Der 1701 in Greifswald geborene Augustin von Balthasar ist einer der herausragenden Gelehrten, die an der königlich-schwedischen Universität Greifswald wirkten. Nach dem Studium der Geschichte, der Philosophie und der Rechtswissenschaften in Greifswald und Jena wurde er 1734 als ordentlicher Professor für Jura an die Greifswalder Universität berufen. Neben seiner Lehrtätigkeit bekleidete er 1735 zugleich das Amt eines Direktors des Greifswalder Konsistoriums und wirkte von 1763 bis 1778 als Assessor am königlichen Tribunal Schwedens in Wismar, bevor er 1778 zu dessen Vizepräsident berufen wurde. Neben seinen vielfältigen beruflichen Aufgaben widmete er sich der pommerschen Geschichtsforschung und stand lange Zeit als Direktor der Greifswalder königlichen deutschen Gesellschaft vor. Balthasar verstarb im hohen Alter von 85 Jahren am 20. Juni 1786 in Wismar.

Der Wappenstein Herzog Philipps I. aus dem Jahre 1551 wurde am Wolgaster Schloß anläßlich der Fertigstellung der 1547 begonnenen Umgestaltung angebracht. Die lateinische Inschrift auf der Fassung berichtet, daß der Stein zu Beginn des 19. Jahrhunderts aus den Ruinen des Schlosses gerettet und 1803 im Erdgeschoß des Treppenhauses im Hauptgebäude der Universität Greifswald aufgestellt wurde, wo er bis heute einen Eindruck vermittelt von der Kultur des Wolgaster Renaissancehofes.

Die Bauern, die sich noch bis zum Ende des Jahrhunderts hatten halten können, waren zu Zeitpächtern herabgesunken, der schlechtesten Form bäuerlichen Besitzrechts. Seit Ende des 18. Jahrhunderts wurden wegen der guten landwirtschaftlichen Konjunktur selbst in den landesherrlichen Ämtern die Pachtverträge nur auf wenige Jahre abgeschlossen. Nach Ablauf der relativ kurzen Pachtzeiten konnte der Pachtzins dem stetigen Konjunkturaufschwung immer wieder angepaßt, das heißt erhöht werden.

Diese Entwicklung betraf vornehmlich die adligen und städtischen Gutsbezirke, abgeschwächt aber auch die landesherrlichen Domänen, die seit 1710 überwiegend verpfändet und erst während der Jahre 1766 bis 1770 umfassend eingelöst wurden. Während der Verpfändungszeiten kam es zu umfangreichen Legungen durch Gläubiger oder deren Pächter, obwohl die Pfandkontrakte das ausdrücklich verboten. Nach der Einlösung der Domänen wurden die landesherrlichen Güter verpachtet. Zwar stellte die Ritterschaft wieder die Mehrheit der Pächter, jedoch war nun das bäuerliche Element stärker als zuvor vertreten. Die jährliche Pacht war wesentlich leichter aufzubringen als die hohen Pfandsummen.

Schon die Generalgouverneure Graf Liewen (1766–1772) und Graf Sinclair (1772 bis 1776) hatten eine bauernfreundliche Haltung eingenommen. Sie hatten die Selbstpachtung der Bauern zwar nicht gefördert, immerhin aber geduldet. In der zweiten Hälfte des 18. Jahrhunderts pachteten sich ganze Dörfer der Domäne selbst. Zwar saßen auch diese Bauern nur als Zeitpächter auf dem Land, das von ihnen bewirtschaftet wurde, aber sie profitierten davon, daß auf diese Weise die Frondienste entfielen.

Mit solchen Maßnahmen konnte der endgültige Niedergang des Bauernstandes dennoch nicht aufgehalten werden. Als nach dem Übergang des Landes an Preußen gemäß Regulierungsedikt vom 14. September 1811 die bäuerlichen Besitzer spannfähiger, katastrierter Bauernhöfe gegen Entschädigung an den Gutsherrn das dienstfreie Eigentum erhalten sollten, konnten die preußischen Behörden nur noch feststellen, daß »in Neuvorpommern und Rügen ... durch Einziehung der bäuerlichen Stellen zu den ... Rittergütern im 18. Jahrhundert das gutsherrlich-bäuerliche Verhältnis ... vernichtet (war), so daß eine Regulierungsgesetzgebung keinen Gegenstand ihrer Tätigkeit mehr vorfand«.[101]

Insbesondere die Einnahmen aus der Bewirtschaftung der landesherrlichen Domänen nahmen zum Ende des Jahrhunderts hin stark zu. Dazu trug wesentlich die Entschuldung der Domänen durch die Jüngeren Mützen bei, die 1765 die Hutpartei in der schwedischen Regierung abgelöst hatten. Die Mützen waren entschiedene Aufklärer und physiokratisch gesinnt. Sie nahmen 1766 in Genua einen Kredit in Höhe von 700 000 Reichstaler Hamburg banco auf den schwedischen Reichsetat auf, von denen 300 000 Reichstaler für die Einlösung der pommerschen Domäne verwendet wurden. Mit diesem Geld wurden die Domänengüter bis 1769 praktisch vollständig eingelöst, so daß der pommersche Etat nunmehr schuldenfrei war. Damit konnten die pommerschen Finanzen uneingeschränkt an dem allgemeinen Aufschwung der Landwirtschaft teilhaben. Die Einnahmen der Landeskammer aus der Domäne stiegen von rund

50000 Reichstaler im Jahre 1750 auf das Dreifache im Jahr 1802. Zölle und Akzise legten im selben Zeitraum nur ungefähr um 25 Prozent zu.[102]

Dennoch nahmen die landesherrlichen Finanzen gegen Ende des 18. Jahrhunderts eine dramatische Entwicklung. Im Krieg zwischen Schweden und Rußland (1788 bis 1790) wurde der pommersche Etat mit einer halben Million Reichstaler belastet. Mit diesem Geld wurde ein Geschwader ausgerüstet, das an den Seekriegsoperationen im Finnischen Meerbusen teilnahm.

Eine Summe von einer halben Million Reichstaler konnte nicht aus den pommerschen Einnahmen aufgebracht werden, sie wurde vielmehr über den hamburgischen Kreditmarkt finanziert und funktionierte in der Praxis wie eine Wechselschuld. Teilweise mußten Wechsel mit sehr kurzen Laufzeiten ausgestellt werden, so daß die Landeskammer im letzten Jahrzehnt des 18. Jahrhunderts stets am Rand des Bankrotts lavierte.

Seit 1793 nahm auch der Landkasten Kredite auf, mit denen die Ablösung des schwedisch-pommerschen Kontingents bei der Reichsarmee finanziert wurde, die in dem im selben Jahr erklärten Reichskrieg gegen Frankreich ein letztes Mal zum Einsatz kam. Bis dahin war er praktisch schuldenfrei gewesen. Noch 1781 waren die Zinsen für die Landkastenwerte von fünf auf vier Prozent gesenkt worden. Damit sollten das allgemeine Zinsniveau im Land gedrückt und Kredite für die Gutswirtschaften verbilligt werden.

Die instabile Lage der Staatsfinanzen führte in Verbindung mit einer Lebensmittelknappheit infolge zu hoher Exportraten zu Unruhen sowohl auf dem Lande als auch in den Städten. Einige dieser Unruhen wurden vom Militär niedergeschlagen, womit die Ursachen freilich nicht beseitigt waren.[103] Zur Konsolidierung der Finanzen strebte König Gustav IV. Adolf eine Erhöhung der Grundsteuern an. Wieder wurde die alte Lagerströmsche Matrikel hervorgeholt. Wieder verweigerten die Landstände die verlangte Anhebung der Steuern. Wieder drohten sie mit einer Klage vor den Reichsgerichten. Bis zu diesem Zeitpunkt war die Auseinandersetzung zwischen Krone und Landständen noch ganz in den traditionellen Bahnen ausgetragen worden. Jedoch zeigte sich das neue Zeitalter nun auch darin, daß der König seinen Part nicht mehr in althergebrachter Weise weiterspielte. Er lenkte nicht ein, sondern ließ die Landstände wissen, daß er es auf ihre Klage vor den Reichsgerichten ankommen lasse und befahl die Inkraftsetzung des Lagerströmschen Katasters zum 1. Januar 1800. Da lenkten die Landstände buchstäblich in letzter Minute ein und bewilligten eine Erhöhung der Kontribution um 15000 Reichstaler jährlich, was immerhin 56 Prozent entsprach. Offenbar war eine solche Erhöhung für die Gutsherren immer noch erträglicher als eine Einsichtnahme des Landesherrn in ihre tatsächlichen Besitzverhältnisse. Einige Quellen sprechen davon, im Laufe des 18. Jahrhunderts sei so viel Land unter den Pflug genommen worden, daß sich die Ackerfläche des Landes insgesamt verdoppelt habe.[104]

Auch die Bevölkerung war stark angewachsen. Schweden ist das Land mit der ältesten Bevölkerungsstatistik in Europa. Seit 1749 wurden regelmäßig Volkszählungen durchgeführt. Seit 1760 ordnete die Krone auch für Pommern regelmäßige Volkszählungen an, die seit 1777 jährlich durchgeführt wurden. Die erste zuverlässig ausgewertete Volkszählung wurde in Pommern 1764 durchgeführt. Damals lebten 82 827 Menschen im schwedischen Pommern, davon 58 682 auf dem Lande und 24 450 in den Städten.[105] Rund vierzig Prozent der Landbewohner waren leibeigen. Im Jahre 1805 war die Anzahl der Landeseinwohner auf 118 112 angestiegen, davon lebten 39 025 in den Städten, 79 087 auf dem Land, unter letzteren wiederum 46 190 Leibeigene.

Zu Beginn des neuen Jahrhunderts spitzte sich die Lage innerhalb und außerhalb Pommerns weiter zu. In der militärstrategischen Situation Europas erhielt die Festung Stralsund im Jahre 1804 eine Schlüsselposition. Engländer und Russen betrachteten das schwedische Pommern mit der Festung als Operationsbasis gegen die französischen Kräfte in Hannover, für Franzosen und Preußen wurde Stralsund zum Ziel ihrer Expansionspläne. Der schwedische König war seinerseits zum Krieg gegen Napoleon fest entschlossen. Zur Finanzierung der notwendigen Rüstungen wandte sich Gustav IV. Adolf persönlich an seine deutschen Landstände. Im Oktober 1804 bewilligten sie 200 000 Reichstaler. Damit war die äußerste Grenze der Verschuldungsmöglichkeiten Pommerns erreicht. Auch diese Bewilligung von 1804 konnte beileibe nicht mehr im Lande selbst aufgenommen werden. Wiederum wurden pommersche Staatspapiere in beträchtlichem Umfang in Hamburg abgesetzt, was offenbar deswegen gelang, weil die Landstände als Bürgen auftraten.

Ende Oktober 1805 traten Schweden und seine deutsche Provinz in den Krieg gegen Frankreich ein. Schwedische Nationaltruppen wurden nach Pommern verlegt. Auch ein englisches Expeditionskorps traf ein. Das Land war mit Soldaten buchstäblich überfüllt.

Anfang des Jahres 1806, als sich der Krieg dem Lande selbst bedrohlich näherte, faßte Gustav IV. Adolf den Plan, eine Landmiliz in Pommern aufzustellen. Die Landstände verweigerten jedoch jede finanzielle Hilfe, die Verhandlungen liefen sich schließlich fest. Mit der Auflösung des Heiligen Römischen Reiches deutscher Nation trieb auch die landständische Verfassung Schwedisch-Pommerns ihrem Ende entgegen.

SCHWEDISCH-POMMERN, DAS REICH UND DIE SCHWEDISCHE POLITIK 1720 BIS 1815

Der mächtige Geheime Ausschuß des schwedischen Reichstags von 1723 hatte in seinen Richtlinien, deren Vorgaben König und Reichsrat bei ihren Beschlüssen und Maßnahmen zu beachten hatten, geschrieben: »… wir betrachten es als Pommerns sicherste Verteidigung, das Land dem Schutz Seiner Kaiserlichen Majestät sowie der Gesetze und Verfassungen des deutschen Reichs zu unterstellen. Diese Gesetze und Verfassungen sind zum Schutz sämtlicher Reichsstände sowie zur Konservation von Recht, Frieden und Wohlfahrt geschaffen: Es darf daher wohl mit Recht angenommen werden, daß sich die reichsväterliche Fürsorge des Kaisers in allen vorkommenden wichtigen Angelegenheiten auf das schwedische Vorpommern ebenso wie auf die anderen deutschen Reichsfürstentümer erstreckt.«[106] Der hier formulierte außenpolitische Grundsatz, der zum Schutz Pommerns die Anlehnung der schwedischen Außenpolitik an den Kaiser verbindlich verordnete, blieb bis zum Untergang des Heiligen Römischen Reiches im Jahre 1806 Maxime der schwedischen Pommern- und Deutschlandpolitik.

Freilich war es nicht bloße Anhänglichkeit an das deutsche Reichsoberhaupt, die Schwedens Politik im 18. Jahrhundert in kaiser- und reichsfreundliche sowie den deutschen Reichsgesetzen konforme Bahnen lenkte. Nach der katastrophalen Niederlage Schwedens im Nordischen Krieg und dem Verlust seiner Großmachtstellung hatten sich die Machtverhältnisse in Norddeutschland ebenso wie in Nordeuropa insgesamt drastisch verändert. Schweden konnte das ihm noch verbliebene Vorpommern nicht mehr aus eigener Kraft sichern und verteidigen. Je stärker das militärische Gewicht Brandenburgs im Laufe des 18. Jahrhunderts zunahm, desto weniger konnte Schweden das Wohlwollen des Kaisers und den Schutz der deutschen Reichsgesetze für seine Besitzung entbehren. Insgesamt schätzte der schwedische Geheime Ausschuß des Reichstags von 1726/27 die von Preußen ausgehende Bedrohung wohl zutreffend ein: »Von dem König in Preußen kann man nichts anderes vermuten, als daß er Schwedens augenblickliche Schwäche gern sieht, da wir nunmehr desto weniger imstande sind, seine unbillige Gier auf Stralsund und den dazugehörigen Teil Pommerns in die Schranken zu weisen.«[107]

Die allgemeine europäische Lage hatte sich jedoch nicht nur durch die dramatische Schwächung Schwedens ganz entscheidend verändert. Vielmehr beobachtete man in Stockholm noch eine beständige Zunahme der preußischen Macht durch die Rüstungen des Soldatenkönigs. Die schwedischen Politiker sahen Vorpommern seit 1720 permanent von einer möglichen Invasion durch preußische Truppen bedroht. »Einmal könnte es den König in Preußen danach gelüsten, das Land und die Festung (Stralsund) anzugreifen«,[108] mutmaßten sie.

Solche und ähnliche Befürchtungen tauchen in den schwedischen Quellen dieser Zeit immer wieder auf. So meinten die Schweden etwa im Jahre 1731, als es zu Spannungen zwischen Preußen und Hannover in der mecklenburgischen Frage kam, daß eine preußische Invasion in Pommern unmittelbar bevorstehe: »Die von diesem Herrn (dem König in Preußen, Anmerkung des Verfassers) ein ums andere Mal unternommenen Schritte scheinen auf einen baldigen Überfall auf Pommern hinzudeuten ... ein solcher Überfall muß bei ähnlichen Gelegenheiten in Zukunft stets befürchtet werden.«[109]

Die Politik Schwedens als deutscher Reichsstand war also schon geraume Zeit geprägt von der Furcht vor dem an Macht und Einfluß stetig wachsenden preußischen Nachbarn. Dies macht die Einschätzung des Geheimen Ausschusses von 1723 verständlich, zur Zeit stünden keine wirksameren Mittel und Auswege zum Schutze und zur Verteidigung Pommerns zu Gebote, als die Freundschaft mit dem Kaiser zu suchen und diesen dadurch zu bewegen, ein »wachsames Auge auf dergleichen schädliche Hinterlist Preußens« zu richten, wodurch etwa »der Frieden im römischen Reich gefährdet und Rechte und Interessen des Kaisers und Schwedens verletzt werden könnten«.[110]

Der Wert des kaiserlichen Schutzes wurde in Schweden so hoch veranschlagt, daß man in Stockholm mitunter für Schwedisch-Pommern eine von reichsschwedischen Zielsetzungen abweichende Außenpolitik betrieb. Das zeigte sich in der Frage der Anerkennung der Pragmatischen Sanktion Kaiser Karls VI. Als Verbündeter Frankreichs erkannte die schwedische Regierung in Stockholm die Pragmatische Sanktion nicht an; den pommerschen Gesandten beim deutschen Reichstag in Regensburg ließ man 1731 gleichwohl für die Anerkennung im Sinne des Kaisers stimmen, was den Protest Frankreichs in Stockholm gegen das pommersche Abstimmungsverhalten hervorrief. In Paris unterschied man offenbar nicht so akribisch zwischen Stockholmer und Stralsunder Politik, wie das in Schweden gehofft wurde.

Als 1733 der Polnische Erbfolgekrieg begann, blieb Schweden formal neutral, unterstützte de facto jedoch Stanislaus Leszczyński mit Waffenlieferungen sowie mit der Zulassung französischer Werbungen in Schweden. Gleichzeitig wurde das schwedisch-pommersche Kontingent zur Reichsarmee pünktlich gestellt. Schwedisch-pommersche Soldaten und Offiziere kämpften am Oberrhein unter dem Oberbefehl des Prinzen Eugen gegen Frankreich, während gleichzeitig reichsschwedische Offiziere auf der Seite des französischen Thronkandidaten Danzig verteidigten.

Die eigentümlich zwiespältige Haltung der schwedisch-pommerschen Landstände gegenüber dem Reich, das ja immerhin die landständische Verfassung garantierte, offenbarte sich deutlich in der Zahlungsmoral hinsichtlich der Reichssteuern. Die vom Regensburger Reichstag bewilligten Römermonate für die Reichskriegskasse wurden nur zögernd und unvollständig bezahlt. 1740 hatte Schwedisch-Pommern von den insgesamt 140 bewilligten Römermonaten erst 31 2/3 bezahlt. Die Mahnungen des Reichspfennigmeisters, die in Stralsund eingingen, wurden von den Landständen ignoriert. Erst als der schwedische Generalgouverneur auf Überweisung der rückständigen Römermonate drängte, schickte sich der Landtag von 1740 an, die Reichssteuern ausschreiben zu lassen. Als jedoch beinahe gleichzeitig die Nachricht vom Tode des Kaisers eintraf, ließen die Landstände diese Angelegenheit erneut auf sich beruhen. Die Eintreibung der bereits ausgeschriebenen Steuer unterblieb. Als im Jahre 1786 der Oberkämmerer Schwedisch-Pommerns, Johann David von Reichenbach, die Landstände darauf hinwies, daß sie dem Reich seit dem Polnischen Thronfolgekrieg über hundert Römermonate schuldig seien, kamen diese zu folgendem Schluß: »Und da wenige Jahre hernach (nach der Ausschreibung von Römermonaten im Jahre 1737) durch das Absterben höchstseeligen Kaysers Carl VI. und den darauf erfolgten Successionskrieg die ganze Lage der Sachen sich änderte, so ist seit dem nie dieser Rückstände halber weiter Anstellung geschehen, wird auch wohl zu keinen Zeiten weiter geschehen können oder zu besorgen seyn.«[111] Dabei sollte es dann bleiben. Die Landstände »sparten« auf diese Weise die nicht unbedeutende Summe von immerhin 15 925 Reichstalern, die an das Reich im Wege der Nachzahlung zu entrichten gewesen wären.

Die Reichsexekution gegen Brandenburg, der Siebenjährige Krieg von 1757 bis 1763, sah Schweden und Schwedisch-Pommern vereint auf der Seite des Kaisers. Allerdings wollten sich die schwedisch-pommerschen Landstände ihrer Pflicht zur Gestel-

Der schwedische Major Malcolm Sinclair (1691–1739) fiel auf der Rückreise aus der Türkei im Juni 1739 in Schlesien einem Mordanschlag zum Opfer. Die Mörder handelten im Auftrag der russischen Regierung, was die schwedische Krone 1741 unter anderem als Begründung der Kriegserklärung an Rußland anführte. In Wahrheit lagen die Dinge umgekehrt: Rußland hatte in Erfahrung gebracht, daß Sinclairs Reise in die Türkei bereits Bestandteil schwedischer Vorbereitungen eines Revanchekrieges gegen Rußland gewesen war. Dabei hatte wohl Sinclairs bescheidener militärischer Dienstrang über seine tatsächliche hochkarätige Bedeutung als Politiker sowie über den hohen Rang seiner diplomatischen Mission in der Türkei hinwegtäuschen sollen. Sinclair gehörte 1738 dem Geheimen Ausschuß des Reichstages an, der eigentlichen Machtzentrale Schwedens, die in nahezu absolutistischer Machtvollkommenheit alle wichtigeren Entscheidungen traf und eine strenge Kontrolle über die Regierung ausübte. Was Sinclairs russische Mörder vor allem wollten, waren seine Papiere, von denen sie sich Aufschluß über die türkisch-schwedischen Bündnisverhandlungen erhofften. Sinclairs Grab befindet sich in der Nicolaikirche zu Stralsund.

lung des Reichskontingents entziehen, dessen Ausrüstung und Unterhaltung von ihnen zu finanzieren war. Mit einer entsprechenden Bitte wandten sie sich an die Regierung in Stralsund. Sie machten geltend, es sei nicht zu vermuten, daß von Reichs wegen auf »die unmerckliche Beyhülffe eines Contingents von 250 Mann und einiger Römer-Monathe« bestanden würde, da der König von Schweden doch eine Kriegsmacht von 20 000 Mann »zur beschirmung der Reichs-Freyheit« gegen den brandenburgischen Landfriedensbrecher ins Feld führen wolle.[112] Dadurch befänden sich Kaiser und Reich gegenüber Schweden ohnehin in großer Verpflichtung.

Der Reichsrat, an den die Regierung in Stralsund das landständische Ansinnen weiterleitete, ließ sich auf solchen »Kuhhandel« nicht ein. Man wollte sich keinen auch noch so verzeihlichen Bruch der Reichsgesetze zuschulden kommen lassen. Der Reichsrat ordnete an, den beiden Infanterieregimentern der schwedisch-pommerschen Armee insgesamt 900 Gemeine zu entnehmen, dazu die nötigen Offiziere, Unteroffiziere, Troß- und Stabspersonal, so daß den Landständen die Kosten der Werbung erspart blieben. Darüber hinaus wurde am 14. August 1757 der schwedisch-pommersche Anteil an den vom deutschen Reichstag bewilligten dreißig Römermonaten für die Reichsoperationskasse nach Regensburg überwiesen.[113]

Als der deutsche Reichstag 1793 erneut den Reichskrieg gegen Frankreich erklärte, erfüllte Schwedisch-Pommern ebenso vollständig und fast genauso pünktlich seine Verpflichtungen gegenüber dem Reich. Als Ablösesumme für das Reichskontingent ließen die Landstände bereits 1793 nicht unbeträchtliche 18 600 Reichstaler an die Reichskriegskasse überweisen. Von den insgesamt achtzig Römermonaten, die der Reichstag für 1793 und 1794 bewilligt hatte, wurden bis 1795 immerhin fünfzig, das heißt 5683 Reichstaler, an das Reich abgeführt. Als jedoch der Reichstag nach dem Mißlingen des Rastatter Kongresses erneut hundert Römermonate bewilligte, sank die Zahlungsmoral der schwedisch-pommerschen Landstände ganz entschieden. Wieder bezahlten die Landstände nur zögerlich, und wieder war es der König, Gustav IV. Adolf, der mit Nachdruck auf der Überweisung fälliger Römermonate an das Reich bestand. Erst am letzten Tag des Jahres 1799 überwiesen die Landstände mit 11 365 Reichstalern vollständig die bewilligten Römermonate. Im Jahre zuvor hatten sie bereits 5516 Reichstaler zur Unterhaltung der schwedisch-pommerschen Gesandtschaft bei dem allgemeinen Friedenskongreß gezahlt, zu dem der Kaiser nach Rastatt eingeladen hatte.[114]

Die Gründe, die Gustav IV. Adolf veranlaßten, die Zahlungen an das Reich sehr energisch und sehr nachdrücklich bei den Landständen anzumahnen, sind in seiner Politik gegenüber dem Reich zu finden. Im Zuge des allgemeinen Strebens nach Rangerhöhungen, von dem die Reichsfürsten um die Jahrhundertwende erfaßt wurden, wünschte der schwedische König seinerseits die Erhöhung Pommerns in den Rang eines Kurfürstentums. Außerdem beanspruchte er drei statt bisher nur eine Stimme im Reichsfürstenrat. Neben Pommern wollte er im deutschen Reichstag auch Sitz und Stimme für (das Fürstentum) Rügen sowie für (die Herrschaft) Wismar.[115]

Schließlich wurde die Zugehörigkeit Schwedisch-Pommerns zum deutschen Reich auch und gerade darin manifest, daß die Kammerzieler zur Unterhaltung des Reichskammergerichts bis zum Jahre 1806 einschließlich stets recht pünktlich gezahlt wurden. Mit etwa 250 Reichstalern jährlich handelte es sich dabei zwar um keine bedeutende Summe, jedoch erhielten die Landstände damit ihren Anspruch auf den Schutz der landständischen Verfassung durch Kaiser und Reich aufrecht. Gerade die Ereignisse im Jahre 1806 um das Ende des Reichs demonstrierten mit großer Deutlichkeit den Zusammenhang von Reichsverfassung und landständischer Verfassung. Mit Ausnahme der mecklenburgischen verschwanden 1806 mit dem Reich auch in seinen Territorien die landständischen Verfassungen. Die innere Entwicklung des schwedischen Pommern fügte sich damit bruchlos in die Entwicklung der Mehrheit der deutschen Reichsterritorien.

Als die Landstände sich 1806 weigerten, neue Steuern für den laufenden Krieg zu bewilligen, und auch nicht zur Finanzierung einer neu aufzustellenden Landmiliz beitragen wollten, bereitete Gustav IV. Adolf der landständischen Verfassung ein schnelles Ende. Am 26. Juni 1806 hob der König die landständische Verfassung Schwedisch-Pommerns auf und erklärte Vorpommern zu einer schwedischen Provinz, in der ab sofort die schwedischen Reichsgesetze, die Regimentsverfassung von 1772, die Vereinigungs- und Sicherheitsakte von 1789 sowie das schwedische Reichsgesetzbuch (Sveriges Rikes Lag) gelten sollten. Kein Geringerer als Ernst Moritz Arndt erhielt den Auftrag, letzteres ins Deutsche zu übersetzen.

Das Reichsterritorium Schwedisch-Pommern hatte damit aufgehört zu existieren, kurz bevor das Reich selbst aufgelöst wurde und der Kaiser die Krone niederlegte. Dieses Ende der landständischen Verfassung machte noch einmal deutlich, daß das Reich die Rechtsordnung verkörpert hatte, in deren Rahmen die Privilegien der lokalen Guts- und Magistratsherrschaften in den Territorien konserviert werden konnten.

Die gutsherrlichen Patrimonialgerichte wurden aufgehoben und vier Amtsgerichte als unterste Instanzen für alle Landeseinwohner eingerichtet. Die Regierung in Stralsund wurde aufgelöst, die bisherigen Regierungsräte entlassen. Nach schwedischem Muster wurde ein Vierständelandtag eingerichtet, der noch im August 1806 in Greifswald zusammentrat. Den Bauernstand dieses Landtags stellten die Pächter der Domäne, die gegen den Willen der Ritterschaft noch einmal 240 000 Reichstaler zu den laufenden Kriegskosten bewilligten.

Freilich zeigte sich bald, daß die schwedischen Gesetze nicht sofort in Pommern eingeführt werden konnten, weshalb mit Verordnung vom 3. Juli 1806 die Einführung des schwedischen Gesetzbuches auf den 1. September 1807, dann durch Patent vom 1. August 1807 um ein weiteres Jahr verschoben wurde.[116]

Nach fast fünfzig Jahren brach 1807 über Pommern wieder Krieg herein. Im Juli 1807 ergab sich die Festung Stralsund den Franzosen, im September verließen die letzten schwedischen Truppen die Insel Rügen. Noch während dieser ersten französischen Besatzungszeit verbreitete sich im Frühjahr 1809 die Nachricht von der Ankunft des Schillschen Regiments. In Pommern löste das jedoch durchaus keine Begeisterung aus. Am 25. Mai 1809 zog Schill in Stralsund ein. Zu dieser Zeit lag nur eine kleine französisch-polnische Wachtruppe in der Stadt. Schill ließ die Wachsoldaten arretieren. Er war

Herr der Stadt. Bereits am 29. Mai näherten sich mehrere tausend Niederländer und Dänen unter französischem Kommando der Stadt am Strelasund, die sie am 31. Mai erstürmten. Schill selbst fiel im Kampf in der Fährstraße.

Am 6. Januar 1810 schloß König Karl XIII., der 1809 dem gescheiterten Gustav IV. Adolf auf dem schwedischen Thron gefolgt war, mit Napoleon den Frieden von Paris. Schweden trat der Kontinentalsperre bei und erkannte die Schenkungen von Gütern der pommerschen Domäne an Offiziere der französischen Besatzungsmacht an. Dafür erhielt es seine deutschen Besitzungen zurück. Der Generalgouverneur Hans Henrik von Essen ergriff am 18. März 1810 im Namen des Königs wieder Besitz von Pommern.

Auch nachdem Pommern erneut unter die schwedische Krone gekommen war, wurde weder der Vierständelandtag einberufen noch das schwedische Gesetzbuch eingeführt. Einzig die von Gustav IV. Adolf 1806 verfügte Aufhebung der Leibeigenschaft ließ sich in der Substanz nicht mehr rückgängig machen und wurde sukzessive in die Praxis umgesetzt, wenn auch die Regelungen zu ihrer Durchführung den Gutsbesitzern reichliche Entschädigung garantierten.

Im Gerichtswesen Pommerns blieb es jedoch auch unter dem neuen Monarchen bei den von Gustav IV. Adolf 1806 geschaffenen Verhältnissen. Die Gutsherren erhielten die Patrimonialgerichtsbarkeit nicht zurück; die vier Kreisgerichte in Greifswald, Grimmen, Franzburg und Bergen blieben bestehen. In den Städten sprachen weiterhin die von den Magistraten besetzten Stadtgerichte Recht. Als zweite Instanz bestand das Hofgericht in Greifswald fort. Das ehemalige Tribunal, nunmehr in Oberappellationsgericht umbenannt und 1803 nach Greifswald umgezogen, blieb dritte und letzte Instanz.

Dementsprechend blieb auch die 1806 durchgeführte Verwaltungseinteilung des Landes in vier Kreise bestehen, denen je ein Kreishauptmann vorstand, der für die Polizei und die Aufsicht über die Domänen zuständig war. Bei der Besetzung der Kreishauptmannsstellen konnten die Grundbesitzer des Kreises der Landesregierung drei Männer vorschlagen.

Mit Patent vom 18. Februar 1811 wurden schließlich auch in Vorpommern die Lehnsgüter allodifiziert. Als Ersatz für die (militärisch längst desolaten) Ritterpferde mußte die Ritterschaft eine jährliche Steuer in Höhe von 5000 Reichstalern zahlen. Diese Summe repartierte die Ritterschaft selbständig auf die Güter der Angehörigen ihres Standes.[117]

Trotz seines Beitritts zur Kontinentalsperre im Frieden von Paris 1810 bildete Schwedisch-Pommern ein riesiges Loch im Kontinentalsystem, durch das englische Waren in großen Mengen nach Deutschland gelangten. Der Pastor Carl Hermann Kellman aus Brandshagen deutete in seinem »Memorabilienbuch« das Ausmaß an, in dem englische und pommersche Kaufleute gegen das Kontinentalsystem verstoßen hatten: »... unter dem Vorwande, daß sie aus Amerika waren, kamen wohl viele englische Schiffe und brachten Kolonialwaren in zahlloser Menge, die dann auf Frachtwagen ins Innere von Deutschland geschafft wurden. Es war ein gewaltiges Leben und Treiben, und viel Geld kam dadurch ins Land.«[118] Damit sah Frankreich wohl zu Recht den Frieden von Paris als gebrochen an. 1812 wurde Schwedisch-Pommern erneut von französischen Truppen besetzt. Diese zweite Besetzung dauerte bis 1813. Was dann noch folgte, gehört in das Schlußkapitel der Schwedenzeit Vorpommerns.

DAS ENDE DER SCHWEDISCHEN HERRSCHAFT IN POMMERN

Im Februar 1813 räumten alle unter französischem Kommando stehenden Besatzungstruppen das Land. Am 26. März landete der schwedische Generalleutnant und gebürtige Pommer von Engelbrechten auf der Halbinsel Mönchgut auf Rügen und zog unter dem begeisterten Jubel der Bevölkerung in Stralsund ein. Der schwedische Kronprinz, der Gascogner Jean-Baptiste Bernadotte, der den Namen Karl Johann angenommen hatte, landete am 18. Mai auf Mönchgut; er wurde von den Pommern ebenfalls enthusiastisch begrüßt.

Die Ritterschaft wurde auch jetzt wieder in traditioneller Weise mit »besonderen Versicherungen der Ergebenheit« beim Kronprinzen wegen Konfirmation ihrer Privilegien und wegen der Landesverfassung vorstellig. Karl Johann versicherte die Adligen seiner »Huld und Gnade«, versprach sonst aber nichts.

Nach der Völkerschlacht bei Leipzig führte Karl Johann die von ihm befehligte Nordarmee der Alliierten nach Norden gegen Dänemark, das seit der Bombardierung Kopenhagens durch die englische Flotte Napoleon die Treue gehalten hatte. Innerhalb kürzester Zeit wurden die Dänen besiegt, am 14. Januar 1814 der Frieden in Kiel geschlossen. Darin trat Schweden Pommern im Austausch gegen Norwegen an Dänemark ab. Als Ernst Moritz Arndt davon erfuhr, daß seine Heimat »den Dänen hingeworfen war«, meinte er, alle Deutschen müßten sich dagegen erheben, daß Menschen einfach wie Vieh weggetauscht würden.[119]

Die Ritterschaft hingegen schickte sofort bei Bekanntwerden des Kieler Friedens eine Delegation nach Kopenhagen, die diesmal dem dänischen König vorsorglich versicherte, »daß Pommern mit der innigsten Anhänglichkeit, wodurch es sich gegen seine vorigen Beherrscher charakterisiert hat, Eure Königliche Majestät treu ergeben seyn, daß seine Bewohner durch stete Treue und Beobachtung der ihnen als Untertanen obliegenden Pflichten sich höchst derselben landesväterlichen Liebe und Huld zu erwerben zu erhalten eifrigst bemüht seyn werden ...«

Tatsächlich hofften die meisten Adligen Schwedisch-Pommerns jedoch, daß Pommern bei Schweden verbleiben werde, das ihnen stets überaus vorteilhafte Privilegien und die Autonomie des Landes garantiert hatte. Zwar hatte die Ritterschaft mit dem Verlust dieser Autonomie 1806 ihren starken Einfluß auf die Regierung des Landes eingebüßt, jedoch dachte man an die Zeit vor 1806 und hoffte auf weitgehende Restauration der früheren Verhältnisse, zumal ja die Maßnahmen Gustavs IV. Adolf schon weitgehend außer Kraft gesetzt waren und eine endgültige Neuregelung der Verhältnisse tatsächlich noch ausstand.

Die Befreiungskriege von 1813 waren in Deutschland von einem gegen Frankreich gerichteten Nationalismus getragen. Einer der Vordenker der erwachenden nationalen Bewegung war der auf der Insel Rügen geborene Dichter Ernst Moritz Arndt, seit 1812 ein enger Mitarbeiter des Freiherrn vom Stein. Seinen Schriften gab Arndt kriegsbedingt eine antifranzösische Schärfe, von der er auch in späteren Jahren nicht abrückte. Nach 1815 mehrten sich jedoch die Stimmen, die in Frankreich eher ein Vorbild sahen, dem die Errungenschaften der Revolution zu verdanken waren. Wie die Karikatur zeigt, geriet Arndts Haltung im Zuge dieser Entwicklung zunehmend in die Kritik, wenn auch seine nationalistische, antisemitische und antipolnische Publizistik noch lange die Meinung der Mehrheit widerspiegelte.

Seit der Aufhebung der Leibeigenschaft durch Gustav IV. Adolf war auch das »niedere« Volk für einen Verbleib des Landes bei Schweden. Immerhin stellten die 50 000 ehemaligen Leibeigenen die Hälfte der Bevölkerung. Spätestens seit 1806 waren sie entschieden königstreu.

Waren bei der Absetzung Gustavs IV. Adolf durch den Staatsstreich vom 13. März 1809 die beiden zu diesem Zeitpunkt nach Stockholm verlegten pommerschen Regimenter die einzigen Armeeverbände, die bereit waren, den König zu unterstützen, so gestaltete sich im Winter 1809/10 die Reise in sein Schweizer Exil zu einem Triumphzug. An den Menschenaufläufen, die seinen Weg säumten, wurde deutlich, daß von diesem schwedischen König in den Augen seiner deutschen Untertanen ein gewisses Charisma ausging.[120] Insbesondere wünschte mit Ausnahme der Greifswalder Professoren und einzelner Intellektueller wie Ernst Moritz Arndt kaum jemand die Eingliederung in den preußischen Staat. Dementsprechend ist auch bis zum Ende der Schwedenzeit bei der breiteren Bevölkerung kein deutsches Nationalgefühl erkennbar. Aber selbst Arndt fühlte sich stets als treuer schwedischer Untertan und sah darin auch keinen Widerspruch zu seinem deutschen Nationalismus.

Insgesamt war die Stimmung im Lande für den Verbleib bei Schweden, lediglich die Kaufleute hätten den Übergang des Landes an die dänische Herrschaft gern gesehen. Ihre rein ökonomischen Motive kritisierte Ernst Moritz Arndt: »Sie (die vorpommerschen Kaufleute, Anmerkung des Verfassers) wollen eine Flagge, die ihr Schiff deckt, sie wollen ihr Korn theuer verkaufen, sie wollen zollfrei durch den Sund segeln ...«[121] Der Wiener Kongreß gilt als der letzte Friedenskongreß der Geschichte, der keine Rücksicht auf die Stimmungen der Bevölkerung nahm, sondern in erster Linie auf den Ausgleich der Mächte zielte. Nach seinen Bestimmungen fiel das schwedische Vorpommern an Preußen, welches dafür 3,5 Millionen Reichstaler an Schweden sowie zwei Millionen Reichstaler an Dänemark zahlte und dazu das Herzogtum Lauenburg an den dänischen König abtrat.

Am 23. Oktober 1815 ging der Schlußakt der recht dramatischen Schwedenzeit Pommerns über die Bühne. Aus dem ganzen Lande reisten die Beamten und der Adel mit ihren Familien an. Um neun Uhr morgens trat unter dem Befehl von Hauptmann von Knuth eine Kompanie vom Leibregiment der Königin mit klingendem Spiel vor der Schwedischen Wache am Stralsunder Alten Markt an. Gegen elf Uhr empfing der Generalgouverneur, Fürst Malte von Putbus, im Regierungsgebäude in der Badenstraße den preußischen Bevollmächtigten, den Oberpräsidenten bei der hinterpommerschen Regierung in Stettin, den Freiherrn von Ingersleben, und den schwedischen Bevollmächtigten, den Generalleutnant Freiherr Gustaf Reinhold Boije af Gennäs. Im Großen Saal des Palais verlas der schwedische Kanzleisekretär Jakob August von Hartmansdorff vor den anwesenden preußischen und schwedischen Würdenträgern die Verzichtserklärung des schwedischen Königs. Durch die anwesenden Pommern und Schweden ging eine starke Gemütsbewegung, so daß sie in Tränen ausbrachen, den vorlesenden Hartmansdorff eingeschlossen. Anschließend las der preußische Regierungsrat Fritsche feierlich die Besitzergreifungsurkunde Friedrich Wilhelms III. vor. Der Oberpräsident von Ingersleben und General Boije hielten anschließend »ex tempo(re)« noch je eine »ziemlich schöne Rede«, die ebenfalls die Gemüter sehr bewegte.

An der folgenden militärischen Zeremonie nahmen die gesamte Einwohnerschaft Stralsunds sowie die zahlreichen eigens angereisten Personen ebenfalls in tiefer Rührung teil. Die Garnison trat auf dem Alten Markt an und marschierte unter klingendem Spiel durch das Knieper Tor aus der Stadt. Auf freiem Feld bildeten die Soldaten ein Karree um General Boije. Dieser entband die Truppe feierlich von ihrem Eid auf den schwedischen König. Dann verabschiedete er sich von den Regiments- und Bataillonskommandeuren, die zum Abschied den General mit Tränen in den Augen umarmten. Nachdem Soldaten und Offiziere den Eid auf den preußischen König abgelegt hatten, marschierten sie zurück in die Stadt, wo die Rückgabe der schwedischen Flaggen und Standarten erfolgte. Die pommerschen Regimenter nahmen erneut Aufstellung auf dem Alten Markt. Eine Abteilung Soldaten und Offiziere trat vor und überreichte dem General Boije die schwedischen Fahnen, die bisher über den pommerschen Städten geweht hatten und nun durch das preußische Banner ersetzt worden waren.

Der schwedische Graf von Rosen, der Zeuge der Übergabe war und einen Bericht darüber hinterlassen hat,[122] bemerkte, daß sie zu »aller schwedischen Deutschen und deutschen Schweden großem Leid, Trauer und Sorge« erfolgte. Ein anderer Augenzeuge notierte: »Nicht ein einziger der Anwesenden konnte sich gerade halten, wir alle weinten wie die Kinder.«[123] Pastor Kellman aus Brandshagen drückte wohl die Stimmung der Bevölkerungsmehrheit aus, als er unter dem Jahr 1815 in sein Memorabilienbuch schrieb: »Dies Jahr war auch für unsere Provinz ein verhängnißvolles Jahr. Was uns schon seit Jahren gedroht worden, das ging endlich in diesem in Erfüllung … so kamen wir nolens volens unter den Preußischen Scepter.«[124]

Hinterpommern als brandenburgisch-preußische Provinz 1648 bis 1815

MARTIN SCHOEBEL

Der in Osnabrück am 24. Oktober 1648 vom Kaiser, den Reichsständen und der Königin von Schweden ratifizierte Friedensvertrag, das »Instrumentum Pacis Caesareo-Suecicum Osnabrugense«, beendete den zwischen dem Reich und Schweden seit 1629 bestehenden Kriegszustand. Für Pommern, das zu diesem Zeitpunkt vollständig von den Schweden besetzt war, bedeuteten die im Artikel 10 des Vertrages festgelegten Entschädigungen schwedischer Ansprüche die künftige Teilung zwischen dem Königreich und dem Kurfürstentum Brandenburg, das im Verlauf der Friedensverhandlungen seine auf den Grimnitzer Vertrag von 1529 gegründeten erbrechtlichen Ansprüche vergebens zur Geltung zu bringen suchte. Zwar hatte Brandenburg bereits 1647 in einem Vorvertrag Schweden gegenüber auf seinen Anspruch an der gesamten pommerschen Erbschaft verzichtet, sich jedoch zugleich umfangreicher Entschädigungen versichert.[1] Dennoch sollte es fast fünf Jahre dauern, bis sich Schweden und Brandenburg in mühevollen Verhandlungen über den künftigen Grenzverlauf und die schwedischen Anteile an den hinterpommerschen Hafenzöllen geeinigt hatten und der östliche Landesteil am 6. Juni 1653 von den Schweden geräumt und vom Kurfürsten in Besitz genommen werden konnte.

Die hinsichtlich Pommern gefundene Lösung des Osnabrücker Friedenswerkes war Ausdruck der nordeuropäischen Machtverhältnisse am Ende des Dreißigjährigen Krieges. Der Friedensvertrag sollte eine dauerhafte Ordnung schaffen, indem er Ansprüche des zur neuen Vormacht in diesem Raum aufgestiegenen Schweden zu Lasten älterer Rechte eines Reichsstandes befriedigte. Dieses Ziel wurde nicht erreicht. Vielmehr war Pommern nun für viele Jahre einer latenten Kriegsgefahr ausgesetzt, die nicht zuletzt von brandenburgischer Seite geschürt wurde, dessen Interessen vor allem auf das Schweden zugestandene Stettin und die Odermündungen gerichtet waren. Bis 1720 sollte Brandenburg-Preußen schwedische Rechte und Besitzungen ständig zurückdrängen, bis es schließlich durch den Gewinn Altvorpommerns südlich der Peene befriedigt war und eine längere Phase der friedlichen Koexistenz begann.

Mit dem Übergang an Brandenburg 1653 erfuhr Hinterpommern, das der Kurfürst Friedrich Wilhelm als neugewonnene Provinz in den brandenburgischen Staat integrierte, eine grundlegende Veränderung. Seine Entwicklung war nun eng mit der Brandenburg-Preußens verbunden. Die großen äußeren und inneren Veränderungen des Kurfürstentums, dessen Herrscherhaus 1701 in Preußen die Königskrone erwarb, erfaßten auch Pommern in einem solchen Maße, daß man es geradezu als Musterbeispiel dieses Transformationsprozesses bezeichnet hat. Die Auseinandersetzung zwischen der in der Bevölkerung festverwurzelten lutherischen Orthodoxie und dem Calvinismus des Herrscherhauses sowie der führenden Beamtenschichten; das Aufbrechen landständischer Formen und das Verschmelzen der adligen Interessen mit denen des absolutistischen Herrscherhauses; der Auf- und Ausbau einer umfassenden Verwaltungsbürokratie im Einklang mit einer absolutistisch-merkantilen Wirtschaftsförderung; die Militarisierung des Adels und der ländlichen Bevölkerung sowie der scharfe soziale Gegensatz des vom Herrscher privilegierten Adels zu einem politisch und sozial unmündigen Bauernstand, der überwiegend als vom Landjunker abhängig in die adlige Gutsherrschaft eingebunden war, stellen nur die wichtigsten Aspekte dieses vielschichtigen Wandels dar, der auch im Bewußtsein der Bevölkerung um so mehr präsent sein mußte, je deutlicher die Unterschiede zum benachbarten schwedischen Landesteil aufbrachen. Auch hat Schweden, dem die Eventualsukzession im brandenburgischen Landesteil zustand, immer wieder mit unterschiedlichem Erfolg versucht, auf diese Entwicklungen Einfluß zu nehmen.[2]

Zudem zählte Hinterpommern fraglos zu den deutschen Gebieten, die am stärksten unter den Folgen des Dreißigjährigen Krieges zu leiden hatten. Obwohl genaue Untersuchungen nicht vorliegen, darf man von dem erheblichen Bevölkerungsrückgang von fast zwei Dritteln und einer großen Anzahl brach- und wüst liegender Flächen ausgehen.[3] Hinzu kamen die große kriegsbedingte Schuldenlast, der weitgehende Zusammenbruch des städtischen Handels, dem nun seine großen Zentren fehlten, und eine wirtschaftlich ungünstige Situation mit Preissteigerungen, die den Aufbau ebenso hemmten wie auftretende Mißernten. Der schlechten Ausgangsbasis wirkte der absolutistische Staat in vielfältiger Weise entgegen, indem er aktive Wirtschaftsförderung betrieb und den Handel und das Gewerbe – nicht immer im Einverständnis mit den Städten – förderte und indem er dem flachen Land mit einer aktiven Peuplierungspolitik neue Kräfte zuführte. Durch diese aktive Wirtschafts- und umfassende Bauernschutzpolitik, die sich unter anderem gegen die adligen Beschränkungen einer freizügigen Heirat des Gesindes richtete, gelang es innerhalb von anderthalb Jahrhunderten, trotz weiterer Kriegseinwirkungen den ursprünglichen Bevölkerungsverlust nicht nur auszugleichen, sondern die Einwohnerzahl sogar erheblich zu steigern. Pommern wurde zu einem wirtschaftlich prosperierenden Landesteil, wenn es auch überwiegend agrarisch geprägt und seine Wirtschaftskraft im Verhältnis zu anderen bevölkerungsreicheren Provinzen bescheiden blieb.

Als zu Beginn des 19. Jahrhunderts nach den großen Umwälzungen der Französischen Revolution und der Napoleonischen Kriege die beiden Landesteile als preußische Provinz vereinigt werden sollten, war Pommern ein stabiler Bestandteil Preußens und fest in das Staatsgefüge eingebunden. Während das schwedische Neuvorpommern noch lange alte, überkommene Rechte wahren konnte, waren pommersche Adlige und Bürger längst zu einer tragenden Schicht der preußischen Verwaltung und des Militärs aufgestiegen und die Provinz tief im preußischen Staat verwurzelt. Die gesellschaftliche Struktur, aber auch die Mentalität der Bevölkerung in Pommern waren preußisch und hatten damit eine Transformation durchlaufen, die wir heute nach der Erfahrung zweier Weltkriege sicher distanzierter beurteilen als die auf den Ruhm Preußens bedachte borussische Geschichtsschreibung zu Beginn unseres Jahrhunderts.[4]

Inbesitznahme Hinterpommerns durch das Kurfürstentum Brandenburg

Der Osnabrücker Friedensvertrag hatte dem Kurfürsten Friedrich Wilhelm von Brandenburg zwar einen Anspruch auf Hinterpommern einschließlich des säkularisierten Bistums Cammin zugebilligt, jedoch die Inbesitznahme dieses Landesteils von vorangehenden bilateralen Verhandlungen mit dem Königreich Schweden abhängig gemacht.[5] So standen 1649 in Hinterpommern schwedische Truppen, als der Kurfürst nochmals den Versuch unternahm, ganz Pommern gegen die Abtretung der ihm im Friedensvertrag zugestandenen Bistümer Magdeburg, Halberstadt und Minden sowie gegen Zahlung einer stattlichen Summe an Schweden zu gewinnen oder zumindest seinen Landesteil bis an das Oderufer heranzuschieben. Er beauftragte seinen Geheimen Rat Ewald von Kleist mit entsprechenden Gesprächen in Stockholm, doch dieser stieß dort auf eine breite Ablehnung. Auch auf einen Termin zur Räumung Hinterpommerns von schwedischen Truppen konnte man sich auf dem im April 1649 in Nürnberg zusammengetretenen deutsch-schwedischen Kongreß nicht einigen, denn Schweden wünschte zunächst den künftigen Grenzverlauf festzulegen. Die Verhandlungen hierüber verzögerten sich bis zum Frühjahr 1650.[6]

Die großen diplomatischen Aufgaben, die nun bevorstanden, erforderten mit den Gegenbenheiten Pommerns vertraute und entsprechend geschulte Verhandlungsführer. Solche traten bereits während der Verhandlungen in Münster und Osnabrück in kurfürstliche Dienste, etwa die pommerschen Adligen Ewald von Kleist, der eine Anstellung als Hof- und Kammergerichtsrat erhielt und zum Geheimen Rat aufstieg, oder der Kammerjunker Andreas von Thun, der zuletzt die Stellung eines Kammergerichtsrates bekleidete, oder Andreas von Horn, der in vielen diplomatischen Missionen die Interessen des Kurfürsten vertrat und als künftiger Statthalter für Pommern in Aussicht genommen wurde. Spätestens im Oktober 1649 stand auch Friedrich Runge als pommerscher Kanzler in brandenburgischen Diensten und bekleidete seit Anfang 1650 das Amt eines kurfürstlichen Geheimen Rates.[7]

Runge oblagen die wichtigsten Verhandlungen, insbesondere eine Vereinbarung mit dem letzten Sproß einer Nebenlinie des Greifengeschlechts, dem Herzog Ernst Bogislaw von Croy, der 1637 zum Bischof von Cammin gewählt worden war. Der Herzog war bereits vor den Friedensschlüssen an Schweden und Kurbrandenburg herangetreten und hatte von beiden Seiten eine Anerkennung seines Anrechts auf das Camminer Bistum erhalten. Das stand jedoch im Widerspruch zu den Regelungen des Friedensvertrages von Osnabrück und den brandenburgischen Ansprüchen, so daß ein Vergleich erforderlich wurde. Die Verhandlungen begannen am 22. April 1650 in Körlin und endeten mit einer Vertragsunterzeichnung am 16. November. Danach verzichtete der Herzog auf seine Rechte am Camminer Bistum gegen eine Entschädigung von 100 000 Talern sowie die Anwartschaft auf das Ebersteinsche Lehen und die Überlassung des Leibgedinges seiner Mutter Anna, des Amtes Stolp, zur lebenslangen Nutzung. Bis zur Zahlung der Entschädigungssumme stellte die kurfürstliche Delegation ihm nach Übergang Hinterpommerns in brandenburgischen Besitz die Verpfändung mehrerer Ämter in Aussicht.[8]

Damit waren die ersten Voraussetzungen dafür geschaffen, das Camminer Stift unter brandenburgische Verwaltung zu stellen. Zwar war eine offene Inbesitznahme aufgrund der noch laufenden Verhandlungen mit Schweden über die Beteiligung an den hinterpommerschen Lizenten nicht möglich, doch griff der Kurfürst selbst bereits 1652 in die Verwaltung der stiftischen Domänen ein. Dem Stift entstammte auch ein Teil des Personals, das der Kurfürst für seine künftige Regierung in Pommern vorsah, etwa der Stiftsvogt Jakob von Heydebreck als künftiger Ökonomiedirektor oder der Verwalter des Kösliner Hofgerichtes, Dr. Matthäus Braunschweig, der für das Amt des Konsistorialdirektors in Aussicht genommen wurde.[9]

Während der Kurfürst, der 1651 in der neuen Geschäftsordnung seines Geheimen Rates unter Otto von Schwerin ein eigenes Fachreferat zur Verwaltung Pommerns einrichtete,[10] mit den Schweden über den Grenzverlauf, die Lizenten und die beiderseitigen Anteile an den Schulden Pommerns verhandelte, sahen sich die hinterpommerschen Landstände schwedischen Geldforderungen zum Unterhalt des im Land stehenden Heeres gegenüber. Im ersten Jahr nach dem Friedensschluß hatte das Königreich seine Geldforderungen noch als hinterpommerschen Anteil an den vom Reich zugestandenen Satisfaktionsgeldern eingezogen; das war seit dem Sommer 1649 nach Abtragung der Schuld nicht mehr in dieser Form möglich. Die Landstände bestanden nun auf der Abschaffung der Trank- und Scheffelsteuer, stießen jedoch auf den Widerstand der schwedischen Regierung, die diese weiterhin in Kraft ließ und sie gegen die offene Weigerung der Stände durch militärische Exekutionen eintrieb. Eine Einigung kam erst im September 1652 zustande, als die Landstände umfangreiche Kornlieferungen und die Zahlung von 10 000 Talern als Ersatz für die schwedischen Steuern bewilligten. In einem ausführlichen Briefwechsel mit den Landständen hatte der Kurfürst versucht, die Stände von Zahlungen an Schweden abzuhalten, da zu befürchten stand, daß seinem Gebietsanteil durch die schwedischen Forderungen dringend benötigte Mittel über Gebühr entzogen wurden. Auch wandte er sich an den Kaiser mit der Bitte um ein entsprechendes Mandat, das ihm auch ausgestellt wurde.[11]

Kaiserlicher Unterstützung bedurfte es auch, um Schweden zu einer rascheren Verhandlungsführung mit dem Kurfürsten zu bewegen. Am 4. Mai unterzeichneten beide Parteien schließlich den Grenzrezeß, den am 14. Mai die Königin Christine und am 20. Mai der Kurfürst ratifizierten.[12] Damit lag der Grenzverlauf zwischen dem brandenburgischen und schwedischen Pommern östlich der Oder fest, die Lizenten der hinterpommerschen Häfen fielen je zur Hälfte an beide Vertragsparteien, und Schweden ließ sich als Eventualsukzessor die Mitbelehnung und Erbhuldigung für den brandenburgischen Teil zusichern. Am 1. Juni 1653 sollte die Räumung Hinterpommerns von schwedischen Truppen und die Übergabe an Brandenburg erfolgen, doch zögerten logistische Schwierigkeiten der Kolberger Garnison diesen Termin um sechs Tage hinaus. Am 6. Juni 1653 ersetzten brandenburgische Truppen unter dem Befehl Bogislaws von

Im Jahre 1653 traten in der Stadt Stargard mit ihrer wuchtigen Marienkirche und dem Rathaus aus dem 16. Jahrhundert die hinterpommerschen Landstände zusammen, um über die künftige Regierungsform des nun kurbrandenburgischen Landesteils zu beraten. Die Verhandlungen gestalteten sich schwierig und äußerst langwierig, so daß der Landtagsabschied fast ein Jahr auf sich warten ließ. Bis zum Sommer 1654 war Stargard damit der Mittelpunkt Hinterpommerns, auf den sich das allgemeine Interesse richtete. Die Vertreter der Ritterschaft, des Camminer Domstifts und vor allem des Kurfürsten gaben Empfänge und Feste, wenn auch von preußischer Sparsamkeit. Stargard wurde schließlich auch als Tagungsort für den Landtag auserkoren, da es wesentlich verkehrsgünstiger und näher an Berlin lag als das ursprünglich in Aussicht genommene Köslin.

Schwerin die Schweden in Kolberg. Hinterpommern war nun mit dem brandenburgischen Kurfürstentum vereint.[13]

Die Eingliederung Hinterpommerns in den brandenburgischen Staat und die Vereinigung des Stiftes Cammin mit dem übrigen Landesteil erforderten zunächst eine Einigung des neuen Landesherrn mit den Landständen über die künftige Verfassung und Regierungsform. Die Regimentsverfassung von 1634 schied als Grundlage der Verhandlungen von vornherein aus, da der Kurfürst sie mit der Begründung ablehnte, daß der Vertrag einem regierungsunfähigen Herrscher abgerungen worden sei.[14] Die Landstände beharrten ihrerseits nicht auf der Regimentsverfassung, drangen jedoch gegenüber dem Kurfürsten auf die Bestätigung ihrer Privilegien, die vor einer künftigen Huldigung erfolgen müsse.

So erging am 9. Juni 1653 ein kurfürstliches Einladungsschreiben zu einem Landtag, der am 19. Juli in Stargard zusammentreten sollte. Das gedruckte Schreiben nennt noch Köslin als Tagungsort, doch die pommersche Regierung hatte diesen durch Stargard ersetzt, um die Aufwendungen für Zehr- und Reisekosten zu senken.[15] Bereits das Einladungsschreiben läßt deutlich das Bemühen des Kurfürsten erkennen, den Landständen einen weiten Spielraum bei der Beratung der künftigen Verfassungsform einzuräumen. An erster Stelle der Tagesordnung steht das Begräbnis Bogislaws XIV. und dessen Kosten, die von den Landständen übernommen werden sollten. Es folgen die Fragen der Erbhuldigung, der künftigen Landesordnung, die Inkorporation des Stiftes Cammin, der Unterhalt für die Kolberger Garnison, die Entschuldung der herzoglichen Tafelgüter in Pommern, die Begleichung der Schulden des Landkastens sowie die Bewilligung künftiger Mittel für die pommersche Regierung. Die Vorbereitung des Landtags und die landesherrliche Vertretung lagen bei den eigens für diesen Zweck ernannten Kommissaren Runge, Heydebreck, dem Regierungsrat von Thun sowie dem Geheimen Rat von Löben. Vorabsprachen mit einzelnen Vertretern der Stände unterblieben weitgehend, lediglich Runge setzte sich mit dem alten Landesdirektor Wedel in Verbindung.[16]

Als der Landtag dann am 19. Juli in Stargard zusammentrat, war er zunächst – wie bei solchen Zusammenkünften fast üblich – von Rangstreitigkeiten der adligen und schloßgesessenen Landräte überschattet, so daß sich die Stände erst nach der Vereidigung der Landräte am 27. Juli der Tagesordnung zuwenden konnten. In den nächsten Monaten bis Weihnachten standen die finanziellen Fragen im Mittelpunkt der Verhandlungen, vor allem die auf dem Land liegende Schuldenlast von annähernd einer Million Taler. Die schwierige Frage der Landesordnung bestimmte hingegen den Verhandlungslauf im neuen Jahr, wobei sich rasch die Frage der Religion als Hauptstreitpunkt herausbildete.[17] Während die Landstände auf die Bewahrung ihres lutherischen Bekenntnisses pochten und gegen die Gewährung von Vergünstigungen an andere Glaubensgemeinschaften Sturm liefen, verfolgte der Kurfürst die Stärkung der reformierten Konfession. In ihrer Position wurden die Landstände zudem von den Schweden bestärkt und unterstützt. Am Ende stand ein von Runge formulierter Kompromiß, der die Rechte der Reformierten allerdings nur notdürftig absicherte.[18]

Mit der Annäherung in der Frage der Religionsausübung gelangte der Landtag im Frühsommer 1654 zu einer abschließenden Einigung, und am 11. Juli wurde der Landtagsabschied vom Kurfürsten unterzeichnet.[19] Die Landstände bewilligten zur Schuldentilgung neben verschiedenen Naturalien 320 000 Taler, allerdings erstreckte sich die Zahlung auf acht Jahre. Der größte Teil war zur Auslösung verpfändeter Domänengüter bestimmt, und die Landstände bestanden auf einer Kontrolle über die Verwendung der Mittel. Zu finanziellen Eingeständnissen waren sie auch im Hinblick auf die Kolberger Garnison bereit, für deren Unterhalt der Kurfürst besonders vehement eine Beteiligung der Landstände eingefordert hatte. Im Gegenzug gestand er die Bestätigung der Privilegien zu, sofern diese nicht durch die neuen Verhältnisse ihren Sinn verloren hatten. Ein wichtiges Ergebnis des Landtags war die Verbindung des säkularisierten Camminer Stifts mit der Provinz gemäß den Bestimmungen des Osnabrücker Friedensvertrages, wenn auch die Camminer Ritterschaft das Recht erhielt, in Fragen, die nur das Stiftsgebiet betrafen, eigene Versammlungen einzuberufen. Innerhalb der Landstände Pommerns erhielt das Stift künftig eine Stimme, reichsrechtlich blieb es jedoch eigenständig, und 1669 sollte nach der Anerkennung der Reichsunmittelbarkeit der Kurfürst hierfür Sitz und Stimme auf dem Reichstag ausüben.[20] Heftig umstritten war auch die Forderung der Landstände nach einer Mitwirkung bei der Besetzung der Beamtenstellen, insbesondere forderte der Adel nicht nur die Achtung des Indigenats, sondern auch ein Reservatrecht bezüglich der höheren Stellen für Mitglieder des Adelsstandes. Zwar setzte sich die Ritterschaft mit diesen Forderungen weitgehend durch, doch behielt sich der Kurfürst ein Öffnungsrecht vor, indem auch verdiente landgesessene Bürgerliche und Fremde auf die Stellen berufen werden konnten. Von diesem Recht sollten die Kurfürsten vielfach Gebrauch machen.[21]

Die Form der künftigen Regierung ist nicht im Landtagsabschied beschrieben, sondern in einen eigenständigen Vertrag zwischen Landständen und Kurfürst gekleidet, der als hinterpommersche Regimentsverfassung am selben Tag wie der Abschied vom Kurfürsten unterzeichnet wurde. Da auch die Regimentsverfassung auf dem Landtag lange und ausführlich beraten wurde, betrachtete man sie ebenfalls als ein Ergebnis des Landtages. In die Regimentsverfassung sind viele ältere Elemente der einst herzoglichen Verwaltung eingeflossen, wenn auch in teilweise veränderter Form.

Die Regimentsverfassung und der Landtagsabschied von Stargard waren keineswegs, wie in der älteren Forschung gerne hervorgehoben wurde, die Grundlage einer absolutistischen und auf die Krongewalt ausgerichteten Verfassung der Provinz Pommern und der manifestierte Sieg des Kurfürstentums über die Landstände, sondern vielmehr der in dieser Zeit typische Kompromiß zwischen der Herrschaftsgewalt des Landesherrn, die nach mehr zentralistischer Verwaltung strebte, und den Landständen, die auf Wahrung ihrer Rechte bedacht waren.[22]

Sitz der neuen Regierung wurde Kolberg, dessen Lage an der See und dessen militärische Festung gute Voraussetzungen für die künftige Landesverwaltung boten. Zudem lag Kolberg etwa in der geographischen Mitte der Ost-West-Ausdehnung Hinterpommerns und verfügte über geeignete Baulichkeiten in landesherrlichem Besitz, die

Nach der Übernahme des hinterpommerschen Landesteils durch Brandenburg gründeten brandenburgische Beamte unter den mißtrauischen Augen der Bevölkerung in Kolberg eine reformierte Gemeinde und errichteten diese erste reformierte Kirche Pommerns. Der Große Kurfürst hatte seine Regierung in der Stadt eingerichtet und auch eine brandenburgische Garnison dorthin verlegt. Das Regierungspersonal stellte zum überwiegenden Teil der pommersche Adel, wobei der neue Landesherr vor allem auf die Familien zurückgriff, die dem von ihm geförderten reformierten Glauben nahestanden, während die große Mehrheit der Pommern weiterhin standhaft den lutherschen Glauben gegen alle neuen Einflüsse von außen zu verteidigen suchte.

nach einigen Umbauarbeiten die neuen Behörden aufnehmen konnten. Hierfür waren der Bischofshof und der bereits 1652 von der Stadt angekaufte Propsteihof sowie das alte Syndikathaus vorgesehen. Zusätzlich erwarb oder errichtete man Wohnhäuser für die Bediensteten, jedoch verlief dies sehr schleppend, da die notwendigen Geldmittel nur spärlich flossen.[23]

Die Verwaltung der Provinz oblag der Regierung, die als Kollegialbehörde mit sechs Mitgliedern eingerichtet wurde und die Funktion eines obersten Verwaltungsorgans wahrnahm. An ihrer Spitze stand der Präsident, dem im Rang der Kanzler folgte. Dieser vertrat in Abwesenheit den Präsidenten und leitete die eigentlichen Regierungsgeschäfte. Der Regierung gehörten zudem die Leiter der beiden anderen oberen Verwaltungsbehörden an, nämlich der Verwalter des Hofgerichts und der Ökonomiedirektor. Zwei weitere Regierungsräte wurden unter dem Vorbehalt hinzugefügt, daß nach Erledigung der dringlichsten Amts- und Regierungsgeschäfte diese beiden Stellen zu kassieren seien.[24]

Offiziell nahm die neue Regierung am 21. Juli 1654 mit der förmlichen Einführung Ewald von Kleists in das Amt des Präsidenten ihre Arbeit auf. Ihr oblagen vor allem die innere Verwaltung der Provinz und die Wahrnehmung der fürstlichen Rechte und Regalien, also neben der Landes- und Polizeiordnung das Lehens- und Konfirmationswesen sowie die Sicherung der Landesgrenzen. Außenpolitische Funktionen wuchsen ihr nur bei der Vertretung Pommerns auf Reichs- und Kreistagen zu, wenngleich ihr Spielraum von kurfürstlichen Instruktionen eingeengt und bestimmt wurde. Häufig betraute der Kurfürst Mitglieder der Regierung, insbesondere den Präsidenten, mit diplomatischen Missionen oder berief sie zu Beratungen nach Berlin, so daß die Leitung der Regierungsgeschäfte zunehmend dem Kanzler zufiel.[25]

Das Hofgericht wurde nach dem Vorbild des herzoglichen Hofgerichts gebildet, unterschied sich jedoch von seinem Vorgänger durch die höhere Zahl der Beisitzer. Sie war erforderlich geworden, weil der Gerichtssprengel nun den größeren Teil des Gerichtsbezirks des Stettiner Hofgerichts und das Stiftsgebiet vereinigte. Zudem erhielt die Ritterschaft das lange eingeforderte Recht, zu den drei großen Gerichtstagen Beisitzer zu entsenden. Neben dem Verwalter bestand das Hofgericht aus sechs Assessoren und zwei Referendaren, die je zur Hälfte aus dem Adel und der Bürgerschaft stammen sollten, doch konnte der Adel bei der Besetzung der Stellen ein leichtes Übergewicht behaupten. Zudem besaß der Präsident oder Statthalter am Gericht Sitz und Stimme.[26]

Heftigen Protest erhoben die Landstände gegen die bürgerlichen Assessoren des Gerichts, die noch nicht über eine abgeschlossene juristische Ausbildung verfügten; erst nachdem der Kurfürst die Zusage gegeben hatte, daß die erforderlichen Doktorgrade in Kürze nacherworben würden, konnte das Hofgericht seine Tätigkeit aufnehmen.[27]

Die alte Hofgerichtsordnung bildete auch weiterhin die Grundlage der Gerichtsbarkeit, wenn sich auch bereits 1654 eine Revision in Vorbereitung befand. Diese übergab man gemeinsam mit der Konsistorialordnung zwei voneinander unabhängigen landständischen Ausschüssen von elf und vierzehn Personen, in die die Stände zumeist ihre Landräte entsandt hatten. Hier zeigt sich bereits in seinen Anfängen deutlich, daß vor allem das Gerichtswesen im brandenburgisch-preußischen Pommern eine Domäne der Landstände war und blieb, wenn auch die Gerichtsordnung erst nach Zustimmung der Regierung in Kraft treten konnte.[28]

Die pommersche Regimentsordnung von 1634 hatte auf die Ökonomieverwaltung nur einen geringen Wert gelegt, so daß in ihr präzise Bestimmungen zur herrschaftlichen Wirtschaftsverwaltung weitgehend fehlten. Damit war der Verhandlungsspielraum des Kurfürsten gegenüber den Ständen größer, und es gelang ihm, brandenburgische Zustände auf Pommern zu übertragen, etwa die in Pommern bis dahin unbekannte Scheidung zwischen Rentei und Kammer. Die Rentei wird in der Regimentsverfassung jedoch nicht behandelt. Die Kammer – später erscheint sie stets als Amtskammer – konnte auf die Domänenverwaltung beschränkt und das Personal auf einen Direktor, der als Schloßhauptmann zugleich die Kolberger Domäne verwaltete, und einen Kammerrat reduziert werden. Neben der Regierung war die Kammer jedoch die einzige Behörde, die aufgrund ihrer Pflicht, dem Kurfürsten über alle Vorfälle Bericht zu erstatten, unmittelbaren Zugang zum Hof hatte. Andererseits war die Kammer gegenüber der Regierung weisungsgebunden und damit in den provinzialen Behördenaufbau integriert.[29]

Für die geistliche Verwaltung behielt man das alte Konsistorium bei, versah es jedoch mit einer neuen Instruktion. Das Konsistorium, dem die geistliche Gerichtsbarkeit und die Visitationen auch über die Reformierten oblagen, bestand aus drei geistlichen und drei weltlichen Mitgliedern. Aus dem Kreis der geistlichen Mitglieder wurde der Generalsuperintendent benannt, der später lediglich die Bezeichnung Superintendent trug. Der Gruppe der Laien entstammte dagegen der Direktor, dem die Leitung des Konsistoriums anvertraut war. Bei der Besetzung der Stellen, insbesondere des Generalsuperintendenten, übten die Stände maßgeblichen Einfluß aus, da ihnen eine beratende Stimme in allen Personalfragen zukam. Bei der ersten Besetzung der Intendentenstelle hatten sie von ihrem Recht wohl keinen Gebrauch gemacht, denn sonst hätte der Kurfürst einen gegenüber den Reformierten so toleranten Theologen wie Christian Groß nicht durchsetzen können.[30]

Wenige Veränderungen erfuhr die Lokalverwaltung, die auch weiterhin auf den Distrikten basierte. Kleinere Modifikationen waren jedoch durch die Abtrennung der Insel Wollin in der Landvogtei Greifenberg erforderlich, auch wurde jetzt der Distrikt Rügenwalde aufgelöst und mit dem Distrikt Schlawe-Stolp vereinigt. Dies war bereits seit langem beabsichtigt, da die Ritterschaft in diesem Distrikt zahlenmäßig sehr gering vertreten war. So bestand das kurfürstliche Hinterpommern aus sieben ritterschaftlichen Distrikten, wobei Greifenberg und die in Personalunion verbundenen Distrikte Schlawe und Stolp von Landvögten verwaltet wurden. Fürstliche Hauptleute und Burgrichter saßen in Pyritz, Saatzig, Belgard und Neustettin. Den Distrikten gleichgestellt waren die Gebiete der schloßgesessenen Familien Flemming, Borcke, Wedel, Dewitz, Osten-Blücher, Manteuffel und Glasenapp. Einen Sonderfall bildete die Herrschaft Naugard der Grafen von Eberstein, die auf der gleichen Stufe angesiedelt war, aber nach dem

Aussterben des letzten Grafen von Eberstein als Pfand an den Herzog von Croy fallen sollte. Das ritterschaftliche Gebiet des Camminer Stifts wurde zu einem Distrikt zusammengefaßt. Außerhalb der Distrikte lagen die kurfürstlichen Ämter Kolbatz, Friedrichswalde, Marienfließ, Treptow, Stolp und Rügenwalde. Alle Distrikte standen unter der Verwaltung eines Landvogts oder Hauptmanns, der bisher von dem im Distrikt ansässigen Adel bestimmt wurde und den Vorsitz und die Leitung der ständischen Distriktsversammlungen innehatte.[31] Auch wurden die alten Distriktsgerichte, die in der Zeit der schwedischen Besetzung in Verfall geraten waren, wieder instand gesetzt. Lediglich die Schloßgesessenen und die Ritterschaft des Camminer Stifts unterstanden unmittelbar dem Hofgericht.[32]

Neben den ländlichen Distrikten gab es im kurfürstlichen Pommern neun Städte: Pyritz, Stargard, Treptow, Greifenberg, Belgard, Neustettin, Schlawe, Stolp und Rügenwalde, dazu kamen aus dem Stiftsgebiet Kolberg und Köslin.[33] Insgesamt trat die Bedeutung der Städte innerhalb der landständischen Vertretung deutlich zurück, nicht zuletzt da ihr Steueraufkommen kaum ein Viertel des Gesamtaufkommens der Provinz ausmachte. Zudem hatte sich die Ritterschaft auf dem Landtag zu Stargard wichtige Rechte wie die Bevorzugung des Adels bei den herausragenden Verwaltungsstellen zu sichern gewußt.

Die landständische Vertretung in Pommern bestand künftig aus 25 Mitgliedern, darunter sechs Landräte der schloßgesessenen Familien und neun Landräte der restlichen Ritterschaft, die sich auf die sieben Distrikte verteilten. Fünf Landräte entsandte das Camminer Stift, und die Städte stellten fünf Mitglieder, nämlich die beiden Bürgermeister von Kolberg und Köslin sowie drei weitere, die aus dem Kreis der restlichen neun pommerschen Städte ernannt wurden. Eine wichtige Änderung konnte der Kurfürst jedoch bei der Besetzung der Landratsstellen durchsetzen. So bestimmte nicht mehr jeder Distrikt den Landrat, sondern die Ritterschaft insgesamt präsentierte künftig einen Kandidaten, dem der Kurfürst seine Zustimmung auch verweigern konnte; gleiches galt für die landständischen Vertreter der Städte. Damit hatte die landesherrliche Verwaltung die landständischen Privilegien in einem wichtigen Punkt beschnitten. Der Schritt zur Verantwortlichkeit des Landrats gegenüber der landesherrlichen Verwaltung sollte bald folgen. Dennoch erhielten die Landstände gerade im Amt des Landrats einen starken Rückhalt, indem dieser letztlich der Garant dafür wurde, daß die landesherrliche Gewalt vor der Gutsherrschaft des Adels aufhörte und ihm hier völlig freie Hand ließ.[34]

Vom Schwedisch-Polnischen Krieg zum Frieden von Saint-Germain-en-Laye

Die Konversion der schwedischen Königin Christine zum katholischen Glauben und ihre Abdankung im Jahre 1654 brachte das nach dem Westfälischen Frieden nicht sehr stabile Gleichgewicht in Nordosteuropa erheblich ins Wanken. In Polen regierte der katholische Wasa Johann Kasimir und meldete Erbansprüche auf den schwedischen Thron an. Da er zum Verzicht nicht bereit war, mußte der 1654 als Karl X. Gustav zum schwedischen König erhobene Zweibrücker Pfalzgraf und Vetter Christines vor allem um die schwedischen Besitzungen in Preußen und Livland fürchten, die von Johann Kasimir unmittelbar bedroht wurden.

Der schwedische König entschloß sich zum militärischen Vorgehen und eröffnete im Sommer 1655 den Krieg gegen Polen von Pommern und Livland aus, marschierte nach schnellen Erfolgen tief in das Land hinein und eroberte Warschau, Krakau, Thorn und Elbing.[35] Von Beginn an drang er auf eine Unterstützung des Brandenburgers, der sich jedoch um Neutralität bemühte oder zumindest Zugeständnisse des Schweden hinsichtlich der Souveränität Preußens und der Odergrenze in Pommern erwartete. Die Verhandlungen mit den Schweden führte sein aus Pommern stammender und als Nachfolger Runges zum Kanzler ernannter Geheimer Rat Somnitz.[36] Doch die militärischen Erfolge des jungen Schwedenkönigs zwangen ihn schließlich am 17. Januar 1656 zum Bündnisvertrag von Königsberg, ohne daß er die gewünschte Zusicherung erhalten konnte, und auch die pommerschen Landstände, deren Ritterschaft traditionell enge Bindungen nach Polen unterhielt, versuchten vergebens, die Neutralität Pommerns zu behaupten.[37]

Die politische Lage gestaltete sich in den nächsten Monaten jedoch günstig für den Großen Kurfürsten, nachdem Polen, das sich auch mit Rußland im Krieg befand, mit dem Zar einen Friedensvertrag geschlossen hatte und dieser sich nun gegen Schweden wandte. Die Schweden, die sich nicht in der Lage sahen, gegen den polnischen Aufstand anzugehen, der nach der Flucht des Königs ausgebrochen war, und gleichzeitig gegen Rußland Krieg zu führen, waren nun dringend auf Bundesgenossen angewiesen. So gelang es dem Kurfürstentum, im Marienburger Vertrag vom 25. Juni 1656 Schweden Konzessionen abzuringen. Als kurz darauf der Kurfürst an der Seite Schwedens 26 000 Soldaten ins Feld führte und bei Warschau ein zahlenmäßig überlegenes polnisches Heer schlug, verhalf ihm das zu einem größeren politischen Ansehen bei den europäischen Mächten. Brandenburg war mit einem Schlag zu einem ernst zu nehmenden Bündnispartner geworden.[38]

Den Verbündeten gelang es jedoch nicht, den militärischen Sieg politisch zu nutzen. Es folgten kleinere militärische Erfolge der Russen und Polen, bedeutender war jedoch, daß Österreich, Holland und Dänemark der antischwedischen Allianz beitraten. Obwohl Brandenburg und Schweden im Vertrag von Labiau am 20. November 1656 ihr Bündnis nochmals erneuerten, gelang es dem kaiserlichen Gesandten Lisola,

Brandenburg zu den Friedensschlüssen von Wehlau (19. September 1657) und zum Bromberger Vertrag zu bewegen, die dem Kurfürsten die polnische Zusicherung der Souveränität in Preußen und die Lehen Lauenburg und Bütow sowie als Pfandschaft die Starostei Draheim einbrachten. 1658 wechselte Brandenburg die Fronten und setzte nun seinerseits ein antischwedisches Offensivbündnis mit dem Kaiser und Polen durch. Als österreichische Truppen sich gegen Vorpommern wandten, beteiligte sich der Brandenburger, der bisher vor allem in Holstein gegen die Schweden vorgegangen war, an dem Feldzug, und die Alliierten eroberten weite Teile des schwedischen Pommern, scheiterten jedoch vor Stettin.

Es war die große europäische Politik, die diesen Krieg beendete. Frankreich, das einen Zusammenbruch seines Verbündeten Schweden befürchten mußte, versuchte, die Kriegsparteien zur Verhandlung zu bewegen. Der Weg zum Frieden war geebnet, als Karl X. Gustav am 12. Februar 1660 verstarb, aber für den Kurfürsten, der sich in den diplomatischen Verhandlungen um eine Besitzerweiterung in Pommern zu Lasten der Schweden bemühte, hatte sich damit das Blatt zu seinen Ungunsten gewendet. Im Frieden von Oliva am 3. Mai 1660 wurden ihm zwar die Lehen Lauenburg und Bütow sowie die Pfandschaft Draheim bestätigt, aber alle Eroberungen in Pommern mußte er an Schweden zurückgeben.[39]

Europa war zu einem Europa der Staatenbünde und Allianzen geworden, der Krieg war kalkuliertes Mittel in der zwischenstaatlichen Auseinandersetzung, in der neben der eigenen Waffenstärke auch die vielfältigen politischen Bündnisse den Ausschlag gaben. Die Folgen dieser Politik bekam Pommern bereits im ersten Nordischen Krieg zwischen Schweden und Polen zu spüren, und auch 1674 kehrte der Krieg, der zwei Jahre zuvor am Rhein zwischen Frankreich und dem Reich ausgebrochen war, in das Land zurück: Schweden, das mit Frankreich durch einen Subsidienvertrag verbunden war, rückte am 19. Dezember 1674 unter der Führung Carl Gustaf Wrangels von Vorpommern aus mit dem Ziel in die Uckermark ein, den Brandenburger, der gegen Frankreich zu den Waffen gegriffen hatte, in seinem eigenen Land zu binden.[40] Rasch griff der Krieg auf Hinterpommern über, das vor allem unter den schwedischen Einquartierungen zu leiden hatte.

Für den Kurfürsten war mit diesem Krieg gegen Schweden die Gelegenheit gekommen, seine Gebietsansprüche, die er bereits 1660 vergeblich durchzusetzen versucht hatte, mit Waffengewalt geltend zu machen. Er versicherte sich der Unterstützung seiner Verbündeten, vor allem des Kaisers, Dänemarks und Lüneburgs, verließ das Heerlager am Rhein und brach mit seinen Truppen nach Brandenburg auf.[41] Am 18. Juni 1675 traf er bei Fehrbellin auf das überlegene, aber überraschte schwedische Heer; Brandenburg konnte die Schlacht für sich entscheiden. Die Schweden traten sofort den Rückzug nach Vorpommern an und sammelten sich bei Demmin, während der Kurfürst von Mecklenburg aus Vorpommern anzugreifen gedachte. Geldmangel und Versorgungsengpässe der Verbündeten hinderten ihn jedoch am sofortigen Angriff, aber auch die Schweden waren nicht zu einer energischen Gegenwehr in der Lage. Im Herbst des Jahres drangen schließlich 30 000 brandenburgische, dänische und kaiserliche Soldaten in Vorpommern ein. Nach wechselvollem Kriegsverlauf, in dem brandenburgischen Eroberungen immer wieder Rückgewinne der Schweden folgten, befand sich schließlich nach der Übergabe Greifswalds am 8. November 1678 ganz Pommern in der Hand des Kurfürsten.

Doch auch diesmal war der Krieg Brandenburgs und Schwedens nur ein Baustein in einem größeren Ringen, und die Friedensverhandlungen, die in der Nähe von Paris stattfanden, nahmen auf die Forderungen des Großen Kurfürsten nur wenig Rücksicht, zu sehr verfolgten die beteiligten Mächte eigene Interessen. Pommern war zwar eine in den Diplomatenkreisen oft behandelte Frage, die der kurfürstliche Rat Franz von Meinders ständig aufwarf, um Brandenburg wenigstens Stettin und die Odermündung zu sichern, aber der Ausgleich mit Frankreich und Schweden wog mehr. Im Friedensvertrag von Saint-Germain-en-Laye, den die Kriegsparteien am 28. Juni 1679 unterzeichneten, mußte Schweden auf den östlichen Uferstreifen mit Ausnahme von Altdamm und Gollnow sowie auf seinen Anteil an den hinterpommerschen Lizenten zugunsten Brandenburgs verzichten. Die wichtige Stadt Gollnow erhielt Brandenburg als Pfand für eine Entschädigungssumme von 50 000 Talern; Schweden löste dieses Pfand 1693 wieder ein.[42]

So wichtig für Brandenburg der Gewinn der vollständigen hinterpommerschen Lizenten und das Heranrücken an die Oder war, so brachte der Friedensvertrag doch keine tiefgreifenden Veränderungen. Das Verbot des Festungsbaus in dem hinzugewonnenen Gebiet wog sicher geringer als der nach wie vor von Schweden verwehrte Ostseezugang über die Oder.

Für Pommern war die Bilanz nach dem Frieden von Saint-Germain fatal. Nur sieben Jahre nach den Schrecken und Verwüstungen des Dreißigjährigen Kriegs waren die Greuel des Krieges in das Land zurückgekehrt und sollten im nächsten Vierteljahrhundert für zehn Jahre, zuerst 1655 bis 1660 und dann wieder 1674 bis 1678, das Land erneut überziehen. Wenn auch in der Auseinandersetzung zwischen Brandenburg und Schweden Hinterpommern im Vergleich zu Vorpommern in geringerem Umfang in die Kriegshandlungen eingebunden war, so hat es doch erhebliche Schäden erlitten. Der Aufschwung nach den Krisen der dreißiger und vierziger Jahre war im Keim erstickt worden.

Vom Landesregiment zum Verwaltungs- und Wirtschaftsstaat

Nach der Regimentsverfassung von 1654 hatte sich die Verfassung Pommerns im Vergleich zur herzoglichen Zeit zwar verändert, doch stand sie weiterhin unter dem starken Einfluß der Landstände, auch wenn sich diese zu Zugeständnissen gegenüber der Krongewalt hatten bereit finden müssen. Die Verfassung des Landesregiments basierte auf einem Kompromiß, den beide Seiten als Grundlagenvertrag akzeptiert hatten. Von einem Ausschalten der Landstände aus der Landesverwaltung kann keine Rede sein, wie vielfach in der Literatur mit Verweis auf die Entwicklung in Brandenburg und Preußen behauptet wird.[43]

Der frühabsolutistische Zentralstaat war in Pommern 1654 noch nicht geboren, doch sollte er bald gegen die Landstände auftreten. Der Primat des Militärs, dem das Kurfürstentum bereits unter Friedrich Wilhelm alles unterzuordnen gedachte, erforderte vielfältige Veränderungen in der Verwaltung der Provinz. Gemeinsam mit dem Ausbau des Militärs setzte der Staat die Strukturen durch, die schließlich in den preußischen Verwaltungsstaat einmündeten.[44]

MILITÄR UND HEERESVERFASSUNG

Als am 6. Juni 1653 die schwedischen Besatzungstruppen die Kolberger Festung räumten und noch am selben Tag vier brandenburgische Kompanien mit Artillerie unter dem Kommando des Oberstleutnants Bogislaw von Schwerin das von den Schweden vertragsgemäß zurückgelassene Festungsgeschütz übernahmen, war dies nicht nur der offizielle militärische Akt der Inbesitznahme Hinterpommerns durch Brandenburg, sondern der Kurfürst demonstrierte hiermit sofort seinen Willen, auch in der neugewonnenen Provinz einen Teil seines stehenden Heeres zu stationieren. Nach den schlechten Erfahrungen, die die Bevölkerung mit den im Land stationierten und unterhaltenen schwedischen Truppen gemacht hatte, mußte eine dauerhaft besetzte Garnison in Kolberg auf große Ablehnung stoßen, und die Landstände reagierten auf dem Stargarder Landtag gegenüber diesen Plänen des Kurfürsten auch entsprechend; doch gelang es dem neuen Souverän und seinen Unterhändlern schließlich, mit dem Hinweis auf die vielen Gefahren, die der Provinz drohten, den Landständen nicht nur ein Zugeständnis abzuringen, sondern auch noch die Übernahme der erforderlichen Kosten für den Unterhalt der Truppen, die auf jährlich 36 000 Taler veranschlagt wurden. Aus der Sicht des Brandenburgers dürfte dieses Zugeständnis der Landstände langfristig der wichtigste Erfolg gewesen sein.[45]

Bereits 1644 hatte Kurfürst Friedrich Wilhelm begonnen, sein Heer umzuformen. Bei der Regierungsübernahme 1640 hielt Brandenburg eine Söldnertruppe von 4500 Mann unter Waffen, die nicht nur auf den Kurfürsten, sondern auch auf die militärischen Führer und den Kaiser vereidigt war. Einzelne Truppenteile waren nur sehr schwer zu disziplinieren, so daß der Kurfürst begann, die für ihn gefährlichen Teile seines Heeres aufzulösen und sie durch Neuanwerbungen zu ersetzen.[46] Zugleich war er darauf bedacht, die Stärke seines Heeres zu vergrößern. Schon 1646 verfügte er über 8000 Mann, und als er 1651 gegen Pfalz-Neuburg rückte, zählte sein Heer bereits 16 000 Mann. Im Schwedisch-Polnischen Krieg führte er 1656 an der Seite Schwedens dann bereits 26 000 Soldaten gegen Warschau, darunter erstmals auch eine größere Zahl aus Pommern. Zwar wurde ein Teil dieses Heeres nach dem Frieden von Oliva wieder aufgelöst, doch konnte Friedrich Wilhelms Nachfolger, als er 1688 den Thron bestieg, über ein Heer von 30 000 Mann verfügen. König Friedrich I. in Preußen hat der Vergrößerung seines Heeres weniger Beachtung geschenkt und den Bestand nur geringfügig erweitert, so daß die Truppenstärke sich bei seinem Tod 1713 auf 38 000 Mann belief. Damit hatte jedoch Brandenburg-Preußen den Anschluß an mittlere Reichsterritorien wie Sachsen geschafft, dessen Heer etwa die gleiche Stärke aufwies.[47]

Die entscheidende Veränderung der Heeresverfassung war jedoch der *miles perpetuus.* Der Große Kurfürst hatte früh die Möglichkeiten erkannt, die ihm ein großes stehendes Heer eröffnete. »Alliancen seindt zwar gutt«, schrieb er 1667 in seinem politischen Testament, »aber eigene Krefte noch besser, darauf kan man Sich sicherer verlassen, und ist ein herr in keiner consideration, wan er selbst nicht mittel und volck (das heißt Soldaten, M. Sch.) hätt, den das hatt mich, von der zeitt des Ich also gehalten, ... considerabell gemacht.«[48] Neue außenpolitische Spielräume ließen sich mit einer starken Militärmacht gewinnen, der Platz Brandenburgs im deutschen und europäischen Mächtesystem sichern, aber auch nach innen ließ sich so der herrschaftliche Anspruch nach Souveränität durchsetzen.

Die Frage des stehenden Heeres wurde in Brandenburg zu einer Frage der Staatsräson. Nach dem Dreißigjährigen Krieg verfügten die Herrscher in Deutschland jedoch noch nicht über die absolutistische Autorität des folgenden Jahrhunderts, solches gegen den Widerstand der Landstände zu verwirklichen. Für den Kurfürsten galt es, diesen zunächst zu brechen oder die Landstände für die Interessen des Staates zu gewinnen. In den einzelnen Provinzen geschah dies zeitlich versetzt und in durchaus unterschiedlicher Form. Während der Kurfürst bereits 1653 die Rechte der Landstände in Brandenburg empfindlich einschränkte,[49] hat er sie in Pommern eher durch geschmeidige Verhandlungen zu gewinnen gesucht.[50] Auf Dauer gesehen war das Ergebnis das gleiche. Die Landstände mußten dem Unterhalt des stehenden Heeres zustimmen. Die pommerschen Stände griffen jedoch auch nach dem Landtag von Stargard in die Außenpolitik des Landesherrn und damit in die Militärführung ein, so im Schwedisch-Polnischen Krieg, als sie sich aufgrund alter Bindungen des Adels nach Polen für eine Neutralität der Provinz aussprachen und militärischen Unternehmungen die Unterstützung verweigerten.

Als besonders drückend wurden in Pommern die umfangreichen Werbungen empfunden, gegen die einzelne Stände immer wieder Protest erhoben. Vor allem unter dem Großen Kurfürsten und seinem Sohn lastete die gewaltsame Aushebung von Soldaten schwer auf dem Land. Bereits 1659 erhob die Stadt Stargard Beschwerde gegen die Gewaltanwendung des Rittmeisters Grape bei der Soldatenwerbung, und die Archive sind voll von solchen Eingaben der pommerschen Städte und des Adels, der sich durch diese Maßnahmen seiner dienstpflichtigen Knechte beraubt sah.[51] König Friedrich Wilhelm I. versuchte zeitweise den Klagen zu begegnen, indem er die Werbung ausländischer Soldaten forcierte und fast tausend Anwerber in fremde Territorien entsandte. Infolge der außenpolitischen Verwicklungen, die diese berüchtigte brandenburgische Praxis hervorrief, mußte er jedoch wieder verstärkt auf inländische Truppenwerbungen zurückgreifen.[52]

In Pommern, das unter dem Großen Kurfürsten und seinem Sohn immer wieder Aufmarschgebiet für militärische Operationen der Schweden und Polen war, galt das Hauptaugenmerk der Verwaltung dem Ausbau der Garnison in Kolberg. Mit dem Ausbau der Festungsanlagen wurde noch 1653 begonnen. Zu ihrer Finanzierung griff man auf den kurfürstlichen Anteil der Lizenten zurück, die von Juni 1653 bis Michaelis 1668 genau 49 728 Taler einbrachten, wovon 46 000 Taler in den Festungsbau flossen. Nach 1669 wurden die Lizenten nicht mehr von der Amtskammer vereinnahmt, sondern gingen gleich an die Kolberger Kriegskasse.[53] Neben Kolberg befestigte man nach dem Frieden von Saint-Germain-en-Laye 1679 auch Stargard mit großem Aufwand. Mit der Besetzung Stettins 1713 gelangte die zweite große Festungsanlage Pommerns in brandenburgischen Besitz. Sie wurde neben Kolberg die wichtigste Militärgarnison in Pommern.

Das von seinem Großvater begonnene Werk vollendete dann Friedrich Wilhelm I., dessen Reform der Heeres- und Militärverfassung, die schließlich zu einer Militarisierung großer Teile der preußischen Bevölkerung führte, ihm den Beinamen des Soldatenkönigs einbrachte.[54] Begleitet von einer umfassenden Verwaltungsreform, deren Erfolg ihm erst die finanziellen Freiräume schuf, erließ der König am 15. September 1733 das Kantonsreglement.[55] Der gutsuntertänige Bauer wurde nun zum Soldaten auf Lebenszeit, der im Herbst zum Exerzieren eingezogen und im Frühjahr und Sommer zur Saat und Ernte auf seine Felder entlassen wurde. Oft war der Gutsherr auch sein militärischer Vorgesetzter, so daß dieser ebenfalls ein Interesse an der rechtzeitigen Beurlaubung seiner Soldaten haben mußte.

Mit der Kantonsverfassung wurde ein Verfahren legalisiert und in feste Bahnen gelenkt, das bereits zuvor aus wilder Wurzel gewachsen war. Die Gutsherren, die zugleich als Obristen dienten, waren dazu übergegangen, ihre untertänigen Bauern in ihre Kompanien zu zwingen, und sie scheuten sich nicht, dies auf Untertanen anderer Gutsherrschaften auszudehnen. Nun trat an die Stelle des grundherrlichen Zwangs die staatliche Verordnung.[56]

Für Preußen und insbesondere das agrarisch geprägte und bevölkerungsarme Pommern bot das neue Reglement einen großen Vorteil, indem es die militärischen Bedürfnisse des aufstrebenden absolutistischen Staates mit den wirtschaftlichen Notwendigkeiten verband und der Aufbau des Heeres nicht zwangsläufig zu Lasten der dringend benötigten Arbeitskräfte auf dem Land erfolgte.

Mit dem neuen Reglement waren tiefgreifende Veränderungen in der rechtlichen Stellung der Untertanen verbunden, die nun vielfach aus der Gerichtsbarkeit des Gutsherrn herausgenommen und der Militärgerichtsbarkeit unterstellt wurden.[57] Hiergegen lief der pommersche Adel Sturm. In einer Petition an den König beklagte er sich, der Bauer würde dem Gutsherrn entfremdet, stünde nicht mehr unter der Gutsobrigkeit, sondern unter der Aushebungsbehörde, auch erteile künftig diese und nicht mehr der Gutsherr die Erlaubnis zum Heiraten.[58] Durchsetzen konnte er sich mit diesen Beschwerden jedoch nicht.

Grundlage der neuen Heeresverfassung wurde ein festes Kantonssystem, das in Anlehnung an die Kreisgliederung die Bewohner einzelner Dörfer bestimmten Regimentern und Kompanien zur Rekrutierung zuwies. Damit wirkte der Staat einer möglichen Konkurrenz der Regimentskommandeure und der bisher üblichen Gewaltanwendung bei der Anwerbung entgegen. Alle männlichen Untertanen des Königs wurden listenmäßig erfaßt (enrolliert) und entsprechend ihrem Wohnort einem Regiment zugeteilt, dem sie künftig dienen sollten. Erfaßt wurde jedoch nur die gutsuntertänige landsässige Bevölkerung, die städtische Bevölkerung und die »mit Haus und Hof Ansässigen« waren von Kriegsdienstleistung weitgehend befreit.[59] Die pommerschen Bauernburschen wurden auf diese Weise den Infanterieregimentern 7, 8, 17, 22, 30 sowie den Dragonerregimentern 1, 2 und 5 zugewiesen.[60] Jeder Enrollierte erhielt einen Militärpaß und mußte in der Öffentlichkeit einen kleinen Püschel am Hut tragen, der ihn für jedermann sichtbar als einen potentiellen Soldaten des Königs auswies. Aus den gutsuntertänigen Bauern waren Männer des Königs geworden, der Dynastie und dem Staat verpflichtet.[61]

Mit der Neuordnung der Heeresverfassung war eine Fülle von Bestimmungen verbunden, die der Erhaltung des Bauernstandes als Rekrutenreservoir dienten. Diese Bauernschutzpolitik jedoch allein auf militärische Bedürfnisse zu reduzieren, hieße die Intentionen des absolutistischen Staates zu verengen. Immer waren solche Maßnahmen zugleich Eingriffe in die Wirtschafts- und Sozialverfassung des Landes und kamen letztlich auch den adligen Grundherren zugute, indem sie häufig den Bestand der Gutswirtschaften in adliger Hand festschrieben.[62]

Ein wichtiges Element der Militarisierung der vor allem ländlichen Gesellschaft war neben der Herausbildung des Kantonsreglements die etwa gleichzeitig in Angriff genommene Schaffung eines modernen preußischen Offizierskorps.[63] Standen bisher viele Adlige in ausländischen Diensten unter Waffen, so wurde ihnen dies vom Soldatenkönig nunmehr untersagt. Der einheimische Adel, der in Pommern seine Ausbildung vor allem im Kolberger Kadettenhaus erhielt, bildete von nun an das Rückgrat der preußischen Armee; alle seine waffenfähigen Mitglieder wurden listenmäßig erfaßt, wenn man auch den Begriff »enrollieren« vermied. Der König selbst wählte aus den ihm vorgelegten Listen diejenigen aus, die in den Kadettenanstalten eine militärische Ausbildung erhalten sollten, und garantierte den Familien die Unterweisung ihrer Söhne nicht nur in den militärisch erforderlichen Bereichen, sondern ließ den Kadetten auch eine breite Allgemeinbildung bis hin zum Reit-, Fecht- und Tanzunterricht zukommen. Gerade für den ärmeren pommerschen Adel bot sich hier eine Gelegenheit, seinem Nachwuchs einen Bildungsstand zu ermöglichen, den viele Junker aus eigenen Mitteln nicht finanzieren konnten. Im pommerschen Adel gewann damit das preußische Offizierskorps eine ganz besondere Anziehungskraft.

König und militärischer Adel gingen eine enge Verbindung ein, indem der Offizier künftig auf den König und den Staat eingeschworen wurde und der innere Ehrenkodex das Pflichtbewußtsein im Königsdienst zu einer Grundtugend erhob. Erkauft wurde diese Loyalität durch eine bewußte Heraushebung und Abschottung des Adels gegen alle Nichtgedienten wie die städtischen Bürger und die Enrollierten, die für den Offiziersstand nicht in Betracht kamen. Seine Vorliebe für den Offizier brachte seit den Zeiten Friedrich Wilhelms I. der König rein äußerlich schon dadurch zum Ausdruck, daß er sich stets in der Uniform seiner Leibregimenter zeigte. Zudem wachte er persönlich über die Ausbildung der zukünftigen Offiziere, die nach der Auflösung der Kadettenschule in Kolberg 1716 ausschließlich in Berlin in der Nähe des Monarchen möglich war.[64] Auch nach dem Ausscheiden aus dem aktiven Militärdienst war der König persönlich an dem Wohlergehen seiner Offiziere interessiert, und Berichte der regelmäßigen königlichen Revuen in den Provinzen, insbesondere in Pommern, legen hiervon ein beredtes Zeugnis ab. So war die Ausbildung des Offizierskorps ein wichtiger Bestandteil in dem langen Verschmelzungsprozeß des einst landständigen Adels mit den Interessen des absolutistischen Staates. An seinem Ende steht jedoch auch in Pommern eine militärisch geprägte Gesellschaftsform, die nicht zuletzt zu der unglücklichen Entwicklung Preußens und Deutschlands beigetragen hat.[65]

LANDESHERRLICHE DOMÄNEN- UND FINANZVERWALTUNG

Die Hauptarbeit der neuen Verwaltung lastete auf der Amtskammer, die für eine Hebung der Domäneneinkünfte sorgen mußte. Die Ausgangssituation war 1654 jedoch denkbar schlecht. Von sechzehn Domänenämtern befanden sich Stolp und Treptow an der Rega noch in den Händen der Herzogswitwen, Pyritz, Belgard und Bublitz waren verpfändet und viele Ämter mit hohen Hypotheken belastet.[66]

Weitgehend frei von fremden Lasten waren lediglich die Ämter Neustettin, Rügenwalde, Kolberg, Kasimirsburg, Körlin und Köslin. Der Zustand vieler Wirtschaftshöfe war so katastrophal, daß in den nächsten Jahren die erforderlichen Investitionen die Einkünfte übersteigen mußten. Eine straffe Finanzverwaltung der einzelnen Domänen war daher dringend erforderlich. Sie kommt in Verfügungen über eine ordentliche Rechnungslegung und in einer Neuordnung der Gehaltsregelung für die Amtshauptleute zum Ausdruck, die künftig auf ihr Deputat verzichten mußten und statt dessen ein festes Bargehalt bezogen.[67] Eine Besserung der wirtschaftlichen Situation erfolgte jedoch nur sehr langsam.

An sonstigen laufenden Einkünften standen unmittelbar nach dem Dreißigjährigen Krieg nur noch die spärlichen Regalien, die Zölle und halben Lizenten der Hafenstädte zur Verfügung, deren Erträge aufgrund des geringen Handelsvolumens der hinterpommerschen Städte die schwierige Finanzsituation kaum zu bessern vermochten. Zwar hatten die Landstände dem Landesherrn 320 000 Taler bewilligt, doch wurde die Summe auf acht Jahre gestreckt und zu zwei Dritteln unter landständischer Kontrolle zur Entpfändung der Domänen verwendet. Die Kammer konnte lediglich mit 105 334 Talern rechnen, deren Zahlung in vier jährlichen Raten zugesagt war.[68] Hiervon sollten alle laufenden Kosten, die Gehälter des Personals und der Unterhalt der Kolberger Garnison bestritten werden, die allein bereits weit mehr als die zur Verfügung stehende Summe verschlang. Ein ausgeglichener Haushalt war unter diesen Voraussetzungen kaum möglich.

Die Vergrößerung des stehenden Heeres und insbesondere die Anwerbung von ausländischen Soldaten verursachten ständig steigende Kosten, die aus dem Land gedeckt werden mußten. Um die Bedürfnisse des Heeres zu befriedigen, schuf man daher nach dem Vorbild Brandenburgs ein für die Provinzen Pommern und Neumark gemeinsames Kriegskommissariat, dessen Leitung dem Oberkriegskommissar Wedego von Bonin übertragen wurde. Das Kriegskommissariat war im Gegensatz zur allgemeinen Provinzialverwaltung von den Landständen völlig unabhängig und unterstand ausschließlich der Krongewalt. Noch unter dem Großen Kurfürsten entwickelte sich dieses zu einer zentralen Behörde der Finanz- und Wirtschaftsverwaltung Pommerns. Auf lokaler Ebene standen dem Kriegskommissariat die Kriegskommissare auf dem Land und die Steuerkommissare in den Städten zur Verfügung. Zunächst waren diese Ämter lediglich auf Kriegszeiten beschränkt, mit der Etablierung eines stehenden Heeres erhielten jedoch auch sie seit 1660 einen dauerhaften Charakter.

Ursprünglich war es die Aufgabe der Steuerkommissare, für die Einquartierung der Truppen und ihre Versorgung die erforderlichen Vorkehrungen zu treffen, doch mit den zunehmenden finanziellen Bedürfnissen des Heeres und nach der allmählichen Aufhebung der Landfolge wuchs ihnen die Aufgabe zu, die nun ohne Beteiligung der Stände erhobenen ständigen Kontributionen einzuziehen.[69] Grundlage der Kontributionserhebung, die die häufigen und vielfach beklagten Geldforderungen des Heeres im Land in geregelte Bahnen lenken sollte, war die Hufenmatrikel von 1628 mit den Modifikationen, die die Ritterschaft auf dem Landtag von Stargard zu ihren Gunsten durchsetzen konnte.[70] Früh zeigte sich, daß eine Neuordnung der Hufenmatrikel erforderlich war. So beschlossen die Landstände bereits 1661 eine Visitation der Landhufen und erließen am 12. Juni 1667 eine Instruktion zur Neuvermessung des landwirtschaftlichen Nutzlandes. Doch erst 1673 fertigte man die sogenannte pommersche Lustrationsmatrikel, die alle steuerpflichtigen Bauern, geordnet nach den ritterschaftlichen Bezirken, aufführte. Zahlreiche Ungenauigkeiten veranlaßten die kurfürstliche Verwaltung jedoch 1680 zu einer Prüfung, und 1684 verfügte der Kurfürst auf Veranlassung der Stände eine erneute Untersuchung des Hufenstandes. Die Ritterschaft verstand es dabei geschickt, nicht nur ihre Hufen von den Kontributionen freizuhalten, sondern auch eine große Zahl der zu ihrem Besitz gelegten steuerpflichtigen Hufen von Zahlungen zu befreien. Statt bisher etwa 21 000 zählte die Matrikel nur noch 16 300 steuer-

Belgard ist eine der ältesten Städte Pommerns, von denen sich schriftliche Zeugnisse erhalten haben. Für kurze Zeit war etwa 1070 der alte wendische Burgort, wohl eine der Hauptresidenzen der regierenden Fürsten dieser Zeit, als Bischofssitz für eine Neugründung eines pommerschen Bistums auserkoren, doch scheint dieses Vorhaben am Widerstand der einheimischen Bevölkerung gescheitert zu sein. Im Mittelalter erlebte Belgard eine weitgehend kontinuierliche Entwicklung und erreichte zu Beginn des Dreißigjährigen Krieges die durchaus beachtliche Zahl von rund 3000 Einwohnern. Doch nun zog die Kriegsfurie über das Land. Innerhalb von nur zehn Jahren fiel ihr jeder zweite Bürger Belgards durch Tod, Flucht oder Vertreibung zum Opfer. Erst im 18. Jahrhundert dehnte sich das Gemeinwesen über seine alten Stadtgrenzen hinaus aus. Im Westen entstand die Körliner, im Osten die Kösliner Vorstadt.

In dem weitgehend von kleineren ländlichen Siedlungen geprägten Pommern kam den wenigen Landstädten bis ins 20. Jahrhundert eine wichtige Funktion für die Landbevölkerung zu, die hier ihre Waren auf dem heimischen Markt absetzte und sich mit den Dingen des Alltags versorgte, die in den Dörfern nicht zu bekommen waren. An Markttagen waren Marktflecken wie in Schlawe überfüllt von Bauern und Fuhrleuten, die mit ihren ein- oder zweispännigen »Panjewagen«, einem für die Region typischen zweiachsigen Holzkastenwagen, in die Stadt kamen und ihre Geschäfte abwickelten.

pflichtige Hufen.[71] Die Steuerausfälle mußten von den Städten aufgefangen werden, deren Lasten sich nun erhöhten.

Bereits 1680 hegte die Regierung den Wunsch, die in der Mark eingeführte Akzise in Pommern zu übernehmen und damit in den Städten die drückenden und als ungerecht empfundenen Kontributionen abzulösen. Ihr Vorschlag stieß jedoch auf den Widerstand der bedeutenderen städtischen Magistrate, obwohl die in Anschlag gebrachte Taxe deutlich unter der für die Mark gültigen lag. Die Verhandlungen zogen sich bis 1682 hin, und nachdem keine Einigung zu erzielen war, wurde die Akzise durch kurfürstlichen Erlaß den Städten oktroyiert. Trotz zahlreicher Ungenauigkeiten, die erst mit der Einführung der märkischen Steuer- und Konsumtionsordnung von 1685 abgestellt wurden, machte sich rasch eine Hebung der städtischen Steuereinkünfte bemerkbar. Zudem hatte die Akzise als Verbrauchssteuer den Vorteil, daß indirekt auch der von Steuerzahlungen befreite Adel beim Handel in der Stadt an den Steuerleistungen beteiligt war. Somit hatte die Steuerlast eine breitere Basis gefunden.[72]

Die Erhebung der Akzise lag in den Händen der städtischen Steuerräte, die zugleich massiv in die Wirtschaftspolitik der Kommunen eingriffen, um mit der Hebung von Handel und Gewerbe auch das Steueraufkommen zu vergrößern. Ein Steuerrat war dabei für zehn bis fünfzehn kleinere Städte zuständig. Diese staatliche Intervention rief geradezu zwangsläufig den Widerstand der Magistrate hervor, die zahlreiche staatliche Maßnahmen wie den Ausbau der Häfen mißtrauisch und ablehnend verfolgten.[73]

Noch unter dem Großen Kurfürsten bahnten sich somit grundlegende Veränderungen in der staatlichen Finanz- und Wirtschaftsverwaltung an. Die Einkünfte aus den Domänen stiegen schließlich 1680/81 auf 58 000 Taler, und 1688 konnten sogar 73 000 Taler erzielt werden.[74] Um die Erträge weiter zu steigern und die Kosten im Gegenzug zu minimieren, ging die Kammer zunehmend dazu über, die Domänen zu verpachten. Die dabei gewählte Form der Generalpacht stieß auf heftigen Widerstand der Ritterschaft, die sich von einer stärker parzellierten Verpachtungsform größere Vorteile versprach.[75]

Die Lizenteinkünfte stiegen zwar nach dem Erwerb des schwedischen Anteils an, doch die Spitzenwerte von 1658/59, als die hinterpommerschen Häfen ihr Handelsvolumen durch die Blockade der preußischen Häfen deutlich steigerten, wurden nicht mehr erreicht. Die von den Schweden praktizierte Anhebung der Lizentsätze vollzog Brandenburg nicht nach.[76] Vergleichsweise gering waren auch die Zolleinkünfte, die mit großem Nachdruck in Pommern eingefordert wurden und häufig Anlaß zu Streitigkeiten mit Schweden gaben.[77]

In der Provinz Pommern bestanden zu Beginn des 18. Jahrhunderts ebenso wie auf der zentralen Regierungsebene des brandenburgisch-preußischen Staates zwei konkurrierende Finanzverwaltungen nebeneinander, die verschiedene Interessen verfolgten und eine unterschiedliche Klientel bedachten. Während das Kriegskommissariat sich in erster Linie um die Städte sowie Handel und Gewerbe kümmerte, widmete sich die Amtskammer vor allem dem Land und der Förderung der Landwirtschaft sowie in geringem Umfang dem ländlichen Gewerbe. Das Nebeneinander beider Behörden war nicht ohne Rivalitäten und Reibungsverluste, die häufig Anlaß zu Klagen gaben. Hinzu traten eine unvollkommene Aufgabenwahrnehmung und Nachlässigkeiten der Beamten, so daß eine Verwaltungsreform letztlich unerläßlich war.

Friedrich Wilhelm I. vollzog diesen erforderlichen Wandel gleichsam mit einem Federstrich zu Weihnachten 1722, als er in der Einsamkeit des Jagdschlosses Schönebeck eine Instruktion an den Staatsminister Heinrich Rüdiger von Ilgen entwarf und darin mit dem General-Ober-Finanz-, Kriegs- und Domänendirectorium (kurz Generaldirektorium) die neue oberste Finanz- und Wirtschaftsbehörde schuf. In Pommern erfolgte wenig später die Zusammenlegung der Amtskammer und des Kriegskommissariats zur Königlich Preußischen Pommerschen Kriegs- und Domänenkammer.[78] Schnell entwikkelte sich diese zur preußischen Zentralbehörde in der Provinz, während die Regierung immer stärker auf eine Funktion als oberstes Landgericht für Hinterpommern und das 1720 gewonnene Altvorpommern eingeschränkt wurde. Noch im selben Jahr siedelten die Regierung und die Kriegs- und Domänenkammer von Stargard, das 1668 als Regierungssitz an die Stelle Kolbergs getreten war, nach Stettin über. Die Kriegs- und Domänenkammer war für alle Landes-, Polizei-, Forst-, Manufaktur-, Fabriken-, Gewerks-, Kameral-, Finanz- und Kassensachen zuständig und erfaßte damit mit Ausnahme der Justiz- und Kirchenangelegenheiten alle wichtigen Bereiche der Provinzialverwaltung.[79] Um ihre Effizienz zu steigern, errichtete man 1726 unter dem Kriegs- und Domänenrat Winkelmann ein besonderes Rechnungsdepartement zur Abnahme aller Rechnungen.[80] Bereits 1724 war ein Medizinal- und Sanitätskollegium der Kriegs- und Domänenkammer angegliedert worden.[81]

Die lokale Verwaltung lag bei den Kreisdirektoren und Landräten. Bereits unter Friedrich I. hatte sich in Pommern die Praxis herausgebildet, für die Stellen der Kriegskommissare, die den Titel von Kreisdirektoren annahmen, und der Landräte dieselbe Person zu präsentieren. So wurde der ständische Landrat in Personalunion mit dem staatlichen Kreisdirektor vereinigt. Diese keineswegs regelmäßig vollzogene Praxis griff Friedrich Wilhelm I. im Jahre 1714 auf, indem er den neuen preußischen Landrat schuf. Der ständische Landrat wurde abgeschafft, und man beließ nur die Kreisdirektoren in ihrer Funktion; diese führten nun den Titel Landrat, wurden künftig von den Ständen präsentiert, aber vom König ernannt.[82] Gegenüber den Zentralbehörden waren sie weisungsgebunden und berichtspflichtig, womit der Landrat eine Zwitterstellung zwischen staatlicher Gewalt und ständischer Selbstverwaltung erhielt. Nach dem Übergang Altvorpommerns an Preußen vollzog sich dort die gleiche Entwicklung.

Bereits 1715 war eine Generalkommission zur Respizierung der pommerschen Steuer- und rathäuslichen Verhältnisse eingesetzt worden, die einerseits den gesamten Grund und Boden des Landes neu katastieren und klassifizieren sowie auf der gewonnenen Grundlage die Kontributionen neu regeln, andererseits Vorschläge zu einer Verbesserung der städtischen Verwaltung, insbesondere des Kassen- und Bauwesens, unterbreiten sollte. Das Ergebnis war die Hufenklassifikation von 1717/19, ein vollständiges und die gesamte Provinz umfassendes Kataster, das einem vorgegebenen Frageschema folgend eine Beschreibung der ritterschaftlichen Güter bietet.[83] Die Kommission – bestehend aus dem Generalmajor von Blankensee-Wulkow, nach dem sie auch ihren Namen trägt, dem Hofrat Johann Albrecht von Laurent-Stargard und dem Landrat Heinrich Friedrich von Pelow-Peetz – reiste in jeden pommerschen Kreis und befragte Adlige, Pfarrer, Verwalter, Bauern, Kossäten und Büdner nach den örtlichen Verhältnissen. Für die Befragung wurden die gutsuntertänigen Bauern eigens von ihrem Eid gegenüber dem Gutsherrn befreit, so daß die Blankenseesche Hufenmatrikel verläßliche Angaben über die Wirtschaftskraft und das Sozialgefüge der Gutsherrschaften bieten dürfte.[84]

Etwa gleichzeitig ordnete der König die Aufhebung der Erbpacht für den ganzen Staat und die Einführung sechsjähriger Pachtperioden an. Diese Veränderung wurde von der pommerschen Amtskammer energisch durchgesetzt, so daß 1716 in Hinterpommern nur noch fünf landesherrliche Vorwerke bestanden, die in Erbpacht ausgegeben waren. Die Kammer widersprach jedoch der königlichen Praxis, die Domänenämter in Generalpacht zu vergeben, und verwies auf die für Pommern schädlichen Folgen. Eine königliche Kommission wurde daraufhin mit der Untersuchung der Pachtverhältnisse beauftragt und ließ als Ergebnis die Kammer wissen, daß »Seine Majestät die Generalpacht ohne jegliche Widerrede und fernere Remonstration introduziert wissen wolle«. Wenige Jahre später war ein großer Teil der Ämter in Generalpacht vergeben.[85]

Die 1723 eingeführte Finanz- und Wirtschaftsverwaltung durch das Kriegs- und Domänenamt zeigte rasch Erfolge, wenn auch Auseinandersetzungen mit anderen Behörden um die Zuständigkeit nicht ausblieben. Wie zwischen dem Oberpräsidenten Grumbkow und dem Kammerdirektor Aschersleben waren sie jedoch häufig persönlicher Natur.[86] Die Effizienz gab daher Friedrich II. kaum Anlaß, die Behördenorganisation seines Vaters grundlegend zu verändern. Lediglich 1741 fügte er der Kammer ein Kommerzkollegium an, dessen Aufgaben vor allem die Errichtung von Manufakturen und die Förderung des Handels waren.[87] Die wirtschaftliche Entwicklung Pommerns und das mit ihr verbundene Bevölkerungswachstum auf dem Land und in den Städten erforderten schließlich mehr Kammerpersonal. Um gleichzeitig in der räumlich sehr ausgedehnten Provinz eine bessere regionale Präsenz zu erreichen, errichtete Friedrich II. im Jahre 1764 auf Antrag der Kammer eine zweite in Köslin. Sie verwaltete weitgehend eigenständig die sogenannten acht Hinterkreise, blieb aber unter der Aufsicht des Stettiner Kammerpräsidenten.[88]

Der Aufbau einer modernen Bürokratie vor allem in der Finanz- und Wirtschaftsverwaltung war in Preußen eng verbunden mit einem neuen Typ des Verwaltungsbeamten, der in ein unmittelbares Loyalitätsverhältnis zur absolutistischen Krongewalt trat. Vom Landesherrn besoldet und in seiner Tätigkeit ihm und seiner Verwaltung rechenschaftspflichtig, vollzog er Mitte des 18. Jahrhunderts endgültig den Wandel zum preußischen Staatsbeamten. Beispielgebend war hier der König, der sich wie Friedrich Wilhelm I. und vor allem Friedrich II. als erster Beamter seines Staates verstand und vielfach direkt und unmittelbar in die Verwaltungsangelegenheiten eingriff. Der einzelne Beamte geriet zudem immer stärker unter die Aufsicht des Königs und des Generaldirektoriums, das Nachlässigkeiten in der Dienstpflicht geradezu erbarmungslos ahndete. Wie sehr königliches Lob und Tadel den Beamten prägten, zeigt das Verhältnis Friedrichs II. zu dem pommerschen Kammerpräsidenten von Aschersleben, den er mehrfach wegen nachlässiger Amtsführung scharf rügte, dessen Verdienste um die Hebung der Wirtschaftskraft Pommerns er andererseits aber würdigte.[89] Ständische Elemente traten dagegen zurück oder wurden von staatlichen Funktionen der Amtsträger überlagert, wie dies bei den Landräten zu beobachten ist, die sich immer stärker als staatliche Verwaltungsbeamte verstanden, aber auch dem Staat gegenüber die ständischen Interessen ihrer Kreise zu vertreten wußten.

Bevölkerung und Wirtschaft

Der Dreißigjährige Krieg hat in Pommern schwer gewütet und dem Land großen Schaden zugefügt. Viele Menschen fielen dem Krieg zum Opfer oder verließen das Land, so daß man die Bevölkerungsverluste auf zwei Drittel des Vorkriegsstandes beziffert hat. Vor allem das flache Land hatte schwer zu leiden, aber auch zahlreiche hinterpommersche Städte wie Bärwalde, Kolberg, Naugard, Regenwalde, Rügenwalde, Rummelsburg oder Stargard wurden in Brand gesteckt. Verläßliche statistische Angaben liegen nicht vor, und die einzelnen Berichte der Magistrate sind sicher in manchen Fällen übertrieben, dennoch dürfte Pommern zu den am stärksten in Mitleidenschaft gezogenen Regionen zählen.[90]

Auch in den Nachkriegsjahren besserte sich die Situation kaum. Immer wieder war Pommern Kriegsschauplatz mit all seinen verheerenden Folgen. Neben den zahlreichen Kriegszügen dezimierten zudem Hungersnöte und Krankheiten die Bevölkerung in erheblichem Umfang. Besonders heftig wütete von 1709 bis 1711 die Pest in Pommern, der an manchen Orten ein Drittel der Bevölkerung zum Opfer fiel.[91] Ein größeres Bevölkerungswachstum oder gar ein Ausgleich der Bevölkerungsverluste des Dreißigjährigen Krieges war daher in dieser Zeit kaum möglich, obwohl die Verwaltung immer wieder durch eine gezielte Peuplierungspolitik die Verluste auszugleichen suchte. So lebten beim Tode des Großen Kurfürsten 1688 in Pommern kaum mehr als 115 000 Einwohner.[92] Im Verlauf des 18. Jahrhunderts stieg dann die Bevölkerungszahl trotz eines umfangreichen Aderlasses in den friderizianischen Kriegen in der um Altvorpommern vergrößerten Provinz allmählich auf 438 700 Menschen im Jahr 1786 an.[93]

AGRARWIRTSCHAFT UND SOZIALE LAGE DER BAUERN

Der wichtigste Erwerbs- und Wirtschaftszweig Pommerns war die Landwirtschaft, von der der überwiegende Teil der Bevölkerung zumeist mehr schlecht als recht lebte. Doch gerade hier waren die Auswirkungen des Dreißigjährigen Krieges besonders deutlich zu spüren. Viele der bäuerlichen Höfe lagen wüst, Ackerflächen waren von Unkraut und Büschen überwuchert, ganze Dörfer waren von ihren Bewohnern verlassen worden. Bereits in den letzten Kriegsjahren bemühten sich daher die Gutsherren erfolgreich, das von den Bauern verlassene Land ihren Gutsbetrieben und Vorwerken zuzuschlagen. Der allgemeine Arbeitskräftemangel setzte diesem Prozeß jedoch Grenzen, da die Gutsherrschaft darauf bedacht blieb, nur so viel Land an sich zu ziehen, wie auch bewirtschaftet werden konnte. Man setzte auf die Landstellen zumeist Kossäten, Büdner und Kätner, die hierfür Handdienste auf dem Vorwerk leisteten, oder legte sie anderen Höfen zu, um durch die Vergrößerung der Wirtschaftseinheiten zusätzliche Spanndienste zu gewinnen. Dagegen vermied man die Ausgabe des Landbesitzes an entlassene Soldaten, Knechte oder besitzlose Bauern, da diese von dem Gutsherrn mit der Hofwehr auszustatten waren. So entstand der Laßbauer, dessen Rechte an dem Hof auf keinem dinglichen Eigentum oder Erbzinsrecht mehr fußten.

Wie im schwedischen Vorpommern breitete sich in Hinterpommern die Gutsherrschaft aus mit ihrer Gutsuntertänigkeit, Realleibeigenschaft, Schollengebundenheit und ihrem Gesindezwang bei gleichzeitiger Ausweitung des Herrenlandes.[94] Etwa 62 Prozent der Provinz bestanden aus adligen Gutsherrschaften, während der Anteil der Domänen und der erhaltenen Bauernstellen im Vergleich zu anderen brandenburgischen Provinzen in Pommern relativ gering war.[95] Doch die Ausbreitung der Gutsherrschaft in Pommern war nicht zwangsläufig mit einer Ausweitung adligen Besitzes verbunden, da die wirtschaftliche Krise, die in Hinterpommern fast bis zum Ende des 17. Jahrhunderts andauerte und zur Verschuldung zahlreicher adliger Gutsherren geführt hatte, zur zunehmenden Verpachtung und Verpfändung der Gutsherrschaften zwang. Viele Güter wechselten durch Verkauf den Besitzer und gelangten in die Hände von Bürgern, die in Pommern dazu neigten, ihr Geld stärker in Landbesitz zu investieren.

Die Grundlage der Landwirtschaft bildete in der zweiten Hälfte des 17. Jahrhunderts die Dreifelderwirtschaft, die im 18. Jahrhundert allmählich von einer differenzierteren Schlagwirtschaft abgelöst wurde. Mit dieser Mehrfelderwirtschaft von bis zu sechs und mehr Schlägen war eine Neuordnung der Flur verbunden, die Gutsherren häufig dazu nutzten, ihr Herrenland im Streifentausch auf Kosten der Bauernflächen zusammenzulegen, um dem Flurzwang zu entgehen. Im Gegensatz zum schwedischen Vorpommern vollzog sich dieser Prozeß jedoch relativ spät.[96]

Zu den Hauptanbaupflanzen gehörten Getreide wie Weizen, Roggen, Gerste und Hafer, daneben Gemüse, vor allem Erbsen. Bereits im 17. Jahrhundert erreichte Pommern aus der Pfalz der Tabakanbau, der relativ schnell eine Blüte erfuhr; dies hatte eine Ausweitung der Anbauflächen zur Folge.[97] Im 18. Jahrhundert verstärkte sich schließlich der Anbau von Klee als Futterpflanze, und um die Mitte des Jahrhunderts setzte sich nach anfänglichem Zögern und großer Zurückhaltung der Gutsherren und der Bauern der Kartoffelanbau durch.[98] Im letzten Quartal des 18. Jahrhunderts stieg auch der Viehbestand erheblich an, während die in Pommern weit verbreitete Schafzucht an Bedeutung verlor. Die Verwendung von künstlichem Dünger wie Mergel, Gips oder Kalk sowie verbesserte Entwässerungstechniken und Ackergeräte trugen nicht unerheblich zur Steigerung der landwirtschaftlichen Erträge und damit zur Wertsteigerung der Flächen bei. Weitere Neuerungen waren die in Ostpommern mit den Gutswirtschaften verbundenen Teerschwelereien, Kalköfen, Glashütten sowie Öl- und Papiermühlen, die im ausgehenden 18. Jahrhundert von einer verstärkten Verbindung der Landwirtschaft mit kleineren bäuerlichen Gewerbebetrieben zeugen.[99]

Die sozialen Verhältnisse auf dem Land waren von der Erbuntertänigkeit und der Leibeigenschaft der Bauern geprägt. Der freie Bauernstand blieb zwar vielerorts erhalten, doch nahm er kontinuierlich ab. Gleichzeitig verelendete die ländliche Bevölkerung, indem vor allem die Zahl der nach ihren Wohnstätten oder besser Behausungen genannten Häusler, Büdner und Kätner sowie die der völlig landlosen Einlieger, die sich als Tagelöhner verdingten, anwuchs.[100] Wie ärmlich es selbst um die Vollbauernstel-

Bis in unsere Tage prägen ärmliche und karge Hütten und Höfe das Bild der pommerschen Landschaft. Ärmlich waren auch viele Fischerhütten an den Küsten wie das Fischerhaus in Deep an der Mündung der Rega (oben) oder das Rauchhaus in Schlawin (unten), ein kaminloses Gebäude, in dem sich der Rauch im Dachgebälk verfing und über eine einfache Öffnung ins Freie gelangte. Backstein und Ziegel waren in dieser Gegend ein unerschwinglicher Luxus.

len um die Wende zum 18. Jahrhundert bestellt war, verdeutlichen zahlreiche Berichte. Sie schildern den schlechten Zustand der Häuser, die ärmliche Ausstattung der Kammer, verfallene oder schlecht instand gesetzte Öfen. Auch das mangelhafte Ackergerät und der Viehbestand gaben Anlaß zur Klage.[101]

Auf Besserung konnte der Bauer kaum hoffen, zu drückend waren die auf seinem Hof liegenden Lasten wie Pacht und Kontribution. Insbesondere die Frondienste auf dem gutsherrlichen Vorwerk ließen vielerorts nur wenig Freiraum für die Bewirtschaftung des eigenen Hofes. Meist herrschte die extreme Gutsherrschaft mit ungemessenen Diensten vor. Nicht selten leisteten die Bauern an sechs Tagen Spanndienste.[102] Andere Gutsherrschaften forderten geringere Dienste ein. Die Blankenseesche Hufenmatrikel vermittelt ein eindrucksvolles Bild von der Bandbreite der geforderten Leistungen. So reichte im Amt Neustettin der auf dem Gutshof zu leistende Dienst von der Frühstückszeit (etwa halb neun Uhr), bisweilen auch von der Hochfrühstückszeit (11 Uhr) bis zum Abend. Vereinzelt mußten die Bauern jedoch bereits seit Sonnenaufgang dienen.

Ebenso unterschiedlich war die Zahl der zu leistenden Spanndienste. Sie belief sich in der Regel zwar auf sechs Tage, aber auf dem Gut Storkow beispielsweise wurden nur drei Tage eingefordert. Besonders günstig war die Lage der Bauern in Flackenheide, wo ein Grundherr lediglich einen Tag Gespanndienst einforderte, ein anderer sich mit zwei Tagen begnügte. Unterschiedlich geregelt war auch der Umfang der mit den Gespannen zu leistenden Arbeiten, der zwischen einem Viertel und drei Viertel Morgen täglicher Pflugleistung schwankte. Ähnlich verhielt es sich mit den Hand- und Fußdiensten, die innerhalb des Kreises Neustettin sehr unterschiedlich waren. Die umfangreichen Felddienste, zu denen die Bauern nicht selten einen Weg von zehn bis fünfzehn Kilometern zurücklegen mußten, erklären auch die vielen Eintragungen in den Kirchenbüchern, die von der Geburt der Kinder auf dem freien Feld berichten.[103] Zwar liegt bisher keine systematische Auswertung der Hufenmatrikel vor, doch zeigen Stichproben, daß das allgemeine Bild von der extremen Gutsherrschaft in Pommern zwar nicht grundsätzlich revidiert werden muß, jedoch erheblicher Differenzierungen bedarf, insbesondere hinsichtlich der Domänen, auf denen bereits früh die preußischen Könige eine aktive Bauernschutzpolitik durchsetzten, während sie hiermit auf den ritterschaftlichen Gütern scheiterten.

Bauernschutz bedeutete für den preußischen Staat stets auch Soldatenschutz, spätestens seit der Kantonsregelung von 1733, die jeden Bauern zum potentiellen Soldaten machte. So ergingen am 22. November 1709 und am 29. Juni 1714 zwei Edikte zum Bauernschutz, bevor Friedrich Wilhelm I. am 22. März 1719 ein Patent zur Aufhebung der Leibeigenschaft in Hinterpommern erließ, das zunächst in den Ämtern Pyritz und Kolbatz umgesetzt wurde. Dort erhielten die Bauern die Höfe ohne Bezahlung als erbliches Eigentum überschrieben. Die Umsetzung in der ganzen Provinz scheiterte jedoch zunächst am Widerstand der Landstände, die in den königlichen Verfügungen einen Eingriff in ihr Privatrecht sahen. So war auch Friedrich II. zu einer Reihe von Schutzedikten gezwungen. 1749 erging ein königliches Verbot der Einziehung von Bauernhöfen auf den Domänen, bereits ein Jahr zuvor hatte das Generaldirektorium die Verwandlung der ungemessenen Frondienste in gemessene gefordert und die Anzahl der Dienste auf höchstens vier Tage beschränkt. Auch diese Verordnung scheiterte am ständischen Widerstand, lediglich der Pyritzer Landrat du Rosey setzte sich für Reformen ein.[104] Am 12. August 1749 erschien schließlich ein königliches Edikt gegen das Bauernlegen. Letztlich setzte sich die Ritterschaft in Pommern gegen den König durch, so daß die Erbuntertänigkeit und Leibeigenschaft auf den Gütern erst im 19. Jahrhundert abgeschafft werden konnte. Die staatliche Bauernschutzpolitik blieb in Pommern auf die königlichen Ämter beschränkt.

Die königliche Bauernschutzpolitik war jedoch nicht gegen den Adel gerichtet, sondern diente allein der Hebung des Bauernstandes. Das Königtum versuchte daher, die ritterschaftlichen Güter durch vielfältige Verordnungen zu schützen, etwa durch das Verbot, Rittergüter an Bürgerliche zu verkaufen oder zu verpfänden. Dieses Verbot zielte jedoch vielfach ins Leere, nachdem unter Friedrich Wilhelm I. die Allodifizierung der Rittergüter eingesetzt hatte und die Ablösung von Lehnspflichten durch Geldzahlungen zu einer finanziellen Krise vieler Gutsbesitzer führte. Ein regelrechtes Allodifizierungsgesetz erging allerdings erst 1787.[105] So waren vor allem staatliche Hilfen und finanzielle Unterstützung in Form von zinsgünstigen und auf bestimmte Zeit tilgungsfreien Krediten erforderlich, damit umfangreichere Konkurse vermieden wurden. Nicht zuletzt dürfte die Gründung der hinterpommerschen Kreditanstalt im Jahre 1781 eine Reaktion auf die allgemeine Krisenerscheinung der Landwirtschaft gewesen sein, denn ihr erklärtes Ziel war die Sicherung und der Erhalt des Rittergutsbesitzes in der Hand des Adels, der die Basis für die Rekrutierung der preußischen Offiziere bildete. Da die Kreditanstalt gegenüber den Gläubigern haftete, war diesen der direkte Zugriff auf das einzelne Gut verwehrt. Am Ende des Ancien régime hatten sich die Verhältnisse in der Landwirtschaft gegenüber 1653 nicht grundsätzlich verändert, denn auch auf den Domänen wurden die königlichen Reformen nur sehr zögerlich durchgesetzt.

HANDEL UND GEWERBE

Im brandenburgischen Hinterpommern kam dem städtischen Handel und Gewerbe zunächst nur eine sehr geringe Bedeutung zu, obwohl die kurfürstliche Verwaltung sogleich ihr Augenmerk auf eine Förderung der daniederliegenden städtischen Wirtschaft richtete. Deutlich war der Verlust der großen und bedeutenden Wirtschaftszentren Stralsund und vor allem Stettin zu erkennen, auf das vor 1653 auch der regionale Handelsverkehr ausgerichtet gewesen war. Es zeigte sich bald, daß die kleinen und bevölkerungsarmen hinterpommerschen Land- und Hafenstädte nicht in der Lage waren, ohne staatliche Unterstützung in größerem Umfang nach außen Handel zu treiben oder auch nur eine bescheidene Produktion von Gewerbegütern aufzubauen. Hinzu kam, daß sich die städtischen Magistrate den staatlichen Eingriffen zu entziehen suchten, so daß die Ausgangsvoraussetzungen für einen wirtschaftlichen Aufschwung denkbar ungünstig waren.[106]

Die vordringlichste Aufagbe der staatlichen Verwaltung war daher der Aufbau einer auf die Häfenstädte ausgerichteten Infrastruktur und der Ausbau der vorhandenen Häfen. Rasch entwickelte sich Kolberg zur bedeutendsten Hafenstadt des brandenburgischen Pommern, in der nach dem Ausbau der Hafenanlagen Schiffe einer Größe von siebzig bis achtzig Last anlegen konnten, während die Versuche, in Rügenwalde und Stolpmünde Häfen anzulegen, letztlich an den ungünstigen Voraussetzungen scheiterten und die Häfen schließlich versandeten.[107] Bescheidene Erfolge erzielte immerhin der staatlich initiierte Schiffbau in Kolberg und Rügenwalde. Gleichzeitig legte man den Müllroser Kanal an, um den Handelsverkehr stärker nach Pommern zu lenken, und verbesserte durch die Schiffbarmachung der Drage den Binnenverkehr Pommerns mit der Neumark. Ein umfangreiches Kanalbauprojekt von Küstrin nach Stargard, das den Oderhandel an Stettin vorbeigeleitet hätte, blieb jedoch in der Planungsphase stecken.[108] Um das städtische Kleingewerbe zu fördern, wurden in Dramburg, Falkenburg und anderen Städten die Wollweberei und die Tuchmacherei wiederbelebt, wenn auch größere Erfolge zunächst ausblieben.

Einen ungeahnten Aufschwung erlebte der Handel – insbesondere mit Getreide – in den Jahren 1658 und 1659, als im Nordischen Krieg die preußischen Häfen blockiert wurden und der gesamte Handel nach Polen über die hinterpommerschen Häfen lief. Vor allem Kolberg verzeichnete in diesen Jahren einen Anstieg der auf den Handelswaren lastenden Steuereinkünfte, den die Stadt nach der Öffnung der preußischen Häfen nicht mehr ereichen sollte. Der Handel mit Weizen, Roggen und Malz ging wieder zurück und überstieg nur noch selten den jährlichen Umfang von 800 Last.[109] Auch Rügenwalde hatte in dieser Zeit einen bescheidenen Aufschwung erlebt; sein Schiffsverkehr erreichte 1658 mit 36 Schiffen einen Höchststand,[110] aber danach sank das Handelsvolumen wieder. Der hinterpommersche Handel konzentrierte sich unter dem Großen Kurfürsten auf einen bescheidenen Warenaustausch mit Polen, indem von dort Korn, Teer und Pottasche bezogen und im Gegenzug Salz, Fischwaren, Eisen, Wein und Kramwaren auf dem Landwege geliefert wurden. Ansonsten produzierte das städtische Gewerbe lediglich für den eigenen lokalen Markt und den Absatz in der näheren Umgebung. An diesem Zustand änderte sich trotz mancher staatlicher Eingriffe bis in die zwanziger Jahre des 18. Jahrhunderts wenig, zumal der Zunft- und Gesindezwang vielerorts einer Steigerung der Produktion im Wege stand.

Auch zu Beginn des 18. Jahrhunderts hatten Handel und Gewerbe in Hinterpommern eher einen Niedergang als einen Aufschwung zu verzeichnen, der sich durch den Nordischen Krieg, in den das brandenburgische Pommern 1715 hineingezogen wurde, verschärfte. Mit Stettin und dem dichter besiedelten Altvorpommern gewann Preußen Zugang zu der für den Handel so wichtigen Odermündung, die städtischen Zentren und ihre Wirtschaft lagen jedoch völlig am Boden.

Besonders deutlich wird dies am Beispiel Stettins, dessen Handel mit Schweden nun fast völlig zum Erliegen kam. Der für die Stadt bedeutende Salzhandel versiegte, und der Handel mit Getreide litt unter der Danziger Konkurrenz. In der Stadt gab es nur noch 38 größere Schiffe, von denen lediglich fünf hochseetüchtig waren. Zu einer

Oft verhinderten Brände und Kriegseinwirkungen eine gedeihliche Weiterentwicklung der vielen kleineren Landstädte Pommerns, die kaum über ihren mittelalterlichen Stand hinauskamen. Ein Beispiel dafür ist Bublitz, das 1605 und 1684 in Flammen aufging und 1736 erneut abbrannte. 1740 zählte die Stadt, deren Wirtschaftskraft Fürst Moritz von Anhalt-Dessau durch die Kolonisierung des Stadtwaldes anzuregen versuchte, 856 Einwohner. Um 1784 war die Einwohnerzahl auf 1036 Seelen angewachsen. In der Stadt lebten zu diesem Zeitpunkt dreißig »Wollfabrikanten«, und es gab eine Lederfabrik mit einer Lohmühle. Bis ins 20. Jahrhundert dominierten aber Handwerker und Kleinindustrie. Die Aufnahme vom Bublitzer Rathaus aus dem Jahre 1908 vermittelt den Eindruck vom Stillstand der Zeit.

Nach dem Ende des Dreißigjährigen Krieges und dem Übergang an Brandenburg gestaltete sich der Aufbau der Stadt Treptow an der Rega besonders schwierig. Bereits 1656 brach der alte Streit mit dem benachbarten Greifenberg um die Schiffahrt auf der Rega erneut aus. Wirtschaftlich profitierte Treptow von der brandenburgischen Garnison in seinen Mauern und dem Seehandel, der trotz ständiger Versandung des Hafens bis ins 19. Jahrhundert aufrechterhalten wurde. Das Treptower Rathaus wurde 1710 vollendet, nachdem der Vorgängerbau 1679 einem Stadtbrand zum Opfer gefallen war, der nahezu die gesamte Stadt zerstört hatte.

Belebung des städtischen Handels trug nach 1720 ein Aufschwung des Holzhandels, des Schiffbaus und der Frachtschiffahrt bei, so daß sich die Einnahmen zwischen 1720 und 1740 von 24 000 auf 50 000 Taler mehr als verdoppelten. Dennoch blieben die Erfolge anfangs nur bescheiden, denn in der Stadt waren nur 85 Kaufleute ansässig, die zumeist lediglich für den städtischen Markt Kramwaren handelten.[111] Indem es gelang, den Handel mit Rußland zunehmend über Stettin zu lenken, leitete man seit dem Beginn der Regierung Friedrichs II. einen großen Wirtschaftsaufschwung ein. So stieg das jährliche Handelsvolumen innerhalb seiner Regierungszeit von zunächst 300 000 Talern auf 4,5 Millionen Taler. Allein die Stettiner Reederei verdoppelte in dieser Zeit die Zahl ihrer Schiffe und versechsfachte ihre Tragfähigkeit.

Mit diesem Aufschwung verbunden war der Stettiner Schiffbau, der durch seinen Rohstoffbedarf nicht unerheblich zu dieser Entwicklung beitrug. Jährlich benötigte er etwa 14 000 bis 15 000 Schiffspfund Eisen, das bis 1779 vor allem aus Schweden importiert werden mußte. Die protektionistische Handelspolitik Preußens war jedoch sehr stark an einer Förderung der oberschlesischen Eisenwerke interessiert, so daß seit 1780 zunehmend schlesisches Eisen Verwendung fand und seit 1782 auf ausländische Importe fast vollständig verzichtet werden konnte. Der Einbruch, den die Schiffahrt erlitt, die bis dahin die schwedischen Rohstoffe transportiert hatte, wurde in den kommenden Jahren durch die Einfuhr von französischen Weinen, Rosinen, Reis, Zucker und Tabak sowie die Ausfuhr von Holz und Salz ausgeglichen. Allein im Jahre 1790 kamen im Stettiner Hafen 1710 Schiffe ein, und man zählte 1363 abgehende Transporte.[112]

Neben dem Handel galt der Ansiedlung und Förderung von Manufakturen das besondere Wohlwollen der staatlichen Verwaltung, dennoch haben solche Einrichtungen in Pommern nur allmählich Verbreitung gefunden. In Stettin entstand 1719 eine Zuckersiederei, die allerdings nach wenigen Jahren wieder einging. Erfolgreicher war die Gründung einer Wollfabrik in Greifenberg, die 1725 bereits Wolle im Wert von 12 000 Talern ausführte und 1729 um 24 Stühle erweitert wurde. Die restlichen Betriebe kamen während der Regierungszeit Friedrich Wilhelms I. über den Stand eines Handwerksbetriebs nicht hinaus. Erst unter seinem Nachfolger siedelten sich weitere Manufakturen an. So entstanden mit staatlicher Unterstützung Lederfabriken in Anklam, in Treptow an der Tollense und in Greifenhagen, Strumpffabriken in Lauenburg und Neustettin, eine Seidenfabrik in Köslin und eine Branntweinbrennerei in Stettin.[113] Im Vergleich zu anderen preußischen Provinzen behielt Pommern seinen ausgeprägt landwirtschaftlichen und kleinstädtischen Charakter, aus dem lediglich Stettin gegen Ende des Jahrhunderts mit seinen fast 19 000 Einwohnern herausragte.[114]

Vom Nordischen Krieg bis zu den Napoleonischen Kriegen

PREUSSEN UND POMMERN IM NORDISCHEN KRIEG (1715–1720)

Zu Beginn des 18. Jahrhunderts befand sich Europa wieder im Krieg. Der Spanische Erbfolgekrieg und der Nordische Krieg führten fast alle europäischen Großmächte in verschiedenen Allianzen auf das Schlachtfeld. Im Norden sah sich Schweden unter dem jungen König Karl XII. einer mächtigen Allianz Dänemarks mit Sachsen und Rußland gegenüber, konnte sich aber bei Narwa und Düna militärisch behaupten. In diesem großen Ringen um die Vormacht im Ostseeraum stand Brandenburg zunächst abseits, denn seine Heere waren an der Seite des Kaisers im Spanischen Erbfolgekrieg engagiert, und Kurfürst Friedrich III., der 1701 als Friedrich I. die preußische Königskrone annahm, gelang es, die Neutralität im Norden bis zu seinem Tod zu wahren.

Auch sein Nachfolger Friedrich Wilhelm I. beabsichtigte zunächst keine grundsätzliche Änderung der auf militärische Neutralität Preußens orientierten Außenpolitik seines Vaters im Nordischen Krieg, doch setzte er neue Akzente, indem er die Bemühungen seines Großvaters um die Erwerbung Vorpommerns in sein außenpolitisches Konzept aufnahm und durch diplomatisch geschicktes Verhalten seine Position zu verbessern suchte, ohne sich durch ein offensives Vorgehen gegen Schweden in den Krieg ziehen zu lassen.[115] Erst in jüngerer Zeit ist von der Forschung das Bild eines auf diplomatischem Gebiet sehr ungeschickt agierenden Soldatenkönigs[116] in Frage gestellt worden, und vor allem die Verhandlungen Brandenburg-Preußens mit Frankreich im Verlauf des Nordischen Krieges, in deren Mittelpunkt immer wieder der Erwerb von Stettin und Vorpommern stand, lassen die königliche Diplomatie in einem neuen Licht erscheinen.[117]

Nach dem Frieden von Utrecht und dem Ende des Spanischen Erbfolgekrieges 1713 gewann Friedrich Wilhelm I. im Norden einen größeren Handlungsspielraum, den er durch eine radikale Veränderung der inneren Struktur seines Königreichs festigte. Die Abkehr vom barocken Prunk am Hof seines Vaters und die konsequente Ausrichtung der Innenpolitik auf den Ausbau des Heeres sowie die Anhäufung eines Staatsschatzes stärkten Preußens außenpolitisches Gewicht und erhoben den Preußenkönig zu einem gewichtigen Partner der internationalen Politik im Zeitalter der großen Allianzen.[118] So suchte das Haus Holstein-Gottorp, dessen minderjähriger Herzog Karl Friedrich sich, falls Karl XII. bis zu seinem Tod kinderlos blieb, berechtigte Hoffnungen auf die schwedische Thronfolge machen konnte, eine Annäherung an Brandenburg-Preußen, um dadurch ein Gegengewicht zur dänischen Bedrohung zu schaffen. Die Initiative ging von dem Holsteiner Regenten Christian August aus, der durch seinen Minister Friedrich Georg Heinrich von Goertz Brandenburg-Preußen den Vorschlag unterbreiten ließ, gemeinsam Stettin und Wismar zu besetzen und dem gesamten schwedischen Besitz an der südlichen Ostseeküste die Neutralität im Krieg zu sichern. Die diplomatische Initiative Holsteins stieß beim preußischen König auf Interesse, zumal in einem Geheimvertrag die Zusage der Überlassung des schwedischen Teils südlich der Peene vereinbart wurde. Dem am 22. Juni 1713 geschlossenen Vertrag stimmte der schwedische Generalgouverneur zu, und auch die schwedische Regierung und ihre Verbündeten konnten dafür gewonnen werden, Preußen die Stadt Stettin in vorläufiger Verwaltung zu überlassen. Der Stettiner Kommandant, General von Meyerfeldt, weigerte sich allerdings, die Stadt ohne ausdrücklichen Befehl König Karls XII. zu übergeben. Noch im August begannen russische und sächsische Einheiten mit der Belagerung Stettins. Trotz des schlechten Zustands der Befestigungsanlagen, einer zu geringen Truppenstärke der Garnison und gegen den Widerstand der Stadt behauptete sich von Meyerfeldt bis Ende September und war erst nach dem Fall der Sternschanze am 29. September zur Kapitulation gezwungen. Die schwedischen Truppen verließen daraufhin die Stadt, und ein Teil des Heeres lief zu den Holsteinern über. Inzwischen stand Friedrich Wilhelm I. bereits in Verhandlungen mit dem Fürsten Menžikoff, der die Belagerung von Stettin geleitet hatte, und schloß mit ihm am 6. Oktober in Schwedt an der Oder einen Vertrag zur Übergabe der Stadt Stettin an Brandenburg-Preußen. Gegen die Erstattung von 400 000 Talern Kriegskosten stellte Menžikoff Vorpommern südlich der Peene unter brandenburgische Verwaltung und garantierte seine weitere Neutralität im Krieg. In Stettin zogen brandenburgische und holsteinische Truppen in die Garnison ein.[119]

Die diplomatische Strategie Friedrich Wilhelms I., unter Wahrung der Neutralität als Garant schwedischer Interessen in Pommern aufzutreten, konnte jedoch nur erfolgreich sein, wenn es ihm gelang, die Sequestration durch Garantien abzusichern. So griff der König französische Versuche einer diplomatischen Annäherung auf. Ziel der französischen Politik war es vor allem, eine zu große Hinwendung Preußens nach Rußland zu verhindern, während die preußische Diplomatie auf eine französische Garantie der preußischen Sequester hoffte. Daneben setzte Friedrich Wilhelm die Kontakte mit dem Zaren fort und nutzte die Möglichkeiten einer diplomatischen Doppelstrategie Anfang 1714, um sich größere Handlungsfreiheit auf dem diplomatischen Parkett zu sichern. Als in Berlin die Hoffnung auf ein französisches Entgegenkommen immer mehr schwand, ging man auf eine russische Offerte ein, die den Besitz von Stettin und Vorpommern südlich der Peene garantierte. Im Gegenzug fand sich der preußische König zur Garantie der russischen Erwerbungen von Estland, Ingermanland und Karelien bereit. Am 12. Juni 1714 unterzeichneten beide Seiten den Vertrag. Damit hatte Friedrich Wilhelm die für die preußische Diplomatie des 18. Jahrhunderts so bedeutende Wendung nach Osten vollzogen.[120]

Zwischenzeitlich hatten sich wichtige Bündnisse verschoben. Im Februar war die Festung Tönning gefallen, und das Herzogtum Holstein-Gottorp war gezwungen, sich nun offen auf die Seite Schwedens zu stellen. Es war abzusehen und in Berlin den Diplomaten auch bewußt, daß Karl XII., der sich noch in der Türkei aufhielt, eine Zustimmung zu den Verträgen des vergangenen Jahres nicht geben würde. Um die sich abzeichnenden militärischen Auseinandersetzungen um Pommern vorzubereiten, nahm

Preußen bereits seit September 1714 Truppenbewegungen und kleinere Mobilmachungen vor. Am 22. November 1714 traf dann Karl XII. in Stralsund ein und begann ebenfalls mit der Aufstellung von Truppen in Vorpommern. Diplomatische Versuche Berlins, gegen Rückzahlung der 300 000 Taler, die es bereits als Kriegskostenerstattung an Rußland und Polen gezahlt hatte, Stettin und Vorpommern zu räumen, stießen ebenso auf die Ablehnung Karls XII. wie Intervenierungsversuche des schwedischen Verbündeten Frankreich.[121]

Im Februar 1715 nahm Karl XII. Wolgast ein, das zwar nicht unter die Sequestration fiel, aber durch seine Schlüsselstellung an der Peenemündung Brandenburg-Preußen in seiner vorpommerschen Stellung bedrohte. Im Gegenzug ließ der preußische König die seit 1713 in Stettin liegenden holsteinischen Truppen entwaffnen und gefangennehmen. Im Mai 1715 schlossen sich Hannover und Dänemark, das die Zusicherung zur Abtretung Stralsunds erhielt, ebenfalls dem preußisch-russischen Vertrag an, so daß Brandenburg-Preußen auch mit Unterstützung von See rechnen konnte, nachdem es dem Königreich Schweden am 1. Mai 1715 den Krieg erklärt hatte und damit offiziell in den Nordischen Krieg eingetreten war.[122] Das Kriegsgeschehen konzentrierte sich 1715 auf Pommern. Nach anfänglich kleineren Feldzügen mit offenem Ausgang gelang es Friedrich Wilhelm I. und seinen Verbündeten, bis zum Jahresende Vorpommern mit der Insel Rügen vollständig zu besetzen und auch die Festung Stralsund einzunehmen. Am 22. Dezember 1715 mußte Karl XII. die Stadt, um die ein fester Belagerungsgürtel lag, auf dem Schiff in Richtung Schweden verlassen.[123]

Die militärischen Erfolge setzte der preußische König bereits im folgenden Jahr um, indem er die Lehensinvestitur der Ritterschaft vollzog und die Huldigung entgegennahm. Am 25. Februar 1717 versicherten ihm auch die Vertreter Stettins den Gehorsam der Stadt. Diese offenkundige Verletzung bestehender Verträge rief den Protest der Habsburger hervor, doch reagierte Berlin gelassen auf die Depesche aus Wien,[124] da es der preußischen Diplomatie am 14. September 1716 gelungen war, in einem Vertrag mit Frankreich eine Garantie für den Besitz Stettins und Altvorpommerns zu erreichen.[125] Es war klar, daß die Forderung nach dem gesamten Vorpommern zu Lasten des Königreichs Schweden kaum realisierbar war, da Frankreich und England-Hannover sich einer so weitgehenden Konzession widersetzten. Dennoch rückte der endgültige Erwerb des Landes südlich der Peene 1718 in greifbare Nähe, als am 11. Dezember Karl XII. vor Friedrichshall in Norwegen erschossen wurde und seine Schwester und Nachfolgerin Ulrike Eleonore, die Gemahlin des Erbprinzen Friedrich Karl von Hessen-Kassel, zu Verhandlungen bereit schien. Am 20. August 1719 kam es in Stockholm zu einem Vorvertrag, in dem Schweden Stettin und Vorpommern südlich der Peene an Brandenburg-Preußen abtrat und hierfür zwei Millionen Taler empfing. Die Unterzeichnung erfolgte schließlich am 21. Februar 1720. Der Versuch, bei den russisch-schwedischen Friedensverhandlungen in Nystad auch Vorpommern zu erhalten, scheiterte ebenso wie das dänische Bestreben, Rügen zu halten. Vorpommern nördlich der Peene und Rügen fielen an das Königreich Schweden zurück.[126]

Im Nordischen Krieg belagerten 1713 russische und polnisch-sächsische Truppen die Stadt Stettin und nahmen sie nach zweimonatiger Beschießung ein. Danach wurde sie der preußischen Verwaltung unterstellt und im Frieden von Saint-Germain-en-Laye 1720 endgültig Brandenburg-Preußen zugesprochen. Die nach dem Krieg daniederliegende Stadt erhielt eine umfangreiche Unterstützung durch König Friedrich Wilhelm I., der die mittelalterlichen Befestigungsanlagen schleifen und durch neue Verschanzungen ersetzen ließ. Die Bedeutung, die der König dem Erwerb Stettins beimaß, kommt vor allem in den prunkvollen Torbauten der neuen Stadtmauer zum Ausdruck. Erhalten sind noch das von G. C. Walrave errichtete Königstor und das hier abgebildete Berliner Tor mit dem Wappen der preußischen Könige.

DIE INNERE ENTWICKLUNG POMMERNS UNTER FRIEDRICH WILHELM I. UND FRIEDRICH II.

Die Folgen des Nordischen Krieges waren allseits sichtbar und bedurften eines raschen Eingreifens der Verwaltung, damit die größten Mißstände behoben wurden. Um der Provinz aufzuhelfen, aber auch um seine auf äußerst sparsame Verwendung der vorhandenen Mittel bedachte Politik in Pommern durchzusetzen, griff Friedrich Wilhelm I. zu einer Vielzahl von Reformen. Sein erstes Augenmerk galt den städtischen Verwaltungen, deren Magistrate häufig personell auszuufern drohten und sich zu einem behäbigen Apparat entwickelten. Zunächst beauftragte die Regierung die Steuerräte mit der Untersuchung der einzelnen Städte auf einen möglichen Überhang an Magistratsmitgliedern. War dies der Fall, so erging an sie der Auftrag, die überzähligen Stellen nach dem Tod des Stelleninhabers einzuziehen und die freiwerdenden Gehälter zur Aufbesserung der übrigen zu nutzen, damit die Verwaltungsstellen für geeignete junge Kräfte an Attraktivität gewännen.

Für jede Stadt erging nun ein Reglement, in dem die Zahl der Magistratsmitglieder, die Höhe der Gehälter und die Amtspflichten der einzelnen Beamten festgelegt wurden. Die Folge war eine Straffung des städtischen Verwaltungsapparates und eine deutliche Verminderung des Ratspersonals. Eine Stadt wie Stolp, die 1740 etwa 2600 Einwohner zählte, besaß nur noch zwei Bürgermeister, einen Kämmerer und vier Senatoren.[127] Die bedeutendste Veränderung erfuhr jedoch das Amt des städtischen Kämmerers, der bisher im jährlichen Turnus wechselte und aus dem Kreis der Ratsmitglieder von diesen gewählt wurde. Künftig forderte die staatliche Verwaltung eine lebenslange Anstellung des Kämmerers und die ausschließliche Berücksichtigung von Anwärtern, die ihre Eignung zuvor durch eine entsprechende Prüfung unter Beweis gestellt hatten. Um dem Amtsmißbrauch entgegenzuwirken, wurde darüber hinaus von den Kämmerern die Stellung einer Sicherheit verlangt.

Doch damit ließ Friedrich Wilhelm I. es nicht bewenden. Es erging eine Anordnung über die städtische Wirtschaftsführung, die der Bestechung und der Begünstigung einzelner Personen entgegenzuwirken suchte. So waren Verpachtungen und Vermietungen an den Meistbietenden zu vergeben, Stadtgüter vergleichbar den Domänen nur in Generalpacht auszugeben und Pachtnachlässe nur in seltenen und wohlbegründeten Notfällen zu gewähren. Allen pommerschen Städten wurde auferlegt, über Außenstände und Schulden genauestens Buch zu führen und sich um einen baldigen Ausgleich zu bemühen. Die staatliche Verwaltung erhielt die Aufsicht über den städtischen Holzeinschlag, dem sie nur zustimmen durfte, wenn sie die Wiederaufforstung gewährleistete.

Einer sparsamen Haushaltsführung diente schließlich die Einschränkung der Zehr- und Reisegelder sowie das Einschreiten gegen Mißbräuche beim Bezug von Deputaten, so daß sich bald eine ausgeglichene Bewirtschaftung der städtischen Finanzen durchsetzte. Indem die Steuerräte zur Prüfung der städtischen Rechnungen verpflichtet waren und gegen erkennbare Unregelmäßigkeiten sofort einschreiten sollten, schaltete der absolutistische Staat durch diese Reformen die städtische Selbstverwaltung letztlich

Das alte Schloß in Friedrichshuld bei Rummelsburg lag in einer Gegend mit überwiegend schlechten Böden, ungünstigen klimatischen Verhältnissen und einer schlechten Verkehrsanbindung. Das mag dazu beigetragen haben, daß der Gutsherr von Friedrichshuld sein Schloß als Fachwerkbau ausführen ließ, während in den meisten anderen Regionen repräsentative Steinbauten entstanden. Als sich 1806 eine sächsische Weberfamilie in Friedrichshuld, wo es seit dem 18. Jahrhundert eine Damastweberei gab, niederließ, neue Webtechniken einführte und eine Bereicherung der traditionellen Musterpalette anregte, stieg das Dorf zum pommerschen Zentrum der Damastherstellung auf. 1935 lebten hier die beiden letzten Damastweber Pommerns.

aus. Andererseits zeigten die Maßnahmen innerhalb weniger Jahre Erfolg, denn trotz einer Steigerung der Ausgaben erzielten die Städte beträchtliche Überschüsse, die zumeist zur Tilgung der Schulden genutzt wurden. Der Stadt Stettin, die sehr schlecht verwaltet worden war, gelang so innerhalb von acht Jahren die Rückführung ihrer Schuldenlast um 32 000 Taler.[128] Der Versuch, einen Teil der erwirtschafteten Überschüsse zur Ansiedlung gewerblicher Betriebe zu nutzen, scheiterte jedoch an dem Widerstand der Gläubiger, die auf einer schnellen Rückzahlung ihrer Kredite beharrten.

Ein wichtiges Aufgabengebiet der königlichen Städtepolitik war das städtische Bauwesen, das ebenfalls unter öffentliche Aufsicht gestellt wurde. Jedes Bauvorhaben und alle umfangreicheren Reparaturen mußten jährlich bis November der städtischen Verwaltung gemeldet werden, die nach einer Prüfung das Vorhaben für das folgende Jahr genehmigte. Diese Regelung diente in Pommern vornehmlich der Vorbeugung gegen die weitverbreitete Verwendung feuergefährlicher Materialien, durch die es nicht selten zu großen Stadtbränden gekommen war. Als 1718 die Stadt Köslin in Flammen aufging, zerstörte das Feuer fast 300 Häuser, da es vor allem von den strohgedeckten Dächern immer wieder angefacht wurde.[129] Um die Verwendung von Dachziegeln zu fördern, gewährte der Staat Bauzuschüsse, die im Fall des Abrisses eines stroh- oder schindelgedeckten Hauses und des Wiederaufbaus mit feuerresistenten Materialien bis zu 23 Prozent der Baukosten betragen konnten. Erhebliche Mittel flossen auch in den Wiederaufbau der zerstörten Städte, etwa Stettins, das zahlreiche neue öffentliche Bauten erhielt. Um die vielen Baulücken zu schließen, ging man dazu über, brachliegende Grundstücke Bauwilligen umsonst zu übertragen, und förderte zudem die Baulust durch zahlreiche Vergünstigungen wie freies Bürgerrecht, Befreiung von Einquartierungslasten, Zuschüssen aus der Akzisekasse oder Gewährung von freiem Bauholz, so daß sich allmählich das äußere Erscheinungsbild der meisten Städte veränderte und die Einwohnerzahlen deutlich anstiegen.[130]

Diese auf eine Zunahme der Bevölkerung zielende Politik übertrug der absolutistische Staat Friedrich Wilhelms I. auch auf den ländlichen Bereich, indem er die Bebauung wüster Hofstellen nicht nur auf den königlichen Domänen beförderte, sondern zudem bisher unkultivierte Gebiete durch gezielte Maßnahmen des Landesausbaus der Landwirtschaft erschloß. Solche Meliorationen ließ Friedrich Wilhelm im Randowbruch und in der Uckermark in Angriff nehmen. 1718 begann man im uckermärkischen Kreis mit der Entwässerung von Sümpfen und Flußniederungen und gewann dort ein ganzes Amt neu, das nach der Besiedlung mit holländischen Kolonisten seit 1734 als Königsholland bezeichnet wurde. Die Anwerbung von holländischen Siedlern, die für die Neulandgewinnung das erforderliche Fachwissen mitbrachten, war für Pommern von großer Bedeutung, wenn auch die Zahl der Neusiedler unter Friedrich Wilhelm I. noch relativ gering war. Immerhin entstand 1728 in Wolfshorst eine weitere Holländersiedlung.[131]

Weitgehend unberührt blieb Pommern von dem Zuwandererstrom aus dem Salzburger Land, obwohl viele der reformierten Salzburger, die ihrer Heimat den Rücken kehrten, preußischen Anwerbungen folgten. Zwar kamen sie nach Pommern, jedoch

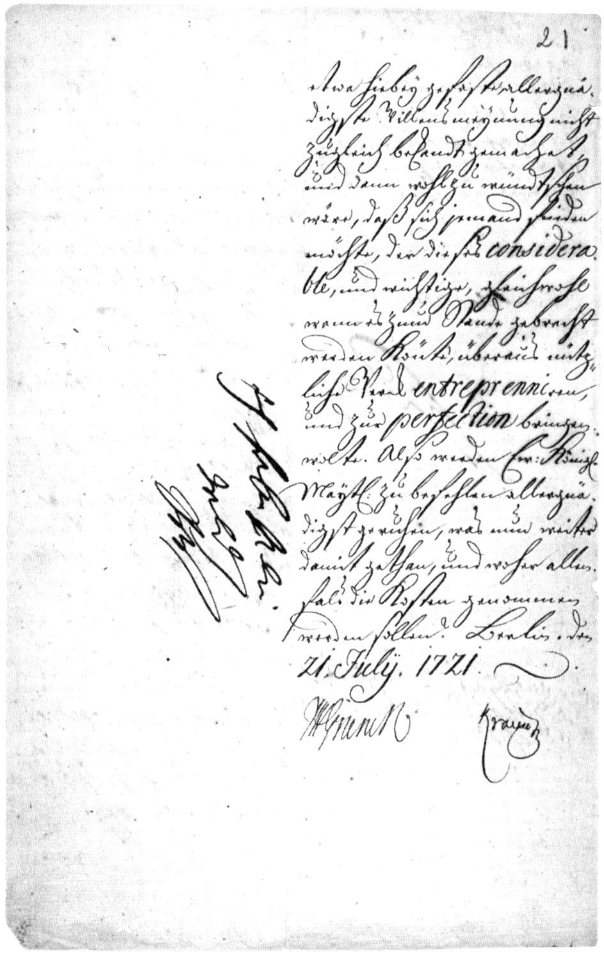

Die Swine zwischen den Inseln Usedom und Wollin ist der mittlere Mündungsarm der Oder. Bis ins 18. Jahrhundert war dieser Ausgang des Stettiner Haffs zur Ostsee für Schiffe kaum zu nutzen. Diese gelangten entweder über die Dievenow im Osten oder das Oderhaff und die Peene im Westen von Stettin aus in die Ostsee. So gab es bereits unmittelbar nach dem Erwerb Stettins durch Brandenburg-Preußen Pläne, die Swine auszubauen und schiffbar zu machen. Der sparsame König Friedrich Wilhelm I. stand solchen Plänen durchaus aufgeschlossen gegenüber, erledigte aber 1724 eine diesbezügliche Anfrage in der für die preußischen Könige seit dieser Zeit typischen Form eines Marginaldekrets, indem er am Rand der Eingabe lapidar vermerkte »Ich habe kein Geld.« Damit war das Projekt aber nur zurückgestellt, denn bereits 1729 ließ er die Swine ausbaggern.

Auch Friedrich II. erkannte die strategische und wirtschaftliche Bedeutung der Swine und ließ durch seinen Sonderbeauftragten, den Fürsten Moritz von Anhalt-Dessau, die Swinemündung ausbauen. Daneben wurde direkt an der Mündung ein Hafen errichtet, die Mündung selbst durch Schanzen geschützt, die auf dieser Darstellung aus dem 18. Jahrhundert dargestellt sind, und schließlich eine neue Stadt gegründet, die sich rasch entwickelte. Seit der Mitte des 18. Jahrhunderts wurde die Swine der Hauptschiffahrtsweg nach Stettin. Um den 22 Kilometer langen Weg zwischen der Ostsee und dem Stettiner Hafen zu verkürzen und zugleich der ständigen Gefahr der Versandung der Swine entgegenzuwirken, wurde zwischen 1874 und 1880 durch den südlichen Teil der Insel Usedom die Kaiserfahrt gestochen, die den Weg der Swine auf 16,3 Kilometer verkürzte.

nur, um über die dortigen Häfen nach Preußen zu gelangen. Dennoch ließen sich einige von ihnen in Pommern nieder und trugen so zu dem Bevölkerungswachstum der Zeit nach dem Nordischen Krieg bei.[132] Die auf eine Peuplierung und den Landesausbau Pommerns gerichtete Politik seines Vaters setzte Friedrich II. fort und intensivierte sie noch. Bereits 1742 forderte er den Stettiner Kammerpräsidenten auf, ihm einen ausführlichen Bericht über die Trockenlegung der großen Brüche bei Stettin zu unterbreiten. Zudem griff er den Plan eines Swinekanals auf, den sein Vater aus Geldmangel ebenso hatte beiseite legen müssen wie die Trockenlegung der Oderbrüche, für die nach der großen Überschwemmung von 1736 der aus Holland stammende Kriegsrat von Haerlem eine Voruntersuchung und einen Kostenvoranschlag erstellt hatte.[133]

Mit der Umsetzung derartiger Pläne beauftragte der König nach dem Ende der beiden ersten Schlesischen Kriege den in Stargard stationierten General Prinz Moritz von Anhalt-Dessau, dessen Erfahrungen auf dem Gebiet der Landwirtschaft Friedrich II. schon aufgrund der freundschaftlichen Beziehungen seines Vaters zu Leopold von Anhalt-Dessau, dem »Alten Dessauer«, bekannt waren.[134] Am 12. August 1747 bat er Moritz von Anhalt nach Berlin, um mit ihm die Möglichkeiten einer Oderregulierung zu erörtern und ihn für seine Projekte in der Neumark und in Pommern zu gewinnen. Wenig später nahm dieser die Ernennung zum Sonderbeauftragten an. In allen Belangen des Landesausbaus erhielt der Prinz eine weitgehend unabhängige Stellung und war nur dem König zur Rechenschaft verpflichtet. An die Kriegs- und Domänenkammer sowie die örtlichen Behörden erging der Auftrag, Moritz von Anhalt in allen seinen Vorhaben zu unterstützen. Es ist erstaunlich, daß befürchtete Kompetenzstreitigkeiten weitgehend ausblieben, obwohl die Tätigkeit des Prinzen deutlich die Kompetenzen der Kammer beschnitt. Vielmehr verstand er es mit großem Geschick, sowohl den Kammerpräsidenten von Aschersleben als auch die Mitarbeiter der Kammer zu Rate zu ziehen und in die einzelnen Vorhaben einzubinden.[135]

Bereits wenige Tage nach seiner Ernennung brach Moritz von Anhalt zu einer großen Inspektionsreise auf und besichtigte die Oderbrüche bei Stettin. Die Ergebnisse faßte er am 24. November in einem umfangreichen Bericht an den König zusammen, in dem er vielfältige Vorschläge zur Eindeichung der weiten Überschwemmungsgebiete unterbreitete und die Errichtung einer eigenständigen Kommission zur Beobachtung des schwankenden Wasserpegels der Oder anregte. Wesentlicher Bestandteil seines Berichtes waren genaue Berechnungen über Zahl und Ausstattung der Neusiedler, die in den gewonnenen Landstrichen angesetzt werden konnten, sowie über die der Staatskasse entstehenden Kosten und die zu erwartenden Einnahmen. Ergänzend erstellte der Prinz eigenhändig mehrere Tabellen, die den Bericht weiter zu präzisieren halfen. Schon am 27. November erging an ihn ein königliches Antwortschreiben, das die Vorschläge billigte und ihn mit der Durchführung beauftragte.[136]

Moritz von Anhalt wandte sich zunächst dem Ausbau des Swinekanals und des Hafens an der Swinemündung zu, mit dem bereits 1729 unter Friedrich Wilhelm I. begonnen worden war. Die Arbeiten schritten zügig voran, obwohl Friedrich II. im Jahre 1751 lediglich 2000 Taler aus seiner Privatschatulle für die Bauarbeiten bewilligte. Die erforderlichen Mittel zur Finanzierung des Projekts gewann man durch Anleihen bei der kurmärkischen Landschaft, die jährlich mit tausend Talern zurückgezahlt werden mußten. Bereits 1755 war die lange Hafenmole fertiggestellt, so daß größere Schiffe den neuen Hafen ansteuern konnten. Der Schiffsverkehr nahm rasch zu: Bereits zwischen 1742 und 1750 hatten 6384 Seeschiffe und 1156 Leichtschiffe den Hafen passiert, 1755/56 steigerte sich die Zahl auf 1615 fremde und 421 einheimische Fahrzeuge. Der zunehmende Handel förderte die Entwicklung einer kleinen Siedlung, die an der Mündung der Swine entstanden war. Dort hatte man 1748 den Ort Swinemünde gegründet, der 1750 bereits 348 Einwohner zählte und 1753 einen Magistrat mit einem Bürgermeister erhielt. Während sich Swinemünde in den folgenden Jahren erfolgreich entwickeln konnte, scheiterte das Vorhaben des Prinzen Moritz, auch den versandeten Hafen von Stolp auszubauen, an der mangelhaften Finanzierung. Eine zu diesem Zweck ausgeschriebene Lotterie erzielte in Pommern nicht den gewünschten Erfolg.[137]

Mit den ersten Planungen einer Eindeichung der Oder zwischen Gartz und der Mündung wurde im April 1748 begonnen; die Kosten wurden dabei auf 130 330 Taler veranschlagt. Die eigentlichen Arbeiten wurden erst 1750 aufgenommen, allerdings gelang es bis 1753, die Oderbrüche bei Gartz, Greifenhagen, Stettin, Damm und Gollnow zu entwässern und der Landwirtschaft zu erschließen. Um die neugewonnenen Landflächen der Bewirtschaftung zuzuführen, war es in dem dünnbesiedelten Pommern erforderlich, auswärtige Kolonisten anzuwerben, denen man die Flächen zur Bebauung überließ. Durch großzügig gewährte Privilegien und finanzielle Anreize gewann man seit 1750 in Danzig, Elbing und Warschau Polen, aus Augsburg, Nürnberg und Frankfurt am Main zogen Süddeutsche nach Pommern, und auch in Hamburg und Brüssel rief man Aussiedlungswillige auf, sich in den Oderbrüchen niederzulassen.

Während die Anwerbung zunächst allein in den Händen der Kriegs- und Domänenkammer lag, ging man schließlich dazu über, die neugewonnenen Flächen kapitalkräftigen Unternehmern zu übertragen und diesen die Ansiedlung zu überlassen, da die Kriegs- und Domänenkammer nur unzureichend in der Lage war, die ankommenden Siedler rasch unterzubringen. So kehrten fünfzig böhmische Familien, die sich im Januar 1748 in Pommern niederlassen wollten, enttäuscht der Provinz den Rücken, als es der Kammer nicht gelang, ihnen Unterkünfte zu vermitteln.[138] In der ersten großen Kolonisationsphase kamen vor allem polnische Handwerker, die aufgrund ihres evangelischen Bekenntnisses ihre Heimat verließen, sowie Pfälzer, Württemberger und Mecklenburger nach Pommern. Die größte Volksgruppe unter den Einwanderern waren die aus der Pfalz stammenden Kolonisten, von denen 1748 allein 2500 nach Pommern gingen. Auf königlichem Gebiet wurden 505 Familien in 45 neugegründeten Dörfern angesetzt, auf städtischem Gebiet entstanden 27 Orte mit 238 Familien, und die Unternehmer schufen 26 Orte mit 418 Familien. Obwohl manche Familien in den folgenden Jahren ihren Hof wieder verließen und abwanderten, schuf diese erste große Ansiedlung ausländischer Arbeitskräfte in Pommern die Voraussetzung für einen allmählichen wirtschaftlichen Aufschwung, der durch die politischen Ereignisse jedoch rasch wieder ins Stocken geriet.[139]

DER SIEBENJÄHRIGE KRIEG

Der letzte große europäische Allianzkrieg oder der erste Weltkrieg, wie der Siebenjährige Krieg in der Literatur bezeichnet wird,[140] hat auch in Pommern deutliche Spuren hinterlassen, obwohl die Provinz weitgehend an der Peripherie des eigentlichen Kriegsgeschehens lag. Die Kontributionen für den Krieg lasteten schwer auf dem Land, und der Blutzoll, den die Bevölkerung in den zahlreichen Schlachten entrichten mußte, ist eine der Ursachen für einen erheblichen demographischen Einbruch in dieser Zeit. Doch nicht nur pommersche Soldaten fielen auf den preußischen Schlachtfeldern, auch die Zivilbevölkerung erreichte der Krieg rasch, als das im Januar 1757 auf habsburgisch-französischer Seite in den Krieg eingetretene Rußland unter Zarin Katharina II. seine Truppen nach Westen marschieren ließ und Schweden nur wenig später der antipreußischen Allianz beitrat.[141]

Der heraufziehenden Bedrohung versuchte die Verwaltung mit der raschen Aufstellung neuer Truppen zu begegnen, da die im Land unterhaltenen Soldaten zum großen Teil bereits abgezogen worden waren. Eine königliche Kabinettsorder vom 13. Juli 1757 befahl die sofortige Aufstellung von zehn Bataillonen Landmiliz, deren Unterhalt von der Provinz aufgebracht werden mußte. Das führte zu einer Flut von Protesten, und die Landstände erklärten sich nur nach erheblichem Widerstand und in der Hoffnung auf baldigen königlichen Entsatz bereit, die Kosten zu tragen. Aber erst vom 1. März 1761 an wurde die Landmiliz aus der Generalkriegskasse bezahlt, so daß die Provinz fast vier Jahre lang durch ständige Umlagen die Mittel für die Truppen aufbringen mußte; die Gelder gingen jedoch in so unzureichendem Maß ein, daß auch steuerbefreite Stände und vor allem die Städte zu zusätzlichen Leistungen herangezogen werden mußten.[142]

Im September 1757 überquerten die Schweden die Peene, besetzten Demmin und trugen damit den Krieg nach Pommern. Doch die schwedisch-preußischen Treffen beschränkten sich auf zahlreiche Scharmützel links und rechts des Flußlaufs; zu größeren Schlachten kam es nicht. Ende des Jahres drängte dann General Lehwaldt mit einem Heer von 24 000 Mann die Schweden, die auch die Inseln Usedom und Wollin besetzt hielten, über die Peene zurück. Es folgte bis zum Sommer des folgenden Jahres die Blockade Stralsunds, die von preußischer Seite jedoch ebenso unentschlossen durchgeführt wurde wie der schwedische Angriff im Jahr zuvor. Die im wesentlichen auf taktische Geplänkel beschränkten Truppenbewegungen setzten sich auch Anfang 1759 fort.[143]

Dramatischer wurden die Ereignisse in Pommern nach dem preußischen Sieg von Zorndorf, als russische Einheiten auf dem Rückmarsch in Pommern eindrangen und die Festung Kolberg belagerten. Zwar gelang es der Kolberger Garnison, die Festung zu halten und die Angreifer zur Aufgabe zu zwingen, doch zerstreuten sich daraufhin die russischen Einheiten und verwüsteten Hinterpommern. Militärisch war dem nur wenig entgegenzusetzen, so daß die Provinz erheblichen Schaden erlitt. 1760 und 1761 wiederholten sich die Angriffe sowohl von schwedischer als auch von russischer Seite, wobei Kolberg erneut vergebens von russischen Truppen belagert wurde. 1761 schlugen

Mit dem Einmarsch kaiserlicher Truppen 1627 wurde Kolberg für lange Zeit zur größten Garnison Pommerns. Als Garnisonsstadt war es häufig feindlicher Belagerung und – sofern die Verteidigung nicht glückte – der Zerstörung ausgesetzt. Immer wieder war die Stadt daher im 18. Jahrhundert auf königliche Mittel zum Wiederaufbau angewiesen, wobei man beim Bau der neuen Häuser auch die Unterbringung von Soldaten vorsah. In dem hier abgebildeten Schwibbogenhaus war im Siebenjährigen Krieg Major von Heyde einquartiert, der die Verteidigung der Festung Kolberg gegen russische Angriffe kommandierte.

die Russen erstmals in Hinterpommern ihr Winterquartier auf, im selben Jahr gelang ihnen auch die Einnahme Kolbergs, das einer dritten Belagerung nicht standhalten konnte, da der erhoffte Entsatz ausblieb.[144]

Auf das Ende des Siebenjährigen Krieges hatten die Ereignisse in Pommern keinen Einfluß, vielmehr war die große Koalition gegen Preußen auseinandergebrochen. Die Kriegsparteien einigten sich im Hubertusburger Frieden am 15. Februar 1763 im wesentlichen auf den Vorkriegszustand. Ein Jahr zuvor hatte Preußen bereits mit Rußland und Schweden Friedensverträge unterzeichnet. Das Fazit für Pommern war erschreckend. Obwohl die Provinz nicht zu den Hauptkriegsschauplätzen gezählt hatte, trug sie schwere Schäden davon. So klagte die Stadt Ratzebuhr, sie hätte zwischen 1758 und 1762 dreiundzwanzig Plünderungen von russischen Soldaten zu erleiden gehabt, obwohl sie die geforderten Kontributionen entrichtet hatte. Inwieweit die Angaben des Magistrats übertrieben sind, sei dahingestellt, da man sich eine Erleichterung bei der künftigen Steuerzahlung erhoffte, aber das Beispiel belegt auch den großen Druck, der auf dem Land lastete. Allein die Kosten für den Unterhalt der Landmiliz, die die Landstände aufzubringen hatten, beliefen sich auf mehr als 400 000 Taler, eine immense Summe angesichts der schwierigen Lage der Landwirtschaft und mehrerer schlechter Ernten in diesen Jahren. So bedurfte Pommern dringend des Neuaufbaus.[145]

RETABLISSEMENT DER PROVINZ UNTER FRANZ BALTHASAR VON BRENCKENHOFF

Eines der wichtigsten Anliegen friderizianischer Politik in Pommern war die Fortsetzung der unter der Leitung des Prinzen Moritz von Anhalt-Dessau begonnenen und durch den Krieg ausgesetzten Kolonisierung der Provinz. Als der auf diesem Gebiet bewährte General 1760 verstarb,[146] suchte Friedrich der Große nach einem geeigneten Nachfolger und fand ihn in dem in dessauischen Diensten stehenden Franz Balthasar von Brenckenhoff, der sich bereits als junger Mann große Verdienste in der Landwirtschaft, im Wasserbau und in der Verwaltung erworben hatte. Noch im Feld beauftrage der König Brenckenhoff, der sich am 20. April 1762 in Breslau zum Dienstantritt meldete, mit dem Aufbauwerk in Pommern und in der Neumark. Er stattete ihn zu diesem Zweck mit weitgehenden Vollmachten aus und übertrug ihm Sitz und Stimme im Generaldirektorium. Dennoch stand Brenckenhoff weitgehend neben der etablierten Verwaltung, die ihn in allen mit dem Retablissement zusammenhängenden Belangen zu unterstützen hatte. In Pommern konnte dies nicht ohne Reibungen mit der Kriegs- und Domänenkammer geschehen, der eigentlich für das Retablissement zuständigen Behörde.[147]

Bereits am 27. April 1762 nahm Brenckenhoff seine Tätigkeit in der Provinz auf, indem er sich einen Überblick über die Situation verschaffte. Das Ergebnis fiel erschütternd aus. Zur Linderung der größten Not gelang es ihm, Magazingetreide, das für die in Schlesien stehende Armee bestimmt war, an die Bevölkerung verteilen zu lassen.

In Pommern haben sich viele alte Gebräuche und Gewohnheiten lange gehalten, deren Ursprünge oft nicht mehr bekannt sind. Auf dem Land wie in den großen Bürgerhäusern der Städte versammelten sich bis zum Beginn des 20. Jahrhunderts an Festtagen die mehrere Generationen umfassende Familie und das Gesinde in der guten Stube um dem Kachelofen. An Silvester legte man unter umgedrehte Suppenteller kleine Gegenstände, die dem Finder einen Fingerzeig für die Zukunft geben sollten. Junge heiratsfähige Bauernmädchen und Mägde warfen ihre Schuhe über die Schulter hinter sich, um herauszufinden, ob sich ein Freier finden wird.

Über kleinere Hilfsaktionen gelangte Brenckenhoff jedoch nicht hinaus, zumal er als Beauftragter Friedrichs diplomatische Kontakte zur russischen Heerführung und zum Zarenhof zu halten hatte. Erst nach Abschluß des Hubertusburger Friedens konnte das eigentliche Aufbauwerk in Pommern beginnen, denn nun standen die finanziellen Mittel sowie der militärische Kornvorrat in den Magazinen und das Vieh zur Verfügung, die bisher durch den Krieg gebunden waren. Auch kehrten die im Feld stehenden Soldaten pommerscher Herkunft in ihre Heimat zurück.

Die Provinz hatte nach dem Siebenjährigen Krieg den Verlust von mehr als 72 000 Menschen zu beklagen, viele Höfe und Dörfer blieben nach den russischen und schwedischen Feldzüge verlassen und wüst.[148] Allein bis zum Juli 1763, also in einer relativ kurzen Zeit, stellte der König Brenckenhoff für Pommern 1,2 Millionen Taler zum Ankauf von Vieh und Saatgetreide zur Verfügung. Da beides im Königreich Preußen nur unzureichend vorhanden war, mußte es im Ausland erworben werden. Angesichts dieser zusätzlichen Schwierigkeiten war es eine enorme Leistung, daß immerhin etwa ein Sechstel des verlorenen Bestandes von 50 000 Kühen ersetzt werden konnte. Darüber hinaus erhielten die Pächter und Bauern der königlichen Domänen mehr als 12 000 Militärpferde, 20 000 Taler zum Ankauf von Saatgetreide und einen Nachlaß rückständiger Pachtzahlungen. Zum Wiederaufbau zerstörter Gebäude standen staatliche Hilfen und Prämien bereit, die in einem so großen Umfang in Anspruch genommen wurden, daß bereits 1764 fast alle Gehöfte wiederaufgebaut waren. In diesem Jahr flossen nochmals die gesamten staatlichen Einkünfte aus Pommern in Höhe von annähernd 600 000 Talern in den Wiederaufbau der Provinz. Zudem gewährte man ganzen Kreisen einen Steuernachlaß von mehreren Monaten zur Stabilisierung der Wirtschaft. So gelang es relativ rasch, die schlimmsten Folgen des Krieges zu beseitigen.[149]

Das eigentliche Aufbauwerk bestand jedoch in der Neulandgewinnung, der Ansiedlung von Kolonisten, in Meliorationen der häufig sehr ungünstig liegenden Güter und Wirtschaften sowie in der Förderung und Ansiedlung von Handel, Gewerbe und Manufakturen. Bereits 1769 wurde die Begradigung der Leba in Angriff genommen, 1770 begannen die Arbeiten am Madüsee, durch dessen Ablassen über 14 000 Morgen Land gewonnen werden konnten. Es folgten 1771 der Ausbau des Thurbruchs und 1774 die Trockenlegung der Plönebrüche, 1777 regulierte man den Lauf der Ihna und entwässerte den Schmolsiner Bruch; 1780 gelang es, den Wasserspiegel des Neustettiner Sees abzusenken.[150] Neben diesen Großprojekten standen zahlreiche kleinere Meliorationsarbeiten wie die Erweiterung der Vorwerke, Rodungen und Urbarmachung kleinerer Flächen. Ihren Höhepunkt erreichten die Bodenverbesserungen 1775, als etwa 34 Vorhaben gleichzeitig vorangetrieben wurden.[151]

Für Meliorationsarbeiten auf den adligen Gütern stellte Friedrich besondere Geldmittel zur Verfügung, die vor allem verschuldeten und daniederliegenden Gütern zukommen sollten. Für die Gewinnung neuer Ackerflächen gewährte er umfangreiche Kredite, die in den ersten Jahren zinsfrei und anschließend zu einem Zinsfuß von zwei Prozent zurückgezahlt werden mußten, wobei die Zinserträge dem Ausbau des Schulwesens in Pommern und dem Unterhalt eines Fräuleinstifts in Stolp dienten und damit

Eine der schillerndsten Gestalten der pommerschen Geschichte ist Joachim Nettelbeck (1738–1824), der Verteidiger Kolbers. Nach einer wilden Jugend, die er als Schiffsjunge und Steuermann auf verschiedenen Segelschiffen zwischen Amsterdam, Guinea und Lissabon verbrachte, erhielt er als erster Bürgerlicher das Patent eines königlich preußischen Schiffskapitäns mit der Berechtigung, die königliche Uniform und einen Säbel zu tragen. 1771 gründete er in Kolberg eine Navigationsschule, die bis 1777 bestand. 1774 erwarb er das Mitbürgerrecht und stieg 1783 zum Bürgervorsteher der Stadt auf. Berühmt wurde Nettelbeck 1807 als Verteidiger Kolbergs. In Anerkennung seiner Verdienste ernannte ihn seine Vaterstadt 1810 zum Ratsherrn auf zwölf Jahre, und König Friedrich Wilhelm III. verlieh ihm für seinen Einsatz während der französischen Belagerung die goldene Verdienstmedaille und einen jährlichen Gnadensold von 200 Talern.

auch adligen Interessen entgegenkamen. Um der dennoch zunehmenden Verschuldung adligen Grundbesitzes entgegenzuwirken, einigte sich der König 1780 mit den Landständen über die Errichtung einer dem Adel vorbehaltenen Kreditanstalt.[152]

Zur Bebauung und Bewirtschaftung der neugewonnenen Flächen fehlte es nach den großen Bevölkerungsverlusten der letzten Kriege an einheimischen Bauern und Kossäten, so daß Brenckenhoff die bereits von Moritz von Dessau erfolgreich praktizierte Anwerbung ausländischer Kolonisten fortsetzte. Insgesamt kamen zwischen 1740 und 1784 mehr als 26 000 Siedler vornehmlich aus der Pfalz, aus Mecklenburg und aus Polen nach Pommern, wo sie sich in 159 neugegründeten Dörfern niederließen. Viele aus Polen stammende Kleingewerbetreibende fanden eine neue Heimat in den pommerschen Landstädten. Den Neusiedlern gewährte Preußen weitgehende Freiheiten, vor allem vom Militärdienst, und die Grundbesitzer, besonders der Adel, stellten Vergünstigungen in Aussicht, was allerdings bei den alteingesessenen Bauern und Kossäten Unmut hervorrief.[153]

Brenckenhoff bemühte sich außerdem um die Verbreitung neuer Anbautechniken und Erwerbsquellen. Beispielsweise legte er 1770 bei der Kolonie Karolinenhorst einen Torfbruch an, um das bis dahin in Pommern völlig unbekannte Torfstechen einzuführen und zudem am praktischen Beispiel die wirtschaftlichen Möglichkeiten der ertragreichen Torfvorkommen des Landes aufzuzeigen.[154] Hiermit war er ebenso erfolgreich wie mit dem Aufbau kleinerer Zentren der Wollverarbeitung. Bereits Ende 1774 lebten in solchen sogenannten Wollspinnerdörfern 198 Familien mit insgesamt 664 Seelen.[155]

Das Wirken Brenckenhoffs war für die Provinz in vielfacher Hinsicht segensreich, wenn er auch letztlich durch Nachlässigkeiten in der Rechnungsführung und den Verdacht der Unterschlagung das Vertrauen des Königs verlor.[156] Seiner Tatkraft und Energie war es zu verdanken, daß die Schäden des Siebenjährigen Krieges bald behoben waren und ein wirtschaftlicher Aufschwung möglich wurde.

DIE NAPOLEONISCHEN KRIEGE

Pommern wurde erst spät in die großen europäischen Auseinandersetzungen hineingezogen, die die Französische Revolution hervorgerufen hatte. Zwar waren auch pommersche Soldaten am Ersten Koalitionskrieg (1792–1797) gegen Frankreich beteiligt, doch schied Preußen bereits nach dem Frieden von Basel 1795 aus dem Krieg aus und bewahrte seine Neutralität bis zur Auflösung des Heiligen Römischen Reichs im August 1806. Bereits Anfang Oktober erklärte Preußen Frankreich den Krieg, obwohl die Kriegserklärung diplomatisch nur unzureichend vorbereitet war und Preußen lediglich auf die Unterstützung dreier deutscher Kleinstaaten und Rußlands vertrauen konnte.

Als es wenige Tage nach Kriegsausbruch bei Jena und Auerstedt zur entscheidenden Doppelschlacht kam, mußte Preußen eine vernichtende Niederlage hinnehmen. Nicht nur die militärische Spitze hatte versagt, auch an der Basis waren Zerfalls-

Der junge preußische Offizier Ferdinand von Schill (1776–1809) wurde in der Malerei des 19. Jahrhunderts und in der nationalistischen Geschichtsschreibung zu einem Mythos des deutschen Freiheitsdranges und einer antifranzösischen Grundhaltung stilisiert. Seine erste militärische Bewährungsprobe bestand der junge Major 1807 bei der Verteidigung Kolbergs, wo er sich unter dem Kommando Gneisenaus hervortat und die Kavallerie befehligte. Rasch stieg er zum Kommandanten der aus Reitern gebildeten königlichen Leibgarde auf. 1809 verließ er mit seinem Regiment eigenmächtig Berlin, um durch einen Angriff auf französische Truppen den preußischen König zum militärischen Handeln zu zwingen. Nach anfänglichen Erfolgen mußte Schill vor den Franzosen nach Stralsund ausweichen. Das Bild zeigt seinen letzten Kampf, denn Schill fiel bei der Verteidigung der Stadt am 31. Mai 1809.

erscheinungen unübersehbar. Das von der Schlacht ausgehende Signal hatte eine verheerende Wirkung und eine allgemeine Resignation zur Folge. Nur wenig später erreichte das französische Heer Pommern, wo sich die gutgerüstete Stettiner Garnison, in der 5000 Soldaten lagen, einer aus 800 Mann Kavallerie bestehenden Vorhut der französischen Armee ergab, die auch bei ihrem weiteren Vorrücken auf keinen größeren Widerstand stieß.[157] Lediglich die Festung Kolberg unter dem Kommando des Obersten von Loucadou verweigerte die Übergabe. Im März 1807 wurde die Festung von den Franzosen eingeschlossen, es gelang den Verteidigern jedoch, den Hafen und die Verbindung zur See offenzuhalten und damit die wichtigste Verbindung für Nachschub und den Entsatz, die in den folgenden Monaten eintrafen. Bei den Kämpfen in Kolberg zeichnete sich der Rittmeister Ferdinand von Schill aus, der im Verlauf der Befreiungskriege in Pommern eine wichtige Rolle in Stralsund spielen sollte. Von besonderer Bedeutung war jedoch das militärische Eingreifen der Kolberger Bürgerschaft unter der Führung Joachim Nettelbecks, die in die militärische Verteidigung eingebunden wurde. Als Ende April Major August Neidhardt von Gneisenau Oberst Loucadou im Kommando ablöste, erhielt Kolberg zudem eine umsichtige und gewandte Führung, die die militärischen und zivilen Verteidigungsanstrengungen mustergültig zu koordinieren verstand. So scheiterten die Franzosen bis zum Waffenstillstand vom 2. Juli mit allen Bemühungen, die Festung einzunehmen.

Der Friede von Tilsit bedeutete für Preußen den Verlust von mehr als der Hälfte seines Staatsgebietes. Darüber hinaus hielt Frankreich wichtige Plätze besetzt und forderte umfangreiche Kontributionen. Stettin wurde zur Zahlung von zehn Millionen Franc verpflichtet, konnte bis 1808 aber lediglich 2,5 Millionen aufbringen. Stargard zahlte bis Ende 1807 rund 200 000 Taler an die Franzosen. Die Kontributionsleistungen der gesamten Provinz wurden auf 25 Millionen Taler veranschlagt. Die im Friedensschluß vereinbarte Räumung der preußischen Gebiete östlich der Elbe von französischen Truppen verzögerte sich durch ständig neue Forderungen der Besatzungsmacht.

Der Zusammenbruch Preußens bedeutete zugleich das Scheitern des preußischen Beamten- und Militärstaates friderizianischer Prägung.[158] Obwohl es bereits vor 1806 zahlreiche Ansätze zur Modernisierung von Staat und Gesellschaft gegeben hatte, gelang es den Reformkräften erst nach dem offensichtlichen Bankrott des Ancien régime, sich durchzusetzen. Im Gegensatz zu Westeuropa, wo die Ideen einer neuen Gesellschaft in große Teile der Bevölkerung getragen wurden und die großen gesellschaftlichen Umwälzungen vorbereiteten, stießen die Gedanken der meist nicht aus dem Land stammenden Reformer in Preußen auf eine weitgehend unvorbereitete Gesellschaft, deren ständische Kräfte sich vehement gegen Neuerungen wandten. Besonders deutlich wird dies in Pommern, dessen Landstände sich nur sehr zögerlich und zumeist ablehnend mit den Reformen des Freiherrn vom und zum Stein und des Staatskanzlers von Hardenberg auseinandersetzten. Beharrlich verteidigten sie ihre hergebrachten Rechte und Privilegien, und erst allmählich beugte sich der Adel den Kräften einer neuen Zeit.[159] Gerade für die weitere Entwicklung des Agrarlandes Pommern, in dem die Junker eine dominante Stellung in der Gesellschaft wahren konnten, hat die ableh-

Weite Ebenen und sanfte Hügel, unendliche Felder und dichte Wälder, sanft sich im Wind wiegende Halme sind ebenso charakteristisch für Pommern wie die zerklüftete Ostseeküste mit ihren schroffen Kreideklippen oder ihren langen Sand- und Kieselstränden. Im Gegensatz zur Küste ist das Innere Pommerns bis zum heutigen Tag sehr dünn besiedelt, und nur unter unsäglichen Mühen hat der Mensch den oftmals kargen Böden seinen Lebensunterhalt abringen können. Belohnt hat ihn die Natur eher mit ihrer unvergleichlichen Schönheit, die in Pommern viel von ihrer Ursprünglichkeit bewahren konnte.

Das Schloß Stolp am rechten Ufer der Stolpe ist ein mächtiger und dennoch schlichter Burgbau aus der Zeit Herzog Bogislaws X., den Herzog Johann Friedrich 1580 bis 1587 zu einem kleinen Schloß umbauen ließ. Nur wenige Jahre war es Mittelpunkt des Adels, legten sich Pracht und Glanz des Herzoghofes über Stolp. 1600 richtete Herzogin Erdmuthe hier ihren Witwensitz ein, dann blieb der schlichte Putzbau bis nach 1945 weitgehend unbeachtet, diente der Landwehr als Zeughaus, der Stadt als Getreidespeicher. 1951 haben polnische Restaurateure das Schloß aus seinem Dornröschenschlaf erweckt und ihm die Gestalt des 16. Jahrhunderts zurückgegeben. Seit 1965 beherbergt der Bau ein beachtenswertes kunsthistorisches Museum, das jährlich viele Besucher anzieht.

nende Haltung gegenüber den Reformen lange nachgewirkt, auch wenn sich das Land mit großer Begeisterung den aufkommenden nationalen Ideen der Befreiungskriege öffnete.

Am Beginn des umfangreichen Reformwerkes, das alle Gesellschaftsschichten erfaßte, stand das königliche Edikt vom 9. Oktober 1807, das ständische Schranken für Handel und Gewerbe aufhob, den Bewohnern die freie Wahl des Gewerbes ermöglichte und die Erbuntertänigkeit der Bauern aufhob. Wie vergleichbare Edikte des 18. Jahrhunderts stieß auch die Bauernbefreiung von 1807 auf den energischen Widerstand der pommerschen Landstände und der Kriegs- und Domänenkammer, die die Veröffentlichung zunächst unter dem Vorwand der Rücksichtnahme auf die noch im Land stehenden Franzosen verweigerte. Trotz zahlreicher Versuche, das Edikt in Pommern auszusetzen, erfolgte am Martinstag 1810 die Lösung der Bauern aus der Gutsuntertänigkeit. Die Überführung der Bauernhöfe in bäuerliches Eigentum und die Ablösung der feudalen Spann- und Handdienste regelte das von Hardenberg erarbeitete Edikt vom 14. September 1811, das ebenfalls von den Landständen energisch bekämpft wurde. Sie sahen in den Regelungen, die mit der Aufhebung der steuerlichen Privilegien des Adels einhergingen, einen zu weitgehenden Eingriff des Staates in ihre privaten Vermögens- und Rechtsverhältnisse.[160]

Auf weit weniger Widerstand stieß das zweite große Reformwerk des Ministers Hardenberg, dessen neue Städteordnung am 19. November 1809 in Kraft gesetzt wurde und den Bürgern das Recht auf kommunale Selbstverwaltung einräumte. Von demokratischen Grundsätzen des 20. Jahrhunderts war die Städteordnung allerdings noch weit entfernt. Nur ein Bruchteil der Einwohner, im wesentlichen das besitzende Bürgertum und die Beamten, besaß das Stimmrecht. Diesen ermöglichte sie nun einen größeren Gestaltungsspielraum im politischen Leben, indem sie die alte Ordnung Friedrich Wilhelms I. mit ihrer staatlichen Bevormundung der extrem oligarchisch verfaßten Städte ersetzte. Damit gewann sie langfristig das Bürgertum für den Staat und band es in die Verantwortung für seine künftige Entwicklung ein.

Die wichtigste Aufgabe des von Friedrich Wilhelm III. zum ersten Minister berufenen Freiherrn vom und zum Stein bestand jedoch darin, eine möglichst baldige Räumung der besetzten Gebiete zu erreichen. Gegenüber den Franzosen bewies Stein allerdings nicht das rechte Verhandlungsgeschick, so daß diese seine Demission betrieben. Erst im November 1808 begannen sie mit der Räumung der Provinz, hielten aber Stettin weiterhin besetzt. Der Abzug rief allgemein eine große Erleichterung hervor, denn Pommern war unter der Besatzung stark in Mitleidenschaft gezogen worden. Neben den zu zahlenden Kontributionen hatten vor allem die Einquartierungen und die Versorgung der fremden Soldaten dem Land schweren Schaden zugefügt; zudem erlitt der Handel durch die von Napoleon verhängte Kontinentalsperre, die den wichtigen Warenaustausch mit England unterband, beträchtliche Einbußen.[161]

Da Stettin von den Franzosen weiterhin besetzt blieb, wurde der Sitz der neuen Regierung nach Stargard verlegt. Die Kriegs- und Domänenkammer nahm den Titel einer Königlich-Preußischen Regierung an, während die bisherige Regierung künftig die

Bezeichnung Oberlandesgericht führen sollte. Am 5. März 1809 tagte die Regierung letztmalig in Stettin, am 10. März trat sie bereits zu ihrer ersten Sitzung in Stargard zusammen.[162] Dorthin hatte auch Generalleutnant Gebhardt Leberecht von Blücher im November 1808 sein Hauptquartier verlegt. Dem obersten preußischen Militärbefehlshaber in Pommern war auch die Zivilverwaltung unterstellt, die mit der Umsetzung der Stein-Hardenbergschen Reformen vollauf beschäftigt war. Blüchers Bemühungen zielten vor allem auf eine Verstärkung der preußischen Truppen, denen er durch heimliche Werbungen neue Soldaten zuführte. Seine nur schlecht verhüllten Versuche, die Militärkapazität zu steigern, blieben den Franzosen nicht verborgen, und sie drängten den preußischen König, den General zu entlassen. Als dieser, enttäuscht von dem Widerstand, den die Landstände seinen militärischen Anstrengungen entgegensetzten, im November 1811 um seinen Abschied bat, gab ihm der König statt. An Blüchers Stelle trat zunächst der Geheime Finanzrat Hering an die Spitze der Verwaltung, bis der König am 25. Juni 1812 dem Antrag der Landstände zustimmte und den Minister von Ingersleben berief.[163]

Anfang 1812 wurde Pommern erneut in Kriegshandlungen einbezogen, als französische Truppen in den schwedischen Landesteil marschierten und bald darauf auch Demmin, Anklam, Usedom und Swinemünde besetzten, während sich die preußischen Truppen nach Kolberg zurückzogen, das dem französischen Generalstab unterstellt wurde. Damit geriet Pommern wieder fast vollständig unter französische Besatzung. Aufgrund des am 24. Februar 1812 geschlossenen Bündnisvertrages Preußens mit Frankreich waren viele Pommern im preußischen Hilfskorps unter Generalmajor Johann David Ludwig Yorck von Wartenburg an Napoleons Feldzug gegen Rußland beteiligt. Als Yorck am 30. Dezember 1812 die Wende vollzog und durch die Konvention von Tauroggen aus dem Krieg gegen Rußland ausschied, setzte er damit das Signal zum Aufstand in Preußen. Im Februar 1813 folgten die Pommern in Scharen dem preußischen Aufruf zu den Fahnen. Verbündete russische Truppen drangen zur selben Zeit in Hinterpommern ein, so daß die Franzosen noch in der ersten Märzhälfte des Jahres 1813 gezwungen waren, Pommern zu räumen. Stettin, das von russischen und preußischen Truppen eingeschlossen worden war, wurde erst am 5. Dezember 1813 an die Preußen übergeben. Damit waren die Kämpfe in Pommern beendet. Die Entscheidung fiel jedoch wieder einmal auf anderen Schlachtfeldern, diesmal bei Leipzig.

Die territoriale Neuordnung Europas auf dem Wiener Kongreß erfaßte auch Pommern, dessen bisher schwedischer Landesteil mit dem preußischen vereinigt wurde. Bereits am 14. Januar 1814 hatte Schweden seinen Landesteil Dänemark als Gegenleistung für die Abtretung Norwegens zugesprochen. Nachdem sich aber Norwegen dieser Regelung widersetzt hatte, mußte Schweden auf eine Herausgabe verzichten. Der preußische Staatsminister Hardenberg vermittelte zwischen beiden Parteien und bot Dänemark das zuvor von Preußen erworbene Lauenburg und 2 600 000 Taler als Entschädigung an. Gegen eine weitere Zahlung von dreieinhalb Millionen Talern an Schweden gelang ihm am 7. Juni 1815 der Erwerb Schwedisch-Vorpommerns, das am 23. Oktober an Preußen übergeben wurde.[164]

Pommern 1815 bis 1875

THOMAS STAMM-KUHLMANN

EINE PROVINZ ERHÄLT IHR GESICHT

Am Ende der Befreiungskriege war Pommern im Rahmen jener Grenzen wiedervereinigt, die es zu Beginn des Dreißigjährigen Krieges bereits gehabt hatte. Das ganze Land befand sich nun im Besitz jener Dynastie, die seit der alten Erbvereinigung der Greifen mit den Hohenzollern als die künftig legitime gewiesen worden war. So konnte man erwarten, daß sich die Loyalität zum neuen Königshaus auch in Neuvorpommern problemlos festigen würde. Zwar blickte man dort nicht ohne freundliche Gefühle auf die Schwedenzeit zurück, doch hatte, wie das Beispiel Ernst Moritz Arndts erkennen ließ, gerade das Erlebnis der französischen Besatzung den Sinn für die Zugehörigkeit zu Deutschland wachsen lassen. Zumindest einzelne, vorwärtsdrängende Elemente wollten sich nicht mehr damit begnügen, patriotische Untertanen zu sein, sondern sich einem Größeren, einer Nation, anschließen.

Freilich war in jenen Tagen keineswegs bereits eindeutig entschieden, welchen Umfang diese Nation haben sollte. In Memel und später in Berlin hatten die preußischen Reformbürokraten daran gearbeitet, aus einzelnen Territorien, die sich nach ihren inneren Verhältnissen stark voneinander unterschieden und die auf unterschiedliche Weise an den preußischen Staat gekommen waren, einen einheitlichen Staat mit Gemeinschaftsgefühl zu schmieden. In der Denkschrift von Riga, die ein Reformprogramm des Ministers und späteren Staatskanzlers Karl August von Hardenberg enthielt, mußte 1807 noch ausdrücklich formuliert werden, daß der ganze Staat in Zukunft Preußen heißen solle. In den Berliner Entwürfen für eine gesamtstaatliche Repräsentation aus jener Zeit wurde verschiedentlich der Begriff »Nation« so verwendet, daß er sich unzweifelhaft auf Preußen bezog; und auch Wilhelm von Humboldts Projekt einer »Nationalerziehung« läßt sich so deuten, daß das Nationale hieran die – horizontale – Vereinigung der einzelnen Länder des Königs und – vertikal – die Überwindung der Standesschranken im Königreich Preußen war. Demzufolge mußten sich die Pommern erst noch fragen, ob sie künftig allein Preußen oder auch Preußen und Deutsche oder allein Deutsche sein wollten.

Einer Verschmelzung innerhalb des Königreichs diente Staatskanzler von Hardenbergs »Verordnung wegen verbesserter Einrichtung der Provinzialbehörden« vom 30. April 1815. Demzufolge umfaßte der preußische Staat zehn Provinzen, die später durch Zusammenlegung auf acht vermindert wurden und nach möglichst gleichförmigen Grundsätzen verwaltet werden sollten. Sie waren teilweise willkürlicher als im Fall Pommerns und unter Verletzung historischer Überlieferung zugeschnitten worden. Für Pommern bestand dagegen die einzige Abweichung von der Tradition in der Ergänzung um die neumärkischen Kreise Dramburg und Schivelbein.

Eine Wiederherstellung der Tradition konnte man es dagegen nennen, daß Neuvorpommern der Provinz Pommern einverleibt wurde, was mit dem Besitzergreifungspatent vom 19. September und der förmlichen Übergabe am 23. Oktober 1815 vollzogen wurde. Zwar führte der Monarch weiterhin einen weitläufigen Titel, der ihn »von Gottes Gnaden« »Herzog zu Pommern, sowie auch der Wenden und Cassuben, Fürst zu

Regierungsbezirk Stralsund 1818 bis 1932 (1932 bis 1937 Regierungsbezirk Stettin)

Regierungsbezirk Stettin 1818 bis 1937

Regierungsbezirk Köslin 1818 bis 1937

············ Regierungsbezirk Grenzmark-Posen-Westpreußen 1938

-·-·- Grenze der Provinz Pommern 1818 bis 1938

□ über 10 000 Einwohner

● 5000 bis 10 000 Einwohner

○ 2000 bis 5000 Einwohner

Pommern 1818 bis 1938

Ein Grundprinzip des preußischen Staates war die uneingeschränkte Verfügung über seine Beamten, die er nach Belieben innerhalb der weiten Grenzen seiner Provinzen dorthin versetzte, wo er sie gerade benötigte. So gelangte der 1764 im niederrheinischen Kleve geborene Johann August von Sack 1816 als erster Oberpräsident der Provinz Pommern nach Stettin. Hier stand er vor der mühevollen Aufgabe, den ehemals schwedischen Landesteil mit dem brandenburgischen unter einer Provinzialverwaltung zu vereinen. Sein fruchtbares Wirken ist mit den großen Erfolgen der Kreisreform von 1818, die er gegen den Widerstand des Adels durchsetzte, und seiner Wirtschafts- und Verkehrspolitik verbunden, aber auch mit der Förderung der Kultur und der Geschichtspflege in Pommern. Sack verstarb 1831.

Rügen, zu Cammin« sein ließ. Für die Verwaltungspraxis maßgeblich aber wurde allein die Tatsache, daß das ganze Land Pommern in einer einheitlichen Provinz zusammengefaßt war, die von einem Oberpräsidenten in Stettin regiert wurde. Oberpräsident wurde zunächst Karl Heinrich Ludwig von Ingersleben. Im Oktober 1816 löste ihn Johann August von Sack ab, der ein prominenter Exponent des Reformerflügels im Staatsapparat war und dem man größere Energie bei der Neueinteilung der Landkreise zutraute.

In der Verordnung vom 30. April 1815 waren anfangs zwei Regierungsbezirke vorgesehen, einer für Vorpommern mit Sitz in Stettin und einer für Hinterpommern mit Sitz in Köslin. Bis zur faktischen Besitzübertragung Neuvorpommerns an Preußen waren der Regierung allerdings Zweifel gekommen, ob Neuvorpommern ohne weiteres von Stettin aus zu verwalten sei. Schließlich hatte Preußen im Vertrag vom 7. Juni 1815 dem ehemaligen schwedischen Landesherrn zugesichert, daß das Land seine Verfassung behalten dürfe. So wurde zunächst der bisherige schwedische Generalgouverneur, Wilhelm Malte I. Fürst und Herr zu Putbus, mit der Fortführung der Verwaltung Neuvorpommerns beauftragt, und schließlich wurde zum Jahresbeginn 1818 ein eigener Regierungsbezirk Stralsund geschaffen. Als ersten Regierungspräsidenten berief man Heinrich Christian Friedrich von Pachelbel, den bisherigen Kanzler der schwedischen Regierung in Stralsund.

Zu Beginn des Jahres 1818 durfte die Neueinteilung der Kreise als abgeschlossen gelten. Dabei war keine durchgreifende Neuerung gelungen; vielmehr hatte sich König Friedrich Wilhelm III. den Eingaben vieler Gutsbesitzer aus Hinterpommern gefügt und ihre Gewöhnung an das Herkommen respektiert. Der Regierungsbezirk Köslin umfaßte fortan neun Kreise, der Regierungsbezirk Stettin hatte dreizehn, Stralsund vier Kreise, die den früheren Ämtern der Schwedenzeit entsprachen. Man schätzt, daß das gesamte administrative Personal der pommerschen Regierungspräsidien zu Beginn des 19. Jahrhunderts nicht mehr als 300 Beamte zuzüglich des Hilfspersonals umfaßt haben dürfte.[1] Neuvorpommern behielt in steuer- und zollrechtlicher Hinsicht noch einen Sonderstatus, bis es durch die Kabinettsorder vom 19. November 1821 auch in den preußischen Staatsverband integriert wurde. Diese Regelungen und Neuordnungen betrafen jedoch ausschließlich die staatliche Verwaltung Pommerns. Nicht berührt waren das Gerichtswesen und die kommunale und kommunalständische Selbstverwaltung, die gegenüber der preußischen Administration sehr weitgehende Rechte aus der Schwedenzeit in die Preußenzeit hinein zu retten verstanden. Das alte Landrecht blieb in Kraft, ebenso die überkommene Verfassung der Städte, allen voran diejenige Stralsunds. Weder das Allgemeine Preußische Landrecht von 1794 noch die preußische Städteordnung traten in Neuvorpommern und Rügen in Kraft. Auf der Grundlage des alten Landrechts behielt Neuvorpommern sein eigenes Gerichtswesen, als dessen letzte Instanz das Oberappellationsgericht in Greifswald, Nachfolger des ehemaligen schwedischen Tribunals in Wismar, eingerichtet wurde. Das alte Landrecht wurde in den Jahren 1837 bis 1844 aufgezeichnet und für Gerichte und Behörden in Druck gegeben.

Nach einem Bericht des Staatsministers von Beyme vom 21. Februar 1818 umfaßte die Provinz Pommern einen Flächeninhalt von 540 Quadratmeilen und besaß 630 000 Einwohner. Das Land befinde sich in einem »niederen Bevölkerungs- und Kulturzustand«, eine bessere Zukunft lasse sich aber erwarten.[2]

ALTSTÄNDISCHER WIDERSTAND UND NEUSTÄNDISCHE REPRÄSENTATION

Das Selbstgefühl der Provinz gründete sich zum wenigsten auf die staatliche Verwaltungseinteilung und die Anwesenheit des staatlichen Oberpräsidenten. Es steht dagegen fest, daß in Pommern wie in anderen Provinzen Preußens eine Kontinuität ständischer Repräsentation und Selbstverwaltung durch das 18. Jahrhundert hindurch bestanden hat. Die Fixierung auf den landesherrlichen Absolutismus hat die Historiker nur lange Zeit davon abgehalten, dies wahrzunehmen.

Der letzte pommersche Landtag war 1810 zusammengetreten. Durch das sogenannte Gensdarmerie-Edikt vom 30. Juli 1812 hatte allerdings die vom Staatskanzler Hardenberg geführte Regierung die Ständeversammlung aufgehoben. Die Bürokratie der Reformperiode wünschte sich zwar wieder eine Repräsentation, doch sollte der Geist des Partikularismus und der engstirnigen Standesinteressen erst erloschen sein. Wie man dies auch vom Standpunkt der Schöpfer der einheitlichen preußischen Monarchie aus betrachten mag, die Identität und das Selbstgefühl des Pommernlandes waren auf jeden Fall durch die langwährende Existenz von Vertretungskörperschaften und Selbstverwaltungsorganisationen der verschiedensten Art über die Zeiten wachgehalten worden.[3] Nachdem sie über 150 Jahre hinweg den Zentralisierungstendenzen, mochten sie nun von schwedischer oder brandenburgischer Seite gekommen sein, standgehalten hatten, waren die Stände nun auch in der Reformzeit nicht bereit, ihre alten Institutionen und ihre Privilegien kampflos aufzugeben. Sie fochten das Edikt vom 30. Juli 1812 an. In einer Eingabe aus dem Jahr 1814 forderten sie, daß auch in Zukunft der Landrat aus der Mitte der örtlichen Grundbesitzer genommen werden müsse. Dem Bestreben Hardenbergs lief dies zuwider. Er wollte die Kreise von Berufsbeamten verwalten lassen, die ganz und gar von der Berliner Zentrale abhängig sein würden. Die Stände verlangten weiterhin an der Verwaltung der Kassen beteiligt zu werden, mochten diese nun auf Kreis- oder auf Provinzebene bestehen. Die Feuersozietät auf dem platten Land, die zur allgemeinen Zufriedenheit und sparsam geführt worden sei, möge ihnen erhalten bleiben.[4]

Von seinem Staatskanzler Hardenberg geleitet, pflegte Friedrich Wilhelm III. solche Eingaben oft hinhaltend zu beantworten. So auch im vorliegenden Fall. Allerdings war Hardenberg der Meinung, daß, vorbehaltlich einer Neuregelung der Verfassung, die alten ständischen Organe, die vorpommersche und die hinterpommersche Landstube, bis auf weiteres amtieren sollten.[5]

Hardenberg hatte den König zu dem Versprechen veranlaßt, daß die preußische Monarchie eine Verfassung bekommen werde. In dem entsprechenden Dokument vom

22. Mai 1815 war eine gesamtstaatliche Repräsentation vorgesehen. Hardenberg war jedoch persönlich überzeugt, daß die gesamtstaatliche Verfassung nur den Schlußstein eines Staatsneubaus bilden könne. Die Neugestaltung der Verwaltungs- und Repräsentationsverhältnisse in den Kommunen und Provinzen hatte dem vorauszugehen. Auf Vorschlag des Ministers von Klewitz sollte erst einmal das »Jemals Bestandene« im Bereich der Provinzialverfassungen ermittelt werden – womit die Anhänger des Überkommenen zumindest Zeit gewannen. Zu diesem Zweck fand eine Bereisung der Provinzen durch sachkundige Minister statt, an der sich sogar Hardenberg selbst beteiligte. Die örtlichen Notabeln sollten nach ihren Ansichten über das erwünschte Verhältnis von Alt und Neu befragt werden.

Die Bereisung Pommerns wurde dem Minister der Justiz Karl Friedrich von Beyme übertragen, der als ehemaliger Kabinettsrat des Königs und Präsident des Berliner Kammergerichts zu den Verbündeten der Reformpartei in Preußen gezählt werden muß. Beyme, der durch seinen Schwiegersohn, den Landrat Carl Heinrich von Gerlach aus dem Fürstentumer Kreis, begleitet wurde, traf im Juli 1817 in Pommern ein und erstattete am 21. Februar 1818 Bericht. Daraus ging hervor, daß die Regierung zwar das Gensdarmerie-Edikt von 1812 und das Edikt vom 30. April 1815 bei der Bestimmung der Landräte und der neuerdings zu wählenden Kreisdeputierten zugrunde legte, daß aber tradierte Einrichtungen wie die Landschaft, die Landfeuersozietäten und die Landarmenkassen fortbestanden. Meistenteils wurde von Beymes Gesprächspartnern eine Wiederherstellung der alten Repräsentation angestrebt, in der nach Ständen getrennt beraten und abgestimmt wurde; trotz überwiegend konservativer Einstellung wurde die Neuzulassung des Bauernstandes allgemein für notwendig gehalten.[6]

Beyme sprach sich gegen eine Wiederherstellung der Landstände aus, die seiner Ansicht nach »eine Geburt der finsteren Zeiten des Mittelalters« seien, »welche das helle Tageslicht nicht vertragen können. Sie sind ihrem Wesen nach egoistisch und haben ein jeder das Interesse seines Standes zu vertreten nach dessen Ansichten und Aufträgen.« Man solle die Provinzialrepräsentation zu einer modernen Volksvertretung weiterentwickeln, in der zwar noch zwischen Rittergutsbesitzern, Bürgern und Bauern unterschieden werden dürfe, aber Adelsvorrechte nicht mehr gelten könnten. Damit hatte sich Beyme dafür ausgesprochen, eine Unterscheidung lediglich noch nach dem Besitz zuzulassen. 36 Abgeordnete für ganz Pommern, von jedem Stand also zwölf, seien ausreichend. Hinzutreten sollten lediglich der Generalsuperintendent sowie ein Vertreter der Universität Greifswald.

Auch die moderne Provinzialständeversammlung habe sich lediglich mit solchen Steuern zu befassen, die allein für die Provinz erhoben würden, und dann auch über deren Verwendung mitzuentscheiden. Allgemeine Landessteuern für die preußische Monarchie könnten nur vom König oder von einer gesamtstaatlichen Repräsentation erhoben werden. Entsprechend sei der Wirkungskreis der Provinzialständeversammlung auf die bisherigen Kommunalinstitute sowie Wege, Kanäle, Arbeits-, Armen- und Krankenhäuser festzulegen. Eine Verantwortung der Provinzialversammlung für diese Bereiche helfe dem Staat, Geld zu sparen.

Der Kreistag, schlug Beyme vor, solle der Landtag im Kleinen sein. Der Landrat habe als königlicher Kommissar und Vorsitzender des Kreistags zu fungieren. Für beide Versammlungen, Kreis- wie Landtag, forderte Beyme Öffentlichkeit der Verhandlungen und Zensurfreiheit.[7]

Dieses gemäßigt fortschrittliche Konzept Beymes war im Zusammenhang einer am Ende zu erlassenden Gesamtverfassung der Monarchie gedacht. Zu dieser Verfassung kam es jedoch zunächst nicht; sie mußte erst durch die Revolution von 1848 erzwungen werden. Einstweilen sollten aber doch ständische Repräsentanten gewählt werden. Einen entsprechenden Aufruf erließ Fürst Putbus im August 1818 für Neuvorpommern und Rügen. Die Ritterschaft von Neuvorpommern aber pochte darauf, daß der preußische König im Übergabevertrag mit Schweden vom 7. Juni 1815 die Erhaltung aller alten Rechte, Freiheiten und Privilegien, vor allem aber der Zustände, wie sie die schwedische Krone 1810 und 1811 festgeschrieben hatte, garantiert habe. Ritterschaft wie Städte Neuvorpommerns erklärten schließlich, keine Deputierten entsenden zu wollen. Nicht lange danach protestierten die beiden alten Stände auch gegen die Verfügung, wonach alle in die Gesetzessammlung aufgenommenen und im Amtsblatt publizierten Gesetze automatisch auch für Neuvorpommern Geltung erhalten sollten. Hierzu müsse vielmehr die Stellungnahme der Repräsentanten eingeholt werden. Wer aber als berufener Vertreter der Einwohner Neuvorpommerns auftreten durfte, mußte, schon angesichts der verweigerten Wahl, äußerst zweifelhaft sein. Der König entschied ohnehin im Anschluß an das Votum des Oberpräsidenten Sack, daß keine Provinz »unter dem Vorwand besonderer Gerechtsame eine Ausnahme von der allgemeinen Verwaltungsordnung des Staates für sich verlangen« dürfe.[8]

Je mehr König Friedrich Wilhelm III. nach dem Sieg über Napoleon unter den Einfluß der Restaurationspartei im Land, am Hof und in der Regierung geraten war, desto mehr war er von seiner Reformbereitschaft und auch von seinem am 22. Mai 1815 unterzeichneten Verfassungsversprechen abgerückt. Auch der österreichische Staatskanzler Metternich und die führenden Vertreter der Restauration in Frankreich und Rußland warnten den König von Preußen davor, eine Neuauflage der französischen États généraux werde eine Neuauflage der französischen Revolution nach sich ziehen. Schließlich wurden die Vorbereitungen für die Neueinführung der in Artikel 13 der Deutschen Bundesakte vorgeschriebenen »landständischen« Institutionen in die Hände des Kronprinzen Friedrich Wilhelm (IV.) gelegt.

Der Kronprinz beriet über die Repräsentation mit einer Kommission, die aus bekannten Anhängern der Restaurationspartei zusammengesetzt war. Diese schlug dem König am 19. März 1821 vor, auf eine Verfassung für den Gesamtstaat vorerst zu verzichten und statt dessen nur Provinzialstände zu berufen. Dabei sollte möglichst an die historische Überlieferung in den Provinzen angeknüpft werden. Um aber zweckmäßige Provinzialverfassungen auszuarbeiten, wollte die Kommission mit Notabeln aus den einzelnen Provinzen verhandeln, die nach Berlin geladen werden sollten. Als künftige Aufgaben der neu zu schaffenden Provinzialstände waren Kommunalsachen, insbesondere Schuldenwesen, Armenwesen, Versicherungsanstalten, Wegebau und

Karl Friedrich von Beyme (1765–1838) begann seine Karriere nach dem Jurastudium in Halle 1784 als Gerichtsreferendar, Assessor und Kammergerichtsrat am Kammergericht Berlin. Dort gehörte er zu den engeren Vertrauten König Friedrich Wilhelms III., der die Ernennung des bürgerlichen Anhängers liberaler Ideen 1798 zum Geheimen Kabinettsrat betrieb. Gegen den Widerstand des Adels setzte Beyme 1808 die Bauernbefreiung auf den staatlichen Domänen durch, scheiterte mit seinem Vorhaben jedoch bei den ritterschaftlichen Gütern. 1810 von Hardenberg entlassen, übernahm Beyme in den Befreiungskriegen das Amt des Zivilgouverneurs von Pommern. 1816 in den Adelsstand erhoben, trat Beyme ein Jahr später an die Spitze des Ministeriums für Gesetzesrevisionen und gehörte nun dem preußischen Staatsrat an. Doch bereits im Dezember 1819 trat er gemeinsam mit Wilhelm von Humboldt und Herrmann von Boyen aus Protest gegen die Karlsbader Beschlüsse von seinen Ämtern zurück.

Um die Wende des 18. zum 19. Jahrhundert entstanden auch in Pommern größere Villen und Landhäuser für den Adel und wohlhabende Bürger, die in der Stadt ihren Geschäften nachgingen. Als schönstes Landhaus bei Stettin galt das unter dem Einfluß Schinkels zwischen 1806 und 1819 im klassizistischen Stil erbaute Schlößchen des Stettiner Geheimrats Carl Gotthilf Tilebein (1760–1820) in Züllchow. Dieses Landhaus machte die Gattin des Geheimrats in der ersten Hälfte des 19. Jahrhunderts zum geistigen und kulturellen Mittelpunkt Stettins. Nach ihrem Tod am 21. August 1854 stand das Haus mehrere Jahrzehnte leer. Seit 1889 beherbergt es das vom ersten Hausherrn gestiftete Tilebeinstift.

die Verteilung der dadurch notwendigen Abgaben vorgesehen. Nur solche Bitten und Beschwerden, die aus dem besonderen Interesse der Provinz hervorgingen, sollten an den König gerichtet werden dürfen; Stellungnahmen zu Fragen, die die Gesamtheit der Monarchie betrafen, sollten unzulässig sein. Auch in Steuersachen sollten die Stände sich nur zu solchen Fragen äußern dürfen, die die Verteilung der Steuern innerhalb der Provinz betrafen. Aus Pommern wurden die Bürgermeister von Stettin, Stralsund und Stargard und zehn Angehörige des Adels eingeladen, dagegen keine Bauern. Aus den Beratungen gingen am 5. Juni 1823 das »Allgemeine Gesetz wegen Anordnung der Provinzialstände« sowie im folgenden Monat das »Gesetz wegen Anordnung der Provinzialstände im Herzogtum Pommern und im Fürstentum Rügen« hervor.[9]

Zwar entsprach die Gesetzgebung den Vorschlägen Beymes insoweit, als die Versammlung auf dem Landtag nunmehr einheitlich abstimmen sollte. An die Stelle der alten Ständekurien war ein freies Mandat für alle gewählten Vertreter getreten. Der Abgeordnete sollte das Interesse des Ganzen im Auftrag haben und nicht mehr an Weisungen seiner Wähler gebunden sein, die meist einem engen Interessenhorizont entsprungen wären. Gewählt aber wurde weiterhin getrennt nach Ständen.

Das Zahlenverhältnis, das (zunächst) 24, seit dem ersten Landtagsabschied 25 Angehörigen des Herren- und Ritterstandes sechzehn Abgeordnete der Städte und nur acht aus den Landgemeinden gegenüberstellte, sorgte dafür, daß das adlige Standesinteresse auch weiterhin nicht zu kurz kam. Selbst der Lokalgeist, den Hardenberg einst zu bekämpfen versucht hatte, konnte wieder ans Licht treten, da für die Wahl zum ersten Stand in Altpommern die alten historischen Kreisverbände maßgeblich waren, nicht aber die bis 1818 neu geschaffenen Kreise.

Der erste Landtag wurde am 3. Oktober 1824 im Stettiner Landeshaus, das Friedrich Wilhelm I. im Jahre 1726/27 hatte errichten lassen, eröffnet. Auf ausdrücklichen Wunsch des Königs war ein Gottesdienst vorausgegangen. Als Landtagsmarschall amtierte der Geheime Justizrat von Arnim auf Heinrichsdorf, sein Stellvertreter war Landrat von Gerlach aus dem Fürstentumschen Kreis. Der Oberpräsident, der als königlicher Kommissarius den Mittler zwischen Ständen und König darzustellen hatte, beschwor in seiner Eröffnungsansprache die Einheit der Provinz. Er erinnerte daran, daß das imperative Mandat abgeschafft sei und – insofern ganz im Sinne eines modernen Parlaments – die Abgeordneten jeweils für die ganze Provinz verantwortlich seien. Die Sitzungen dauerten bis zum 18. Dezember. Durch Beschlüsse dieses Landtags wurden die Zensusanforderungen, die für die Wählbarkeit in den Städten bestanden, noch erhöht. Die Tatsache, daß – ganz im Gegensatz zum Geist der Steinschen Städteordnung – die oft grundbesitzlosen, aber mit dem höchsten Bildungsgrad ausgestatteten Beamten und Angehörigen der freien Berufe nicht wählbar waren, forderte den Oberpräsidenten Sack zu einer Intervention beim königlichen Ministerium des Innern heraus. Dieses genehmigte, daß künftig solche städtischen Magistrate, die zu königlichen Beamten berufen waren, auf den Landtag entsandt werden durften. Auch durften Grundbesitzlose, sofern sie Magistrate waren, gewählt werden.[10]

Das Gutshaus Falkenhagen, auf halbem Weg zwischen Greifswald und Stralsund am Greifswalder Bodden, ist ein Herrenhaus ausgesprochen repräsentativen Charakters, in dem sich der Wohlstand des vorpommerschen Adels widerspiegelt. Im 18. Jahrhundert befand sich das Gut im Besitz der bedeutenden rügischen Adelsfamilie von Krassow, die es um die Mitte des 19. Jahrhunderts der Familie von Essen verkaufte. Beide Familien haben erhebliche Mittel in den Ausbau des Anwesens gesteckt.

Nachdem Hardenbergs Kreisordnung auf gesamtstaatlicher Ebene gescheitert war, durften nun die Landtage über die Bildung von Kreisständen beraten. Der erste Stand forderte, mit Virilstimmen vertreten zu sein, was zwar der Reformgesinnung des Oberpräsidenten zuwiderlief, der ausgerechnet hatte, daß im Stolpschen Kreis zum Beispiel 92 Rittergutsbesitzer einem Abgeordneten der 6000-Einwohner-Stadt Stolp und vier Abgeordneten der übrigen 38000 Kreiseinwohner gegenübertreten würden. Der König genehmigte aber in der »Kreisordnung des Herzogtums Pommern und Fürstentums Rügen« vom 17. August 1825 allen qualifizierten Besitzern eines in der Matrikel der Ritterschaft aufgeführten Rittergutes das Recht, persönlich an den Kreisständen teilzunehmen und dort abzustimmen.[11] Auch wenn künftig jede im Kreis gelegene Stadt einen Abgeordneten bekommen sollte, mußte das Übergewicht der Rittergutsbesitzer erdrückend bleiben.

Zu allem Überfluß wurde vom König die Bildung zweier Kommunallandtage in Stralsund und Stettin genehmigt, die den Gegensatz von Neuvorpommern und Altpommern perpetuierten. Nicht etwa der Unterschied von Vorpommern und Hinterpommern sollte maßgeblich sein, sondern die zwischen 1720 und 1815 bestehende Grenze zwischen dem preußischen und dem schwedischen Anteil Vorpommerns. Mit den Bezeichnungen »Vor- und Hinterpommersche Landstuben« und »Landkasten-Bevollmächtigte Neuvorpommerns« setzten die ständigen Ausschüsse dieser Kommunallandtage die partikularistischen Traditionen fort. Der am 3. April 1826 zusammengetretene erste Kommunallandtag für Neuvorpommern erreichte, daß die Einführung des Preußischen Allgemeinen Landrechts, der Gerichtsordnung und der Städteordnung in diesem Landesteil vorläufig ausgesetzt wurde und die Städte ihre eigene Gerichtsbarkeit behielten. Das Wahlrecht zu den Kommunallandtagen glich dem zum Provinziallandtag. Die Kräfte des aufkeimenden Kapitalismus sowie das Bildungsbürgertum waren von allen diesen Versammlungen weitgehend ausgeschlossen. Der Adel dominierte, der pommersche Adel aber war nun einmal von konservativer Gesinnung durchtränkt.

EIN TREUER RÜCKHALT DER KONSERVATIVEN PARTEI

Die konservative Bewegung hatte sich zu Ende des 18. Jahrhunderts aus der Opposition des Adels und mancher bürgerlicher Kreise gegen die Allgewalt des absolutistischen Staates entwickelt, denn im Absolutismus drohten bereits alle Menschen gegenüber dem Fürsten in einen nivellierten Status der unmittelbaren Abhängigkeit hinabgedrückt zu werden. Der Niederreißung intermediärer Gewalten, die in der Form großer Herren und ihrer Vertretungen auftraten, hatten die Anstrengungen des Absolutismus gegolten. Konservative erkannten bald hellsichtig, daß die Bürokratie des Reformzeitalters diesen staatlichen Absolutismus nicht abzubauen, sondern lediglich in eine vernunftgemäße Form hinüberzuretten beabsichtigte. Gleichzeitig waren die Reformer aber in den Augen der Konservativen Bündnisse mit demokratischen Bestrebungen eingegangen, durch die die gesicherten Privilegien auf dem Lande gefährdet wurden.

Hiergegen richtete sich zunächst der Hauptwiderstand, bis eine anschwellende revolutionäre Tendenz die Konservativen wieder an die Seite des Königs trieb, der nunmehr als Garant der Sicherheit gegen die plebejischen Forderungen galt oder gelten konnte, sollte es den Konservativen gelingen, sich ihren Einfluß auf des Königs Majestät zu sichern.

Vertreter des pommerschen Adels aber waren an prominenter Stelle bei den Bemühungen anzutreffen, der konservativen Besorgnis angesichts der »Gleichheitswut« des Liberalismus und anderen modernen Tendenzen Einfluß in der Machtzentrale zu verschaffen und schließlich dem Konservativismus die Stoßkraft einer modernen Partei zu geben. In dieser im ganzen »mehr zahlreichen als interessanten Clique von pommerschen Krautjunkern, Philistern und Ulanenoffizieren«, wie Otto von Bismarck seine Gutsnachbarn einmal charakterisiert hat,[12] fanden sich Persönlichkeiten von entschiedenem Willen, geeint durch ein gemeinsames Empfinden, und fähig, sich eine intellektuelle Rechtfertigung für ihren Standpunkt von außerhalb, aus den deutschen Universitäten und der publizistischen Welt Berlins, zu verschaffen. Diese pommerschen Adligen fürchteten vor allem die Auswirkungen der in der Zeit der französischen Herrschaft über Deutschland angestoßenen Agrarreformen. Diese Reformen und ihre Implikationen für die gesellschaftliche Stellung der Junker waren in den ländlichen Regionen Preußens das große Thema der Restaurationszeit und des Vormärz. Konservative Politik war dabei unzweideutige Interessenpolitik, eine Interessenpolitik freilich, die sich in das Gewand zeitloser Einsichten über die Notwendigkeit einer gesellschaftlichen Ober- und Unterordnung und die göttliche Sanktion der gutsherrlichen Privilegien kleidete und durch starke religiös aufgeladene Gefühlsbindungen bekräftigt wurde.

In der Wahl des konservativen bis reaktionären Standpunktes ließen sich die Ritter und Magistrate Vorpommerns in keiner Weise durch Hinterpommern übertreffen. Eine Verbohrtheit konnte man es schon nennen, wenn bereits in den Beratungen der Berliner Kronprinzenkommission die Vertreter Neuvorpommerns der Hoffnung Ausdruck verliehen, die preußische Agrargesetzgebung werde in ihrem Landesteil nicht eingeführt werden. Zwar sei man dafür, daß ein Bauernstand künftig auf dem Landtag vertreten sein werde, dazu dürften aber die Pachtbauern der neuvorpommerschen Gutsherren nicht gerechnet werden. Die Rittergutsbesitzer dieses Landesteils hätten stets das freie Verfügungsrecht über ihre Bauernhöfe gehabt, mithin die Berechtigung zum Bauernlegen besessen. Nachdem die Rittergüter aufgehört hätten, Lehnsgüter zu sein und allodifiziert, das heißt, zu freiem Eigentum gemacht worden seien, erstrecke sich dieses wohlerworbene Eigentum auch auf die Bauernhöfe der Hintersassen und dürfe nicht angetastet werden. Insgesamt wünschten sich die neuvorpommerschen Vertreter, daß auch die traditionelle Gerichtsverfassung, das überkommene Stadtregiment und das Zunftwesen beibehalten werden sollten – was bedeutete, nicht nur die Steinsche Städteordnung, sondern auch die Hardenbergsche Gewerbefreiheit in diesem Teil Preußens nicht einzuführen.

Die Vertreter Neuvorpommerns setzten sich damit durch. Neuvorpommern behielt seine alte, aus der Schwedenzeit überkommene Verfassung. Hier äußerte sich ein Geist,

Von dem Glanze längst vergangener Tage herrschaftlicher Sommerfreuden kündet noch heute die Stadt Putbus auf Rügen, in der sich in der Mitte des 19. Jahrhunderts auf Einladung der Fürsten von Putbus der europäische Adel versammelte, um hier standesgemäß die Sommermonate zu verbringen. In anderthalb Jahrzehnten entstand das außergewöhnlich geschlossene Ensemble aus heiteren weißen Bauten. Bis heute gilt der abseits der Küste und damit abseits der Besucherströme gelegene Ort als die weiße Perle der Insel Rügen.

Auf dem Gut Varzin sind inmitten der Einsamkeit weiter Wälder politische Entscheidungen von weitreichender Bedeutung getroffen worden. Noch heute steht im Arbeitszimmer des Gutshauses der mächtige Eichenschreibtisch des Kanzlers Otto von Bismarck. Die Abgeschiedenheit und der reiche Wildbestand machten es für ihn zum idealen Feriensitz, für die Hausfrau Johanna stellten sich die Dinge freilich anders dar. Sie fand das Herrenhaus »ziemlich scheußlich, ein altes verwohntes Ungetüm mit 1000 Kammern und Winkeln, schiefen Decken und Fußböden, so daß man Versenkungen und Einstürzung auf Schritt und Tritt befürchtet. Vier Zimmer oben und vier unten sind erträglich, alle anderen sind Scheusäler – aber der Park ist wunderreizend, wie man selten finden kann.«

der dem Grundzug der Reformpolitik widersprach.[13] Die Städtevertreter ganz Pommerns hoben sich keineswegs von den ritterschaftlichen Kommissionsmitgliedern ab. Sie hatten verlangt, daß das aktive und passive Wahlrecht für die städtischen Landtagsabgeordneten auf den Kreis der Magistrate beschränkt werden sollte. Der Historiker Fritz Glaser fällte 1929 folgendes Urteil: »Das ganze Streben der alten Stände ging dahin, um jeden Preis ihre früher vorherrschende feudale Stellung wiederzuerhalten, ein von ihrem Standpunkt vielleicht begreiflicher Wunsch, der aber nicht zum Nutzen des Allgemeinwohls verfochten werden konnte. Neben diesem Klassenegoismus zeigte sich ein starker Partikularismus, dem die Erhaltung der besonderen Eigentümlichkeiten der engeren Heimat über alles ging.«[14]

Neben diesem – gewissermaßen vorausschauenden und strukturbezogenen – Widerstand gegen jegliche Reform läßt sich ein starker ideologischer Gegensatz zur Reformpartei ausmachen, der sich im entscheidenden Wendejahr 1819 artikulierte, als mit der Durchsetzung der Karlsbader Beschlüsse und der Entlassung der drei Reformminister Beyme, Humboldt und Boyen aus dem preußischen Staatsministerium die Reformpolitik auf entschiedene Hindernisse stieß. Eine Eingabe, die von den pommerschen Rittergutsbesitzern von Dewitz-Cantreck, von Bülow-Cummerow, Ferdinand von Bismarck und weiteren Adligen unterschrieben ist, läßt erkennen, wie sehr der Kampf gegen den »Zeitgeist« offensichtlich abgestimmt war, denn die Sprache gleicht derjenigen aufs Haar, die in den restaurationsorientierten Memoranden des hauptstädtischen Beamtenapparats gebraucht wurde. So tadelte man die Deutschtümelei der Burschenschaften mit ihrer Zügellosigkeit, ihren groben Sitten und ihrer vernachlässigten Kleidung. Vor allem aber griff man die Reformbeamten an, deren Zahl »unzählig« geworden sei und die den Staat in Schulden stürzten. In einem simplen Schema des »Früher« im Gegensatz zum «Heute« wurde die Vergangenheit verklärt. Die Reformpolitik arbeitete angeblich dahin, »den Erbadel, den geborenen Gegner aller Revolutionen, völlig zu vernichten. Ihn hätten die Neuerer, die Revolutionäre zur Zielscheibe gewählt.« Wenn aber einmal der Adel erdrückt sei, dann, so faßt der Historiker Oskar Eggert die Eingabe zusammen, »falle auch die Monarchie zusammen, bis sich aus ihren Trümmern und auf den Leichen ihrer Bürger ein Mann aus dem Volke über alle anderen erhebe und eine neue Monarchie zu gründen suche«.[15] Seitdem der Adel unter den Druck der liberalen Bewegung geraten war, vertrat er wieder die Ansicht, sein Interesse und das des Thrones seien eins. Dieser Standpunkt war dem konservativen Adel so lange fern gewesen, wie er sich von bürgerlichen Strömungen noch nicht bedroht gefühlt hatte und im Zentralismus des Königtums seinen Hauptfeind erblickt hatte.

Was am pommerschen Adel jener Zeit frappiert, ist die völlige Ungeniertheit, mit der religiöse Überzeugungen und das Gewicht der jenseitigen Autorität mitsamt ihren Verdammnisdrohungen eingesetzt wurden, um krassen materiellen Interessen zu einem Vehikel zu verhelfen. Doch greift zu kurz, wer in den Äußerungen der pommerschen Gutsbesitzer lediglich geschickt eingesetzte Tünche erblickt, mit der die Unzulänglichkeiten des eigenen Klassenstandpunktes überdeckt werden sollten. Die gemeinsamen Wurzeln des religiösen Sektierertums und der junkerlichen Interessenpolitik reichen

Das Gutshaus in Speck (oben) läßt wie andere im 19. Jahrhundert entstandene Gutshäuser erkennen, daß die pommerschen Gutsherren durch die Auswirkungen der Stein-Hardenbergschen Reformen im allgemeinen zu Wohlstand gelangten. Aber auch das bäuerliche Gehöft in Speck (unten) wirkt durchaus nicht ärmlich. Sofern die Bauern nämlich in der Lage waren, sich durch Landabtretungen und Zahlungen, wie sie die Reformen vorsahen, aus der Gutsherrschaft zu lösen, konnten auch sie es im Zuge der Agrarkonjunktur des 19. Jahrhunderts zu mehr oder minder bescheidenem Wohlstand bringen.

vielmehr tiefer hinab. Der Soziologe Karl Mannheim hat dies vom fernen Heidelberg aus erkannt, als er feststellte, daß die konservative Bewegung der ersten Hälfte des 19. Jahrhunderts vor allem auch eine Gegenbewegung gegen den Siegeszug des Kapitalismus und der mit ihm unlösbar verknüpften Rationalisierung und Anonymisierung des modernen Lebens war. Die »konkret-menschlichen Beziehungen«, so meinte er, also die noch unmittelbar erlebten, das persönliche Umfeld des einzelnen jeweils für sich nehmenden, auf den Umweg über den abstrakten Markt verzichtenden Formen des menschlichen Umgangs, wie sie für die vormoderne Welt kennzeichnend waren, überlebten am längsten auf dem Land, unter den Bauern wie unter dem Adel. Aber auch religiöse Sekten wie der Pietismus konnten zu Zufluchtsstätten dieser vormodernen Empfindungsweisen werden.[16]

Der Pietismus, eine teilweise den englischen Puritanern ähnliche spirituelle Bewegung, die schon früh die Nähe der Macht suchte und – in Form der Protektion durch den preußischen König Friedrich Wilhelm I. – auch fand, hatte seit Beginn des 19. Jahrhunderts auf den pommerschen Gütern Einzug gehalten. Er sickerte zunächst in einzelnen Familien ein und verbreitete sich dann rasch durch die sozialen Kontakte und Heiratsbeziehungen, die der gutsbesitzende Adel nach wie vor unter sich pflegte. Beispielsweise wurde der Landrat des Kreises Belgard, Hans Jürgen von Kleist-Retzow, erst vom Pietismus erfaßt, als er in dritter Ehe die verwitwete Auguste von Glasenapp, die Tochter des Landschaftsdirektors von Borke, heiratete. Deren Tochter aus erster Ehe, Liutgarde von Glasenapp, ehelichte später Heinrich von Puttkamer auf dem Gut Reinfeld. Sie wurde die Schwiegermutter des in Hinterpommern mit den Gütern Kniephof und Külz ansässigen Otto von Bismarck, während ihr 1814 geborener Halbbruder Hans von Kleist-Retzow Bismarcks geistlicher Beistand wurde, von Bismarck selbst als sein »Beichtvater« apostrophiert. Seine Einführung in Reinfeld aber verdankte Bismarck einem Mitschüler am Gymnasium zum Grauen Kloster in Berlin, Henning Karl Moritz von Blanckenburg. Zwischenstation war dabei das Gut Trieglaff im Kreis Greifenhagen, das der Familie von Oertzen gehört hatte, ehe es im Erbgang an den 1796 geborenen Schwiegervater Blanckenburgs, Adolf von Thadden, gekommen war. Thadden, der blutjung am Feldzug des Jahres 1813 teilgenommen hatte, unterhielt auf Trieglaff ein halbes Jahrhundert lang ein Zentrum des der Amtskirche fernstehenden Pietismus.

Dieser Pietismus, der seine Energien aus der seit der Jahrhundertwende beide christlichen Konfessionen in Deutschland erfassenden Erweckungsbewegung bezog, wurde nun derart zum Bindemittel der entstehenden konservativen Partei, daß es für die erste Hälfte des 19. Jahrhunderts unmöglich ist, Erweckte und Konservative voneinander zu trennen. Vielmehr geben die Hauptakteure an, daß ihre Bekehrung zum Konservativismus und ihre Hinwendung zum biblizistischen, Sünde und Erlösung in den Mittelpunkt stellenden Christentum zueinander stimmende Etappen ihrer Identitätsfindung waren. Dies zeigt das Beispiel des 1795 geborenen Ernst Ludwig von Gerlach, der 1825 auf dem Thaddenschen Gut Trieglaff Auguste von Oertzen, eine Schwägerin Thaddens, geheiratet hat. In Berlin mit seinen zwei Brüdern Wilhelm und Leopold sowie Clemens Brentano Mitglied der »Maikäferei«, eines losen Zusammenschlusses christlich-germanisch eingestellter junger Leute, hatte sich Ernst Ludwig von Gerlach 1817 zunächst für den Theoretiker der Restauration, Carl Ludwig von Haller, begeistert, ehe er von 1818 an durch den Einfluß Adolf von Thaddens und über die Predigten der Berliner Pastoren Justus Gottfried Hermes und Johannes Jaenicke zur Erweckungsbewegung fand. Die Familie der Gerlachs war zwar seit 1733 im Fürstentum Cammin begütert gewesen, hatte aber seitdem eine beamtenmäßige Tradition angenommen. Auch Ernst Ludwig schlug die Richterlaufbahn ein. Doch durch die Grundsätzlichkeit seiner Überlegungen, die er zusammen mit seinem Bruder Leopold, dem späteren Generaladjutanten König Friedrich Wilhelms IV., anstellte, und dadurch, daß er mithalf, der adligen Interessenvertretung ein weltanschauliches Fundament zu geben, erlangte Gerlach überragende Bedeutung auch für die Politik des pommerschen wie des preußischen Adels überhaupt.

Während Adolf von Thadden und Ernst Ludwig von Gerlach unter den politisch denkenden Erweckten die ältesten waren, bildeten Hans von Kleist-Retzow, Otto von Bismarck und Moritz von Blanckenburg, die 1814 beziehungsweise 1815 Geborenen, eine jüngere Generation. Zwischen ihnen stand dem Alter nach der 1803 geborene Albrecht von Roon, der später das konservative Programm Bismarcks nach der militärischen Seite hin abgesichert hat. Seit 1820 hielt sich Roon regelmäßig in Zimmerhausen auf dem Gut der Blanckenburgs auf, weil Jenny von Blanckenburg eine Schwester seines Cousins von Franckenberg war, der ihm, dem vermögenslosen Adligen, die Aufnahme in das Kadettencorps ermöglicht hatte. »Zimmerhausen«, so äußerte er später, »ist vielleicht für mich der bedeutungsvollste Punkt des Erdenrunds. Es und seine Bewohner haben meinem Leben Halt, Richtung und Färbung gegeben.«[17]

In der gemeinsamen Gegnerschaft zum Rationalismus, der in der Theologie wie in der Gesellschaftstheorie seit der Aufklärung zum Merkmal der Linken geworden war, fanden sich auch Pietismus und lutherische Orthodoxie zusammen, die sich im Jahrhundert zuvor noch bekämpft hatten. Aus diesen fünf Quellen: Romantik und Kapitalismuskritik, nationaler Bewußtwerdung durch den antinapoleonischen Kampf, Pietismus und lutherischer Orthodoxie »war also die neuorthodoxe Partei, der Bund zwischen Gutsbesitzern und Geistlichen, geschaffen« (Erich Jordan).[18]

Die Jahrzehnte nach den Karlsbader Beschlüssen, die Zeit des Vormärz bis zur Revolution 1848, bilden aber erst die Inkubationsphase der Konservativen Partei. Man beschränkte sich lange Zeit auf eine Politik der ständischen Petitionen oder auch der Sammeleingaben einzelner Privatpersonen an den König. Damit konnte mancher Reformschritt verlangsamt oder rückgängig gemacht werden. Doch sollte sich mit dem Zusammentritt des Vereinigten Landtags 1847 zeigen, daß für den anbrechenden Parlamentarismus neue Kampfformen entwickelt werden mußten. Hierin aber sollte sich der Adel Pommerns für die ganze preußische Monarchie als richtunggebend erweisen.

VON DER GUTSHERRLICHEN HAUSANDACHT ZUR KIRCHENKONFERENZ

Bis es zum Zusammentritt des Landtags kam, konzentrierten sich die Energien der Erweckten auf den häuslichen und auf den kirchlichen Bereich. Die Erweckungsbewegung war eine eminent gesellige Strömung, die Menschen jahrelang informell zusammenfaßte, ehe sie sich veranlaßt sahen, ihrer Gemeinschaft eine mehr oder minder lockere Form zu geben. Ihr Auftauchen etwa in einem entlegenen pommerschen Dorf, umgeben von Pfarrern, die dem Rationalismus anhingen, ist von einem Kirchenhistoriker mit einem Wunder verglichen worden.[19] Dennoch läßt sich verfolgen, wie diese die Konfessionsgrenzen überspringende Bewegung von Bayern, wo sie durch den Dillinger Professor und späteren Bischof Johann Michael Sailer sowie durch den Münchner Pfarrer Johannes Evangelista Goßner maßgeblich angeregt worden war, nach Berlin gelangt ist. 1816 erfuhr der Berliner Rechtsprofessor Friedrich Karl von Savigny von den Münchner Erweckungen. Durch Savignys Schwager Clemens Brentano und durch Savignys Schüler Ernst Ludwig von Gerlach teilten sich diese Nachrichten der »Maikäferei« mit. Adolf von Thadden und der spätere preußische Kultusminister Moritz August von Bethmann Hollweg, damals Student der Rechte, reisten nach Bayern, um Goßner und andere Erweckte zu besuchen.

Zur selben Zeit, da Gerlach noch durch von Thadden zur Einkehr gemahnt wurde, hatte ein anderer Freund aus dem Maikäferkreis, Gustav von Below, bereits geheiratet und 1818 das Gut Reddentin übernommen. Er studierte verschiedene ältere Erbauungsschriften, beispielsweise Johann Arndts »Wahres Christentum« oder Gerhard Tersteegens »Perlenschnur«. Seit 1820 hielt er in seinem Haus Betversammlungen ab. Sein Bruder Heinrich folgte ihm auf diesem Weg. Auf Heinrich von Belows Gut Seehof versammelten sich zeitweilig über tausend Hörer auf einmal. Die Sonntagsgottesdienste dauerten bis Mitternacht, Visionen, Krämpfe, Zungenreden traten auf. 1822 bereits gab Gustav von Below zumindest die Betstunden wieder auf, indem er darauf hinwies, daß alles Predigen nur vorübergehend wirke und der Geist den Menschen von innen erleuchten müsse. Statt dessen wandte sich Gustav von Below der wirtschaftlichen Modernisierung von Reddentin zu. Doch die Verbindung der Familie seiner Frau, der Puttkamers, zur Erweckungsbewegung war seit diesen Tagen hergestellt.

Als erfolgreicher moderner Landwirt wird auch Adolf von Thadden geschildert. Dennoch scheinen ihm erweckte Betstunden das wichtigste gewesen zu sein. Nachdem Thadden 1820 Henriette von Oertzen geehelicht und sich mit ihr auf dem Oertzenschen Gut Trieglaff eingerichtet hatte, begann er bald mit Hausandachten. Von einem Aufenthalt im Juni 1821 berichtet Ernst Ludwig von Gerlach: »Am Sonnabend Abend predigte Carl Below und Sonntag Heinrich Puttkamer in der Predigtstube. Diese und die gemeinen Landleute gewaltig donnernd, mir wenig zusagend ... Nach Heinrich Puttkamers Abendpredigt in Trieglaff fuhren wir in zwei Wagen, der eine offen und mit vier Pferden, durch die wahrscheinlich staunende Stadt Greifenberg, und der Ruf ertönte: ›Da kommen die Frommen.‹ Es ging nach Rützenow, dem Gute des Landraths, um – nicht den Landrath, von ihm war keine Rede –, sondern einen gläubigen Bauern in seiner engen Stube zu besuchen, wo eine Betstunde gehalten wurde.«[20]

1822 bezog Ernst Freiherr Senfft von Pilsach das an Trieglaff benachbarte Gut Rottnow. Er verheiratete sich mit Ida, der ältesten der Oertzen-Schwestern, und auch er begann mit Betstunden. Senfft entwickelte sogar eine außergewöhnliche Sprachgewalt, die ihm den Titel »der Scheunenprediger« eintrug. Das Preußische Allgemeine Landrecht von 1794 räumte jedem Hausvater das Recht ein, seinen häuslichen Gottesdienst »nach Gutfinden« anzuordnen. Es bestimmte in Teil II, Titel 11, Paragraph 9 aber auch: »Heimliche Zusammenkünfte, welche der Ordnung und Sicherheit des Staats gefährlich werden könnten, sollen, auch unter dem Vorwande des häuslichen Gottesdienstes, nicht geduldet werden.« Sosehr es den sozialkonservativen Vorstellungen König Friedrich Wilhelms III. entsprach, wenn ein Haushaltsvorstand seine Familie und seine Dienstboten zu einer Andacht um sich versammelte, sosehr mußte sein Mißtrauen geweckt sein, wenn derartige Versammlungen Hunderte, ja an die tausend Personen umfaßten. Und nicht nur der an Ruhe und Ordnung gewöhnte Sinn dieses Königs, sondern auch der Machtinstinkt der spätabsolutistischen Bürokratie wurde alarmiert. In einer Zeit, in der das Recht, Vereine zu bilden, erst gegen den Argwohn durchgesetzt werden mußte, es könne sich ein »Staat im Staate« bilden, war Versammlungsfreiheit noch eine ferne Utopie. Schließlich aber verlieh das preußische Staatskirchenrecht dem Monarchen und seiner Bürokratie umfangreiche Rechte »circa sacra«, das heißt Aufsichtsrechte über die formgerechte Ausübung des religiösen Kultus. Die evangelischen Konsistorien waren sogar in den preußischen Staatsapparat unmittelbar eingebaut.

Schon aus diesem Grund allein mußte das von ihnen so genannte Konventikelwesen die Behörden beunruhigen. Noch mehr beunruhigend wirkte, daß sich in der Erwekkungsbewegung der die Kirche seit ihrem Beginn heimsuchende Gegensatz von charismatischen Bewegungen und Amtskirche zeigte. Die alte oppositionelle Unterströmung trat hier ans Licht, was sich auch dadurch offenbarte, daß Werke wie Johann Arndts »Vier Bücher vom wahren Christentum« oder die Schriften des Jakob-Böhme-Nachfolgers Gichtel von den adligen Frommen gelesen wurden. Schließlich gaben die Erweckten auch zu verstehen, daß sie ihr Vertrauen in die von der Amtskirche ordinierten Pfarrer verloren hatten, weil diese dem Rationalismus verfallen seien. Der Ortspastor von Trieglaff, Winkelsesser, wurde deshalb von der Familie von Thadden für kirchliche Amtshandlungen und Sakramente nicht mehr in Anspruch genommen, was natürlich Vorbildwirkung für die Gutshintersassen und die Region hatte. Korrekt, wie er war, zeigte Thadden allerdings seine Abweichungen an. Beispielsweise meldete er am 14. Dezember 1821 an Winkelsesser, daß er sich zwei Tage vorher im Gutshaus durch einen erweckten Pfarrer aus Ostpommern das Abendmahl hatte reichen lassen und daß an dieser Abendmahlsausteilung Mitglieder der Familien Below, Puttkamer, Oertzen und Senfft teilgenommen hatten, die er namentlich auflistete.[21]

Friedrich Wilhelm III., der ebenso ordnungsversessene wie theologisch engagierte Monarch, ließ sich von Kultusminister Altenstein über die pommerschen Konventikel Vortrag halten. In einem Reskript an den Oberpräsidenten von Sack sprach er am

Schloß Trieglaff im Kreise Greifenberg wurde im 19. Jahrhundert zum Mittelpunkt der Erweckungsbewegung, die der protestantischen Kirche wichtige Impulse gab. Auf Einladung des Schloßherrn Adolf Ferdinand von Thadden-Trieglaff (1796–1882) versammelten sich hier amtsenthobene lutherische Pastoren, die der in Preußen staatlich durchgesetzten Union der beiden protestantischen Kirchen Widerstand leisteten. Seit 1829 fanden in dem Gutshaus, dem eigens ein großer Saalbau angefügt wurde, die berühmten Trieglaffer Konferenzen statt, die den Teilnehmer Otto von Bismarck in seiner Abneigung gegen das evangelische Staatskirchentum bestärkten.

2. März 1827 sein ernstes Mißfallen darüber aus, daß in den Kreisen Greifenberg und Cammin durch pietistisches Unwesen der kirchliche Friede gestört werde. Ausdrücklich war von Personen die Rede, denen die Einsicht in die Notwendigkeit der Erhaltung kirchlicher Glaubenseinigkeit zugetraut werden sollte.[22] Es war klar, daß dieser Tadel sich nur auf die Adligen als die führende Schicht dieser neuen Bewegung beziehen konnte.

Der traditionelle Gegensatz von Amtskirche und charismatischer Bewegung wurde in jenen Jahren in Preußen verschärft durch die persönlichen Bemühungen König Friedrich Wilhelms III., das landesherrliche Kirchenregiment durch die Schaffung einer straff organisierten preußischen Unionskirche zu einer nie dagewesenen Konsequenz zu treiben. Das reformierte und das lutherische Bekenntnis sollten nicht gleichgemacht werden, wohl aber wurden die Gemeinden und ihre Pfarrer aufgefordert, sich dazu zu bekennen, daß zwischen beiden Abendmahlsgemeinschaft bestehe. Unter dem Dach der Landeskirche sollte es künftig lutherische, reformierte und »unierte« Gemeinden geben können. In einer einheitlichen Kirchenagende, zu der sich der König höchstpersönlich die Vorbilder aus der Reformationszeit zusammenstellte, sollte diese Union zum Ausdruck kommen.

Gegen die miteinander verbundenen, aber nicht identischen Bestrebungen, die zunächst 1817 zum Reformationsjubiläum ausgerufene, 1830 zum Jahrestag der Augsburger Konfession offiziell eingeführte Union und die Einführung der einheitlichen Agende regte sich Widerstand. Er war vermutlich zunächst aus dem Geist der Konventikelseparation gespeist, berief sich aber auf den Bekenntnisnotstand. In verschiedenen Gemeinden behaupteten Lutheraner, die Union zwinge sie, ihre lutherische Auffassung vom Abendmahl zu verraten. In Schlesien stellte die Gemeinde des Pfarrers Scheibel bereits 1830 den Antrag, eine selbständige lutherische Gemeinde außerhalb der Landeskirche bilden zu dürfen. Der »altlutherische« Separatismus faßte sodann neben verschiedenen schlesischen Gemeinden im brandenburgischen Kreis Züllichau, in Posen und vor allem in Pommern Fuß. Auch hier hat der konfessionelle Streit erst allmählich die bereits bestehende Absonderungstendenz der Konventikel überlagert. König und Ministerium vertraten den Standpunkt, die Bildung einer eigenen Kirche könne nicht zugelassen werden, da sie impliziere, daß in der Unionskirche das Luthertum nicht mehr zu Hause sei. Pfarrer, die die Union ablehnten, wurden überall in Preußen ihres Amtes enthoben. Gemeinden, die plötzlich ohne Pfarrer oder ohne Gotteshaus waren, behalfen sich mit Notgottesdiensten in Scheunen und Wäldern. Damit wurde die ohnehin schon in den Konventikeln bestehende Neigung, die Sakramente durch Nichtgeistliche spenden zu lassen, noch gestärkt.

Einwänden, die Agende verlange von den Gläubigen, lutherische Überlieferungen aufzugeben, versuchte der König zu begegnen, indem er aus dem reichen Bestand des Überkommenen besondere Provinzialagenden zusammenstellen ließ. 1827 erschien ein »Nachtrag zu einer erneuerten Kirchenagende, insbesondere für die Provinz Pommern«. Unter seinem Eindruck verringerte sich die Zahl der gegen die Agende eingestellten Pfarrer in ganz Pommern von 41 (1826) bis zum November 1831 auf sechs, die sämtlich aus Vorpommern stammten. Zu diesem Zeitpunkt waren in der ganzen Provinz rund 700 Pastoren angestellt.[23] Diese Tendenzen, sich der hierarchischen Kontrolle zu entziehen, standen in krassem Gegensatz zur Ordnungsliebe des Königs. Mit Kabinettsordern vom März 1834 verbot er pfarramtliche Handlungen durch Nichtgeistliche. Zuwiderhandlungen konnten mit fünfzig Talern Geldbuße oder sechs Wochen Gefängnis geahndet werden. Konventikel, deren Mitglieder sich von der Kirche trennten, konnten beschränkt werden.[24]

Adolf von Thadden, der mit den Altlutheranern gewiß sympathisierte, suchte zunächst einer Kirchenspaltung entgegenzuarbeiten. In Trieglaff veranstaltete er seit 1829 Pfarrerkonferenzen, die er bis in die vierziger Jahre hinein fortsetzte. 1844 nahmen an einer solchen Konferenz über hundert Geistliche aus allen Teilen Deutschlands teil.[25] Thadden legte Wert darauf, daß sich sowohl separatistisch als auch landeskirchlich eingestellte Pastoren engagierten. Von dem Treffen des Jahres 1835 berichtete der durch Thadden nach Trieglaff berufene, den Erweckten nahestehende Prediger J.H. Dummert, daß vor allem die staatlichen Repressalien dem Separatismus Sympathien einbrachten.[26] Auf dieser Konferenz war der als Pfarrer in Prittisch (Posen) seines Amtes enthobene und vor den Behörden auf die Güter der pommerschen Erweckten geflohene Pastor Lasius zu Wort gekommen. Doch war es ihm nicht gelungen, einen der anwesenden Pfarrer zur Separation von der Landeskirche zu bekehren.

Um so mehr hatte Lasius Heinrich von Below beeindruckt, der ihn nach Seehof einlud, und hier war Lasius erfolgreich. 1836 traten Heinrich von Below und Anhänger, die sich aus den Seehofer Konventikeln rekrutierten, der Breslauer Synode bei; 1841 konstituierten sie sich als »separierte lutherische Gemeinde« und gaben sich eine eigene Verfassung. Adolf von Thadden wartete mit dem Anschluß an die Altlutheraner bis 1848. Diesen Schritt seines Schwagers hat Ernst Ludwig von Gerlach scharf getadelt. Noch drei Jahre später hat der Jurist und konservative Denker in einem extra für Thadden aufgesetzten Memorandum festgehalten, daß die Kirche als der »Leib Christi nur einer ist, daß alle Glieder Christi nicht bloß dem einen Christo, sondern auch der einen Kirche … angehören«. Es bestehe eine unsichtbare »Union zwischen allen Gliedern Christi – nicht aber zwischen diesen und Unchristen«. Ein »rein innerliches Christentum« sei »Mystizismus«, und diesen könne man bei Muslimen und Heiden ebenso antreffen.[27] Gerlach betonte also den Zusammenhalt der Christen über die Konfessionsgrenzen hinweg – eine Haltung, die ihn Jahrzehnte später dazu brachte, für die katholische Zentrumspartei im Deutschen Reichstag zu sitzen.

Im Kreis Cammin hat sich 1835 unter der Führung des Tischlers und Konventikelpredigers Zühlsdorf eine Gemeinde von Altlutheranern gebildet, die sich der Breslauer Synode anschloß. Von hier aus wurden auch die Nachbarkreise Wollin und Naugard erfaßt; wo die Erweckungsbewegung vorausgegangen war, erwies sich der Boden für den Altlutheranismus als besonders aufnahmebereit.[28]

Solange Friedrich Wilhelm III. lebte, waren von dem starren Konzept der einheitlichen Landeskirche keine Abstriche möglich. Erst sein Sohn und Nachfolger, Friedrich Wilhelm IV., schuf hier einen Wandel. Dieser in seinen staatstheoretischen Anschauungen sonst eher rückwärtsgewandte Monarch hat bewiesen, und zwar längst vor der Revolution, daß er das Verhältnis von Staat und Kirche in der Konsequenz liberal auffaßte und geradezu zu den Vorstellungen des Allgemeinen Landrechts zurückkehrte, das von Religionsgesellschaften ausging, die sich auf dem Boden des Staates bildeten und ihre Angelegenheiten selbständig regelten. Wie er dem ebenfalls durch seinen Vater vom Zaun gebrochenen Konflikt mit dem katholischen Episkopat die Spitze nahm, so entspannte Friedrich Wilhelm IV. auch den Streit um die Kirchenunion, indem er 1845 den Mitgliedern der »unionsfreien lutherischen Kirche«, die sich auf der »Breslauer Synode« versammelten, eine Generalkonzession als »von der Gemeinschaft der evangelischen Landeskirche sich getrennt haltende Lutheraner« gewährte.

DURCH AUSWANDERUNG ZUM HEIL

In gewisser Weise kam die Generalkonzession Friedrich Wilhelms IV. zu spät, denn unter den Altlutheranern hatte längst eine andere Idee Platz gegriffen. Unter Berufung auf die Bibelstelle Matthäus 10, Vers 23: »Wenn sie euch aber in einer Stadt verfolgen, so fliehet in eine andere. Wahrlich ich sage euch, ihr werdet mit den Städten Israels nicht zu Ende kommen, bis des Menschen Sohn kommt« erwogen sie die Auswanderung. Bereits am 25. Mai 1836 wurde in Cammin das erste Massengesuch gestellt und folgendermaßen begründet: »Wir haben uns nach ernstlicher und gewissenhafter Prüfung vor Gott entschlossen, nach Nordamerika auszuwandern, weil wir die neue Agende und die zu derselben gehörigen Prediger nicht annehmen können und wünschen, dem alten lutherischen Glauben, dem wir von Geburt angehören, zu leben und zu sterben.«[29]

Hier geschah, was nicht sein durfte. Friedrich Wilhelm III. teilte das Selbstverständnis der Hohenzollern, daß man eine tolerante Dynastie sei. Es konnte also nicht möglich sein, daß ein Land, das die Hugenotten und die Salzburger aufgenommen und noch jüngst unter Metternichs Vermittlung den evangelischen Zillertalern eine Zuflucht geboten hatte, jetzt einen solchen Glaubensdruck erzeugte, daß es selbst zum Auswanderungsland wurde. Also versuchte der König in einer hart abgefaßten Kabinettsorder vom 7. Februar 1836 klarzustellen, daß in Preußen niemand unterdrückt werde.[30] Kultusminister Altenstein und Innenminister Gustav von Rochow verständigten sich darauf, durch Regierungskommissare jeden Antragsteller nach seinen Motiven zu befragen. »Hierbei hat der Kommissar nicht nur angelegentlich zu erstreben, die falschen Vorspiegelungen von den für die Auswanderer vorteilhaften Verhältnissen fremder Staaten warnend zu widerlegen, sondern es ist auch zu versuchen, durch geistlichen Zuspruch, wozu ein geeigneter Geistlicher dem Kommissar beizugeben ist, auf die Irregeleiteten einzuwirken. Das wird auch der Weg sein, um die Verleitung zum Auswandern … festzustellen.«[31] Bis zu einer Auswertung der Befragungen sollte die Entscheidung über die Auswanderungsgesuche ausgesetzt bleiben.

Der Generalsuperintendent von Pommern, Bischof Karl Ritschl, und Regierungsassessor von Heyden befragten fünfzig selbständige Personen, die für sich und 98 weitere Angehörige die Auswanderung erstrebten. Es stellte sich heraus, daß keiner der Befragten Klage darüber führte, seitens des Konsistoriums einen Glaubensdruck erfahren zu haben. Vielmehr hieß es, man habe lediglich gehört, daß durch die neue Agende ein neuer Glaube eingeführt werden solle. Außerdem sei es gegen das Gewissen, einer unierten Kirche anzugehören.[32] Den Antragstellern wurde eröffnet, daß sie für ihre Synode die Anerkennung erhalten könnten, wenn sie sich damit begnügten, lutherische Dissidenten statt lutherische Kirche zu heißen, und wenn sie darauf verzichteten, für ihre eigenen Gemeinden abgesetzte Pfarrer zu beschäftigen. Außerdem hätten sie weiterhin die Parochiallasten für die Gemeinden, in die sie ursprünglich eingepfarrt waren, zu tragen. Niemand war bereit, unter diesen Umständen im Land zu bleiben. Auf diesen Bericht hin trug Altenstein aber dennoch dem König an, die Auswanderungskonsense vorläufig zu versagen. Als Motiv sollte landesväterliche Fürsorge angegeben werden, da die Antragsteller nicht »die Mittel besaßen, ihr Fortkommen in einem anderen Weltteil zu sichern und somit samt ihren Familien bitterer Not« preisgegeben wären. Nur gelegentlich sollte die Auswanderung gestattet werden. »Es kann dies dann ein Mittel werden, sich einzelner, schädlich wirkender Elemente zu entledigen.«[33]

Hierauf antwortete Friedrich Wilhelm III. mit der Kabinettsorder vom 2. Januar 1837, in der es hieß: »Mit dem ... Antrage, daß den lutherischen Separatisten in der Neumark, Schlesien, Großherzogtum Posen und in Pommern die Auswanderung nicht gestattet werde, bin Ich für jetzt, sowie mit den von Ihnen angegebenen Motiven der Verweigerung einverstanden; den letztern ist noch durch die Bedeutung Nachdruck zu geben, daß sie durch ihr Betragen verdient hätten, ihrem Schicksale preisgegeben zu werden, da sie den bisherigen belehrenden und ihren Wahn widerlegenden Ermahnungen kein Gehör gegeben und durch ihre Erklärungen bewiesen hätten, daß sie sich keiner Kirchenordnung unterwerfen, vielmehr derselben sich gänzlich entziehen wollten, welches nie werde gestattet werden.«[34]

Die Argumentation des Königs und der Regierung, daß kein Glaubensdruck herrsche, da ja weiterhin jeder unter dem Dach der Unionskirche seinem lutherischen oder reformierten Bekenntnis weiter anhängen durfte, ist intellektuell einleuchtend. Die überwiegend einfach denkenden Dissidenten freilich fixierten sich auf die Agende und einzelne ihrer Formeln; deren Wortlaut entschied für sie über Rechtgläubigkeit. Der Denkfehler des Königs, Freiheit könne in einem obrigkeitlich veranstalteten Denkraum überhaupt als solche empfunden werden, war gleichzeitig der Grundirrtum der damaligen preußischen Staatsauffassung, und er ist auch erst mit dieser untergegangen.

Die ablehnenden Bescheide der Regierung wurden von den Auswanderungswilligen nicht anerkannt. Einige hatten bereits ihren Wohnort verlassen und sich nach Stettin begeben. Von anderen verlautete, daß sie über Hamburg auswandern wollten. Eine Gruppe um den Camminer Erweckungsprediger Zühlsdorf hatte bereits im Mai 1837 Pommern verlassen, gelangte nach Ohio und löste sich dort auf.[35] Die Absicht von König und Regierung erwies sich als nicht haltbar. Statt dessen genehmigte der König nun, daß den einzelnen Antragstellern die Erlaubnis zur Auswanderung durch ihre Landräte zu Protokoll eröffnet wurde. Sie erhielten so die Erfüllung ihres Wunsches mitgeteilt, aber die Mitteilung war eingehüllt in Ermahnungen, Belehrungen und erneute Vorhaltungen ihres Unrechts.

In einem Klima, das von Geldstrafen, ersatzweise vorgenommenen Pfändungen und Inhaftierungen wegen der ordnungswidrig abgehaltenen Gottesdienste gekennzeichnet war, stieg die Auswanderungsneigung nun noch weiter an.[36] Der in Billerbeck, Kreis Pyritz, geborene Hauptmann Karl Georg Heinrich von Rohr war während seiner Garnisonszeit in Magdeburg zu den Altlutheranern gestoßen und 1836 aus dem Militärdienst entfernt worden, weil er es gewagt hatte, einen Sohn altlutherisch taufen zu lassen. Dem Pfarrer Johann Andreas A. Grabau, der 1837 aus dem Gefängnis in Heiligenstadt in Thüringen befreit worden war, verhalf von Rohr zur Flucht nach Pommern, wo Grabau unter anderem in Trieglaff und Seehof unterschlüpfte. Nachdem er selbst eine Haftstrafe wegen dieser Gefangenenbefreiung abgesessen hatte, begab sich von Rohr im Frühjahr 1839 nach Cammin, Hamburg und Liverpool, um die Auswanderung aus den Kreisen Cammin, Wollin und Greifenberg vorzubereiten. Auf fünf Schiffen gelangten die Emigranten in Begleitung Pfarrer Grabaus nach Nordamerika. In der ersten Phase der altlutheranischen Auswanderung, die bis zum Tod Friedrich Wilhelms III. am 7. Juni 1840 gerechnet werden kann, haben 305 Personen aus dem Kreis Cammin, 103 aus dem Kreis Greifenberg, 68 aus dem Kreis Usedom-Wollin, 54 aus dem Kreis Regenwalde, 29 aus dem Kreis Köslin, zehn aus dem Kreis Naugard und eine Person aus dem Kreis Randow mit Konsens ihre Heimat verlassen.[37] Etwa fünfzig Personen waren ohne Konsens gegangen.

Friedrich Wilhelm IV. gab nach seinem Regierungsantritt zwar sofort die inhaftierten Pastoren frei, doch dauerte die Phase der Unsicherheit bis zur Regelung der Rechtsstellung der Altlutheraner im Jahr 1845. Allerdings konnte Pastor Lasius schon von 1843 an am Aufbau einer altlutherischen Kirche für Hinterpommern arbeiten.

1841 wanderten 92 pommersche Altlutheraner nach Amerika aus, 1842 betrug ihre Zahl 45. Die meisten stammten aus dem Kreis Cammin. 1843 stieg die Zahl (von 1600 preußischen altlutheranischen Auswanderern insgesamt) auf 1017, von denen der größte Teil erneut aus dem Kreis Cammin gekommen ist. Man gelangte entweder zur See (über Stettin und Swinemünde) oder auf dem Landweg nach Hamburg. Diesen Auswanderern war inzwischen sogar die Synode von Breslau nicht mehr bibeltreu genug. Die Pastoren Gustav Adolf Kindermann (aus Ziegenhagen bei Reetz) und Wilhelm Ehrenström (aus Stendal, aber in der Uckermark eingesetzt) gingen so weit zu behaupten, ihre Gemeindeglieder könnten nicht selig werden, wenn sie nicht auswanderten.[38]

Wenn Streitigkeiten untereinander auch die ausgewanderten Altlutheraner nicht verschonten und wenn auch manche Gemeinden Mühe hatten, geschlossen zu siedeln (es gab manchmal Arbeit für alle nur unter der Bedingung, daß sie sich zerstreuten), brauchten doch die meisten der in die Region der Großen Seen gezogenen Auswanderer ihren Entschluß nicht zu bereuen. Die Mehrheit derjenigen aber, die von der Aufbruchstimmung in der Kirche berührt worden sind, blieb in Pommern; ihre charakteristische Prägung durch den Neupietismus hat die Region bis ins 20. Jahrhundert hinein behalten.

1838 schrieb der dreiundzwanzigjährige Otto von Bismarck aus Greifswald an seinen Vater: »In der Nähe habe ich mir einige Wirthschaften angesehn, die hier durchschnittlich in einem fast musterhaften Zustande sind; aber beinahe lediglich Ackerwirthschaften; auch hört man bei Tisch im Deutschen Hause alle die wohlbeleibten Figuren mit rothen Gesichtern, dicken Händen und beneidenswerthem Appetit, die sich täglich zu 6 bis 8 und mehren dort einfinden, ausschließlich nur von Ackerbau und Kornhandel sprechen; obgleich sie alle erschrecklich schreien und heftig dabei gestikulieren, verstehe ich doch selten, was sie sagen, da man allgemein platt spricht, und sehr schnell, so daß ich nur mitunter etwas wie Raps, Hafer, Arbsen, Sämaschine, Dröschen, pummersche Last und Berliner Schäpel unterscheide; das höre ich dann mit sachverständiger Miene, denke darüber nach und träume Nachts von Dreschhafer, Mist und Stoppelroggen.«[39]

Man könnte aus dieser Schilderung das Bild einer gewissen satten Behäbigkeit gewinnen. Doch dieses Bild trügt. Jene Jahre, in denen Bismarck sich häufiger auf den pommerschen Gütern seiner Familie und bald auch auf denen der Thaddens und Puttkamers aufzuhalten pflegte, waren eine Periode beschleunigten Wandels, in der seit Jahrzehnten erwogene Veränderungen auf einmal in die Tat umgesetzt wurden. Die Reformminister Stein und Hardenberg, insbesondere letzterer, hatten nicht nur eine Neugestaltung einzelner Verwaltungsstrukturen im Sinn. Mit ihren verschiedenen seit 1807 eingeleiteten Maßnahmen erstrebten sie einerseits die Weckung größerer Teilnahme an den öffentlichen Angelegenheiten, andererseits kam es ihnen darauf an, die wirtschaftlichen Kräfte, die in der alten ständischen Gesellschaft durch vielerlei Hemmnisse gebunden waren, zu entfesseln. Sie wollten ein Wirtschaftswachstum stimulieren, das helfen würde, die Schäden der napoleonischen Kriegszeit zu überwinden und außerdem dazu beitragen konnte, die wachsende Anzahl von Menschen insbesondere der unterständischen Schichten zu ernähren, die in einer statischen Ökonomie kein Auskommen mehr hatten.

Nach dem Steinschen Oktoberedikt von 1807, das die Leibeigenschaft in Preußen aufhob, wurde Hardenbergs Regulierungsedikt vom 14. September 1811 die folgenschwerste Verordnung. Es bestimmte, daß die bisher in mancherlei feudalen Abhängigkeiten gefangenen Bauern zusätzlich zum Erwerb der persönlichen Freiheit auch ihre verschiedenen Lasten ablösen konnten. Insbesondere handelte es sich um die in Form von Arbeit als Hand- und Spanndienste geschuldeten Leistungen, aber auch um Abgaben und Geldrenten verschiedener Art. Gutsherren und Bauern sollten sich dergestalt »auseinandersetzen«, daß am Ende dieses Prozesses das alte feudale geteilte Eigentum in freies ungeteiltes Eigentum verwandelt wurde – mit vorteilhaften Konsequenzen für beide Seiten. Der Gutsherr nämlich war in der Vergangenheit nicht anders als der abhängige Bauer am freien Gebrauch seines Bodens gehindert gewesen; so hatte ihm die preußische Bauernschutzgesetzgebung auferlegt, eine konstante Zahl von Bauernhöfen in seinem Gutsbezirk zu unterhalten. Darüber hinaus befanden sich das Herrenland und das Bauernland in einer durch die Jahrhunderte verkomplizierten Gemengelage, mit der Folge, daß niemand mit seinem Boden machen konnte, was er wollte. Die vermischten Felder konnten nur in einheitlicher Weise, nach dem Flurzwang, bebaut werden.

Es ist ein bekanntes Theorem der Ökonomie, daß ein Eigentum um so höheren Ertrag abwirft, je freier der Eigentümer darüber verfügen kann. In den Jahren nach 1800 aber gab es vielerlei Anlässe, eine freie Verfügung über das Eigentum zu wünschen. Es hatten sich, von England ausgehend, zahlreiche technische Verbesserungen in der Landwirtschaft ausgebreitet, die nur unter der Voraussetzung der freien Verfügung eingeführt werden konnten. So bot sich vor allem die Möglichkeit, die seit tausend Jahren übliche Dreifelderwirtschaft durch eine ertragreichere Fruchtwechselwirtschaft abzulösen, was allerdings eine gesteigerte Düngerproduktion zur Voraussetzung hatte, die nur bei vermehrter Viehhaltung möglich war. Um die Viehhaltung und die Düngerproduktion zu vergrößern, mußte man aber zur Sommerstallfütterung übergehen, die nur bei vermehrtem Anbau neuartiger Futterpflanzen, wie des Klees, möglich war. Aber auch für den Kleeanbau ließ sich kein Bauer gewinnen, wenn ihn der Flurzwang behinderte.

Selten in der Geschichte haben sich die Versprechen des Liberalismus, die freie Entfaltung der Kräfte werde ungeahnte Energien hervorlocken und die Menschen zu bisher ungekannter Initiative anregen, so eindeutig bewahrheitet wie in den Jahren nach der Agrarreformgesetzgebung. Bauern wie Gutsbesitzer in Pommern waren eilig bemüht, die sogenannten Regulierungsverfahren in Gang zu bringen, bei denen eine von der Berliner Regierung ernannte Kommission bestimmte, mit welchen Opfern sich der Bauer von seinem Gutsherrn loskaufen konnte. Neben der Ablösung durch eine Geldzahlung war auch Landabtretung möglich. Nicht selten gaben Bauern ein Drittel bis zur Hälfte der nutzbaren Fläche ihrer Höfe an den Herrn ab. Das fiel ihnen oft nicht schwer, da sie aus Mangel an Kapital und Dünger ihre Flächen ohnehin nicht ausnutzen konnten und es nunmehr vorzogen, ihren nach der Regulierung verbliebenen Boden so intensiv zu bewirtschaften, wie es nach dem Stand der Technik möglich war. Aus stumpfen, indolenten Leibeigenen aber wurden in den Jahrzehnten nach 1807 teilweise erfolgreiche Agrarunternehmer.

Das Resultat der Agrarreform war eine erhebliche soziale Differenzierung innerhalb der ehemals abhängigen Bauern. Vor der Reform unterschied sich der Inhaber einer Vollbauernstelle von einem Häusler oder Büdner im Lebensstandard nur unwesentlich. Nach der Reform dagegen war eine Schicht wirtschaftlich robuster Groß- und Mittelbauern entstanden, die sogar imstande war, etwas auf die hohe Kante zu legen. Der Ökonomierat Haese fand bei einer Bereisung des Kreises Stolp im Jahre 1837 einen ehemaligen Freischulzen, der einen zweiten Bauernhof hinzugekauft hatte und zum Großbauern mit 660 Morgen geworden war. Dieser Großbauer ließ sämtliche Gebäude in massiver Bauweise neu aufführen, führte die Fruchtwechselwirtschaft ein, beschäftigte fünf Tagelöhnerfamilien, die ihrerseits jeweils eine Kuh und vier Schafe hielten, und erwirtschaftete im Jahr einen Überschuß von 400 bis 500 Talern.[40]

Das Kriterium zur Unterscheidung zwischen Vollbauernexistenzen und Kleinstellen war schon während der Regulierungsverfahren die sogenannte Spannfähigkeit ge-

Der Umbruch des frühen 19. Jahrhunderts war in Pommern vor allem verbunden mit der Entdeckung der Ostseeküste als Erholungs- und Feriengebiet, zunächst für den Adel, zunehmend aber auch für die bürgerlichen Schichten. Nun entstanden entlang der pommerschen Küste die zahlreichen Seebäder, sprossen die ersten zarten Pflänzchen einer später blühenden Freizeitkultur aus dem Boden. Die Stralsunder Seebadeanstalt öffnete bereits in der ersten Hälfte des 19. Jahrhunderts ihre Pforten, lange bevor die Eisenbahn die Reisenden in Massen an die Ostseeküste transportierte.

wesen, das heißt das Vermögen der Bauernstelle, mindestens ein Gespann Zugvieh zu ernähren. Die Deklaration, also die Erläuterung und Klarstellung zum Regulierungsedikt, die der König am 29. Mai 1816 unterzeichnete, hat den Gutsbesitzern erlaubt, solche Kleinstellen, die nicht spannfähig waren und nicht lebensfähig zu sein schienen, zum Gutsland einzuziehen.

Man dürfte vermuten, daß die eingezogenen Kleinstellen zusammen mit abgetretenem Bauernland zu dem absoluten Landgewinn beigetragen haben, den die Gutsbesitzer in der Agrarreform davongetragen haben. Bemerkenswert aber ist, daß eine Statistik aus dem Regierungsbezirk Köslin folgendes belegt: Zwar haben die Gutsbesitzer nicht weniger als 914 Bauernhöfe und 454 Büdnerstellen eingezogen, gleichzeitig aber wurden 851 Bauern- und 2366 Büdnerstellen neu gegründet, so daß es im Endeffekt fast 2000 bäuerliche Kleinstellen mehr gab als vor der Reform.[41] Aus solchen Kleinstellen aber rekrutierten Großbauern und Gutsbesitzer von jetzt an jene freien Arbeitskräfte, mit denen sie die frühere Fronarbeit mehr als ersetzen konnten. Man hat sich vorzustellen, daß ein beträchtlicher Teil der neugeschaffenen Kleinstellen aus der Aufteilung des früheren Gemeinbesitzes hervorgegangen ist, die ebenfalls ein Element der Agrarreform bildete.

Mag es auch durch die Agrarreform zu einer Kräftigung des selbständigen Bauernstandes gekommen sein, wenn auch bei reduzierter Stellenzahl, das offensichtlichste Phänomen der Agrarreform ist die Vergrößerung der gutsherrlichen Eigenbetriebe. Auf ihnen begannen nun die Gutsbesitzer ebenfalls intensiver zu wirtschaften. Es dauerte nur eine kurze Weile, bis die meisten adligen Interessenvertreter erkannt hatten, welche Chancen sich ihnen in der Reformgesetzgebung boten. Unbeschadet ihrer weiterhin erhobenen Klagen über die Seelenlosigkeit des modernen Kapitalismus verwandelten sie ihre eigenen Güter in Betriebe, die in der Konkurrenz eines kapitalistischen Marktes sehr wohl mithalten konnten. Da mit dem Oktoberedikt auch die Beschränkungen für den Eigentumserwerb an Rittergütern gefallen waren und der Besitz solcher Güter nunmehr den Adel nicht mehr erforderlich machte, investierten zunehmend auch Bürgerliche den Gewinn ihrer Geschäftstätigkeit in Großgrundbesitz. Die nunmehr aus der Verschmelzung adliger und nichtadliger Gutsbesitzer recht eigentlich erst entstehende Junkerschicht suchte sich zwar weiterhin durch einen adligen Lebensstil und die Pflege altadliger Vorurteile zu distinguieren, wirtschaftete aber weitgehend frei von solchen Vorurteilen.

Dies gilt auch für Pommern, wo der Landrat von Dewitz schon im Juni 1814 meinte, daß das Regulierungsedikt, »ausgeführt, unbezweifelt die Hauptquelle des Wohlstandes im preußischen Staate ... sein wird«.[42] Allerdings unterließen es die hinterpommerschen Gutsbesitzer auch nicht, sehr bald, nämlich schon 1817, den Staat um Subventionen anzugehen, da auch sie angeblich nicht kapitalkräftig genug seien, um Innovationen auf ihrem vergrößerten Land einzuführen. »Ew. Königlichen Majestät tragen wir unsere Lage offen mit dem gerechten Vertrauen zu einem so allverehrten Landesvater vor und bitten allerunterthänigst, die Gutsbesitzer, welche sich mit ihren Bauern auseinandersetzen, durch Capitalien zu Erweiterung der Gebäude und Anschaffung der Inventarien-Stücke aus den Staatskassen oder anderen Fonds huldreichst zu unterstützen.«[43] Hier zeigte sich die Berliner Regierung, die bis 1830 nur knapp am Staatsbankrott vorbeigekommen ist, freilich taub.

Tatsächlich weiß man, welchen beträchtlichen Transfer an Reichtum die Regulierung zugunsten der Gutsbesitzer in Pommern bedeutet hat. Bis 1838 sind in Pommern 10 744 Bauern reguliert worden. Allein zur Ablösung der »Hofwehren«, das heißt der Ausstattung ihrer Bauernhöfe mit Vieh und Geräten, haben sie den früheren Herren bis zu diesem Zeitpunkt nicht weniger als 724 954 Taler gezahlt.[44] Weit bedeutender aber war die Landabtretung, die zum Zweck des Loskaufs stattgefunden hat. Wir wissen darüber Bescheid, weil der königliche Ökonomierat Georg Friedrich Haese, der lange Jahre hindurch die Regulierungsangelegenheiten bei der Generalkommission für Pommern bearbeitet hat, den Zustand der Jahre 1779 bis 1793 mit jenem seiner eigenen Zeit Dorf für Dorf, Gutsbezirk für Gutsbezirk verglichen hat. Dabei ermittelte er, daß zwischen 1780 und 1836 in Pommern nicht weniger als 3458 bäuerliche Existenzen verschwunden sind. Allein in den Regierungsbezirken Köslin und Stettin ist nach Haeses Untersuchungen ein Verlust von 255 592 Hektar an bäuerlichem Land eingetreten.[45]

Dies muß vor dem Hintergrund betrachtet werden, daß, absolut gesehen, der Bestand an landwirtschaftlicher Nutzfläche im Gefolge der Agrarreformen stark angestiegen ist. Die Separation, die Trennung der einst in Gemenge liegenden Landfetzen, fand nicht nur zwischen Gutsbesitzern und Bauern statt, sondern auch zwischen den Bauern untereinander. Die Allmenden, der mittelalterliche Gemeinbesitz, wurden aufgeteilt. Das bedeutete, daß bisher extensiv, nämlich nur zur Hütung oder zum Holzsammeln genutztes Land jetzt auch aufgeforstet, entwässert, planiert, in Wiesen verwandelt oder unter den Pflug genommen wurde. Über die Vorteile der Separation in Pommern heißt es in einem Bericht aus dem Jahr 1842: »Da wo Separationen stattgefunden haben, waren sie von den segensreichsten Folgen. Man findet dann eine verbesserte Fruchtfolge eingeführt, den Futterkräuterbau ausgedehnt, überhaupt ist eine rege Betriebsamkeit sichtbar. Es wird gemergelt, die Wiesen verbessert, wüste Flächen urbar gemacht, und es ist bemerkenswert, daß der Bedarf an Scheunenraum sich vermehrt. In Folge alles dessen ist der Preis auch der kleinen separierten Grundbesitzungen in neuerer Zeit um etwa 50 Prozent gestiegen.«[46]

Das Ergebnis war eine Veränderung der Kulturlandschaft, wie sie zuvor in Jahrhunderten nicht gesehen worden war. In ganz Europa ist im übrigen der heute als schutzbedürftig geltende Bestand an Natur weitgehend nichts anderes als der Bestand der durch die seit 1800 einsetzenden Intensivierungsschübe hindurchgegangenen Landschaft, die sich von dem Erscheinungsbild des Landes vor 1800 kraß unterscheidet.

In Pommern hatten die Hinterlassenschaften der Eiszeit dafür gesorgt, daß zwanzig bis vierzig Prozent der Gesamtfläche unkultiviert geblieben waren. Ackerbau fand sich überwiegend auf den Moränenrücken, dem »Höhenland«, während die versumpften oder feuchten Niederungen nur zur Hütung genutzt wurden. Ackerflächen wurden immer wieder durch gewaltige Mengen von Feldsteinen unterbrochen, an deren Beseitigung man in den Jahrhunderten der Feudalwirtschaft nicht gedacht hatte. Nun aber be-

Im Städtchen Ueckermünde am Stettiner Haff hatten den Dreißigjährigen Krieg von 328 Einwohnern nur acht Männer und sieben Frauen überstanden. Der wirtschaftliche Neuanfang im 18. Jahrhundert war eng mit dem Schiffbau und der Schiffahrt verbunden, die durch den Bau des Ueckerkanals 1800 weiteren Auftrieb erhielt. Unter Ueckermünder Flagge fuhren allein 57 Seeschiffe über die Weltmeere, und die in der Ueckermünder Werft vom Stapel gelaufene »Mathilde« segelte 1857 sogar von Liverpool über Sydney und Kap Hoorn um die Welt. Das Aufkommen der Dampfschiffahrt bedeutete das Ende dieser Ära.

Das Städtchen Rügenwalde im Kreis Schlawe hat niemals aus eigener Kraft prosperieren können. So wurde 1772 der durch Stürme und mangelnde Pflege zugrunde gerichtete Hafen auf königliche Kosten wiederhergestellt. Mit Berliner Unterstützung entstand wenige Jahre später auch eine kleine Segeltuch- und Leinenmanufaktur, die neben den Werften einem Teil der Bevölkerung Beschäftigung bot. Trotzdem blieben Ackerbau und Viehzucht im 19. Jahrhundert die Haupterwerbsquellen der Bevölkerung. In der Jahrhundertmitte erlangte die Schiffahrt eine immer größere Bedeutung, und mit dem Eisenbahnanschluß 1878 kam die Wirtschaft deutlich voran. Die Rügenwalder Fleisch- und Wurstwaren brachten es sogar zu einer gewissen Berühmtheit.

richtete der besagte Ökonomierat Haese, daß allein in zwei Dörfern des Kreises Fürstentum nicht weniger als 45000 Kubikfuß oder 1455 Kubikmeter Feldsteine auf einen Haufen zusammengebracht worden waren.[47] Mit den solcherart aus der Nutzfläche entfernten Steinen aber konnte man viel tun, zum Beispiel Entwässerungskanäle oder Chausseen anlegen.

Es überrascht also nicht, wenn der Ökonomiekommissar Krüger schon 1814 über die regulierten Bauern in Pommern berichtete: »Ihre Lust, Thätigkeit und Eifer übertreffen allen Glauben. Sie fahren tausende von Steinfuhren vom Acker, um ¼ Morgen Magdeburgisch Land zu gewinnen, sie roden Stechpfriemen, Heidekraut und Stubben auf Revieren aus, die Jahrhunderte standen, und bei dem Drucke der letzten Jahre ist nicht ein einziger ausgegangen, während hunderte Höfe in Dörfern, welche noch nicht auseinandergesetzt sind, wüst geworden sind. Ihre Gebäude, welchen der Einsturz drohte, sind repariert; statt der Wagen, welche nicht 8 Scheffel Roggen trugen, sind beschlagene angeschafft, statt der elenden Gäule, welche vor der Last wie Schatten schwebten, tüchtige brauchbare Pferde. Bauern, die bei der Auseinandersetzung vor 2 Jahren der Exmission nahe standen, haben die ungeheuren Kalamitäten der beiden letzten unglücklichen Jahre ausgehalten und sind noch da, wenigstens nicht schwächer als vor 2 Jahren. Man sieht bei dem enormen Fleiße, der die Bauern in ihrer neuen Lage beseelt, ein Selbstvertrauen und nicht mehr jene sklavischen Herabwürdigungen, die sonst dem pommerschen Bauern eigen waren.«[48] Man fühlt sich an die Analyse Ernst Moritz Arndts erinnert, der in seiner Schrift über die Leibeigenschaft von 1803 dargelegt hatte, daß die vorgeblichen Charaktermängel der leibeigenen Bauern nicht zur Rechtfertigung für den Fortbestand dieser Verhältnisse herangezogen werden konnten, da eben diese Charaktermängel nur eine Funktion der Lebensumstände waren und verschwinden würden, sobald die Verhältnisse sich änderten.

Schon 1822 konnte der Ökonomierat Haese feststellen, daß die regulierten Bauern auf der Hälfte ihres verbliebenen Landes oft soviel ernten konnten, wie sie vor der Auseinandersetzung mit dem Ganzen ihres Landes erwirtschaftet hatten, wenn nicht sogar mehr.[49] Dies bestätigte sich in einem Bericht, den er fünfzehn Jahre später aus dem Kreis Regenwalde lieferte.[50] Nur so, durch die Kombination aus erweiterter Landeskultur einerseits und den Intensivierungserfolgen der Gutsbesitzer wie der selbständigen Bauern andererseits, erklärt sich der gewaltige Aufschwung der europäischen Landwirtschaft im 19. Jahrhundert, der die Voraussetzung dafür bildete, daß mit einsetzender Industrialisierung immer weniger Bauern immer mehr in den anderen Sektoren der Wirtschaft beschäftigte Menschen ernähren konnten.

Dieser Übergang vollzog sich zunächst freilich mit einer Verzögerung. Denn zunächst zog die Landwirtschaft sogar noch Arbeitskräfte an. Bis 1841 verzeichnete Pommern einen Wanderungsgewinn, das heißt, es zogen mehr Menschen in diese Provinz, als aus ihr abwanderten. Damit unterschied sich Pommern nicht von den übrigen fünf preußischen Ostprovinzen. Erst nach 1850 kehrte sich dies allgemein um. Aber auch danach verzeichnete Pommern weiterhin, diesmal allein durch den Geburtenüberschuß begründet, steigende Einwohnerzahlen.[51] Dieser Geburtenüberschuß war

Hiddensee, die wie ein Seepferdchen geformte Insel westlich von Rügen, hat mit seiner unvergleichlichen Natur das Herz vieler Schriftsteller, Maler und Bildhauer erobert, die seit mehr als hundert Jahren aus der Ruhe und Abgeschiedenheit der Insel Kraft für ihre Werke schöpfen. Was die Zugereisten als Idyll erlebten, war für die wenigen Bewohner der Insel aber harter Überlebenskampf. Seit Jahrhunderten suchten die Hiddenseer ihren Lebensunterhalt auf dem Meer, zunächst im Fischfang, später als Seefahrer auf den großen Seglern und Dampfschiffen der vorpommerschen Reedereien. Von diesen wagemutigen Seeleuten berichten nicht nur manche abenteuerlichen Geschichten der Inselbewohner, sondern auch die zahlreichen Kapitänsgräber auf der Insel. Der Grabstein kündet den Daheimgebliebenen von einem Leben, an dem sie wenig teilhatten.

nicht zum geringsten dadurch hervorgerufen, daß die Quote der Verheirateten anwuchs. In der alteuropäischen Gesellschaft hatte in der Regel die wirtschaftliche Selbständigkeit die Voraussetzung für Eheschließung und Familiengründung gebildet; Gesinde und Dienstboten, »Junggesellen«, verheirateten sich nicht und hatten keine Nachkommen. Durch die Agrarreform aber gelangten zahlreiche ehemalige Knechte und Mägde auf Büdner- und Häuslerstellen, auf denen sie sich eine Familiengründung zutrauten.[52]

Nach der Regulierung bekamen die Bauerngrundstücke der verschiedenen Größe zum erstenmal einen taxierbaren Wert, da sie zum erstenmal freies Eigentum waren und hypothekarisch belastbar wurden. Dieser Wert stieg im Verlauf des 19. Jahrhunderts beträchtlich an. In dem Bereich der Stadtfeldmark von Köslin, der schon separiert war, wurden 1836 durchschnittlich hundert Taler für den Morgen gezahlt. Nicht separiertes Land in der gleichen Gemarkung erbrachte nur 30 bis 35 Taler je Morgen.[53] Von diesem Wohlstand ausgeschlossen wurde, wer bei der Regulierung ohne Land geblieben war, sei es, weil er vorher zum landlosen Gesinde gehört hatte, sei es, weil er vom Gutsherrn ausgekauft wurde. 1837 gebrauchte der Ökonomierat Haese zum erstenmal den Ausdruck »Proletarier«[54]. Ihre Zahl hätte nur vermindert werden können, wenn weitere Kleinstellen oder Bauernhöfe durch Parzellierung von Gutsland entstanden wären, was aber nicht ausreichend geschah. Die Tagelöhne blieben jahrzehntelang konstant. Im Kreis Rummelsburg betrugen sie für Männer im Sommer vier Groschen, im Winter zweieinhalb Groschen, für Frauen drei beziehungsweise zwei Groschen.[55] Da aber die Bodenpreise zu steigen begonnen hatten, wurde es für die Landlosen immer schwieriger, zuletzt nahezu unmöglich, sich noch in die Schicht der Besitzer hineinzukaufen. Zwischen ihnen und den Besitzern vergrößerte sich der Abstand.

Die modernisierte Landwirtschaft erzeugte neue Produkte. Auf Kleinstellen ermöglichte der Kartoffelanbau die Schweinemast, während die Großgrundbesitzer die Schafzucht vorzogen. Von Adolf von Thadden ist überliefert, daß er sich, wenn Polizeistrafen wegen verbotener Konventikel über ihn verhängt worden waren, seine Merinoschafe pfänden ließ. In Stadtnähe lohnte sich die Haltung von Milchkühen, und ein Bauer aus der Region von Kolberg konnte mit dem täglichen Verkauf von rund fünfzig Litern Milch jährliche Einnahmen von rund dreihundert Talern erzielen.[56]

Mit dem Ende der britischen Kornzölle im Jahre 1846 konnte die Landwirtschaft des Ostseeraums wieder an die alte Tradition des Englandhandels anknüpfen. Als Handelsfrüchte wurden außerdem in Pommern Ölsaaten, insbesondere Raps, produziert. Lange Zeit war aber nicht einmal der Bedarf Preußens an Ölfrüchten zu decken. Die Zuckerrübe, die zunächst in der Magdeburger Börde angebaut wurde, breitete sich auch nach Pommern aus. Eine Zuckerfabrik in Grünhof bei Regenwalde, die dem Präsidenten des Landesökonomiekollegiums, von Beckedorf, gehörte, erzeugte ein Maximum von 260 Tonnen Zucker jährlich und warf in den vierziger Jahren einen Reingewinn von über 900 Talern ab.[57]

Insgesamt sind schon in den Jahrzehnten vor der Revolution Anzeichen steigenden Wohlstands zu verzeichnen. So berichtete der Geheime Oberfinanzrat Keßler in Leo-

Seit dem hohen Mittelalter ist auf der Insel Rügen die Familie Putbus begütert, eine Nebenlinie der Fürsten von Rügen, die ihren bedeutendsten Sproß fraglos in dem Fürsten Wilhelm Malte I. von Putbus fand. Wilhelm Malte, der zu Beginn des 19. Jahrhunderts als der reichste Mann Pommerns galt, gründete 1810 den Ort Putbus und baute ihn zu einer fürstlichen Residenz aus. Mittelpunkt der großen Stadtanlage war das fürstliche Schloß, im Kern ein Wasserschloß aus dem 16. Jahrhundert, das 1825 von J. G. Steinmeyer, einem Jugendfreund Schinkels, umgebaut und nach einem Brand 1865 verändert wieder aufgebaut wurde. Es stand in einem 75 Hektar großen weitläufigen Landschaftspark, den Peter Joseph Lenné in den Jahren 1805 bis 1825 anlegen und mit einigen klassizistischen Gebäuden versehen ließ. 1962 wurde das Schloß als »dekadentes Schandmal« abgerissen, lediglich eine Terrasse am Teich blieb erhalten.

pold Rankes *Historisch-politischer Zeitschrift* von 1833: »In einem der fruchtbareren Theile von Pommern sahen wir im Jahre 1804 selbst an Sonn- und Festtagen keinen Bauer anders als mit einem groben leinenen Kittel bekleidet, wogegen 1832 selbst der Büdner und Gärtner und Tagelöhner am Sonntage nur Tuchröcke trugen. Ein Kleefeld in der Bauerfeldmark war aber auch damals eine unerhörte Erscheinung, während heute überall, wo es der Boden verstattet, Verbreitung des Futterkräuteranbaus und Aufnahme der Viehzucht wahrgenommen werden.«[58]

Bis 1846 waren im Bereich der Generalkommission Stargard 1435 Regulierungsverfahren, 1870 Ablösungen und 3087 Gemeinheitsteilungen durchgeführt worden. Nur noch zwanzig Regulierungen, 178 Ablösungen und 801 Gemeinheitsteilungen mußten veranstaltet werden.[59] Der unterschiedliche Verlauf der Revolution von 1848 in Süd- und Norddeutschland erklärt sich auch aus dem unterschiedlichen Stand der Agrarreformen. Im Südwesten Deutschlands waren die Regulierungen langsamer verlaufen als in Preußen. Die hier noch zahlreich vorhandenen sogenannten Standesherrschaften konservierten eine Vielzahl feudaler Privilegien, gegen die sich im Frühjahr 1848 die Wut des einfachen Volkes richtete, als Schlösser gestürmt und Urbarien, das heißt Verzeichnisse über die geschuldeten Dienste und Renten, vorsätzlich vernichtet wurden. Demgegenüber schieden die mittleren und kleineren Besitzer in den ostelbischen Provinzen als revolutionäres Potential aus, weil sie sich längst zu jener Schicht rechneten, die etwas zu verlieren hatte.

In Pommern wurden keine Gutshäuser gestürmt. Trotzdem wurden Agrarinteressen noch einmal politisch wirksam, weil sich an ihnen die Bildung der konservativen Partei aus den Kreisen der Junkerschaft entschied. Denn eines hatte die Agrarreform nicht verändert, sondern nur befestigt, womit sie sich wahrlich als eine »defensive Modernisierung« erwies, dazu bestimmt, die traditionelle soziale Spitze auch in Zukunft als solche zu konservieren: Der Großgrundbesitz dominierte die Gesellschaft in Pommern so stark wie in keiner anderen preußischen Provinz, von einzelnen Kreisen Ostpreußens und Posens abgesehen. So hatten zur Mitte des Jahrhunderts Güter von über 600 Morgen einen Anteil an der Gesamtfläche Pommerns von 62 Prozent gegenüber 38 Prozent in Ost- und Westpreußen und nur 15,5 Prozent in Westfalen.[60] Der Anteil des Großgrundbesitzes war besonders groß in Neuvorpommern,[61] wo selbst die konservativ eingestellten Stände allerdings für den Begriff des Ritterguts nur einen Mindestumfang von 300 Morgen Land, gerechnet ohne Wiesen, Hütungsland und Holz, vorschreiben wollten. In mancherlei Hinsicht blieb der Regierungsbezirk Stralsund ein Sondergebiet in Preußen, immer noch geprägt durch die Folgen der Schwedenzeit. Hier hatte das Bauernlegen völlig ungehemmt stattgefunden. In Boltenhagen bei Greifswald beispielsweise waren 1654 elf Bauern und fünfzehn Kossäten verzeichnet. 1827 waren nur noch drei Bauern übriggeblieben, deren Stellen bis 1865 zu einem Vorwerk, einer Betriebsabteilung eines Gutes also, zusammengezogen waren. Im 20. Jahrhundert hatte Boltenhagen keine Bauern mehr aufzuweisen.[62]

In Neuvorpommern war aber auch schon 1806 die Patrimonialgerichtsbarkeit, das heißt die Verwaltung der niederen Justiz durch den Gutsherrn, aufgehoben worden, ein

Schritt, zu dem sich die preußische Regierung für ihr altpreußisches Gebiet bis zur Revolution nicht durchgerungen hat. Und es blieben mancherlei Ungerechtigkeiten in ganz Pommern erhalten: So verhinderte es die Berliner Regierung, daß die Landschaften, das heißt die Kreditkassen, mit denen sich die Rittergutsbesitzer untereinander halfen, für Bauern geöffnet wurden. Das war eindeutig im Interesse der ersteren, denn wenn die Bauern kein Geld aufnehmen konnten, um ihrerseits sich schnell von ihrer Herrschaft abzulösen, waren sie eher genötigt, sich durch die Gutsbesitzer auskaufen zu lassen und künftig die Zahl der landlosen Proletarier zu vermehren. Als aber 1833 der Versuch unternommen wurde, eigene Kreditsysteme für die Bauern aufzubauen, ging die Regierung dagegen vor,[63] wodurch sie ihre reaktionäre Einstellung zum Bauerntum ebenso bewies wie ihre feindliche Haltung gegenüber der unternehmerischen Bourgeoisie, die zur gleichen Zeit ebenfalls an der Entwicklung moderner Finanzierungssysteme gehindert wurde.

DIE POMMERSCHEN KONSERVATIVEN IN DER REVOLUTION

Die Einschnürung zukunftsorientierter Wirtschaftstätigkeit zeigt, wie unentschlossen der Kurs der preußischen Politik im Vormärz war. Einerseits radikale Reformschnitte, die, wie Gewerbefreiheit und Regulierungsedikt, die süddeutschen ehemaligen Rheinbundstaaten weit zurückfallen ließen, andererseits administrative Hemmnisse, die nur verstanden werden können, wenn man berücksichtigt, daß in der Ministerialbürokratie auch ein kräftiger restaurativer Geist zu Hause war. Manche Maßnahmen sind nur dadurch zu erklären, daß der einzelne Beamte im Laufe seiner Amtstätigkeit sehr wohl heute liberal-reformerisch und morgen wieder restaurativ entschieden hat.

Nachdem in den zwanziger Jahren des 19. Jahrhunderts mit dem Chausseebau in Preußen begonnen wurde – der Innenminister Kaspar Friedrich Freiherr von Schuckmann schlug in einem Immediatbericht vom 20. April 1826 vor, die Provinz Pommern »in ihrer ganzen Länge« mit Straßen zu durchziehen –,[64] tauchte auch bald der Gedanke auf, daß eine durchgreifende Verkehrsverbesserung nur mit Hilfe der neuartigen Technik der Eisenbahn zu erzielen sei. Es war zunächst die Politik des preußischen Staates, der im Korsett des Staatsschuldengesetzes von 1820 steckte, das Kapital für die Eisenbahnen privat aufbringen zu lassen. Das war für die Bahnverbindung von Berlin nach Stettin auch möglich; für die strategisch wichtige Verbindung ins ferne Königsberg, die sogenannte Ostbahn, aber war kein privates Kapital zu haben, weil sie keine Rentabilität zu versprechen schien. Hier mußte nun doch der Staat einspringen. Er konnte nach den Bestimmungen des Staatsschuldengesetzes nur dann Kredite aufnehmen, wenn diese durch eine gesamtstaatliche Repräsentation bewilligt wurden. So sah sich Friedrich Wilhelm IV. schließlich genötigt zu tun, was er seit zwanzig Jahren hinauszuschieben bemüht gewesen war: Er berief die Repräsentation, jedoch, dem Testament seines Vaters gemäß, in der vorsichtigsten Weise, indem er sie indirekt zustande kommen, das heißt aus den Provinzialständen hervorgehen ließ.

Der Vereinigte Landtag des Jahres 1847 war geboren. Er forderte auch Pommerns politisch interessierte Schicht zu neuer Stellungnahme heraus. Ernst Ludwig von Gerlach hatte sehr bald eine entschiedene Meinung zu diesem halbherzigen Versuch des Königs, die Unzufriedenheit der Liberalen und der Bourgeoisie in Preußen durch die Gewährung einer Vertretung auffangen, dieser Vertretung aber die entscheidende Macht dadurch nehmen zu wollen, daß sie in die Formen einer restaurativen Ständeversammlung gepreßt wurde. Die »kursirenden konservativen Redensarten über diese Institutionen als ein ›freiwilliges Geschenk‹ des Königs«, so meinte Gerlach, seien »verkehrt«. »Als freiwillig und Geschenk taugten sie nichts, und soweit sie etwas taugten, seien sie nicht freiwillig und nicht Geschenk.«[65]

Ernst Ludwig von Gerlach hatte sich aus Berlin zurückgezogen, indem er den König um den Posten eines Oberlandesgerichtspräsidenten in einer der Provinzen gebeten hatte; die Wahl war auf Magdeburg gefallen. Seine pommerschen Schwäger hingegen entschlossen sich, offensiv aufzutreten und den Vereinigten Landtag als Forum für ihren Konservativismus zu nutzen. Adolf von Thadden, Heinrich von Puttkamer, Otto von Bismarck zogen in den Landtag ein. Allerdings offenbarten sie bald den organisatorischen Rückstand, den der Konservativismus noch gegenüber dem Liberalismus besaß. Trotz der verschiedentlich in den vierziger Jahren durch Gerlach geäußerten Ansicht, daß es schlankweg notwendig sei, sich als Partei zu organisieren, war man noch immer nicht soweit. Die Abgeordneten der Rechten traten unkoordiniert auf und wirkten eher ratlos.

Auf Unruhen, wie sie 1847 ausbrachen, weil die Mißernte des vorangegangenen Jahres die Lebensmittel verknappt hatte, hatten allerdings auch die Liberalen keine passende Antwort. Am 24. April 1847 kam es in Stettin beim Kartoffelverkauf zu Tumulten, dann wurden die Bäckerläden geplündert. Derartige Unruhen konnten, da es eine adäquate Polizei in keinem europäischen Staat gab, stets nur mit Hilfe des Militärs unterdrückt werden. In Stettin setzte man anschließend einen Festpreis für die Kartoffeln fest; um die Brotpreise zu senken, hob die Regierung die Mahlsteuer vorübergehend auf. Auch in Köslin brach drei Tage später der Aufruhr los, dessen Zeuge Otto von Bismarck auf der Durchreise zu seinem Gut Kniephof geworden ist: »Noch nach 12 die Straßen so gedrängt voll, daß wir sie mit Mühe und nur unter dem Schutz einer Abtheilung der einbeorderten Landwehr passirten. Bäcker und Schlächter geplündert, 3 Häuser von Kornhändlern ruinirt, Scheibenklirren usw. Ich wäre gern da geblieben.«[66]

So blieb die Initiative weiterhin bei den Liberalen. Im März 1848 dann geriet sie sogar in die Hände der Straße. Mit Unglauben reagierte der pommersche Gutsbesitzer A. Andrae auf Roman, als sein Nachbar, der Gutsbesitzer Scheunemann, ihm am Sonntag nach dem 18. März beim Verlassen der Kirche erzählte, was er gerade in Berlin gesehen hatte. »Das ist nicht wahr«, will Andrae ausgerufen haben, »auf ruhiges, wehrloses Volk läßt kein preußischer König, kein General einhauen und schießen!« »Nicht wahr?« soll ihm der Augenzeuge geantwortet haben, »wissen Sie das besser als ich, der ich es mit diesen meinen Augen gesehen habe, wie die Kavallerie vom Lustgarten her auf der Schloßfreiheit im rasenden Galopp alles vor sich niederritt, der ich mit diesen meinen Ohren die Schüsse gehört habe, die auf die wehrlose Menge abgefeuert wurden; freilich auch das Wutgeschrei: ›zu den Barrikaden, zu den Barrikaden!‹, damit alles auseinanderstob?«[67]

Nachdem auch das 150. Jubiläum der Märzereignisse keine Klärung der Frage hat herbeiführen können, warum jene Schüsse des Militärs abgefeuert wurden, als eigentlich der Schloßplatz nur mit flacher Klinge hatte geräumt werden sollen, bleibt festzuhalten, daß tatsächlich der Volkszorn enorm war, mit dem auf jene Schüsse reagiert wurde, und daß keineswegs das Militär die Oberhand über die Barrikadenkämpfe gewonnen hatte, als der Innenminister von Bodelschwingh dem Berliner Stadtkommandanten von Prittwitz den Befehl zum Rückzug der Truppen überbrachte.[68] Mit diesem Rückzug am 19. März 1848 aber etablierte sich die Hauptstadt des Königreichs Preußen als revolutionäres Zentrum, kaum anders als das in dieser Hinsicht längst erprobte Paris. Wie würde sich die Provinz dazu stellen?

Bereits am 19. März, ehe die Nachrichten vom Verlauf der Kämpfe in Berlin gewiß waren (die Telegrafenlinie wurde erst 1849 eröffnet), suchte eine Bürgerdeputation den Kommandierenden General des II. Armeekorps in Stettin auf, den in Pommern geborenen Grafen Friedrich von Wrangel. Dieser schlug vor, daß Bürger und Soldaten als »gemeinsames Friedens- und Eintrachtszeichen« eine weiße Binde am linken Arm tragen sollten, und ließ am nächsten Tag Waffen unter der Bürgerschaft verteilen. Als Otto von Bismarck bei ihm anfragte, ob Wrangel sich an einem gegenrevolutionären Unternehmen beteiligen wollte, das dem König seine Handlungsfreiheit zurückgeben würde, ließ er ausweichend antworten: »Was Prittwitz (der Stadtkommandant von Berlin) tut, tue ich auch.«[69] Es war dann der König selbst, der ein solches militärisches Unternehmen vorerst ausschloß. Daß sich auf die Dauer ein Gegensatz Berlins zur Provinz, vornehmlich den Ostprovinzen, ergab, bewirkten andere, so zum Beispiel Hans von Kleist-Retzow in Belgard. Auch er folgte der verbreiteten, unter anderem von Friedrich Engels gepflegten Mode, alles in Analogie zur großen Französischen Revolution zu sehen. Und so glaubte Kleist-Retzow, es sei der Augenblick gekommen, Pommern zu Preußens Vendée zu machen.

Der Bruder des Königs, Wilhelm, der Prinz von Preußen, der in der Öffentlichkeit als pointiertester Vertreter der Reaktion betrachtet wurde, hatte sich noch im März veranlaßt gesehen, sich den Backenbart abzuschneiden, um unerkannt nach England flüchten zu können. Dieser Vorgang wurde in Pommern als Schmach empfunden. Kleist-Retzow, der seit 1844 Landrat war, brachte am 19. April im Kreistag des Kreises Belgard eine Resolution ein, in der der Prinz aufgefordert wurde, in die Heimat zurückzukehren. Die Pommern würden ihm mit Gut und Blut zur Verfügung stehen.[70] Als der Prinz dann tatsächlich zurückkehrte und der Stadt Stettin, deren Militärstatthalter er war, am 2. August 1848 einen Besuch abstattete, war die Begrüßung überwiegend freundlich.

In der zweiten Sitzungsperiode des Vereinigten Landtags zu Berlin wurde über das Wahlgesetz für eine verfassunggebende Preußische Nationalversammlung beraten, deren Tätigkeit unbeschadet der Arbeiten einer gesamtdeutschen Nationalversammlung in Frankfurt für erforderlich gehalten wurde. Bei dieser Gelegenheit warf sich Adolf von Thadden in den Kampf gegen das intendierte Wahlgesetz, wobei er sich – etwas vergröbernd – auf Argumente stützte, die Ernst Ludwig von Gerlach ihm vorbereitet hatte. Thaddens Debattenbeitrag vom 5. April 1848 wird in unterschiedlichen Ausschmückungen überliefert.[71] Am verläßlichsten dürfte die Fassung sein, die in der *Evangelischen Kirchenzeitung* vom 26. April 1848 wiedergegeben ist – die EKZ war die Zeitung der Orthodox-Konservativen schlechthin. Dort heißt es, Thadden habe gesagt: »Das Preußische Volk bildet nicht ein Aggregat von gleichen Individuen, in welchem der Besitzer eines Gutes als 1 und 20 seiner Tagelöhner als 20, also sie zusammen als 21, … der Fabrikherr und 100 seiner Arbeiter als 101 gezählt werden könnten, so wenig als ein menschlicher Körper ein Klumpen von so und so viel Pfund Fleisch ist.«[72] Das Volk existiere nur in seiner konkreten rechtlichen Gliederung, zu der natürlich vor allem die ständische Abstufung gehören sollte. Als Thadden fünf Tage später noch einmal im Vereinigten Landtag reden wollte, schrie man ihn nieder, so sehr hatte sein Rechenexempel provozierend gewirkt.

Bei den anschließenden Wahlen regte sich zum erstenmal so etwas wie ein schwacher Geist der Aufsässigkeit. Adolf von Thadden war bestrebt, Wahlmann zu werden, doch versagten ihm seine eigenen Gutshintersassen und Betbrüder die Stimme. »Zwar baten sie ihn nachher reuig um Verzeihung, hatten ihm einstweilen aber einen versoffenen Bauern vorgezogen, der ihnen weitgehende Versprechungen gemacht hatte. Wie ein Lauffeuer verbreitete sich nämlich über ganz Pommern das Gerücht, daß jeder Tagelöhner drei Morgen Acker, einen Morgen Wiesen, dazu Wohnung, Garten, freie Weide für eine Kuh, drei Schafe und vor allen Dingen für seine geliebten Gänse erhalten solle, und wurde fest geglaubt. Mit gleichem Wohlwollen, wenn auch nicht mit gleicher Sicherheit, wurde es aufgenommen, daß alle Pächter hinfort Eigentümer werden sollten und dergleichen Unsinn mehr.«[73]

Nur Unsinn konnten dergleichen Gerüchte in den Augen des Gutsbesitzers Andrae sein. Die religiösen Auseinandersetzungen wirkten aber keineswegs automatisch dahin, daß glaubensmäßige Gemeinsamkeiten Bindewirkung entfalteten; sie konnten ebenso auch spalten. Andrae selbst mußte beobachten, daß ein zum Wahlmann aufgestellter kleiner Eigentümer allein dadurch unmöglich gemacht wurde, daß man verbreitete, er sei ein Pietist.[74]

Insgesamt aber machte die Organisation der Konservativen nunmehr rasche Fortschritte. Und wenn auch ein Konservativer Verein, der unter dem Vorsitz von Andrae schon einige Jahre in Körlin bestanden hatte, unter dem Druck der nun selbst in Pommern anzutreffenden demokratischen Bewegung auseinanderlief, so sammelten sich doch diejenigen, die an der Erhaltung des Status quo interessiert waren, erneut in dem fünf preußische Meilen entfernten Regenwalde, wo sich der entsprechende Verein inzwischen allerdings als »konstitutionell« bezeichnete. An seiner Spitze stand Ernst von Bülow-Cummerow, der im Juli auf einer Besprechung in Reinfeld durch Otto von Bismarck, Hans von Kleist-Retzow, Heinrich von Puttkamer und Alexander von Below ausersehen wurde, auch die Führung einer weiteren Initiative zu übernehmen. Da

Bülow nicht im Ruf stand, ein Pietist zu sein, sondern besser als Reformkonservativer eingestuft werden kann, schien er besser geeignet, denn er würde die Öffentlichkeit weniger polarisieren. Man gründete den »Verein zur Wahrung der Interessen des Grundbesitzes und Förderung des Wohlstandes aller Volksklassen«, wozu eine vorbereitende Versammlung in Stettin stattfand. Als dann am 18. und 19. August 1848 sich durch Bülows Einsatz in Berlin das »Junkerparlament« versammelte, das diesen Spottnamen seiner Feinde später als Ehrentitel führte, ist diese Initialzündung einer politisch konservativen Bewegung vor allem auch ein Werk des pommerschen Adels gewesen.

Man hört auch von »Republikanern« und »Demokraten«, die es während der Revolutionsjahre in Pommern, namentlich in der Stadt Körlin, gegeben haben soll. Als solche werden bezeichnet: ein »Mechanikus«, ein Arzt, ein Gutsbesitzer, ein Mühlenbesitzer, ein Kreisrichter.[75] Gerade der Richterstand war – neben den Lehrern – unter den preußischen Beamten für seine liberale Gesinnung bekannt geworden. Bedeutsamer aber ist der gemäßigt liberale Konstitutionalismus gewesen, wie er zum Beispiel vom Professor der Universität Greifswald, Georg Beseler, vertreten wurde. Der Jurist und Staatswissenschaftler Beseler hatte sich 1833 an der Christian-Albrechts-Universität in Kiel habilitiert; weil er dem König von Dänemark den Treueid verweigert hatte, wurde sein Doktordiplom nicht bestätigt, und er durfte keine Vorlesungen halten. Nach Wiederholung von Promotion und Habilitation in Heidelberg und Professuren in Basel und Rostock war er 1842 Lehrstuhlinhaber in Greifswald geworden. Er war für Greifswald in die Frankfurter Nationalversammlung gewählt worden und hatte sich dort dem kleindeutsch-erbkaiserlichen Lager angeschlossen. Gegen das ständische Denken Friedrich Wilhelms IV. aber stand er in klarer Opposition, und als der König, nach erfolgreich vollbrachter Reaktion und Verfassunggebung für Preußen, 1854 ein Herrenhaus als Erste Kammer errichtete, lehnte Beseler es ab, dort den der Universität Greifswald eingeräumten Sitz einzunehmen. Statt dessen wurde er später Abgeordneter der Deutschen Fortschrittspartei. Auch der Stettiner Abgeordnete in der Paulskirche, der am Gymnasium in Stettin tätige Professor und Dichter Ludwig Giesebrecht, fiel nicht durch Radikalismus auf, sondern schloß sich dem rechten Zentrum an.

ZEITEN DES AUFSCHWUNGS

Es hat keines deutschen Vendée-Aufstandes bedurft, um die Revolution in Schach zu halten. General Wrangel, der Kommandeur des Stettiner Militärbezirks, wurde im Herbst 1848 vom König ausersehen, einen Schlag gegen Berlin zu führen. Friedrich Wilhelm machte Wrangel zum »Oberkommandierenden in den Marken«, womit ihm sämtliche preußischen Truppen zwischen Elbe und Oder, in Kurmark und Neumark, unterstellt waren. Seine 40 000 Mann sollten sich bereithalten, wenn der König sich entschloß, die Revolution gewaltsam niederzuwerfen. Tatsächlich haben 170 Kanonen bereitgestanden, um Berlin in Trümmer zu schießen. Am 10. November 1848 marschierte Wrangel in Berlin ein und erklärte dem Präsidenten der verfassunggebenden Nationalversammlung, Hans Viktor von Unruh, daß er eine Nationalversammlung nicht kenne; dieser erklärte daraufhin, die Regierung habe einen Akt der Militärgewalt begangen, tatsächlich war es ein Staatsstreich. Möglich war dieses Vorgehen nur, weil die Truppen aus ländlichen Garnisonen kamen und in Berlin ein wurzelloses, besitzloses und respektloses Proletariat sowie ein raffgieriges, materialistisches Bürgertum vermuteten. Nichts bringt besser den Gegensatz zwischen Stadt und Land zum Ausdruck als der von dem Junker Andrae voller Empörung zitierte Ausspruch des revolutionären Finanzministers David Hansemann, die Grundbesitzer könnten ruhig bankrott gehen, »das schadet nichts, an ihre Stelle treten andere zahlungsfähigere, der Grund und Boden läuft ja nicht fort«.[76] So konnte in ihren Augen nur der Kapitalist sprechen, der keine Beziehung mehr zur Scholle hat und in nüchterner Distanziertheit sein Geld dorthin fließen läßt, wo es die am besten abgesicherten Erträge bringt. Es war daher nur folgerichtig, wenn der Konstitutionelle Verein zu Stettin das entschieden unkonstitutionelle Vorgehen des Königs und seines Befehlshabers ausdrücklich guthieß, genauso wie der Patriotische Verein zu Belgard und die Gemeinde Strohsdorf in Pommern.[77] Immerhin aber gab es auch zornige Stettiner, die drohten, Wrangels in der Stadt gebliebene Gemahlin zu hängen.[78]

Schon vor dem Scheitern der Frankfurter Paulskirche und ihres Reichsgründungswerks hatte sich also die Waage in Preußen zugunsten der Konterrevolution geneigt. Preußen bekam zwar eine Verfassung, aber sie war oktroyiert. Die Jahre der Reaktion deuteten sich an, in denen Otto von Manteuffel zunächst als Innenminister, später als Ministerpräsident für die Wiederherstellung der königlichen Autorität sorgte und den Beamtenapparat von allen des Liberalismus verdächtigten Elementen säuberte. Die von Bismarck verachteten und verhöhnten liberalen Kreisrichter und ihre Gesinnungsgenossen unter den Regierungsräten stellten in anderen deutschen Staaten sogar den Stamm der Parlamentarier in den Kammern. Wagte es nun ein solcher Beamter in Preußen, im neugewählten Abgeordnetenhaus oder in den Provinzialständen gegen die Linie des Ministeriums zu opponieren, so wurde ihm dies als Loyalitätsverweigerung ausgelegt, und er war disziplinarischen Schikanen ausgesetzt. Aus Protest gegen das Zustandekommen der Verfassung, gegen die polizeiliche Unterdrückung und gegen das 1849 oktroyierte Dreiklassenwahlrecht traten die Liberalen in der ersten Wahl gar nicht erst an, womit ein solides konservatives Übergewicht nicht nur im Herrenhaus, sondern auch in der zweiten Kammer sichergestellt war.

Trotz aller ländlichen Abgeschiedenheit hat Pommern dennoch einen prominenten Führer des liberalen Lagers hervorgebracht. Der 1821 in Schivelbein geborene Arzt Rudolf Virchow hatte sich freilich im Berlin der Revolutionszeit derart exponiert, daß er die nächsten Jahre als Professor im sicheren Würzburg zubringen mußte, ehe er 1859 nach Berlin zurückkommen, sich ins Abgeordnetenhaus wählen lassen und Bismarcks brillantester Gegner werden konnte. In Berlin ist Virchow geblieben; Pommern sah diesen großen Wissenschaftler nicht wieder.

Die deutsche Bourgeoisie hat sich in den fünfziger Jahren des 19. Jahrhunderts schnell über die Niederlage der Revolution trösten können. Dieses Jahrzehnt brachte

Der bedeutendste Sohn der Stadt Schivelbein ist der Anthropologe, Pathologe und Politiker Rudolf Virchow (1821–1902), der grundlegende Werke der Medizin verfaßte und 1861 einer der Mitbegründer der Deutschen Fortschrittspartei war, für die er in den Preußischen Landtag gewählt wurde. Sein Geburtshaus in der Stadt (rechts) wurde wie viele andere Gebäude im Zweiten Weltkrieg zerstört. Das Steintor (links) ist der letzte Überrest der um 1800 niedergelegten Stadtbefestigung.

den Aufbruch in die Industrialisierung Deutschlands. Von jetzt an hielt sich ein selbsttragendes industrielles Wachstum, das auch von der weltweiten Depression der Jahre 1857 bis 1860 nicht dauerhaft gestört werden konnte. Die Schwerindustrie in Preußens Westprovinzen prosperierte. Auch Pommern hat von den Jahrzehnten nach der Revolution profitiert, denn sie brachten den Aufbau des modernen Verkehrsnetzes, eine eigene Schwerindustrie in Stettin und die goldenen Jahre der deutschen Landwirtschaft.

Der preußische Chausseebau, der verspätet, aber dann massiv eingesetzt hatte, brachte bis 1848 immerhin 126,8 preußische Meilen Kunststraßen nach Pommern – also fast tausend Kilometer.[79] Die frühesten Eisenbahnpläne waren zunächst im rheinisch-westfälischen Raum entwickelt worden. Als erste preußische Eisenbahnlinie wurde 1838 die Verbindung Berlin–Potsdam eröffnet. Schon zu diesem Zeitpunkt aber erschienen auch Fernverbindungen wünschenswert. Die Berlin am nächsten gelegenen Überseehäfen waren Hamburg und Stettin. Zwar war Stettin auch über das preußische Kanalnetz und die Oder zu erreichen, doch scheint schon zu diesem frühen Zeitpunkt der Zeitgewinn, den eine Eisenbahnverbindung ermöglichen würde, ausgereicht zu haben, die Phantasie der Investoren anzuregen – jedenfalls wurden gleichzeitig Bahnstrecken nach Hamburg und nach Stettin geplant.

1835 unterbreitete der Redakteur der *Ostsee-Zeitung,* Altvater, der Stettiner Kaufmannschaft den Gedanken an einen Eisenbahnanschluß zur preußischen Hauptstadt. Durch Kabinettsorder vom 10. Juli 1836 wurde der Berlin-Stettiner Eisenbahngesellschaft eine vorläufige Konzession erteilt. Die Regierung setzte eine Frist bis zum 1. Februar 1837 für die Aufstellung der Statuten und die Zeichnung des Aktienkapitals.[80] Die im ersten Kostenanschlag für erforderlich gehaltenen zwei Millionen Taler waren schon 1836 voll gezeichnet. Das sogenannte Eisenbahnkomitee ging nach der endgültigen Konzessionierung nahezu unverändert in den Verwaltungsrat der Gesellschaft über. Man erkennt, wie hier in kluger Weise eine Balance der Berliner und Stettiner Kapitalisten hergestellt wurde und man nicht vergaß, auch die junkerlichen Interessen mit einzubeziehen, weniger, weil die Gutsbesitzer glaubten, eine Eisenbahn nötig zu haben, als vielmehr, um möglicher schädlicher Einflußnahme von dieser Seite auf die Regierung den Wind aus den Segeln zu nehmen. Schließlich hat auch der Königliche Kammerherr und Oberregierungsrat Graf von Itzenplitz auf Groß-Behnitz einen Sitz im Eisenbahnkomitee erhalten. Für die Ausübung des Mandats hat er sich pflichtgemäß die Genehmigung seines Vorgesetzten, des Königlichen Innenministers Gustav von Rochow, eingeholt. Der mächtigste Geldgeber war zweifelsohne Bankier Joseph Mendelssohn aus Berlin, aber für die innerpommersche Interessenlage dürfte die Beteiligung des Präsidenten des Kuratoriums der (durch Bülow-Cummerow gegründeten) Ritterschaftlichen Privatbank von Stettin, von Dewitz, ausschlaggebend gewesen sein. Fünf einzelne Stettiner Kaufleute und der Stettiner Bankier Wiesenthal runden das Bild ab. Daß durch Vermittlung des Oberpräsidenten von Bonin auch noch der Altpommersche Kommunallandtag mit einer Zinsbürgschaft von vier Prozent auf sechs Jahre einstand, brauchte nicht in Anspruch genommen zu werden.[81]

Der endgültige Baubeschluß fiel am 12. Oktober 1840; die Trasse wurde von Berlin über Bernau, Biesenthal, Neustadt-Eberswalde, Angermünde, Passow, Tantow bis zur südlichen Festungsanlage Stettins gezogen. Am 15. August 1843 wurde die Strecke im Beisein Friedrich Wilhelms IV. eröffnet. Schon 1844 hat die Bahn 272 584 Personen befördert. 1846 konnte man bereits bis Stargard, 1859 bis Köslin, 1869 bis Stolp und 1870 bis Danzig fahren. Die Mühsal des Reisens zwischen Pommern und Berlin spielt in Bismarcks Briefen an seine Frau Johanna immer wieder eine Rolle. Die Reisegefährten werden karikiert oder andere Pannen beschrieben: »Als ich mir gestern Abend ein Nachthemde auspacken wollte, fand ich statt meines Koffers den eines Meßjuden A. Rosenberg aus Cöslin; die Sorte verfolgt mich. Heute früh habe ich ermittelt, daß man in Stettin meine Nummer auf dieses falsche Gepäck geklebt hat und der Jude en question heut Abend erwartet wird; ich habe mit dem Mittagszug geschrieben, und hoffentlich kommen meine Sachen auch mit, wenn man sie nur kennt nach der Beschreibung. So habe ich nun hier den Tag bleiben müssen ...«[82]

Hinterpommern wurde durch eine Eisenbahn erschlossen, die zwar gelegentliche staatliche Unterstützungen erhalten hatte, aber, im Gegensatz zur sogenannten königlichen Ostbahn, ganz überwiegend privat finanziert werden konnte. Erst im Zuge der von Bismarck durchgesetzten Verstaatlichung des gesamten preußischen Bahnnetzes ist die Berlin-Stettiner mit der Hinterpommerschen Eisenbahn 1880 in Staatsbesitz übergegangen. Vorpommern mußte wesentlich länger auf seine Eisenbahnanbindung warten. 1863 sind die Strecke Angermünde–Stralsund über Anklam und die Abzweigung von Züssow nach Wolgast eröffnet worden; auch diese Linien wurden 1880 verstaatlicht.

Nachdem Neuvorpommern preußisch geworden war, verfügte der preußische Staat wieder über sämtliche drei Odermündungen. Es stellte sich die Frage, ob die seit 1720 laufenden Arbeiten in Swinemünde fortgesetzt oder nicht womöglich besser Investitionen in die Peene vorgenommen werden sollten. Eine Kabinettsorder vom 19. Februar 1817 genehmigte jedoch einen Bauplan für Swinemünde mit einer Bausumme von mindestens einer Million Talern. Im wesentlichen wurden über 2000 Meter Mole errichtet; diese Wasserbauten hatten die Wirkung, daß das Fahrwasser der Hafeneinfahrt von Swinemünde sich über die veranschlagten dreieinhalb Meter hinaus auf vier Meter vertiefte. Auf dem Kopf der Ostmole erbaute man 1828 eine zwölf Meter hohe Leuchtbake, 1857 entstand der Swinemünder Leuchtturm. Bis zum Jahre 1840 blieb die Tiefe des Fahrwassers nach Stettin hinein bei vier Metern. Durch einen Durchstich, die sogenannte Königsfahrt, und durch Ausbaggern der Oder erreichte man bis zum Jahre 1862 durchgehend bis zum Stettiner Hafen eine Wassertiefe von fünf Metern.

Stettin war im 19. Jahrhundert der bedeutendste Ostseehafen und erlebte bis zum Ende des Jahrhunderts ein starkes Wachstum. Die Stadt erholte sich von den Schäden der Franzosenzeit und reduzierte ihre Schulden zwischen 1816 und 1822 von rund 500 000 auf 230 000 Taler. Stettin konnte jedoch mit dem Aufschwung, den Hamburg im 19. Jahrhundert nahm, nicht mithalten; selbst die Auswandererströme aus Ostmitteleuropa wandten sich Hamburg oder Bremen zu. Auch die militärische Bedeutung Stettins war in Frage gestellt, denn die preußische Regierung strebte heimlich bereits nach dem Besitz von Kiel. Als dieses Ziel 1864 erreicht war, galt der Ausbau Kiels zur wichtigsten Basis der preußischen Kriegsmarine längst als beschlossene Sache; die Reichsgründung und der Aufbau der Kaiserlichen Marine änderten daran nichts.

Traditionelle Einfuhrgüter Stettins waren Kohlen, Heringe, Ölsamen, Öl und Fette, Wein, Reis, Kaffee, Roheisen, Eisenfabrikate und Rohrzucker. Nachdem der heimische Rübenzucker den Kolonialzucker verdrängt hatte, blieb die 1817 gegründete Pommersche Provinzial-Zuckersiederei ein wichtiger Arbeitgeber. Wichtigstes Ausfuhrgut war Holz (81 000 Tonnen im Jahre 1866), das in früheren Zeiten vor allem im Schiffbau Verwendung fand, während es nach der Durchsetzung des Eisenschiffbaus vor allem nach Eichenholz zum Bau von Eisenbahnwaggons und zum Ausbau von Bergwerken eine Nachfrage gab. Die bis in die sechziger Jahre beträchtliche Stettiner Getreideausfuhr ging vor allem deshalb zurück, weil das ostdeutsche Getreide zusehends im Binnenland abgesetzt werden konnte. Solange die Schiffahrt noch weitgehend mit Segelschiffen betrieben wurde und die Kapitänsreederei vorherrschte, waren die meisten deutschen Schiffe in den Ostseehäfen registriert; mit dem Vordringen des Eisenschiffbaus und der Zunahme des Kapitalbedarfs in der Reederei setzten sich Aktiengesellschaften durch, die vor allem in Bremen und Hamburg beheimatet waren. Dennoch profitierte der Stettiner Handel alles in allem von der Abschaffung des dänischen Sundzolls 1857, von der Eröffnung der Eisenbahnen, von der Vertiefung des Fahrwassers und vom Aufbau einer eigenen in Stettin ansässigen Industrie. In einem bemerkenswerten Kontrast zum rein agrarischen Charakter ihres Hinterlands entwickelte sich die Stadt Stettin zu einem Industriezentrum der Schwerindustrie. Klein- und Mittelbetriebe waren nicht typisch.

1837 ging aus einer schon im 18. Jahrhundert durch Friedrich II. privilegierten Ankerschmiede die Firma Seydell & von Würden hervor, die die ersten in der Provinz Pommern hergestellten Dampfmaschinen produziert hat. 1840 kaufte diese Firma die Stettiner Eisengießerei hinzu; 1854 wurde das Unternehmen unter der Firma Möller & Holberg fortgesetzt und begann auch mit dem Schiffbau. Zu jener Zeit fabrizierten die Maschinenbauanstalten vom Schiffsrumpf bis zu den Antrieben und den Kesseln alles selbst.

Die Gründungsjahre der meisten schwerindustriellen Unternehmen liegen in den konjunkturstarken fünfziger Jahren: 1851 bildete sich in Bredow bei Stettin ein Betrieb zum Bau eiserner Schiffe, der 1857 zur Stettiner Maschinenbau-Aktien-Gesellschaft »Vulcan« mit einem anfänglichen Kapital von einer Million Talern erweitert wurde. 1859 lieferte dieses Unternehmen die erste Lokomotive aus. Die Grundfläche der Fabrik betrug 1870 schon acht Hektar. 1866 begann der »Vulcan« mit dem Bau der ersten kleineren Kriegsschiffe für die preußische Flotte; 1871 erhielt er den Auftrag für den Bau des Panzerschiffs »Preußen«.

1857 entstand die Nähmaschinen-Fabrik Bernh. Stoewer, Aktien-Gesellschaft, im selben Jahr auch die Aktien-Gesellschaft der Chemischen Produkten-Fabrik Pommerensdorf, die Grundstoffe der chemischen Industrie wie Kali, Natron, Pottasche, Sal-

Stettin war die einzige Stadt Pommerns, die von der industriellen Revolution erfaßt wurde. Um 1860 ist erkennbar, wie die alten Befestigungsanlagen die industrielle Entwicklung der Stadt hemmten beziehungsweise in der für Stettin charakteristischen Weise beeinflußten, indem Fabriken und andere Industrieanlagen weit vor der Stadt gegründet wurden. Erst 1873 wurden die Befestigungsanlagen geschleift. Nun stand der für Pommern einmaligen Entwicklung Stettins als Industrie- und Hafenstadt nichts mehr im Wege.

miak, Salpetersäure, Schwefelsäure, Salzsäure und Soda herstellte. 1853/55 war bereits in Züllchow an der Oder die Stettiner Portland-Zementfabrik gegründet worden, die ihren Ton aus Züllchow, ihre Kreide aus Wollin und aus Finkenwalde-Friedensburg bezog. Weitere Zementfabriken folgten 1855 in Lebbin (Pommersche Zement-Fabrik Quistorp), 1862 in Finkenwalde und 1871 in Bredow. Mühlen (die erste Dampfmühle Pommerns wurde 1837 noch mit Schweizer Ausrüstungen errichtet) und Brauereien rundeten das Bild von der Industriestadt Stettin ab, deren Ausdehnung (wie auch Hafen und Bahnhof) lange Zeit durch die Festungswerke behindert wurde. Erst 1873 fielen die Wälle endgültig. Versicherungsunternehmen (seit 1825) stellten Anfänge des Dienstleistungssektors dar.

Die Einwohnerzahl Stettins stieg von 26 000 im Jahr 1820 über 38 000 zwei Jahrzehnte später auf rund 60 000 im Jahr 1860. Trotz negativer Wanderungsbilanz stieg in der Provinz Pommern die Bevölkerungsdichte an, langsamer zwar als in den übrigen Teilen Preußens, aber immerhin von 22 Einwohnern pro Quadratkilometer im Jahre 1816 auf 47 Einwohner im Jahre 1871.[83] Die Agrarkonjunktur bescherte auch in den industriefernen Regionen der Provinz steigende Einkommen, die freilich sehr ungleich verteilt waren. Der Gegensatz zwischen Bodenbesitzern und Bodenlosen verschärfte sich.

Allerdings vergrößerte sich noch einmal der Kreis derjenigen, die die Chance hatten, zu einem abgerundeten Stück Land zu kommen. Die Revolution war zwar insgesamt kein Erfolg gewesen, hatte aber viele Teilfortschritte erzwungen. Sie hatte bewirkt, daß die Überwindung der feudalen Relikte auf dem Land im Gesetzgebungsweg beschleunigt wurde. Das Gesetz über die »Ablösung der Reallasten und die Regulierung der gutsherrlichen und bäuerlichen Verhältnisse« vom 2. März 1850 hob alle bisher noch für Kleinstellenbesitzer geltenden Beschränkungen auf und erlaubte es ihnen, die den Gutsherren geschuldeten Arbeits- und Geldrenten zum Achtzehnfachen ihres Wertes zu kapitalisieren. Hatte vor der Revolution die Regierung noch den Aufbau von Kreditsystemen für die kleinen und mittleren Besitzer verhindert, so gestattete sie nun Rentenbanken, wie sie in Sachsen und Süddeutschland schon bestanden, um den Bauern bei der Ablösung finanziell beizustehen. Doch immer noch wurden den Bauern Fristen zwischen 41 und 56 Jahren zur Rückzahlung der Kredite an die Rentenbanken eingeräumt. Die Regulierung konnte sich also bis 1900 hinziehen. Wenn man bedenkt, daß die Bauernbefreiung für die preußischen Domänenbauern bereits 1805 einsetzte, handelte es sich beim Abbau des Feudalsystems wahrlich um ein Jahrhundertwerk.

Setzt man für die deutsche landwirtschaftliche Produktion je Arbeitskraft die Zustände von 1810 gleich hundert, so steigerte sie sich im Zeitraum 1851/55 auf 168 und im Zeitraum 1871/75 auf 257.[84] Man darf davon ausgehen, daß an diesem Zuwachs die preußischen Ostgebiete ihren mindestens durchschnittlichen, wenn nicht überdurchschnittlichen Anteil hatten. Die günstige Tendenz der deutschen Agrarkonjunktur, die in einen von Getreidezöllen befreiten Weltmarkt eingebettet war, dauerte bis 1875 an. Von diesem Zeitpunkt an machte sich die Depression auf dem Weltmarkt bemerkbar, die letztlich die Umorientierung der Bismarckschen Zollpolitik und eine innenpolitische Tendenzwende nach sich zog. Rußland hatte mit dem Vorsatz des Exports seine

Anbauflächen auf dem Schwarzerdeboden stark ausgeweitet, und der nächste Großabnehmer war Deutschland. Dem russischen Getreide trat nordamerikanischer, argentinischer, australischer und sogar indischer Weizen zur Seite. In allen diesen Regionen waren dank günstigerer Boden- oder Klimaverhältnisse und dank ständig sinkender Frachtraten die Kosten geringer als in Pommern. Doch bis zu diesem Einbruch, der eine Verdüsterung der Weltsicht der bisher begünstigten Schichten nach sich zog, förderte die »dominierende kollektive Grundstimmung einen hochgemuten aristokratischen Sozialoptimismus«.[85]

Die Konservativen hatten nach dem Sieg über die Revolution die Aufgabe gemeistert, sich zur Partei zu organisieren. Mit ihrem Organ, der unter maßgeblicher Beteiligung Ernst Ludwig von Gerlachs gegründeten *Kreuz-Zeitung*, bewiesen sie, daß sie in Zukunft auf dem Boden der Pressefreiheit und des Parlamentarismus zu kämpfen bereit waren. Zwar lief die Grundströmung im Königreich während der sechziger Jahre zugunsten des Liberalismus. Das Dreiklassenwahlrecht ermöglichte es aber den Gutsbesitzern, ihre extreme Überrepräsentation im Preußischen Abgeordnetenhaus einigermaßen zu verteidigen.

So fielen von den 26 Mandaten, die Pommern 1873 besetzen durfte, elf an den grundbesitzenden Adel, vier Abgeordnete waren bürgerliche Gutsbesitzer, und nur elf gehörten dem kleinen und mittleren Bürgertum an – sieben von ihnen kamen, was nicht überraschen kann, aus dem Regierungsbezirk Stettin.[86] Die Relation des Adels zu den Bürgern hat sich sogar in den nachfolgenden Wahlperioden noch zugunsten des Adels verschoben. Eine solche soziale Zusammensetzung läßt eine starke Neigung zum konservativen Lager erwarten. So zeigt denn auch eine Karte der Wahlkreise, die für die Jahre seit 1867 verfügbar ist, ganz Pommern im konservativen Blau – mit Ausnahme des Wahlkreises 66 (Grimmen-Greifswald), in dem 1873 die Nationalliberalen gewonnen haben, und des Kreises 67 (Stettin-Stadt). Hier unterlag zunächst der prominente Politiker der linksliberalen Fortschrittspartei, der Arzt Wilhelm Loewe-Calbe, dem Nationalliberalen Eduard Lasker, der bei der Stichwahl die Konservativen auf seiner Seite hatte; da Lasker das Mandat aber ausschlug, gewann bei der Ersatzwahl der Oberlehrer Theodor Schmidt für die Fortschrittspartei.[87]

Von den 312 Mitgliedern, die das Herrenhaus im Jahre 1873 aufwies, kamen drei Mitglieder mit einem erblichen Sitz (Ulrich von Behr-Negendank, Otto von Bismarck, Graf von Redern) aus Pommern, mit einem Sitz war der Grafenverband, mit fünf Sitzen waren die Familienverbände und mit vierzehn Sitzen der »alte und befestigte Grundbesitz« Pommerns im Herrenhaus vertreten. Hinzu kamen drei Stimmen für die Städte Stettin, Greifswald und Stralsund und eine für die Universität Greifswald. Es entsprach der Intention, den Adel zu stärken, die Friedrich Wilhelm IV. bei der Schaffung des Herrenhauses geleitet hatte, wenn der bürgerliche Großgrundbesitz Pommerns zu dieser Zeit im Herrenhaus nicht vertreten war.[88] Pommern stellte prozentual mehr Mitglieder im Herrenhaus, als es im Abgeordnetenhaus hatte[89] – auch dies ließe sich als Indiz für die Funktion der Provinz Pommern als einer Schutzwehr royalistischer Gesinnung interpretieren und würde sogar bedeuten, daß Friedrich Wilhelm IV. und Wilhelm I. bei ihrer Bestimmung der Herrenhaussitze sich bei den Pommern besonders gut aufgehoben fühlten.

Die Ergebnisse der Reichstagswahlen bestätigen dieses Bild. Die noch junge deutsche Parteienlandschaft war insgesamt landsmannschaftlich und konfessionell stark zerklüftet, zeigte eindeutige Hochburgen und krasse Polarisierungen. So stimmten 1871 im Regierungsbezirk Münster in Westfalen 77 Prozent für die Zentrumspartei, im Regierungsbezirk Stettin dagegen nur 0,1 Prozent. In der Provinz Hannover, Heimat des nationalliberalen Führers Rudolf von Bennigsen, gaben vierzig Prozent der Wähler dieser Partei ihre Stimme, dagegen blieben die Konservativen unter zehn Prozent. Die Wahlen zum Preußischen Abgeordnetenhaus waren öffentlich, und wenn der Wahlvorstand gleichzeitig Landrat war, wurde es einem Beamten unmöglich, sich für einen anderen als den dem Landrat genehmen Kandidaten zu entscheiden. Dem Tagelöhner fiel es schwer, sich im Angesicht seines Gutsherrn gegen diesen zu bekennen.

Die Wahl zum Deutschen Reichstag erfolgte nach geheimem, gleichem und allgemeinem Wahlrecht. Hier galt also der Landarbeiter soviel wie der Gutsbesitzer. Aber auch hier wählten die Pommern zunächst in überwältigendem Ausmaß konservativ. 1871 stimmten im Regierungsbezirk Stettin sechzig Prozent für die Konservativen verschiedener Couleur und nur 22 Prozent für die beiden liberalen Gruppierungen; im Regierungsbezirk Köslin lautete das Verhältnis sogar 88,9 zu 9,3 Prozent. Im Regierungsbezirk Stralsund war das Verhältnis am ausgewogensten, hier lautete es 60,2 zu 39,7 Prozent. Die Reichstagswahl 1874 brachte dann in allen drei Regierungsbezirken erdrutschartige Verluste der Konservativen und entsprechend starke Gewinne der Liberalen.[90] Dieser Einbruch war allerdings vorübergehend.

Von konservativem Anstrich waren auch die Landräte, die an der Spitze der Selbstverwaltung auf Kreisebene standen. Hier hatte sich mit dem Scheitern der Hardenbergschen Kreisordnung ein System etabliert, das den Landrat zu einem seltsamen Mischwesen machte. Obwohl Staatsbeamter, mußte er nach dem Reglement vom 22. August 1826 aus dem Kreis der landtagsfähigen Rittergutsbesitzer stammen. Da nicht damit zu rechnen war, daß man in diesem Kreis stets Personen mit abgeschlossenem Referendariat finden würde, wurde 1838 eine besondere Prüfung vorgeschrieben. Das Geschäftspersonal blieb zunächst auf einen Kreissekretär und einen Kreisboten beschränkt. Die unter diesen Richtlinien in Pommern ernannten Landräte sind zu 88 Prozent adlig gewesen.[91] In der Regel wurde der Landratsposten nicht als Durchlaufstation im Staatsdienst angesehen. Ein so profilierter Mann wie der Konventikler Ernst von Senfft-Pilsach konnte allerdings, nachdem er unter Friedrich Wilhelm III. seine Ordnungsstrafen wegen der verbotenen Gottesdienste erhalten hatte, unter Friedrich Wilhelm IV. noch Landrat und im Alter von 57 Jahren sogar Oberpräsident von Pommern werden. Nunmehr zeigte man stolz die Scheune, in der der Oberpräsident einst gepredigt hatte.

Die Kreisordnung von 1850 sollte den Landrat weiter dem Beamtenstand angleichen, indem sie die Vorschrift abschaffte, daß der Landrat aus dem Kreis zu entnehmen sei. Sie wurde jedoch – nicht überraschend für die Reaktionszeit – nicht in Kraft gesetzt. Bei dieser einfachen Negation konnte es aber nicht bleiben, und Otto von Bismarck,

Vorläufer der modernen Manufakturen und frühindustrialisierten Fabriken waren wassergetriebene Anlagen wie Lohmühlen für die Lederverarbeitung, Hammerwerke für die Eisenverarbeitung oder Papiermühlen. Die älteste Papiermühle Pommerns stand in Hohenkrug, einem kleinen Dorf in der Nähe von Stettin. Der dort ansässige Jost Klopfer hatte 1528 von den Herzögen Georg I. und Barnim IX. das Privileg erhalten, an der Plöne Papier herzustellen. Die Mühle, die immer wieder ausgebaut wurde, arbeitete bis 1926, dann übernahm sie der Feldmühle-Konzern, der hier 1928 die größte und modernste Papiermaschine zur Herstellung von Schreibpapier aufstellte.

seit 1862 Ministerpräsident, erkannte, daß ein Teil der von ihm initiierten zweiten Welle der Reformen von oben auch eine Neugestaltung der Kommunalverhältnisse in den preußischen Ostprovinzen nach sich ziehen mußte.

Von seiten seines Vaters hatte Bismarck die pommerschen Güter Külz, Jarchelin und Kniephof geerbt. Nachdem er sich mit seinem Bruder Bernhard geeinigt hatte, suchte auch er die modernen landwirtschaftlichen Methoden auf diesen Gütern einzuführen und sie wieder hochzubringen. Als junger Mann hatte er den Entschluß gefaßt, dem Staatsdienst fernzubleiben, und sich eine Zeitlang auf der Landwirtschaftsakademie in Eldena bei Greifswald mit einigen dieser modernen Methoden beschäftigt. Nach 1867 hat Bismarck dann mit der Dotation von 400 000 Talern, die er vom König für den Sieg über Österreich erhalten hatte, und mit weiterem Geld, das er bereits besaß, das Erbgut Varzin in Pommern gekauft. Es umfaßte nicht weniger als 14 200 Morgen Land mit sieben Dörfern. Bis 1874 brachte Bismarck Varzin auf 20 000 Morgen mit einem geschätzten Wert von nunmehr 700 000 Talern. Er ließ auf dem Gut drei Papierfabriken anlegen, die durch die Wipper mit Be- und Entwässerung versorgt wurden. Betreiber waren die Brüder Moritz und Georg Behrend aus Köslin. Varzin wurde in den folgenden Jahren ein wichtiges Rückzugsgebiet, wenn der Ministerpräsident und spätere Kanzler sich von seinen politischen Kämpfen erschöpft fühlte. 1867 hielt er sich den Juli über dort auf; 1868 sogar die lange Zeit vom 16. Juni bis zum 1. Dezember, 1869 ebenfalls das halbe Jahr vom 1. Juli bis zum 4. Dezember. Zu dieser Zeit hatte der Vierundfünfzigjährige »ganz die Empfindungen des äußersten Greisenalters«, und auch ein »mäßiger Stallärger« auf dem Gut kostete ihn eine Nacht Schlaf, immerhin weniger als eine »polemische Korrespondenz«, die zwei Nächte beanspruchte.[92]

Besonders unglücklich wurde er zu jener Zeit, als sich ein Dissens mit seinen alten pommerschen Nachbarn und Gesinnungsfreunden anbahnte, der nie wieder ganz geheilt werden konnte. Alexander von Below-Hohendorf und Hans von Kleist-Retzow befanden sich unter den vierzehn hochkonservativen Mitgliedern des Herrenhauses, die am 6. Februar 1868 gegen die Vorlage über die Enteignung des hannoverschen Provinzialfonds gestimmt haben. Mit Ernst Ludwig von Gerlach war Bismarck schon seit längerem zerstritten.

Anläßlich der Debatte über den Provinzialfonds drohte Bismarck bereits an, er werde eine Gesetzesvorlage einbringen, die den Konservativen die Macht auf dem Lande entreißen würde. An diesem Gesetz wurde unter dem Innenminister Friedrich Albrecht Graf zu Eulenburg bereits gearbeitet; zu Ende des Jahre 1869 wurde es dem Landtag vorgelegt. Umwälzend an dieser neuen Kreisordnung, die auf die Verhältnisse in den fünf preußischen Ostprovinzen zugeschnitten war, hat sich die Tatsache ausgewirkt, daß das Übergewicht der Rittergutsbesitzer stark beschnitten wurde. In Zukunft gab es neben den Wahlverbänden der Städte solche der Landgemeinden und solche der größeren ländlichen Grundbesitzer. Hier wurde nicht zwischen adligem und bürgerlichem Grundbesitz unterschieden, vielmehr war das Kriterium ausschließlich der Zensus: Es kam darauf an, daß der Wahlberechtigte mindestens 225 Mark an Grund- und Gebäudesteuer oder 300 Mark an Gewerbesteuer zahlte.

Der Landrat wurde vom König ernannt; der Kreistag konnte geeignete Personen aus den Kreiseingesessenen vorschlagen, ohne daß der König daran gebunden war. Wurde der Landrat nicht aus dem Kreis entnommen, dann mußte er die Befähigung für den höheren Verwaltungsdienst haben. Der Landrat war zugleich Vorsitzender des Kreistages und des Kreisausschusses. Jetzt endlich kam es zu der auch von Bismarck für nötig gehaltenen weiteren Professionalisierung des Landratsamts. Was blieb, war die Tatsache, daß neben den Landgemeinden weiterhin die Gutsbezirke standen – die Gutsbesitzer also gegenüber den Dörfern praktisch exterritorial waren. Hier änderten sich die Verhältnisse erst wesentlich später.

Aber auch in der jetzigen Form erregte das Gesetz den Zorn und die Abneigung von Abgeordneten aus Pommern und anderen Ostprovinzen. Bismarcks eigener Bruder Bernhard, der selbst Landrat war, hat am 23. März 1872 im Abgeordnetenhaus gegen die Kreisordnung gestimmt. Im Herrenhaus wurde sie gar abgelehnt unter maßgeblicher Führung von Hans von Kleist-Retzow und seiner »Stahlfraktion« aus Altkonservativen. Mit ihnen kam es zum Bruch; schon am 8. März hatte Kleist-Retzow im Herrenhaus gegen das Schulaufsichtsgesetz gestimmt. Mit dieser Maßnahme, die die Inspektion der Schulen aus den Händen der Geistlichkeit nahm und sie staatlichen Schulräten übertrug, wollte Bismarck in erster Linie die katholische Kirche treffen. Doch ließ sich eine gesetzliche Regelung nur anordnen, wenn sie zwischen den Konfessionen keinen Unterschied machte. Folglich befürchteten die Altkonservativen, mit der Säkularisierung der Schulaufsicht werde es auch in evangelischen Regionen zu einer Entchristlichung kommen.

Bismarck gab für den Widerstand gegen die Gesetzentwürfe auch seinem Innenminister Eulenburg die Schuld und schrieb ihm aus Varzin: »Ich glaube, daß Ihre Nachsicht zur Verwilderung der Gesellschaft nicht unwesentlich beigetragen hat, und bin hiernach in der Lage, von einem Landrath regiert zu werden, der es zu eigner Ehrenrettung sich angelegen sein lassen muß, mich dem von mir bewohnten Kreise als einen unfähigen oder unchristlichen Minister darzustellen.«[93]

Eulenburg brachte die Kreisordnung durch, indem er sie leicht abänderte, vor allem aber, indem er im Herrenhaus einen »Pairsschub« veranlaßte, das heißt dem König eine Liste von 24 ministertreu gesinnten Persönlichkeiten übergab, die dieser nur für das Herrenhaus zu ernennen brauchte, um dort die Mehrheitsrelationen zu verändern. Am 7. Dezember 1872 wurde die Kreisordnung auch im Herrenhaus verabschiedet. Das konservative Lager aber war für immer gespalten. »In meinen Jahren und mit der Ueberzeugung, nicht lange mehr zu leben«, schrieb Bismarck an Albrecht von Roon, »hat der Verlust aller alten Freunde und Verbindungen etwas, für diese Welt, entmuthigendes.«[94] Bismarck aber hat diese Entmutigungen samt allen gesundheitlichen und nervösen Krisen nicht nur überstanden, sondern auch noch eine weitere Modernisierung der ländlichen Verhältnisse durchgesetzt.

Am 29. Juni 1875 schuf die Provinzialordnung für die fünf altpreußischen Provinzen[95] eine neue Verfassung für die seit 1823 bestehende Repräsentation. Nunmehr wurde noch einmal eine klare Abgrenzung der Aufgabenbereiche der staatlichen Provinzialverwaltung (mit dem Oberpräsidenten) und der kommunalen Selbstverwaltung (mit dem Provinziallandtag und einem neuen Landesdirektor) vorgenommen. Diese Ordnung bedeutete einen weiteren Schlag gegen das ständische Prinzip, denn es gab keine Virilstimmen und keine Bindung der Wählbarkeit an den Grundbesitz mehr. Vielmehr wurde der Provinziallandtag in Zukunft von den Kreistagen und den Stadtverordnetenversammlungen der kreisfreien Städte gewählt. Die Kompetenzen entsprachen denen des alten Provinziallandtags: Durchgangsstraßen, Wohlfahrtspflege, Landeskultur, Bildungswesen. Als diese Neuregelung zu Jahresbeginn 1876 in Kraft trat, war nur ein einziges wesentliches ständisches Relikt übriggeblieben: die auf Neuvorpommern beschränkten Kommunallandtage, die erst 1881 aufgehoben worden sind.[96] Gerade sie aber hatten in den zurückliegenden Jahrzehnten eine ungewöhnliche Lebenskraft bewiesen; es ist gesagt worden, sie hätten »fast das ganze Spektrum dessen« abgedeckt, »was anfänglich und prinzipiell vom Gesetzgeber für den Provinzialverband vorgesehen war«. Diesem seien so »in Pommern keine großen Tätigkeitsfelder« mehr verblieben.[97]

Insgesamt war die Bilanz der ersten Jahrzehnte Pommerns seit der Wiedervereinigung des Landes positiv. Mit der agrarischen Revolution waren die Voraussetzungen für wirtschaftliches Wachstum geschaffen worden. Der Ausbau der Infrastruktur, der im Kaiserreich beschleunigt voranging, war in Gang gekommen. Lediglich im politischen Bereich war zu befürchten, daß das Übergewicht agrarisch-konservativer Interessen die Provinz in eine Polarisierung treiben würde, in der sie, zusammen mit den anderen Ostprovinzen der preußischen Monarchie, in Gegensatz zu wesentlichen Tendenzen der deutschen Gesellschaft geraten mußte. Im 20. Jahrhundert wurde Pommern folgerichtig ein Bollwerk gegen die Demokratie. Insofern ist zu fragen, wieweit sich die führende Schicht Pommerns nicht auch ihren Untergang selbst bereitet hat.

Pommern als preußische Provinz im geeinten Deutschland seit 1875

Die Provinz in Daten und Fakten

DIETMAR LUCHT

KAISERREICH

Verwaltung

In der Zeit des gesetzgeberischen Ausbaus der unter der Führung Preußens 1870/71 gewonnenen deutschen Einheit beschloß der Preußische Landtag mehrere Organisationsgesetze der inneren Verwaltung für fünf östliche Provinzen. Diese Gesetze der siebziger Jahre verfolgten das Ziel, die innere Verwaltung des preußischen Staates unter den Leitlinien der Dezentralisation, der Selbstverwaltung und der Rechtskontrolle zu reformieren.[1] Nach der Kreisordnung von 1872 wurde die »Provinzialordnung für die Provinzen Preußen, Brandenburg, Pommern, Schlesien und Sachsen« vom 29. Juni 1875 als ein für die Geschichte Pommerns wichtiges Gesetz verabschiedet. Die neue Provinzialordnung löste mit ihrem Inkrafttreten am 1. Januar 1876 die provinzialständische Verfassung von 1823 ab, deren Hauptorgan, der Provinziallandtag, im Dezember 1873 letztmalig getagt hatte.[2] Der durch die Provinzialordnung für Pommern ins Leben gerufene Provinzialverband erstreckte sich im Unterschied zu seinem Rechtsvorgänger auch auf die Kreise Dramburg und Schivelbein sowie etliche in den Kreisen Pyritz, Regenwalde, Randow und Saatzig gelegene Ortschaften, die bisher dem provinzialständischen Verband Brandenburgs angehört hatten. Der neue Provinzialverband deckte sich räumlich vollständig mit der Provinz.[3] Er war ein Kommunalverband und hatte seine Angelegenheiten selbst zu verwalten.

Die Organe des Provinzialverbandes waren der Provinziallandtag, der Provinzialausschuß und der Landeshauptmann. Der Provinziallandtag setzte sich aus Abgeordneten der Land- und Stadtkreise zusammen. Seine Wahlperiode betrug sechs Jahre. Die wichtigeren Kompetenzen des Provinziallandtags bestanden in der Gutachtertätigkeit über die ihm von der Staatsregierung überwiesenen Gesetzentwürfe, in der Erhebung von Provinzialabgaben, der Aufstellung des Haushaltsetats, der Errichtung von Provinzialämtern, im Erlaß von Statuten, die allerdings der landesherrlichen Genehmigung bedurften, und Reglements für besondere Einrichtungen des Provinzialverbandes, die der zuständige Minister genehmigen mußte. Außerdem war der Landtag berechtigt, die Bestimmung von fünf Mitgliedern des Provinzialrates und von je vier Mitgliedern der Bezirksräte vorzunehmen. Da der Provinzialrat und die Bezirksräte Behörden der allgemeinen Landesverwaltung waren, nahm der Provinzialverband also auf die allgemeine Verwaltung Einfluß; das Prinzip der Selbstverwaltung drang in Bereiche der staatlichen Bürokratie vor, die ihm bisher verschlossen waren.

Der Provinzialausschuß wurde vom Provinziallandtag gewählt, wobei die Wahlperiode ebenfalls sechs Jahre betrug. Er hatte insbesondere die Aufgabe, die Beschlüsse des Provinziallandtags vorzubereiten und auszuführen, das Vermögen und die Anstalten des Provinzialverbandes zu verwalten, die in nichtleitender Funktion tätigen Provinzialbeamten zu ernennen und Gutachten zu erstellen, wenn diese von den Ministern oder dem Oberpräsidenten angefordert wurden.

Der Landeshauptmann wurde ebenfalls vom Provinziallandtag gewählt. Er bedurfte für seine Amtsführung zusätzlich der Bestätigung durch den König. Unter der Aufsicht des Provinzialausschusses sollte er die laufenden Geschäfte des Provinzialverbandes führen, für die Vorbereitung und Ausführung der Beschlüsse des Provinzialausschusses sorgen und der Dienstvorgesetzte aller Provinzialbeamten sein. Durch Statut des Provinzialverbandes vom 13. Januar/25. März 1876 wurde die Wahl eines oberen Beamten für Wege- und sonstige Bausachen durch den Provinziallandtag ermöglicht.

Die Finanzierung des Provinzialverbands erfolgte nicht nur durch die von den Kreisen aufzubringenden Abgaben, sondern auch durch Zuweisungen aus dem Staatshaushalt. Aufgrund des Dotationsgesetzes vom 8. Juli 1875 erhielt Pommern eine jährliche Zuweisung von 1 131 114 Mark. Obendrein empfing Pommern aus dem Dotationsfonds 990 513 Mark.[4] Damit war ein guter Start für die Arbeit des Provinzialverbandes garantiert.

Als Verwendungszweck nennt das Gesetz den Chausseebau, Landesmeliorationen, Finanzierung des Landarmenwesens sowie des Irren-, Taubstummen- und Blindenwesens, Unterstützung von milden Stiftungen und Wohltätigkeitsanstalten, Finanzleistungen für kulturelle Aufgaben und Deckung der Kosten des Provinziallandtages und der -verwaltung. Aus den für den Provinzialverband vorgesehenen Tätigkeitsfeldern übereignete nun der preußische Staat diesem drei Hospitäler, ein Waisenhaus, ein Hebammenlehrinstitut, die Meliorations- und Hilfskassenfonds sowie den größeren Teil der Chausseen mit den entsprechenden Verpflichtungen, für die dem pommerschen Provinzialverband mehr als 800 000 Mark jährlich aus dem Staatshaushalt gezahlt wurden.[5]

Am 3. Januar 1876 konstituierte sich der Provinziallandtag in Stettin. Er zählte 82 Mitglieder in seiner ersten Amtsperiode, seine Sitzungen waren in der Regel öffentlich. Der Provinzialverband arbeitete erfolgreich. Nach knapp zwei Jahrzehnten wies seine Verwaltung zwölf Ressorts auf, außer dem Landeshauptmann waren sieben obere Beamte tätig. In der darauffolgenden Zeit bis zum Ausbruch des Ersten Weltkrieges kamen die Pommersche Provinziallebensversicherungsanstalt in Stettin und die Provinzialkommission zur Erhaltung und Erforschung der Denkmäler als Ressorts und das große Engagement in der Elektrizitätsversorgung und im Kleinbahnwesen hinzu.[6]

Der seit Beginn des Jahres 1876 bestehende Provinzialverband löste nicht nur den 1823 ins Leben gerufenen provinzialständischen Verband ab, sondern beerbte in den nächsten Jahren auch die beiden kommunalständischen Verbände für das alte brandenburgische Gebiet, also Hinterpommern und Altvorpommern, und für die bis 1815 zu Schweden gehörende Region, also Neuvorpommern. Durch Gesetz wurden die beiden kommunalständischen Verbände 1881 aufgehoben. Damit endete auch die seit 1826 währende Tätigkeit des anachronistisch zusammengesetzten Kommunallandtags

Die ehemalige Pfarrkirche des Dorfes Hoff war der Überlieferung zufolge bereits 1250 fertiggestellt. Ursprünglich lag sie etwa zwei Kilometer von der Küste entfernt. Für das Jahr 1717 erwähnt die Blankenseesche Matrikel noch zwei Bauernhöfe auf der seewärtigen Seite der Kirche, deren Schicksal ein beredtes Zeugnis gibt von der besonderen Beziehung Pommerns zum Meer und der damit verbundenen Prägung seiner Einwohner durch den alltäglichen Umgang mit dieser gewaltigen Naturkraft. Die Gründer der Kirche hatten sich an ihrer zeitlich begrenzten Existenz orientiert und hatten vielleicht keine Vorstellung davon, daß dieses Gotteshaus nicht für die Ewigkeit gebaut war. Bis zum Jahre 1873 war der Landverlust so weit fortgeschritten, daß sich das Meer bis an die Außenmauern der damals noch intakten Kirche herangearbeitet hatte. 1874 wurde der letzte Gottesdienst abgehalten, anschließend die Kirche geschlossen. Die Inneneinrichtung wurde in den Camminer Dom gebracht. Dort kann sie seit 1999 wieder im Querschiff besichtigt werden.

für Neuvorpommern in Stralsund. Er hatte unter dem Vorsitz der Fürsten zu Putbus in einigen Bereichen die politische Eigenständigkeit Neuvorpommerns bewahrt.[7]

Im Jahre 1875 lebten in Pommern auf 30 131 Quadratkilometern 1 445 852 Personen, auf einen Quadratkilometer entfielen also durchschnittlich 47 Personen, womit der Reichsdurchschnitt erheblich unterschritten wurde. Von den drei Regierungsbezirken war der Stettiner der bevölkerungsstärkste, mit 685 147 Einwohnern stellte er fast die Hälfte der Provinzbevölkerung. Der Kösliner Bezirk zählte 554 201 Bewohner, er hatte eine Dichte von durchschnittlich nur 39 Menschen pro Quadratkilometer.

In der staatlichen Verwaltung sind bis zum Ersten Weltkrieg nur wenige Veränderungen zu beobachten. 1882 wurde die Personalunion zwischen den Ämtern des Oberpräsidenten und des Stettiner Regierungspräsidenten aufgehoben. Alle fünf Oberpräsidenten waren wie ihre Vorgänger adlig, das war preußische Berufungspraxis in allen Provinzen, alle waren Konservative und nahmen im Reichsdienst oder im preußischen Staat hohe Positionen ein. Ferdinand Freiherr von Münchhausen (Oberpräsident 1867–1882) war Mitglied des Preußischen Herrenhauses, Ulrich von Behr-Negendank (1883–1891) gehörte ebenfalls diesem Hause und dem Reichstag an. Robert von Puttkamer (1891–1899) war von 1879 bis 1881 preußischer Kultusminister, danach sieben Jahre lang Innenminister. Helmut Freiherr von Maltzahn-Gültz (1900–1911) gehörte dem Reichstag von 1871 bis 1888 an und war anschließend fünf Jahre lang Staatssekretär des Reichsschatzamtes. Wilhelm von Waldow (1911–1917) stieg vom Oberpräsidenten auf.[8]

Im selben Zeitraum gab es in den drei Bezirksregierungen sechzehn Regierungspräsidenten, zwölf von ihnen waren adlig. Nur im Stettiner Regierungsbezirk stellten die Bürgerlichen ebensooft wie der Adel diesen hohen Beamten. Alle Regierungspräsidenten und alle Oberpräsidenten in Pommern waren evangelisch, was bei der fast ausschließlich protestantischen Bevölkerung nicht verwundert, und fast alle konservativ eingestellt. Dazu gehörte auch der Regierungspräsident von Stralsund, Behr-Negendank, der danach Oberpräsident Pommerns wurde. Auf der anderen Seite ist der Bürgerliche Wilhelm (Bill) Drews, Kösliner Regierungspräsident 1911 bis 1914, zu nennen, der zu den Ministern der im August 1917 gebildeten preußischen Mitte-Links-Regierung gehörte.[9]

Die Landräte waren nach der Kreisreform von 1872 in der Regel Volljuristen. Vier Fünftel der Landräte gehörten dem Adel an, in dem kleinen Regierungsbezirk Stralsund sogar alle Landräte. Oft entstammten sie dem von ihnen geleiteten Landkreis. Die Landräte waren in ihrer großen Mehrheit konservativ, womit sie zum einen die politische Hauptströmung der Provinz widerspiegelten, zum anderen den Wünschen und Forderungen des Königs und Staatsministeriums entsprachen. In allen drei Regierungsbezirken wurden einwohnerstärker gewordene Städte aus den Landkreisen genommen und zu Stadtkreisen erhoben. Das traf 1898 für Stolp, 1901 für Stargard und 1913 für Greifswald zu.[10]

Stark reformbedürftig waren die administrativen Verhältnisse auf dem Lande. Erst die Landgemeindeordnung für die sieben östlichen Provinzen Preußens vom 3. Juli

1891 brachte eine Regelung, die in einigen Bereichen modernen Ansprüchen Genüge tat und beispielsweise eine Gemeindevertretung vorsah.

Für ganz Pommern war seit dem 1. Oktober 1879, dem Inkrafttreten der Reichsjustizgesetze von 1877, das Oberlandesgericht Stettin mit insgesamt fünfzehn Richtern zuständig. Es war Berufungs- und Revisionsinstanz für die fünf pommerschen Landgerichte, an denen insgesamt 47 Richter amtierten. Das Landgericht Greifswald deckte mit den elf ihm zugeordneten Amtsgerichten den ganzen Regierungsbezirk Stralsund ab und griff etwas in den Regierungsbezirk Stettin hinein. Die Bezirke der Landgerichte Stettin und Stargard mit ihren je vierzehn Amtsgerichten erstreckten sich zum größten Teil auf den Regierungsbezirk Stettin. Der Regierungsbezirk Köslin war mit Ausnahme des Kreises Dramburg, der zum Landgericht Stargard gehörte, auf die Landgerichtsbezirke Köslin mit zwölf Amtsgerichten und Stolp mit sieben Amtsgerichten aufgeteilt. An den 58 Amtsgerichten waren 134 Richter tätig. In Stralsund und Stettin gab es je eine Kammer für Handelssachen, gebildet von einem Landgerichtsrat und zwei Handelsrichtern und zugehörig zu den Landgerichten Greifswald und Stettin.

Insgesamt waren 1879 an den Gerichten in Pommern 196 Juristen als Richter tätig, dazu kamen Schöffen an den Amtsgerichten, Geschworene an den Landgerichten und vier Handelsrichter als ehrenamtliche Richter. Die grundlegende Reform des Justizwesens bewährte sich im äußeren Zuschnitt der Gerichtsbezirke der drei pommerschen Instanzen in der Folgezeit; denn als einzige Änderung bis zum Ausbruch des Ersten Weltkrieges ist nur die Schaffung eines weiteren Amtsgerichts im Landgerichtsbezirk Stettin erfolgt. Im gleichen Zeitraum stieg die Zahl der Richter an den pommerschen Gerichten auf 228.[11]

Der größte Teil der Bevölkerung lebte 1875 in ländlichen Siedlungen, Land- und Kleinstädten. Viele Landkreise besaßen keine Stadt, die mehr als 10 000 Einwohner hatte. Nur sieben Städte gab es, in denen jeweils zwischen 10 000 und 20 000 Menschen lebten, das waren Greifswald, Anklam, Grabow, das am 1. April 1900 im Stadtkreis Stettin aufging, Stargard, Kolberg, Köslin und Stolp. Allein Stettin mit 76 512 und Stralsund mit 26 189 Einwohnern waren in die Kategorie der Mittelstädte einzuordnen.[12] Die Volkszählung vom 1. Dezember 1910[13] ermittelte für Pommern 1 716 930 Bewohner, was eine Erhöhung um 18,74 Prozent gegenüber 1875 bedeutete. Ganz wesentlich trug zu dieser Entwicklung der Bevölkerungszuwachs im Regierungsbezirk Stettin auf 871 925 Bewohner bei, das waren 27,26 Prozent mehr als 1875. Der Anstieg der pommerschen Einwohnerzahl wird aber falsch gedeutet, wenn man nicht die Entwicklung in ganz Preußen berücksichtigt. Dort ist nämlich ein Zuwachs in der außerordentlichen Höhe von 56 Prozent festzustellen. Die Provinz Pommern, selbst der Regierungsbezirk Stettin, blieb also ganz erheblich hinter der ungestümen gesamtpreußischen Bevölkerungsentwicklung zurück.

Die Ursache des geringeren Bevölkerungswachstums Pommerns lag in der starken Abwanderung, von der die östlichen preußischen Provinzen auch nach 1875 wegen des dortigen Mangels an Arbeitsmöglichkeiten betroffen waren. So hatte Pommern zwischen 1880 und 1910 eine negative Wanderungsbilanz von 469 600 Einwohnern zu ver-

Auf dem Gelände der alten Stettiner Oderfestung entstand im Jahre 1907 die Hakenterrasse, benannt nach dem Stettiner Bürgermeister Hermann Haken, der die Anlage angeregt hatte. Neben dem städtischen Museum, der Oberfinanzdirektion und der Landesversicherungsanstalt war hier die Exekutive des Regierungsbezirks Stettin untergebracht. Hier residierte auch der Oberpräsident von Pommern, dessen Verwaltung mit der Regierung verbunden war.

zeichnen. Hauptziel der Wegziehenden waren das wirtschaftlich explodierende Ruhrgebiet und das expandierende Berlin. Es waren insbesondere Bauern, Landarbeiter und Bewohner der kleinen Landstädte, die keine Verdienstmöglichkeiten fanden und deswegen abwanderten, so daß in einer Reihe von Landkreisen die Bevölkerung deutlich abnahm. Die größte Zunahme dagegen verzeichnete Stettin, das auf 237 402 Einwohner anwuchs. Alle anderen Städte mit mehr als 10 000 Einwohnern erhöhten ihre Bevölkerungszahl mit einem höheren Prozentsatz als dem Provinzdurchschnitt; die stärksten Zuwachsraten wiesen Kolberg mit 107 Prozent, Stolp mit 88, Köslin mit 64 und Stargard mit 48 Prozent auf.[14]

Die Abwanderung aus Pommern erfolgte, weil die Wirtschaftskraft nicht in demselben Maße anstieg, wie die Bevölkerung wuchs. Die Wirtschaft konnte unter den gegebenen politischen Verhältnissen nicht allen Menschen in Pommern eine ausreichende Lebensgrundlage bieten. So lebten 1882 immer noch 54,5 Prozent der Bevölkerung aus Tätigkeiten in Land- und Forstwirtschaft, nur 22,8 Prozent von Arbeit in Handwerk und Industrie, 9,3 Prozent von Beschäftigung in Handel, Verkehr und Gastwirtschaft, 4,9 Prozent standen im öffentlichen Dienst oder gingen freien Berufen nach, 3,5 Prozent lebten von Lohnarbeit wechselnder Art und persönlichen Diensten, und fünf Prozent waren Rentner oder lebten von ihrem Vermögen.[15] In Deutschland insgesamt waren dagegen nur 42,2 Prozent der Erwerbstätigen in der Land- und Forstwirtschaft beschäftigt, aber bereits 33,8 Prozent in Industrie und Handwerk, und 8,6 Prozent arbeiteten in Handel und Verkehr.

Wirtschaft und Verkehr

In der dominierenden Landwirtschaft nahmen die Güter, also die Großbetriebe mit mehr als hundert Hektar, eine bedeutende Stellung ein. Die 2462 Güter des Jahres 1879 besaßen mit 1 245 821 Hektar mehr als drei Fünftel der landwirtschaftlichen Nutzfläche, mit 330 126 Hektar sogar mehr als drei Viertel des Waldes. Insgesamt gehörten den Gütern 52,3 Prozent der Gesamtfläche Pommerns. Im Regierungsbezirk Stralsund war der Anteil des Gutslandes an der Gesamtfläche mit 76 Prozent am höchsten. 1907 bewirtschafteten 70 200 bäuerliche Betriebe (2–100 Hektar) 1 175 797 Hektar, während zu den Großbetrieben, deren Anzahl sich auf 2678 erhöht hatte, 1 415 073 Hektar gehörten.[16]

Der Bericht der Stettiner Kaufmannschaft für das Jahr 1873 gab für Stettin und seine Umgegend 143 Industriestandorte mit 9433 Beschäftigten an.[17] Die gute geographische Lage begünstigte die Provinzhauptstadt, und in den nächsten vier Jahrzehnten ließen sich in ihr und ihrem Umkreis Unternehmen der verschiedensten Art nieder. So entstanden in den achtziger Jahren eine Brotfabrik in Züllchow, in der Stadt Stettin selbst eine Likör- sowie eine Lack- und Farbenfabrik. 1896 erfolgte ein erheblicher Ausbau des Industriestandortes. Graf Henckel von Donnersmarck, ein schlesischer Magnat, ließ in Stolzenhagen-Kratzwieck an der Oder ein aus drei Hochöfen bestehendes Werk errichten. Dieser »Hütte Kraft«, mit schwedischem Erz beliefert und nach einem Sohn des Gründers benannt, waren eine Eisenportlandzementfabrik, eine Kupferhütte, eine Kokerei, eine Teer- und eine Ammoniakfabrik angeschlossen. Der Nähmaschinen-, Fahrrad- und Schreibmaschinenhersteller Bernhard Stoewer gründete im selben Jahr eine Fabrik, in der bald Personenwagen, Motorboote, Lastwagen, Omnibusse und Flugmotoren gebaut wurden.

1903 wurde in Sydowsaue eine Kunstseidenfabrik errichtet. In Odermünde nahm 1912 die Papierfabrik »Feldmühle« ihre Produktion auf. Die Vulcan-Werft war das größte Industrieunternehmen und der wichtigste Arbeitgeber im Großraum Stettin. 1882 gab sie 3600 Personen Beschäftigung und begann mit dem Bau von Großschiffen. Es lief nicht nur der erste deutsche Doppelschrauben-Schnelldampfer vom Stapel, sondern auch viele Kriegsschiffe und so imposante Passagierschiffe wie die 24 300 Bruttoregistertonnen umfassende »Kaiser Wilhelm der Große« und die »George Washington« mit 25 570 Bruttoregistertonnen. Die Werft genoß zweifellos Weltruhm, 1906 hatte sie 6500 Beschäftigte. Den Namen Stettins trug während dieser Jahrzehnte nicht nur die Werft über die Grenzen Deutschland hinaus, sondern auch die Pianofabrik Wolkenhauer.[18]

Außerhalb des Großraums Stettin gab es nur wenige größere Industrien. Erwähnenswert ist der Komplex der Eisengießereien in Torgelow und Ueckermünde, der am Ende des 19. Jahrhunderts nach dem Bau der Bahnlinie Jatznick–Ueckermünde und dem Produktionsbeginn der »Hütte Kraft«, die nun das Roheisen lieferte, aufblühte. So gab es allein in Torgelow 1897 zehn Eisengießereien. Ein Standort anderer industrieller Produktion war Zarnglaff, Kreis Cammin; dort arbeitete seit 1903 ein Kalksteinwerk, das laufend erweitert wurde. Es wurden gemahlener kohlensaurer Düngekalk und andere Kalkarten für die Landwirtschaft, auf die rund achtzig Prozent des Umsatzes des Werkes entfielen, hergestellt.[19]

Es ist unschwer zu erkennen, daß sich in den vier Jahrzehnten nach 1875 das Verhältnis zwischen den Anteilen der Land- und Forstwirtschaft sowie Handwerk und Industrie an der Gesamtwirtschaft verändert hat. Wenn die entsprechenden Zahlen von 1882 und 1907 auch nicht das volle Ausmaß der Veränderungen angeben, weil sie nicht die ganze Epoche umfassen, so sind sie doch aussagefähig, da sie immerhin ein Vierteljahrhundert umschließen. Der Prozentsatz der Bevölkerung, der 1907 von Industrie und Handwerk lebte, war um 4,8 auf 27,6 gestiegen, der Anteil der Bevölkerung, dessen Lebensgrundlage die Land- und Forstwirtschaft war, war um 9,7 Prozent auf 44,8 Prozent gesunken.[20]

Eine wesentliche Voraussetzung nützlicher Wirtschaft sind und waren gute Verkehrsverhältnisse. In der zweiten Hälfte des 19. Jahrhunderts war ein stark wachsendes Verkehrsmittel die Eisenbahn. 1875 betrug ihr Streckennetz in Pommern rund 590 Kilometer. Stettin war nicht nur mit Berlin, sondern auch mit Schwerin und Lübeck sowie mit Posen verbunden. Die große vorpommersche Bahnlinie führte nach Stralsund, die wichtigste Strecke in Hinterpommern über Köslin und Stolp nach Zoppot. Auf dieser Basis erweiterten die verschiedenen Eisenbahngesellschaften und schließlich die

Preußische Eisenbahnverwaltung in der Zeit von 1875 bis 1884 das Streckennetz um rund 700 Kilometer. Insbesondere das mittlere Hinterpommern wurde erschlossen, Neustettin wurde dort zum größten Knotenpunkt.

Das westliche Vorpommern erhielt durch die Linie Stralsund–Demmin–Neubrandenburg die Möglichkeit, sich nach Westen zu orientieren; dies war aber auch ein günstiger Weg nach Stettin. Bis 1914 wuchs das pommersche Streckennetz auf 1800 Kilometer an, bereits 1897 hatte die letzte Kreisstadt eine Bahnverbindung erhalten. 1909 wurde zwischen Saßnitz und dem schwedischen Trelleborg ein Trajektverkehr aufgenommen. Als 1880 das Eisenbahnwesen verstaatlicht wurde, war für den größten Teil Pommerns und das nördliche Brandenburg die Direktion Stettin zuständig, für die Gebiete östlich Belgards und Neustettins die Direktion Danzig und für kleinere Teile die Direktion Bromberg.

Aufgrund des preußischen Gesetzes über das Kleinbahnwesen vom 28. Juli 1892 entstanden in der Folgezeit viele Kleinbahnen in Pommern. Der Provinzialverband unterstützte leistungsfähige Kleinbahnunternehmen finanziell. Bau und Betrieb lagen lange Zeit in der Hand der Firma des aus Pommern stammenden Friedrich Lenz, der deshalb »Eisenbahnkönig« genannt wurde. Nirgendwo anders spielten die Kleinbahnen eine so wichtige Rolle wie in Pommern. Durch fast alle Landkreise fuhren sie. Sie waren im Personenverkehr für erhebliche Teile der Landbevölkerung und im Güterverkehr für die Landwirtschaft gebietsweise eine wirksame Ergänzung der Staatsbahnen.[21]

Ein zweiter Verkehrsweg war die Chaussee. 1876 gab es in Pommern ein Straßennetz mit einer Länge von knapp 1400 Kilometern, das sich im Eigentum des preußischen Staates befand, sowie weitere Straßen im Besitz von Kreisen und Gemeinden. Die Staatsstraßen waren vier bis fünf Meter breit, alle Chausseen waren nur gegen Entrichtung von Gebühren passierbar, meistens gab es neben der Straße einen nichtbeschotterten losen »Sommerweg«. Die Zuständigkeit für Bau und Unterhalt lag nach der Provinzialordnung von 1875 beim Provinzialverband, der jedoch die Kreise in diese Aufgabe einbezog. Das Chausseegeld schaffte man in den achtziger Jahren ab. Das Gesamtstraßennetz betrug Anfang des 20. Jahrhunderts rund 4200 Kilometer, der motorisierte Verkehr war noch sehr gering, denn man zählte zu dieser Zeit nur 650 Autos in Pommern.[22]

Die wichtigste pommersche Wasserstraße war wie eh und je die Oder einschließlich des Stettiner Haffs und der Swine, des mittleren Mündungsarmes. Um die Verbindung zwischen dem Stettiner Hafen und der Ostsee zu vereinfachen, wurde bis 1880 in mehrjähriger Arbeit für 3,5 Millionen Mark ein 9,3 Kilometer langer und fünf Meter tiefer Kanal zwischen dem Stettiner Haff und der mittleren Swine angelegt. Er erhielt die Bezeichnung »Kaiserfahrt«.

Gleichzeitig wurden in Stettin neue Anlandungsplätze, eine moderne Hafenanlage mit Gleisanschluß am Dunzig, einem Seitenarm der Oder, und der eine günstige Fahrtroute bietende Oder-Dunzig-Kanal gebaut. Auch danach arbeitete man laufend an der Erweiterung und Modernisierung des Stettiner Hafens sowie an der Verbesserung der Fahrrinne nördlich der Stadt. Seit den achtziger Jahren forderte die Stettiner Kaufmannschaft nachdrücklich eine moderne Wasserstraße nach Berlin. Da die preußische Regierung zwischen Rhein und Weichsel einen durchgehenden Binnenwasserweg schaffen wollte, konnte der Stettiner Wunsch in den Jahren 1906 bis 1914 durch den Bau des Großschiffahrtsweges Berlin–Stettin in Form des Oder-Havel-Kanals und des den modernen Verkehrserfordernissen angepaßten anschließenden Unterlaufs der Oder verwirklicht werden.

Von den anderen pommerschen Flüssen waren nur die Peene und die Uecker bis Torgelow in beschränktem Maße schiffbar. Außer dem wichtigen Hafen der Provinzhauptstadt gab es im Zeitalter des Dampfschiffes nur in Swinemünde, Stralsund und Saßnitz Häfen von einiger Bedeutung.[23]

Bildung, Wissenschaft, Religion

Für rund neun Zehntel jedes heranwachsenden Jahrgangs war im ausgehenden 19. und beginnenden 20. Jahrhundert die Volksschule die einzige Bildungsinstitution. Um die Jahrhundertwende gab es in Pommern rund 2600 Volksschulen, an denen mehr als 4700 Lehrkräfte – nur eine kleine Minderheit war weiblichen Geschlechts – unterrichteten. Wegen des hohen Anteils der Landbevölkerung an der Gesamteinwohnerschaft und der geringen Bevölkerungsdichte waren viele Volksschulen nur einklassig. Besonders schwache Schüler konnten eine spezielle pädagogische Betreuung und Unterweisung nur erhalten, wenn sie in größeren Städten wie Stettin mit seinen zwei Hilfsschulen oder Stolp, wo eine derartige Schule im Mai 1900 errichtet wurde, wohnten. 1903 lag die Zahl der Analphabeten bei den jungen Erwachsenen in Pommern deutlich unter einem Prozent.[24]

Den humanistischen Gymnasien war in der Zeit von 1875 bis 1914 das Privileg genommen, als einzige Schule den Abiturienten die Studienberechtigung zu erteilen. Daher wurden den bestehenden Gymnasien nur wenige hinzugefügt. 1912 gab es im Regierungsbezirk Stettin zehn, im Kösliner Bezirk sieben und im Regierungsbezirk Stralsund drei humanistische Gymnasien. Als erstes wurde 1882 das Realgymnasium der traditionellen Schule gleichgestellt; bis 1912 war diese Schulart in Kolberg, Pasewalk, Swinemünde und zweimal in Stettin vertreten. 1890 wurde die Oberrealschule, 1908 das Oberlyzeum gleichberechtigt. 1912 gab es Oberrealschulen in Stolp, Stargard und Stralsund, Oberlyzeen in Greifswald, Stettin (zwei), Stargard, Kolberg und Stolp. Daneben existierten in vielen kleineren Städten Schulen mit den verschiedensten Bezeichnungen, die den Wunsch nach höherer Bildung erfüllten, ohne die Schüler und Schülerinnen zum Abitur zu führen.[25]

Während die Volksschullehrerin für ihren Beruf durch den Besuch des Oberlyzeums qualifiziert war, mußte der männliche Aspirant auf das Lehramt an der Volksschule für drei Jahre das Lehrerseminar besuchen. Anfang des 20. Jahrhunderts wurde das achte und letzte Seminar in Anklam errichtet. Vorher mußte, ebenfalls für drei Jahre, eine der Präparandenanstalten absolviert werden, von denen es 1912 dreizehn gab. Verschiedene Fortbildungsschulen für die gewerbliche Jugend und etliche Fachschulen vermittelten in Theorie und Praxis Kenntnisse und Fähigkeiten für anspruchsvollere Berufstätigkeiten.[26]

Wenn Stettin auch ein geistiges Leben entfaltete, so konnte es in der Neuzeit doch nicht die Hauptstadt des pommerschen Geisteslebens werden, was stets der Universitätsstadt Greifswald vorbehalten blieb. Die Universtität war zwar eine der kleinsten in Deutschland, stand aber finanziell auf eigenen Füßen. Der letzte pommersche Herzog hatte sie so gut mit Landbesitz ausgestattet, daß sie eine der reichsten war. Erst seit 1874 war sie auf einen geringen staatlichen Zuschuß angewiesen. Mehr als 500 Studenten waren in Greifswald zu dieser Zeit immatrikuliert, und ihre Zahl stieg bis 1887 auf 1097. Damit nahm die pommersche Universität eine mittlere Position unter den deutschen Hochschulen ein. Selbst so angesehene Universitäten wie Heidelberg, Göttingen, Königsberg und Straßburg hatten weniger Studenten. Diese Stellung konnte jedoch nicht gehalten werden. 1902 war Greifswald in Preußen die an Studenten kleinste, in Deutschland die viertkleinste Hochschule.[27]

Den größten studentischen Zuspruch erhielt die medizinische Fakultät, die in den achtziger Jahren mehr als 500 Hörer zählte und damit die zweitgrößte in Deutschland war. Von den herausragenden Gelehrten dieser Fakultät ist an erster Stelle Friedrich Loeffler zu nennen, der als Assistent Robert Kochs den Diphtheriebazillus entdeckt hatte und von 1888 bis 1913 als erster Ordinarius für Hygiene in Greifswald wirkte. 1908 schuf er auf der im Greifswalder Bodden gelegenen Insel Riems die Anfänge einer später weltbekannten Forschungsanstalt für Tierseuchen.[28]

Der Serologe Paul Uhlenhuth machte in den ersten Jahren des neuen Jahrhunderts durch seine Methode zur Unterscheidung von Menschen- und Tierblut die pommersche Universität weltweit bekannt. Ernst Ferdinand Sauerbruch lehrte zwar nur zwei Jahre (1905–1907) in Greifswald und war damals noch jung, hatte sich aber schon durch seine pneumatischen Operationskammern einen Namen gemacht.[29]

Von der philosophischen Fakultät sind der Altphilologe Ulrich von Wilamowitz-Moellendorff und der Germanist Gustav Ehrismann zu nennen. Wilamowitz setzte in seinen sieben Greifswalder Jahren (1876–1883) Maßstäbe für eine entwicklungsgeschichtliche Betrachtungsweise der Antike, wie sie nur durch Zusammenwirken von klassischer Philologie und alter Geschichte entsteht. Ehrismann wurde 1909 berufen und lehrte bis 1924, sein Wirken als Lehrer und Forscher gilt als Höhepunkt der Greifswalder Germanistik.[30]

In der theologischen Fakultät besaßen ein weit über Greifswald hinausreichendes Ansehen die Dozenten Hermann Cremer, der bereits 1870 berufen worden war und bis 1903 lehrte, Adolf Schlatter von 1888 bis 1893 und Victor Schultze, der der Fakultät von 1883 bis 1937 angehörte. Wegen Cremer, den man als den bedeutendsten Greifswalder Theologen des 19. Jahrhunderts ansieht, kamen viele Studenten an die pommersche Universität. Er verband den ethischen Theismus mit dem späteren neukantischen Idealismus. Mehreren Rufen nach Leipzig und dem nach Berlin folgte er nicht. Auch Schlatter zog die Studenten an; 1890 lehnte er einen Ruf nach Heidelberg ab, als sich

Traditionell stand die preußische Provinz Pommern in einem besonderen Verhältnis zum preußischen Königshaus. Seit dem 18. Jahrhundert bekleidete der Kronprinz stets auch das Amt des Statthalters von Pommern, ein Amt, das in den preußischen Provinzen sonst unbekannt war. Einen Aufenthalt in Stettin aus Anlaß der dortigen Kaisertage nutzte die Kaiserin Friedrich im Jahre 1900 zum Besuch der Auguste-Schule in Friedenshof. Optimismus und Zucht des Wilhelminismus drücken sich in dieser Szene gleichermaßen aus, und unwillkürlich denkt der Betrachter beim Anblick der weißgekleideten Mädchen wohl auch an Fontanes »Effi Briest«.

Die einzige Universität Pommerns befand sich seit 1456 in Greifswald, und seitdem bestimmten Studenten und Professoren das Bild der Stadt. Studentische Veranstaltungen wie diese Versammlung der Greifswalder Verbindungen im Jahre 1931 auf dem Marktplatz gehörten zu den gesellschaftlichen Höhepunkten des Jahres. Nach dem Verbot der Burschenschaften während der Zeit des Nationalsozialismus und in der DDR konnten diese Traditionen nicht gepflegt werden. Seit 1990 gibt es aber wieder Niederlassungen studentischer Korporationen in Greifswald.

aber aufgrund des sogenannten Apostolikumstreits Berlin um ihn bemühte, hielt er es für nicht verantwortbar, diesem Ruf nicht zu folgen. Der christliche Archäologe und Kirchenhistoriker Schultze baute seit 1884 eine kirchlich-archäologische Sammlung auf, von deren Art es nur eine an der Berliner theologischen Fakultät gab. Schultzes 1895 erschienenes Werk »Die Archäologie der altchristlichen Kunst« war das erste Handbuch dieser Disziplin von protestantischer Seite. Er wandte die Methoden der klassisch-archäologischen Forschung auf den Bereich der christlichen Archäologie an und begründete damit deren Wissenschaftscharakter.[31]

Die 1824 gestiftete »Gesellschaft für Pommersche Geschichte und Alterthumskunde« mit Sitz in Stettin erlebte in der zweiten Hälfte ihres ersten Jahrhunderts einen großen Aufschwung. Die treibende Kraft war der Stettiner Gymnasiallehrer Hugo Lemcke. Unter seiner Ägide wurde das Vereinsorgan *Baltische Studien* jährlich herausgegeben, stieg die Zahl der Gesellschaftsmitglieder deutlich, wurden die *Monatsblätter* begründet, mehrere Quellenbände herausgegeben und die pommerschen Bau- und Kunstdenkmäler dokumentiert. Einen Rückschlag in der Entfaltung der Gesellschaft bedeutete die Loslösung ihrer Greifswalder Abteilung und deren Konstituierung als »Rügisch-Pommerscher Geschichtsverein zu Greifswald und Stralsund« im Oktober 1899, dessen Arbeitsfeld die Geschichte des Regierungsbezirks Stralsund war, also des bis zum Wiener Kongreß schwedisch gebliebenen Teils Pommerns.

Zur Bündelung der historisch aktiven Kräfte in der Provinz kam es 1911 durch die vom Oberpräsidenten initiierte Gründung der Historischen Kommission für Pommern, der ersten Einrichtung dieser Art in den östlichen preußischen Provinzen. Als ihre Aufgabe sah die Kommission die Sammlung und Bearbeitung der pommerschen Quellen und die Herausgabe größerer geschichtlicher Werke an.[32]

Von den weiteren Vereinigungen mit wissenschaftlicher und künstlerischer Intention, die ihren Sitz in der Provinzhauptstadt hatten, sind der 1837 von Carl August Dohrn gegründete Stettiner Entomologische Verein und der 1834 von dem Maler Ludwig August Most ins Leben gerufene Kunstverein für Pommern hervorzuheben. Die von dem liberalen Fabrikantensohn Dohrn und seinem Sohn Heinrich, der von räumlich abgegrenzten, historisch-antiquarischen Aufgaben nicht viel hielt, sowie dem Entomologischen Verein zusammengetragenen Kollektionen zählten um die Jahrhundertwende als zusammengefaßte Insektensammlung im Stettiner Stadtmuseum zu den drei weltweit größten Beständen. Die Vereinszeitschrift, die *Stettiner Entomologische Zeitung*, erschien ohne Unterbrechung von 1840 bis 1944 und war von internationalem Rang, auch die Vereinsbibliothek teilte diesen Rang.[33]

Eine nicht unwesentliche Bedeutung besaß das Büchereiwesen in Pommern. Nachdem um die Jahrhundertwende in mehreren größeren Städten Stadtbibliotheken eröffnet und 1913 die Staatliche Beratungsstelle für das Volksbüchereiwesen der Provinz Pommern errichtet worden war, wurde 1923 die Pommersche Landeswanderbücherei mit Unterstützung der Provinzialverwaltung aufgebaut und 1932 in Stettin eine Staatliche Büchereischule für die Ausbildung von Volksbibliothekaren gegründet. Mit dieser Einrichtung und etlichen Hunderten von Volksbibliotheken, zusammengeschlossen im

Verband pommerscher Büchereien, galt das Bibliothekswesen der Provinz Pommern über die Grenzen Deutschlands hinaus als mustergültig.[34]

Der Kunstverein für Pommern kaufte mit städtischen Zuschüssen auf seinen Ausstellungen Bilder für eine öffentliche Galerie. Es wurden ihm für diesen Zweck aber auch Stiftungen und Vermächtnisse zuteil, 1876 etwa erhielt er 88 Bilder deutscher und französischer Kleinmeister aus der Zeit nach der Jahrhundertmitte und eine Kupferstichsammlung aus dem 17. und 18. Jahrhundert. Zusammen mit mehreren anderen Sammlungen bildeten diese Kunstwerke den Bestand des 1913 eröffneten Stettiner Stadtmuseums, das bis 1934 Walter Riezler leitete. Der prächtige Museumsbau auf der neugeschaffenen Hakenterrasse stellte »ein einmaliges Denkmal bürgerlichen Gemeinsinnes« dar.[35]

Die Museumslandschaft wurde 1928 durch das Provinzialmuseum pommerscher Altertümer bereichert, das in dem hierfür umgebauten Alten Landeshaus in Stettin seine Exponate zeigte und seit 1934 Pommersches Landesmuseum hieß. Das Provinzialmuseum war durch die Übereignung der vor- und kulturgeschichtlichen Bestände der Gesellschaft für Pommersche Geschichte und Altertumskunde an den Provinzialverband als den Träger des Museums ermöglicht worden.[36]

Im Jahre 1910 gab es in Pommern 1 637 299 evangelische Gläubige, die 95,36 Prozent der Bevölkerung stellten. Die evangelische Kirche bestand aus 56 Kirchenkreisen, von denen einer zum reformierten Bekenntnis zu rechnen ist, und der französisch-reformierten Gemeinde in Stettin. 817 Pfarrstellen in den 55 unierten Kirchenkreisen, die vier Pfarreien in der deutsch-reformierten Synode und die französisch-reformierte Pfarre, also insgesamt 822 Pfarrstellen, bildeten das Netz der geistlichen Versorgung in Pommern. Es kamen also auf einen Pfarrer im Durchschnitt rund zweitausend Seelen. Rund 1300 Kirchen und 120 Kapellen sowie mindestens 162 gottesdienstliche Räume standen der Verkündigung zur Verfügung, so daß es im Durchschnitt für tausend Gläubige einen Gottesdienstraum gab.[37]

Pommern war also ein durchweg evangelisches Land. Der Sturz der Dynastie im Jahre 1918 bedeutete für die beherrschende evangelische Kirche den Wegfall eines konstitutiven Elements ihrer Organisationsform, nämlich des Landesherrn als ihres Summusepiscopus. Die Verfassungen des Reiches und Preußens sanktionierten die Trennung von Staat und Kirche. Die preußische evangelische Kirche konstituierte sich 1922 mit Wirkung vom 1. Oktober 1924 als »Evangelische Kirche der altpreußischen Union«, der Pommern als an Seelenzahl größte Kirchenprovinz angehörte. Dem letzten vom König ernannten Generalsuperintendenten Pommerns, Johannes Büchsel, folgte nach anderthalbjähriger Vakanz am 1. April 1921 Wilhelm Reinhard. Im selben Jahr wurde die Kirchenprovinz in zwei Sprengel geteilt.[38]

Zum katholischen Glauben bekannten sich 1910 in Pommern 56 298 Einwohner, also 3,27 Prozent der Bevölkerung. Sie gehörten zum Bistum Breslau, innerhalb dessen der Berliner Propst für Pommern zuständig war. Neben der evangelischen Landeskirche und der römisch-katholischen Kirche gab es die Altlutheraner. Sie hatten die Union von 1817 abgelehnt und eine eigene Kirche gebildet. Ein Großteil der pommerschen

Altlutheraner, die weniger als ein Prozent der Bevölkerung ausmachten, lebte in den Kreisen Greifenberg und Cammin. Der für alle pommerschen Altlutheraner zuständige Superintendent hatte seinen Sitz in Cammin. Außerdem lebten 8862 Juden in Pommern; ihr Bevölkerungsanteil betrug 0,52 Prozent.[39]

Parteien

In den Reichstag entsandte die pommersche Bevölkerung vierzehn Vertreter. Die Wahl erfolgte durch die allein wahlberechtigten Männer, die mindestens 25 Jahre alt sein mußten. Sie ermittelten die Abgeordneten in allgemeinen, gleichen, geheimen und direkten Wahlen. Wer im Wahlkreis mit der absoluten Mehrheit der abgegebenen Stimmen ausgestattet worden war, war gewählt. Hatte keiner der Kandidaten die absolute Mehrheit erreicht, erfolgte eine Stichwahl zwischen den beiden Bewerbern mit den meisten Stimmen.

Seit 1875 fanden elf Wahlen zum Reichstag des kaiserlichen Deutschland statt. In jeder Wahl erzielten die konservativen Parteien in Pommern die absolute Mehrheit der Mandate, während sie im Reichstag im allgemeinen nur ein gutes Fünftel der Sitze einnahmen. Der Löwenanteil der pommerschen konservativen Mandate entfiel auf die Deutschkonservative Partei. Diese Partei wurde nach dreijährigen Richtungskämpfen in der Reichstagsfraktion der Konservativen Partei im Juli 1876 gegründet und bedeutete eine völlig neue Ausrichtung des politischen Konservativismus. Während die Altkonservativen die Ergebnisse der Bismarckschen Politik ablehnten, bekannten sich die Deutschkonservativen zum Nationalstaat mit seiner Verfassung. Sie erkannten die bürgerlichen Rechte an und forderten den Schutz der christlichen Einrichtungen, eine Begrenzung der wirtschaftlichen Freiheit und eine auf Ausgleich bedachte Sozialpolitik, aber auch eine starke Obrigkeit. Das allgemeine Wahlrecht in der Selbstverwaltung lehnten sie ab. Zu den führenden Köpfen dieses Richtungswechsels gehörte der Rittergutsbesitzer Konrad Graf von Kleist-Schmenzin aus dem Kreis Belgard, der dem Reichstag sieben Legislaturperioden lang – von 1874 bis 1893 – angehörte.[40]

Das Programm der Deutschkonservativen von 1892, das sogenannte Tivoli-Programm, stellte die agrarischen Interessen der Partei in den Vordergrund und dokumentierte deren Opposition zur nachbismarckschen Reichspolitik. Zu einem der wichtigsten Repräsentanten der Deutschkonservativen Partei wurde Rittergutsbesitzer Hans Graf von Schwerin-Löwitz aus dem Kreis Anklam; er war von 1893 bis zu seinem Tod am 4. November 1918 Mitglied des Reichstags und wurde 1910 zu dessen Präsidenten gewählt – wenn auch nur für kurze Zeit. Mit Oskar von Normann, der von 1903 bis 1911 das Amt des Fraktionsvorsitzenden im Reichstag ausübte, stellten die Pommern einen weiteren einflußreichen Politiker dieser Partei.[41]

Das ältere Parlament, in das die Pommern ihre Vertreter schickten, war das Preußische Abgeordnetenhaus. Von seinen 432 Mitgliedern wurden 26 in Pommern gewählt. Das angewandte Dreiklassenwahlrecht verzerrte jedoch die parlamentarische Abbildung des Volkswillens zugunsten der wohlhabenden Schichten, weswegen die Sozialdemokratische Partei bis 1898 auf eine Teilnahme an der Wahl verzichtete. Bei der Wahl des Jahres 1876 befand sich die Deutschkonservative Partei noch in der Phase politischer und organisatorischer Neuorientierung und errang elf Mandate, die Freikonservative Partei, eine ausgesprochen gouvernementale Partei, fünf Sitze, und die ebenfalls mit Bismarck verbündeten Nationalliberalen neun Sitze. Nur ein linksliberaler Abgeordneter wurde gewählt. Doch in allen neun folgenden Wahlen erzielte allein die Deutschkonservative Partei eine überwältigende Mandatsmehrheit, seit 1893 stets 24 Sitze, dazu kam ein Sitz der Freikonservativen Partei im Wahlkreis Grimmen-Greifswald, der in den letzten Wahlperioden von dem Juristen Max Rewoldt besetzt wurde. Nur das Stettiner Mandat fiel immer an einen linksliberalen Politiker, von 1887 bis 1908 an den Volkswirt Max Broemel, danach an den Rechtsanwalt und späteren Oberpräsidenten Julius Lippmann. Von den pommerschen Mitgliedern der konservativen Landtagsfraktion sind Georg von Köller und Schwerin-Löwitz hervorzuheben. Schwerin war nicht nur Mitglied des Reichstags, sondern auch des Landtags und dessen Präsident von 1912 bis 1918. Köller gehörte dem Abgeordnetenhaus über den langen Zeitraum von 1866 bis 1903 an und leitete es von 1879 bis 1897.[42]

Das gute Abschneiden der pommerschen Konservativen bei den Wahlen zum Preußischen Abgeordnetenhaus wie zum Reichstag war durch die Sozialstruktur der Bevölkerung bedingt, die bis 1895 zu mehr als der Hälfte von Arbeit in Land- und Forstwirtschaft lebte, und auch danach sank dieser Anteil nur um wenige Prozente. Eine derartig zusammengesetzte Wählerschaft ist traditionell wenig veränderungsfreudig. Noch deutlicher wird das Beharrungspotential bei der Betrachtung der Besitzverhältnisse in Land- und Forstwirtschaft, wenn man davon ausgeht, daß die Inhaber der Verfügungsgewalt über Grund und Boden noch vorsichtiger agieren als der besitzlose Landarbeiter oder der unselbständig Beschäftigte in einer land- oder forstwirtschaftsnahen Branche. Da 1907 in Pommern 70 255 bäuerliche Betriebe und 2678 Großbetriebe existierten, gab es also fast 73 000 Eigentümer oder Pächter einer »Ackernahrung«, die per definitionem eine sechsköpfige Familie unterhalten konnten.[43] Nach einer groben Überschlagsrechnung kann man ein Viertel der pommerschen Wahlberechtigten – im Regierungsbezirk Köslin sogar ein Drittel – zur festen Klientel des konservativen Lagers zählen, dazu kamen die Beschäftigten in der Land- und Forstwirtschaft und in Berufen, die mit diesem Sektor verbunden waren, sowie die Wahlberechtigten, die zwar außerhalb der Landwirtschaft tätig, aber stark von der ländlichen Umgebung geprägt waren.

ERSTER WELTKRIEG

Die Verkündung des Kriegszustandes für das Reichsgebiet am 31. Juli 1914 und die einstimmige Annahme von siebzehn Kriegsgesetzen durch den Reichstag am 4. August stellten das Leben in Pommern wie in den anderen Reichsteilen auf eine neue, den Kriegserfordernissen angepaßte Basis. Die Verhängung des Kriegszustandes bedeutete die Übertragung der vollziehenden Gewalt auf die Militärbefehlshaber; in Pommern war dies mit Ausnahme eines östlichen Gebietsstreifens der Stellvertretende Kommandierende General des II. Armeekorps in Stettin. Die zivilen Behörden mußten von nun an die Anordnungen der Militärbefehlshaber ausführen. Im Bezirk des II. Armeekorps wurde der Kriegszustand erheblich verschärft, indem alle acht aufhebbaren Grundrechte der preußischen Verfassung suspendiert und ein außerordentliches Kriegsgericht eingesetzt wurde.[44]

In den siebzehn Kriegsgesetzen vom 4. August wurden wirtschaftliche und soziale Fragen geregelt, ein Kriegskredit aufgenommen und damit zusammenhängende Finanzangelegenheiten beschlossen sowie dem Bundesrat für die Kriegszeit die widerrufbare Kompetenz übertragen, im Bereich der Wirtschaft – im weitesten Sinne – gesetzliche Maßnahmen zu treffen. Die 825 mit Gesetzeskraft ausgestatteten Verordnungen, die vom Bundesrat in den Kriegsjahren erlassen wurden, griffen natürlich auch in die Lebensverhältnisse der pommerschen Bevölkerung ein, wenn auch in unterschiedlichem Ausmaß.[45]

Die am 1. August angeordnete allgemeine Mobilmachung wurde in Pommern planmäßig durchgeführt und stellte eine Leistung der Eisenbahner dar. Der Einsatz der pommerschen Truppen erfolgte gemäß dem Schlieffen-Plan größtenteils im Operationsabschnitt des rechten Flügels der Westfront. Die pommersche Bevölkerung brauchte zunächst nicht zu befürchten, daß ihr Land zum Kriegsschauplatz wurde, denn Pommern war kein Grenzland. Nur an seiner langen Küste konnte es feindlicher Einwirkung ausgesetzt sein. Doch da die deutsche Marine während des ganzen Krieges die südliche Ostsee[46] beherrschte, war auch Pommerns Küste geschützt.

Die Beherrschung der südlichen Ostsee war aus Gründen der Rohstoffversorgung unerläßlich, denn die deutsche Rüstungsindustrie war auf den Import schwedischen Eisenerzes angewiesen, das dann zum Teil auf der Oder ins oberschlesische Industriegebiet gebracht wurde. Wichtiges Kriegsmaterial wurde nur in Stettin hergestellt. Auf der Vulcan-Werft wurden 1915 und 1916 die Kreuzer »Brummer« und »Bremse« als die schnellsten deutschen Einheiten dieser Schiffsgattung gebaut. Danach liefen ausschließlich Torpedoboote vom Stapel. Auch die Stettiner Oderwerke, deren Kapazität aber durch die Einberufung vieler Beschäftigter eingeschränkt war, fertigten drei Torpedoboote.[47]

Die Ernährung bereitete während der Kriegszeit erhebliche Schwierigkeiten, da das Deutsche Reich in den vorangegangenen Friedensjahren nicht nur Lebensmittel wie Milchprodukte und Eier, sondern auch Brotgetreide, Pflanzenfette und Kraftfutter sowie Kunstdünger importiert hatte. Hinzu kam der Mangel an Arbeitskräften und Zugtieren sowie die zunehmende Verschlechterung der technischen Ausrüstung, so daß die Ernte von 1915 an in wichtigen Sektoren erheblich zurückging. Wenn auch Bürger selbst kleinerer pommerscher Städte in späteren Kriegsjahren auf Hamstertouren gehen mußten und die Erinnerung an den Steckrübenwinter 1916/17 in pommerschen Familien lange erhalten blieb, wurde die Ernährungsfrage in Pommern aufgrund seines Agrarcharakters im großen und ganzen erträglich gelöst. Die Verwaltung stand viel-

Vor allem in den landwirtschaftlich geprägten Regionen Deutschlands wurde während des Ersten Weltkrieges zu Lebensmittelspenden für die hungernde städtische Bevölkerung aufgerufen, die ja die Rüstungsindustrie in Gang halten mußte. Auch die Landwirtschaftskammer in Stettin hat sich mit einem Aufruf zur Hindenburgspende an solchen Aktionen beteiligt.

mehr vor der Aufgabe, landwirtschaftliche Produkte aus Pommern anderen Reichsteilen zur Verfügung zu stellen, da die Provinz Pommern in Friedenszeiten immer ein Überschußgebiet war. Oberpräsident Wilhelm von Waldow gründete deshalb den Pommerschen Viehhandelsverband und die Pommersche Gemüsebau- und Verwertungsgesellschaft. Er löste die Aufgabe so hervorragend, daß er im Juli 1917 zum Staatssekretär, das heißt zum Leiter des ein Jahr zuvor geschaffenen Kriegsernährungsamtes unter gleichzeitiger Ernennung zum preußischen Staatskommissar für Volksernährung im Rang eines Staatsministers berufen wurde.

Auf die Bedeutung Pommerns für die Ernährung Deutschlands weist auch die Mitgliedschaft des Stettiner Getreidegroßhändlers und Obervorstehers der Stettiner Kaufmannschaft, Georg Manasse, im zunächst nur neunköpfigen Vorstand des Kriegsernährungsamtes hin. Nachfolger von Waldows wurde Hermann Freiherr von Ziller, der dieses Amt jedoch bereits im März 1918 aus Krankheitsgründen aufgeben mußte. Ihm folgte der ehemalige Reichskanzler Georg Michaelis.[48]

Die Eintracht aller politischen Richtungen hatte in Pommern bis zum Kriegsende Bestand. Nach der Revolution und der Ausrufung der deutschen Republik wurde Pommern erstmalig in seiner acht Jahrhunderte umspannenden Geschichte Teil eines Freistaates.

WEIMARER REPUBLIK

Das Wahlverhalten in Deutschland änderte sich grundsätzlich erst mit den Wahlen zur Weimarer Nationalversammlung am 19. Januar 1919. Auch die Frauen waren jetzt wahlberechtigt. In Pommern erzielte nun die Sozialdemokratische Partei Deutschlands (SPD) 41,0 Prozent der abgegebenen gültigen Stimmen, die Deutschnationale Volkspartei (DNVP), also die Konservativen, 23,9 Prozent, die früheren Linksliberalen mit der Deutschen Demokratischen Partei (DDP) 21,7 Prozent, die rechtsstehende liberale Deutsche Volkspartei (DVP) 10,9 Prozent, die Unabhängige Sozialdemokratische Partei Deutschlands (USPD) 1,9 Prozent und das Zentrum 0,6 Prozent.

Bei einem Vergleich der pommerschen Stimmergebnisse mit dem jeweiligen Reichsdurchschnitt ist die konfessionelle Zusammensetzung der pommerschen Bevölkerung, die einen Katholikenanteil von nicht einmal vier Prozent aufwies, zu berücksichtigen. Demnach fehlte ganz einfach die Basis für das Zentrum, die dritte Partei, die die Friedensresolution von 1917 und die Weimarer Republik mittrug, so daß die Aufteilung der pommerschen Wähler auf die Parteien von vornherein eine andere als für das gesamte Reich war. Dennoch ist festzuhalten, daß die SPD in Pommern 3,1 Prozent und die DDP 3,2 Prozent mehr als im Reichsdurchschnitt erhielt. Die DVP gewann auf nationaler Ebene 4,4 und die DNVP 10,3 Prozent. Dagegen fand die USPD im Reich bei insgesamt 7,8 Prozent der Wähler Zustimmung.

Die Parteienkoalition, die bereits 1917 im letzten kaiserlichen Reichstag entstanden war, die die parlamentarische Verantwortlichkeit des Reichskanzlers durchgesetzt hatte und nun die Regierung bildete, wurde auch nach dem Ende des Krieges von den pommerschen Wählern mit dem für ein erfolgreiches politisches Handeln notwendigen Vertrauen ausgestattet und der Weimarer Koalition eine klare absolute Mehrheit von 63,3 Prozent erteilt, so daß auch diese im Grunde konservativ eingestellte Provinz den neuen, aus einer schweren nationalen Niederlage hervorgegangenen Staat trug.

Ein Kennzeichen des Wahlverhaltens der pommerschen Bevölkerung bei den acht Reichstagswahlen zwischen 1920 und 1933 war, daß die DNVP jedesmal mit mehr als dem doppelten Prozentsatz als im Reichsdurchschnitt ausgestattet wurde. Unter den 35 Wahlkreisen nahm der pommersche für die Konservativen immer deutlich die erste Position ein. Die DNVP war mit diesem Ergebnis bis einschließlich der Wahl von 1930, bei der lediglich noch 24,8 Prozent der Stimmen auf sie entfielen, in Pommern immer die stärkste Partei, im Mai 1924 erzielte sie beispielsweise 49,5 Prozent. Diesen Rang mußte sie 1932 an die Nationalsozialistische Deutsche Arbeiterpartei (NSDAP) abgeben, die 1933 sogar 56,3 Prozent der abgegebenen gültigen Stimmen erzielen konnte.[49]

Aufschlußreich ist auch ein Wahlergebnis für den Reichstag aus dem Bereich der kleinen Zahlen. Für die polnische Liste wurden 1932 in Pommern 532 Stimmen abgegeben, das sind bei 1 066 884 abgegebenen gültigen Stimmen 0,04 Prozent. Dieses Wahlverhalten der pommerschen Bevölkerung bewies eindeutig die Unhaltbarkeit polnischer Forderungen auf pommersches Gebiet, die auch nach dem Friedensvertrag erhoben wurden.[50]

Der am 10. Januar 1920 in Kraft getretene Versailler Friedensvertrag machte Pommern zu einem Grenzland, da nach seinen Bestimmungen der größte Teil Westpreußens an Polen abgetreten werden mußte. Pommern grenzte nun mit den Landkreisen Lauenburg, Stolp, Bütow und Rummelsburg in einer Länge von 196 Kilometern an die Republik Polen. Überdies wurden 9,5 Quadratkilometer pommerschen Gebietes polnisch, während 74 Quadratkilometer Westpreußens zu Pommern geschlagen wurden.[51]

Der politische Umbruch vom November 1918 wirkte sich in der Verwaltung Pommerns erst 1919 deutlich aus. Oberpräsident Michaelis wurde zum 1. April 1919 in den Ruhestand versetzt und Justizrat Julius Lippmann, Mitglied der Stettiner Stadtverordnetenversammlung seit 1900 und des Preußischen Abgeordnetenhauses von 1908 bis 1918, zu seinem Nachfolger berufen. 1919 wurden auch die Regierungspräsidenten von Stralsund und Köslin aus ihren Ämtern entlassen. Obwohl 1918/19 etliche Landräte aus dem Dienst schieden, war während der gesamten Weimarer Republik ein nicht unbeachtlicher Teil dieser Funktionsträger konservativ eingestellt; der Anteil der Adligen war zwar zurückgegangen, aber immer noch hoch. Auf den Oberpräsidenten Lippmann folgte 1930 Carl von Halfern, der bis dahin das Amt des Stettiner Regierungspräsidenten innehatte. Er war Mitglied der DVP, und seine Berufung in dieses hohe Verwaltungsamt war sicher eine Konzession an die politische Struktur Pommerns.[52]

Die räumliche Verwaltungsgliederung Pommerns wurde durch die Bildung eines Stadtkreises für Kolberg am 1. Mai 1920 und für Köslin am 1. April 1923 geändert. Im Kreis Franzburg wurde zum 1. Oktober 1925 das Landratsamt von Franzburg nach Barth verlegt und die Kreisbezeichnung zum 1. Februar 1928 in »Franzburg-Barth«

geändert. Die einschneidendste Veränderung erfolgte zum 1. Oktober 1932, als der Regierungsbezirk Stralsund aufgelöst und in den Regierungsbezirk Stettin eingegliedert wurde. Ebenso wurden die Landkreise Bublitz und Schivelbein, die beiden Kreise mit der geringsten Einwohnerzahl, aufgehoben; der größte Teil des Bublitzer Kreisgebiets fiel an den Landkreis Köslin, das Schivelbeiner Kreisgebiet mit einigen Ausnahmen an den Landkreis Belgard.[53]

Der Provinzialverband erhielt in der Weimarer Republik mehr Rechte als in der Zeit der Monarchie. So war nach Artikel 63 der Preußischen Verfassung vom 30. November 1920 zur Ernennung des Oberpräsidenten, der Regierungspräsidenten, des Vorsitzenden des Provinzialschulkollegiums und des Leiters des Landeskulturamtes das Einvernehmen mit dem Provinzialausschuß erforderlich. Die Reichsverfassung bestimmte in ihrem Artikel 63, daß die Hälfte der im Reichsrat auf den Freistaat Preußen fallenden Stimmen von den preußischen Provinzialverwaltungen bestellt würde, und das preußische Ausführungsgesetz vom 3. Juni 1921 legte fest, daß Berlin und die zwölf Provinzen – also auch Pommern – je einen Vertreter in den Reichsrat entsandten. Diese dreizehn preußischen Provinzialvertreter wurden von dem jeweiligen Provinzialausschuß für die Dauer seiner Amtsperiode ohne Möglichkeit der Abberufung mit einem freien Mandat ausgestattet. Pommern wurde von der ersten Wahl zum Reichsrat im Jahre 1921 bis zum Ende der Weimarer Republik von dem deutschnationalen Rittergutsbesitzer Carl Graf von Behr-Behrenhoff, der von 1906 bis 1918 Mitglied des Preußischen Herrenhauses und von 1907 bis 1918 Landrat des Landkreises Greifswald war, vertreten.[54]

Aus allen Wahlen zum pommerschen Provinziallandtag ging die DNVP als stärkste Partei hervor, die deswegen auch im Provinzialausschuß dominierte. Bis 1924 leitete Landeshauptmann Otto Sarnow die Behörde der pommerschen Provinzialverwaltung. Zu seinem Nachfolger wählte der Provinziallandtag 1925 Ernst von Zitzewitz, seit 1905 Landrat in Naugard.[55]

Die im Versailler Friedensvertrag gezogenen Ostgrenzen Deutschlands schädigten die Wirtschaft in Pommern in erheblichem Ausmaß. Der Warenverkehr des östlichen Hinterpommern war von seinem Hauptbezugspunkt Danzig abgeschnitten. Mit den abgetretenen Gebieten hatte die pommersche Wirtschaft wichtige Absatzmärkte und Lieferanten verloren. Vom Verlust des größten Teils des oberschlesischen Industriegebiets und dem Neubau der Eisenbahnlinie von Kattowitz nach Gdingen, deren Frachttarife vom polnischen Staat obendrein stark subventioniert wurden, war Stettin stark betroffen.[56]

Während der Umschlag des Stettiner Hafens sich 1913 auf 6,2 Millionen Tonnen belief, betrug er 1921 nur 1,5 Millionen Tonnen, stieg 1923 zwar auf 4,3 Millionen Tonnen, doch selbst im besten Jahr der Weimarer Zeit, 1926, lag er nur bei 5,7 Millionen Tonnen. Entscheidende Hilfe für den Umschlagplatz Stettin konnten weder die Bildung der Stettiner Hafengesellschaft noch die Sondertarife der Eisenbahn bringen. Die Vulcan-Werft, das größte Industrieunternehmen Pommerns, konnte nach dem Kriegsende ihre erfolgreiche Tätigkeit nicht fortsetzen. Die Werft erhielt nur wenige Aufträge und wurde 1928 geschlossen. Die Arbeitslosigkeit wuchs. In Pommern stieg sie bis 1933 auf zwölf Prozent aller Erwerbstätigen an. Gegenüber dem Reichsdurchschnitt von neunzehn Prozent war der pommersche Arbeitsmarkt aber noch als günstig einzustufen.[57]

Trotz der Schuldenentlastung durch die Währungsreform, die der Inflation ein Ende bereitet hatte, waren die ökonomischen Verhältnisse der Landwirtschaft nicht blendend. Die Betriebsmittel waren aus Geldmangel fast ein Jahrzehnt lang nicht erneuert worden, und auch jetzt ermöglichten die Erlöse die notwendigen Anschaffungen nicht, so daß die Landwirte Kredite aufnehmen mußten. Zugleich trat mit dem Wirtschaftsjahr 1928/29 ein deutlicher Preisrückgang bei Ackerprodukten ein, der sich 1930/31 auch auf Tierprodukte ausdehnte. Die Weltwirtschaftskrise erfaßte die bereits kränkelnde deutsche und damit auch die pommersche Landwirtschaft. Bei rund 3000 pommerschen landwirtschaftlichen Betrieben hat man für 1931/32 im Durchschnitt eine Verschuldung von 800 Reichsmark pro Hektar und einen Zinsendienst von 56 Reichsmark pro Hektar festgestellt, der vielfach ein Viertel der Wirtschaftseinnahmen aufbrauchte. Im allgemeinen waren die bäuerlichen Betriebe weniger als der Großgrundbesitz verschuldet. Es kam zu zahlreichen Pfändungen und Zwangsversteigerungen. Während 1926 in Pommern 36 landwirtschaftliche Betriebe mit einer Gesamtfläche von 4852 Hektar landwirtschaftlicher Nutzfläche zwangsversteigert wurden, waren es 1928 schon 98 Betriebe mit 9655 Hektar und 1931, auf dem Höhepunkt der Krise, wurden 354 Zwangsversteigerungen, die fast 28 000 Hektar erfaßten, durchgeführt.[58]

Schon 1925 hatte die Reichsregierung begonnen, mit kreditpolitischen Maßnahmen, Vorläufern der sogenannten Osthilfe, die in Schwierigkeiten geratene Landwirtschaft zu unterstützen. Im November 1931 berief sie einen Pommern, nämlich den Rittergutsbesitzer Hans Schlange-Schöningen, zum »Reichskommissar für die Osthilfe« als dem nunmehr alleinigen Leiter des umfangreichen Osthilfe-Behördenapparats. Aber schon Ende Mai 1932 sah sich Schlange-Schöningen veranlaßt, den Reichspräsidenten mit folgenden Worten um seine Entlassung zu bitten: »Wenn Teile des Großgrundbesitzes, für den im übrigen von meinem Amt alles geschehen ist, was aus volkswirtschaftlichen Gründen gerechterweise geschehen konnte, wiederum die Zeichen der Zeit nicht begreifen wollen, so fürchte ich, sie graben sich selbst ihr Grab, und eine stürmische Entwicklung wird eines Tages über sie hinweggehen.«[59]

Die Entwicklung Pommerns im Deutschen Reich

KYRA INACHIN

Im letzten Drittel des 19. Jahrhunderts begann für die preußische Provinz Pommern ein Modernisierungsschub in allen gesellschaftlichen Bereichen. Als eine der fünf preußischen Ostprovinzen, die sich sowohl in ihrer wirtschaftlichen Struktur als auch in ihrem Verwaltungsaufbau ähnelten, wurde Pommern nach 1871 in das nun größere Staatsgebiet eingegliedert. Diese Entwicklung fand parallel zum Ausklang der Agrarrevolution und der Durchsetzung der industriellen Revolution in Deutschland statt. In den mehr als vier Jahrzehnten des Kaiserreichs entwickelte sich in Pommern eine Industrie, die auch international konkurrieren konnte, und eine Landwirtschaft, die durch moderne Technik und verbesserte Produktionsmethoden den Anschluß an den nationalen Markt fand. Auch auf dem sozialen Sektor gab es tiefgreifende Umwälzungen. Mit den neuen Großkonzernen entstand ein Industrieproletariat, das, sofern es sein Auskommen fand, kleinbürgerliche Lebensformen annahm. In den Betrieben verbesserte sich die soziale Stellung der Angestellten und Facharbeiter derart, daß sie bald einen neuen Mittelstand bildeten.

Der industrielle Aufschwung konzentrierte sich um die Provinzhauptstadt Stettin, die Ende des 19. Jahrhunderts zur Großstadt aufstieg. Diese Entwicklung strahlte auch auf die Region aus, wo sich die Agrar- langsam zu einer Industriegesellschaft wandelte. Pommern blieb jedoch auch weiterhin vorwiegend ein Agrarland, in dem mehr als die Hälfte der Erwerbstätigen in der Land- und Forstwirtschaft beschäftigt war und Städte mehr oder minder Mittelpunkte der sie umgebenden Landwirtschaft waren. Aber auch hier begann im letzten Drittel des 19. Jahrhunderts der strukturelle Umbau der Agrarwirtschaft, die modernisiert, technisiert und rationalisiert wurde.

Eine moderne Energiewirtschaft begründete und unterstützte die Konjunktur. In den Jahren vor dem Ersten Weltkrieg wurden Gas-, Wasser- und Elektrizitätswerke gebaut, die den Lebensstandard der Bevölkerung und die Produktionsmöglichkeiten der jungen Industrie und der Landwirtschaft erhöhten. Pommersche Städte erhielten Kanalisation, neue Straßen, städtische Nahverkehrseinrichtungen, aber auch Parks und Grünanlagen, das Kultur- und Vereinsleben blühte auf.

Einen entscheidenden Beitrag zu dieser Entwicklung leistete der 1875 gegründete Provinzialverband, der – als Ergebnis des Modernisierungsprozesses der preußischen Verwaltung – den Provinzen eine größere Selbständigkeit zur Verwaltung ihrer Angelegenheiten gewährte. Begünstigt durch eine gute finanzielle Ausgangsposition konzentrierte der Provinzialverband seine Anstrengungen auf den Chaussee- und Wegebau, auf die Entwicklung der Klein- und Nebenbahnen, auf die Förderung der Landesmelioration zur Gewinnung von neuem Ackerland, auf die Sorge um Arme, Kranke und Behinderte und schließlich auch auf die Unterstützung von Wissenschaft und Kunst. Das in den Jahren zuvor von der preußischen Regierung vernachlässigte Straßennetz wurde unter der Regie des Provinzialverbandes verbessert und ausgebaut. Die schmalspurigen Kleinbahnen erschlossen von der Infrastruktur bisher nicht erreichte Regionen und vervollständigten das Schienennetz. Firmen und landwirtschaftliche Produktionsbetriebe erhielten nun Gleisanschlüsse und damit die Möglichkeit zum rascheren Transport der Produkte beziehungsweise zur Anlieferung der benötigten Rohstoffe. In nur wenigen Jahren wurde die Bahn zum schnellsten, sichersten und verläßlichsten Verkehrsmittel und zum Motor der pommerschen Wirtschaft.

Die Hauptstädte der drei pommerschen Regierungsbezirke, Stralsund, Stettin und Köslin, waren gleichzeitig die größten pommerschen Städte. Infolge der guten Arbeits- und Verdienstmöglichkeiten in Industrie und Handwerk, Handel und Verkehr wuchsen sie in das Umland hinein. Daneben wurden die einstmals kleinen Fischerdörfer an der Ostseeküste durch den Fremdenverkehr ein zunehmender Wirtschaftsfaktor.

Pommern war flächenmäßig die fünftgrößte Provinz Preußens hinter Schlesien, Brandenburg, Hannover und Ostpreußen. Nach der Bevölkerungszahl rangierte Pommern jedoch erst an elfter Stelle.[60] Die Zahl der Gutsbezirke war die zweithöchste hinter Schlesien.[61] Diese selbständigen, um ein Gut zentrierten unteren Verwaltungseinheiten unterstanden der obrigkeitlichen Gewalt des Gutsbesitzers, der meist auch der einzige Arbeitgeber der über keine kommunalen Vertretungsrechte verfügenden Bewohner war.

Wie einschneidend die Veränderungen seit der Reichsgründung waren und wie gravierend sich die alten Strukturen gewandelt hatten, ist an der Bevölkerungsentwicklung abzulesen: In den Jahren des Kaiserreichs wuchs die Bevölkerung auf konstant gebliebener Fläche von 1 431 492 Einwohnern im Jahre 1871 auf 1 520 889 im Jahre 1890 und auf 1 716 921 im Jahre 1910. Dieses Bevölkerungswachstum unterlag zyklischen Schwankungen. So wuchs die Bevölkerung in den ersten Jahren des Kaiserreichs kaum.[62] In der Periode von 1880 bis 1890 ist sogar ein Rückgang festzustellen, was auf hohe Aus- und Abwanderungszahlen zurückzuführen ist. Der Aufschwung der wirtschaftlichen Konjunktur um die Jahrhundertwende brachte ein leichtes Wachstum, das jedoch in den ersten Jahren des 20. Jahrhunderts wieder zurückging.[63] Mit 19,9 Prozent Bevölkerungswachstum im gesamten Zeitraum des Kaiserreichs liegt die Provinz Pommern zwar vor Ostpreußen, aber weit hinter den neuen Industriezentren, die ihre Einwohnerzahlen mehr als verdoppeln konnten.

Diese Entwicklung zeigt sich auch innerhalb Pommerns. Weiterhin wohnte ein Großteil der Pommern auf dem Lande, immer mehr Landbewohner wanderten jedoch in die pommerschen Städte ab, weiter nach Berlin, in die westlichen Industrieregionen oder nach Übersee. Im Jahre 1871 wohnten noch 68,7 Prozent der Bevölkerung in Orten mit weniger als 2000 Einwohnern, 1890 waren es noch 62,3 Prozent und 1910 schließlich nur noch 55,3 Prozent.[64] Dagegen wuchs die Stadtbevölkerung im selben Zeitraum von 7,2 auf 23,5 Prozent der Gesamtbevölkerung Pommerns. Am meisten profitierte die Provinzhauptstadt von dieser Binnenwanderung. 1875 zählte Stettin 80 972 Einwohner, nur fünfzehn Jahre später gehörte die Stadt zu den Großstädten des Deutschen Reiches, das heißt zu den Städten mit mehr als 100 000 Einwohnern. In weiteren zwanzig Jahren verdoppelte sich die Einwohnerzahl Stettins.[65] Dies bedeutet, daß in der einzigen Großstadt Pommerns im Jahre 1890 noch 7,6 Prozent und im Jahre 1910 bereits 13,7 Prozent der Provinzbevölkerung lebten und arbeiteten, was auf die zunehmende Attraktivität des Industrie- und Handelszentrums Stettin mit seinem großen Arbeitsplatzangebot zurückzuführen ist. Von dieser Entwicklung profitierte auch der eng mit Stettin verknüpfte Kreis Randow, aus dem viele Erwerbstätige täglich nach Stettin zur Arbeit pendelten, oder sie blieben sogar während der Arbeitswoche dort und kehrten lediglich an den Wochenenden zu ihren Familien aufs Dorf zurück. Vielfach betrieben sie dort noch die Landwirtschaft als Nebenerwerb. Andere Städte Pommerns vergrößerten ebenfalls ihre Einwohnerschaft, wuchsen aber nicht in dem Maße wie Stettin.[66]

Die Bevölkerungsentwicklung ist also auch auf wirtschaftliche Faktoren zurückzuführen. Dies beeinflußte nicht zuletzt die sozialen Verhaltensweisen. In den Industrieregionen setzte ein Trend zur Kleinfamilie ein. So nahm die Zahl der ehelich geborenen Kinder von 1880 bis 1912 um 28,3 Prozent ab. Damit lag Pommern im preußischen Durchschnitt an siebenter Stelle und weit hinter der Stadt Berlin oder der Provinz Brandenburg, aber weit vor Ost- und Westpreußen.[67]

Die Einwanderung nach Pommern hielt sich in engen Grenzen. Selbst das von der Regierung geförderte Siedlungsprogramm, das ehemaligen Großgrundbesitz an Kleinbauern verteilte, richtete sich vornehmlich an Einheimische, die auf diese Weise von der Auswanderung abgehalten werden sollten. Da die Landflucht jedoch ein immer größeres Problem wurde, sah sich mancher Landwirt gezwungen, auf ausländische Arbeitskräfte zurückzugreifen, um den Arbeitskräftemangel zu beheben. Die nichtdeutsche Arbeiterschaft bestand nach 1890 vorwiegend aus Polen. Die polnischen Arbeiter mußten sich mit weniger Lohn und schlechterer Unterbringung zufriedengeben, und so dürfte nicht nur der Arbeitskräftemangel ein Grund für die Einstellung polnischer Arbeiter, vor allem Saisonarbeiter, gewesen sein. Die Zahl der polnischsprachigen Provinzangehörigen stieg durch diese Zuwanderung an, bildete jedoch nur eine kleine Minderheit.[68]

DIE ADMINISTRATIVE GLIEDERUNG DER PROVINZ

Auch nach Gründung des Kaiserreichs blieb Pommern weiterhin in drei Regierungsbezirke gegliedert. 1872 wurde der Kreis Fürstentum, der Landbesitz des früheren Bistums Cammin, in die Kreise Kolberg-Körlin, Köslin und Bublitz aufgeteilt. So gab es in Pommern nun 28 Landkreise und die vier Stadtkreise Stettin, Stralsund (1874), Stolp (1898) und Stargard (1901). Im Jahre 1913 kam noch Greifswald hinzu.

Die gravierenden Verwaltungsreformen des späten 19. Jahrhunderts wurden 1872 durch eine neue Kreisordnung für die fünf östlichen Provinzen eingeleitet. Sie brachte ein größeres Maß an Selbstverwaltung, wenn auch keine Neuordnung des Kommunalwesens. Die regionalen Möglichkeiten, auf die staatliche Verwaltung Einfluß zu nehmen, wurden durch den novellierten Bestellungsmodus des Landrats, der zwar vom Kreistag vorgeschlagen, aber vom König ernannt wurde, zurückgedrängt. Die meisten Landräte waren Juristen, stammten aus dem pommerschen Adel, waren in dem Kreis, den sie leiteten, beheimatet und standen der konservativen Partei nahe. Der Landrat war gleichzeitig staatlicher und kommunaler Beamter. Als Staatsbeamter unterstand er direkt dem Regierungspräsidenten, in höherer Instanz dem Ministerium des Innern. Ihm oblag die staatliche Verwaltung des Kreises sowie die Aufsicht über die Polizeiverwaltung. Im Kreistag und im vom Kreistag gewählten Kreisausschuß, den Organen der kommunalen Selbstverwaltung der Kreise, führte er den Vorsitz. Dieser hatte nach dem Inkrafttreten der neuen Kreisordnung sein ständisches Gepräge verloren. Der Kreistag wurde nun in sogenannten Wahlverbänden gewählt. Die Mandate wurden nach der Bevölkerungszahl in Stadt und Land verteilt, wobei der Einfluß der städtischen Abgeordneten zurückgedrängt wurde, indem sie nicht mehr als die Hälfte der Sitze einnehmen durften und nicht mehr als ein Sechstel, falls es nur eine Stadt im Kreis gab. Die Kreise konnten nun Steuern erheben, wodurch sie ihren Aufgabenbereich beispielsweise auf das Verkehrswesen, auf den Bau von Schulen und Krankenhäusern erweiterten.

Drei Jahre nach der Kreisordnung wurde am 29. Juni 1875 die Provinzialordnung für die Provinzen Ost- und Westpreußen, Pommern, Schlesien und Sachsen verabschiedet, welche die provinzialständische Verfassung von 1823 ablöste.[69] Sie schuf den Provinzialverband als oberste Ebene der kommunalen Selbstverwaltungskörperschaften. Seine Organe waren der Provinziallandtag, der Provinzialausschuß und der Landesdirektor.

Der Provinzialverband war ein mit den Rechten einer öffentlichen Körperschaft ausgestatteter höherer Kommunalverband aller innerhalb seiner Grenzen gelegenen Kreise. In der am 29. Juni 1875 erlassenen und am 1. Januar 1876 in Kraft getretenen Provinzialordnung wurde festgelegt, daß das Gebiet der Provinz Pommern als staatlicher Verwaltungsbezirk mit dem des Provinzialverbandes zusammenfallen solle. Damit wurden die Kreise Schivelbein und Dramburg sowie mehrere Ortschaften der Kreise Pyritz, Regenwalde, Randow und Saatzig, die bis dahin zum brandenburgischen provinzialständischen Verband gehört hatten, mit dem pommerschen vereint.

Nach Paragraph 1 der Provinzialordnung bildete jede Provinz »einen mit den Rechten einer Korporation ausgestatteten Kommunalverband zur Selbstverwaltung seiner Angelegenheiten«. In Paragraph 5 wurde festgelegt, daß Provinzialangehörige »alle Angehörigen der zu der Provinz gehörigen Kreise« sein sollten. Nach Paragraph 6 waren sie »zur Theilnahme an der Verwaltung und Vertretung des Provinzialverbandes« berechtigt und nach Paragraph 7 verpflichtet, »zu den Provinziallasten beizutragen«.

Der Provinzialverband wurde durch die Dotationsgesetze vom 30. April 1873 und 8. Juli 1875 mit Mitteln aus den durch die französischen Reparationen gestärkten Staatsfinanzen ausgestattet. Durch das Dotationsgesetz von 1875 übertrug der Staat der Provinz Pommern entsprechend der Fläche und Bevölkerungszahl eine einmalige Summe in Höhe von fast einer Million Mark und sagte eine jährliche Zahlung von 2,12 Millionen Mark zu. Diese Summe wurde 1902 auf 2,943 Millionen erhöht, ferner wurde eine weitere einmalige Zahlung von 820 000 Mark geleistet.[70]

Der Provinziallandtag als Organ des Provinzialverbandes war nach Paragraph 34 berufen, zum einen über »diejenigen die Provinz betreffenden Gesetzentwürfe ... sein Gutachten abzugeben, welche ihm zu dem Ende von der Staatsregierung überwiesen wurden«. Dabei war die preußische Regierung nicht an die Entscheidungen des Provinzialverbandes gebunden, da dies der Landesverfassung widersprochen hätte, nach der nur die beiden Häuser des Preußischen Landtags berechtigt waren, an der Gesetzgebung mitzuwirken. Zum anderen beriet und beschloß der Provinziallandtag »Angelegenheiten des Provinzialverbandes ..., welche ihm durch Gesetze oder königliche Verordnungen überwiesen sind«. Nach einem festen Katalog waren dies zum einen fürsorgerische Aufgaben. Dazu zählte die allgemeine Wohlfahrtspflege, die Anstaltsfürsorge und die Jugendwohlfahrtsfürsorge. Ferner widmete er sich volkswirtschaftlichen Aufgaben. Hier wären zu nennen das Verkehrswesen, die Förderung der Landwirtschaft und die allgemeine Wirtschaftspflege. Schließlich oblagen ihm kulturelle Aufgaben wie der Denkmalschutz und die Förderung von Vereinen, Künstlern und Schriftstellern.

Die Abgeordneten des Provinziallandtags wurden nach dem Dreiklassenwahlrecht vom Magistrat beziehungsweise von der Stadtverordnetenversammlung der kreisfreien Städte und den Kreistagen für sechs Jahre gewählt. Mit der ersten Zusammenkunft des Provinziallandtags nach der neuen Provinzialordnung am 3. Januar 1876 im Landeshaus zu Stettin war der alte ständische Landtag aufgelöst. Dem Provinziallandtag gehörten 1876 insgesamt 82 Abgeordnete an. Danach schwankte die Zahl zwischen 81 und 90 Abgeordneten.[71]

Auf Einladung des Oberpräsidenten kamen die Abgeordneten des Provinziallandtags einmal jährlich für drei bis fünf Tage zusammen. Der Provinziallandtag wählte die Mitglieder des Provinzialausschusses, dem die eigentliche Verwaltung des Provinzialverbandes oblag. Er war für die Vorbereitung und die Ausführung der Beschlüsse des Provinziallandtags zuständig, ebenso für die Vermögens- und Haushaltsverwaltung, die Verwaltung der Provinzialanstalten sowie die Ernennung der Provinzialbeamten, soweit diese nicht vom Provinziallandtag vorgenommen wurde, sowie für deren Beaufsichtigung. Er trat auf schriftlichen Antrag des Landesdirektors oder der Hälfte seiner Mitglieder alle vier Wochen zu Beratungen zusammen und legte auf den jährlichen Sitzungen des Provinziallandtags über die Führung der Geschäfte des Provinzialverbandes einen Rechenschaftsbericht ab.

Dem vom Provinziallandtag gewählten und vom König bestätigten Landesdirektor als drittem Organ des Provinzialverbandes oblagen die laufenden Geschäfte der Verwaltung unter der Aufsicht des Provinzialausschusses. Als höchster kommunaler Beamter vertrat er die Provinz nach außen und war der Dienstvorgesetzte der Provinzialbeamten. Er wurde auf zwölf Jahre vom Provinziallandtag gewählt, vom König und vom Staatsministerium bestätigt und schließlich vom Oberpräsidenten vereidigt. Ihm zugeordnet waren die auf Lebenszeit gewählten Landräte und die Landesbauräte als obere Provinzialbeamte. Schließlich bestimmte der Provinziallandtag fünf Mitglieder des Provinzialrates, eine Behörde der allgemeinen Landesverwaltung, über die der Provinzialverband auf die staatliche Provinzverwaltung Einfluß nehmen konnte.

Die genannten Aufgaben gehörten zum Teil zu den Bereichen, die bereits unter die Aufsicht der ständischen Selbstverwaltung gefallen waren. Andere waren bis dahin von der staatlichen Provinzverwaltung wahrgenommen worden. So übernahm der pommersche Provinzialverband 1875 vier bislang staatliche Einrichtungen, drei Hospitäler und ein Waisenhaus.[72]

Die Möglichkeiten zur Ausgestaltung des staatlich zugestandenen Aufgabenkreises hingen in erheblichem Maße von der finanziellen Basis ab, die wiederum vom Staat bemessen wurde. Die Ausschüttung der durch die Dotationsgesetze vom 30. April 1873 und 8. Juli 1875 bewilligten Geldmittel, das Recht des Provinzialverbandes, von Stadt- und Landkreisen Provinzialsteuern zu erheben, und schließlich die Möglichkeit, für besondere Projekte Kredite aufzunehmen, machten die Förderung der Landwirtschaft, das Kleinbahnwesen, den Kanalbau, die Elektrifizierung, den Wohnungs- und Siedlungsbau möglich und allgemein, so der pommersche Oberpräsident von Behr-Negendank, »Unternehmungen, welche das allgemeine Wohl der Provinz zu fördern geeignet erscheinen«.[73]

Die kommunalständischen Verbände wurden durch die neue Provinzialordnung nicht aufgelöst. Es wurde lediglich bestimmt, daß sie die Fürsorge für Landarme, Geisteskranke, Taubstumme und Blinde bis zum 1. Januar 1878 an den Provinzialverband zu übertragen hätten. Das zog sich bis 1881 hin.[74] Auch danach bestanden jedoch einzelne Teile der Verbände weiter und setzten ihre Arbeit unter der Verwaltung des Provinzialverbandes fort. Dies war der Fall bei den drei sozialen Stiftungen aus dem Ressort der ehemaligen vorpommerschen Landstube.[75] Durch die Provinzialordnung von 1875 wurden die Selbstverwaltungsaufgaben der Provinz klar von der staatlichen Verwaltung unterschieden. An der Spitze der staatlichen Provinzverwaltung standen der Oberpräsident und ihm nachgeordnet die Regierungspräsidenten der drei pommerschen Regierungsbezirke.[76]

In der Zeit des Kaiserreichs amtierten sechs Oberpräsidenten in Pommern: Ferdinand Karl Wilhelm August Freiherr von Münchhausen (1867–1882), Ulrich Karl August Wilhelm Hermann Axel von Behr-Negendank (1883–1891), Robert Viktor von Puttkamer (1891–1899), Helmut Freiherr von Maltzahn (1900–1911), Wilhelm Hans August von Waldow (1911–1917) und Freiherr Dr. Hermann von Ziller (1917–1918). Sie stammten alle aus dem Adel. Von Behr-Negendank, von Puttkamer und von Maltzahn waren Pommern, von Waldow war in Mecklenburg, von Münchhausen in Sachsen und von Ziller in Thüringen geboren. Alle waren evangelisch und standen der konservativen Partei nahe. Ihr Karriereweg zeigt jedoch Unterschiede. Von Behr-Negendank hatte noch eine Karriere älterer Prägung durchlaufen. Er war als reicher Gutsbesitzer zunächst Landrat des Kreises Franzburg geworden, zwei Jahre später Regierungspräsident in Stralsund und schließlich für acht Jahre Oberpräsident Pommerns. Von Maltzahns Laufbahn weist hingegen bereits ein modernes Muster auf. Der Freiherr studierte Jura, trat in die preußische Administration ein, schied als Assessor aus, um sich um die Bewirtschaftung seiner Güter zu kümmern, nahm aber dann politische Ämter wahr. So wurde er Reichstagsmitglied und Abgeordneter im Preußischen Landtag, bevor er im Alter von sechzig Jahren Oberpräsident wurde. Von Puttkamer hatte eine steile Karriere in der Verwaltung gemacht. 1871 wurde er Regierungspräsident in Gumbinnen, 1874 in Metz, 1877 wurde er Oberpräsident in Schlesien. Zwei Jahre später übernahm er das preußische Kultusministerium, wechselte 1881 ins Innenministerium und wurde einige Monate später Vizepräsident des preußischen Staatsministeriums. Nachdem er sich aus politischen Gründen einige Jahre auf sein Gut Karzin im Kreis Stolp zurückgezogen hatte, wurde er 1891 zum Oberpräsidenten Pommerns ernannt.

Die Landgemeindeordnung für die östlichen Provinzen aus dem Jahre 1891 rundete das Reformwerk des letzten Drittels des 19. Jahrhunderts ab. Es gewährte nun auch der untersten kommunalen Ebene größere Selbstverwaltungsrechte, so die Wahl eines Gemeindevorstandes und einer Gemeindevertretung. Gutsbezirke konnten aufgelöst oder zusammengelegt werden.[77]

LANDWIRTSCHAFT, INDUSTRIE UND VERKEHRSWESEN

Trotz des wirtschaftlichen und verkehrstechnischen Ausbaus blieb Pommern eine von der Landwirtschaft geprägte Provinz. Mit deutlichem Abstand folgten Industrie und Handwerk, Handel und Verkehr.[78] Zwar nahm die Zahl der in Land- und Forstwirtschaft Beschäftigten seit der Reichsgründung stetig ab, doch gab sie in allen drei Regierungsbezirken ihre Dominanz nicht auf. Besonders im Regierungsbezirk Köslin herrschte die Landwirtschaft vor, wobei der Anteil des Großgrundbesitzes in diesem Regierungsbezirk am kleinsten war. Am größten war dieser Anteil im Regierungsbezirk Stralsund.

Handel und Industrie konzentrierten sich vornehmlich um die Provinzhauptstadt, die im letzten Drittel des Jahrhunderts eine rasante Aufwärtsentwicklung erlebte und sich zum Wirtschaftszentrum und Verkehrsknotenpunkt entwickelte. Auch in Hinterpommern entstand Industrie, welche sich vor allem der Verarbeitung landwirtschaftlicher Produkte widmete oder den Holzreichtum des Landes ausnutzte.

Landwirtschaft

Pommern war Preußens größte Agrarprovinz, wenngleich die naturräumlichen Gegebenheiten sie nicht dazu bestimmten, denn während im Westen des Reiches an 200 Tagen im Jahr Feldarbeit geleistet werden konnte, waren es in Pommern nur 150.[79]

Bodenverhältnisse und Klima schufen wie überall die Voraussetzungen für die Struktur der Landwirtschaft.[80] In Pommern war die Beschaffenheit der landwirtschaftlichen Nutzfläche äußerst unterschiedlich. Der Regierungsbezirk Stralsund hatte im Westen 26,4 Prozent gute Böden, der Weizen-, Roggen- und Zuckerrübenanbau zuließ,

41,5 Prozent mittlere Böden, die sich für den Anbau von Hafer, Gerste und Klee eigneten, 27,1 Prozent leichte Böden, auf denen noch Roggen und Kartoffeln gediehen, und nur fünf Prozent leichteste Böden. Die besten Anbaugebiete waren Rügen und die Gegend um Stralsund und Greifswald.[81] Im Regierungsbezirk Stettin konnten nur 7,3 Prozent der Böden als gut bezeichnet werden, 23 Prozent waren mittlerer Qualität, dafür waren 44 Prozent leichte und 25,7 Prozent leichteste Böden. Die ertragreichsten Gebiete lagen um den Madüsee, die Hochflächen an den Seiten der Oder und im Pyritzer Weizacker. Dort wurden insbesondere Zuckerrüben und Weizen angebaut. Das günstige Klima ermöglichte Sonderkulturen von Gemüse, Obst und Tabak. Der Regierungsbezirk Köslin im Osten der Provinz hatte den schlechtesten Boden. Dort konnten nur drei Prozent der Anbaufläche als gut bezeichnet werden, 17,4 Prozent waren mittlere, 50,6 Prozent leichte und 29 Prozent leichteste Böden. Diese meist sandigen Böden eigneten sich aber noch für den Kartoffelanbau. Lediglich auf einem schmalen Streifen entlang der Küste, zwischen Cammin und Stolp, war der Boden ertragreicher. Auch nach zahlreichen Meliorationsarbeiten bestanden zehn Prozent der Fläche Pommerns aus Mooren, sechs Prozent waren Seen.[82]

Klimatisch gesehen war die Provinz ein Übergangsgebiet in nord-südlicher und west-östlicher Richtung. Das feucht-milde atlantische Seeklima der Küstenländer Westeuropas wechselt sich hier mit dem trocken-kontinentalen Binnenklima Osteuropas mit seinen stärkeren Temperaturschwankungen ab. Im Westen der Provinz bedingt die Nähe zur Ostsee milde Winter- und Sommertemperaturen. Zwar verlängert die Wärme der Ostsee den Herbst, jedoch bedeutet dies auch, daß das winterkalte Meer den Frühling verzögert, was für die Landwirtschaft spätere Aussaat und eventuelle Frostschäden zur Folge hat. Ferner ist das flache Küstenland dem kalten Nordwind schutzlos ausgeliefert. Während sich Vor- und Hinterpommern in den Sommertemperaturen nur wenig unterscheiden, ist der Winter in Hinterpommern kälter. Die regenreichsten Monate sind die Sommermonate Juli und August, was wiederum die Ernte beeinträchtigt.

Drei Viertel der Gesamtfläche Pommerns wurden landwirtschaftlich genutzt. Im Jahre 1895 existierten insgesamt 181 497 landwirtschaftliche Produktionsbetriebe. Dabei dominierte der Großgrundbesitz.[83] Zu den zwanzig Kreisen im Deutschen Reich, welche die größten Großbetriebe aufwiesen, zählten die vorpommerschen Kreise Greifswald, Franzburg, Rügen, Rügenwalde, Anklam und Demmin.[84]

Durch neue Anbau- und Produktionsmethoden, Arbeits- und Antriebsmaschinen, die eine intensive Bearbeitung des Bodens und eine bessere Ausnutzung der Ackerfläche ermöglichten, durch Kunstdünger, der die Erträge steigerte, durch die Förderung des Hackfruchtanbaus und den Anbau von Kraftfutter für die steigende Viehproduktion erlebte die pommersche Landwirtschaft gegen Ende des 19. Jahrhunderts ihre Blütezeit. Zum strukturellen Umbau der Agrarwirtschaft kam die Einrichtung von Landwirtschaftsschulen, der Landwirtschaftskammer und des landwirtschaftlichen Kreditwesens. Diese Institutionen befähigten die pommersche Landwirtschaft, Modernisierungs- und Rationalisierungsmaßnahmen kompetent durchzuführen, sie zu finanzieren und politisch durchzusetzen.

Die Verbesserung der Agrartechnik führte zum einen zur Senkung der Produktionskosten, zum anderen bedeutete sie für Regionen mit schlechterer Bodengüte eine bessere Ausnutzung der Ackerfläche. So verdoppelten sich die Kornerträge zwischen 1879 und 1913 bei den Getreidearten. Noch größer waren die Erträge bei Kartoffeln und Rüben. Zudem erlebte die Provinz neben der Intensivierung der Anbaumethoden in den letzten zwanzig Jahren des 19. Jahrhunders eine Extensivierung der landwirtschaftlichen Nutzfläche durch Urbarmachung von Ödland und der Melioration von Mooren und Seeufern.[85]

Seit seiner Gründung befaßte sich der Provinzialverband mit der Melioration, der künstlichen Veränderung des ober- und unterirdischen Wasserstandes. Seit 1876 verwaltete er den seit 1846 existierenden Kösliner Fonds, welcher 1881 mit dem Altpommerschen Meliorationsfonds vereinigt wurde. Daneben existierten seit 1881 der Meliorationsfonds der Provinz Pommern, der Meliorationszinsenfonds, der seit 1896 den kommunalen, korporativen und wirtschaftlichen Verbänden finanzielle Hilfe leistete und in fünfzehn Jahren über zwei Millionen Mark vergab, ferner der Außerordentliche Meliorationsfonds der Provinz Pommern seit 1900, der durch jährliche Beihilfen der Königlichen Staatsregierung von 40 000 Mark und der Provinz in Höhe von 24 000 Mark gebildet wurde, der Fonds zur Unterstützung genossenschaflicher Meliorationen seit 1912 und der Fonds zur Förderung der Kultivierung der Niedermoore, kurz »Moorfonds«, dessen Gründung zwar am 15. März 1912 beschlossen, jedoch erst 1913 vollzogen wurde. Auch hier flossen Gelder des Staates und der Provinz.[86] Trotzdem blieb der Anteil des Moorbodens in der Provinz beträchtlich. Im Regierungsbezirk Stettin waren es 12,9 Prozent der Gesamtfläche und im Regierungsbezirk Köslin 7,8 Prozent. Hier lag jedoch das mehr als 12 000 Hektar große Leba-Moor, das größte in Pommern.[87]

Eine andere Maßnahme des Provinzialverbandes war der Bau von Kleinbahnen. Die Kleinbahn transportierte landwirtschaftliche Erzeugnisse zu den Verarbeitungsbetrieben oder zu den Schienenanschlüssen der Reichsbahn und lieferte umgekehrt Geräte und Dünger an. Hier wird die Verflechtung der Landwirtschaft mit den sich urbanisierenden Absatzgebieten deutlich. Im Regierungsbezirk Stralsund befand sich die Hälfte der in der Provinz verlegten Kleinbahnschienen. Dort hatte sich im letzten Jahrzehnt des 19. Jahrhunderts der Zuckerrübenanbau stark erweitert, was ursächlich mit der Entstehung der Zuckerfabriken in der Region zusammenhing. Durch die Bahn konnten die Zuckerrüben direkt vom Feld auf die Schiene verladen und schnell und in großen Mengen zu den Fabriken gebracht werden. Überschüsse des Getreide- und Kartoffelanbaus wurden ebenfalls vom Feld direkt verladen und zu den Anschlußgleisen der Stärkefabriken und Brennereien transportiert. Traditionelle Pferdefuhrwerke reichten dafür nicht mehr aus. Die Verlegung von schmalspurigen Kleinbahnschienen war billig, so daß sich die Anschaffung für Guts- und Fabrikbesitzer rentierte. Nach den Geschäftsberichten der vorpommerschen Kleinbahngesellschaften machte der Transport landwirtschaftlicher Produkte zwei Drittel des Gütertransportes aus. So zählte man auf den Strecken der Mecklenburg-Vorpommerschen Schmalspurbahn im Herbst 800 bis 1500 Zuckerrübenzüge. Im Geschäftsjahr 1911/12 betrug der Transport von Zuckerrüben 44,8 Prozent, der von Getreide 8,6 Prozent. An dritter Stelle stand der Transport von Kartoffeln mit sieben Prozent. Umgekehrt wurden zu den landwirtschaftlichen Produktionsbetrieben Rübenschnitzel, Rohzucker, Mehl und Brennstoffe wie Briketts und Steinkohle sowie der sich seit der Jahrhundertwende endgültig durchsetzende Kunstdünger transportiert.[88]

Trotz der intensiven Förderung der Landwirtschaft gehörte Pommern nach der Reichsgründung zu den Problemregionen des Deutschen Reiches. Die Landwirtschaft litt an der überseeischen Konkurrenz, die Warenwege zu den Absatzmärkten im Westen waren lang und somit teuer, und der einheimische Markt war klein.

Die schlechten Verdienstmöglichkeiten und die harten Lebensbedingungen auf dem Lande sowie die sprunghafte Entwicklung der Industrie veranlaßten so manchen pommerschen Landarbeiter oder Bauernsohn, in das Industriezentrum Stettin zu ziehen oder sein Glück in der Reichshauptstadt Berlin zu suchen. Andere wanderten gar nach Übersee aus. Das Phänomen der Landflucht ist zwar in allen östlichen Agrarprovinzen des Deutschen Reiches zu beobachten, nahm aber in Pommern besondere Ausmaße an.[89]

Es muß hier zwischen Binnenwanderung und Auswanderung unterschieden werden. Zur Binnenwanderung gehört in erster Linie der Zuzug der Bewohner ländlicher Regionen Pommerns in die Städte, die in dieser Zeit ihre Einwohnerzahl verdoppelten. Diejenigen Binnenwanderer, die Pommern verließen, gingen in die Hafenstädte Lübeck und Hamburg oder nach Berlin. Der Einzugsbereich der Reichshauptstadt umfaßte den ganzen ost- und mitteldeutschen Raum. Darunter war ein erheblicher Anteil Pommern. Im Jahre 1907 waren von 2 005 100 Berlinern 127 000 in Pommern geboren. Damit standen die Pommern an zweiter Stelle hinter den Schlesiern.[90] Ferner ist eine Ost-West-Wanderung festzustellen. Viele Bewohner Nordostdeutschlands wanderten seit 1880 verstärkt in das rheinisch-westfälische Industriegebiet. Von 6 650 200 Einwohnern der Rheinprovinz stammten im Jahre 1907 rund 12 600 aus Pommern, von 3 777 200 Westfalen waren 8100 in Pommern geboren.[91] Damit bildeten die Pommern die kleinste Gruppe unter den aus Ostdeutschland Zugezogenen.

Die große Masse der deutschen Auswanderer nach Übersee stellten die Nordostdeutschen, vor allem Westpreußen, Posen und Pommern.[92] Dementsprechend etablierten sich Reichskommissare für das Auswanderungswesen nach 1868 in Hamburg, Bremen, Stettin und Swinemünde, die sich vor allem um die zureichende Ausrüstung der Auswanderungsschiffe kümmerten. Nach dem Ende der freien Landnahme in den USA und dem wachsenden Menschenbedarf der deutschen Industrie brach nach 1893 die Auswanderung nach Übersee ab. Für die abgewanderten Einheimischen kamen seit Beginn der neunziger Jahre zunehmend polnische Saison- und Wanderarbeiter.[93]

Mit dem Ansiedlungsgesetz vom 24. April 1886 und dem Rentengutsgesetz vom 27. Juni 1890 mit der ergänzenden Gesetzgebung vom 7. Juli 1891 war auf dem Höhepunkt der Auswanderung die Ausgangsposition für eine erfolgreiche innere Kolonisation geschaffen worden. Durch die Besiedlung unrentablen Großgrundbesitzes und die Schaffung neuer Bauernstellen sollten auf der Grundlage dieser neuen Gesetze potentielle Auswanderer im Lande gehalten werden. In Pommern wurde die Deutsche Ansiedlungsgesellschaft als erste tätig, 1910 entstand auf öffentlich-rechtlicher Grundlage die Pommersche Landgesellschaft, auf privat-rechtlicher Basis 1903 die Pommersche Ansiedlungsgesellschaft. Von 1891 bis 1915 wurden in Pommern 4731 Rentengüter auf 84647 Hektar geschaffen. Fast 126000 Hektar Grundstücke wurden zu Siedlungszwecken erschlossen. Die meisten Rentengüter (2690) hatten eine Größe von zehn bis 25 Hektar, 560 waren größer, 818 umfaßten fünf bis zehn Hektar, 280 lagen zwischen 2,5 und fünf Hektar und 383 waren kleiner.[94]

Da die ausländische Konkurrenz billiger produzierte, als es die pommerschen Landwirte vermochten, war man gezwungen, weiter zu extensivieren und mit Hilfe neuer Technologien zu intensivieren sowie Sonderkulturen zu züchten. Seit 1911 begann man auf pommerschen Gütern mit der Saatzucht. Bald versorgte man auch das europäische Ausland mit Saatgut. Neben dem Ackerbau nahm die Viehwirtschaft einen immer größeren Anteil an der landwirtschaftlichen Produktion ein. So verminderte sich die als Ackerland genutzte Fläche zugunsten von Weideland für die Schaf- und Rinderzucht und von Wald zur Holzgewinnung.[95] In der Schafzucht nahm Pommern den ersten Platz unter allen preußischen Provinzen ein.[96] Seit 1885 konzentrierte sich um Rügenwalde die Fleischveredlungsindustrie. Wie in der pommerschen Industrie gehörten die Jahre um die Jahrhundertwende bis zum Ersten Weltkrieg auch in der Landwirtschaft zu den ertragreichsten. Die Nachfrage wurde innerhalb der Provinz durch die wachsende sich nicht selbst versorgende Stadtbevölkerung gesteigert; landwirtschafliche Produkte, die über die Häfen Stettins, Kolbergs und Stralsunds verschifft wurden, genossen sogar im europäischen Ausland einen guten Ruf.

Für eine bessere Ausnutzung des Bodens und die Verbesserung der Viehwirtschaft arbeitete die 1863 von der Pommerschen Ökonomischen Gesellschaft in Regenwalde gegründete und 1893 nach Köslin verlegte Agrikulturchemische Versuchs- und Samenkontrollstation. Geforscht wurde zu diesem Zweck auch im Milchwirtschaftlichen Institut, das, 1880 in Eckenberg bei Stettin eingerichtet, seit 1891 in Stargard arbeitete und 1900 nach Greifswald verlegt wurde. 1902 wurde in Stargard eine Feldversuchsanstalt eingerichtet.[97]

Nicht nur Fortschritte in der Agrartechnik waren die Ursachen für die Blüte der pommerschen Agrarwirtschaft, sondern auch die Ausbildung der Landwirte in Fachschulen. Das Volksschulwesen hatte seit Beginn des 19. Jahrhunderts erheblich an Qualität gewonnen. Zudem gab es in der Provinz seit 1887 Landwirtschaftsschulen, wie die 1877 in Eldena bei Greifswald oder die 1878 in Schivelbein gegründeten Einrichtungen, die seit 1887 existierenden Winterschulen, die den bäuerlichen Nachwuchs ausbildeten, und die höheren Landwirtschaftsschulen, auf die so mancher Großgrundbesitzerssohn ging. Bis 1877 existierte eine landwirtschaftliche Akademie in Eldena. Schließlich hielten Wanderlehrer Vorträge in der Provinz. An der Greifswalder Universität wurde 1908 eine Forschungsanstalt für Tierseuchen auf der Insel Riems eingerichtet.

In diesen Zusammenhang gehören auch die agrarpolitischen Zusammenschlüsse der pommerschen Landwirtschaft. Dazu zählt die 1896 gegründete Landwirtschaftskammer[98] und der Pommersche Landbund. Auch der Provinzialverband war auf diesem

Sektor tätig. Eine seiner Einrichtungen war die 1890 gegründete Land- und Forstwirtschaftliche Berufsgenossenschaft, in welcher ein Vertreter des Provinzialausschusses im Genossenschaftsvorstand saß.[99] Im Jahre 1908 beschloß der Provinzialverband eine Haftpflichtversicherung der Pommerschen Land- und Forstwirtschaftlichen Berufsgenossenschaft.[100] Seit 1914 bestand demzufolge eine Haftpflichtversicherungsanstalt des Provinzialverbandes.

Industrie

Die Industrialisierung, die in den westlichen Regionen des Deutschen Reiches ihre Durchbruchsphase bereits durchlaufen hatte, löste nach der Reichsgründung auch in den östlichen Provinzen Preußens eine radikale Umwälzung aller gesellschaftlichen Bereiche aus. Die überwiegende Mehrheit der im gewerblichen Sektor beschäftigten Erwerbstätigen waren im Handwerk oder in industriellen Kleinbetrieben tätig. Für den Handel Pommerns war einerseits die Ferne zu den Märkten im Westen, andererseits die Brückenfunktion nach Skandinavien ausschlaggebend. Da nennenswerte Bodenschätze und Energiequellen fehlten, produzierte die pommersche Industrie vorwiegend entweder direkt für die Landwirtschaft, etwa die Düngemittel- und Landmaschinenfabriken, oder verarbeitete landwirtschaftliche oder natürliche Rohprodukte in den zahlreichen Brennereien, Dampfschneide-, Öl- und Getreidemühlen, Zucker-, Stärke- und Papierfabriken, Molkereien und Ziegeleien. An der Küste kamen noch die Fischverarbeitungsindustrie und die Werften hinzu.

Diejenigen Industriezweige, die nicht von Klima und Bodenbeschaffenheit abhängig waren, siedelten sich in der Provinzhauptstadt Stettin an. Von dem seit Mitte des Jahrhunderts forcierten Ausbau der Infrastruktur Preußens profitierte Stettin als Knotenpunkt und Durchgangsstation der Fernstraßen, Eisenbahnen und Dampferlinien, die Stettin mit Berlin, Danzig, Königsberg, Posen und Breslau verbanden. Nach der Vergrößerung der Hafenanlagen und der Vertiefung der Wasserstraßen wurde Stettin ein zentraler Umschlagplatz, der durchaus mit Hamburg und Danzig konkurrieren konnte. Über die Bahn oder die Wasserstraße Oder wurden oberschlesische Kohle und schlesisches Eisenerz nach Stettin gebracht. Skandinavische, baltische und überseeische Rohstoffe wurden importiert. So bezog die aufblühende pommersche Papier- und Pappeindustrie ihr Holz aus Skandinavien, die Eisenindustrie ihre Erze aus Nordskandinavien und die chemische Düngemittelindustrie ihre Rohprodukte aus Nordafrika. Weiter gefördert wurde der Stettiner Seehafen, als Kaiser Wilhelm II. im Jahre 1898 den Freihafen eröffnete und 1880 die Seeverbindung Stettin–Swinemünde, die sogenannte Kaiserfahrt, begradigt wurde. Seehäfen wie Stralsund und Kolberg verloren indes zunehmend an Bedeutung. Rasch wuchs Stettin in das Umland hinein. Zahlreiche Firmen gründeten sich an der Peripherie oder verlagerten ihre Produktion an den Stadtrand.

Firmen der Maschinen-, Elektro-, Konfektions- und chemischen Industrie, die zu den alten Unternehmen zur Herstellung von Ziegeln, Zement, Schamottesteinen und

Die Industrialisierung des 19. Jahrhunderts erfaßte Pommern kaum; lediglich der Großraum Stettin entwickelte sich zu einem frühindustriellen Zentrum mit einer Zuckersiederei, Zementfabriken, Werften, einem Hüttenwerk und verschiedenen anderen Unternehmen, wie sie zu jener Zeit überall entstanden. Industriephotos wie diese um 1900 entstandenen Aufnahmen von der Portland Zementfabrik (oben) und der Stettiner Zuckerfabrik (unten) sind für Pommern daher eher ungewöhnlich.

Im Jahre 1851 gründeten die Ingenieure Fürchtenicht und Brock die Stettiner Vulcan-Werft, die erste Werft für Eisenschiffe. 1852 lief das erste Schiff vom Stapel, 1902 wurde hier einer der ersten Doppelschrauben-Schnelldampfer gebaut. Die Aufnahme von 1925 zeigt die Werft und die inzwischen weit ausgedehnten Hafenanlagen Stettins. Doch schon 1928 kam mit der Wirtschaftskrise das Aus für die traditionsreiche Werft.

Schiffbau hinzukamen, unterstrichen die Bedeutung Stettins als Handels- und Umschlagplatz. Zu nennen ist hier die Stettiner Portland-Zementfabrik Bredow, die vor dem Ersten Weltkrieg 400 Mitarbeiter beschäftigte, oder die Aktiengesellschaft der Chemischen Produkten-Fabriken in Pommerensdorf. Wie die Chemische Industrie profitierte auch die Nahrungs- und Genußmittelindustrie von überseeischen Rohstoffen. Schokolade und Zuckerwaren sowie Kaffeeröstereien produzierten qualitativ hochstehende Produkte, nach denen über die Provinzgrenzen hinaus große Nachfrage bestand. Ferner existierten am Ende des 19. Jahrhunderts rund dreißig Brauereien in Stettin, darunter Bohrisch, Bergschloß und Elysium.[101]

Die Massenproduktion der Stettiner Konfektionsindustrie nahm mit der Entwicklung leistungsstarker elektrischer Industrienähmaschinen ihren Anfang. 1890 zählte Stettin bereits 26 Oberbekleidungsfirmen, die ihre Produkte im ganzen Reich vertrieben, aber auch in das europäische Ausland exportierten. Im Jahre 1900 war dieser Industriezweig auf vierzig Betriebe angewachsen, deren Umsatz sich auf dreißig Millionen Goldmark belief und 10 000 bis 12 000 Schneider beschäftigte. Bis zum Beginn des Zweiten Weltkrieges wuchs die Zahl der Konfektionsbetriebe auf 65 an.[102]

Aus kleinen Anfängen entstand Ende der siebziger Jahre des 19. Jahrhunderts das Stoewer-Imperium, das im Kaiserreich Nähmaschinen, Fahrräder und Schreibmaschinen von Weltruf herstellte. Ebenso bekannt war die Pianofabrik Wolkenhauer. Die Feldmühle Papier- und Zellstoffwerke gehörten seit ihrer Gründung im Jahre 1912 zu den größten Betrieben Stettins. Zu den ältesten Industrien zählte die Schiffbauindustrie mit der Vulcan- und der Ostseewerft. Sie erlebten im Kaiserreich ihre Blüte. Allein die Vulcan-Werft zählte im Jahre 1882 rund 3600 Mitarbeiter. 1906 waren es bereits 6500. Im Jahre 1895 entstand in Stolzenhagen-Kratzwieck nahe Stettin die Hütte »Kraft«. Sie war mit drei Hochöfen der bedeutendste Eisengewinnungsbetrieb der Provinz. Dem Werk angeschlossen waren eine Zementfabrik, eine Kupferhütte, eine Kokerei sowie eine Teer- und Ammoniakfabrik. Das Unternehmen belieferte den Schiffbau und die Maschinenindustrie.

Die anderen Regionen Pommerns folgten mit zeitlicher Verzögerung und weisen Schwankungen auf. So blieb der Anteil der Beschäftigten in Industrie und Handwerk, Handel und Verkehr im Regierungsbezirk Stralsund zwischen 1882 und 1907 gleich. Der Regierungsbezirk Köslin hingegen konnte auf diesen Sektoren ein leichtes Wachstum verzeichnen, das aber nicht mit dem Aufstieg im Regierungsbezirk Stettin zu vergleichen ist. Auch im Bereich Handel und Verkehr überflügelte der Regierungsbezirk Stettin die beiden anderen Regierungsbezirke. Außerhalb Stettins befanden sich nur Betriebe mittlerer Größe wie die Eisengießereien in Torgelow und Ueckermünde oder die Kalk- und Zementwerke in Zarnglaff im Kreis Cammin. Diese Beispiele zeigen, daß nicht nur der Industrialisierungsprozeß in Pommern ungleichmäßig verlief, sondern auch die Entwicklung der einzelnen Sparten innerhalb des gewerblich-industriellen Sektors.

Neben den großen Unternehmen, die neue Absatz- und Wachstumschancen erkannten und mit Hilfe der technischen Fortschritte nutzten, um so die Stückkosten zu senken, existierte eine Reihe hochspezialisierter kleinerer Firmen mit hochqualifizierten Facharbeitern. Ferner stieg im Zuge der zunehmenden Arbeitsteilung und des technischen und organisatorischen Fortschritts die Zahl der kaufmännischen und technischen Angestellten in den Sektoren Handel, Verkehr, Bank- und Versicherungswesen.

Kamen der ersten Phase der Industrialisierung infrastrukturelle Maßnahmen wie der Bau von Straßen, Gleisen und Kanälen zugute, spielten in der zweiten Phase die Energieversorgungsunternehmen eine entscheidende Rolle für die Entwicklung der industriellen Produktionsstätten. Sie wurden zu Indikatoren für das Tempo der Industrialisierung. Die Nutzung der Elektrizität als Energiequelle begann Ende des 19. Jahrhunderts. Stettin erhielt 1898 ein Elektrizitätswerk, das 1911 in den Besitz der Stadt überging, Stargard folgte 1899, Stolp 1900. Wo es das Gefälle des Wassers erlaubte, wurden Wasserkraftwerke errichtet, so 1903 in Lottin, Kreis Neustettin, 1903 in Beßwitz, Kreis Rummelsburg, 1909 in Schojow, Kreis Stolp. Auch Dampfkraft wurde eingesetzt zum Antrieb von Maschinen. Ein solches Werk wurde 1909 in Massow, Kreis Naugard errichtet. Im Regierungsbezirk Stralsund versorgte die vorpommersche Elektrizitäts- und Mühlen-AG in Jarmen mit ihrem Dampfkraftwerk Teile der Kreise Demmin, Greifswald und Anklam.[103] In dieser Region boten auch drei außerhalb Pommerns ansässige Betriebe ihren Strom an. Um dieser Konkurrenzsituation zu begegnen, schlug Landeshauptmann von Eisenhart-Rothe vor, die Stromversorgung Pommerns unter Leitung des Provinzialverbandes und in Zusammenarbeit mit den Kommunalverbänden und den Abnehmern zusammenzufassen. Im Jahre 1910 beschloß der Provinziallandtag, daß sich der Provinzialverband mit einem Drittel der Kosten beteiligen würde, falls die Kommunalverbände die gleiche Summe aufbrächten, und genehmigte ferner die Aufnahme einer Anleihe in Höhe von vier Millionen Mark für diesen Zweck. In der Folgezeit entwickelte die Provinzialverwaltung einen Plan für ein einheitliches System. Danach wurde Pommern in fünf Zonen – Stralsund, Stettin, Massow, Belgard und Stolp – mit je einer Überlandzentrale eingeteilt. Vom Provinziallandtag großzügig gefördert, schritten die Arbeiten so rasch voran, daß die meisten der Überlandleitungen bis 1912 in Betrieb genommen werden konnten.

Die Industrie machte sich nicht nur die technischen Errungenschaften der Zeit zunutze, sondern auch die Fortschritte in der Ausbildung. Schon vor der Reichsgründung existierte in Stettin eine Schiffahrtsschule, in der Steuerleute und Schiffer ausgebildet wurden. Neu gegründet wurden Lehranstalten für Seedampfschiffsmaschinisten, für Bauhandwerker und Maschinenbauer.[104]

Verkehrswesen

Das immer dichter werdende Verkehrsnetz band die Provinz nach 1871 in den größeren Zusammenhang des Deutschen Reiches, förderte die Wirtschaft innerhalb Pommerns, sorgte für die rasche Belieferung des einheimischen Marktes und gab dem Export entscheidende Impulse.

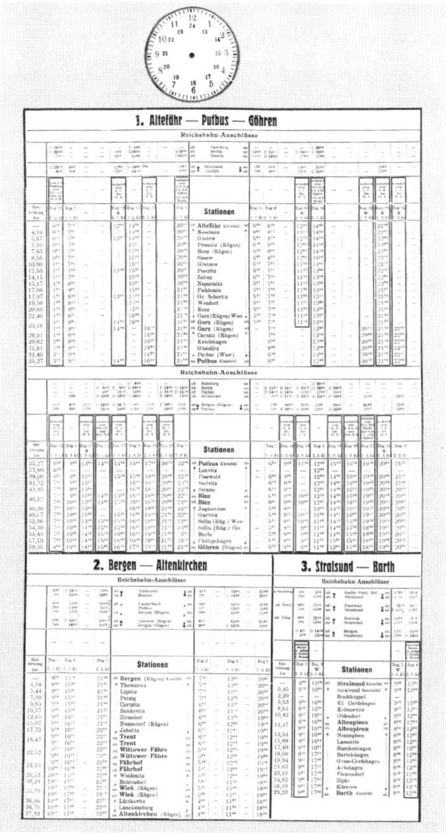

Die Fähre Stralsund–Altefähr verband vor der Fertigstellung des Rügendamms 1938 das Festland mit Deutschlands größter Insel. Nach ersten Anläufen bereits vor dem Ersten Weltkrieg begannen 1933 schließlich die Bauarbeiten für den rund 2,5 Kilometer langen Damm über den Strelasund für den Eisenbahn- und den Autoverkehr. Am 5. Oktober 1936 wurde der Rügendamm für den Eisenbahnverkehr freigegeben; 1937 wurde er für den Autoverkehr geöffnet. Die Ziegelgrabenbrücke war insgesamt 133 Meter lang. Der Klappbrückenteil überspannte 29 Meter und konnte für den Schiffsverkehr auf dem Strelasund geöffnet werden. Zwischen dem Dänholm und Rügen gab es für die Seeschiffahrt keine Passagemöglichkeit.

Die Eisenbahn war seit 1840 zum wichtigsten Fernverkehrsmittel aufgestiegen. Nach der ersten Phase der Erschließung eines Schienennetzes in Pommern im zweiten Drittel des 19. Jahrhunderts folgte der forcierte Ausbau des Streckennetzes nach der Reichsgründung.[105] Eine wichtige Ergänzung des Streckennetzes bildete die »Nordbahn« Stralsund–Demmin–Neubrandenburg–Berlin. Die erste Streckenetappe von Berlin wurde am 10. Juli 1877 eröffnet, der Streckenabschnitt Demmin–Stralsund am 1. Januar 1878 eingeweiht. Die bereits 1870 genehmigte, infolge des Konkurses der Berlin-Stettiner Eisenbahngesellschaft aber erst 1878 durch den preußischen Staat eröffnete Pommersche Zentralbahn führte auf einer Strecke von 149 Kilometern über Neustettin nach Konitz. 1878 wurden die Strecken Stargard–Köslin–Danzig und Belgard–Kolberg der Verwaltung der Königlichen Eisenbahndirektion der Ostbahn überwiesen. Per Gesetz vom 20. Dezember 1879 wurde die Berlin-Stettiner Eisenbahn verstaatlicht und eine königliche Eisenbahndirektion Stettin für die Verwaltung aller zugehörigen Strecken, außer der Ostbahn, errichtet, nach zwei Jahren zugunsten der Königlichen Eisenbahndirektion Berlin aber wieder aufgelöst. Nach der Neuordnung des Staatsbahnwesens am 1. April 1895 erhielt Stettin wieder eine Eisenbahndirektion, jedoch erfolgte die Verwaltung einiger Strecken von Danzig aus. Die Hauptstrecken wurden nun durch zahlreiche Nebenlinien ergänzt. 1885 trafen sich in Neustettin fünf Linien zu den Hauptstrecken, die in Richtung Ruhnow und Belgard, Stolp, Konitz und Schneidemühl verliefen.

Ein Projekt, das relativ spät in Angriff genommen wurde, war die Erschließung Rügens. Am 1. Juli 1883 wurde die Bahnstrecke von Altefähr nach Bergen eröffnet, acht Jahre später, am 1. Juli 1891, war auch die Fortsetzung bis Saßnitz fertiggestellt, von wo dann seit 1897 die Eisenbahnfähre in Richtung Schweden weiterführte. In den folgenden Jahren wurden insbesondere die Inseln Darß-Zingst, Rügen, Usedom und Wollin und die pommersche Seenplatte erschlossen, womit auch der Beginn des Massentourismus eingeläutet wurde. 1897 hatte jede Kreisstadt einen Bahnanschluß. Die Anbindung an das Eisenbahnnetz veränderte ganze Regionen. Durch die Bahnanbindung Berlin–Stettin war der Stettiner Hafen gleichsam zum Seehafen Berlins und damit wirtschaftlich attraktiv geworden. Knotenpunkte wie Neustettin erlebten einen raschen Aufstieg.

Mit dem Erlaß des preußischen Gesetzes über Klein- und Privatanschlußbahnen vom 28. Juli 1892 wurde neben den Strecken der Reichsbahn auch der Bau von überwiegend schmalspurigen Kleinbahnen gefördert. Schon im folgenden Jahr beschloß der Provinziallandtag, leistungsfähigen Kleinbahnunternehmen eine finanzielle Beteiligung an der Aufbringung des Anlagekapitals zuzusagen, wenn sich die interessierten Kommunalverbände mit dem gleichen Betrag beteiligten und keine Kosten für den Grunderwerb entstünden. 1894 wurde die zugesagte Summe auf 8000 Mark pro Kilometer begrenzt und erst allmählich erhöht.[106] Schon im Jahre 1900 war das Kleinbahnnetz auf mehr als tausend Kilometer angewachsen. Der Provinzialverband richtete eine eigene Kleinbahnabteilung ein. Das gesamte Netz umfaßte 1694 Kilometer.

Der Hauptreiseverkehr der Personenwagen entwickelte sich auf der Strecke Putbus–Binz–Sellin–Baabe–Gören, die den Beinamen »Bäderstrecke« erhielt. Die »Aktiengesellschaft Ostseebad Binz« verzeichnete nach dem Bau der Strecke Putbus–Binz einen sprunghaften Anstieg der Badegäste. Kamen im Jahre 1870 nur achtzig Badegäste, waren es 1900 bereits 10 000 und 1910 sogar 22 000. Eine ähnliche Entwicklung erlebten auch die anderen Ostseebäder. Schon 1910 forderte deshalb der Rügensche Ostseebäderverband in einer Denkschrift den Umbau in eine normalspurige Bahnstrecke, da die Kleinbahn an der »äußersten Grenze ihrer Leistungsfähigkeit angekommen« sei.[107]

1879 wurde die Stettiner Straßen-Eisenbahngesellschaft gegründet, die noch im selben Jahr die erste Strecke von fünf Kilometern Länge im Zwölfminutentakt mit Pferdebahnen befuhr. 1896/97 wurde das gesamte Netz von 35 Kilometern elektrifiziert.[108]

Vor 1876 war das Wegenetz der Provinz in Staatschausseen, nichtfiskalische Chausseen und unchaussierte Wege eingeteilt.[109] Die Dotationsgesetze vom 30. April 1873 und vom 8. Juli 1875 regelten die Zuständigkeit für den Straßenbau neu. Nun war der Provinzialverband Eigentümer der rund 1420 Kilometer Staatsstraßen und zu ihrem Unterhalt verpflichtet. Ferner sollte er den Gemeinde- und Kreiswegebau fördern. Der Staat beteiligte sich mit einem Zuschuß von 950 000 Mark jährlich. Der Provinzialverband delegierte die Verwaltung und Unterhaltung 1877 weiter an die Kreise.

Die zuvor vom Kommunalverband Neuvorpommerns und Rügens verwalteten Chausseen fielen 1884 in die Verwaltung des Provinzialverbandes. Das Gesetz vom 2. Juni 1902 gewährte der Provinz für den Neubau und den Unterhalt der Chausseen eine zusätzliche Jahresrente von 832 000 Mark. Überdies erhielt der Provinzialverband weitere 490 000 Mark für den Wegebau, von denen ein Drittel den leistungsschwächeren Kreisen zugewiesen werden mußte. Der Provinzialverband, der sich so intensiv dem Kleinbahnbau widmete, maß dem Straßenbau weniger Bedeutung zu. Die einstmals als Fernstraßen konzipierten Chausseen hatten ihre Bedeutung mit dem Ausbau des sich durch Schnelligkeit und Bequemlichkeit auszeichnenden Eisenbahnnetzes verloren und wurden nur noch für den Nahverkehr genutzt. Erst mit dem Aufkommen des Kraftfahrverkehrs erhielten die Chausseen ihre alte Bedeutung als Durchgangsstraßen zurück.

In Pommern waren die alten, seit vielen Generationen genutzten Wasserwege wegen mangelnden Tiefgangs und zunehmender Versandung im Zuge dieser Entwicklung ganz in den Hintergrund getreten. Übrig blieb die Oder als größte Wasserstraße, unterhalb Stettins für den Seeverkehr, oberhalb für die Binnenschiffahrt. Aber auch hier mußte künstlich begradigt und vertieft werden. Neben die Seeverbindung Stettin–Swinemünde traten seit 1881 der Oder-Dunzig-Kanal und 1914 nach acht Jahren Bauzeit der Großschiffahrtsweg Berlin–Stettin, der beide Städte zu einer Verkehrseinheit zusammenschloß. Er war ausgelegt auf 600-Tonnen-Schiffe von maximal acht Metern Breite, 65 Metern Länge und 1,75 Metern Tiefe, wobei zwei Schiffe einander begegnen konnten.[110]

Während der Stettiner Hafen intensiv ausgebaut und erweitert wurde, verkamen die meisten Flußmündungshäfen zu bloßen Fischereihäfen. Ausnahmen bildeten lediglich Swinemünde als Kriegshafen und Stolpmünde als Ausfuhrhafen für hinterpommer-

In der zweiten Hälfte des 19. Jahrhunderts entstehen an der pommerschen Ostseeküste wie an einer Perlenschnur aufgereiht die Badeorte. Ein neues Lebensgefühl findet Ausdruck in den Strandvillen und Hotels. Nicht mehr von Wasser und Wind abgewendet sind diese Bauten, vielmehr öffnen sie sich mit großen Veranden und Loggien aus weißgestrichenem Holz zum Meer. Seit dem Fall der Mauer erwachen Sommerresidenzen wie diese in Saßnitz, ja ganze Orte zu neuem Leben.

sche Produkte. Kolbergs Bedeutung als Hafen schwand zugunsten des Kur- und Badebetriebes. Der 1895 angelegte Hafen von Saßnitz hingegen erlangte Bedeutung als Ausgangspunkt der Eisenbahnfähre nach Skandinavien.

SOZIALE VERHÄLTNISSE

Das Volkseinkommen in Preußen hat sich während des Kaiserreiches fast verdreifacht, obwohl es in den Jahren 1878, 1879, 1901 und 1902 sank.[111] Die Verteilung auf die verschiedenen Provinzen und Einkommensarten war jedoch sehr ungleichmäßig. So betrug das Gesamteinkommen der natürlichen Personen in Pommern im Jahre 1913 insgesamt 910 000 Mark, womit Pommern an drittletzter Stelle unter den preußischen Provinzen vor Posen und Westpreußen lag. Das Pro-Kopf-Einkommen belief sich auf 576 Mark im Jahr, das waren nur 75,2 Prozent des Reichsdurchschnitts. Damit verdienten die Pommern jedoch mehr als die Menschen in Posen, Ost- und Westpreußen.[112]

Die durchschnittliche Arbeitszeit betrug nach der Reichsgründung zwölf Stunden pro Tag, vor dem Ersten Weltkrieg wurde die Stundenzahl auf 9,5 reduziert. Erst 1891 wurde ein Verbot der Sonntagsarbeit eingeführt, das jedoch zahlreiche Ausnahmen vorsah. Mit sinkender Arbeitszeit und steigenden Löhnen nahm der Wohlstand der Arbeitnehmer zu, und auch die Sozialgesetzgebung der achtziger Jahre wirkte sich günstig aus. Bei den sozial Schwächsten, Behinderten, Ungelernten und Kinderreichen blieb die Not dennoch groß. Ganz besonders schwer hatten es auch die Landarbeiter ohne Arbeitszeitbegrenzung und Sonntagsruhe. Sie hausten in unzulänglichen Wohnungen und litten unter schlechter Ernährung. Dies machte sie anfällig für Mangelkrankheiten wie die Tuberkulose.

Das Gesundheitswesen erfuhr nach 1875 in Deutschen Reich erhebliche Verbesserungen. Zu den Einrichtungen des Provinzialverbandes zählten die 1875 gegründete Landarmenanstalt in Ueckermünde, verbunden mit einer Knaben-Bewahranstalt in Zarnowmühle, eine im selben Jahr ins Leben gerufene Landarmenanstalt in Neustettin, verbunden mit einer Knaben-Erziehungsanstalt. Ferner gab es seit 1890 eine Provinzialsiechenanstalt in Bütow. Der Provinzialverband betrieb sieben Irrenanstalten, zwei Blindenanstalten und vier Taubstummenanstalten. Im Regierungsbezirk Stralsund gewährte die König-Wilhelm-Stiftung Beihilfen zu Pflegegeldern für arme Kinder, die in Rettungs- und Waisenhäusern untergebracht waren. In Neuvorpommern und Rügen gab es einen Fonds zur Unterstützung arbeitsloser Frauen in Notsituationen, denen beispielsweise Geld zum Ankauf von Flachs oder Wolle gegeben wurde. Schießlich gewährte die Neuvorpommersche Wilhelm-Stiftung invaliden Militärpersonen finanzielle Beihilfen. 1876 lag die Anzahl der Ärzte und des Pflegepersonals in der Provinz Pommern unter dem preußischen Durchschnitt.[113]

DER ERSTE WELTKRIEG

In Stettin und in allen anderen Städten und Gemeinden Pommerns bejubelte man 1914 ebenso wie im übrigen Deutschen Reich den Auszug der Soldaten. Die neuesten Berichte von der Front waren täglicher Gesprächsstoff. Fast hysterisch machte man Jagd auf vermeintliche Spione und führte heiße Diskussionen über Landesverräter. Männer, die vielleicht nie zuvor ihr Dorf verlassen hatten, erzählten auf ihren Heimaturlauben vom Grabenkrieg, vom Krieg zu Wasser und in der Luft, von Kiew, Bukarest, Jerusalem und Konstantinopel. Der anfänglichen Begeisterung folgte bald die Ernüchterung. In vielen Kreisen der Bevölkerung herrschte Enttäuschung, daß der Krieg nicht den versprochenen Verlauf nahm und der nach sechs Wochen erwartete Siegfrieden ausblieb. Statt dessen beklagten immer mehr Familien den Tod eines Vaters, Sohnes, Bruders oder Ehemannes. Aber nicht nur die Berichte von der Front wurden schlechter, auch das Leben in der Provinz wurde härter.

Mit Kriegsbeginn war die vollziehende Gewalt in den Stadt- und Landkreisen Pommerns auf die militärischen Instanzen übergegangen. So wurden die staatlichen und die Behörden der provinziellen Selbstverwaltung einem militärischen Befehlshaber unterstellt. Mit Ausnahme eines Streifens im Osten war der oberste Militärbefehlshaber Pommerns der Stellvertretende Kommandierende General des II. Armeekorps in Stettin.

Da die Mobilmachung unerwartet gekommen und Kriegsvorbereitungen nicht getroffen worden waren, kam es in der Industrie zu Produktionsrückgängen. Die Kriegswirtschaft beeinträchtigte alle nicht kriegsnotwendigen Industriezweige. Die Bautätigkeit lag in der Provinz danieder, Kleiderstoffe, Wolle und Leder, die für die bedeutende Textilindustrie Stettins lebensnotwendig waren, wurden zur Mangelware, und mit der Sperrung der Häfen lag der Einfuhrhandel ebenfalls brach. Ähnlich erging es der Ostseefischerei. Nur noch kriegswichtige Industriezweige wurden gefördert und erhielten Rohstoffe, wie zum Beispiel schwedisches Eisenerz, das über die Oder weitertransportiert wurde. Auf der Stettiner Vulcan-Werft und in den Stettiner Oderwerken wurden seit 1915 Kriegsschiffe gebaut. Neben der Rohstoffknappheit gehörte schon bald der Personalmangel zu den größten Problemen der pommerschen Wirtschaft. Frauen, Jugendliche und zunehmend auch Kriegsgefangene übernahmen die Arbeit in der Fabrik und auf dem Feld.

Auch die Verwaltung der Provinz war auf den Krieg nicht vorbereitet worden und stand nun vor der gewaltigen Aufgabe der Betreuung von Hinterbliebenen gefallener Soldaten und der Kriegsbeschädigtenfürsorge. Lebensmittel- und Brennstoffmangel forderten einen zusätzlichen Verwaltungsaufwand. Die Einberufungen verringerten aber die Zahl der in der Provinz tätigen Beamten, so daß die zahlreichen Aufgaben mit weniger Personal durchgeführt werden mußten. Dies bedeutete beispielsweise für die Landräte, die für unabkömmlich erklärt worden waren, daß sie die mit der Mobilmachung zusammenhängenden Aufgaben koordinieren mußten. Zunächst legte die Regierung die Höchstpreise für Getreide und Kartoffeln fest, um so der weiteren Verknappung, Schleichhandel und Schwarzmarkt entgegenzuwirken. 1915 wurde die Brotkarte eingeführt, 1916 die Fleisch- und die Fettkarte. Die Lage verschärfte sich weiter, und bald gab es kaum noch Lebensmittel, die nicht rationiert waren. Die Zuteilungen wurden indes immer kleiner, sicherten der Bevölkerung aber wenigstens ein Minimum zum Überleben. Die Ernährung bestand im wesentlichen aus Kartoffeln und Brot, bis auch diese Lebensmittel knapp wurden und die Wruke ihren Platz einnahm. Besonders die Bevölkerung in Pommerns Städten begann zu hungern. Aber auch auf dem Lande wurde die Situation immer angespannter, da Arbeitskräfte eingezogen wurden, Zugtiere fehlten, der Kunstdünger, der sich seit der Jahrhundertwende durchgesetzt hatte, nicht mehr in ausreichendem Maße hergestellt und die technischen Geräte nur noch unzureichend gewartet werden konnten. Im Winter 1917 waren Kohlen so knapp, daß in vielen Haushalten nicht mehr geheizt werden konnte. Gas- und Elektrizitätswerke standen zeitweise still.

In den Landkreisen hatten sich die Landräte aber weniger mit der Versorgung der Bevölkerung zu befassen als vielmehr Bestandsaufnahmen der landwirtschaftlichen Produkte zur Versorgung der Provinz und des Reiches zu erstellen. Die Stadtkreise hingegen mußten sich um die Versorgung der Bevölkerung mit Lebensmitteln kümmern. Dabei erzielte der an der Spitze der staatlichen Provinzverwaltung stehende Oberpräsident von Waldow bei der Bewirtschaftung der Lebensmittel derartige Erfolge, daß er 1917 zum Staatssekretär des neugeschaffenen Kriegsernährungsamtes und zum preußischen Staatskommissar für Volksernährung im Range eines Staatsministers ernannt wurde. Er gründete den Pommerschen Viehhandelsverband und die Pommersche Gemüsebau- und Verwertungsgesellschaft zur Förderung der Versorgung des übrigen Reiches.

Der Provinzialverband machte die Sorge um die Hinterbliebenen zu seiner Angelegenheit. 1916 rief er eine Kriegshilfskasse der Provinz Pommern ins Leben, die die staatlichen Hilfsmaßnahmen ergänzte und so den Betroffenen ein Existenzminimum sicherte. Je länger der Krieg dauerte, um so schlechter wurde die Versorgung. Der Steckrübenwinter von 1916/17 mit seinen Folgen für die Gesundheit von Kindern und Alten und die immer länger werdenden Schlangen vor den Geschäften verschärften die Antikriegshaltung der Bevölkerung. Nach vier langen Jahren war die Leidensfähigkeit der Bevölkerung erschöpft. Es kam zu Hungerrevolten, und die Rufe nach Frieden waren nicht mehr zu überhören.

POMMERN IN DER WEIMARER REPUBLIK

Der militärischen Niederlage folgte der politische Zusammenbruch des Kaiserreichs. Durch die Bildung eines polnischen Korridors wurde Pommern im Osten zur Grenzprovinz. Durch die Angliederung ehemals westpreußischer Gebiete, die Restkreise Neustadt im Westpreußen und Karthaus, vergrößerte sich das Provinzgebiet 1922 geringfügig um sechzig Quadratkilometer.[114] Nach der Volkszählung vom 8. Oktober 1919 lebten nun 1 787 179 Menschen in der Provinz. Das machte durchschnittlich

Während die Kommunistische Partei Deutschlands (KPD) in den ländlichen Regionen stets weniger erfolgreich war, konnte sie in den Städten und Industrieregionen große Hallen füllen und zweistellige Wahlergebnisse erzielen. In Pommern konzentrierte sich die Partei daher auf Stettin. Im Wahlkampf zu den Reichstagswahlen im September 1930 trat sogar der prominente Willi Münzenberg als Redner auf einer Wahlkundgebung der Kommunisten in Stettin auf.

59 Einwohner pro Quadratkilometer. Die Bevölkerung nahm zwischen 1910 und 1925 um 160 000 Menschen zu. Dies entspricht einem Prozentsatz von 9,7 Prozent.[115] Damit lag Pommern im Vergleich zu den anderen preußischen Provinzen an vierter Stelle hinter den westlichen Industrieregionen.

Die im ganzen Reich seit Mitte des 19. Jahrhunderts stattfindende Verschiebung des Bevölkerungsschwerpunktes vom Land in die Stadt fand in Pommern nur in Stettin statt. Sieht man vom Industriezentrum Stettin und dem mit der Stadt eng verbundenen Landkreis Randow mit zusammen rund 362 000 Einwohnern ab, dann betrug die durchschnittliche Einwohnerzahl der pommerschen Kreise 46 000.[116]

Die Novemberrevolution

Am 10. November 1918 wurden in Stettin, Greifswald, Pasewalk, Stargard und Swinemünde Arbeiter- und Soldatenräte gebildet, lediglich in Stralsund hatte sich schon am Tag zuvor ein Arbeiter- und Soldatenrat konstituiert. Am 11. November traten Arbeiter- und Soldatenräte in den Kreisstädten Barth, Bütow, Neustettin, Köslin und Stolp auf. In einer vom Oberpräsidium erstellten Statistik vom 5. Januar 1919 existierten zur Jahreswende in 231 pommerschen Städten und Gemeinden Arbeiter- und Soldatenräte, keine Kreistadt fehlte. Der Regierungsbezirk Stettin lag mit 135 Orten an der Spitze, der flächenmäßig größere Regierungsbezirk Köslin wies nur 72 Arbeiter- und Soldatenräte auf, dagegen waren sie im kleinsten Regierungsbezirk Stralsund mit 34 Städten und Gemeinden relativ stark vertreten. Nirgends kam es zum gewaltsamen Umsturz, der Einsatz des Militärs war nicht nötig, Demonstrationen verliefen friedlich. Den gemäßigten Sozialdemokraten gelang es, die Führung zu übernehmen und zu verteidigen. So beschlossen die Räte auf einer Provinzialversammlung am 29. November mit den Stimmen der MSPD-Mehrheit die Vorbereitung für die Einberufung der Nationalversammlung. Wilde Räte, die in den ersten Tagen eigenmächtig Haussuchungen und Beschlagnahmen durchführten und Landarbeiter aufstachelten, wurden verboten.[117]

Personalpolitisch trat in der Verwaltung kein gravierender Wandel ein. Vielmehr arbeiteten Räte mit der Verwaltung zusammen, um den dringendsten Problemen zu begegnen. Dies zeigte sich auch in der Zusammenarbeit mit dem Oberpräsidenten Georg Michaelis, der – bei allen persönlichen Vorbehalten gegen die Sozialdemokraten – zur Weiter- und Zusammenarbeit bereit war. Unter seiner Ägide überdauerten die meisten der vorwiegend konservativen Landräte die Revolution. Nur fünf der 21 Landräte wurden 1919 ausgewechselt, ferner die Regierungspräsidenten von Stralsund und Köslin.[118] In den konservativ geprägten ländlichen Regionen Pommerns wurde die Novemberrevolution als großes Unglück empfunden. So weigerte sich beispielsweise der spätere Vorsitzende des Konservativen Hauptvereins, Ewald von Kleist-Schmenzin, die neue politische Situation anzuerkennen. Er teilte seinen Gutsarbeitern mit: »... solange der König von Preußen widerrechtlich an der Ausübung der Regierung gehindert ist, übernehme ich diese hiermit stellvertretend für Schmenzin.«[119]

Immer stärker organisierten sich gegenrevolutionäre rechte Gruppierungen. Aus Enttäuschung über das Ergebnis der Wahl zur Nationalversammlung am 19. Januar 1919 und in Reaktion auf die am 12. November 1918 erlassene Landarbeiterverordnung, nach der erstmals Tarifverträge auf dem Lande abgeschlossen, Löhne und Arbeitszeit geregelt wurden, gründeten Großgrundbesitzer im Februar 1919 den Pommerschen Landbund, der zur größten agrarsozialen Interessenvertretung in Pommern wurde und 1921 bereits 120 000 Mitglieder zählte. Sein Ziel war die Schaffung einer Einheitsfront vom Landarbeiter bis zum Gutsbesitzer gegen die sozialdemokratischen Gewerkschaften. Major von Dewitz nahm als Vorsitzender des Landbundes Verbindung zum II. Armeekorps in Stettin auf. Noch im März 1919 belieferte das II. Armeekorps den Landbund mit Waffen. Parallel dazu bildeten sich im Frühjahr 1919 Einwohnerwehren. Inzwischen ging die Macht der Räte zurück. Lediglich in Stettin und einigen größeren Städten konnten sie sich bis 1920 halten.

Präsenz und Stärke der gegenrevolutionären Strömungen Pommerns zeigten sich im Sommer 1919. Es kam zu Unruhen und Streiks. Am 15. Mai 1919 eskalierten kommunistische Kundgebungen in Stettin zu einem Massenaufstand mit Straßenkämpfen und Plünderungen. Die Regierung antwortete mit der Verhängung des Belagerungszustands und der Verstärkung des Stettiner Militärs, das den Aufstand beendete. Ende August flackerten im Kreis Neustettin und Belgard Erntestreiks auf, die ebenfalls mit dem Belagerungszustand beantwortet wurden.

Größere und kleinere Unruhen wurden durch den Kapp-Lüttwitz-Putsch am 13. März 1920 überholt. Auch hier zählten antirepublikanische Kräfte aus Pommern zu den Aktivisten. So stellte der pommersche Landbundführer von Dewitz ein ganzes Infanterieregiment auf, das zur Unterstützung Kapps nach Berlin geschickt wurde. Daneben beherbergte Pommern Angehörige der »Eisernen Division«, die im Baltikum im Einsatz war. Nach der offiziellen Auflösung der Division waren sie quasi als Privatarmee auf pommerschen Gütern untergebracht. Pommern zogen auch in Freikorpsformationen gen Westen, um am Ruhrkampf teilzunehmen. Das Scheitern des Hitlerputsches im fernen München löste bei Ewald von Kleist-Schmenzin Niedergeschlagenheit aus; alle Pläne seien dadurch zunichte gemacht worden.[120]

Die Verwaltung der Provinz

Die Revolution von 1918/19 schuf die Voraussetzungen für die demokratische Neuordnung Deutschlands. Preußen bildete nun mit seinen Provinzen innerhalb des Reiches einen einheitlichen Freistaat, der 1920 (mit Änderungen 1921 und 1924) seine Verfassung erhielt. Diese umfaßte weitgehende innen-, wirtschafts-, kultur- und bildungspolitische Rechte und billigte den Provinzen größere Selbstverwaltungsrechte zu.

Bis 1932 blieb Pommern in die drei Regierungsbezirke Stettin, Köslin und Stralsund gegliedert. 1920 wurden Kolberg und 1923 Köslin zu Stadtkreisen erhoben. Somit hatte Pommern sieben Stadt- und 28 Landkreise. Im Kreis Franzburg wurde 1925 das

Landratsamt von Franzburg nach Barth verlegt und der Kreis 1928 in Kreis Franzburg-Barth umbenannt. Zu einer einschneidenden Veränderung kam es während der Wirtschaftskrise, als die ökonomische Lage und der damit verbundene Rückgang der Steuereinnahmen das Reichskabinett unter von Papen und die von diesem eingesetzte preußische Regierung zwangen, Sparmaßnahmen einzuleiten. In Pommern betraf das unter anderem den Regierungsbezirk Stralsund, der mit Wirkung vom 1. Oktober 1932 dem Regierungsbezirk Stettin angegliedert werden mußte.[121] Noch im selben Monat wurden auf Verfügung der kommissarischen Regierung die Kreise Belgard und Schivelbein zum Kreis Belgard-Schivelbein mit Sitz in Belgard, die Kreise Bublitz und Köslin mit Sitz in Köslin zusammengelegt.

In der Weimarer Republik wirkten drei Oberpräsidenten in Pommern. Nachdem der ehemalige Reichskanzler Georg Michaelis, ein gebürtiger Schlesier, der vom 1. April 1918 bis zum 1. April 1919 amtierte, in den Ruhestand versetzt worden war, übernahm Julius Lippmann dieses Amt. Mit Lippmann wurde erstmals ein Bürgerlicher für dieses Amt bestimmt, der sich ferner von seinen Vorgängern dadurch unterschied, daß er Mitglied der DDP war, und schließlich war er zwar evangelisch, stammte aber aus einer jüdischen Familie. In konservativen völkisch-nationalen Kreisen wurde seine Ernennung geradezu als Affront betrachtet. Als dieser Oberpräsident jedoch 1930 pensioniert wurde, schied er als allseits geachteter Mann aus dem Amt.[122] Ihm folgte Carl von Halfern, der als DVP-Mitglied nach der Machtergreifung der Nationalsozialisten 1933 aus dem Amt schied.

In der Preußischen Verfassung von 1920 wurde die Bedeutung des Rechts der Kommunen auf Selbstverwaltung hervorgehoben. Es wurde darin verfügt, daß der Provinziallandtag von jetzt an nach den Grundsätzen des Verhältniswahlrechts aus allgemeinen, gleichen und direkten Wahlen hervorgehen solle. Bei den Kreis- und Provinziallandtagswahlen im Jahre 1921 wurde erstmals nicht mehr nach dem Dreiklassenwahlrecht, auch nicht mehr indirekt durch Stadträte und Kreistagsmitglieder, sondern unmittelbar von der Provinzbevölkerung gewählt.[123] Ferner wurden die Kompetenzen des Provinzialverbandes erheblich erweitert. Er durfte den Oberpräsidenten und den Regierungspräsidenten mitbestimmen und war gemäß Artikel 60 und 63 der Weimarer Reichsverfassung im Reichsrat vertreten. Schließlich fiel die Zweckbindung der Dotationen weg, so daß der Provinzialverband freier über die Verwendung seiner finanziellen Mittel verfügen konnte.

Nachdem nun nicht mehr Land- und Stadtkreise die Abgeordneten bestimmten, sondern Parteien zur Wahl antraten, bildeten sich neue Strukturen in diesem parlamentarischen Gremium aus. Wie bei Reichstagswahlen wurde auch hier die Deutschnationale Volkspartei die stärkste Partei. Sie erreichte mit 48,5 Prozent im Jahre 1925 ihr bestes Ergebnis. Zweitstärkste Fraktion im Provinziallandtag war die SPD, die anderen Parteien folgten erst mit großem Abstand. Bei den Provinziallandtagswahlen am 17. November 1929 zogen erstmals die Nationalsozialisten mit vier Abgeordneten in den Landtag ein, unter ihnen der NSDAP-Gauleiter Walther von Corswant. Am 12. März 1933 ließ die NSDAP ihre Konkurrenten mit 57,9 Prozent weit hinter sich.

Der Provinzialverband erlebte in den Jahren der Weimarer Republik seine Blütezeit. Er förderte die Elektrifizierung Pommerns und den Wohnungs- und Siedlungsbau, aber auch die Kultur wurde stärker als zuvor gefördert. Der Provinzialverband Pommerns wurde zum Motor insbesondere des wirtschaftlichen Geschehens in der Provinz.

Finanzielle Belastungen durch den Ersten Weltkrieg und die Inflation machten eine Reform der Finanzverwaltung notwendig. Die Dotationen wurden erhöht, Pommern erhielt Anteile an Reichssteuern, namentlich aus der Einkommens- und Kraftfahrzeugsteuer. Mit dem preußischen Ausführungsgesetz zum Finanzausgleichsgesetz vom 30. Oktober 1923 erhielt die Provinz wieder eine solide Basis mit Anspruch auf die gesamte Kraftfahrzeugsteuer, Anteile an der Einkommens- und Körperschaftssteuer, ferner eine Dotation aus dem Preußen verbliebenen Anteil an diesen beiden Steuern. Allein im Jahre 1924 flossen dem pommerschen Provinzialverband auf diese Weise 7,4 Millionen Mark zu. Dies deckte bereits 75 Prozent des ordentlichen Finanzbedarfs. Die restlichen 25 Prozent mußten durch Staatsdotationen und durch Provinzialabgaben aufgebracht werden.[124]

Die Beziehung zwischen Staat und Provinzialverband erfuhr nach 1918 einige Änderungen: Nach Artikel 63 Absatz 1 der Weimarer Reichsverfassung vom 11. August 1919 wurde die Hälfte der preußischen Mitglieder im Reichsrat in den Provinzialausschüssen, einem Organ des Provinzialverbandes, gewählt. Somit gewann die Provinz Einfluß auf die Gesetzgebung des Reiches, ein Recht, das jedoch nicht genutzt wurde.[125]

Nach Artikel 31 der Preußischen Verfassung vom 30. November 1920 wurde »zur Vertretung der Provinzen bei der Gesetzgebung und Verwaltung« ein Staatsrat gebildet, dessen Mitglieder laut Artikel 32 und 33 von den Provinziallandtagen gewählt wurden. Die Interessen der Provinz konnten auf diese Weise in gesetzgeberische Entscheidungen eingebracht werden.[126] Aber auch hier wehrte man sich nicht, als das preußische Wohlfahrtsministerium die Provinzen in ihren Rechten beschnitt. So hatte die Staatsverwaltung durch Bildung eines Wohlfahrtsministeriums die bisher allein den Provinzialverbänden obliegende Wohlfahrt übernommen. Auch bei der in Artikel 72 der Preußischen Verfassung zugebilligten Erweiterung der Selbstverwaltungsaufgaben stimmten alle Provinzen, außer dem Rheinland, gegen ein größeres Maß an Autonomie. Gleiches taten die Landeshauptleute auf einer gemeinsamen Konferenz mit den Oberpräsidenten im Oktober 1920. Der Provinzialverband, der doch eigentlich das größte Interesse an einer Erweiterung seiner Rechte haben mußte, verhielt sich ablehnend und schreckte vor dem Risiko einer Neuerung in sowohl national als auch wirtschaftlich unruhigen Zeiten zurück. Der Einheit des Reiches wurde bei allen Reformen absoluter Vorrang eingeräumt.[127] Aber auch die noch ungeklärte Finanzierung ließ ihn skeptisch bleiben.[128] Ein letzter Grund kann in der Sorge gesehen werden, daß eine Föderalisierung die Zerschlagung Preußens als stabilisierender und ordnender Faktor im Reich fürchten ließ, was vor allem die pommerschen deutschnationalen Politiker im Provinziallandtag leidenschaftlich zu verhindern trachteten.

Die Provinzen nahmen keinen nennenswerten Einfluß auf die Gesetzgebung des Reiches, obwohl die Möglichkeiten groß waren, so zum Beispiel als die konservativen

Vertreter der Provinz Pommern gegen das Republikschutzgesetz stimmten.[129] Der Provinzialverband schuf gerade für das lange Zeit geteilte ehemalige Herzogtum Pommern ein Angebot zur Identifikation mit der preußischen Provinz Pommern. Außerdem förderte dieser vom Staat zugebilligte Freiraum zur Verwaltung der eigenen Angelegenheiten eine Identifikation mit dem Staat selbst, unter dessen Dach die sozioökonomisch so unterschiedlichen Provinzen – von den agrarisch dominierten Provinzen im Osten bis zu den Industrieregionen im Westen – zu einem großen Ganzen zusammenwuchsen.

Sowohl im Kaiserreich als auch in der Weimarer Republik hatten die Konservativen die Mehrheit der Abgeordnetensitze im Provinziallandtag inne. In der Regel übten die deutschnationalen Abgeordneten ihre Tätigkeit über lange Jahre hinweg aus. Auch für sie galt noch der Ausspruch des Oberpräsidenten von Puttkamer aus dem Jahre 1894, daß der nach der Neuwahl nahezu unverändert zusammengetretene neue Provinziallandtag ein Beweis dafür sei, »daß die so zahlreich zurückkehrenden Mitglieder das während der verflossenen Wahlperiode durch ihre hingebende und erfolgreiche Thätigkeit erworbene Vertrauen ihrer Wähler in vollem Umfang bewahrt haben«.[130]

Mit dem Einzug der Parteien in den Provinziallandtag veränderte sich die Stellung des Provinzialverbandes im öffentlichen Diskurs, denn nun gerieten Provinzinteressen, die der Provinzialverband in erster Linie vertrat, ins Hintertreffen. Die Abgeordneten führten oft nur den Parteienstreit weiter, den ihre Parteigenossen auf Reichsebene führten. Dies zeigte sich vor allem in der Agitation der NSDAP.

In der seit 1929 erscheinenden nationalsozialistischen Parteizeitung *Die Diktatur* äußerte sich der Gauleiter und Landtagsabgeordnete Walther von Corswant mehrmals ausführlich zum Provinzialverband. So fragte er im Oktober 1929, ob die bevorstehenden Provinziallandtagswahlen für die NSDAP überhaupt eine Bedeutung hätten. Er bejahte diese Frage mit dem aus einem Wahlsieg resultierenden Machtgewinn, eine »neugewonnenene Kampfplattform, eine neue Möglichkeit unsere Ideen zu verbreiten und aufklärend auf die Massen einwirken zu können«. Ansonsten sei die Erringung eines Mandates nur erstrebenswert, weil man damit einen nicht zu unterschätzenden Einfluß auf die pommerschen Verwaltungsbehörden gewänne.[131]

Auch die Verhandlungen über den Haushaltsetat 1930 nutzte von Corswant, um unter lautem Protest der Abgeordneten der anderen Parteien die nationalsozialistische Weltanschauung auszubreiten und schließlich den »Zusammenschluß aller Schaffenden gegen die Rassenden« zu fordern. 1932 bezeichnete die vorpommersche NSDAP-Zeitung *Der Sturm* den Provinziallandtag bereits als »intimes Theater« mit einer »Galavorstellung von Monologen«. Zum Schluß seines Artikels fragte der Journalist: »Wann schließt man dieses Sanatorium für verdrängte parlamentarische Komplexe?« Der Artikel endet mit der Prophezeiung, daß das Dritte Reich den »Zauber hinwegfegen und den Parlamentsflügel des Landeshauses in ein Arbeitshaus verwandeln« werde, in eine »Zentrale der Arbeitsbeschaffung, ohne Tribüne, ohne gedämpften Teppichtritt und ohne Kanzel der öffentlichen Eitelkeiten«.[132]

Die Deutschnationalen im Provinziallandtag lehnten das politische System der Weimarer Republik ebenso ab. So betonte der DNVP-Abgeordnete von Gerlach-Parsow auf der Landtagssitzung am 18. März 1932, daß man lediglich »sachliche Arbeit leisten« wolle. Deutschnationale Anträge, die sich mit dem »Wohl und Wehe der Landwirtschaft« beschäftigten, müßten von »parteipolitischen Erörterungen befreit« werden.[133]

Das von DNVP und NSDAP gemeinsam verfolgte Ziel der Zerstörung der Weimarer Republik bekräftigten die deutschnationalen Abgeordneten im 1933 neugewählten Provinziallandtag, als der deutschnationale Alterspräsident des Landtags, Justitzrat Langemak, seiner Freude darüber Ausdruck gab, daß die beiden Fraktionen der Deutschnationalen und Nationalsozialisten als Verbündete in den Provinziallandtag zogen, »beide beseelt von dem gleichen vaterländischen Wollen und Willen«.[134] Der neue Landtagspräsident, der Nationalsozialist von der Goltz, betonte in seiner Antrittsrede, die alte Selbstverwaltung liberalistischer Denkart sei endgültig zerbrochen. Es solle nicht mehr abgestimmt und gekuhhandelt werden. Deshalb sei das Präsidium einheitlich mit Nationalsozialisten ohne einen einzigen Deutschnationalen besetzt worden, um Auseinandersetzungen zu vermeiden. Auch wenn die DNVP gern mit den Nationalsozialisten zusammengearbeitet hätte, lehnten diese das ab, sobald sie die Deutschnationalen nicht mehr brauchten.

Nach der Machtergreifung der Nationalsozialisten fand die Selbstverwaltung ihr Ende. Die neue preußische Staatsregierung erließ am 15. Dezember 1933 ein Gesetz über die Erweiterung der Befugnisse des Oberpräsidenten, dem die provinzielle Selbstverwaltung unterstellt wurde. In Artikel 2 Absatz 3 hieß es: »Die Provinziallandtage, Provinzialausschüsse und Provinzialkommissionen werden aufgelöst. Eine Neubildung findet nicht statt.« Bestehen blieb die Provinzialverwaltung, in der das Führerprinzip galt. Eine lange Entwicklung fand hiermit ihr Ende. Der Prozeß des Austarierens zwischen provinzieller und zentraler Macht war zugunsten letzterer beendet worden.

Auch die Abgeordneten der Kreistage wurden seit dem Ende des Ersten Weltkrieges nach dem gleichen, direkten, geheimen Wahlrecht von allen Bürgern, die das zwanzigste Lebensjahr vollendet hatten, gewählt. Den Vorsitz führte weiterhin der Landrat. Die Beschlüsse, die der Kreistag faßte, wurden an den Kreisausschuß verwiesen. Die Ausführung oblag dem Landratsamt. In den kreisfreien Städten arbeiteten vergleichbar die Stadtverordnetenversammlungen, welche die Oberbürgermeister und Bürgermeister wählten, die Stadtausschüsse und die Magistrate. Die Kreise und kreisfreien Städte mußten sich nun mit Aufgaben beschäftigen, denen sie im Kaiserreich wenig Aufmerksamkeit gewidmet hatten, vor allem mit der Koordination der Versorgung der Bevölkerung und die Wohlfahrtspflege. Sie arbeiteten dabei mit landwirtschaftlichen Genossenschaften zusammen oder bildeten eigene Kreiswirtschaftsämter. In den meisten Kreisen entstanden Wohlfahrtsämter.

Die mit der Landgemeindeordnung 1891 geschaffenen Rechtsverhältnisse änderten sich nach 1918 wenig, außer daß das Wahlrecht demokratisiert wurde und auch auf dieser Ebene Parteien zur Wahl standen.

Hinterpommern mit seinen kleinen Städten hat sich dem modischen Wandel in der Architektur und Kunst zu Beginn des 20. Jahrhunderts zwar nur zögerlich angeschlossen,verschlossen hat sich diese Region den neuen Stilrichtungen aber nicht. Manches Detail hat hier die Zeitläufte eher unbemerkt und unbeschadeter überstanden als im goldenen Westen.

In den Straßendörfern des ländlichen Hinterpommern scheint die Zeit stillzustehen. Wie seit vielen Jahrzehnten säumen gedrungene Bauernhäuser und Katen die breiten, oft noch mit wuchtigen Kopfsteinen gepflasterten Durchgangsstraßen, und das Leben unter den mächtigen Baumkronen erweckt den Eindruck, als hätte es den alten Rhythmus beibehalten. Das ist eine Illusion, der der flüchtige Besucher nur allzugerne erliegt. Die Zukunft ist hier nicht zu Hause.

Wirtschaftliche Entwicklung

Der Übergang von der Kriegs- zur Friedenswirtschaft dauerte in Pommern länger als in anderen Regionen im Westen des Reiches, da Pommern durch die Bestimmungen des Versailler Vertrages zur Grenzprovinz mit allen damit verbundenen wirtschaftlichen Problemen einer Randregion geworden war. Der Versailler Vertrag bedeutete den Verlust der land- und forstwirtschaftlichen Absatzgebiete und Rohstofflieferanten im Osten einerseits und den Wegfall der Kriegsaufträge andererseits, während zeitgleich die heimkehrenden Soldaten an ihre Arbeitsplätze zurückkehren wollten. Zusätzlich erschwerend wirkten die bis zum Sommer 1919 andauernde alliierte Blockade, die im Krieg vernachlässigte Infrastruktur, die zerrütteten Außenhandelsbeziehungen und die einsetzende Inflation. Die Bevölkerung war unterernährt und dementsprechend anfällig für Krankheiten. All dies hatte eine retardierende Wirkung auf die Ökonomie.

Die Reglementierungen, die während des Krieges die Landwirtschaft durch zahlreiche Kontrollen und Zwangsmaßnahmen gebunden hatten, bestanden in den ersten Jahren der Weimarer Republik weiter, so daß das Verhältnis der Landwirte zur neuen Regierung von Anfang an gespannt war. Der ohnehin in vielen Gegenden Pommerns schlechte Boden konnte aufgrund des fehlenden Kunstdüngers, dessen Rohmaterialien weiterhin nicht importiert werden konnten, nicht verbessert werden. Landwirtschaftliche Maschinen waren entweder abtransportiert worden oder nicht mehr funktionstüchtig. Die Viehbestände waren erheblich dezimiert und für Seuchen anfällig. Dementsprechend sank auch der Anteil an Naturdünger. Die pommersche Landwirtschaft konnte den Bedarf an Nahrungsmitteln nicht mehr decken. Um überleben zu können, mußten die Landwirte, ihre Familienangehörigen und ihr Gesinde eine permanente Arbeitsüberlastung hinnehmen.[135]

In den Jahren des Krieges waren auch die Meliorationsarbeiten vernachlässigt und nur teilweise von Kriegsgefangenen durchgeführt worden, so daß im Kaiserreich gewonnenes Weide- und Ackerland wieder vermoort war. Neben Privatinitiativen wurde hier aber der Provinzialverband schon bald nach dem Krieg wieder aktiv. Die fünf bereits existierenden Meliorationsfonds wurden 1920 durch den Ödlandkulturfonds ergänzt. Allein im Regierungsbezirk Köslin existierten 331 Wasserwirtschaftsverbände mit einem Beteiligungsgebiet von 61 557 Hektar, die sich um die Absenkung des Wasserspiegels von Seen und die Landgewinnung an den Ufern bemühten.[136] Daneben arbeiteten 39 Bodenverbesserungsgenossenschaften nach einer Verordnung aus dem Jahre 1914 zur Vermehrung der Ackerfläche und 45 Zusammenschlüsse gemäß dem Gesetz zur Bildung von Bodenverbesserungsgenossenschaften vom 5. März 1920. Danach wurden die Aufgaben der Verbesserung des Wasserhaushalts Genossenschaften übertragen. Da die Inflation die finanziellen Rücklagen vollends vernichtete, war der Staat gezwungen, helfend einzugreifen. So wurden 1925 bis 1928 rund 1,7 Millionen Mark bereitgestellt, mit denen unter anderem die Leba-Regulierung fortgeführt werden konnte.[137]

Trotz des hohen Bedarfs an landwirtschaftlichen Erzeugnissen war eine Produktionssteigerung schwierig. Der pommerschen Landwirtschaft fehlte es an finanziellen

Die Einsamkeit, Abgeschiedenheit und karge Schönheit der Hiddenseer Landschaft sind in die deutsche Kunst und Kultur eingegangen, weil die Insel ein Refugium für die Großen ihres Fachs bildete. Gerhart Hauptmann (oben) hat hier seinen Lebensabend verbracht, und Thomas Mann kam mit seiner Familie in den Sommermonaten hierher (unten) und stattete dem befreundeten Dichterfürsten so manchen Besuch ab.

Mitteln zur Anschaffung neuer Geräte und zur Bezahlung der Arbeitskräfte. Eine protektionistische Agrarpolitik, welche die Inlandspreise über dem Weltniveau hielt und die ausländische Konkurrenz auszuschalten suchte, sollte die Konjunktur anreizen, doch verteuerte dies die Lebensmittel, so daß der Verbrauch zurückging.

Der Export landwirtschaftlicher Produkte hatte im Kaiserreich vornehmlich nach Osten stattgefunden. Nach der Abtretung Westpreußens, Posens und Oberschlesiens fiel der Warenverkehr nach Danzig weg. Die Umorientierung nach Westen war insbesondere für hinterpommersche Landwirte kaum möglich, da der Transport zu kostspielig war. Berlin war von Stolp doppelt so weit entfernt wie Danzig, was beispielsweise die Kartoffeln aus Stolp so teuer machte, daß sie auf dem Berliner Markt nicht abzusetzen waren, wo die Verkaufspreise noch unter den Frachttarifen lagen.[138]

Die pommerschen Landwirte versuchten nun auf dem Markt wieder Fuß zu fassen, indem sie ihre Produkte veredelten und agrartechnische Neuerungen einführten, mit denen sie den Produktivitätsrückstand aufzuholen hofften. Der Traktor wurde zunehmend als landwirtschaftliche Universalmaschine auf pommerschen Äckern eingesetzt. Der Lanz-Bulldog verbrauchte billiges Rohöl und motorisierte das Einbringen der Ernte. Auch die Einführung des Elektromotors als Antriebs- oder Beleuchtungsgerät fand seit der vom Provinzialverband vorangetriebenen Elektrifizierung Pommerns Abnehmer. Seit Mitte der zwanziger Jahre kamen verstärkt Anhänger- und Anbaugeräte wie Sä- und Mähmaschinen zum Einsatz. Die Anschaffung lohnte sich freilich nicht für kleine und mittlere Betriebe, die weiterhin mit gespanngezogenen Ackergeräten arbeiten mußten. Dort blieb die Feldarbeit personalintensiv. Großbetriebe profitierten von den niedrigen Betriebskosten der Maschinen, sparten menschliche Arbeits- und tierische Zugkraft und führten so eine moderne rationelle Betriebswirtschaft ein.

Die Technisierung und Mechanisierung der Hof- und Viehwirtschaft stieß jedoch an die finanziellen Grenzen der pommerschen Landwirte, die sich verschulden mußten, um neue Maschinen zu kaufen, Wirtschaftsgebäude zu modernisieren oder wissenschaftliches Know-how zu erwerben. Bereits 1927 waren über die Hälfte der landwirtschaftlichen Betriebe Pommerns hoch verschuldet.[139] Deshalb zeigte sich die einsetzende Landwirtschaftskrise hier zuerst und im Vergleich zu anderen Agrarprovinzen am deutlichsten. Die Bauern, die sich und ihre Familien an den Rand ihrer psychischen und körperlichen Belastbarkeit führten, mußten aufgeben. Es kam zu zahlreichen Pfändungen und Zwangsversteigerungen. Die preußische Regierung steuerte dieser Entwicklung durch das Osthilfe-Programm seit 1928 und durch Reichsgesetze seit 1931, die langfristige günstige Kredite gewährten, entgegen. Diese Maßnahmen wurden vom Osthilfe-Kommissar Hans Schlange-Schöningen, dem ehemaligen Vorsitzenden der pommerschen DNVP, koordiniert.

Schon im August 1919 war ein Reichssiedlungsgesetz verabschiedet worden, das insbesondere in der Grenzprovinz Pommern Anklang fand. Durch Aufsiedlung mit pommerschen Siedlern, Flüchtlingen aus Posen, Sachsen und Thüringern konnte man nämlich Gebietsabtretungen an Polen, wie sie in den Grenzkreisen Lauenburg und Bütow, Stolp und Gebieten östlich der Stolpe drohten, vorbeugen.[140] Zudem machte es dieses Gesetz Stadtbewohnern möglich, aufs Land zu ziehen und so den Versorgungsengpässen und den besonders in den Städten traumatischen Erfahrungen des Krieges zu entfliehen. Mit diesem Gesetz wurden gemeinnützige Siedlungsunternehmen, die unter der Aufsicht des Oberpräsidenten standen, gegründet und ihnen Vorkaufsrechte eingeräumt. Ferner wurden sogenannte Landlieferungsverbände geschaffen. Diese Zweckverbände aller Betriebe unter hundert Hektar sollten entweder zehn Prozent der landwirtschaftlichen Nutzfläche in ihrem Gebiet oder ein Drittel der Flächen der Großbetriebe für Siedlungszwecke bereitstellen. Bei 1 020 350 Hektar landwirtschaftlicher Nutzfläche der Großbetriebe Pommerns waren dies 340 617 Hektar, bei den anderen sogar 821 950 Hektar.[141] Trotz des großen Interesses, das in Pommern diesem Gesetz entgegengebracht wurde, erhielt die Provinz keine eigene Landeskulturbehörde, sondern wurde Frankfurt/Oder unterstellt. Untergeordnete Kulturämter wurden in Stettin, Naugard, Stargard, Demmin, Greifswald, Grimmen, Stralsund, Köslin, Lauenburg, Neustettin, Stolp und Schlawe eingerichtet.[142] Die Siedlungsgesellschaften nahmen nun unter Vermittlung der Kulturämter ihre Arbeit auf, nur die Landgesellschaft konnte selbständig entscheiden.[143] Insgesamt wurden in den Jahren der Weimarer Republik 8734 Ansiedlungen auf 130 858 Hektar geschaffen. Die durchschnittliche Größe der Höfe belief sich auf hundert Hektar.[144] Aber auch hier schlug die landwirtschaftliche Strukturkrise besonders hart zu. Ganze Siedlerdörfer mußten den Grund und Boden, den sie so hoffnungsvoll bestellt hatten, bald wieder aufgeben.[145]

Die kritische Lage in der Landwirtschaft bewog viele Pommern, ihre Höfe zu verlassen, was die Arbeitslosigkeit in den Städten weiter ansteigen ließ.[146] Wie zu erwarten, war die Landflucht im Regierungsbezirk Köslin am größten. Vom Januar 1928 bis zur Mitte des Jahres 1929 wanderten über 7000 Hinterpommern ab, während es aus dem vorpommerschen Regierungsbezirk Stralsund nicht einmal 1500 Personen waren. Besonders hoch waren die Verluste in agrarischen Hochburgen wie den Kreisen Neustettin, Pyritz, Stolp, Saatzig und Schlawe, wo bis zu 81 Prozent der Bevölkerung in der Landwirtschaft beschäftigt waren.[147] In diesem Zeitraum gingen dreißig Prozent der pommerschen Landbevölkerung nach Berlin, 25 Prozent zogen in pommersche Städte und rund zehn Prozent suchten in Stettin ein neues Zuhause.[148]

Bei der Berufszählung von 1925 waren noch 50,7 Prozent aller pommerschen Berufstätigen in der Land- und Forstwirtschaft beschäftigt. Obwohl dies bereits einen Rückgang im Vergleich zum Kaiserreich darstellte, sank die Zahl bis zum Jahr 1933 noch weiter auf 38,2 Prozent ab.[149] Auch die Zahl der Großgrundbesitzer war nach dem Ersten Weltkrieg leicht rückläufig. Der Anteil des Großgrundbesitzes an der landwirtschaflichen Nutzfläche belief sich im Regierungsbezirk Stralsund auf 69,1 Prozent, im Regierungsbezirk Stettin auf 50,2 Prozent und im Regierungsbezirk Köslin auf 49 Prozent. Damit lag die Provinz Pommern an der Spitze des preußischen Freistaates.[150]

Trotz staatlicher Subventionen und niedriger Importquoten, die die ausländische Konkurrenz vom einheimischen Markt fernhalten sollte, trotz zahlreicher Hilfsmaßnahmen durch Staat und Provinz geriet die pommersche Landwirtschaft in eine Strukturkrise, die durch die Weltwirtschaftskrise weiter verschärft wurde. Die in Pommern eng

Bereits die Niederlegung der alten Befestigung Stettins im Jahre 1873 ermöglichte die Anlage neuer Stadtviertel, für die der Magistrat noch in den siebziger Jahren einen Flächennutzungsplan verabschiedete. Selten findet man eine so planmäßige Anlage mit Schmuckplätzen und Promenaden, wie sie Stettin erkennen läßt. In ihrer Weite und Großzügigkeit erinnert sie an die Planungen Haussmanns für die französische Hauptstadt. Noch vor der Jahrhundertwende wurde mit dem Ausbau der Vororte Friedrichshof (unten), Pommerensdorfer Anlage, Torney, Petrihof und Grünhof begonnen. In den zwanziger und dreißiger Jahren entstanden auf den Arealen zwischen der Stadt und den eingemeindeten Dörfern Anlagen wie die Neue Siedlung (oben). 1939 lebten in Groß Stettin, der flächenmäßig drittgrößten Stadt Deutschlands, 400 000 Menschen.

mit der Landwirtschaft verbundene Industrie geriet zwangsläufig mit in die Krise, und da der öffentliche und private Wohnungsbau ebenfalls stockte, litt auch die pommersche Forstwirtschaft.

Die besonders um Stettin zentrierte pommersche Industrie lag nach dem Ersten Weltkrieg am Boden und konnte sich nur schwer erholen. Mit dem Krieg waren auch die Absatzgebiete im Osten verlorengegangen. Aufgrund der alliierten Blockade, die die Industrie von ihren ausländischen Zulieferern abschnitt, lagen Eisengießereien, Düngemittelfabriken oder auch die Nahrungs- und Genußmittelindustrie infolge Rohstoffmangels danieder. Kohle aus den oberschlesischen Gebieten, vor dem Krieg eines der wichtigsten Umschlaggüter, erreichte nicht mehr den Stettiner Hafen, weil die Fördergebiete in Polen lagen.

Während des Krieges waren Schienenwege, Wasser- und Landstraßen vernachlässigt worden. Der Maschinenpark der meisten nicht kriegswichtigen Betriebe war marode. Alte Handelsverbindungen waren während des Krieges durchtrennt worden und konnten nicht mehr neu geknüpft werden. Die Arbeiterschaft war psychisch und körperlich vom Kriege gezeichnet und angesichts der angespannten Versorgungslage nicht zu Höchstleistungen fähig. Da die Kriegsproduktion eingestellt wurde, vergrößerte sich die Zahl der Arbeitslosen. Erst nach der Inflationskrise blühte die Industrie auf. In Pommern erlebte sie einen Aufschwung mit einem kräftigen Modernisierungsschub, der je nach Branche von unterschiedlicher Intensität war. Besonders die Nachfrage in der Möbel-, Bekleidungs-, Nahrungs- und Genußmittelindustrie stieg und steigerte die Produktivität. Um der polnischen Konkurrenz aus Danzig und Gdingen zu begegnen, gründete der preußische Staat 1923 die Stettiner Hafengesellschaft und investierte in den Stettiner Hafen.[151] Den kurzen Jahren der Stabilisierung folgte aber schon allzubald eine neue Wirtschaftskrise. Einer der größten Arbeitgeber, die Stettiner Vulcan-Werft, mußte bereits 1927 Konkurs anmelden.[152]

Auch in den Jahren der wirtschaftlichen Prosperität blieb die Arbeitslosigkeit in Pommern ein ungelöstes Problem. Da in der Landwirtschaft weiterhin noch sehr viele Menschen Arbeit fanden, war die Arbeitslosigkeit jedoch mit zwölf Prozent relativ gering und mit anderen vom Agrarsektor dominierten Provinzen vergleichbar.[153]

Sowohl für die pommersche Industrie als auch für die Landwirtschaft war in erster Linie die Elektrifizierung der Provinz von entscheidender wirtschaftlicher Bedeutung, da sie eine moderne Produktion, die Nivellierung des Standortnachteils und somit den Anschluß an den Weltmarkt ermöglichte. Bereits 1922 stellte Direktor Hartlieb fest, daß sich dadurch »kleine handwerksmäßige Betriebe zu Industrieunternehmen entwickelt hätten«, »die Industrie selbst hat unter Ausscheidung ihrer eigenen Kraftanlagen von dem wirtschaftlichen Antrieb ihrer Maschinen fast restlos Gebrauch gemacht, und die Landwirtschaft hat veraltete Betriebseinrichtungen unter Benutzung menschlicher und tierischer Arbeitskräfte aufgegeben und sich völlig für elektrischen Betrieb ihrer Anlagen umgestellt«.[154]

Der Energiebedarf war im Ersten Weltkrieg gewachsen und mit Hilfe des Militärs ausgebaut worden. Die im Kaiserreich existierenden fünf Zonen mit Dienststellen in

Stralsund, Stettin, Belgard, Stolp und Massow wurden 1925 zur Überlandzentrale Pommern AG, welche Pommern, aber auch die Grenzmark Posen-Westpreußen mit Strom versorgte. Im Jahre 1930 waren ihr 93 Städte, vier Straßenbahnen, 2296 Gemeinden und Genossenschaften, 2850 Güter und 1316 Unternehmen angeschlossen.[155]

Mit dem wachsendem Kraftwagenverkehr ging der Ausbau des Straßennetzes einher, wobei Betreuung und finanzielle Verantwortung beim Provinzialverband lagen. Auf Veranlassung der Staatsregierung richtete man schließlich 1919 die Kraftverkehrsgesellschaft m.b.H. Pommern ein, um Einfluß auf die Streckenführung zu nehmen. Rund die Hälfte des eingebrachten Kapitals wurde von den Kreisen beigesteuert, dreißig Prozent trug der Staat, den Rest übernahm der Provinzialverband. Sowohl die Kraftverkehrsgesellschaft als auch private Unternehmen richteten in der Folgezeit Buslinien ein.[156] Damit erhielt die Bahn als das bislang sicherste und schnellste Verkehrsmittel Konkurrenz. Das Reichsbahn- und das Kleinbahnnetz wurden weiter ausgebaut.

Nach dem Ersten Weltkrieg kündigte der Provinzialverband die Verträge mit den Betreiberfirmen. Danach bildeten sich drei neue Zusammenschlüsse: die Vereinigten Vorpommerschen Kleinbahnen mit Sitz in Stralsund, die Mittelpommerschen Bahnen und die Vereinigung Hinterpommerscher Kleinbahnen, beide mit Sitz in Stettin. Sie gehörten anteilig den Kreisen, der Provinz, Preußen, einigen Zweckverbänden und dem Reich.

1924 wurde eine Flughafen GmbH gegründet, an der sich das Reich, die Stadt Stettin, der Provinzialverband, der Kreis Randow und die Stadt Altdamm und seit 1925 auch der preußische Freistaat beteiligten. Ein Flugplatz wurde bei Altdamm errichtet, 1925 die Luftverkehr Pommern GmbH mit dem Provinzialverband, den Kreisen und der Industrie- und Handelskammer als Eigner gegründet. Die Lufthansa und die Deutsche Verkehrsflug AG flogen von diesem Flughafen aus nach Berlin, Frankfurt/Oder, Guben, Cottbus und Dresden, über den Flughafen Stolp-West nach Danzig und weiter nach Königsberg sowie nach Schlesien. Die internationalen Flüge nach Schweden fanden wenig Zuspruch. Diese Linie brachte es 1929 nur auf 984 Passagiere, während allein nach Ostpreußen 854 Fluggäste gezählt wurden, zu den pommerschen Seebädern 698 und nach Schlesien 348.[157]

Politik und Gesellschaft

Die ersten Wahlen nach dem Ersten Weltkrieg waren die zur Nationalversammlung am 19. Januar 1919. Erstmals durften auch Frauen wählen. Ferner wurde das Wahlsystem des Kaiserreiches mit seiner absoluten Mehrheitswahl mit Stichwahlentscheidung in Einmannwahlkreisen durch die Verhältniswahl abgelöst. Die Wahlen standen unter dem Eindruck der militärischen Niederlage, der Novemberrevolution, der Angst vor einer ungewissen Zukunft und der Auseinandersetzungen über den einzuschlagenden Weg. Das Ergebnis dieses ersten Urnengangs bestätigte auch in Pommern den bisher verfolgten politischen Kurs der Sozialdemokraten und der Demokratischen Partei. Die

SPD wurde mit 41 Prozent stärkste Partei, und auch die DDP erzielte mit 21,7 Prozent ein im reichsweiten Vergleich überdurchschnittliches Ergebnis. Die Gegner der parlamentarischen Regierungsform der Weimarer Republik hatten in Pommern jedoch schon zu diesem Zeitpunkt ein erhebliches Wählerpotential, das in den folgenden Jahren noch wachsen sollte.

An erster Stelle ist hier die deutschnationale Volkspartei DNVP zu nennen, die als große parlamentarische Rechtspartei den »Schmelztiegel konservativer Gruppierungen« des Kaiserreichs bildete[158] und »alle nicht-liberalen rechtsstehenden Kräfte«[159] bündelte. Ihre Mitglieder setzten sich aus Vertretern eines alten und neuen Konservatismus zusammen, wobei die Übergänge fließend waren.[160] Zum einen umfaßte sie Sympathisanten der konservativen Parteien der Kaiserzeit, deren Exponenten dem Monarchismus verpflichtet blieben, und zum anderen Vertreter eines »neuen Nationalismus« vornehmlich jüngerer Anhänger, die eine Rückkehr zum Wilhelminischen Kaiserreich ablehnten. Die jungen Konservativen standen ganz unter der Erfahrung des Krieges; bei ihnen kam der Verarbeitung des Kriegserlebnisses besondere Bedeutung zu. Im Schnittpunkt dieser beiden Richtungen bewegten sich die organisatorisch und personell mit der DNVP verknüpften paramilitärischen Verbände. Besonders in Pommern war die Verbindung der DNVP-Parteimitglieder mit dem Stahlhelm eng. Viele Deutschnationale waren gleichzeitig Stahlhelmmitglieder.

Die pommersche DNVP nahm eine Sonderstellung unter den Landesverbänden der DNVP im Deutschen Reich ein. Sie war von 1920 bis 1930 mit bis zu 49,5 Prozent der Stimmen (Reichstagswahl wom 4. Mai 1924) nicht nur die bei weitem stärkste Partei Pommerns, sondern auch Spitzenreiter unter den 35 Reichstagswahlkreisen. Ferner war Pommern das letzte Wahlgebiet, in dem die DNVP 1930 eine – wenn auch schwache – Stimmenmehrheit behaupten konnte. Dies verlieh den pommerschen Deutschnationalen Selbstbewußtsein gegenüber ihren Partnern und stärksten Konkurrenten, den Nationalsozialisten, mit denen zusammen sie bei den Reichstagswahlen im Juli 1932 mehr als die Hälfte der pommerschen Wählerstimmen auf sich vereinigten. Zwar gelang es den Nationalsozialisten, in die pommersche DNVP-Hochburg einzudringen, dennoch lag die DNVP 1932 mit einem Wähleranteil von zwanzig Prozent wesentlich über dem Reichsdurchschnitt, der sich auf 8,5 Prozent belief. 1933 erreichte die »Harzburger Front« aus DNVP und NSDAP in Pommern zusammen 73,3 Prozent der Wählerstimmen und übertraf damit das reichsweite Ergebnis von 51 Prozent.

Nicht nur die Wähler-, auch die Mitgliederschaft der DNVP dokumentiert die Präsenz der Deutschnationalen im politischen Leben Pommerns. So zählte der Kreisverein Rügen der DNVP beispielsweise im Jahr 1931 insgesamt 1343 eingeschriebene Mitglieder, darunter 191 Neuzugänger des vergangenen Jahres.

Deckungsgleich mit den DNVP-Wählern, die vornehmlich auf dem Lande lebten und die mehrheitlich in der Landwirtschaft beschäftigt oder als Handwerker und Geschäftsleute von den Gütern wirtschaftlich abhängig waren, war auch die gesellschaftliche und geographische Herkunft der DNVP-Politiker. Auch sie stammten mehrheitlich aus diesem Milieu und vertraten die Interessen der Land- und Forstwirtschaft. Im 1921 gewählten pommerschen Provinziallandtag saßen 31 deutschnationale Abgeordnete, von denen zwölf diesem Parlament bereits vor 1918 angehört hatten.[161] Die Hälfte der DNVP-Abgeordneten war adlig und nannte als »Beruf« Rittergutsbesitzer.[162] Daran änderte sich auch im Laufe der Weimarer Republik wenig.

Die DNVP, die sich gegen Ende des Krieges als »Vaterlandspartei« gegründet hatte und für einen Siegfrieden eingetreten war, opponierte seit 1918 gegen die Weimarer Republik, deren Vertreter sie für das »Schanddiktat von Versailles« verantwortlich machte. Zunächst glaubten die pommerschen Deutschnationalen, das in ihren Augen Schlimmste noch verhüten zu können. In einem Vortrag vor Greifswalder Studenten beteuerte Professor Kähler im Dezember 1918 die Bereitschaft seiner Partei, an den Wahlen zur Nationalversammlung teilzunehmen. Damit nicht alles restlos beseitigt, sondern das aus der Vergangenheit in die Zukunft hinübergeleitet werde, auf das man nicht verzichten könne, brauche man eine starke DNVP. Man verwahrte sich gegen die »Diktatur einer einzigen Bevölkerungsklasse«, womit die Sozialdemokraten gemeint waren. Die zentrale Forderung der DNVP war ein »Staat und Gesetz, ausgerüstet mit starker Autorität, getragen von dem freien Willen des Volkes«. »Deutsches Wesen« und »deutsche Art« müßten das ganze Volk erfüllen. Ein lebensvolles Christentum, Ehe und Familie sollten die starken Träger des öffentlichen Lebens sein.[163]

Nach den ersten Jahren der Selbstfindung und Konturierung sowohl der eigenen Grenzen als auch des Feindbildes, das sich größtenteils defensiv definierte, und einer ruhigeren Phase in den mittleren Jahren der Republik änderte sich diese defensive Einstellung, und zwar auf Reichsebene nach 1928, in Pommern sogar noch früher. Bezeichnend für diese Entwicklung ist, daß der Pommersche Landbund immer einflußreicher in der DNVP wurde. Der Vorsitzende der pommerschen DNVP, Hans Schlange-Schöningen, sah dies mit Sorge.[164] Führende Landbundmitglieder hatten sich schon früh für einen radikal-antidemokratischen Weg entschieden, und eine Delegation des Landbundes hatte sogar 1928 Mussolini einen Besuch abgestattet, um mit dem Duce den »korporativen Aufbau der italienischen Wirtschaft« mit der »berufsständischen Bewegung« in Deutschland zu vergleichen. Die Delegation kam mit der Überzeugung zurück, daß der »Sieg der einigen faschistischen Idee über die spaltenden Klassenkampfgedanken in Italien« auch auf Deutschland übertragbar sei.[165]

Richtungskämpfe innerhalb der DNVP führten schließlich dazu, daß die Partei in die Offensive ging, indem der immer stärker werdende rechte Flügel die Weimarer Republik als Interregnum bezeichnete. Auch in Pommern wurden auf fast jeder deutschnationalen Veranstaltung die Jahre der Republik gezählt. Der Landbundvorsitzende und Deutschnationale Hans-Joachim von Rohr-Demmin konstatierte beispielsweise in einer Rede im Preußischen Landtag »den völligen politischen, wirtschaftlichen und moralischen Zusammenbruch des Systems«. Dessen Bewährungsfrist sei abgelaufen. Es müsse beseitigt werden.[166] Öffentlich wurde über einen neuen Staat und ein »Drittes« Reich nachgedacht. Ein äußeres Zeichen für die Radikalisierung auf Reichsebene war die Wahl Hugenbergs zum Parteivorsitzenden. Ehemalige Mitstreiter, die sich mit dem Staat arrangiert hatten und sich als »staatskonservativ« bezeichneten,[167] verließen die Partei.

Auch in Pommern tobte der Richtungskampf. Hans Schlange-Schöningen sah bald »keine Hoffnung mehr. Der staatskonservative Grundgedanke der Deutschnationalen Partei war in einen staatszerstörenden Radikalismus versunken.«[168] Schlange-Schöningen, seit 1924 Vorsitzender der Partei, von 1920 bis 1928 Mitglied des Preußischen Landtages, seit 1924 Reichstagsmitglied und von 1927 bis 1930 stellvertretender Parteivorsitzender, zog schließlich die letzte Konsequenz und trat aus der Partei aus. Dieser prominente Deutschnationale, der sich vom »dezidierten Antidemokraten« und »Konservativen völkisch-alldeutscher Prägung zum Vernunftrepublikaner« gewandelt hatte,[169] wollte den ihm angebotenen Posten in der Parteiführung nicht annehmen, um nicht für eine »Politik verantwortlich zu werden, deren verhängnisvolle Richtung« ihm vor Augen stand.[170] In seinen Erinnerungen schrieb er, daß mit der Wahl Hugenbergs die Hoffnung begraben werden mußte, den Staat »aus den Reihen der Rechten zu formen.«[171]

Nach der erfolgreichen Agitation um die Einführung des Volksbegehrens sah sich die DNVP motiviert, ihren radikalen Kurs weiterzuverfolgen. Gezielt wurden von der DNVP Ängste geschürt, um Wähler von der Schädlichkeit eines Fortbestehens der Weimarer Republik zu überzeugen. Als Beispiel sei hier die propagierte Polenphobie genannt. Die Angst vor Polen war für viele Pommern Anlaß, sich der DNVP anzuschließen und eine Revision des »Versailler Schanddiktats« zu fordern. So wies die Führerin der DNVP-Frauenschaft Pommern auf einer Wahlversammlung 1932 in Stettin darauf hin, daß die Zeit nicht mehr fern sei, »wo die Polen nicht nur in Zivil, sondern in Uniform in Ostpreußen aufmarschieren«. Deshalb müsse »der deutsche Osten und damit Pommern Hochburg der Deutschnationalen sein«.[172]

Auch der pommersche Stahlhelm widmete sich intensiv der Propaganda gegen die Polen. So bildeten sich außerhalb alliierter Kontrollen in allen fünf Grenzprovinzen, so auch in Pommern, kleine Kader von zwanzig bis sechzig Stahlhelmern der »Pommern-Treue«, die mit Unterstützung der Reichswehr den Grenzschutz übernahmen und illegale Waffenlager unterhielten.[173] Der erste Aufmarsch des gesamten Landesverbandes mit 20 000 Mann in Stettin im Juni 1930 stand unter dem Motto »Ostfront und preußische Idee«. Man pflegte enge Verbindungen zum Landesverband Ostpreußen. 1929 marschierten 6000 Pommern in Königsberg und gleichzeitig 4000 Mann in Lauenburg in Pommern auf.[174] Aus Angst vor polnischen »Grenzverletzungen«, denen man nach den Bestimmungen des Versailler Vertrags schutzlos ausgesetzt sei, wurde mit heftiger Agitation und privater Aufrüstung reagiert. So schrieb der Stahlhelm-Gauführer von Stolp, von Wolff, 1932 in seinen Neujahrsgrüßen in der deutschnationalen *Pommerschen Tagespost:* »Nur ein wehrfreudiges Deutschland wird unsere machtlüsternen Nachbarn im Osten zur Selbstbescheidung führen.«[175] Für die DNVP stand die Wiederherstellung der alten Ostgrenzen von 1914 außerhalb jeder Diskussion. Gemäßigte Ansichten, wie sie Reinold von Thadden-Trieglaff vertrat, der einen Ausgleich mit Polen suchte, mußten für sie wie Verrat klingen.[176]

Im Kampf gegen die Weimarer Republik warfen die Konservativen die Frage auf, ob ein »starker Mann« das Nötige nicht viel schneller organisieren könne. Demzufolge könne ein von Parteien und Politikern abhängiger Staat nicht souverän sein. Folgerichtig wollte sich die DNVP selbst auch nicht länger als eine »Partei« sehen, sondern verstand sich nunmehr als »Bewegung«. Höhepunkt dieser Entwicklung war der Stettiner Parteitag am 19. und 20. September 1931. Wie die Parteizeitung *Unsere Partei* berichtete, hatte sich die Partei »definitiv im Sinne des Bewegungscharakters einer modernen aktivistischen Gemeinschaftsbewegung gewandelt, sie ist zu einer reinen Gefolgschaft einer in sich ruhenden, Umwelt formenden schöpfenden Persönlichkeit und eines sich darin offenbarenden politischen Führertums geworden. Die Deutschnationale Partei ist mit einem Worte Hugenberg-Bewegung geworden.«[177] Der Weimarer Republik wurde die Staatlichkeit aberkannt, statt dessen liebäugelten die Deutschnationalen mit einem ständerechtlichen Ordnungsprinzip. Hans-Joachim von Rohr erklärte auf einer Kundgebung, daß es nicht darauf ankomme, ob die nationale Opposition sich an der Regierung beteilige oder nicht, sondern daß der »neue revolutionäre Anmarsch des Nationalismus rücksichtslos weitergetrieben« werde. Jeder, der, ohne zu kämpfen, in die Regierung hineingehe, werde ein Gefangener des »Systems«.[178]

Die Ablehnung der Weimarer Republik bedeutete die Propagierung eines neuen Staates, verbunden mit einer Reihe politischer Mythen, die ihre Traditionen im Kaiserreich ausgebildet hatten. So wurde das Preußentum als zentraler Bestandteil des Selbstverständnisses der DNVP hervorgehoben. Von diesem Monarchismus wollte die pommersche DNVP auch 1933 noch nicht lassen. Der pommersche Adlige Herbert von Bismarck-Lasbeck, Reichsjugendführer der DNVP, sprach sich in seiner Rundfunkrede am 25. März 1933 für die Wiedereinrichtung der Monarchie aus und wurde kurz darauf als Staatssekretär im Preußischen Ministerium des Innern entlassen.[179] Die deutschnationale *Pommersche Tagespost* wurde 1935 verboten, weil sie einen Artikel von Hans-Joachim von Rohr zum Thema »25 Jahre für Gott, König und Vaterland« veröffentlicht hatte. Im Juli 1936 fand vor einem Stettiner Sondergericht der Prozeß gegen vier pommersche Deutschnationale statt, die beschuldigt wurden, eine monarchistische Organisation gegründet zu haben.

POMMERN IM DRITTEN REICH

Die NSDAP war bereits seit 1932 stärkste Partei in Pommern, bei den Reichstagswahlen am 5. März 1933 errang sie mit 56 Prozent der Wählerstimmen sogar die absolute Mehrheit. Dieses Ergebnis lag erheblich über dem Reichsdurchschnitt. Auch in den Provinziallandtags-, Kreistags- und Kommunalwahlen am 12. März 1933 errang die NSDAP fast überall die absolute Mehrheit.

Unter Gauleiter Wilhelm Karpenstein begann die gezielte Ausschaltung der anderen Parteien und der ihnen nahestehenden Organisationen. Nachdem Karpenstein nach dem sogenannten Röhmputsch im Juli 1934 aus der Partei ausgeschlossen und inhaftiert worden war, übernahm diese Aufgabe Franz Schwede-Coburg, der die Provinz bis 1945 als Gauleiter und Oberpräsident regierte.

Das Jahr 1933 bedeutete einen tiefen Einschnitt in der Geschichte Pommerns. Am 4. Februar 1933 verfügte Reichskanzler von Papen die Auflösung aller Vertretungskörperschaften. Aus den am 12. März 1933 angesetzten Kommunalwahlen ging die NSDAP als eindeutige Siegerin hervor. Am 31. März wurden die Länder mit dem Reich gleichgeschaltet. Ein »Zweites Gesetz zur Gleichschaltung der Länder mit dem Reich« folgte am 7. April 1933.

Sowohl die staatliche Provinzverwaltung als auch die provinzielle Selbstverwaltung erfuhren mit dem Machtantritt der Nationalsozialisten tiefgreifende Veränderungen. Der Oberpräsident wurde zum politischen Arm der Regierung als ständiger Vertreter der Reichsregierung in seinem Bezirk. Die Kompetenzen des Oberpräsidenten wurden denen der Reichsstatthalter angeglichen, und sie erhielten Weisungsrechte gegenüber Reichsbehörden.[180]

Nachdem Oberpräsident Carl von Halfern im Oktober 1933 aus dem Amt geschieden war, hätte ihm der amtierende Gauleiter Karpenstein, so wie es in anderen Gauen der Fall war, als Oberpräsident nachfolgen können. Dies wurde jedoch von Gegnern innerhalb der Parteiführung unterbunden. So blieb das Oberpäsidium bis zur Ernennung eines neuen Gauleiters im Sommer 1934 vakant.[181] Gauleiter Franz Schwede-Coburg wurde mit seinem Amtsantritt gleichzeitig Oberpräsident. Nach Kriegsbeginn wurde er zum Reichsverteidigungskommissar berufen und erhielt somit noch weitere Zuständigkeiten.

Durch das Gesetz vom 15. Dezember 1933, das am 1. April 1934 in Kraft trat, wurde dem Oberpräsidenten die gesamte Selbstverwaltung der Provinz Pommern unterstellt und zugleich werden ihm die Aufgaben des Provinzialausschusses und des Landeshauptmanns übertragen. Der Landeshauptmann war nunmehr Stellvertreter des Oberpräsidenten.[182] Die Abgeordneten des am 12. März 1933 gewählten 62. Provinziallandtages kamen am 10. April 1933 letztmalig zusammen.

Lediglich bei den Landräten ist eine gewisse Kontinuität erkennbar. Elf von 26 Landräten wurden im ersten Jahr des »Dritten Reiches« aus dem Amt entfernt, drei weitere im Jahr darauf. Unter diesen waren aber auch Nationalsozialisten, die zusammen mit dem nach dem Röhmputsch abgesetzten Gauleiter Karpenstein entlassen wurden.

Die äußere Konfiguration der Provinz änderte sich am 21. März 1938 mit der Einbeziehung des größten Teils der Provinz Grenzmark Posen-Westpreußen, das waren die bis 1922 westpreußischen Kreise Deutsch Krone, Flatow und Schlochau und der ehemals zu Posen gehörende Netzekreis, der Stadtkreis Schneidemühl sowie ein Teil der bis dahin brandenburgischen Neumark, nämlich die Kreise Arnswalde und Friedeberg.[183] Der auf diese Weise entstandene neue Regierungsbezirk erhielt vom Regierungsbezirk Köslin noch die Kreise Dramburg und Neustettin. Als Ausgleich dafür wurden die bis dahin zum Regierungsbezirk Stettin gehörenden Kreise Greifenberg und Regenwalde dem Regierungsbezirk Köslin angegliedert.

Somit bestand die Provinz Pommern nach 1938 aus acht Stadt- und 32 Landkreisen in den drei Regierungsbezirken Stettin, Köslin und Grenzmark Posen-Westpreußen.

Der Aufstieg der Nationalsozialisten

Ursachen und Strukturbedingungen des Aufstiegs der Nationalsozialisten in Pommern liegen im sozioökonomischen und geographischen Standort Pommerns begründet. Wo eine selbständige kleingewerbliche, evangelische Bevölkerung in Klein- und Mittelstädten dominierte, wo der Antisemitismus seit der Kaiserzeit verwurzelt war und sich studentische Agitatoren ungehindert entfalten konnten, dort waren pommersche Nationalsozialisten erfolgreich.[184]

In der Gründungsphase wurde eine Gruppe junger Intellektueller, die in Greifswald studierten, zu Vorkämpfern der NSDAP. Sie fanden in den Krisenjahren der Weimarer Republik Unterstützung aus den Reihen des ökonomisch verunsicherten Mittelstands. Mit dem Wandel von der Splitter- zur Massenpartei stießen auch immer mehr Repräsentanten der traditionellen Eliten aus Wirtschaft und Verwaltung zur NSDAP.[185]

Die pommersche NSDAP gründete ihre ersten Ortsgruppen in Klein- und Mittelstädten, nämlich in Stralsund, Kuntzow im Kreis Greifswald, Jarmen, Swinemünde, Stettin, Greifenhagen, Kolberg, Köslin und Stolp. Die Wirtschaftsstruktur dieser Orte weist mehr als 25 Prozent der berufstätigen Bevölkerung in Industrie und Handwerk auf, lediglich in Swinemünde war dieser Anteil etwas kleiner. Bis auf Jarmen waren in diesen Orten mehr als 25 Prozent der Einwohnerschaft in Handel und Verkehr angestellt, und in vier Orten waren mehr als 25 Prozent im öffentlichen Dienst tätig.[186]

Der Ausgangspunkt der pommerschen NSDAP war nicht die Provinzhauptstadt Stettin, sondern die Universitätsstadt Greifswald. Laut *Völkischem Beobachter* formierten sich dort 1922, also zu einer Zeit, als die NSDAP in Preußen bereits verboten war, Studenten mit dem Ziel, »die völkische Bewegung im Geiste ihres Begründers und Führers, Adolf Hitler, auch in Pommern zum Leben zu erwecken«.[187] Hier waren insbesondere der Philosophiestudent Joachim Haupt sowie die Jurastudenten Reinhard Sunkel, Wilhelm Karpenstein und Gerhard Wendt federführend. Auch der erste Gauleiter stammte aus diesem Milieu. Karl Theodor Vahlen[188] war Mathematikprofessor und zur Gründungszeit der NSDAP Rektor der Greifswalder Universität. Diese Protagonisten waren allesamt keine geborenen Pommern, sondern stammten aus Mittel- und Süddeutschland, der Gauleiter sogar aus Wien. Vahlen war zwar nicht Gründer der pommerschen NSDAP, war jedoch als Rektor der Universität ein höchst prominentes und einflußreiches Mitglied und somit für die Führungsrolle prädestiniert.

Vahlen gelang es, seine Partei über die Gaugrenzen hinweg bekannt zu machen, indem er am Verfassungstag, als alle öffentlichen Gebäude geflaggt hatten, persönlich die Fahne vom Universitätshauptgebäude entfernte. Der preußische Kultusminister allerdings sah in dieser Aktion, ferner in Vahlens Beteiligung an einer Straßenschlacht zwischen rechten und linken Demonstranten im August 1924 und seinen permanenten staatsfeindlichen Äußerungen einen Entlassungsgrund. Der arbeitslose Akademiker widmete sich nun erst recht als erster Gauleiter der Parteiarbeit. Seine Aufgabe war es, die Zahl von 330 Mitgliedern, die er 1924 bei Amtsantritt vorfand, zu vergrößern und den Gau Pommern, dessen Grenzen sich mit den Provinzgrenzen deckten, organisatorisch auszubauen. Ein Ansatz hierzu sollte eine eigene Zeitung, der *Norddeutsche Beobachter*, sein, der jedoch schon nach zwei Jahren sein Erscheinen einstellen mußte.[189] Das zog den Bankrott der Druckerei, die Vahlen gehörte, nach sich. Der Gauleiter war nun hoch verschuldet, denn zu dem Verlust der Druckerei kamen zahlreiche Geldstrafen wegen Schmähung des Staates sowie Prozeßkosten infolge verlorener Beleidigungsklagen. Seine finanzielle Not war offensichtlich so groß, daß der Rektor der Universität, von der Goltz, zu einer Spendenaktion unter den Universitätsangehörigen aufrief.[190]

Die Splitterpartei NSDAP war großer Konkurrenz ausgesetzt. So formierte sich kurz nach ihr in der Provinzhauptstadt eine Ortsgruppe der Deutschvölkischen Freiheitspartei (DVFP). Diese konnte sich unter Führung des Gutsbesitzers von Bodungen in Pommern ausbreiten. Aufgrund des gegen die NSDAP verhängten Parteiverbots und der somit erschwerten Parteiarbeit schlossen sich viele potentielle Nationalsozialisten der DVFP an. So kam es auch, daß aus taktischen Gründen die pommersche NSDAP unter dem Tarnnamen »Großdeutsche Volksgemeinschaft« sich Anfang 1923 formal der DVFP anschloß.[191] Gemeinsam agitierte man gegen die übermächtig scheinende rechtskonservative Deutschnationale Volkspartei, von der man sich abtrünnige Wähler des rechten Randes erhoffte. Die DNVP versuchte dem zu begegnen und die rechten Splitterparteien an sich zu ziehen. So kritisierte der pommersche DNVP-Vorsitzende Schlange-Schöningen 1924 auf einer Wahlveranstaltung seiner Partei, daß es »zu viele kleine Cäsars« gebe, die sich nicht unterordnen wollten und glaubten, »nur sie allein hätten völkische Gedanken in Erbpacht genommen«.[192] NSDAP und DVFP gingen eine Listenverbindung mit Gauleiter Vahlen als Spitzenkandidat ein und erzielten mit 7,3 Prozent der Wählerstimmen einen beachtlichen Wahlerfolg, während der Reichsdurchschnitt nur bei 6,5 Prozent lag.

Nach der Neugründung der Partei wurde diese in Pommern im Streit zwischen den verschiedenen Fraktionen aufgerieben. Während die einen in der Wahlbeteiligung die Möglichkeit der Einflußnahme sahen, lehnten die anderen den Parlamentarismus ab. Insbesondere jüngere Parteimitglieder wandten sich gegen die Vormachtstellung der Deutschvölkischen, forderten Radikalität und verschärften Antiparlamentarismus. Dieser Entwicklung standen Gauleiter Vahlen, sein Stellvertreter Fritz Lejeune, Privatdozent für Geschichte der Medizin an der Universität Greifswald, und die älteren Parteimitglieder hilflos gegenüber. Der Gau Pommern, ohnehin einer der mitgliederschwächsten im Reich, zerfiel. Vahlen war nicht wieder in den Reichstag gewählt worden. Die Listenverbindung hatte in den Dezemberwahlen von 1924 nur noch 4,2 Prozent erhalten. Dabei ist zu berücksichtigen, daß die Gruppe der jüngeren Parteigenossen zu einem Wahlboykott aufgerufen hatte.[193] Das trotzdem überdurchschnittliche Wahlergebnis ist auf den Skandal um Vahlen zurückzuführen, der Wähler bewog, ihre Sympathie für den unehrenhaft Entlassenen an der Wahlurne zu bekunden.

Im Zuge der Stabilisierungsphase der Weimarer Republik sank die NSDAP weiter in die Bedeutungslosigkeit hinab. Nach einer Liste vom Dezember 1925 gehörten der Partei noch 297 Mitglieder an. Da die Parteikasse nahezu leer war, konnte die politische Tätigkeit nicht ausgeweitet werden, und die hinterpommerschen Ortsgruppen blieben

Die über hunderttausend Mann starke pommersche SA nutzte jede sich bietende Gelegenheit, die Allgegenwart der Partei in Aufmärschen und Versammlungen zu propagieren. Auf dem Greifswalder Marktplatz versammelte sie sich im August 1933 vor dem Aufbruch zum Reichsparteitag in Nürnberg.

sich ganz und gar selbst überlassen. Die Münchner Parteizentrale mußte einräumen, daß manche Ortsgruppen »zu einer Art Bierverein herabgesunken« waren, sich selbst ehemals stabile Ortsgruppen auflösten (Pyritz, Anklam) oder gegen die Gauleitung arbeiteten. Hitler machte Vahlen persönlich dafür verantwortlich und forderte im *Völkischen Beobachter*, daß der Gauleiter »den Wiederaufbau (...), wie er den Interessen der Bewegung entspricht, sofort zu veranlassen« habe.[194]

In einer Übersicht aus dem Jahre 1926 existierten in 22 von 35 Land- und Stadtkreisen eine oder mehrere Ortsgruppen, wobei Vorpommern weiterhin führend blieb. Auf Rügen gab es sieben und im Landkreis Greifswald fünf Ortsgruppen. Östlich der Oder fanden sich Ortsgruppen nur in den fünf Städten Stargard, Kolberg, Köslin, Stolp, Neustettin, dagegen keine auf dem Lande. Ein Jahr später hatte sich auch diese Zahl fast halbiert.[195]

Gauleiter Vahlen mußte die Konsequenzen ziehen. Er trat offiziell am 21. August 1927 zurück, nachdem er schon ein halbes Jahr zuvor Walther von Corswant mit seiner Urlaubsvertretung beauftragt hatte. Dieser wurde nun Vahlens Nachfolger.[196] Mit ihm trat ein Rittergutsbesitzer an die Spitze der NSDAP Pommerns. Corswant war vor dem Ersten Weltkrieg Pflanzer in Kamerun und Neuguinea gewesen und hatte danach das Gut Cuntzow von seinem Vater übernommen. Er war zwanzig Jahre jünger als Vahlen, was darauf hoffen ließ, daß er die Spaltung zwischen älteren und jüngeren Parteigenossen werde überbrücken können. Durch Buchveröffentlichungen und kämpferische Redebeiträge hatte er sich einen Namen gemacht. Mit dem Amtsantritt Corswants wurden in der pommerschen NSDAP neue Schwerpunkte gesetzt. So machte Corswant in seinem 1925 erschienenen Buch »Die Not der schaffenden deutschen Wirtschaft und die Zinsknechtschaft des Leihkapitals« Juden für die aktuelle wirtschaftliche und politische Misere verantwortlich. Corswant bezeichnete jene als »Anstifter zum Massenmord der eigenen Volksgenossen« und »alleinige Ursache all des Elends, das über unser Volk gekommen ist«.[197]

Mit dem Führungswechsel erlosch die enge Bindung zur Universität. Karl Theodor Vahlen, Fritz Lejeune, Joachim Haupt und Reinhard Sunkel verließen nicht nur die Parteileitung, sondern auch Pommern. Corswant verlegte die Gauzentrale auf sein Gut Cuntzow. All dies führte dazu, daß nur ein Jahr nach Corswants Amtsantritt der Partei die Selbstauflösung drohte. Bei den Reichstagswahlen erzielte sie unterdurchschnittliche 1,5 Prozent der Wählerstimmen. Wie verzweifelt die Lage war, zeigt sich auch in Corswants Bericht nach München, in dem er meldete, daß er bereits Eigentum der Partei habe verpfänden müssen.[198] Eine eigene Presse gab es nicht, und andere Zeitungen berichteten über die Splitterpartei nicht mehr. Ähnlich wie die Partei selbst stagnierten auch ihre Organisationen. Erst mit der einsetzenden Wirtschaftskrise kam der Erfolg.

Mit der Young-Plan-Agitation im Juli 1929 zog die pommersche NSDAP wieder die öffentliche Aufmerksamkeit auf sich und erreichte beim nächsten Urnengang der Pommern, den Provinziallandtagswahlen im November 1929, immerhin 4,1 Prozent. Sie zog mit vier Abgeordneten in den Landtag ein. Im allgemeinen Aufschwung konnte eine eigene, zunächst noch unregelmäßig erscheinende Parteizeitung *Die Diktatur* gegründet

Einer der prominentesten Bewohner der Ostseeinsel Hiddensee war der Dichter Gerhart Hauptmann, der hier nach dem Ersten Weltkrieg ein großes Sommerhaus erwarb, in dem er einige Monate des Jahres verbrachte. Hierher zog sich der siebzigjährigen Hauptmann, der während der Weimarer Republik immer wieder für die Demokratie eingetreten war, nach der nationalsozialistischen Machtergreifung zurück. Zur Enttäuschung vieler hüllte der Dichter, der bis dahin stets kreativ gewesen war, nun in Schweigen. Auf Hiddensee fand er 1946 seine letzte Ruhestätte.

Zuweilen scheint es, als gäbe es sie noch, die unberührte Natur. Der Blick über die Kreidefelsen von Rügen aufs offene Meer hat sich schon Caspar David Friedrich so dargeboten, wie ihn die Besucher noch heute erleben können. Aber keine Generation zuvor hat sich im Angesicht der Natur eindringlich und bang die Frage stellen müssen, ob nicht auch diese Schönheit vergänglich ist. Gefährdet ist sie allemal.

werden. Corswants Stellvertreter Robert Schulz reiste als nationalsozialistischer Redner durch die Provinz. Mit Schulz kam ein gebürtiger Pommer an die Spitze der Partei. Er war noch jung, Jahrgang 1900, Konditor aus Pyritz, bereits seit 1922 NSDAP-Mitglied, bis 1925 bei der SA, danach bei der SS. 1936 bis 1940 war er Landeshauptmann und damit Stellvertreter Schwede-Coburgs.

Corswant entglitt die Führung indes zusehends. In München war man mit ihm zunehmend unzufrieden und reagierte ungehalten, als Corswant sich weigerte, die Gauzentrale nach Stettin zu verlegen, was angesichts der gestiegenen Mitgliederzahl und der Gründung der verschiedenen NS-Organisationen nötig geworden war.[199]

Schließlich wurde Corswant entlassen und der erst achtundzwanzigjährige Wilhelm Karpenstein zu seinem Nachfolger bestimmt. 1903 in Frankfurt am Main geboren, seit 1921 Nationalsozialist, war Karpenstein kurze Zeit Bergarbeiter im Ruhrgebiet gewesen, bevor er ein Jurastudium begann, das ihn an die Greifswalder Universität führte. In Frankfurt hatte er die erste Gruppe des NS-Studentenbundes gegründet und war Mitglied der Frankfurter NSDAP-Ortsgruppe. Auch in Greifswald war er in der Studentenschaft aktiv. Er war Mitbegründer der Greifswalder NSDAP und Mitherausgeber von Vahlens *Norddeutschem Beobachter*. 1925 nahm er sein Studium in Hessen wieder auf und kehrte nach dem Abschluß 1929 zurück nach Greifswald, wo er sich als Anwalt niederließ. Mit 27 Jahren wurde er Reichstagsmitglied für den Reichstagswahlkreis Pommern.

Nach Karpensteins Amtsantritt änderte sich die Parteistrategie. Zunächst verlegte er den Sitz der Gauleitung nach Stettin und erweiterte die Organisationsstruktur der inzwischen von der Splitter- zur Massenpartei sich entwickelnden NSDAP. Im Unterschied zu Corswant ließ sich Karpenstein die Führung nicht aus der Hand nehmen. Er nutzte das Recht des Gauleiters, alle Politischen Leiter seines Gaus zu ernennen und umgab sich mit Freunden aus seiner Kampfzeit. Unter ihnen waren viele junge Leute, die wegen ihrer Radikalität einerseits und ihres ausschweifenden Lebenswandels andererseits wenig beliebt waren. Parteigenossen, die ihm nicht paßten, schaltete er aus. So wechselte er mehrmals die SA-Führung des Gaus. Diese Vorgänge konnten den zunehmenden Erfolg der NSDAP jedoch nicht hemmen.

Bei den Reichstagswahlen am 14. September 1930 erreichte die NSDAP in Pommern 24,3 Prozent und wurde nach der DNVP zweitstärkste Partei. In den Reichstagswahlen im Juli 1932 hatte sich die Stimmenzahl der NSDAP auf 48 Prozent verdoppelt, während die DNVP nur noch 15,8 Prozent der Wähler überzeugen konnte. In den Novemberwahlen erzielte die pommersche NSDAP nach Schleswig-Holstein das zweitbeste Ergebnis im Reich. Am 5. März 1933 entschieden sich schließlich 56,3 Prozent der pommerschen Wähler für die NSDAP, während sich der Reichsdurchschnitt auf 43,9 Prozent belief.

Die anläßlich des »Führerbesuchs« 1934 in Stettin entstandene Aufnahme ist ein Musterbeispiel für geschickte und auf öffentliche Wirkung zielende Manipulation. Die jubelnde, von SS-Männern nur mühsam zurückgehaltene Menge wird vor dem Regierungsgebäude auf der Hakenterrasse so aufgenommen, daß die Bewegung der zum Hitlergruß erhobenen Arme und die Blicke der SS-Ordner alle auf den Punkt zielen, wo der Betrachter sich den Führer vorzustellen hat, der damit zum suggestiven und imaginären Mittelpunkt des Ganzen wird. Einer solchen Imagination kann in der Regel keine Realität standhalten.

Franz Schwede-Coburg, NSDAP-Gauleiter in Pommern von 1934 bis 1945, ist das Paradebeispiel eines feisten Parteibonzen. Als Gauleiter, Oberpräsident und schließlich Reichsverteidigungskommissar regierte er die Provinz mit eiserner Faust, immer darauf bedacht, Hitlers Anweisungen peinlich genau zu erfüllen oder gar im vorauseilenden Gehorsam umzusetzen. Im Vorgehen gegen Juden und Regimegegner zeichnete er sich durch besondere Härte aus, und auch seine irrwitzigen Befehle der letzten Kriegswochen werfen ein gräßliches Licht auf diesen Mann.

Der Gau Pommern

Mit einem der besten Wahlergebnisse im Deutschen Reich traten die Nationalsozialisten in Pommern die Macht an. Karpenstein und sein neuer Gruppenführer der SA-Gruppe IV, Hans Peter von Heydebreck, führten nach der Machtergreifung ein Schreckensregiment in der Provinz. Sowohl Gestapo-Lageberichte als auch Zeitzeugenaussagen dokumentieren, daß nach der Machtergreifung die Unzufriedenheit der Bevölkerung über das gesetzesverachtende brutale Verhalten der Partei und der auf 100 000 Mann angewachsenen pommerschen SA wuchs. Berüchtigt war das im Oktober 1933 eingerichtete und im März 1934 aufgelöste Lager auf der stillgelegten Vulcan-Werft in Stettin-Bredow, in dem die Häftlinge von der SA-Hilfspolizei mißhandelt wurden. In den ersten Monaten wurden 600 Pommern verhaftet, vorwiegend Kommunisten und Sozialdemokraten, aber auch Juden und andere Gegner der Nationalsozialisten. Im März 1933 wurden die KPD und ihre Organisationen, dann im Mai die Gewerkschaften und im Frühsommer 1933 auch die übrigen Parteien und ihnen nahestehende Organisationen aus- beziehungsweise gleichgeschaltet. Die Gründung konspirativer Widerstandsgruppen konzentrierte sich in den Wirtschaftszentren Pommerns, insbesondere in Stettin. Von hier wurden auch die meisten Verhaftungen gemeldet.

Der pommersche Chef der SA, von Heydebreck, ein persönlicher Freund Röhms, wurde am 30. Juni 1934 im Gefängnis Stadelheim in München erschossen. Karpenstein entkam und kehrte am 1. Juli nach Stettin zurück, erließ einen Aufruf an die Bevölkerung und veranstaltete mehrere Kundgebungen. Nur zwanzig Tage später, am 21. Juli 1934, wurde er seines Postens als Gauleiter enthoben. In der *Pommerschen Zeitung* war zu lesen: »Der Gauleiter von Pommern Wilhelm Karpenstein wurde wegen wiederholter Nichtbefolgung von Anordnungen der Parteiführung heute vom Führer seines Postens enthoben.«[200] Karpenstein wurde aus der Partei ausgeschlossen und inhaftiert. Dabei dürfte nicht nur eine Rolle gespielt haben, daß er dem radikalen Flügel seiner Partei angehörte, der eine »zweite Revolution« gefordert hatte, sondern auch die Tatsache, daß er sich einflußreiche Nationalsozialisten zu Feinden gemacht und sich mit Leuten umgeben hatte, die 1933 als alte Kämpfer in hohe Positionen gelangt waren, deren Leumund aber nicht der beste war. Aufgrund eines Gnadenerlasses wurde Karpenstein nach zwei Jahren Haft mit der Auflage entlassen, sich außerhalb des Gaugebietes von Pommern aufzuhalten.

Der seit 1934 amtierende Gauleiter Franz Schwede-Coburg entließ die meisten Mitarbeiter Karpensteins und setzte dafür Personen ein, die Karpenstein zuvor entlassen hatte. Auch von Corswants ehemaliger Stellvertreter, Robert Schulz aus Pyritz, wurde wieder eingesetzt und kehrte als Mitglied des persönlichen Stabes des Gauleiters in die aktive Politik zurück. Ferner brachte Schwede eine ganze Anzahl Parteifreunde aus Bayern mit nach Pommern. Auch in die Kreisverwaltungen zogen bayerische Freunde Schwedes ein.[201] Schwede bezog verstärkt SS-Leute in die oberste Gauführungsriege ein[202] und setzte 23 von 27 Kreisleitern ab.

In der öffentlichen Debatte um die Wiederbewaffnung Deutschlands setzten die Nationalsozialisten geschickt alle sich bietenden Möglichkeiten ein, um in der Bevölkerung das Gefühl von Angst und Bedrohung zu erzeugen und damit Kriegsbereitschaft zu erwecken. Bereits 1934 wurden in Greifswald Zivilschutzübungen zur Giftgasbekämpfung durchgeführt.

Zu den als Arbeitsbeschaffungsmaßnahmen getarnten Kriegsvorbereitungen gehörte in Pommern der Bau der Reichsautobahn Berlin–Stettin. Das am 27. September 1936 eingeweihte Teilstück führte zunächst von Berlin nach Kolbitzow. Die Strecke wurde daraufhin weiter über Sydowsaue, Hökendorf und Rosengarten vorbei an Stettin und Altdamm geführt, der Ausbau blieb jedoch südlich von Hohenkrug stecken. Die »Straße des Führers« hieß im Volksmund daher »des Führers Unvollendete« oder auch »Schubert-Autobahn«.

Nach diesen umfangreichen Veränderungen war es Schwedes wichtigstes Ziel, wieder Ruhe und Ordnung herzustellen, um das Vertrauen der Bevölkerung zu gewinnen.[203] Auch Schwede war kein geborener Pommer, sondern Memelländer. Er besuchte im Unterschied zu seinen Vorgängern im Amt des Gauleiters lediglich die Volksschule und machte eine Ausbildung bei der Marine als Maschinenschlosser. 1922 trat er in die NSDAP ein und wurde Mitbegründer und Ortsgruppenführer der NSDAP in Coburg. Als er dort 1931 in das Amt des Bürgermeisters gewählt wurde, war er der erste nationalsozialistische Bürgermeister Deutschlands. Hitler verlieh ihm dafür später den Namenszusatz »Coburg«. Nachdem Schwede in Bayern bereits höchste politische Ämter errungen hatte, beförderte ihn Hitler am 21. Juli 1934 zum Gauleiter, am 28. Juli gar zum Oberpräsidenten von Pommern. Im September 1938 wurde er durch den preußischen Ministerpräsidenten zum preußischen Staatsrat ernannt.

Gleich nach seiner Ankunft in Stettin, am 22. Juli 1934 abends um acht Uhr, richtete der ehemalige Berufssoldat Schwede einen Aufruf zur Pflichterfüllung an seine neuen Parteigenossen: »Der Führer hat mich mit dem 21. d. M. zum Gauleiter des Gaues Pommern der NSDAP ernannt. Gleichzeitig sind mir vom Führer unbeschränkte Vollmachten im Rahmen der Zuständigkeit eines Gauleiters erteilt worden. Damit habe ich die volle Verantwortung für die Organisation im gesamten Gaugebiet übernommen. Ich erwarte von allen Parteidienststellen treue Pflichterfüllung ... Ich selbst werde wie bisher auch an dieser Stelle, die ich heute durch das besondere Vertrauen des Führers innehabe, als Soldat Adolf Hitlers um das nationalsozialistische Deutschland kämpfen.«[204]

Nationale Erfolge, wirtschaftlicher Aufschwung und Vollbeschäftigung nach den Jahren der Not und wirtschaftlichen Instabilität führten zu einer breiten Akzeptanz des NS-Regimes und ließen viele Pommern über den Terror gegen Andersdenkende und die Verfolgung jüdischer Mitbürger hinwegsehen.

Durch staatliche Marktregulierung und Preisbindungen wurde die vorwiegend agrarisch orientierte Wirtschaft stabilisiert und die Arbeitslosigkeit abgebaut. Arbeitskräftelenkung, Rohstoff- und Materialversorgung sowie die Investitionspolitik waren jedoch einseitig auf die Rüstungs- und Autarkiebestrebungen des »Dritten Reichs« ausgerichtet. Die militärische Infrastruktur Pommerns wurde ausgebaut, vorhandene Kasernen und militärische Anlagen, wie die Flottenbasen in Swinemünde und Stralsund, ausgebaut und neue Stützpunkte, Lehr- und Ausbildungsstätten der Luftwaffe und Marineflieger errichtet. Einen wesentlichen Impuls erhielt die pommersche Wirtschaft durch die geopolitische Lage des Oderraums, die Unternehmen veranlaßte, ihre Produktionsstätten und Tochtergesellschaften nach Pommern zu verlegen. Vor allem die Flugzeugbau- und Sprengstoffindustrie baute beziehungsweise erwarb pommersche Produktionsstätten. So konnten sich rüstungswichtige Wirtschaftszweige ausdehnen, während andere Industriezweige wie die Konsumgüterproduktion nach dem anfänglichen Aufschwung stagnierten.

Arbeitsbeschaffungsprogramme bildeten den wichtigsten Bestandteil der staatlich stimulierten Konjunktur, die wesentlich zur Stabilisierung des Regimes beitrug. Es handelte sich dabei vorwiegend um zivile, zweck- und termingebundene Arbeiten. In Pom-

In seiner Ideologie berief sich der Nationalsozialismus auf zahlreiche germanische Vorbilder und ließ Großveranstaltungen und Kundgebungen häufig nach überlieferten oder fiktiven Handlungen germanischen Ursprungs ablaufen. Heringsdorf auf Usedom kam in den Genuß der ersten nationalsozialistischen Thingstätte, die am 1. Mai 1933 durch den NSDAP-Gauleiter von Pommern, Wilhelm Karpenstein, unter großer Anteilnahme der Bevölkerung eingeweiht wurde.

mern wurden auf diese Weise Meliorationsarbeiten ausgeführt sowie das Straßen-, Schienen- und Seeverkehrsnetz ausgebaut. Dazu gehörte der im Mai 1934 begonnene Bau des Reichsautobahnteilstücks Berlin–Stettin, der Bau des Rügendamms, der Ausbau des Schienennetzes und Regulierungsarbeiten an den Wasserstraßen Oder und Peene.

Im Zuge der allgemeinen Konjunkturbelebung, die sich als Folge der Verdopplung der Rüstungsausgaben ergab, verstärkten sich seit 1936 die Anforderungen an Industrie und Handel, die mit der Einstellung weiterer Arbeitskräfte reagierten. Gleichzeitig litt die Industrie zunehmend unter Metall- und Rohstoffmangel. Auf diese Krise reagierte Hitler mit der Verkündung des Vierjahresplans 1936, der die Kriegsfähigkeit der Wehrmacht bis 1940 sichern sollte.

1937 wurde in Pommern Vollbeschäftigung erreicht, doch noch im selben Jahr herrschte bereits Arbeitskräftemangel. Rüstungs- und Zulieferbetriebe warben mit hohen Löhnen Arbeitskräfte aus Landwirtschaft, Industrie und Handwerk ab. Insbesondere hinterpommersche Landarbeiter wanderten ab. So verlor der Regierungsbezirk Köslin 1937 rund 17 000 Arbeitskräfte. Der Reichsarbeitsdienst sollte die Landflucht durch Arbeitseinsätze ausgleichen. Die Entwicklung in der Konsumgüterindustrie, wozu in Pommern die relativ stark vertretenen Industriezweige der Nahrungs- und Genußmittelindustrie, die Bekleidungs- und Möbelindustrie sowie der Landmaschinenbau und die Düngemittelproduktion gehörten, stagnierte im Vergleich zur rüstungsorientierten Produktion.

Die konservativen Kreise Pommerns, die bis zur Machergreifung Hitlers die stärkste Gruppierung gebildet hatten, leisteten nach 1933 kaum aktiven Widerstand, bewahrten jedoch eine mißtrauische Zurückhaltung gegenüber der NSDAP. Diejenigen Konservativen, die sich vor 1933 deutlich gegen Hitler ausgesprochen hatten, wurden von den neuen Machthabern bereits im Frühjahr 1933 in Schutzhaft genommen, danach bespitzelt und immer wieder verhaftet, unter ihnen Ewald von Kleist-Schmenzin, Friedrich und Vollrath von Braunschweig-Standemin, Eberhard von Braunschweig-Lübsow, Reinold von Thadden-Trieglaff und der Rittergutsbesitzer Meißner-Zuckers. 1932 hatte Kleist-Schmenzin den Nationalsozialismus in einem Flugblatt als »Schädling der Nation und Todfeind unserer Anschauungen« bezeichnet. Er hätte nie »diesen verheerenden Aufschwung genommen, wenn die nationalen Kreise sich offenbar von ihm abgegrenzt hätten«. Nach der Machtergreifung beschränkte sich Kleist-Schmenzin nicht auf Worte und wählte auch nicht wie so viele andere die innere Emigration, sondern leistete als einer der wenigen mit Karl Magnus von Knebel-Doeberitz auf Friedrichsdorf und Friedrich Karl von Zitzewitz auf Muttrin aktiven Widerstand, den er im April 1945 mit dem Leben bezahlen mußte.

Viele evangelische Christen hatten zunächst auf Hitlers Regierungserklärung vertraut, in der sich der Staat und die Partei auf den Boden eines positiven Christentums stellten und sich an den Bemühungen beteiligen wollten, die evangelische Kirche einer Erneuerung zuzuführen. Dies bedeutete jedoch nichts anderes als die rigorose Gleichschaltung der Landeskirchen. Als geeignetes Werkzeug boten sich die 1932 gegründeten Deutschen Christen an, die in Pommern unter der Führung des Pastors Karl Thom aus Pustamin, Kreis Schlawe, bei den Kirchenwahlen im Juli 1933 bis zu achtzig Prozent der pommerschen Stimmen für sich verbuchen konnten. Der Widerstand der Bekennenden Kirche entwickelte sich aus dem Pfarrernotbund, dem Ende 1933 bereits 150 pommersche Pfarrer angehörten. Am 7. Mai 1934 wurde die erste Evangelische Bekenntnis-Synode in Stettin abgehalten und Reinold von Thadden-Trieglaff zum Präses gewählt. 1934 wurden nach Kanzelabkündigungen 55 evangelische Pfarrer verhaftet.[205] Der katholische Widerstand fand in Pfarrer Alfons Wachsmann, der 1944 hingerichtet wurde, einen prominenten Vertreter.

In Pommern lebten bei der Machtergreifung Hitlers rund 7800 Glaubensjuden, 0,4 Prozent der Gesamtbevölkerung Pommerns. Ein Drittel wohnte in der Provinzhauptstadt Stettin, die übrigen in 46 mittleren und kleinen Städten und 96 Dörfern. Nur in Kolberg, Lauenburg, Stargard und Stolp gab es jüdische Gemeinden mit mehr als 200 Seelen. Wie überall in Deutschland waren Bürger jüdischen Glaubens diskriminierenden Einschränkungen und brutalen Übergriffen ausgesetzt, weshalb viele ihrer Heimat den Rücken kehrten und auswanderten. Bereits zwanzig Wochen nach der Machtergreifung war die Zahl der in Pommern lebenden Juden um acht Prozent zurückgegangen. Nur sehr wenige haben die Zeit des Nationalsozialismus überlebt.

DAS ENDE

Am 4. Mai 1933 titelte die *Pommersche Zeitung:* »Feindliches Bombengeschwader rast über Stettin«. Bei einer großen Luftschutzübung wurden die Stettiner mit Brandbomben und Giftgas bekannt gemacht. In einer Unterzeile des ganzseitigen Artikels prophezeite der Reporter »Heute Spiel – morgen Ernst!« Seit 1933 wurde die Bevölkerung konsequent und kontinuierlich auf den Krieg vorbereitet, sei es durch Förderung bestimmter Wirtschaftszweige, Ausbau der Infrastruktur oder Intensivierung des Organisationsnetzes. Die Reichswehr übernahm bereits zur Kaiserzeit gebaute Kasernen, Exerzierplätze, Schießstände und Schulen und fügte diesen verstärkt seit 1934 eine Reihe neuer Anlagen hinzu, teilweise mit Unterstützung der pommerschen Städte, die sich durch die Verlegung einer Garnison nach Pommern wirtschaftliche Vorteile für ihre Kommunen erhofften, teilweise auch durch Zwangsrequirierungen, wie zum Beispiel in Peenemünde, wo den Eigentümern kurzerhand Kaufverträge vorgelegt wurden, die sie unterschreiben mußten. Unter Absicherung durch die Stapo Stettin wurden Kiefernwälder freigeschlagen und große Gebäudekomplexe mit Laboratorien, Werkhallen, einem Kraftwerk, Prüfständen und Abschußbasen für die Heeresversuchsanstalt Peenemünde errichtet.

Ungeachtet der offenen Kriegsvorbereitungen wurde von der nationalsozialistischen Propaganda immer wieder Hitlers »Friedenswillen« betont. Gauleiter Schwede-Coburg glaubte im September 1934 feststellen zu können, daß »bisher vernommene Äußerungen über (einen) bevorstehenden Krieg ... so gut wie verstummt« seien. Nach einem Lagebericht des Sicherheitsdienstes der SS (Oberabschnitt Nord/Stettin) vom Dezember 1936 war jedoch vor allem in Stettin eine »gewisse Kriegspsychose festzustellen«. Größere Teile der Arbeiterschaft glaubten danach, daß es infolge der Spanienfrage bald zu einem Krieg zwischen Deutschland und Rußland kommen werde. Ängste würden insbesondere durch die Lebensmittelknappheit und die Einführung von Kundenlisten »offen als Kriegsmaßnahme« bezeichnet.[206]

Pommern gehörte mit den Ländern Mecklenburg-Strelitz und Mecklenburg-Schwerin zum Wehrkreis II. Das Wehrkreiskommando hatte seinen Sitz in Stettin. Es war taktische Kommandobehörde und regionale Verwaltungszentrale. Als der Rundfunk am 1. September 1939 meldete, seit 4.45 Uhr werde an der deutsch-polnischen Grenze »zurückgeschossen«, reagierte die Bevölkerung ernst und bedrückt, zu deutlich war noch die Erinnerung an den Ersten Weltkrieg. Der Beginn des Zweiten Weltkrieges bedeutete für Pommern die Einberufung der männlichen Bevölkerung, den Kriegstod vieler Angehöriger, die Einrichtung von Kriegsgefangenenlagern und die Beschäftigung von Kriegsgefangenen, KZ-Häftlingen und Zwangsarbeitern in der Rüstungsindustrie. Noch 1939 wurden Kriegsernährungsämter eingerichtet, bald danach Kriegswirtschaftsämter. Schwede-Coburg, inzwischen Reichsverteidigungskommissar, trat gegenüber dem Wehrkreiskommando II äußerst selbstbewußt auf, versuchte sich in dessen militärische Kompetenzen einzumischen und war einer der größten propagandistischen Scharfmacher in der Provinz.

Mit dem Kriegseintritt der USA verstärkte sich allmählich der Bombenkrieg. Dieser konzentrierte sich zunächst noch auf den Westen des Reiches, so daß Pommern Aufnahmegebiet für zahllose Westdeutsche wurde, vor allem für Kinder, die etwa mit den Kinderlandveschickungen hierher, »in den Luftschutzkeller des Reiches«, gelangten. Mit dem Näherrücken der russischen Front flogen die Alliierten aber auch zunehmend Angriffe auf den Osten des Deutschen Reiches und trafen Stettin, Stralsund, Anklam, die Hydrierwerke in Pölitz, die Heeresversuchsanstalt Peenemünde und Swinemünde.[207]

Seit der Schlacht von Stalingrad war der Krieg für Deutschland verloren, was auch die Bevölkerung zunehmend erkannte. Dennoch hieß es bis in die letzten Kriegstage, Pommern sei nicht unmittelbar bedroht. Selbst als die großen Flüchtlingsströme durch das Land zogen, dachten die meisten Pommern noch nicht an Flucht. Als jedoch die Rote Armee im Rücken der Flüchtlinge auftauchte, war an eine geordnete Evakuierung nicht mehr zu denken. Die Bewohner wurden von der Front überrollt. Ende Januar 1945 überschritt die sowjetische Armee die Grenzen Pommerns. Innerhalb von sieben Wochen eroberte sie den größten Teil Hinterpommerns bis auf den Brückenkopf um Stettin und Altdamm und die Insel Wollin. Am 20. April gelang es ihr, das Odertal im Süden von Stettin zu überwinden und von dort aus weiter vorzudringen. Die in Ahlbeck geborene Schriftstellerin Carola Stern erinnert sich: »Im Rundfunk sprach Goebbels: ›Berlin bleibt deutsch, Wien wird wieder deutsch!‹ ›Kind‹, sagte meine Mutter, ›glaubst du etwa, der Mann belügt uns? Jetzt, in dieser Stunde! Zu Führers Geburtstag! Nein, nein, jetzt kommen die Wunderwaffen!‹ Aber es kamen die Russen.«[208]

Der Krieg mit seinem ganzen Schrecken erreichte Pommern endgültig zu Beginn des Jahres 1945, als von Süden und Osten die Rote Armee in die Provinz eindrang. Die erste und zweite Weißrussische Front erzielte rasche Erfolge, und bereits Anfang März überrollte die sowjetische Streitmacht das gesamte östliche Hinterpommern in nur fünf Tagen. Als eine der ersten Städte fiel Köslin am 4. März 1945.

Der Weg in die Katastrophe

DIETMAR LUCHT

DIE ZEIT DES NATIONALSOZIALISMUS (1933–1939)

Die Verordnung des Reichspräsidenten Hindenburg »Zum Schutz von Volk und Staat« vom 28. Februar, die Hitler unter Hinweis auf den Reichstagsbrand erwirkt hatte und die »zur Abwehr kommunistischer staatsgefährdender Gewaltakte« verschiedene Grundrechte außer Kraft setzte, wurde schon bald vielen Pommern, zum größten Teil Mitglieder oder Funktionäre der Kommunistischen Partei Deutschlands, zum Verhängnis. Mehr als 200 Personen wurden bereits im März verhaftet, viele Hausdurchsuchungen durchgeführt. Im Oktober 1933 folgte in Stettin-Bredow die Einrichtung eines »wilden« Konzentrationslagers, das jedoch im März 1934 wieder aufgelöst wurde.[209]

Bei den Reichstagswahlen im März 1933 hatte die NSDAP mit 56,3 Prozent in Pommern eine ungewöhnlich hohe Zustimmung erhalten, die weit über dem Reichsdurchschnitt von 43,9 Prozent lag. Unter solch günstigen Voraussetzungen konnten die neuen Machthaber auch ohne größere Schwierigkeiten die Verwaltung an sich bringen.

Im Oktober 1933 ließ sich Oberpräsident von Halfern, erst sechzig Jahre alt, pensionieren, wahrscheinlich wegen der vielen Eingriffe des Gauleiters der NSDAP für Pommern, des jungen Rechtsanwaltes Wilhelm Karpenstein, in seine dienstlichen Aufgaben und Zuständigkeiten. Außerdem schieden rund ein Drittel der Landräte und mehrere Oberbürgermeister 1933 aus dem Amt. Erst Ende Juli 1934 wurde mit dem Nationalsozialisten Franz Schwede ein neuer Oberpräsident bestellt.[210]

Die nationalsozialistische Machtübernahme beseitigte zwar nicht den Provinzialverband, aber in wenigen Monaten dessen Selbstverwaltung. Zunächst ordnete der kommissarische preußische Innenminister die Neuwahl des Provinziallandtags an, in dem die NSDAP nur vier von 75 Mandaten besaß. Sie brachte das von den Machthabern erhoffte Ergebnis: die absolute Mehrheit der Sitze für die NSDAP und damit das Dienstende des deutschnationalen Landeshauptmanns von Zitzewitz. Bald darauf wurden alle Kompetenzen des Provinziallandtags per Gesetz auf den Provinzialausschuß übertragen, und schließlich bestimmte das sogenannte Oberpräsidentengesetz vom 15. Dezember 1933, daß der Oberpräsident vom 1. April 1934 an alle Befugnisse des Provinzialausschusses besitze, er jedoch vor seiner Entscheidung in einer Reihe früherer Selbstverwaltungsaufgaben den Provinzialrat hören müsse. Ausdrücklich wurden Provinziallandtag, -ausschuß und -kommissionen aufgelöst und eine Neubildung ausgeschlossen.

Damit war die Selbstverwaltung von Provinzialangelegenheiten beseitigt. Der Provinzialrat trat in der Regel nur einmal im Jahr zusammen und nahm sein Beratungs- und Informationsrecht nicht wahr. Die Position des Landeshauptmanns gab es zwar nach der gesetzlichen Neuordnung von 1933/34 noch, aber nur als allgemeinen

Vertreter des Oberpräsidenten in der Verwaltung des Provinzialverbandes. Als Nachfolger des Landeshauptmanns von Zitzewitz amtierte bis Anfang des Jahres 1935 das NSDAP-Mitglied Rechtsanwalt Jarmer. Im Juli 1936 wurde SS-Oberführer Robert Schulz zum Landeshauptmann bestellt, dem im April 1940 SS-Gruppenführer Emil Mazuw folgte.[211]

Wen die NSDAP nicht über die gesellschaftlichen Kräfte erreichte, den erreichte sie in Pommern über die evangelische Kirche.[212] Die hier von Pastor Karl Thom aus Pustamin, Kreis Schlawe, angeführten Deutschen Christen erfreuten sich regen Zulaufs. Aber auch der Widerstand der Bekennenden Kirche war stark. Ihre bekanntesten pommerschen Vertreter waren Reinold von Thadden-Trieglaff, der spätere Begründer des Evangelischen Kirchentages, Heinrich Rendtorff, der abgesetzte Landesbischof von Mecklenburg-Schwerin und damalige Stettiner Pfarrer, und Konsistorialrat Eberhard Baumann. Eine dramatische Zuspitzung erfuhr der Kirchenkampf im März 1935 durch die Inhaftierung von 55 Pfarrern in Pommern. Eines der fünf von der Bekennenden Kirche 1935 im Bereich der altpreußischen Union errichteten Predigerseminare befand sich in Pommern und stand unter der Leitung von Dietrich Bonhoeffer. Es hatte sein Domizil zunächst in Zingst, von Juni 1935 bis zum Herbst 1937 in Finkenwalde bei Stettin und von Dezember 1937 bis März 1940 in Köslin und Groß Schlönwitz, Kreis Schlawe.

Der vermittelnden Tätigkeit des 1935 eingesetzten Provinzialkirchenausschusses und des 1937 ins Leben gerufenen Pommerschen Bruderkreises ist es zuzuschreiben, daß die Zahl der »bekennenden«, aber insbesondere die der »deutschchristlichen« Pastoren deutlich zurückging. Man nimmt an, daß nahezu neunzig Prozent der pommerschen Pastorenschaft zum Ende der dreißiger Jahre kirchenpolitisch neutral eingestellt waren. Hierin unterschied sich Pommern von anderen Provinzialkirchen. Diese von Hellmuth Heyden[213] 1957 geäußerte Behauptung wird von Werner Klän dreieinhalb Jahrzehnte später in einer detaillierten Arbeit über die »pommersche Mitte« bekräftigt.

Das Schicksal der Juden in Pommern unterschied sich in der Zeit des Nationalsozialismus im allgemeinen nicht von dem der Juden in Deutschland überhaupt. Sie erfuhren auch in Pommern seit dem 1. April 1933 zentral gelenkte Benachteiligungen, mußten gesetzliche Einschränkungen hinnehmen und waren gesteuerten Übergriffen ausgesetzt. Am 9. November 1938 wurden die Synagogen zerstört, anschließend alle Stettiner jüdischen Männer für einige Wochen im Konzentrationslager Oranienburg festgesetzt. Im Februar 1940 ließ das Regime fast alle Juden aus Stettin und der ganzen Provinz – insgesamt rund tausend Personen – in die Nähe von Lublin deportieren. Dies war die erste Massendeportation deutscher Juden durch die Nationalsozialisten. Viele pommersche Juden gingen ins Ausland. Diejenigen, die nicht auswandern wollten oder konnten, hatten kaum Möglichkeiten, der Verfolgung und ihrer späteren Ermordung zu entkommen.[214]

Die Provinz Pommern erfuhr am 1. Oktober 1938 im Südosten eine erhebliche Vergrößerung, territorial um rund ein Viertel, bevölkerungsmäßig um knapp ein Sechstel. Damit verbunden war eine Veränderung seiner Verwaltungsgliederung. Zu Pommern kam nämlich der Hauptteil der aus drei räumlich getrennten Teilen bestehenden Provinz Grenzmark Posen-Westpreußen, die nach dem Ersten Weltkrieg aus den bei Deutschland verbliebenen Teilen der preußischen Provinzen Posen und Westpreußen gebildet und zu deren Hauptstadt Schneidemühl erhoben worden war. Dieser Hauptteil bestand aus den Landkreisen Schlochau, Flatow, Deutsch Krone, dem Netzekreis und dem Stadtkreis Schneidemühl mit insgesamt 5787 Quadratkilometern. Es lebten dort 251 000 Personen in fünfzehn Städten und 296 anderen Gemeinden, die durchschnittliche Bevölkerungsdichte war also äußerst gering (43 Personen auf einem Quadratkilometer). Obwohl die Böden dieser Gegend wenig ertragreich waren, dominierten Land- und Forstwirtschaft, Industrie gab es kaum.

Die neumärkischen Kreise Arnswalde und Friedeberg der Provinz Brandenburg und die Kreise Dramburg und Neustettin des Regierungsbezirks Köslin wurden dem grenzmärkischen Hauptteil zugeordnet, damit dieser als territorial ausreichend ausgestatteter Regierungsbezirk »Grenzmark Posen-Westpreußen« mit Regierungssitz Schneidemühl in die Provinz Pommern zum 1. Oktober 1938 eingegliedert werden konnte. Gleichzeitig wurden die Kreise Greifenberg und Regenwalde vom Stettiner Regierungsbezirk an den Kösliner abgetreten. In Angelegenheiten des Provinzialverbandes wurden die Kreise Arnswalde und Friedeberg der Stettiner Hauptverwaltung, die anderen Kreise einer pommerschen Zweigstelle in Schneidemühl unterstellt. 1941 wurde die evangelische Kirchenprovinz »Grenzmark Posen-Westpreußen« aufgehoben und ihr Gebiet in die pommersche einbezogen; das Konsistorium in Schneidemühl wurde zu einer Außenstelle des Stettiner Konsistoriums herabgestuft.[215]

Im Ballungsraum an der unteren Oder wurde die Verwaltungsgliederung durch die Ausweitung des Stettiner Stadtgebiets am 15. Oktober 1939 stark verändert. Die Zahl der Einwohner Stettins erhöhte sich um ein Drittel auf 383 000, flächenmäßig war Stettin mit 460 Quadratkilometern nun die drittgrößte Stadt Deutschlands. Der Kreis Randow wurde aufgelöst.[216]

ZWEITER WELTKRIEG

Als am Morgen des 1. September 1939 die deutschen Truppen die deutsch-polnische Grenze überschritten, begann der Zweite Weltkrieg. In der Provinz Pommern trat die Wehrmacht insbesondere aus dem Raum Schlochau/Preußisch Friedland mit dem XIX. Armeekorps unter General Guderian zum Angriff an.[217] Anders als im Ersten Weltkrieg war die Ernährung der Bevölkerung gewährleistet. Die Lebensmittel waren seit Kriegsausbruch rationiert, die Zuteilungen sicherten die Verpflegung in ausreichendem Maße.

Während sich der Landkrieg bereits in den ersten Kriegstagen von der pommerschen Grenze entfernte und die Kriegsmarine die lange Küste Pommerns vor jedem Angriff bewahrte, lag seit 1940 die Bedrohung durch den Luftkrieg über dem Land. Allerdings blieb es bis in das Jahr 1943 im großen und ganzen beim Fliegeralarm, so daß man unter anderem 33 Schulen aus dem von alliierten Luftangriffen heimgesuchten Westen Deutschlands und aus Berlin in das immer noch relativ sichere Pommern verlegte.[218]

Der erste schwere Angriff auf ein pommersches Ziel wurde am 21. April 1943 auf die Provinzhauptstadt geflogen, mehr als 400 Tote waren zu beklagen. Nun evakuierte man die Stettiner und Swinemünder Schulen. Am 17./18. August 1943 bombardierte die Royal Air Force die Heeresversuchsanstalt Peenemünde im Nordwesten der Insel Usedom. Dort war es den Wissenschaftlern um Wernher von Braun am 3. Oktober 1942 gelungen, eine Rakete ins Weltall zu schießen. 1944 und Anfang 1945 war Stettin mit seinem Hydrierwerk, den Werften, anderen Industrieanlagen, dem Hafen und der Altstadt mit dem Schloß Ziel häufiger alliierter Luftangriffe.[219] Auch Stralsund (Oktober 1944) und Anklam (Oktober 1943) wurden bombardiert.

Nach dem Attentat auf Hitler am 20. Juli 1944 nahm die Geheime Staatspolizei in Pommern dreizehn adlige und einen bürgerlichen Rittergutsbesitzer fest, unter ihnen Ewald von Kleist-Schmenzin, Friedrich Karl von Zitzewitz, Alexander von Kameke, Malte von Veltheim Fürst zu Putbus und Oscar Caminecci-Zettuhn. Kleist hatte schon früh vor Hitler gewarnt und 1938 Winston Churchill über die Pläne der deutschen Opposition informiert in der Hoffnung, die Briten zu einer härteren Politik gegen Hitler bewegen zu können. Zitzewitz hatte nähere Verbindungen zum Kreisauer Kreis. Kleist, Kameke und Caminecci wurden getötet, Putbus starb im Konzentrationslager, die übrigen Verhafteten kamen wieder frei.

Widerstand gegen das nationalsozialistische Regime hat es in Pommern auch in anderen Bevölkerungskreisen und unabhängig vom »20. Juli« gegeben, etwa durch die kommunistische Widerstandsgruppe in Stettin, deren Mitglieder Walter Empacher, Walter Miermeister, Eugen Wilhelm, Heinz Peters und andere im Februar 1945 dort hingerichtet wurden;[220] der katholische Geistliche von Greifswald, Alfons Wachsmann, wurde bereits im Februar 1944 hingerichtet.

Das Vordringen der Roten Armee bis zur Ostgrenze im Sommer 1944 führte zum Bau der Pommernstellung, die vom Unterlauf der Drage über Neustettin zum Nordende des Buckower Sees verlief. Im Herbst 1944 ordnete die pommersche Parteileitung auch in ihrem Gau die Aufstellung des Volkssturms an, zu dem alle nichteingezogenen waffenfähigen Männer im Alter zwischen sechzehn und sechzig Jahren verpflichtet waren.[221] Den Verlauf der am 12. Januar 1945 einsetzenden sowjetischen Offensive, die die feindlichen Truppen innerhalb weniger Tage bis nach Posen und Elbing vorstoßen ließ, betrachtete die Bevölkerung in Hinterpommern im stillen mit großer Sorge. Jetzt war die Heimat unmittelbar bedroht, und die Menschen wußten, daß ihnen bei einem weiteren sowjetischen Vormarsch Schlimmes widerfahren würde.

Als am 26. Januar sowjetische Truppen bei Schneidemühl erstmalig in Pommern eindrangen und bereits am 29. Januar Sowjetpanzer südlich von Pyritz fuhren, war die Niederlage Deutschlands längst besiegelt. Die Bezirkshauptstadt Schneidemühl sah sich bald von den Sowjets eingeschlossen, konnte sich jedoch noch bis zum 13. Februar halten. Nur mit großer Mühe gelang es währenddessen der Heeresgruppe »Weichsel«,

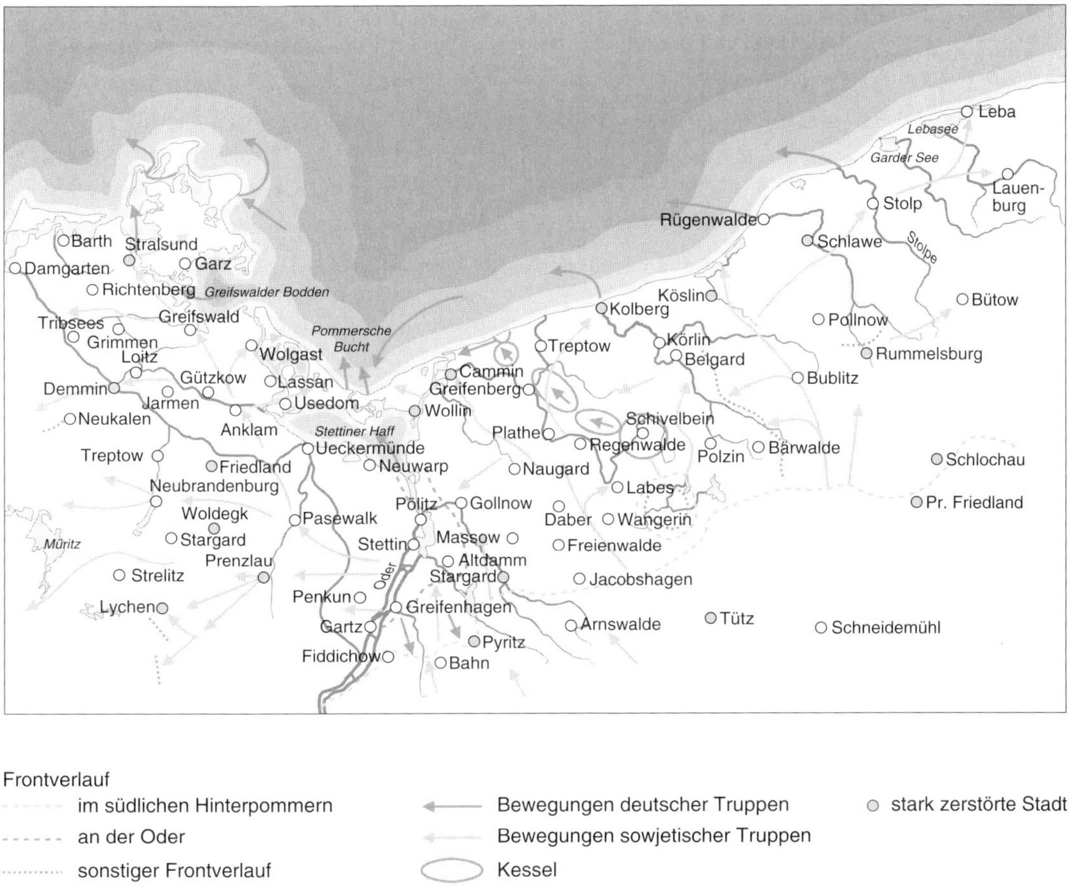

Das Kriegsende 1945 in Pommern

gegen die von Süden vorstoßenden Sowjetarmeen eine Front aufzubauen, die am 14. Februar von Fiddichow über Kallies, den Großen Pielburger See, Preußisch Friedland, Konitz und Tuchel nach Graudenz verlief. Von Generalstabschef Guderian ursprünglich als operativer Gegenschlag gegen den sowjetischen Durchbruch zur Oder gedacht, erzielte ein am 15. Februar mit neun Divisionen begonnener deutscher Angriff (»Sonnenwende«) östlich des Madüsees unter der Führung von General Wenck zwar anfangs einige Erfolge, blieb aber am 18. Februar stecken.[222]

Der Angriff der 2. Weißrussischen Front südöstlich von Neustettin am 24. Februar führte trotz heftiger deutscher Gegenangriffe im Raum Rummelsburg fünf Tage später zur Unterbrechung der wichtigen Straßen- und Bahnverbindung Stettin–Danzig und zur Eroberung des abgeschnittenen östlichen Hinterpommern bis zum 10. März. Mit einer Offensive aus dem Raum Stargard/Märkisch Friedland am 1. März eroberte die 1. Weißrussische Front das nordwestliche Hinterpommern mit Ausnahme Kolbergs in nur fünf Tagen. Allein der Rückzug der Korpsgruppe Tettau nach Dievenow als wandernder Kessel beeinträchtigte bis zum 11. März den sowjetischen Erfolg.

Die überraschenden, schnellen sowjetischen Vorstöße von Süden an die Küste hatten einem Teil der einheimischen Bevölkerung sowie vielen ost- und westpreußischen Flüchtlingen den Weg in den Westen abgeschnitten. Wenn Räumungsbefehle überhaupt gegeben wurden, geschah es oft viel zu spät. Die vierzehntägige Verteidigung Kolbergs (4. bis 18. März) eröffnete rund 70 000 Zivilisten den Seeweg in den Westen; von Stolpmünde aus konnten 18 300, von Rügenwalde aus 4300 Menschen über die Ostsee flüchten. Wer nicht weit genug flüchten konnte oder sein Heim nicht verlassen wollte, sah sich dem Wüten der Eroberer ausgesetzt. Mord, Vergewaltigung und Raub waren an der Tagesordnung.[223]

Nach den britischen Luftangriffen auf Saßnitz am 6. März warfen am 12. März 650 Bomber der Typen B-17 und B-24, die zur 8. US Air Force gehörten, 1609 Tonnen Sprengbomben über Stadt und Hafen Swinemünde ab, dem Durchgangsort großer Flüchtlingsströme. Mit schätzungsweise 25 000 Toten wurde Swinemünde das »Dresden des Nordens«.[224]

Am 20. März wurde der sich zusehends verengende Brückenkopf östlich der unteren Oder aufgegeben. Mehrere Wochen lang bildeten die Dievenow und schließlich auch die untere Oder die Front, die von der 3. Panzerarmee unter General von Manteuffel besetzt war. Im Zuge der Berlin-Operation gelang den sowjetischen Truppen nach viertägigem Kampf am 24. April der Durchbruch zwischen Gartz und Stettin, tags darauf wurde die Provinzhauptstadt wegen drohender Abschnürung aufgegeben. Am 30. April gingen Greifswald und Demmin verloren, anschließend wurden die Inseln Usedom und Wollin geräumt, und am 5. Mai verließen in Saßnitz die letzten deutschen Einheiten Pommern. Was hier nun folgte, waren die bedingungslose Kapitulation der Wehrmacht zwei Tage später und von Ende Juni bis Mitte Juli 1945 die Vertreibung der Deutschen aus dem westlichen Hinterpommern.[225]

Auf der Potsdamer Konferenz zur politischen Neuordnung Europas nach dem Sieg über Deutschland im Juli und August 1945 legten die USA, die UdSSR und Großbritannien die neue Grenzlinie zwischen Deutschland und Polen fest. Sie verlief von der Ostsee westlich von Swinemünde durch das Haff westlich an Stettin vorbei bis zur Oder und an dieser nach Süden; einige Wochen später wurde sie nach Westen zwischen Altwarp und Mescherin verschoben.[226] Die Potsdamer Konferenz übertrug Polen die Verwaltung der östlich der Oder-Neiße-Linie gelegenen Gebiete bis zum Abschluß eines Friedensvertrags. De facto standen diese allerdings bereits unter polnischer Verwaltung. Die drei Siegermächte beschlossen insbesondere die Ausweisung der deutschen Bevölkerung östlich der Oder-Neiße-Linie ins restliche Deutschland.

Im Herbst 1945 setzte die Hauptphase der Vertreibung der Deutschen aus Pommern östlich der Oder-Neiße-Linie ein und erreichte 1946 ihren Höhepunkt.[227] Die meisten Pommern verloren ihre Heimat. Die deutsche Besiedlung Pommerns, die im 12. Jahrhundert begonnen hatte, war Geschichte.

Die Pommern hatten im Zweiten Weltkrieg und in der Nachkriegszeit einen hohen Blutzoll zu entrichten. Für das Gebiet Pommerns östlich der Oder-Neiße-Linie sind folgende Zahlen bekannt: Bis September 1950 wurden 375 000 Zivilisten Opfer von Krieg, Flucht, Verschleppung, Vertreibung und Verfolgung. Dazu kommen 123 000 Wehrmachtstote, so daß insgesamt 498 000 Menschen aus dem Ostteil Pommerns – 26,4 Prozent der ostpommerschen Bevölkerung von 1939 – durch den Krieg und seine Folgen ihr Leben verloren haben.[228]

Nur der größere Teil Vorpommerns blieb nach dem Zweiten Weltkrieg deutsch, er umfaßt ein knappes Viertel Pommerns, wie es bis 1938 bestand.

VORPOMMERN NACH DEM ZWEITEN WELTKRIEG

Das Ende des Zweiten Weltkrieges bedeutete das Ende der preußischen Provinz Pommern. Von den rund 38 400 Quadratkilometern im Jahre 1939 kamen 1945 rund vier Fünftel, nämlich 31 300 Quadratkilometer, unter polnische Verwaltung. Die Grenze zwischen dem polnischen und dem deutschen Teil Pommerns verlief westlich von Oder und Swine. Nach vorsichtigen Schätzungen haben etwa eine Million Deutsche den polnischen Teil Pommerns 1945 und in den folgenden Jahren Richtung Westen verlassen müssen, sofern sie nicht als Zwangsarbeiter in die Sowjetunion verschleppt wurden.

Nur ein kleiner Teil der preußischen Provinz Pommern blieb in deutscher Hand. Es waren 7100 Quadratkilometer und damit ein knappes Fünftel der Vorkriegsfläche. In diesem Gebiet von Damgarten an der Recknitzmündung bis zum Seebad Ahlbeck und von Altenkirchen auf Rügen bis nach Gartz an der Oder lebte vor dem Zweiten Weltkrieg eine halbe Million Menschen. Der Krieg und seine unmittelbaren Folgen haben aber die Bevölkerungszahl erheblich verändert. Einerseits verringerte sich die einheimische Einwohnerschaft durch Tod, Gefangenschaft und Flucht um 85 000 Menschen, andererseits erhöhte sie sich in den letzten Kriegsmonaten durch Flüchtlinge und nach der Kapitulation durch eine große Zahl Vertriebener. So gab es 1946 in dem deutsch gebliebenen Teil Vorpommerns 719 000 Einwohner, darunter 305 000 Flücht-

Wer vor dem Eintreffen der Roten Armee zur Flucht in Richtung Westen aufbrach, ging gleich ein doppeltes Risiko ein: Es war nicht nur mit der Roten Armee, sondern auch mit den deutschen Behörden zu rechnen, denn Gauleiter Schwede-Coburg unterband buchstäblich bis zur letzten Minute die Evakuierung und Rettung der Bevölkerung und behauptete gegen jede vernünftige Einsicht, daß die Wehrmacht die Rote Armee zurückschlagen werde. Die Flucht setzte daher viel zu spät und ungeordnet ein.

Noch einmal erweist sich 1945 – wie so oft in den Jahrhunderten zuvor – die Oder als Scheidelinie und Stettin als besonderes Pfand. Die deutschen Kriegsgefangenen, die in Stettin von sowjetischen Soldaten zur Arbeit geführt werden, gehen durch eine zerstörte deutsche Stadt, die von nun an das polnische Szczecin sein wird.

Bevor noch die Waffenstillstandsverhandlungen richtig in Gang gekommen sind, wird das Terrain abgesteckt, errichten polnische Beamte Grenzpfähle in der Nähe von Stettin, also Szczecin in Polen (links). Wenig später treffen hier die von deutschen Behörden als Zwangsarbeiter verschleppten Polen über den Etappenpunkt PUR Nr. 2 aus dem Westen ein (rechts). Das geschieht 1946, im Jahr der großen Vertreibungen. Als diese abgeschlossen sind, fällt der Eiserne Vorhang, und der Kalte Krieg beginnt.

linge und Vertriebene.[229] Die Heimatlosen erreichten den sehr hohen Anteil von 42,4 Prozent an der Gesamtbevölkerung. In den Landkreisen Stralsund und Grimmen war sogar jeder zweite Einwohner nichteinheimisch, während die kreisfreien Städte Stralsund und Greifswald die wenigsten Ausgewiesenen aufnehmen mußten.

Die Heimatvertriebenen in Vorpommern stammten aus allen östlichen und südöstlichen deutschen Landschaften, wobei mehr als die Hälfte aus Pommern östlich der deutsch-polnischen Demarkationslinie kam. In dem von den Jahren des Krieges gezeichneten Land stellten Ernährung und Unterbringung der Heimatlosen die Behörden vor fast unlösbare Aufgaben, denn die Besatzungsmacht lebte aus dem von ihr eroberten Land und schaffte obendrein wichtige staatliche und private Wirtschaftsgüter in die Sowjetunion. So gab es Lebensmittelkarten, die im Krieg die Ernährung garantiert hatten, erst wieder seit dem Spätherbst 1945.[230]

Die Verwaltung mit neuem Führungspersonal war von der Sowjetischen Militär-Administration in Deutschland (SMAD) eingesetzt worden und blieb von ihr abhängig. So wurde in Stralsund, der nun größten Stadt Pommerns, das frühere Mitglied des pommerschen Provinzialausschusses und der SPD, Otto Kortüm, zum Bürgermeister beziehungsweise Oberbürgermeister berufen.

Als im Juli 1945 in der Sowjetischen Besatzungszone (SBZ) Länder geschaffen wurden, wurde Vorpommern Mecklenburg zugeschlagen, so daß das neue Land auch bald offiziell »Mecklenburg-Vorpommern« hieß. Kurz zuvor hatte der Stralsunder Oberbürgermeister Kortüm verlangt, daß Vorpommern in dem neuen Land einen eigenen Regierungsbezirk mit Stralsund als Hauptort bilden sollte, konnte sich aber nicht durchsetzen. Auch der Plan, einen ständigen Vertreter der Landesregierung in Greifswald zu etablieren,[231] wurde nicht verwirklicht. Überhaupt blieb die Nennung Vorpommerns im Namen des neuen Landes nur eine Episode. Bereits am 1. März 1947 mußte der Ministerpräsident den Bestandteil »Vorpommern« des Landesnamens auf Weisung der Sowjets ersatzlos streichen. »Pommern« gab es amtlich nicht mehr, selbst die geographischen Bezeichnungen wurden geändert; »Pommern« sollte aus dem Bewußtsein der Bevölkerung verdrängt werden; da »Vorpommern« an »Hinterpommern« hätte erinnern können, mußte es gelöscht werden. Den Vorpommern wurde offiziell ihre Identität genommen, sie wurden jetzt zu Ostmecklenburgern.[232]

Auf Betreiben der SMAD kam es im September 1945 zu einem großen Einschnitt in das Wirtschafts- und Sozialgefüge der SBZ, der Vorpommern besonders betraf. Hier gab es seit Jahrhunderten viele und große Güter. Sie prägten geradezu die Landwirtschaft. Nun wurden die Großgrundbesitzer enteignet; jeder Betrieb, der mehr als hundert Hektar Land umfaßte, wurde seinem Eigentümer entschädigungslos genommen. Das enteignete Land wurde zum größeren Teil Neusiedlern übertragen, vielfach heimatvertriebenen Bauern und einheimischen Landarbeitern. Die Siedlerstelle umfaßte ungefähr fünf Hektar Land.[233]

Auf Drängen der SMAD und der KPD-Führung fusionierten SPD und KPD im April 1946 zur Sozialistischen Einheitspartei Deutschlands (SED). Die politischen Schaltstellen der neuen Partei besetzten ehemalige KPD-Mitglieder. Bei der ersten Wahl des

Landtags von Mecklenburg-Vorpommern erhielt die SED landesweit mit 49,5 Prozent der abgegebenen gültigen Stimmen mehr als die bürgerlichen Parteien. Doch in Stralsund und Greifswald errang sie nur 44,7 beziehungsweise 46,4 Prozent, dort vertraten die bürgerlichen Parteien (die Christlich-Demokratische Union und die Liberal-Demokratische Partei) jeweils die absolute Mehrheit der Wähler.[234] Dies war die letzte halbwegs freie Landtagswahl. Es stellte sich immer deutlicher heraus, daß nach der Beseitigung der nationalsozialistischen Diktatur nicht die Prinzipien der Demokratie gelten würden. In den folgenden Jahren der SBZ und der Zeit der Deutschen Demokratischen Republik (DDR) gab es bis 1990 keine freie Wahl mehr. Moskau bestimmte die Politik, und die SED war die Vollstreckerin.

Der zur SBZ gehörende Teil Vorpommerns umfaßte neun Landkreise mit 587 Gemeinden und die beiden Stadtkreise Stralsund und Greifswald. Mit Ausnahme der drei an der deutsch-polnischen Demarkationslinie gelegenen Landkreise besaßen die vorpommerschen Kreise ihre alte räumliche Gestalt und behielten sie bis 1950. Von den Veränderungen des Jahres 1950 sind drei bemerkenswert:[235]

Erstens: Der 1945 wiedererstandene, aber verkleinerte südvorpommersche Kreis Randow wurde aufgelöst und sein Südteil mit der alten Stadt Gartz an der Oder dem Land Brandenburg zugeordnet.

Zweitens: 22 Gemeinden des zum Land Brandenburg gehörenden Kreises Prenzlau wurden dem Kreis Ueckermünde angegliedert, der von nun an wegen der Verlegung des Kreissitzes nach Pasewalk nach dieser Stadt benannt wurde. Also auch hier wurde die alte brandenburg-pommersche Provinzgrenze verändert.

Drittens: Im westlichen Vorpommern war die ebenfalls jahrhundertealte Stadt Damgarten von der Neuregelung betroffen. Sie wurde mit dem mecklenburgischen Ribnitz zu einem grenzüberschreitenden neuen Gemeinwesen vereinigt. Eine bundesstaatliche oder administrative mecklenburg-pommersche beziehungsweise mecklenburg-preußische Grenze gab es zwar spätestens seit 1945 nicht mehr, aber im Bewußtsein der Bevölkerung existierte sie trotz vieler Gemeinsamkeiten zwischen Pommern und Mecklenburgern. Damgarten und Ribnitz sind topographisch bis heute nicht zusammengewachsen, da das breite Urstromtal der Recknitz zwischen den beiden Siedlungen verläuft.

Erheblich gravierender als diese Veränderungen waren die tiefen Einschnitte des Jahres 1952 in die Verfassungs- und Verwaltungsverhältnisse der DDR, wonach die Länder abgeschafft und durch Bezirke ersetzt wurden. Das bedeutete den Bruch mit einer aus dem Mittelalter stammenden Tradition der deutschen Verfassungsgeschichte. Die Länder hatten als zweite staatliche Ebene die Zentralgewalt begrenzt und insbesondere im Deutschland des 19. und 20. Jahrhunderts für mehr Liberalität und Demokratie gesorgt. So wurde auch das Land Mecklenburg aufgelöst und sein Territorium auf die Bezirke Rostock, Schwerin und Neubrandenburg aufgeteilt. Die an der Küste gelegenen vorpommerschen Kreise wurden dem Bezirk Rostock, die anderen Kreise Vorpommerns dem Bezirk Neubrandenburg zugeordnet. Sogar ein dritter Bezirk, nämlich Frankfurt an der Oder, besaß altpommersches Gebiet, und zwar die Oderstadt Gartz

»Wer zu spät kommt, den bestraft das Leben.« Mit diesem Satz wird Michail Gorbatschow in die deutschen Geschichtsbücher aufgenommen werden. Im Juli 1988 besuchte der Mann, dessen Perestroika den Eisernen Vorhang förmlich wegriß, Szczecin, empfangen und umringt von einer Menge, die große Hoffnungen auf ihn setzte, nachdem die polnische Bevölkerung seiner Politik skeptischer zunächst gegenübergestanden hatte als der Westen.

und ihre linksodrische Umgegend. Wenn auch einiges für das weitere Zusammenhalten der DDR-Küstenregion in einem der neuen Bezirke spricht, so zerstörten diese doch die historischen Bindungen der Bevölkerung an die staatlichen Zentren.

Durch die gleichzeitige abermalige Veränderung der Kreisgrenzen im mecklenburg-vorpommerschen Raum wurde die jahrhundertealte, zum Teil auch durch die Landschaft vorgegebene frühere Grenze zwischen Mecklenburg und Pommern verwischt.[236] Selbst auf Kreisebene konnte man von nun an das auf drei große Verwaltungseinheiten aufgeteilte deutsch gebliebene Vorpommern nicht mehr beschreiben.

Nur in einer einzigen Institution lebten der Name Pommern und der vorpommersche Gebietsstand fort, nämlich in der evangelischen Kirche. Sie konstituierte sich unter dem Namen »Pommersche Evangelische Kirche« als eine Landeskirche des Bundes der selbständigen unierten Landeskirchen auf dem Gebiet des ehemaligen Preußen. An der Spitze der pommerschen Landeskirche stand ein Bischof mit Sitz in Greifswald, wo auch das Konsistorium sein Domizil hatte. Da die meisten Vertriebenen früher unierten preußischen Provinzialkirchen angehört hatten und von dort ein reges Gemeindeleben gewöhnt waren, trugen sie auch in ihren neuen Gemeinden häufig zur Belebung bei und nahmen damit Vorpommern viel von seinem Ruf einer unchristlichen Gegend. Doch bald wurde die Kirche vom Staat und von der SED bedrängt; sie mußte ihren Namen ändern und nannte sich seit 1968 »Evangelische Kirche Greifswald«. Die Benachteiligung der Landeskirche selber und ihrer Glieder blieb jedoch bis zum Zusammenbruch des DDR-Regimes bestehen. 1990 nahm sie wieder den Namen »Pommersche Evangelische Kirche« an.[237]

In den fünfziger Jahren wurden in vielen Bereichen die Eigentums- und Wirtschaftsverhältnisse in der DDR und damit auch in Vorpommern umgestaltet. Die privaten Eigentümer wurden in fast allen Branchen enteignet. Von dieser Maßnahme waren praktisch auch die erst vor wenigen Jahren angesetzten Neusiedler betroffen. Ihr Land und das der Altbauern wurde zu Landwirtschaftlichen Produktionsgenossenschaften (LPG) zusammengefaßt, Altbauern und Neusiedler wurden zu »Genossen« der LPG.

1986 gab es in Vorpommern rund neunzig LPG, die sich über fast neun Zehntel der landwirtschaftlichen Nutzfläche erstreckten, und einige Volkseigene Güter (VEG), wie man die Staatsgüter nannte. Die LPG war durchschnittlich 4700 Hektar, das VEG 5000 Hektar groß. Kennzeichen dieser Großraumlandwirtschaft waren riesige Felder, die zuweilen eine Größe von hundert Hektar erreichten, und die totale Mechanisierung der Arbeit durch den Einsatz großer Maschinen. Die kleinen runden, aus der Eiszeit stammenden Seen Pommerns, Sölle genannt, wurden zugeschüttet. Oft erfolgte die Düngung durch Agrarflugzeuge, die in Anklam stationiert waren.

Die industrielle Entwicklung Vorpommerns erfuhr in den Zeiten der SED-Diktatur einen kräftigen Schub. 1948 begann man mit dem Bau der »Volkswerft Stralsund«, die sich zum größten Industriebetrieb Vorpommerns mit 8000 Beschäftigten entwickelte. Es wurden hauptsächlich Fischereifahrzeuge für den Export in die Sowjetunion gebaut; ein Drittel der Fischereifangflotte der UdSSR kam aus Stralsund. Als zweite Werft in Vorpommern entstand die Peene-Werft in Wolgast, die später Schiffe für die Kriegsmarine der DDR baute. In Greifswald wurde in den siebziger Jahren ein Großbetrieb mit 4000 Beschäftigten angesiedelt, der schiffselektronische Ausrüstungen für die Werften herstellte. Das lange Zeit einzige Atomkraftwerk der DDR stand seit 1973 in Lubmin bei Greifswald. Dieses Kernkraftwerk Nord war der Hauptlieferant für den Nordteil der DDR.

Dem Handel mit der Sowjetunion diente der in den achtziger Jahren angelegte Eisenbahnfährhafen Mukran auf Rügen. Mit diesem Trajektverkehr nach Klaipeda in Litauen, dem früheren ostpreußischen Memel, wurden bereits 1988 zweieinhalb Millionen Tonnen Güter befördert. Die großen Fähren können auf zwei Decks drei vollständige Güterzüge transportieren, das Umachsen der Breitspur der sowjetischen beziehungsweise russischen Waggons erfolgt in Mukran. Zusammen mit der Linienschiffahrt nach Schweden wurde so Rügen zu einer Drehscheibe des Außenhandels. Die vorpommersche Küste war bis zur Wende das Haupturlaubsgebiet der DDR. Drei von vier DDR-Ostseeurlaubern verlebten ihre Ferien in den zahlreichen Bädern zwischen Ahrenshoop und Ahlbeck, so daß der Tourismus in der Gesamtwirtschaft der Region eine große Rolle spielte.[238]

Daß die pommersche Identität der Bevölkerung selbst nach vier Jahrzehnten staatlicher Bemühung nicht ausgelöscht worden war, zeigten die Ereignisse von 1989/90. Von Bürgerdemonstrationen, Institutionen und Politikern wurde im Verlauf der »friedlichen Revolution« die Bildung eines eigenen Landes Vorpommern gefordert. Diese politische Forderung ließ sich jedoch nicht durchsetzen. Einwohnerzahl, Fläche und Wirtschaftskraft Vorpommerns waren zu gering, um für die Region ein eigenes Bundesland zu schaffen. Die Unterstützung der vorpommerschen Vorkämpfer war nicht groß genug, diese Hindernisse zu überwinden.

Im Oktober 1990 wurde das Land Mecklenburg-Vorpommern gebildet. Da es ein Land der Bundesrepublik Deutschland ist, ist sein Name und damit »Vorpommern« in der Präambel des Grundgesetzes, also der deutschen Verfassung, verankert. Nach der 1994 in Kraft getretenen Kreisreform besteht Vorpommern aus den Stadtkreisen Stralsund und Greifswald sowie den Landkreisen Rügen mit der Kreisstadt Bergen, Ostvorpommern (Kreisstadt Anklam) und großen Teilen der Kreise Nordvorpommern (Kreisstadt Grimmen), Demmin und Uecker-Randow (Kreisstadt Pasewalk). Die altpommersche Oderstadt Gartz und ihre westodrische Umgegend gehören dagegen zum Bundesland Brandenburg.

In der Verfassung Mecklenburg-Vorpommerns vom 23. Mai 1993 wird Vorpommern als einer der beiden Landesteile, denen besondere Rechte zukommen, bezeichnet. Zu den Farben des neuen Landes gehören die in der Verfassung garantierten alten pommerschen Farben blau und weiß, und im Landeswappen findet man den Greif Pommerns. Pommern ist damit in der deutschen Öffentlichkeit wieder ein Begriff.

ANMERKUNGEN

In den Anmerkungen wird eine Kurzform der zitierten Titel geboten, der vollständige Titel erschließt sich über die Bibliographie (PUB = Pommersches Urkundenbuch).

Pommern bis zur Teilung von 1368/72

1 Zu den Anfängen und zum Namen: Stabenow, 131; Renn; Leciejewicz, Kilka uwag. Zu den Kaschuben: Ślaski, Volkstumswandel, bes. 104–109.

2 Zum Wald: Ślaski, Zasięg; zu den Stämmen: Brüske, bes. 80f., 144–147; Kossmann, Selencia; Schroeder/Hornemann, 36. Monarchische Tendenzen: Fritze, W., Probleme; Herrmann, 246f.

3 Hofmeister, Untersuchungen; Sobel, 87; Stabenow, 127, 134. Anders Spors, Pochodzenie, 36–40.

4 Bollnow, Studien, 97–102; Sobel, 92f.; Stabenow, 133.

5 Zur Mission Ottos, zu seiner Person und zu seinem Kult: Wehrmann, Lehr- und Predigttätigkeit; Petersohn, Apostolus Pomeranorum; Petersohn, Ostseeraum; Metz, 28; Petersohn, Jubiläum, bes. 42–44, 47, 50–54; Urban; Buske, Darstellungen, bes. 159–162; Roth, 218–220.

6 Petersohn, Ostseeraum, 2, 60f.; Zientara, Związki, 223–225; Petersohn, Staatsrechtliches Verhältnis, 103f.; Hauziński, 140; Myśliński, 175f.

7 Zu den kirchlichen Verhältnissen: Jordan, Bistumsgründungen, 116; Petersohn, Ostseeraum, 286; Walachowicz, Uposażenie; Kossmann, Polen, 451–456; Petersohn, Vorgeschichte.

8 Brüske, 107–109; Zientara, Stosunki, 548; Kossmann, Prinzessinnen, 414f.; Enders, Uckermark, 31–35.

9 Zientara, Stosunki; Kossmann, Prinzessinnen, 404–412, 419–437; vgl. Myśliński.

10 Zu den Kämpfen mit dem Löwen und mit Dänemark: Eggert, Kämpfe; Dowiat, bes. 708–710, 714, 717; Schroeder, Kämpfe; Fritze, W., Vordringen, 115f., 123, 150f.; Jordan, Heinrich, 94f.; Richter, 90f., 99, 103; Kattinger.

11 PUB I 123 (Urkunde von 1193), 125 (Entscheidung Knuts), 145 (1207), 148 (1209), 187, 188, 260, 268; Curschmann, Belehnung, 15–17; Spors, Dzieje, 93; Fritze, W., Vordringen, 118–120; Bohm, 25; Petersohn, Staatsrechtliches Verhältnis, 105f.; Benl, Stammesnamen; Lammers, 303–314. Zu den kriegerischen und Grenzkonflikten: Grotefend, Grenzen, 221–228; Curschmann, Bederegister; Hamann, C., Beziehungen, 19; Osięgłowski, 56; Buske, Rügen, 37. Zum Münzwesen: Suhle; Konow.

12 PUB V 3234 (1318); Osięgłowski, 12; Petersohn, Ostseeraum, 440–445; Kossmann, Rügen, 212; Baier, G., Dänische Einflüsse; Buske, Rügen, 44–47; Wächter, Entwicklung, 99.

13 Wehrmann, Genealogie, 34, 43f.; Hofmeister, Untersuchungen, I 39, 44–47, 52, 82–95; Kossmann, Prinzessinnen; Rymar, O pochodzeniu; Benl, Bodenrechtsverhältnisse, 41f., Anm. 123. Spekulativ: Spors, Pochodzenie.

14 Petersohn, Ostseeraum, 232–261, 285–289, 309–315, 336, 356–366, 391–409, 421–436, 445–471, 480–483, 502f., 505; Enders, Uckermark, 38f.; Petersohn, Grobe.

15 PUB I 63 (villa Theutunicorum), 67 (Prilipp), 69 (hominibus nostris liberis), 108 (Stettin 1187), 119 (ecclesia Teutonicorum), 181, 309 (heredes). Zum Zustand um 1200: Krenzlin, Historische und wirtschaftliche Züge, 14; Bentzien, 34 bis 49, 98–103, 118–134; Slawen in Deutschland, 71 (Herrmann); Conrad, Grundlagen, 345, 347f.; Benl, Bauernfreiheit; Piskorski, Miasta, 51; Ślaski, Agrarverhältnisse, 36f., 47f.; Herold, 24, 30.

16 PUB I 54 (Stift Broda), 62 (Dargun), 83 a (Schoneuelt), 90 (Broda), 94 (villa Johannis), 279 (1231); Bohm, 25–29; Benl, Levin; Enders, Uckermark, 40 (zu Jakzo); Rymar, Kontekst, 142–144.

17 PUB I 377 (1240), II 720 (Lokationsurkunde), 975/976 (1273), 1352 (in privilegiis prefectorum ac ipsorum, qui de novo locaverunt villas). Zum Fürstentum Rügen: PUB I 148 (1209), 208 (1221), IV 2057 (1302); Kossmann, Rügen, 193; Benl, Bauernfreiheit, 9f. Anm. 29, 11–13.

18 Zum Gebiet an Mietzel und Röhrike: PUB I 308, 310; Kuhn, Kirchliche Siedlung, 397–400, 403, 409f.; zum Land Bahn:

PUB I 309; Kuhn, Kirchliche Siedlung, 397f.; Benl, Bodenrechtsverhältnisse, 70f.; Land Fiddichow: PUB I 554/555; Kuhn, Stadtgründungen, 24; Conrad, Grundlagen, 350–352, 357f.; Piskorski, Miasta, 70f.; Kloster Kolbatz: PUB I 331, 454; Chłopocka, 73f.; Conrad, Grundlagen, 350f.; Uckerland: PUB I 324, 362, 377 (1240), 415/416 (1243), 470; Sommerfeld, 163f.; Kuhn, Kirchliche Siedlung, 403f.; Schulze, H. K., Besiedlung, 104f.; Enders, Siedlung; Enders, Uckermark, 43–55.

19 Zirzipanien, Demminer Raum, Land Loitz: PUB I 250, 251, 252, 254, 368, 387; Curschmann, Bederegister; Benl, Levin, 23–25; Benl, Bodenrechtsverhältnisse, 52, Anm. 168; Eldenaer Raum: PUB I 478, 500, 536; Conrad, Städtegründungen, 45–60; Benl, Bodenrechtsverhältnisse, 411f., Anm. 30; Land Wusterhusen: PUB II 752, 945; Hornemann, Wüstungen; Hornemann, Veränderung; Land Lassan: PUB II 597, III 1590; Land Ziethen: PUB II 894; Land Grozwin: PUB II 1059; Länder Meseritz und Ploth: PUB II 897, 1160, 1230; Gebiet westlich der Tollense: PUB II 868, 930, 953, 1004, 1160; Haffküste: PUB II 694, 720, 1025, 1074, III 1775, IV 2602, V 2764; Usedom und Wollin: PUB I 402, 446, II 742, 1227, IV 1991, VIII 5250; Bollnow, Studien, 60–62, 247–250.

20 Land Pyritz: PUB I 377, 517, 549, II 686; Land Stargard: PUB I 257, 377, 475, 476; Land Cammin und südlich davon gelegenes Gebiet: PUB II 975/976 (vgl. V 2711, VI 3644), III 1568 (Stepenitz), 1903 (Wenkenhagen), 1904 (Weckow), IV 2092 (Caleberg, dam), V 3168 (Pawelstorp, Smynzenort, Norkeshusen), X 5596 (1338); Kreis Kammin Land, 33, 35–42, 52–54; Marciniak, 212–224; Länder Naugard und Massow: PUB II 862, 1093, V 3158; Land Daber: PUB II 1052, 1300; Curschmann, Landeseinteilung, 283–292; Engel, Mannhagen, 300–311; Benl, Untersuchungen, 31–36; Benl, Bodenrechtsverhältnisse, 225f.; Regaland: PUB II 1325 (»Betsin«), III 1454 (obere Rega), 1543 (»Betsin«), III 1697 (Koldemanz), IV 2054 (Zapplin), 1813 (Trieglaff), 1932 (Dadow), IV 2247 (Grandshagen), 2399 (Gützlaffshagen, Zernin), V 3333 (Behlkow), V 3393 (um Plathe), VI 4028 (Koldemanz), VII 4515 (Gützlaffshagen), VII 4537 (Tressin), X 5839 (Hagenow); Sauer, 200f.; Lucht, Städtepolitik 77; Benl, Bodenrechtsverhältnisse, 159f., Anm. 43 und 44.

21 Land Kolberg: PUB VI 3954, 3958; Bollnow, Studien, 166f.; Land Belgard: PUB II 875, II 1388 (Bulgrin), III 1477, 1489, 1592, 1901 (Bulgrin); Holsten, Flurnamensammlung, 95; Land Schlawe: PUB II 714, 869, 918 (Umsetzung), 934, 987 (hereditates quas possidet locandas libere cum Theutonicis), 1103, 1104 (Umsetzung von Eventhin und Karnkewitz), 1134 (Wüstungen Beelkow und Glesenowe), III 1743, 1751 (Volzeko villicus in Bobelin), 1887 (Hauekesberg), 1906, IV 2058 (60 Hufen in Borkow), VII 4554 (Grupenhagen), 4571 (Järshagen; Theuthonice vero Grevensbergk), VIII 5053–5055 (Martinshagen), X 5502 (deutscher Flurname), 5593 (Petershagen); Gohrbandt, Kulturarbeit; Müller, F., Kloster Buckow, 64, 75–78; Popielas-Szultka, 83–85; Benl, Voraussetzungen; Land Stolp: PUB II 1324, 1406, III 1470, V 2682, 2783, VIII 5088, X 5467 (Arnshagen, Wintershagen).

22 PUB II 990 (Vermessung durch einen Ritter), VIII 5153 (Lokation von Wolfshagen durch zwei Ritter); Koebner; Benl, Bodenrechtsverhältnisse, 425–427; Petersohn, Neustammbildung; zur Herkunft der Siedler: Holsten, Sprachgrenzen, 56–64; Pommernatlas; Wegner, 61 (zu Baggendorf); Petersohn, Ostseeraum, 318f.; Dröge.

23 PUB II 633 (1256), 975/976 (1273), 1325 (1285), IV 2057 (1302); connubium und Angleichung: PUB II 1074 (Haffbereich), IV 2006 (1301); Sauer, 286, Anm. 3; Zientara, Możni słowiańscy, 205; Benl, Bodenrechtsverhältnisse, 160f., Anm. 44; Petersohn, Ostseeraum, 316–325 (Zahl der Pfarreien).

24 Engel, Siedlungsformenkarte, 214–230; Mager, 48–52; Engel, Historischer Atlas, Karte 3; Engel, Siedlungsgeschichte, 265–275.

25 PUB II 718 (1262), 720, VIII 5088 (Freijahre); Nachmessung: Benl, Bauernfreiheit, 10 bis 12; Krenzlin, Dorf, Feld und Wirtschaft, 36–38, 40f., 57; Krenzlin, Historische Züge, 41–43, 49f.; Benthien, 28–30, 97; vgl. Enders, Siedlung, 89 (für die Uckermark des 13. Jahrhunderts keine quellenmäßigen Hinweise auf Dreifelderwirtschaft) .

26 Genossenschaft: PUB III 1744, IV 2006, VII 4352, 4513, 4700, 4734; Wunder, 37–61, bes. 41–50; Enders, Siedlung, 94 bis 96; PUB III 1479 (1288); Hauschild, 7; zu den Schulzen: PUB II 720, 1674/1675, IV 2279, V 2545, 2786, 3417, 4262, 5088, X 5593; Schulzenhufen: PUB V 2764, II 1387, XI 6153; zu

Rechten und Pflichten der Schulzen: PUB II 720, 975/976, 1387, III 1674/1675, 1751, V 2786, 3417, VII 4262, VIII 5088, X 5593 (vgl. PUB II 1071 und X 5593); Buczek, 363; Walachowicz, Landwójtostwo, 157f., 216; Schweriner Recht: PUB III 1675, V 3311, VIII 5088, X 5483/5484; zur Zahl der Bauernhufen und zu deren Größe: PUB II 976, V 2681, 3236, VI 3845, VII 4145, 4669, X 5354, 5437, 5486, 5500, 5822, 5839; Kuhn, Bauernhofgrößen; zum Haken: Lenz, 35; Kossmann, Rügen, 205f.; keine Vermessung slawischrechtlicher Dörfer: Kossmann, Rügen, 198 bis 200 gegen Fritze, W., Agrarreform, 161f.; Gohrbandt, Kulturarbeit (gesetzliche Festlegung des Verhältnisses); Leistungsfähigkeit: Fritze, W., Agrarreform, 157; Kossmann, Rügen, 201; vgl. auch PUB VI 3799, X 5393; Größe des grundherrlichen Hofes: PUB II 1049, 1063, 1071 (Sparrenfelde), 1132, 1226, IV 2353, 2546.

27 Bäuerliche Verpflichtungen: PUB III 1479, 1670, 1718, 1788, 1927, IV 2006, 2545, V 2764 (Zisterzienserinnen vor Stettin), 2878, 2884, 3051, 3388, VI 2683, 2967, 3845, 3914, VII 4647, VIII 5100, 5133, X 5394, 5437, 5485, 5500, 5544, 5633, 5830, 5834, 5798, 5839; Kossmann, Rügen, 209, 214, Tab. 2; Benl, Bodenrechtsverhältnisse, 368–370; Śląski, Agrarverhältnisse, 53f.; Rechtsstellung der Bauern: PUB II 720, III 1543, 1748, VI 3845, X 5485; Kossäten: PUB VI 3613, 3637, 3673 (161), VII 4669, X 5638; Helbig, 59f.; Ribbe; Kossmann, Rügen, 217f., Anm. 218; Benl, Bodenrechtsverhältnisse, 28, Anm. 62; Enders, Siedlung, 91; Münch, 117–123; Pfarrhufen: PUB II 890, 901, V 2764; vgl. Curschmann, Bederegister, 42.

28 Bentzien, 56–69, 98–103, 119–129, 133–142, 281f.; Mühlen: PUB II 964, V 2891, 3051, VI 3914; Moldenhauer; Walachowicz, Monopole, 107 bis 142; Slawen in Deutschland, 77f. (Herrmann); Krüge: PUB II 720; Haus: Goehrtz, 250 bis 253, 260; Baumgarten, 14–16, 26, 66–69; Mangelsdorf, 32–34.

29 Dorfnamen: PUB II 694, 818, 1000, III 1775; Wegner, 68; Engel, Mannhagen, 305; Benl, Untersuchungen, 40; »Groß« – »Klein«: PUB III 1499, 1785, 1940, V 2786, X 3750, 5741.

30 Personennamen: PUB II 718 (1262), 1067 (1277), III 1670 (1294), 1674/1675 (1294), V 3333 (1320), VI 3492, 3596, 3673, 3830, 3845, 3914, VII 4145, 4291 (1327), 4352, 4362 (Konversen), 4472, 4484, 4794, 4894, 4917, VIII 5282 (Rügen um 1340), 5839 (Hagenow); Engel, Erläuterungen (zu Frätow siehe Dorfformenkarte); Flurnamen: PUB I 211 a, 309, 397, 562 a; Holsten, Flurnamensammlung, 75–130; »Umlegung« zu deutschem Recht: PUB I 454, 549, II 679, VI 3954, X 5633; zum deutschen Recht: Kötzschke; Menzel, 223 bis 234; Zientara, Ursprung; Körmendy; Benl, Stammesnamen, 16–18; Münch, 123–125 (Erbrecht auch bei den Slawen).

31 Vorformen: Petersohn, Prenzlau; Piskorski, Miasta, 18–36, 88 (dazu: Benl, Besprechung); Enders, Entstehung, 30f.; Piskorski, Stadtentstehung, 346; Prenzlau: PUB I 308 a; Enders, Uckermark, 68–70; weitere Städte: PUB I 484, II 606 (Kolberg), 585 (Greifenhagen), 687 (Pölitz), 728 (Greifenberg), 730 (Pyritz), 802 (Köslin), 864 (Gollnow), 1042 (Pasewalk), 1069 (Plathe), 1093 (Massow), III 1454 (Regenwalde), 1902, IV 2629 (Stolp), V 2726 (Rügenwalde), 3060 (Schlawe), X 5427 (Jacobshagen), 5601 (Freienwalde); Müller, G., Fürstentum Kammin, 196–198; Bollnow, Anfänge; Morré, 35 bis 98, 66–70, 91f., 98; Bollnow, Studien, 61, 251; Conrad, Städtegründungen; Popielas-Szultka, 83; Benl, Bodenrechtsverhältnisse, 234–240, 243–246; Piskorski, Miasta, 70; Wächter, Anfänge, bes. 140, 144; Mangelsdorf, 35 (Greifswald); Leciejewicz, 46–53 (polnische Sicht am Beispiel Stettins), 53 bis 55 (Kolberg); Schich, 49–54 (Pasewalk).

32 Rügen: PUB I 307, 375 (Stralsund), II 604 (Barth), 661 (Damgarten), 842 (Tribsees), III 1810 (Richtenberg), IV 2161 (Grimmen), V 2853 (»Rugendal«), 3287 (Garz); Hamann, C., Beziehungen, 115; Fritze, K., Entstehung Stralsunds, 11–18; Ewe, Bild, 98f.; Verhältnis der deutschen zur slawischen Siedlung: Bollnow, Studien, 59, 73; Aßmann, Zollrolle, 70; Spors, Lokalizacja, 33–35; Piskorski, Miasta, 59; Stettin: Blümcke, 64–72; Lemcke, 5–7; Lucht, Städtepolitik, 15–22; Leciejewicz, 225; Chłopocka, Leciejewicz, Wieczorowski, 23, 39–42, 57f.; Warnke, 60; Piskorski, Miasta, 50–52.

33 Recht, Gerichtsbarkeit, Schultheiß, Vogt: PUB II 606, 981, III 1423 (Treptow an der Rega), 1622 (Stargard), 1633 (Stralsund), 1870, 1922, 1963 B (Greifswald), 1968, IV 1992 (Demmin), V 3244 (Stralsund), VI 3584 (Greifswald), 3900 (Barth), 3901 (Loitz); Blümcke, 77f., 80f., 91–95; Ebel, Lübisches Recht, 1971, 19–21, 53–78, 264–267; Piskorski,

Prawo magdeburskie, 255–262; Piskorski, Miasta, 99, 102, 105.

34 Kanzlei: Bobowski, bes. 98–106; landesherrliche Burgen: Piskorski, Miasta, 182; Abgaben an den Landesherrn: Benl, Bodenrechtsverhältnisse, 345f.; Piskorski, Miasta, 156–159; Einkünfte: Lucht, Städtepolitik, 130–137; Piskorski, Miasta, 149–156, 161–164.

35 Riemann, Colberg, 32f., 35, 38; Aßmann, Bevölkerung, 249 bis 253, 260–263; Hornemann, Veränderung, 21; Piskorski, Miasta, 164–175; Piskorski, Karriere, 8; Böcker, Überlegungen, bes. 48f., 52f.; Wieken: Warnke, 37–73; Juden: PUB II 708; Grotefend, Geschichte, 109–113, 115–117, 120f.; Ewe, Stralsund, 221f.; Oberschichten: Benl, Untersuchungen, 20–22; Piskorski, Karriere; Ewe, Das alte Stralsund, 27f.; Bevölkerungszahl: Reincke, 5f.; Zientara, Rozdrobnienie, 192.

36 Piskorski, Miasta, 201–208; Barran, 25 (Altdamm), 38 (Cammin), 39 (Daber), 53 (Gollnow), 54f. (Greifenberg), 70f. (Labes), 92f. (Pyritz), 112f. (Stargard), 114f. (Stettin), 122f. (Treptow an der Rega), 131 (Wollin); Ewe, Bild, 30 (Barth), 52 (Demmin), 68 (Greifswald), 139 (Greifenhagen), 141 (Bahn).

37 Pommerellen: PUB II 760 (1264); Lucht, Außenpolitik; Spors, Dzieje, 23f., 100, 108, 116–118, 120f., 131, 133; Benl, Voraussetzungen, 325f.; Lingenberg, Pommerellisches Herzogtum, 145f.; Verhältnis zu Brandenburg: PUB I 279 (1231), 317 (1235), 334 (1236), 512/513 (1250); Wehrmann, Genealogie, 54; Schultze, I, 140, 143; Fritze, W., Vordringen, 81f., 148f.; Petersohn, Verhältnis, 109; Benl, Voraussetzungen, 343, Anm. 85; Spors, Początki, 189–191; Grenze nach Westen: Benl, Levin, 24, Anm. 19; Benl, Untersuchungen, 28–30; Benl, Bodenrechtsverhältnisse, 41–43, 216–218, 221–223.

38 Schultze, I, 150f.; Lucht, Außenpolitik, 26–29; Kuhn, Kirchliche Siedlung, 391–409; Walachowicz, Geneza, 7, 10–18; Benl, Untersuchungen, 22–28; Benl, Bodenrechtsverhältnisse, 208, Anm. 23; Spors, Początki, 192, 197–200.

39 Kriegerische Auseinandersetzungen: Nießen, Geschichte der Neumark, 234–236, 276 bis 279; Wehrmann, Genealogie, 49f. (Ehe Barnims I.); Schultze, I, 158, 190f.

40 PUB I 362, 377, 413, 415, 417, 419, 439, V 3441 (Verzeichnis festlandrügischer Vasallen von 1320/1325); Schmidt, B., Maltzahn, 114, 116; Curschmann, Landeseinteilung, 281, Anm. 5; Bertheau, 17, 19f., 24–26 (Bevenhusen, Behr, Osten); Biereye, Maltzan, 148–150; Biereye, Personen, 93f., 131f. (Pentz, Behr); Biereye, Ritter, 45 (Osten); Bollnow, Anfänge, 79; Bollnow, Studien, 243f.; Benl, Untersuchungen, 44f. (»Ausweichen« slawischer Geschlechter); Schwarz, Befestigungen; Heinrich, Staatsdienst, 31–35; Mangelsdorf, 36f. (Burgen des deutschen Adels).

41 Böcker, Demmin, 10–12; Benl, Ständewesen, 123–127; Böcker, Beziehungen, bes. 52–57.

42 Burgbezirke, Landvogteien, Landvögte: PUB I 440, 478, 576 a, II 602, 1238, V 2912, 3256; VI 3584, VII 4243; Nießen, Großvögte, 71–81; Bollnow, Burg, 72–75; Bollnow, Anfänge; Bollnow, Studien, 59, 124, 197, 240f.; Walachowicz, Landwójtostwo, 11, 19, 107, 125–127, 135–137; 148, 161 bis 167, 174–179, 184f., 191 bis 198, 216; Spors, Urzędnicy, 33–49; Spors, Podziały administracyjne, 184–191; Kossmann, Rügen, 179; Fürstentum Rügen: PUB I 208, 226, VI 3900, 3901, VII 4266; Bollnow, Burg und Stadt, 75; Walachowicz, Landwójtostwo, 23–27, 39–49; Kossmann, Rügen, 179f.

43 Bede: PUB II 1132 (Rügen), 1296 (1284), VII 4669 (1280), X 5573 (Verchen), 5643 (Belbuck); Hamann, C., Beziehungen, 46, Anm. 198; Curschmann, Bederegister, 44f.; Schultze, I, 206–210; Walachowicz, Immunitet, 53–58; Buczek, 354; Hamann, M., Mecklenburgische Geschichte, 326 bis 328; Kossmann, Rügen, 210 bis 212; Münzwesen: Suhle.

44 PUB I 377 (1240), 475 (1248), PUB II 1044 (1276), 1060 (1277), XI 6071, 6072; Salis, 26–28, 141f.; Müller, G. Fürstentum Kammin, 156–163, 167 bis 169; Hofmeister, Genealogie, 17, 25–27; Petersohn, Ostseeraum, 304–308; Benl, Untersuchungen, 22–24, 27f., 37–39; Benl, Bodenrechtsverhältnisse, 210–214, 232f.; Benl, Slawische Voraussetzungen, 355–357.

45 Ausdehnung und Grenzen der Diözese Cammin: PUB III 1846 (1298); Heyden, Archidiakonate, 50, 57; Weczerka, 297 bis 300; Petersohn, Entwicklung; Petersohn, Ostseeraum, 301; Spors, Podziały administracyjne, 41f., 45f. (das Land Stolp sei erst durch den Erwerb von seiten Pommern-Wolgasts an Cammin übergegangen); Enders, Uckermark, 90.

46 PUB IV 2089 (1303), 2190 (1304); Hoogeweg; Heyden, Archidiakonate, 26–34, 56–69; Petersohn, Ostseeraum, 86f., 92f., 95, 315–325, 328–341, 358, 442; Benl, Bodenrechtsverhältnisse, 422f.; Enders, Uckermark, 72 (Dominikaner

1277 nach Pasewalk); Universitätsbesuch: Wehrmann, Studenten.

47 PUB II 701 (1261), 1007 (1275), III 1776 (König Adolf: hominem nostri regni), VII 4293 (Ludwig der Bayer); Hamann, C., Beziehungen, 7, 13–31, 31–45, 51–55, 93–102; Scheil, 11, 15f., 49, 103, 167; Benl, Bodenrechtsverhältnisse, 217f.

48 PUB III 1500 (1289), 1555 (Jaromar); Schultze, I, 225–235; Scheil, 99 (Jaromar); Spors, Dzieje, 137, 145, 148f., 152 bis 154; Śliwliński; Lingenberg, 154–157.

49 PUB III 1729/1730; Nießen, Geschichte der Neumark, 266f.; Hofmeister, Untersuchungen, II, 5, 21, 29–31; Schultze, I, 189; Piskorski, Miasta, 7, Anm. 8 (zur Zugehörigkeit von Demmin und Anklam).

50 PUB IV 2355 (Swenzonen 1307), V 2967/2968 (Land Bernstein), VII 4457/4458 (Land Stolp), 4535 (Land Bütow), XI 5938/5939, 5951 (Land Stolp); Cramer, R., 96; Zdrenka, Polityka zagraniczna, 33f. (Überfall auf Cammin), 128f., 147f.

51 Verhältnis zu Erich Menved: PUB IV 2608 (1310); Raabe, 252, 276, 304, 315f., 321, 325 bis 328, 332, 337f.; Fritze, K., Kampf; Zdrenka, Polityka zagraniczna, 38f.

52 Bis zur Belehnung durch Kaiser Ludwig: PUB VIII 5073/5074 (1333), X 5480/5481 (Bündnis mit Johann von Böhmen); Heinemann, 162–164; Wehrmann, Streit; Zdrenka, Polityka zagraniczna, 60–136; Enders, Uckermark, 105f.

53 Auseinandersetzungen nach 1338: PUB X 5753/5754 (1339), 5838 (1340), XI 5901/5905 (1341), XI 5969 (Verlegung des Oberhofs); Wehrmann, Kaiser Karl, bes. 131–137; Heinemann, 164 bis 171 (Belehnungsurkunde von 1348); Schultze, II, 60f., 74f.; Petersohn, Reichspolitik, 26; Conrad, Belehnung, 391–393; Zdrenka, Polityka zagraniczna, 124, 130, 140, 152–154, 156 bis 158, 160 f., 164, 166, 168, 170f., 173, 180; Enders, Uckermark, 107f.; Conrad, Auseinandersetzungen.

54 PUB VII 4395/4396 (1328), XI 6240–6244; Strecker, 48–50, 79–86, 255–257; Hoffmann, J., Grafen von Gützkow, 20, 56 bis 64; Wriedt, Prozesse, 6–14, 112f., 166–169; Schroeder, Erbfolgekrieg.

55 Handel: Aßmann, Seehandel, 6f., 10, 14–16, 17f., 20; Aßmann, Zollrolle, 58; Kehn, 157, 164f., 234, 174f., 181, 185–194, 204 bis 210, 213–218, 222; Fritze, K., Entstehung Stralsunds, 25, 28 bis 30, 46; Fritze, K., Pommern und die Hanse, 235.

56 Hanse: Riemann, Colberg, 146f.; Kehn, 240f., 246, 250f. (Kolberg), 256f.; Wernicke, Städtehanse; Schildhauer, Hanse, 38; Dollinger, Hanse, 68f., 90, 158f.; Böcker, Bindungen, 60; Wernicke, Vierstädtebund; Stettiner Schloßbau: Bau- und Kunstdenkmäler der Provinz Pommern, T. 2, H. 14, Abt. 1: Schloß, 11f.

57 PUB IV 2016 (päpstliche Entscheidung für Heinrich), VII 4586 (Provision Friedrichs), XI 6121/6122 (1343), 6170 (Provision Johanns); Wehrmann, Bischof Johann I.; Bütow, E., I, 99f.; Petersohn, Ostseeraum, 291, 296; Benl, Untersuchungen, 37–39.

58 PUB V 3189 (1317), 3212 (Cammin unter den deutschen Diözesen), 3214 (1318) VI 3796 (Exemtion), VII 4586 (Exemtion), X 5526 (Galhard 1337), XI 6054 (Danziger Protokoll), 6101 (adherent Bavaro maledicto), 6208 bis 6210 (Clemens VI. 1343), 6423 (Clemens VI. 1345); Maschke, 52, 95, 105, 147, 190f., 196 bis 204, 213–215, 229–231. Pommersches Selbstverständnis: Scheibe. Besuch Barnims III. in Bamberg: Petersohn, Reichspolitik, 30–36.

Herzogliche Schwäche und städtische Macht in der zweiten Hälfte des 14. und im 15. Jahrhundert

1 Größere zusammenfassende deutschsprachige Darstellungen der pommerschen Geschichte des späten Mittelalters gibt es nicht. Verwiesen sei hier auf die allgemeinen Darstellungen von Wehrmann, Geschichte von Pommern, I, 6.–9. Abschnitt; Branig, Geschichte Pommerns, I, Kapitel 2–5. Für die Geschichte Vorpommerns ist immer noch nützlich Fock.

2 Eine genaue Darstellung der hier folgenden Ereignisse bringt Götze; vgl. auch Brandt; ebenso Dollinger und Daenell.

3 Zu Stralsund: Ewe, Geschichte, darin Fritze, K., Aufstieg. Eine entsprechende Darstellung für Greifswald fehlt. Die ausführlichste deutschsprachige Stettiner Geschichte ist die von Martin Wehrmann; zu Kolberg: Riemann, Colberg.

4 Wernicke, Vierstädtebund.

5 Dazu und zum Folgenden: Riemann, Colberg; Böhmer, Stargard; Aßmann, Seehandel.

6 Soweit die Ereignisse Mecklenburg mit berühren, sind sie detailreich und mit Quellenbelegen dargestellt von Strecker, hier besonders 116–214; für die anschließende Zeit Hamann, M., Mecklenburgische Ge-

schichte, 179–202; Wehrmann, Geschichte von Pommern, I, 140–164.

7 Ausführliche und quellennahe Darstellung bei Fock, 122–145; s. auch Fritze, K., Entstehung Stralsunds, 76–80.

8 Die Urkunde gedruckt bei Lisch, 236, Nr. 424 (die Urkunde über die Quatembergerichte ebd., 224, Nr. 422); Zu den Ständen s. Benl, Anfänge.

9 Neuere deutschsprachige Darstellung in: Puttkamer, Allgemeiner Teil: Geschichte des Stolper Landes und seines Adels.

10 Das Verhältnis der Pommernherzöge zum Deutschen Orden behandelt Loos. Die Episode mit Herzog Wilhelm von Geldern ist am genauesten dargestellt von Paravicini, 245–251.

11 Die wichtigste Literatur zu Erich ist in skandinavischen Sprachen verfaßt. In Deutsch neuerdings die für den interessierten Laien geschriebene Biographie von Barüske. Zusammenfassender Überblick von Biewer.

12 Neben den in Anm. 1 aufgeführten allgemeinen Darstellungen sei hier verwiesen auf E. Bütow.

13 Zu den Beziehungen zur Mark Brandenburg s. Schultze, II, 161–236. Vgl. auch Stoob.

14 Dazu Jähnig, 10–33.

15 Die Beziehungen Kurfürst Friedrichs I. zu Pommern dargestellt bei Schultze, III, 10–35.

16 Vgl. hierzu Anm. 11. Dazu auch Hoffmann, Geschichte Schleswig-Holsteins, 242ff.; Fritze, K., Enstehung Stralsunds, 80–84.

17 Wichtige Forschungen zu den Nachfolgeplänen stammen von dem polnischen Historiker Zenon H. Nowak. Zusammenfassende deutsche Darstellung von Werlich.

18 Hierzu Bütow, E.; Riemann, Colberg.

19 Zur Gründung der Universität Greifswald s. Schmidt, R., Anfänge; Schmidt, R., Ausstattung.

20 Vgl. Fritze, K., Entstehung Stralsunds, 84–88.

21 Vgl. hierzu Schultze, III, 23–35 (Friedrich I.), 36–47 (Johann), 48–106 (Friedrich II.); zu Friedrich II. vor allem Gähtgens.

22 Zu Sophia s. Wehrmann, Sophia.

23 Zum Folgenden neben der in Anm. 21 genannten Literatur vor allem Rachfahl.

24 Kantzow, 182.

25 Dazu Schultze, III, 109–146; Weißthanner.

26 Die Entwicklung der ländlichen Verhältnisse im 15. Jahrhundert ist wenig und meist nur in Arbeiten erforscht, die ihren Schwerpunkt in späteren Zeiten haben, so z. B. Fuchs; für Hinterpommern Gohrbandt, Kolonialbauern.

27 Zusammenfassend dargestellt bei Heyden, Kirchengeschichte, I, 143–181; zu den Ketzerbewegungen Kurze. Zu den Klöstern vgl. das umfassende Werk von Hoogeweg.

28 Zu Brunsberg Zaske; Wochnik.

29 Eimer.

Pommern von der Einigung bis zum Ende des Dreißigjährigen Krieges

Dieser Text wurde bereits veröffentlicht in: Schindling, Anton/Ziegler, Walter (Hg.): Die Territorien des Reichs im Zeitalter der Reformation und Konfessionalisierung. Land und Konfession 1500–1650, Bd. 2: Der Nordosten, Münster 1990, 182–204. Er ist hier mit freundlicher Genehmigung der Herausgeber und des Aschendorff Verlages mit leichten Veränderungen wiedergegeben.

Das schwedische Pommern vom Westfälischen Frieden bis zum Wiener Kongreß

1 IPO (Instrumentum Pacis Osnabrugense) Art X, § 12, gedruckt bei Zeumer, 419; Modéer, 179ff.

2 Modéer, 282.

3 Backhaus, Reichsterritorium, 247.

4 Backhaus, Reichsterritorium, 103 und 254.

5 Buchholz, Verfassung, 95, Anm. 64.

6 Heyne, 5.

7 Malmström, I, 125.

8 Malmström, I, 129–131.

9 Malmström, I, 130/131.

10 Zeumer, 419f.

11 Heyne, 7.

12 Buchholz, Finanzen, 569, §§ 13–17.

13 Malmström, I, 140.

14 Stadtarchiv Stralsund, Rep. 13, Nr. 615, Instruktion für die landständischen Deputierten nach Stockholm 1720, zitiert nach Buchholz, Finanzen 192f.

15 Backhaus, Reichsterritorium, 239.

16 Malmström, I, 11.

17 Malmström, I, 121.

18 Back, Herzog, 109.

19 Malmström, I, 121.

20 Back, Herzog, 113f.

21 Back, Herzog, 114.

22 Ausführliche Darstellungen über die Verhandlungen bei Modéer, 292–302 und bei Back, Herzog, 291–297.

23 Back, Herzog, 291–297, bes. 295 und 297.

24 Näheres zur Errichtung des Tribunals bei Modéer, 291ff.

25 Vgl. Backhaus, Reichsterritorium, 50; Back, Striden, 20f.; Back, Herzog, 291ff.

26 Back, Herzog, 327.

27 Siehe Tribunalsordnung vom 30. September 1656, gedruckt bei Dähnert, 3, 22.
28 Back, Herzog, 327.
29 Buchholz, Mevius.
30 Königliche Resolution an die Ritterschaft. Stockholm, den 19. Dezember 1720, gedruckt bei Dähnert, 3, 1096–1107, hier 1102.
31 Back, Herzog, 320.
32 Backhaus, Reichsterritorium, 71.
33 Gadebusch, II, 280.
34 Hofgericht in Greifswald an Johan Oxenstierna. Greifswald, den 17. Mai 1656. Reichsarchiv Stockholm, Oxenstiernska samlingen, E 987. Hervorhebung d. Verf.
35 Modéer, 387ff.
36 Zöllner, 168.
37 Zur Bedeutung der Matrikeln auf der Grundlage einer geometrischen Landesvermessung für die Durchsetzung zentraler Machtansprüche im Absolutismus in europäischer Perspektive s. Buchholz, Verfassung, 78–85, für Schwedisch-Pommern ausführlich: Buchholz, Finanzen, 67 (Grundsteuern und Landesmatrikel).
38 Königl. Resolution Auf Dero Pommerschen Landständen von Prälaten und Ritterschaft durch Dero allhie anwesende Deputirte, den Landrath, den Edlen und besten Gutzlaff Ernst Normann und den Landsysdicum den best- und Hochgelahrten Doctor Alexander Caroc (...) vorgetragene Desiderien, Stockholm, den 27. Februar (10. März) 1699. Gedruckt bei Dähnert, Supplement 1, 1005 bis 1021.
39 Forssell, I, 90–95.
40 Forssell, I, 98.
41 Forssell, I, 157f.
42 Cavallie.
43 Zum Verhältnis zwischen dem pommerschen Adel und dem schwedischen Königtum siehe grundsätzlich: Carlson/Rosén, I, 525.
44 Back, Striden, passim, bes. 20.
45 Drolshagen.
46 Griebenow, passim.
47 Griebenow, 101.
48 Mager, 138.
49 Zunker, 49
50 Heuer, 32f.
51 Abel, 162ff., hier bes. 183.
52 Fuchs, 91.
53 Fuchs, 95f.; Schilling, R., Schwedisch-Pommern, 73.
54 Fuchs, 95; Schilling, R., Schwedisch-Pommern, 73.
55 Backhaus, Leibeigenschaft, 157.
56 Mager, 140.
57 »Renovirte Gesinde-, Tagelöhner-, Bauer- und Schäferordnung von 1670«, gedruckt bei Dähnert, 3, 869ff. sowie das »Edikt wegen der Gesinde-, Tagelöhner- und Schäferordnung« vom 26. September 1653, gedruckt bei Dähnert, 3, 859f.
58 Schilling, R., Schwedisch-Pommern, 55, 62.
59 Peters, Sonntagsverbrecher, 98; Schilling, R., Schwedisch-Pommern, Tabellen 6 und 7.
60 Rodigast, 21, 36 und 55.
61 Peters, Sonntagsverbrecher, 102 und 104.
62 Landesarchiv Greifswald, Rep. 30, Nr. 4135, Gerichtsprotokoll vom 22. September 1684, zitiert nach Peters, Sonntagsverbrecher, 106.
63 Landesarchiv Greifswald, Rep. 6 A, Schwedische Landesmatrikel, Bd. 15, 685ff., zitiert nach Peters, Sonntagsverbrecher, 105.
64 Peters, Bauernpolitik, 153ff.; Findeisen, 118.
65 Curschmann, Matrikelkarten, 124ff.
66 Curschmann, Matrikelkarten, 121.
67 Siehe Constitution von Schuld-Sachen, 6. Dezember 1622, laut Landtag e. a. von den Königlichen Herren Commissarien, den 5. Mai 1665 den Herren Landständen extradiret und 1673 durch Druck publiziert, gedruckt bei Dähnert, 3, 266–273.
68 Koppe, 420.
69 Boëthius/Heckscher, 141 (Stockholm. Import från utlandet pro a:o 1685).
70 Reichenbach, Pommerns Staats-Krankheit, 3. Abschnitt, §§ 39 und 40.
71 Heyne, 21.
72 Tessin, II, 3–11; vgl. auch Böhme, 165–176.
73 Tessin, II, 21, 11f. vgl. dazu Heyne, 20, 22f.
74 Landberg, 173, 183; Tessin, II, 19.
75 Landberg, 188.
76 Müller, K., Reichskriegserklärung, 256.
77 Zur Frage der pommerschen Neutralität s. ausführlich Back, Herzog, 301–315.
78 Im Nordischen Krieg spielte nach der schwedischen Niederlage von Poltawa die Frage der pommerschen Neutralität noch einmal eine Rolle, als einerseits die Seemächte verhindern wollten, daß die deutschen Besitzungen Schwedens zu einer leichten Beute seiner zahlreichen Gegner wurden, andererseits die Gegner Schwedens verhindern wollten, daß Pommern zur Operationsbasis neuer schwedischer Vorstöße gegen Polen gemacht würde. In der Haager Konvention von 1710 einigten sich England, die Niederlande, Brandenburg, Rußland darauf, Pommern wie ein neutrales Land zu behandeln. S. dazu Rosén, 128, sowie Buchholz, Absolutismus, 56f.
79 Buchholz, Glanz und Ohnmacht, 227ff.
80 Buchholz, Schwedisch-Pommern, 26.

81 Tessin, II, 54f.
82 Nach der Darstellung bei Tessin, II, 55–60; vgl. dazu auch Böhme, 170ff.
83 Buchholz, Finanzen, 472.
84 Zitiert nach: Hacker, 193.
85 Buchholz, Absolutismus, 56; Rosén, 128, Tessin, II, 111.
86 Voges, Belagerung, 144–146
87 Rosén, 170f.
88 Protokoll der Städtekurie vom 27. Juni 1720, in: Stadtarchiv Stralsund, Rep. 13, Nr. 615.
89 Gedruckt in den Neuesten Grundgesetzen 1757, 11ff.
90 Friedensschluß zwischen Schweden und Preußen, Art. VI, gedruckt bei Dähnert 1, 199; vgl. Buchholz, Verfassung, 91.
91 Das Adelsdiplom ist gedruckt bei Dähnert 2, 212–216.
92 Buchholz, Verfassung, 92–97.
93 Buchholz, Finanzen, 144.
94 Fuchs, 132ff.
95 Bevölkerungsstatistik bei Buchholz, Finanzen, 58f., Tabellen 1–3; Mager, 181.
96 Abel, 196ff., bes. 199.
97 Buchholz, Finanzen, 432ff.
98 Fuchs, 133.
99 Mager, 145–148, bes. 148.
100 Arndt, 117, 121.
101 Bornhak, 417.
102 Angaben nach Buchholz, Finanzen, 432.
103 Peters, Landarmut, 132ff., bes. 154–157.
104 Fabricius, 77.
105 Siehe Buchholz, Finanzen, Tabelle 1 bis 4.
106 Geheime Denkschrift des Geheimen Ausschusses an den Reichsrat, Stockholm, den 23. April (4. Mai) 1723, gedruckt in: Svenska Riksdagsakter, 2. Serie, 1. Teil, 195 (Übersetzung d. Verf.).
107 Verbindliche Stellungnahme des Geheimen Ausschusses zu der geheimen Reichstagsproposition von König und Reichsrat, die Außenangelegenheiten betreffend, mit einem Gutachten über Schwedens Beziehungen zu auswärtigen Mächten sowie mit nachdrücklichem Hinweis auf die Bedeutung der Geheimhaltung, mit Bestimmungen über die Arbeit in der Geheimen Kommission und mit Informationen über eine geheime Direktive/Geheimer Anhang) zur Außenpolitik, gedruckt in: Svenska Riksdagsakter, 2. Serie, 2. Teil, 531f.
108 SU ang. en tillärnad sammandragning af preussiska trupper till Stettin, gedruckt in: Svenska Riksdagsakter, 2. Serie, 1. Teil, 194.
109 SU:s svar på KM:s sekreta proposition i utrikes ärenden ..., Stockholm, den 11. Juni 1731, gedruckt in: Svenska Riksdagsakter, 2. Serie, 1. Teil, 184f.
110 Der Geheime Ausschuß an Reichsrat, Stockholm, den 23. April 1723, gedruckt in: Svenska Riksdagsakter, 1. Serie, 1. Teil, 195.
111 Erklärung der schwedisch-pommerschen Landstände vom 3. Oktober 1786, in: Stadtarchiv Stralsund, Rep. 13, Nr. 1168.
112 Stadtarchiv Stralsund, Rep. 13, Nr. 1167. Memorandum der Landstände an die Regierung in Stralsund vom 23. Juli 1757.
113 Reichsarchiv Stockholm, Pommern-Wismar. Reviderade räkenskaper, Hauptserie, Hauptbuch 1759, Kapitalbilanzrechnung.
114 Stadtarchiv Stralsund, Rep. 13, Nr. 1660, »Berechnung dessen, was diese Provinz an Contingent und Römermonaten bezahlen sollen, und was darauf bezahlt worden«, gedruckt bei Buchholz, Finanzen, 57, s. auch die Darstellung ebd., 243.
115 Carlsson/Höjer, 73.
116 Königliche Patente, gedruckt bei Sonnenschmidt, I, 277 bzw. 394.
117 Das Patent ist gedruckt bei Sonnenschmidt, II, 104ff.
118 Fabricius, 76f.
119 Arndt an seinen Bruder Friedrich am 26. Januar 1814, gedruckt in: Preußisches Jahrbuch 151 (1843).
120 Carlsson, 223ff.
121 Arndt, 170.
122 Gedruckt in: Svenska Dagbladet vom 23. Oktober 1915.
123 Scharping, 28.
124 Fabricius, 80

Hinterpommern als brandenburgisch-preußische Provinz 1648 bis 1815

1 Friedensschluß, Wie solcher von der Römischen Keyserlichen Majest., auch Königl. Schwedischen Majest., So dann des Heil. Römischen Reichs Extraordinart-Deputierten und anderer Chur-Fürsten und Stände Bevollmächtigten und Hoch-ansehnlichen Herren Abgesandten zu Osnabrück den 27. Julii (6. Augustii) im Jahr 1648 aufgerichtet und verglichen, und daselbst den 14. (24.) Octobris in öffentlicher Versammlung unterschrieben und bekräfftiget, auch den 15 (25.) ejusdem solenniter publicirt worden, Leipzig o. J. (1654). Text des Friedensvertrages auch bei Zeumer, 417ff. Zum Friedensvertrag nach wie vor einschlägig Dickmann, 304–324.
2 Beispiele der Intervention Schwedens in kirchlichen Angelegenheiten bei Heyden, Kirchengeschichte, II, 100 f.; ders., Kirchenpolitik, 54f.
3 Abel, 94; Lütge, 124; Eggert, Maßnahmen, 2f.
4 Zum Preußenbild in der Geschichte vgl. Büsch/Neuge-

bauer, bes. die Beiträge in Bd. 1 unter dem Titel »Preußen als historiographisches Problem«.
5 Petsch, 177–193.
6 Wehrmann, Geschichte von Pommern, II, 165.
7 Petsch, 178f.
8 Petsch, 179–181; Wehrmann, Geschichte von Pommern, II, 168; Szczeponik.
9 Petsch, 181f.
10 Zu Otto von Schwerin s. auch Hein (1929); ders., (1966), 9–20.
11 Petsch, 183f.
12 Dähnert, 1, 95–182; Wehrmann, Geschichte von Pommern, II, 167.
13 Petsch, 193.
14 Von Unruh, 890.
15 Ehemals Landesarchiv Greifswald, Rep. 4, Pars I, Tit. 94, Nr. 156a, Vol. I, fol. 8f. (zitiert nach im Landesarchiv vorhandenem Mikrofilm; die Akte befindet sich heute im Staatsarchiv Stettin).
16 Petsch, 197.
17 Den Verhandlungsverlauf schildert ausführlich auf der Grundlage der Akten: Petsch, 194–229.
18 Zur Religionsfrage allgemein vgl. Heyden, Kirchengeschichte, II, 93f.; ders., Kirchenpolitik, 54f.; zur Formulierung Runges s. Petsch, 225f.; zur Einschätzung vgl. Heinrich, Korporationen, 160.
19 Auserlesene Sammlung, 60–122.
20 Lucht, Pommern, 93.
21 Petsch, 220f.
22 Heinrich, Korporationen, 155–169, hier 160.
23 Petsch, 240.
24 Die Hinterpommersche Regimentsverfassung von 1654 ist gedruckt in: Auserlesene Sammlung, 41–59, zur Regierung vgl. dort 47f.
25 Petsch, 240–245.
26 Auserlesene Sammlung, 51–54.
27 Petsch, 245.
28 Petsch, 246f.
29 Petsch, 247–249.
30 Petsch, 249f. Dazu auch Heyden, Kirchengeschichte, II, 94.
31 Festschrift zur Einweihung, 11.
32 Auserlesene Sammlung, 54f.
33 Festschrift zur Einweihung, 11.
34 Baumgart, Wie absolutistisch...?, 99.
35 Zum Kriegsverlauf Opitz.
36 Saring, 134–173.
37 Wehrmann, Geschichte von Pommern, II, 176.
38 Schmoller, 750.
39 Wehrmann, Geschichte von Pommern, II, 179.
40 Schilling, H., Höfe, 222f.
41 Zum Verlauf des Feldzuges vgl. Müsebeck.
42 Der Friedensvertrag ist gedruckt bei Dähnert, 1, 184–195. Vgl. auch Wehrmann, Geschichte von Pommern, II, 199f.
43 Heinrich, Korporationen.
44 Neugebauer, 541–597.
45 Vgl. zur entsprechenden Regelung in der Kurmark: Messerschmidt, 44.
46 Schmoller, 749f.
47 Schmoller, 750; Messerschmidt, 44f.
48 Politisches Testament des Großen Kurfürsten in: Dietrich, 191f., hier zitiert nach Schilling, H., Höfe, 430.
49 Schilling, Höfe, 407.
50 Petsch, 194–227.
51 Landesarchiv Greifswald Rep. 7, Nr. 1399 mit der Beschwerde der Stadt Stargard. Der Bestand enthält noch eine große Zahl ähnlicher Akten, und es gibt kaum eine pommersche Stadt oder einen Gutsherrn, der nicht gegen die gewaltsame Werbung Klage erhob.
52 Schmoller, 758–760.
53 Rachel, I, 334.
54 Messerschmidt, 47f. mit weiterer Literatur.
55 Jany; Messerschmidt, 48f.
56 Eggert, Maßnahmen, 13.
57 Büsch, 51–56.
58 Schmoller, 761.
59 Messerschmidt, 49; von der bei Schmoller, 761, hervorgehobenen allgemeinen Wehrpflicht kann daher keine Rede sein.
60 Schulze, B., 265–316.
61 Büsch, 28–30.
62 Büsch, 56–61.
63 Zum Folgenden vgl. Schmoller, 762–765; Messerschmidt, 46f.
64 Schmoller, 762; Wehrmann, Geschichte von Pommern, II, 171.
65 Messerschmidt, passim.
66 Festschrift zur Einweihung, 11.
67 Petsch, 250f.; Festschrift zur Einweihung, 11.
68 Festschrift zur Einweihung, 11.
69 Neugebauer, 548.
70 Wehrmann, Geschichte von Pommern, II, 182f.
71 Wehrmann, Geschichte von Pommern, II, 182.
72 Rachel, I, 558–562.
73 Neugebauer, 548.
74 Festschrift zur Einweihung, 14.
75 Rachel, I, 330–336.
76 Rachel, I, 318–330.
77 Wehrmann, Geschichte von Pommern, II, 183f.
78 Acta Borussica, Behördenorganisation, IV, 1, Nr. 14, 23f.
79 Festschrift zur Einweihung, 18f.
80 Acta Borussica, Behördenorganisation, IV, 2, Nr. 62, 72–79.
81 Festschrift zur Einweihung, 19.
82 Büsch, 140; Buchholz, Landstände, 438f.
83 Die elf umfangreichen Bände der Hufenmatrikel von 1717/1719 befinden sich heute im Landesarchiv Greifswald, Rep. 7A, Nr. 1–11. Vgl. Lips, Hufenklassifikation; ders., Höfeverzeichnisse; Lemke.
84 Der Katalog umfaßte 28 Fragen, die im Laufe der Zeit geringfügig angepaßt wurden. S. Landesarchiv Greifswald, Rep. 7A, Nr. 9, fol. 8b und 8c.
85 Festschrift zur Einweihung, 20f.
86 Festschrift zur Einweihung, 29.

87 Festschrift zur Einweihung, 28.
88 Acta Borussica, Behördenorganisation, XIII, 118f.
89 Festschrift zur Einweihung, 31 u. 33.
90 Wehrmann, Geschichte von Pommern, II, 150–157.
91 So sollen zwischen dem Sommer 1709 und dem Frühjahr 1711 rund 2000 der 6000 Einwohner Stettins an der Pest gestorben sein. Vgl. Festschrift zur Einweihung, 16.
92 Festschrift zur Einweihung, 14.
93 Wehrmann, Geschichte von Pommern, II, 254.
94 Eggert, Maßnahmen, 4.
95 Schissler, 113.
96 Eggert, Maßnahmen, 5f.
97 Festschrift zur Einweihung, 26.
98 Wehrmann, Geschichte von Pommern, II, 246.
99 Eggert, Maßnahmen, 10.
100 Eggert, Maßnahmen, 4f.
101 Preußen, 31, nach Franz, 174f.
102 Eggert, Maßnahmen, 26f.
103 Lemke.
104 Eggert, Maßnahmen, 39–57.
105 Buchholz, Landstände, 443.
106 Rachel, I, 341–362.
107 Rachel, I, 342.
108 Wehrmann, Geschichte von Pommern, II, 184f.
109 Rachel, I, 342 Anm. 4.
110 Rachel, I, 341.
111 Rachel, II, 1, 694f.
112 Festschrift zur Einweihung, 36.
113 Festschrift zur Einweihung, 32.
114 Wehrmann, Stettin, 400.
115 Im Gegensatz dazu die Einschätzung bei Voges, I, 3.
116 Prägend für die Forschung war die Selbsteinschätzung des Königs, die er gegenüber seinem Sohn und Nachfolger in einem väterlichen Rat formulierte: »Hüte dich, mich in allem nachzuahmen, was Diplomatie heißt, denn davon hab' ich nie etwas verstanden.« Vgl. Kathe, 113; Oestreich, 116. S. auch die Kritik an dem König als wankelmütig, ungeschickt und unzuverlässig bei Skalweit, 10f.
117 Malettke, 123–150.
118 Malettke, 125.
119 Wehrmann, Geschichte von Pommern, II, 206–208.
120 Malettke, 137 Anm. 52.
121 Voges, 1–73, hier 17–38.
122 Malettke, 141.
123 Zum Kriegsverlauf ausführlich Voges, passim; Wehrmann, Geschichte von Pommern, II, 209f.
124 Wehrmann, Geschichte von Pommern, II, 210f.
125 Malettke, 144–147.
126 Wehrmann, Geschichte von Pommern, II, 211.
127 Festschrift zur Einweihung, 23. Zum Folgenden vgl. auch Danselow, 89–161.
128 Wehrmann, Stettin, 355ff.; Festschrift zur Einweihung, 23.
129 Festschrift zur Einweihung, 24.
130 Danselow, 137–144.
131 Wehrmann, Geschichte von Pommern, II, 218.
132 Heinrich, Religionstoleranz, 78.
133 Hesse, I u. II, hier I, 10.
134 Vgl. den Briefwechsel Friedrich Wilhelms I. mit Leopold zu Anhalt-Dessau bei Krauske.
135 Hesse, I, 17–20.
136 Hesse, I, 23ff.
137 Hesse, I, 25–32.
138 Hesse, II, 78.
139 Hesse, II, 83.
140 Schilling, H., Höfe, 451 u. 474.
141 Wehrmann, Geschichte von Pommern, II, 238–242.
142 Festschrift zur Einweihung, 33f.; Wehrmann, Geschichte von Pommern, II, 237.
143 Wehrmann, Geschichte von Pommern, II, 238–241.
144 Kessel.
145 Wehrmann, Geschichte von Pommern, II, 242f.
146 Hesse, I, 3, Anm. 3.
147 Knobelsdorff-Brenkenhoff, 13–29.
148 An einer Stelle ist die Rede von 465 Häusern und 865 Wirtschaftsgebäuden, die infolge der russischen Besetzung Hinterpommerns zerstört waren. Vgl. Festschrift zur Einweihung, 35. Zu den Bevölkerungsverlusten s. Hubatsch, Absolutismus, 146 u. Knobelsdorff-Brenkenhoff, 49.
149 Knobelsdorff-Brenkenhoff, 49f.
150 Festschrift zur Einweihung, 35.
151 Malotki, 53f.
152 Wehrmann, Geschichte von Pommern, II, 247f.
153 Zur Peuplierung vgl. Wehrmann, Geschichte von Pommern, II, 249; Knobelsdorff-Brenckenhoff, 50–59.
154 Festschrift zur Einweihung, 35.
155 Knobelsdorff-Brenckenhoff, 55.
156 Knobelsdorff-Brenckenhoff, 164f.
157 Mit einer zu negativen Beurteilung des Direktors der Kriegs- und Domänenkammer, v. Ingersleben, Granier, passim.
158 Vgl. hierzu Preußen, 77–98.
159 Eggert, Stände.
160 Eggert, Maßnahmen, 71–158.
161 Lucht, Pommern, 108f.
162 Festschrift zur Einweihung, 42.
163 Wehrmann, Geschichte von Pommern, II, 280.
164 Buchholz, Pommern; Schoebel, Pommern, beide mit Karte und weiterer Literatur.

Pommern 1815 bis 1875

1 Fenske, 21.
2 Eggert, Stände, 392f.
3 Heinrich, Korporationen, 155–169.
4 Eggert, Stände, 30.
5 Eggert, Stände, 381.
6 Eggert, Stände, 386.
7 Stern, A., Verfassungsfrage, 96ff.
8 Kabinettsorder vom 24. Mai 1819, in: Treitschke, 195.
9 Gesetz-Sammlung für die preußischen Staaten 1823, 129f.; 146–152.

10 Glaser, 104.
11 Glaser, 118.
12 Bismarck an Oskar von Arnim, 31. Oktober 1843, in: Bismarck, 23.
13 »Gutachten über die neuvorpommerschen Communaleinrichtungen« vom 11. März 1822, in: Glaser, 94.
14 Glaser, 97.
15 Eggert, Stände, 408.
16 Mannheim, 84.
17 Zitiert nach Witte, 100.
18 Jordan, E., Entstehung, 144.
19 Kantzenbach, 24.
20 Reuß, 40.
21 Petrich, 36.
22 Petrich, 41
23 Clemens, 25.
24 Foerster, 290; Gesetz-Sammlung für die preußischen Staaten 1834, 60.
25 Clemens, 25.
26 Foerster, 304.
27 Kraus, 354.
28 Heyden, Kämpfe, 301f.
29 Iwan, 55.
30 Foerster, 307.
31 Iwan, 66.
32 Heyden, Kämpfe, 304.
33 Iwan, 77.
34 Foerster, 308.
35 Iwan, 100f.
36 Clemens, 44f.
37 Iwan, 129ff.
38 Nagel, 173f.
39 Bismarck an den Vater, Greifswald, 29. September 1838, in: Bismarcks Briefe, 21f.
40 Harnisch, 289.
41 Harnisch, 284.
42 Harnisch, 183.
43 Harnisch, 182.
44 Harnisch, 182.
45 Harnisch, 147.
46 Bericht des Freiherrn von Reden, zitiert nach: Harnisch, 195.
47 Harnisch, 152.
48 Harnisch, 172.
49 Harnisch, 290.
50 Harnisch, 229.
51 Harnisch, 257.
52 Harnisch, 259.
53 Harnisch, 296.
54 Harnisch, 270.
55 Harnisch, 298.
56 Harnisch, 249.
57 Lengerke, 22f.
58 Keßler [Anonymus], 184.
59 Schubert, 16.
60 Kotelmann, 301.
61 Die Landkreise, 54.
62 Kriesche, 54.
63 Jordan, E., Entstehung, 97.
64 Harnisch, 266.
65 Gerlach, 470.
66 Bismarck an Johanna, Kniephof, 28. April 1847, in: Bismarcks Briefe, 71.
67 Andrae, 10f.
68 Hachtmann, 169ff.
69 Haenchen, 76.
70 Petersdorff, 111.
71 Eine besonders drastische Variante findet sich beispielsweise bei Witte, 68.
72 Evangelische Kirchenzeitung, Nr. 34, 26. April 1848. Zitiert nach: Kraus, 405.
73 Andrae, 33.
74 Andrae, 31.
75 Andrae, 36–42.
76 Andrae, 50.
77 Valentin, 273.
78 Wehrmann, Stettin, 476.
79 Harnisch, 267.
80 Bäumer/Bufe, 7.
81 Eichholtz, 138f.
82 Bismarck an Johanna, Berlin, 25. September 1850, in: Bismarcks Briefe, 165f.
83 Keyser, 513.
84 Wehler, 51.
85 Wehler, 39.
86 Buchsteiner, Großgrundbesitz, 202.
87 Kühne, 243.
88 Buchsteiner, Großgrundbesitz, 209.
89 Buchsteiner, Großgrundbesitz.
90 Ritter, 70f.
91 Fenske, 50.
92 Privatschreiben an Staatsminister Eulenburg, 24. September 1869, in: Bismarck, 6b, 147.
93 Bismarck an Graf Friedrich zu Eulenburg, 27. Oktober 1872, in: Bismarck, 14, 2, 839.
94 Bismarck an Graf Albrecht von Roon, 13. Dezember 1872, in: Bismarck, 14, 2, 845.
95 Gesetz-Sammlung für die preußischen Staaten 1875, 335.
96 Gesetz, betr. die Aufhebung der kommunalständischen Verbände in der Provinz Pommern vom 18. Januar 1881. Gesetz-Sammlung für die preußischen Staaten 1881, 7ff.
97 Lutter, 68.

Pommern als preußische Provinz im geeinten Deutschland seit 1875

1 Brauchitsch, VII; dort, 91–152, Text der Provinzialordnung, des Wahlreglements und dreier Anlagen.
2 Lutter, 73.
3 Lutter, 72.
4 Brauchitsch, 133f.
5 Brauchitsch, 135–140.
6 Lutter, 73. Die Öffentlichkeit sah § 28 der Provinzialordnung vor; Fenske, 39f., 131; Stüttgen, 11f.
7 Lutter, 67–70, 74.
8 Stüttgen, 19, 25; Fenske 26, 30; Branig, Oberpräsidenten, 100–103.
9 Stüttgen, 25, 52 und 87ff.; Fenske, 29, 34; Huber, V, 155.
10 Fenske, 50f.; Stüttgen, 27, 54, 89.
11 Fenske, 72–74; Stüttgen, 14.
12 Brauchitsch, 294, 298f. Zum Sonderfall Grabow: Stüttgen, 27.
13 Stüttgen, 2, 11.
14 Kohte, 222, 238; Brauchitsch, 294, 298f.; Stüttgen, 111.
15 Bahr, Entfaltung, 58.
16 Buchsteiner, Großgrundbesitz, 47; Stüttgen, 100.

17 Wehrmann, Stettin, 511.
18 Völker, 175, 184–187, 207f., 217, 224f.
19 Engelke, 162; Zarnglaff, 500.
20 Bahr, Entfaltung, 58.
21 Vollack; Fenske, 128–131.
22 Fenske, 127f.; Deecke, 95.
23 Wehrmann, Stettin, 498–503; Völker, 197, 200, 210, 222, 227; Bahr, Entfaltung, 69f.
24 Wehrmann, Geschichte von Pommern, II, 294; ders., Stettin, 515; Pagel, 137.
25 Stüttgen, 9f.
26 Lucht, Lehrerseminare, 578f.; Wehrmann, Geschichte von Pommern, II, 295; Stüttgen, 10.
27 Schubel, 31, 48f.
28 Schubel, 63f., 66; Tartler, 329–332.
29 Tartler, 332f.; Schmitt, 399f.
30 Schubel, 74f., 79.
31 Koepp, 56–60; Fascher, 61–63; Wessel, 63–68; Schubel, 53–55.
32 Unterstell, 37–61.
33 Kunkel, Museumswesen, 85–88.
34 Kunkel, Ackerknecht, 7–12.
35 Kunkel, Museumswesen, 85–90, das Zitat auf 88.
36 Kunkel, Museumswesen, 95f.
37 Stüttgen, 2; Bloth, 309–339; Heyden, Kirchengeschichte, II, 227.
38 Klän, 22–59; Bloth, 265–276.
39 Stüttgen, 2; Heyden, Kirchengeschichte, II, 201; Ulrich, 416; Laabs, 225f.
40 Unruh, 654; Huber, IV, 28.
41 Huber, IV, 30, 32f.
42 Die auf Pommern bezogenen Aussagen sind den Einzelangaben in Manns Handbuch entnommen.
43 Bahr, Entfaltung, 58; Stüttgen, 110; Buchsteiner, Großgrundbesitz, 245.
44 Huber, V, 24, 33–38, 43; Murawski, Wehrkreis, 100.
45 Huber, V, 37f., 68–73.
46 Kielmansegg, 33f., 125f., 169.
47 Kielmansegg, 169; Zilm, 10; Wulle, 26; Drewelow, 37.
48 Kielmansegg, 172f.; Branig, Oberpräsidenten, 103f.; Huber, V, 80, 82.
49 Das Zahlenmaterial bei Falter u. a., 67–75.
50 Eggert, Geschichte, 102; Branig, Grenzland, 138–141.
51 Branig, Grenzland, 137; Eggert, Geschichte, 96; Stüttgen, 55.
52 Branig, Oberpräsidenten, 104f.; Fenske, 30, 51f.; Huber, VI, 766f.; Sandow, 138.
53 Stüttgen, 55f., 89.
54 Fenske, 40f.; Huber VI, 376, 378f., 381, 389; Buchsteiner, Großgrundbesitz, 229.
55 Falter u. a., 102, 104; Schultze-Plotius, 70f.; Kunkel, Museumswesen, 95.
56 Branig, Grenzland, 142; Oldewage, 220–225.
57 Völker, 232, 234, 248; Oldewage, 220–225; Falter u. a., 66.
58 Schmidt/Blohm, 49f., 52f., 104f.
59 Schmidt/Blohm, 55f.; Huber, VII, 889; das Zitat bei Niehaus, 202.
60 Die Provinz Pommern umfaßte im Jahre 1890 eine Fläche von rund 30 131 Quadratkilometern mit 73 Städten, in denen laut Statistischem Jahrbuch für das Deutsche Reich im Jahre 1911 rund 550 000 Personen lebten, 2088 Landgemeinden mit insgesamt 620 880 Einwohnern und 2480 Gutsbezirken mit 348 388 Einwohnern.
61 Statistisches Jahrbuch für das Deutsche Reich 1896, 2–3, und 1911, 1,3.
62 1871–1880: 0,81 Prozent. Hohorst, 51.
63 1890–1900: 0,72 Prozent; 1900–1910: 0,49 Prozent; Hohorst, 51.
64 Hohorst, 42.
65 1875: 80 972 Einwohner; 1890: 116 228; 1910: 236 113; Statistisches Jahrbuch für das Deutsche Reich 1881, 3ff. (1875), 1893, 9ff. (1890), 1914, 12ff. (1910).
66 Neun Städte verdoppelten ihre Einwohnerzahl in der zweiten Hälfte des 19. Jahrhunderts: Belgard, Altdamm, Köslin, Kolb, Lauenburg, Naugard, Stargard, Stolp und Swinemünde. 13 weitere Städte wuchsen um mehr als 50 Prozent.
67 Hitze, 4–5; Der Rückgang der Geburten belief sich in Berlin auf 55,7 Prozent, in Brandenburg auf 46,9 Prozent.
68 1910: 7921 Personen nur 0,46 Prozent der Gesamtbevölkerung. Laubert, 159; Fenske, 12.
69 Provinzialordnung für die fünf altpreußischen Provinzen, 29. Juni 1875, GS 1875, 335.
70 50 Jahre Provinzialverband, 13.
71 Die Auflistung der Abgeordneten in Übersicht der Vorlagen und Beschlüsse des Provinziallandtages von Pommern, Stettin 1875–1933.
72 Das Hospital St. Petri in Stettin, das Königliche Waisenhaus in Stargard, das Gertruden-Hospital in Treptow an der Tollense, das Hospital St. Georg ebd.; vgl. § 7 Dotationsgesetz vom 8. Juli 1875.
73 Greifswalder Tageblatt, 12. März 1891.
74 Vgl. Baier, Rudolf, Communalstände, 38f.; vgl. Reißland, 167f.
75 Handbuch über den Königlichen Preußischen Hof und Staat für das Jahr 1891, 324; vgl. Behr, 11–44, hier 19; 18. Januar 1880, 1881, 7; zu der Arbeit des Kommunallandtags Neuvorpommern vgl. Jeserich, 30.
76 Hubatsch; Fonk, 45ff.
77 Preußische Landgemeindeordnung, 3. Juli 1891, GS 1891, 233.
78 Ritter, 70f.
79 Zu den klimatischen Verhältnissen s. Hartnack, 13.
80 Vgl. Hartnack, 11ff.

81 Bülow, 12–15.
82 Deecke, 23.
83 Betriebe mit mehr als 100 Hektar machten mehr als 55 Prozent aus, während Kleinbetriebe mit weniger als zwei Hektar mit 2,97 Prozent nur schwach vertreten waren. 220 000 Hektar gehörten im Jahre 1902 Fideikommissen. Wie auch beim Großgrundbesitz war hier der Regierungsbezirk Stralsund mit einem Anteil des Großgrundbesitzes von 76 Prozent führend. Im Jahre 1904 existierten 15 Domänen mit einer Fläche von 63 350 Hektar, die Staatsforsten nahmen 1903 eine Fläche von 217 000 Hektar ein.
84 Wehrmann, Geschichte von Pommern, II, 304.
85 So sank die Fläche des ungenutzten Ödlandes von 1878 bis 1910 von rund 280 000 Hektar auf 257 000 Hektar.
86 Handbuch für den Preußischen Staat, jährlich erschienen; vgl. auch: 50 Jahre Provinzialverband, 28f.
87 Deecke, 23.
88 Hormann, 168–178.
89 Zwischen 1871 und 1895 wanderten 242 505 Pommern aus. In den fünf Jahren zwischen 1880 und 1885 verließen 95 000 Menschen ihre Heimat. Der Höhepunkt dieses Trends lag im Jahr 1885. Bade, 265 bis 323.
90 Raum und Bevölkerung, 222.
91 Raum und Bevölkerung, 224.
92 Raum und Bevölkerung, 226.
93 1912 arbeiteten 12 000 auf pommerschen Feldern, bis 1914 waren 42 000 Wanderarbeiter in die Provinz gekommen. 1902 waren auf den Gütern um Anklam beispielsweise 6000 polnische Schnitter tätig. 1915 wurden von der katholischen Pfarrei Greifenberg 2000 Wanderarbeiter seelsorgerisch betreut. Um Belgard arbeiteten 1914 über 1000 Polen.
94 Keup, 32; Salomon, 139–163; Bölefahr.
95 Von 1878 mit 1 654 623 Hektar Ackerfläche bis 1910 Reduzierung um rund 10 000 Hektar. Dafür nahmen die Wiesen mit 310 269 Hektar um 2000 Hektar zu. Die Fläche der Wälder zur Holzgewinnung nahm im gleichen Zeitraum um rund 27 000 Hektar zu.
96 Wehrmann, Geschichte von Pommern, II, 304.
97 Ramm, 137–149.
98 Nach dem Gesetz vom 30. Juni 1894 wurden in Preußen Landwirtschaftskammern eingerichtet. GS 1894, 126.
99 Vgl. Reichsgesetz vom 5. Mai 1886. Preußisches Gesetz vom 20. Mai 1887, Statut vom 16. Dezember 1887/21. Januar 1888, Amtsblatt der Regierung Stettin 1887, 93.
100 Statut vom 18. Juni/13. August 1908 (Sonderbeitrag zum Reg. ABl. Stück 38 für 1908).
101 Zur Industrie Stettins s. Gudden-Lüddeke, 514ff.
102 Gudden-Lüddeke.
103 Fenske, 140.
104 Vgl. Gudden-Lüddeke.
105 1875 umfaßte das Streckennetz rund 590 Kilometer. Es wuchs bis 1914 auf 1800 Kilometer an.
106 50 Jahre Provinzialverband, 22.
107 Hormann, 173.
108 50 Jahre Straßenbahn.
109 50 Jahre Provinzialverband.
110 Festschrift zur Eröffnung des Großschiffahrtsweges Berlin–Stettin.
111 Hohorst, 95.
112 Hohorst, 105.
113 Hohorst, 152.
114 Handbuch für den preußischen Staat für das Jahr 1930, 471, Gesetz vom 21. Juli 1922.
115 Raum und Bevölkerung, 298.
116 Fenske, 24.
117 Nerée, 204–211.
118 Buchsteiner, Bruch, 69–84; Becker, 39–68.
119 Scheurig, 32.
120 Schröder, Weimarer Republik, 130–139.
121 GS 1932, 277, Verordnung über die Auflösung des Regierungsbezirks Stralsund vom 30. Juli 1932.
122 Vgl. Pommersche Tagespost vom 13. März 1930, Landesverband der DNVP zur Verabschiedung.
123 Nennung der Abgeordneten des Provinziallandtags in: Übersicht der Vorlagen und Beschlüsse des 50. Provinziallandtages Pommern in den Sitzungen vom 16., 17. und 18. März sowie 29. April 1921, 6–9.
124 50 Jahre Provinzialverband, 14.
125 Behr, 28.
126 Der pommersche Provinzialverband entsandte vier Vertreter (Verordnung 31. Dezember 1925, GS 1926, 7); vgl. Behr, 22.
127 Behr, 23; Übertragung von Staatsangelegenheiten als Auftragsverwaltung an die Provinzen. Dabei dachte Bill Drews, der Innenminister der Monarchie, vor allem an Polizei, Schulverwaltung und Kommunalaufsicht. Vgl. Drews.
128 Pohlandt, 142.
129 Behr, 28.
130 Greifswalder Tageblatt, 8. März 1894.
131 Die Diktatur, Nr. 41, Oktober 1929.
132 Der Sturm, Nr. 7, 1932.
133 Pommersche Tagespost vom 22. März 1932; vgl. Inachin, Rechte, 129–162.
134 Pommersche Tagespost vom 11. April 1933.
135 Vgl. Berthold, 230–232.
136 Jacoby, 194.
137 Zitzewitz, 16f.
138 Flemming-Paatzig, 72f.
139 65 Prozent aller Eigenbetriebe über 100 Hektar und 61 Pro-

zent aller Pachtgebiete über 100 Hektar waren zu mehr als 41 Prozent beziehungsweise 51 Prozent ihres Gesamtvermögens verschuldet, mehr als ein Viertel der Eigenbetriebe und sogar mehr als ein Drittel der Pachtbetriebe sogar mit über 70 Prozent. Vgl. Lage und Entwicklung der landwirtschaftlichen Großbetriebe in den östlichen Landesteilen, hg. v. d. Preußischen Zentralgenossenschaftskasse, 40.

140 Baier, Roland, Deutscher Osten, 152f.

141 Baier, Roland, Deutscher Osten, 271, 309; Fenske, 123.

142 Bölefahr, 30f.

143 Fenske, 123.

144 Baier, Roland, Deutscher Osten, 364.

145 Branig, Grenzland, 144f.

146 Vgl. Schmidt/Blohm, Landwirtschaft, 24.

147 Falter, u.a., 132.

148 Landesarchiv Greifswald, Rep. 60, Nr. 2423, Bl. 74f.: Preußische Statistik aus dem Jahre 1929.

149 Gemeindelexikon für den Freistaat Preußen, Bd. IV: Provinz Pommern, XIX.

150 Statistik des Deutschen Reiches 1931, 11.

151 Branig, Grenzland, 142.

152 Lehmann, 38f.

153 Falter, u.a., 66.

154 Hartlieb, 13.

155 Fenske, 141; Kettner, 189.

156 50 Jahre Provinzialverband, 26.

157 Ohlendorf, 88f.; Pommern-Jahrbuch 5 (1930/1931), 131; Fenske, 137.

158 Trippe, 23.

159 Schulze, H., Weimar, 80.

160 Sontheimer, 26.

161 Für die Zeit vor 1918: Buchsteiner, Großgrundbesitz.

162 Übersicht über Vorlagen und Beschlüsse.

163 Kähler, 14–16.

164 Schlange, 23.

165 Pommerscher Landbund, Ausgabe A, Stettin, 17. November 1928.

166 Rohr-Demmin.

167 Schlange, 22.

168 Schlange, 40.

169 Benz/Graml, 292.

170 Schlange, 33.

171 Schlange, 40.

172 Pommersche Tagespost vom 2. April 1932.

173 Berghahn, 57.

174 Berghahn, 366.

175 Pommersche Tagespost vom 1. Januar 1932.

176 Thadden, 115.

177 Unsere Partei, Nr. 18/19, 1. Oktober 1931, 221.

178 Pommersche Tagespost vom 3. Februar 1933.

179 Horkenbach, 412.

180 Fenske, 27.

181 Thévoz, II, Sachakte Nr. 52.

182 Gesetz über die Erweiterung der Befugnisse des Oberpräsidenten, 15. Dezember 1933, GS 1933, 477.

183 RGBl. 1938 I, 29, 89; Handbuch über den Preußischen Staat für das Jahr 1938, 685f.

184 Dieses Ergebnis fügt sich in das bereits sehr differenzierte Bild, das die sozialgeschichtliche Forschung über Struktur und Charakter der NSDAP ermittelt hat, ein. Vgl. Falter, Hitlers Wähler.

185 Mommsen, 157ff.

186 Vgl. Historischer und Geographischer Atlas von Mecklenburg und Pommern (»Pommernatlas«).

187 Bundesarchiv Potsdam, NSDAP-Hauptarchiv, Film 4107, unfoliiert. Tagungsbericht des Landesverbandes Pommern.

188 Inachin, Vahlen.

189 Gittig.

190 Inachin, Vahlen.

191 Hüttenberger; vgl. Inachin, Gauleiter; vgl. Inachin, Aufstieg.

192 Pommersche Tagespost vom 5. Februar 1924.

193 Dusik, 12–13.

194 Schröder, 215.

195 Völkischer Beobachter vom 18. August 1926.

196 Völkischer Beobachter vom 31. August 1927.

197 Corswant, 7.

198 Hüttenberger, 70.

199 Drewniak, 47; Bessel, 20.

200 Pommersche Zeitung vom 22. Juli 1934.

201 Amtsblatt der Preußischen Regierung in Stettin, Jg. 124, 1934, 260. Unter den bayerischen Freunden Schwedes war der Baurat Arno Fischer aus Neustadt bei Coburg als Beauftragter für Siedlungs- und Planungswesen, der Kunsthändler Kuno Popp für Propagandaleitung, der Kaufmann Alfred Seidler als Gauschatzmeister sowie der DAF-Leiter Künzel aus Coburg. In der Kreisverwaltung saßen Bürgermeister Flörke aus Calbe (Saale) als Landrat für Swinemünde, neuer Landrat für Greifenhagen wurde Ludwig Förster, ehem. Bürgermeister in Neustadt bei Coburg.

202 Czarnik, 42; hier finden sich vollständige Listen des Stabes der Gauleiter Karpenstein 1934 und Schwede-Coburg sowie aller Kreisleiter und ihrer Stellvertreter von 1936, 32f., 42, 45f.

203 Dies wurde als wichtigster Punkt in den Lageberichten der Staatspolizeistellen Stettin und Köslin erachtet.

204 Gau Pommern im Aufbau.

205 Thévoz, I, 49.

206 Zit. in: Schröder, 98.

207 Murawski, 385.

208 Reich-Ranicki, 160.

209 Thévoz, 31–35, 91.

210 Branig, Oberpräsidenten, 105; Fenske, 52; Stüttgen, 45, 69, 82; Thévoz, 293f., 305.

211 Schultze-Plotzius, 70f.; Lutter, 77; Kunkel, Museumswesen, 111f.

212 Zum Folgenden insbes. Klän, 145ff.; Thévoz, 112–148.
213 Heyden, Kirchengeschichte, II, 235, 238f.
214 Peiser, insbes. 123–160; Thévoz, 168–189.
215 Stüttgen, 28, 100, 102f.; Schultze-Plotzius, 70; Klän, 594–597.
216 Stüttgen, 28; Völker, 246.
217 Guderian, 57–63.
218 Diedrich, 185.
219 Cnotka, 34–38; Polte, 44f., 48.
220 Goerlitz, 64, 71–73.
221 Murawski, Eroberung, 31–35, 98–101.
222 Murawski, Eroberung, 109, 125, 158–167 u. Karte 2; Lindenblatt, 47–179; Guderian, 374 bis 377.
223 Murawski, Eroberung, 171 bis 277; Lindenblatt, 183–310; Zeidler, 143–154; Vertreibungsverbrechen, 28–34, 38–40, 55; Jahn, passim.
224 Müller/Kramer, 51–78. Zur Zahl der Opfer in Swinemünde s. Simon, 34.
225 Murawski, Eroberung, 289 bis 362; Lindenblatt, 337–363; Vertreibung, I/1, 140 E-143 E.
226 Bahr, Ostpommern, 1; dazu Zeidler, 201.
227 Vertreibung, I/1, 143 E-147 E. Über das Leben der Deutschen unter der polnischen Herrschaft s. v. Normann.
228 Jahn, 4.
229 Berechnet nach den Angaben über die vorpommerschen Kreise bei Seraphim, 185f.
230 Seraphim, 14–17. Die Herkunft der Vertriebenen aus ebd., Karte 10–12, ermittelt.
231 Eggert, Besatzungszeit, 31, 73–77.
232 Buske, Territorialstaat, 77–79.
233 Eggert, Geschichte, 125.
234 Buske, Territorialstaat, 76f.
235 Kornow, 231f.; Busch, 53.
236 Kornow, 236–241.
237 Heyden, Kirchengeschichte, II, 249–264; Buske, Territorialstaat, 80–83.
238 Gohl, 153–157.

BIBLIOGRAPHIE

Diese Bibliographie führt im wesentlichen die Literatur an, auf die in den Anmerkungen verwiesen wird. Relativen Anspruch auf Vollständigkeit können die folgenden Bibliographien zur Geschichte Pommerns erheben:

Herbert Spruth: Landes- und familiengeschichtliche Bibliographie für Pommern. Drucke und Handschriften (Genealogie und Landesgeschichte 2), Neustadt/Aisch 1962–1965.

Siehe auch »Abgeschlossene Bibliographien« des Literaturverzeichnisses in der Dissertation von Rembert Unterstell: Klio in Pommern. Die Geschichte der pommerschen Historiographie 1815 bis 1945 (Mitteldeutsche Forschungen 113), Köln, Weimar, Wien 1996, 332–334.

Für die Kirchengeschichte Pommerns sei verwiesen auf Hellmuth Heyden: Verzeichnis von Büchern und Aufsätzen zur Kirchengeschichte Pommerns. Mit einem Anhang: Litertur zur Kultur-, Landes- und Stadt-Geschichte, Hannover 1952. Dazu als Ergänzung das Literaturverzeichnis in der Habilitationsschrift von Werner Klän: Die evangelische Kirche Pommerns in Republik und Diktatur. Geschichte und Gestaltung einer preußischen Kirchenprovinz 1914 bis 1945 (Veröffentl. d. Historischen Kommission für Pommern, Reihe V: Forschungen zur pommerschen Geschichte, 30), Köln, Weimar, Wien 1995, 625ff.

Balt. St.	Baltische Studien
FBPG	Forschungen zur brandenburgischen und preußischen Geschichte
PomJbb.	Pommersche Jahrbücher
JGMOD	Jahrbuch für die Geschichte Mittel- und Ostdeutschlands
ZfO	Zeitschrift für Ostforschung
ZRG (GA)	Zeitschrift der Savigny-Stiftung für Rechtsgeschichte. Germanistische Abteilung.
NF	Neue Folge
FS	Festschrift

Abel, Wilhelm: Agrarkrisen und Agrarkonjunktur, 3. Aufl. Hamburg, Berlin 1978.

Acta Borussica, Denkmäler der Preußischen Staatsverwaltung im 18. Jahrhundert. Behördenorganisation, 15 Bde., Berlin 1896–1936.

Andrae, Alexander: Erinnerungen eines alten Mannes aus dem Jahre 1848, Bielefeld 1895.

Arndt, Ernst Moritz: Erinnerungen 1769–1815, hg. v. Rolf Weber, 2. Aufl. Berlin 1989.

Aßmann, Erwin: Die Stettiner Zollrolle des 13. Jahrhunderts, in: Hansische Geschichtsblätter 71 (1952), 50–75.

Ders.: Stettins Seehandel und Seeschiffahrt im Mittelalter, Kitzingen/Main o. J. [1952].

Ders.: Die Stettiner Bevölkerung des ersten Jahrhunderts nach der Stadtrechtsverleihung (1243–1352), in: ZfO 2 (1953), 230–263.

Attman, Artur: The Struggle for Baltic Markets. Powers in Conflict 1558–1618 (Acta Regiae Societatis scientiarum et litterarum Gothoburgensis. Humaniora, 14), Göteborg 1979.

Auserlesene Sammlung verschiedener glaubwürdiger, guten theils gedruckter Urkunden und Nachrichten, welche zur Kenntnis der Landesverfassung und Rechte des Herzogthums Vor- und Hinterpommern, wie auch des Fürstenthums Rügen dienen können ..., Bd. 1, Greifswald 1747.

Back, Pär-Erik: Herzog und Landschaft. Politische Ideen und Verfassungsprogramme in Schwedisch-Pommern um die Mitte des 17. Jahrhunderts (Samhällsvetenskapliga studier, 12), Lund 1955.

Ders.: Striden om Nebenmodus. En studie i Karl XI:s pommerska finanspolitik, in: Karolinska förbundets årsbok 1958, 7–22.

Backhaus, Helmut: Reichsterritorium und schwedische Provinz. Vorpommern unter Karls XI. Vormündern (1660–1672), (Veröffentl. d. Max-Planck-Instituts für Geschichte, 25), Göttingen 1969.

Ders.: Zur Einführung der Leibeigenschaft in Vorpommern im siebzehnten Jahrhundert, in: Das Vergangene und die Geschichte. FS Reinhard Wittram hg. v. Thadden, Rudolf von/Pistohlkors, Gerd von/Weiss, Hellmuth, Göttingen 1973, 156–163.

Bade, Klaus L.: Massenwanderung und Arbeitsmarkt im deutschen Nordosten von 1880 bis zum ersten Weltkrieg, in: AfS 20, 1980.

Bahr, Ernst: Die wirtschaftliche Entfaltung Pommerns 1815–1939, in: Pommern. Eine Denkschrift. hg. v. d. Pommerschen Landsmannschaft, o. O. u. J., 58–70.

Ders.: Ostpommern unter polnischer Verwaltung, Frankfurt am Main, Berlin 1957.

Baier, Gerd: Die dänischen Einflüsse auf den frühen Kirchenbau Rügens und ihre Beziehungen zum niedersächsischen Kulturkreis, in: Bertil Wiberg (Hg.): Bistum Roskilde und Rügen, Roskilde 1987, 113–134.

Baier, Roland: Der deutsche Osten als soziale Frage. Eine Studie zur preußischen und deutschen Siedlungs- und Polenpolitik in den Ostprovinzen während des Kaiserreiches und in der Weimarer Republik, Köln 1980.

Baier, Rudolf: Geschichte der Communalstände von Neuvorpommern und Rügen, Stralsund 1881.

Ders.: Zwei Stralsunder Chroniken des 15. Jahrhunderts, Stralsund 1893.

Barran, Fritz R.: Städte-Atlas Pommern, Leer 1989.

Barüske, Heinz: Erich von Pommern, Rostock 1997.

Die *Bau- und Kunstdenkmäler* der Provinz Pommern. Teil 2: Die Bau- und Kunstdenkmäler des Regierungsbezirks Stettin, hg. v. Hugo Lemcke, H. 14 Abt. 1: Das Königliche Schloß in Stettin, Stettin 1909.

Bäumer, Wolfram/Bufe, Siegfried: Eisenbahnen in Pommern, Egglham, München 1988.

Baumgart, Peter (Hg.): Ständetum und Staatsbildung in Brandenburg-Preußen (Veröffentl. d. Historischen Kommission zu Berlin, 55), Berlin, New York 1983.

Ders.: Wie absolutistisch war der preußische Staat, in: M. Schlenke (Hg.): Preußen. Beiträge zu einer politischen Kultur, Reinbek 1981, 89–105.

Baumgarten, Karl: Das Bauernhaus in Mecklenburg (Deutsche Akademie der Wissenschaften zu Berlin. Veröffentl. d. Instituts für deutsche Volkskunde, 34), Berlin 1965.

Becker, Bert: Verwaltung und höhere Beamtenschaft in Pommern 1918/19, in: Becker, Bert/Inachin, Kyra T.: Pommern zwischen Zäsur und Kontinuität, Schwerin 1999, 39–68.

Behr, Hans-Joachim: Die preußischen Provinzialverbände: Verfassung, Aufgaben, Leistung, in: Teppe, Karl (Hg.): Selbstverwaltungsprinzip und Herrschaftsordnung. Bilanz und Perspektiven landschaftlicher Selbstverwaltung in Westfalen (Veröffentl. d. Provinzialinstituts für Westfälische Landes- und Volksforschung des Landschaftsverbandes Westfalen-Lippe, 25), Münster 1987.

Benl, Rudolf: Die ersten Jahrzehnte der Pfarrei Levin, in: Balt. St. NF 70 (1984), 22–30.

Ders.: Zur Frage der slawischen Bauernfreiheit am Beispiel dreier pommerscher Dörfer, in: ZfO 34 (1985), 1–17.

Ders.: Untersuchungen zur Personen- und Besitzgeschichte des hoch- und spätmittelalterlichen Pommern, in: Balt. St. NF 71 (1985), 7–45.

Ders.: Slawische Stammesnamen in pommerschen Urkunden und die Frage der pommerschen Reichszugehörigkeit, in: Balt. St. NF 72 (1986), 7–23.

Ders.: Die Gestaltung der Bodenrechtsverhältnisse in Pommern vom 12. bis zum 14. Jahrhundert (Mitteldeutsche Forschungen, 93), Köln, Wien 1986.

Ders.: [Besprechung von: Piskorski, Miasta księstwa szczecińskiego], in: Balt. St. NF 74 (1988), 132–135.

Ders.: Slawische Voraussetzungen und deutscher Neuansatz. Mittelalterliche Dorfgründungen in Ostdeutschland am Beispiel des hinterpommerschen Malchow, in: ZfO 37 (1988), 321–357.

Ders.: Anfänge und Entwicklung des Ständewesens im spätmittelalterlichen Pommern, in: Boockmann, Hartmut (Hg.): Die Anfänge der ständischen Vertretungen in Preußen und seinen Nachbarländern (Schriften des Historischen Kollegs. Kolloquien, 16), München 1992, 121–135.

Benthien, Bruno: Die historischen Flurformen des südwestlichen Mecklenburg. Eine Studie zum Problem Dorf, Feld und Wirtschaft, zugleich ein Beitrag zur Entwicklungsgeschichte der ländlichen Siedlungen im Bezirk Schwerin (Veröffentl. d. Mecklenburgischen Landeshauptarchivs, 1), Schwerin 1960.

Bentzien, Ulrich: Haken und Pflug. Eine volkskundliche Untersuchung zur Geschichte der Produktionsinstrumente im Gebiet zwischen unterer Elbe und Oder (Deutsche Akademie der Wissenschaften zu Berlin. Veröffentl. d. Instituts für deutsche Volkskunde, 50), Berlin 1969.

Benz, W./Graml, H.: Biographisches Lexikon zur Weimarer Republik, München 1988.

Berghahn, Volker: Der Stahlhelm. Bund der Frontsoldaten 1918–1935, Düsseldorf 1966.

Bertheau, Friedrich: Die Wanderungen des niedersächsischen Adels nach Mecklenburg und Vorpommern, in: Zeitschrift des Historischen Vereins für Niedersachsen 80 (1915), 1–37.

Bessel, Richard: Political Violence and the Rise of Nazism. The Storm Troopers in Eastern Germany 1925–1934, New Haven, London 1984.

Bezirk Neubrandenburg. Bearb. v. einem Kollektiv der Arbeitsstelle Schwerin durch Gerd Baier, Horst Ende, Brigitte Oltmanns, Wolfgang Rechlin (Die Bau- und Kunstdenkmale in der DDR), Berlin 1982.

Bierbrauer, Gebhard: Die mittelalterlichen Metallgüsse des Kolberger Doms und verwandte Stücke, in: Balt. St. NF 84 (1998), 38–56.

Biereye, Wilhelm: Zur ältesten Geschichte des Geschlechts v. Maltzan, in: Mecklenburgische Jahrbücher 96 (1932), 135–150.

Ders.: Über die Personen im Ratzeburger Zehntenlehnregister von 1230, in: Mecklenburg-Strelitzer Geschichtsblätter 9 (1933), 1–160.

Ders.: Ritter aus der Nachbarschaft Stades in der Zeit von 1200–1250 als mecklenburgische und pommersche Kolonisatoren, in: Stader Archiv NF 24 (1934), 38–46.

Biewer, Ludwig: Skandinavien und Pommern im frühen 15. Jahrhundert, in: Balt. St. NF 83 (1997), 31–42.

Bindewald, P.: Die Eisenbahnen Preußens. Weitere Entwicklung der Verkehrsmittel, in: Pommersches Jahrbuch 4, 1929, 21–23.

Birtsch, Günter: Friedrich der Große und die Aufklärung, in: Hauser, Oswald (Hg.): Friedrich der Große und seine Zeit, Köln, Wien 1987, 31–46.

Ders.: Friedrich Wilhelm I. und die Aufklärung in Brandenburg-Preußen, in: Hauser, Oswald (Hg.): Preußen, Europa und das Reich, Köln, Wien 1987, 87–102.

Bismarck, Otto von: Die Gesammelten Werke (Friedrichsruher Ausgabe), Bd. 14,1: Briefe 1822–1861, Berlin 1933.

Ders.: Die Gesammelten Werke (Friedrichsruher Ausgabe), Bd. 6 b: Politische Schriften 1869 bis 1871, Berlin 1931.

Fürst *Bismarcks Briefe* an seine Braut und Gattin, hg. v. Fürst Herbert Bismarck, 7. Aufl. Stuttgart, Berlin 1921.

Bloth, Hugo Gotthard: Die Kirche in Pommern. Auftrag und Dienst der evangelischen Bischöfe und Generalsuperintendenten der pommerschen Kirche von 1792 bis 1919 (Veröffentl. d. Historischen Kommission für Pommern, V, 20), Köln, Wien 1979.

Blümcke, O.: Der Rat und die Ratslinie von Stettin, in: Balt. St. NF 17 (1913), 61–148.

Bobowski, Kazimierz: Początki kancelarii miejskich na Pomorzu Zachodnim (do końca XIII w.), in: Acta Universitatis Wratislaviensis 979. Historia LXIX (1989), 73–106.

Böcker, Heidelore: Überlegungen zur demographischen Funktion vorpommerscher Kleinstädte im 13./14. Jahrhundert, in: Jahrbuch für Regionalgeschichte 15 (1988), 45–55.

Dies.: Demmin – Eine Hansestadt?, in: Balt. St. NF 77 (1991), 7–18.

Dies.: Die »guten Beziehungen« zum Landesherrn. Handelsrechte zwischen Ostsee und Peene vom 13. bis 16. Jahrhundert, in: Urbanski, Silke/Lanschus, Christian/Ellermeyer, Jürgen (Hg.): Recht und Alltag im Hanseraum. FS Gerhard Theuerkauf (De Sulte, 4), Lüneburg 1993, 41–70.

Dies.: Regionale Bindungen und gesamthansische Beziehungen pommerscher Städte im Mittelalter, in: Hansische Geschichtsblätter 112 (1994), 57–96.

Boëthius, Bertil/Heckscher, Eli F. (Hg.): Svensk handelsstatistik 1637–1737. Samtida bearbetningar, Stockholm 1938.

Bohm, Eberhard: Teltow und Barnim. Untersuchungen zur Verfassungsgeschichte und Landesgliederung brandenburgischer Landschaften im Mittelalter (Mitteldeutsche Forschungen, 83), Köln, Wien 1978.

Böhme, Klaus-Richard: Die deutschen Provinzen der schwedischen Krone während der Türkenkriege im 17. Jahrhundert, in: Zeitschrift für historische Forschung 11 (1984), 165–176.

Böhmer, Felix: Geschichte der Stadt Stargard in Pommern, Bd. 1, Stargard 1903.

Bölefahr, Hermann: Die innere Kolonisation auf Grund des Reichssiedlungsgesetzes vom 11.8.1919 und der preußischen Ausführungsgesetze in den preußischen Gebieten östlich der Elbe, Diss. TH München 1927.

Bollnow, Hermann: Burg und Stadt in Pommern bis zum Beginn der Kolonisationszeit, in: Balt. St. NF 38 (1936), 48–96.

Ders.: Die deutschen Anfänge Demmins, in: Monatsblätter der Gesellschaft für pommersche Geschichte und Altertumskunde 50 (1936), 77–83.

Ders.: Studien zur Geschichte der pommerschen Burgen und Städte im 12. und 13. Jahrhundert (Veröffentl. d. Historischen Kommission für Pommern, V, 7), Köln, Graz 1964.

Bornhak, Conrad: Preußische Staats- und Rechtsgeschichte. Mit einer Rechtskarte des preußischen Staates, Berlin 1903.

Brandt, Ahasver von: Der Stralsunder Friede, in: Hansische Geschichtsblätter 83/I (1970), 123–147.

Branig, Hans: Die Oberpräsidenten der Provinz Pommern, in: Balt. St. NF 46 (1959), 92–107.

Ders.: Pommern als Grenzland in der Zeit der Weimarer Republik, in: Studium zum Deutschtum im Osten, Köln 1966.

Ders.: Geschichte Pommerns, 2 Bde., hg. v. Werner Buchholz (Veröffentl. d. Historischen Kommission für Pommern, V, 22/I–II), Köln, Weimar, Wien 1997–1999.

Brauchitsch, M. von: Die Organisationsgesetze der inneren Verwaltung für die Provinzen Preußen, Brandenburg, Pommern, Schlesien und Sachsen, Berlin 1876.

Brüske, Wolfgang: Untersuchungen zur Geschichte des Lutizenbundes. Deutsch-wendische Beziehungen des 10.–12. Jahrhunderts (Mitteldeutsche Forschungen, 3), Münster, Köln 1955.

Buchholz, Werner: Der Eintritt Schwedens in den Dreißigjährigen Krieg in der schwedischen und deutschen Historiographie des 19. und 20. Jahrhunderts, in: Historische Zeitschrift 245 (1987), 291–314.

Ders.: Landständische Verfassung und bäuerliches Eigentumsrecht in Schwedisch-Pommern und Schweden 1720–1815, in: ZfO 37 (1988), 78–111.

Ders.: Absolutismus, Widerstand und ständische Repräsentation in Schweden 1709–1723: Revolution oder Restauration?, in: Parliaments, Estates and Representation 8 (1988), 47–62.

Ders.: Schwedisch-Pommern als Territorium des deutschen Reichs 1648–1806, in: Zeitschrift für Neuere Rechtsgeschichte 12 (1990), 14–33.

Ders.: Öffentliche Finanzen und Finanzverwaltung im entwickelten frühmodernen Staat. Landesherr und Landstände in Schwedisch-Pommern 1720–1806 (Veröffentl. d. Historischen Kommission für Pommern, V, 25), Köln, Weimar, Wien 1992.

Ders.: Mevius, David, in: Neue Deutsche Biographie 17, Berlin 1994, 281–283.

Ders.: Die pommerschen Landstände unter brandenburgischer und schwedischer Landesherrschaft 1648–1815. Ein landesgeschichtlicher Vergleich, in: ders./Mangelsdorf, Günter (Hg.): Land am Meer. Pommern im Spiegel seiner Geschichte. FS Roderich Schmidt (Veröffenl. d. Historischen Kommission für Pommern, V, 29), Köln, Weimar, Wien 1995, 427–455.

Ders.: Pommern 1648–1815, in: ders. u. a. (Hg.): Historischer und Geographischer Atlas von Mecklenburg und Pommern, Bd. 2, Mecklenburg und Pommern: Das Land im Rückblick, o. O. u. J. [Schwerin 1996], 60–63.

Ders./Drews-von Steinsdorff, Christa/Heinrich, Gerd/Krüger, Kersten/Kuhn, Heinrich-Christian/Pápay, Gyula/Schmidt, Roderich/Stelmach, Miechyslaw/Stepinsky, Wlodzimierz (Hg.): Historischer und Geographischer Atlas von Mecklenburg und Pommern, Bd. 2: Mecklenburg und Pommern. Das Land im Rückblick, o. O., o. J., [Schwerin 1996].

Buchsteiner, Ilona: Großgrundbesitz in Pommern 1871–1914. Ökonomische, soziale und politische Transformation der Großgrundbesitzer, Berlin 1993.

Dies.: Bruch oder gradueller Wandel? Ämterbesetzung in den pommerschen Verwaltungs- und Selbstverwaltungsorganen, in: Becker, Bert/Inachin, Kyra T.: Pommern zwischen Zäsur und Kontinuität, Schwerin 1999, 69–84.

Buczek, Karol: Przemiany ustrojowe na Pomorzu Zachodnim w XII i XIII wieku, in: Kwartalnik Historyczny 72 (1965), 349–379.

Bülow, K. von: Pommerns Boden als Kraftquelle, in: Murawski, Erich/Stein, E. (Hg.): Pommern, das Grenzland am Meer, Berlin 1931, 12–15.

Busch, Jochim: Damgarten gestern und heute. Eine pommersche Stadt im Wandel der Zeit. In: Jahrbuch 1992 des Gesamtverbandes e. V. Ribnitz-Damgarten, 53–55.

Büsch, Otto: Militärsystem und Sozialleben im alten Preußen 1713 bis 1807, Berlin 1962.

Ders./Neugebauer, Wolfgang (Hg.): Moderne preußische Geschichte. 1648–1947. Eine Anthologie, 3 Bde., Berlin, New York 1981.

Buske, Norbert: Rügen im Spannungsfeld dänischer, slawischer und deutscher Interessen, in: Wiberg, Bertil (Hg.): Bistum Roskilde und Rügen, Roskilde 1987.

Ders.: Die Kirche in Altenkirchen und die Kapelle in Vitt, Berlin 1988.

Ders.: Kirchen in Demmin, Berlin 1989.

Ders.: Bildliche Darstellungen des Bischofs Otto von Bamberg. Ein Beitrag zu seiner Verehrung als Heiliger und der Erinnerung an ihn als Begründer der Kirche im pommerschen Herzogtum, in: Berichte des Historischen Vereins für die Pflege der Geschichte des ehemaligen Fürstbistums Bamberg 125 (1989), 159–188.

Ders.: Kurzer Abriß der vorpommerschen Verfassungsgeschichte (Landeszentrale für politische Bildung Mecklenburg-Vorpommern, Landeskundliche Hefte), Schwerin 1994.

Ders.: Pommern. Territorialstaat und Landesteil von Preußen. Ein Überblick über die politische Entwicklung. Die Rolle Vorpommerns seit 1945, Schwerin 1997.

Ders./Leder, Hans-Günter: Reform und Ordnung aus dem Wort. Johannes Bugenhagen und die Reformation im Herzogtum Pommern, Berlin (Ost) 1985.

Bütow, Erich: Staat und Kirche in Pommern im ausgehenden Mittelalter bis zur Einführung der Reformation, in: Balt. St. NF 14 (1910), 85–148 (I); 2. Teil ebd. 15 (1911), 77–142 (II).

Carlsson, Sten: Gustaf IV Adolf. En biografi, Stockholm 1946.

Ders./Höjer, Torvald: Den svenska utrikespolitikens historia, Bd. III:1–2, 1792–1844, Stockholm 1954.

Cavallie, James: Frågan om kronotionde i de baltiska och tyska provinserna under 1690-talet. Till belysningen av provinspolitiken och enväldets beslutsprocess, in: Karolinska förbundets årsbok 1975, 7–45.

Chłopocka, Helena: Powstanie i rozwój wielkiej własności ziemskiej opactwa cystersów w Kołbaczu w XII–XIV wieku (Poznańskie Towarzystwo Przyjaciół Nauk. Wydział Historii i Nauk Społecznych. Prace Komisji Historycznej, 17, H. 2), Poznań 1953.

Dies./Leciejewicz, Lech/Wieczorowski, Tadeusz: Okres wczesnofeudalny do roku 1237, in: Dzieje Szczecina, hg. v. Gerard Labuda. Bd. 2, 2. Aufl. Warszawa, Poznań 1985, 15–59.

Christensen, Aksel E.: Kalmarunionen og nordisk Politik 1319–1439, Copenhagen 1980.

Cnotka, Hans-Günter: Luftangriffe auf Stettin 1939–1945, in: Stettiner Bürgerbrief 4 (1978), 34–38.

Codex diplomaticus Brandenburgensis, hg. v. Friedrich Riedel, Teil II, Bd. 3–5, Teil III, Bd. 1–3, Berlin 1846–1861.

Codex diplomaticus Brandenburgensis continuatus, hg. v. Georg Wilhelm von Raumer, 1. Theil, Berlin, Stettin und Elbing 1831.

Codex diplomaticus Prussicus, hg. v. Johannes Voigt, Bd. 3–6, Königsberg 1848–1861.

Conrad, Klaus: Die Belehnung der Herzöge von Pommern durch Karl IV. im Jahre 1348, in: Patze, Hans (Hg.): Kaiser Karl IV. 1316–1378. Forschungen über Kaiser und Reich, o. O. 1978, 391–406.

Ders.: Herzogliche Städtegründungen in Pommern auf geistlichem Boden, in: Schmidt, Roderich (Hg.): Pommern und Mecklenburg. Beiträge zur mittelalterlichen Städtegeschichte (Veröffentl. d. Historischen Kommission für Pommern, V, 19), Köln, Wien 1981, 43–73.

Ders.: Urkundliche Grundlagen einer Siedlungsgeschichte Pommerns bis 1250, in: ZfO 31 (1982), 337–359.

Ders.: Die Auseinandersetzungen der Städte Stettin, Greifenhagen und Gollnow mit den Stettiner Herzögen nach den Frankfurter Verträgen von 1338, in: Buchholz, Werner/Mangelsdorf, Günter (Hg.): Land am Meer. Pommern im Spiegel seiner Geschichte. FS Roderich Schmidt (Veröffentl. d. Historischen Kommission für Pommern, V, 29), Köln, Weimar, Wien 1995, 179–196.

Corswant, Walther von: Die Not der schaffenden deutschen Wirtschaft und die Zinsknechtschaft des Leihkapitals, Leipzig 1925.

Cramer, Helga: Die Herren von Wedel im Lande über der Oder. Besitz- und Herrschaftsbildung bis 1402, in: JGMOD 18 (1969), 63–129.

Cramer, Reinhold: Geschichte der Lande Lauenburg und Bütow. 2 Theile, Königsberg 1858.

Cronica de ducatu Stetinensi et Pomeraniae gestorum inter marchiones Brandenburgenses et duces Stettinenses, hg. v. J. G. L. Kosegarten, in: Balt. St. 16,2 (1857) 73–129.

Curschmann, Fritz: Die Landeseinteilung Pommerns im Mittelalter und die Verwaltungseinteilung der Neuzeit, in: PomJbb. 12 (1911), 159–337.

Ders.: Die Belehnung Herzog Bogislaws I. von Pommern im Lager vor Lübeck (1181), in: PomJbb. 31 (1937), 5–33.

Ders.: Das Bederegister des Landes Loitz von 1343, in: PomJbb. 34 (1940), 1–46.

Ders. (Bearb.): Matrikelkarten von Vorpommern 1692 bis 1698. Karten und Texte (Veröffentl. d. Historischen Kommission für Pommern, III, 1. Folge, Abt. III, 1), Greifswald bzw. Rostock 1944/48 (Karten 1952).

Czacharowski, Antoni: Spór o ziemie lęborską i bytowską w latach 1455–1526, in: Roczniki Historyczne 21 (1953/54), 303–313.

Czarnik, A.: Ruch Hitlerowski na Pomorzu Zachodnim 1933–1939, Posen 1969.

Daenell, Ernst: Die Kölner Konföderation vom Jahre 1367 und die schonischen Pfandschaften (Leipziger Studien aus dem Gebiet der Geschichte, 1,1), Leipzig 1894.

Dähnert, Johann Carl: Sammlung gemeiner und besonderer Pommerscher und Rügischer Landes-Urkunden, Gesetze, Privilegien, Verträge, Constitutionen und Ordnungen, 3 Bde., Stralsund 1765–1769, 4 Supplementbände, hg. v. G. von Klinckowström, Stralsund 1786–1802.

Danselow, O.: Zur Geschichte der pommerschen Städte unter der Regierung Friedrich Wilhelms I., in: Balt. St. NF 7 (1903), 89–161.

Deecke, Wilhelm: Landeskunde von Pommern, Leipzig 1912.

Dehio, Georg: Handbuch der Deutschen Kunstdenkmäler. 2. Band: Nordostdeutschland, 2. Aufl., bearb. v. Julius Kohte, Berlin 1922.

Die *Denkmale* des Kreises Greifswald, bearb. v. Gerd Baier, Horst Ende, Renate Krüger (Die Denkmale im Bezirk Rostock), Leipzig 1973.

Dickmann, Fritz: Der Westfälische Friede, 5. Aufl. Münster 1985.

Diedrich, Waldemar: Frag mich nach Pommern, Leer 1987.

Dietrich, R. (Hg.): Politische Testamente der Hohenzollern, 2. Aufl. Köln, Wien 1986.

Dollinger, Philippe: Die Bedeutung des Stralsunder Friedens in der Geschichte der Hanse, Hansische Geschichtsblätter 83 (1970), 148–162.

Ders.: Die Hanse. Mit einem Beitrag »Zur hansischen Geschichtsforschung 1960–1997« (Kröners Taschenausgabe, 371), 5., erweit. Aufl. Stuttgart 1998.

Dowiat, Jerzy: Ekspansja Pomorza zachodniego na ziemie wielecko-obodrzyckie w drugiej połowie XII wieku, in: Przegląd Historyczny 50 (1959), 698–719.

Drewelow, Karl-Heinz: Die Stettiner Oderwerke, in: Stettiner Bürgerbrief 10 (1984), 34–42.

Drewniak, Bogislaw: Początki ruchu hitlerowskiego na Pomorzu Zachodnim 1923–1934, Poznań 1962.

Dröge, Kurt: Der »mittelpommersche Keil«. Genese eines kulturwissenschaftlichen Stereotyps, in: Buchholz, Werner/Mangelsdorf, Günter (Hg.): Land am Meer. Pommern im Spiegel seiner Geschichte. FS Roderich Schmidt (Veröffentl. d. Historischen Kommission für Pommern, V, 29), Köln, Weimar, Wien 1995, 759–785.

Drolshagen, Carl: Die schwedische Landesaufnahme und Hufenmatrikel von Vorpommern als ältestes deutsches Kataster (Beihefte zum 17./38. und 40./41. Jahresbericht der Geographischen Gesellschaft Greifswald), 2 Bde., Greifswald 1920–1923.

Dusik, Bärbel: Hitler. Reden, Schriften, Anordnungen, Februar 1925 bis Januar 1933, Bd. II, Teil 1, München, London, New York, Paris 1992.

Dzieje Szczecina, hg. v. Gerard Labuda, Bd. 2, Warszawa, Poznań 1985.

Ebel, Wilhelm: Lübisches Recht im Ostseeraum (Arbeitsgemeinschaft für Forschung des Landes Nordrhein-Westfalen, Geisteswissenschaften, 143), Köln, Opladen 1967.

Ders.: Lübisches Recht. Bd. 1, Lübeck 1971.

Eggert, Oskar: Dänisch-wendische Kämpfe in Pommern und Mecklenburg (1157–1200), in: Balt. St. NF 30 (1928), 2. Halbband, 1–74.

Ders.: Das Ende des Krieges und die Besatzungszeit in Stralsund und Umgebung 1945–1946, Hamburg 1947.

Ders.: Stände und Staat in Pommern im Anfang des 19. Jahrhunderts (Veröffentl. d. Historischen Kommission für Pommern, V, 8), Köln, Graz 1964.

Ders.: Die Maßnahmen der preußischen Regierung zur Bauernbefreiung in Pommern (Veröffentl. d. Historischen Kommission für Pommern, V, 9), Köln, Graz 1965.

Ders.: Geschichte Pommerns, o. O. [Hamburg], 1965.

Ehl, Heinrich: Norddeutsche Feldsteinkirchen (Hansische Welt, 6), Braunschweig, Hamburg 1926.

Eichholtz, Dietrich: Junker und Bourgeoisie vor 1848 in der preußischen Eisenbahngeschichte, Berlin 1962.

Eimer, Gerhard: Bernt Notke, Bonn 1985.

Eisenhardt, Ulrich (Bearb.): Die kaiserlichen privilegia de non appellando. Mit einer Abhandlung eingeleitet und in Zusammenarbeit mit Elsbeth Markert regestiert (Quellen und Forschungen zur höchsten Gerichtsbarkeit im alten Reich, 7), Köln, Wien 1980.

Enders, Lieselott: Entstehung und Entwicklung der uckermärkischen Städte im hohen Mittelalter, in: Jahrbuch für Regionalgeschichte 13 (1986), 24–59.

Dies.: Siedlung und Herrschaft in Grenzgebieten der Mark und Pommerns seit der zweiten Hälfte des 12. bis zum Beginn des 14. Jh. am Beispiel der Uckermark, in: Jahrbuch für Wirtschaftsgeschichte 1987, H. 2, 73–128.

Dies.: Die Uckermark. Geschichte einer kurmärkischen Landschaft vom 12. bis zum 18. Jahrhundert (Veröffentl. d. Brandenburgischen Landeshauptarchivs Potsdam, 28), Weimar 1992.

Engel, Franz.: Erläuterungen zur historischen Siedlungsformenkarte Mecklenburgs und Pommerns, in: ZfO 2 (1953), 208–230.

Ders.: Erläuterungen zu: Historischer Atlas von Pommern NF (Veröffentl. d. Historischen Kommission für Pommern, III, Karte 3: Karte der historischen Dorfformen), Köln, Graz 1963.

Ders: Zur Siedlungsgeschichte Mecklenburgs, in: Engel, Franz: Beiträge zur Siedlungsgeschichte und historischen Landeskunde. Mecklenburg – Pommern – Niedersachsen, hg. v. Roderich Schmidt, Köln, Wien 1970, 81–100.

Ders.: Mannhagen als Landesgrenzen im nordostdeutschen Kolonisationsgebiet, in: ders.: Beiträge zur Siedlungsgeschichte und historischen Landeskunde. Mecklenburg – Pommern – Niedersachsen, hg. v. Roderich Schmidt, Köln, Wien 1970, 281–314.

Engelke, Felix: Die Eisenindustrie, in: Der Kreis Ueckermünde bis 1945. Ein pommersches Heimatbuch, hg. v. Heimatkreis Pasewalk-Ueckermünde in Gemeinschaft mit dem Pommerschen Zentralverband e. V., Hamburg 1981.

Ewe, Herbert (Hg.): Geschichte der Stadt Stralsund (Veröffentl. d. Stadtarchivs Stralsund, 10), 2. Aufl. Weimar 1985.

Ders.: Das alte Stralsund. Kulturgeschichte einer Ostseestadt, 2. Aufl. Weimar 1995.

Ders.: Das alte Bild der vorpommerschen Städte, Weimar 1996.

Fabricius, E.: Aus Schwedisch-Pommerns Franzosenzeit, in: Balt. St. 39 (1889), 43–80.

Fait, Joachim: Die Marienkirche zu Greifswald (Das christliche Denkmal, 35), 3., überarb. Aufl. Berlin 1989.

Falter, Jürgen/Lindenberger, Thomas/Schumann, Siegfried: Wahlen und Abstimmungen in der Weimarer Republik. Materialien zum Wahlverhalten 1919–1933, München 1986.

Falter, Jürgen W.: Hitlers Wähler, München 1991.

Fascher, Erich: Adolf Schlatter, der Mensch und Theologe, in: Festschrift zur 500-Jahrfeier der Universität Greifswald. 17. Oktober 1956, Bd. II, hg. v. d. Ernst-Moritz-Arndt-Universität, Greifswald 1956, 61–63.

Fenske, Hans: Die Verwaltung Pommerns 1815–1945 (Veröffentl. d. Historischen Kommission für Pommern, V, 26), Köln, Weimar, Wien 1993.

Festschrift zur Einweihung des neuen Regierungsgebäudes zu Stettin, Stettin 1911.

Festschrift zur Eröffnung des Großschiffahrtsweges Berlin–Stettin, o. O., o. J. [Berlin 1914].

Festschrift zur 500-Jahrfeier der Universität Greifswald, Bd. 1, Greifswald 1956.

Findeisen, Jörg-Peter: Frühe kameralistische Überlegungen in Schwedisch-Pommern nach dem Dreißigjährigen Krieg, in: Wissenschaftliche Zeitschrift der Ernst-Moritz-Arndt-Universität Greifswald, Gesellschafts- und sprachwissenschaftliche Reihe 36 (1987), 117–119.

Flemming-Paatzig, R. von: Die pommersche Landwirtschaft, in: Pommern – Grenzland am Meer, Berlin 1931.

Fock, Otto: Rügensch-Pommersche Geschichten, Bd. 4, Leipzig 1866.

Foerster, Erich: Die Entstehung der preußischen Landeskirche unter der Regierung König Friedrich Wilhelms des Dritten nach den Quellen erzählt, Bd. 2, Tübingen 1907.

Forssell, Nils: Svenska postverkets historia, 2 Bde., Stockholm 1936.

Franz, Günther (Hg.): Quellen zur Geschichte des deutschen Bauernstandes in der Neuzeit, Darmstadt 1963.

Fritze, Konrad: Der Kampf zwischen Bürgertum und Feudalfürstentum an der südwestlichen Ostseeküste zu Beginn des 14. Jahrhunderts, in: Wissenschaftliche Zeitschrift der Ernst-Moritz-Arndt-Universität Greifswald 8 (1958/59). Gesellschafts- und sprachwissenschaftliche Reihe, 243–249.

Ders.: Die Hansestadt Stralsund. Die beiden ersten Jahrhunderte ihrer Geschichte (Veröffentl. d. Stadtarchivs Stralsund, 4), Schwerin 1961.

Ders.: Entwicklungsprobleme der nichtagrarischen Produktion im hansischen Wirtschaftsraum, in: Hansische Studien IV (Abhandlungen zur Handels- und Sozialgeschichte, 18), Weimar 1979, 15–25.

Ders.: Entstehung, Aufstieg und Blüte der Hansestadt Stralsund, in: Ewe, Herbert (Hg.): Geschichte der Stadt Stralsund (Veröffentl. d. Stadtarchivs Stralsund, 10), Weimar 1984, 9–102.

Ders.: Pommern und die Hanse, in: Porada, Haik Thomas (Hg.): Beiträge zur Geschichte Vorpommerns. Die Demminer Kolloquien 1985–1994, Schwerin 1997, 229–236.

Fritze, Wolfgang H.: Probleme der abodritischen Stammes- und Reichsverfassung und ihrer Entwicklung vom Stammesstaat zum Herrschaftsstaat, in: Ludat, Herbert (Hg.): Siedlung und Verfassung der Slaven zwischen Elbe, Saale und Oder, Gießen 1960, 141–186.

Ders.: Das Vordringen deutscher Herrschaft in Teltow und Barnim, in: Jahrbuch für Brandenburgische Landesgeschichte 22 (1971), 81–154.

Ders.: Die Agrar- und Verwaltungsreform auf der Insel Rügen um 1300, in: ders. (Hg.): Germania Slavica. Bd. 2 (Berliner Historische Studien, 4), Berlin 1981, 143–186.

Fuchs, Carl Johannes: Der Untergang des Bauernstandes und das Aufkommen der Grundherrschaften nach archivalischen Quellen aus Neu-Vorpommern und Rügen (Abhandlungen aus dem staatswissenschaftlichen Seminar zu Straßburg im Elsaß, 6), Straßburg 1888.

50 Jahre Straßenbahn 1879–1929, Stettin 1929.

Gadebusch, Thomas Heinrich: Schwedischpommersche Staatskunde, 2 Bde., Greifswald 1786–1788.

Gaebel, Georg (Hg.): Des Thomas Kantzow Chronik von Pommern in hochdeutscher Mundart, I. u. II. Bearbeitung, 2 Bde., Stettin 1897/98.

Ders. (Hg.): Pomerania. Eine pommersche Chronik aus dem sechzehnten Jahrhundert, 2 Bde., Stettin 1908.

Ders. (Hg.): Des Thomas Kantzow Chronik von Pommern in niederdeutscher Mundart (Veröffentl. d. Historischen Kommission für Pommern I, 4), Stettin 1929.

Gaehtgens, Paul: Die Beziehungen zwischen Brandenburg und Pommern unter Kurfürst Friedrich II., Phil. Diss. Straßburg i. E., Altenburg 1890.

Gau Pommern im Aufbau, hg. v. der Gauleitung Pommern der NSDAP, Abteilung Gaupropaganda, Stettin 1935.

Gerlach, Ernst Ludwig von: Aufzeichnungen aus seinem Leben und Wirken 1795–1877, hg. v. Jakob von Gerlach, Bd. 1: 1795–1848, Schwerin 1903.

Geschichte des Geschlechts v. Puttkamer, bearb. v. Ellinor von Puttkamer. Neustadt/Aisch 1984.

Geschichte Schleswig-Holsteins, Bd. 4, Teil 2, bearb. v. Erich Hoffmann. Neumünster 1990.

Gesetz-Sammlung für die preußischen Staaten.

Gittig, Heinz: Mecklenburgische und pommersche Zeitungen und Wochenblätter, Berlin 1994.

Glaser, Fritz: Die Stände Neuvorpommerns 1806–1826, Phil. Diss. Greifswald 1929, mit anderer Seitenzählung auch erschienen in den PomJbb. 25 (1929), 29–154.

Goehrtz, Emil: Das Bauernhaus im Regierungsbezirk Köslin (Hinterpommern) (Forschungen zur Deutschen Landes- und Volkskunde, 28,3), Stuttgart 1931.

Gohl, Dietmar: Pommern vor und nach 1945 – Beharrung und Wandel der Bevölkerungs- und Wirtschaftsstrukturen, in: Deutsche Ostkunde. Vierteljahresschrift für Wissenschaft, Erziehung und Unterricht 35 (1989), H. 3, 141–159.

Gohrbandt, Emil: Deutsche Kulturarbeit in der Abtei Buckow, in: Monatsblätter der Gesellschaft für pommersche Geschichte und Altertumskunde 48 (1934), 1–8.

Ders.: Die rechtliche, soziale und wirtschaftliche Lage der deutschen Kolonialbauern im 15. und 16. Jahrhundert in Ostpommern, in: Balt. St. NF 42 (1940), 138 bis 157.

Görlitz, Walter: Widerstand gegen den Nationalsozialismus in Pommern, in: Balt. St. NF 48 (1961), 63–74.

Götze, Jochen: Von Greifswald bis Stralsund, in: Hansische Geschichtsblätter 83/I (1970), 83–122.

Granier, Herman: Die Kapitulation von Stettin 1806 und der Staatsminister von Ingersleben, in: Balt. St. NF 4 (1900), 1–15.

Griebenow, Willi: Tertialrecht und Tertialgüter im ehemaligen Neuvorpommern und Rügen, in: Greifswald-Stralsunder Jahrbuch 10 (1973), 101–125.

Grotefend: Die Grenzen des Bisthums Schwerin gegen Kammin, in: Jahrbuch des Vereins für Mecklenburgische Geschichte und Altertumskunde 68 (1903), 219–266.

Grotefend, Ulrich: Geschichte und rechtliche Stellung der Juden in Pommern. Von den Anfängen bis zum Tode Friedrichs des Großen, in: Balt. St. NF 32 (1930), 83–189.

Gudden-Lüddeke, Ilse: Chronik der Stadt Stettin, Leer 1993.

Guderian, Heinz: Erinnerungen eines Soldaten, 4. Aufl. Heidelberg 1951.

Hachtmann, Rüdiger: Berlin 1848. Eine Politik- und Gesellschaftsgeschichte der Revolution, Bonn 1997.

Hacker, Hans-Joachim: Stralsund von 1630 bis 1720, in: Ewe, Herbert (Hg.): Geschichte der Stadt Stralsund (Veröffentl. d. Stadtarchivs Stralsund, 10). Weimar 1984, 168–201.

Haenchen, Karl: Friedrich Graf von Wrangel, in: Pommersche Lebensbilder, Bd. 1, Stettin 1934, 71–87.

Hamann, Carl: Die Beziehungen Rügens zu Dänemark von 1168 bis zum Aussterben der einheimischen rügischen Dynastie 1325, Phil. Diss. Greifswald 1931, Greifswald 1933.

Hamann, Manfred: Mecklenburgische Geschichte. Von den Anfängen bis zur Landständischen Union von 1523 (Mitteldeutsche Forschungen, 51), Köln, Graz 1968.

Hansisches Urkundenbuch, Bd. 4–11, Halle, Leipzig, Weimar 1896–1939.

Harms, Klaus: Jacob Runge. Ein Beitrag zur pommerschen Kirchengeschichte, Ulm 1961.

Harnisch, Hartmut: Kapitalistische Agrarreform und industrielle Revolution. Agrarhistorische Untersuchungen über das ostelbische Preußen zwischen Spätfeudalismus und bürgerlich-demokratischer Revolution von 1848/49 unter besonderer Berücksichtigung der Provinz Brandenburg (Veröffentl. d. Staatsarchivs Potsdam, 19), Weimar 1984.

Direktor *Hartlieb:* Die Elektrizitätsversorgung der Provinz Pommern unter besonderer Berücksichtigung der vorpommerschen Landesteile durch die Überlandzentrale Stralsund, in: Mitteilungen aus dem naturwissenschaftlichen Verein für Vorpommern und Rügen in Greifswald, 50/51, 1922/23, Greifswald 1925, 5–32.

Hartnack, Wilhelm: Pommern. Grundlagen einer Landeskunde, Kitzingen/Main o. J.

Hartung, Fritz: Der aufgeklärte Absolutismus, in: Hubatsch, W.: Absolutismus (Wege der Forschung, 314), Darmstadt 1973, 118–151.

Hauke, Karl: Das Bürgerhaus in Mecklenburg und Pommern (Das deutsche Bürgerhaus, 22), Tübingen 1975.

Hauschild, Ursula: Studien zu Löhnen und Preisen in Rostock im Spätmittelalter (Quellen und Darstellungen zur hansischen Geschichte NF, 19), Köln, Wien 1973.

Hauziński, Jerzy: Polska a Królestwo Niemieckie w II połowie XII wieku, in: Niemcy – Polska w średniowieczu. Materiały z konferencji naukowej zorganizowanej przez Instytut Historii UAM w dniach 14–16 XI 1983 roku, hg. v. Jerzy Strzelczyk (Uniwersytet imienia Adama Mickiewicza w Poznaniu. Seria Historia, 126), Poznań 1986, 137–154.

Hein, Max: Otto von Schwerin, der Oberpräsident des Großen Kurfürsten, Königsberg 1929.

Ders.: Otto von Schwerin, Oberpräsident, 1616–1679, in: Menn, Walter (Hg.): Pommersche Lebensbilder, Bd. 4 (Veröffentl. d. Historischen Kommission für Pommern, V, 15), Köln, Graz 1966.

Heinemann, Otto: Die kaiserlichen Lehnsurkunden für die Herzöge von Pommern, in: Balt. St. NF 3 (1899), 159–185.

Heinrich, Gerd: Religionstoleranz in Brandenburg-Preußen. Idee und Wirklichkeit, in: Schlenke, M. (Hg.): Beiträge zu einer politischen Kultur, Reinbek 1981, 61–88.

Ders.: Ständische Korporationen und absolutistische Landesherrschaft in Preußisch-Hinterpommern und Schwedisch-Vorpommern (1637–1816), in: Baumgart, Peter (Hg.): Ständetum und Staatsbildung in Brandenburg-Preußen (Veröffentl. d. Historischen Kommission zu Berlin, 55), Berlin, New York 1983, 155–169.

Ders.: Staatsdienst und Rittergut. Die Geschichte der Familie von Dewitz in Brandenburg, Mecklenburg und Pommern. Mit einem Vorwort von Fritz-Jürgen von Dewitz, Bonn 1990.

Helbig, Herbert: Gesellschaft und Wirtschaft der Mark Brandenburg im Mittelalter (Veröffentl. d. Historischen Kommission zu Berlin, 41), Berlin, New York 1973.

Heling, Reinhard: Pommerns Verhältnis zum Schmalkaldischen Bunde, in: Balt. St. NF 10 (1906), 1–32 (I) und NF 11 (1907), 23–67 (II).

Herold, Jürgen: Die slawische Besiedlung der Insel Usedom, in: Mangelsdorf, Günter (Hg.): Die Insel Usedom in slawisch-frühdeutscher Zeit (Greifswalder Mitteilungen. Beiträge zur Ur- und Frühgeschichte und Mittelalterarchäologie, 1), Frankfurt am Main 1995, 17–41.

Herrmann, Joachim: Siedlung. Wirtschaft und gesellschaftliche Verhältnisse der slawischen Stämme zwischen Oder/Neiße und Elbe. Studien auf der Grundlage archäologischen Materials (Deutsche Akademie der Wissenschaften zu Berlin, Schriften der Sektion für Vor- und Frühgeschichte, 23), Berlin 1968.

Hesse, Hans: Die Kolonisationstätigkeit des Prinzen Moritz von Anhalt-Dessau in Pommern. 1747–1754, in: Balt. St. NF 14 (1910), 1–32 (I), NF 16 (1912), 75–125 (II).

Heuer, Karl: Das Amt Ueckermünde, in: PomJbb. 29 (1935), 1–86.

Heyden, Hellmuth (Hg.): Die pommersche Kirchenordnung von 1535 nebst Anhang: Pia et vere catholica et consentiens veteri ecclesie ordinatio caeremoniarum pro canonicis et monasteriis, in: Blätter für Kirchengeschichte Pommerns 15/16 (1937).

Ders.: Kirchengeschichte Pommerns, 2 Bde., 2. Aufl. Köln-Braunsfeld 1957.

Ders.: Zur Geschichte der Kämpfe um Union und Agende in Pommern, in: Zeitschrift für Kirchengeschichte 71 (1960/61), 287–323.

Ders.: Die Archidiakonate im Bistum Kammin und ihre Sprengel, in: Wichmann-Jahrbuch für Kirchengeschichte im Bistum Berlin 15/16 (1961/62), 25–63.

Ders.: Zur Geschichte der Reformation in Pommern, insonderheit politische Motive bei ihrer Einführung in den Jahren 1534/35, in: ders.: Neue Aufsätze zur Kirchengeschichte Pommerns, Köln, Graz 1965, 1–34.

Ders.: Die Kirchenpolitik in Pommern von der Teilung des Landes 1648 bis zur Mitte des 19. Jahrhunderts, in: Balt. St. NF 57 (1971), 51–65.

Heyne, M.: Der schwedische Investiturstreit 1648–1664, in: Programm des Königlichen Gymnasiums zu Weilburg, Weilburg 1882, 3–29.

Hintze, Otto: Gesammelte Abhandlungen, hg. v. G. Oestreich, 3 Bde., Göttingen 1962–1967.

Historia Pomorza: Labuda, Gerard (Hg.): Historia Pomorza, I, 2 und II, 1, Poznań 1972 und 1976.

Hitze, Franz: Geburtenrückgang und Sozialreform, Mönchen-Gladbach 1917.

Hoffmann, Erich: Geschichte Schleswig-Holsteins, Bd. 4, Teil 2, Neumünster 1990.

Hoffmann, Johannes: Studien zur Geschichte der Grafen von Gützkow, Phil. Diss. Greifswald 1946.

Hofmeister, Adolf: Der Kampf um die Ostsee (Greifswalder Universitätsreden, 29), Greifswald 1931.

Ders.: Zur Genealogie und Geschichte der Grafen von Everstein in Pommern, in: Monatsblätter der Gesellschaft für pommersche Geschichte und Altertumskunde 51 (1937), 17–28.

Ders.: Genealogische Untersuchungen zur Geschichte des pommerschen Herzogshauses, in: PomJbb. 31 (1937), 35–112 (I); 32 (1938), 1–115 (II). Erschien auch als selbständige Publikation: Genealogische Untersuchungen zur Geschichte des pommerschen Herzogshauses (Greifswalder Abhandlungen zur Geschichte des Mittelalters, 11), Greifswald 1938.

Ders.: Zur Geschichte König Erichs von Pommern und seiner Schwester Katharina, in: Balt. St. NF 32 (1938), 118–125.

Hohorst, Gerd/ Kocka, Jürgen/Ritter, Gerd A.: Sozialgeschichtliches Arbeitsbuch, München 1975.

Holsten, Robert: Sprachgrenzen im pommerschen Plattdeutsch (Form und Geist, 8), Leipzig 1928.

Ders.: Die pommersche Flurnamensammlung (Veröffentl. d. Historischen Kommission für Pommern, V, 6), Köln, Graz 1963.

Hoogeweg, Hermann: Die Stifter und Klöster der Provinz Pommern, 2 Bde., Stettin 1924–1925.

Horkenbach, Cuno (Hg.): Das Deutsche Reich von 1918 bis heute, Bd. 1–4, Berlin 1930–1935.

Hormann, Werner: Zur historisch-geographischen Bedeutung der vorpommerschen Klein- und Sekundärbahnen, in: Pommern. Geschichte, Kultur, Wissenschaft, 1. Kolloquium zur pommerschen Geschichte, 13. bis 15. November 1990, Greifswald 1991, 168–178.

Hornemann, Wolfgang: Zu den Wüstungen im Westteil des Landes Wusterhusen 1200–1300, in: Greifswald-Stralsunder Jahrbuch 7 (1967), 7–23.

Ders.: Zur Veränderung des slawischen Siedlungsbildes nach 1250 in den Ländern Lassan und Wusterhusen, in: Greifswald-Stralsunder Jahrbuch 8 (1968/1969), 19–28.

Hubatsch, Walther (Hg.): Grundriß der deutschen Verwaltungsgeschichte 1815 bis 1945; Fonk, F.: Die Behörde des Regierungspräsidenten. Funktion – Zuständigkeiten – Organisation (Schriftenreihe der Hochschule Speyer, Bd. 36), Berlin 1967.

Ders. (Hg.): Absolutismus (Wege der Forschung, 314), Darmstadt 1973.

Huber, Ernst Rudolf: Deutsche Verfassungsgeschichte seit 1789, Bd. IV–VII, Stuttgart, Berlin, Köln, Mainz 1969–1984.

Hüttenberger, Peter: Die Gauleiter. Studien zum Wandel des Machtgefüges in der NSDAP (Schriftenreihe der Vierteljahrshefte für Zeitgeschichte, 19), Stuttgart 1969.

Inachin, Kyra T.: Die nationale Rechte Pommerns und Hitler, in: Becker, Bert/Inachin, Kyra T. (Hg.): Pommern zwischen Zäsur und Kontinuität, Schwerin 1999, 129–162.

Dies.: »Nicht Führer, sondern Märtyrer mit einem kleinen Häuflein Getreuer«. Der erste pommersche Gauleiter der NSDAP Karl Theodor Vahlen, unveröffentlichtes Manuskript.

Dies.: Die Gauleiter Pommerns, in: Demminer Kolloquien, Schwerin (im Druck).

Dies.: Der Aufstieg der Nationalsozialisten in Pommern. Persönlichkeitsprofil und Karriereverlauf der Führungskader der pommerschen NSDAP 1923–1933, in: Melis, Damian van/Wagner, Andreas (Hg.): Leben in der Diktatur. Mecklenburg und Pommern unterm Hakenkreuz, Schwerin 1999.

Iwan, Wilhelm: Die altlutherische Auswanderung um die Mitte des 19. Jahrhunderts, Bd. 1, Ludwigsburg 1943.

Regierungsrat *Jacoby:* Das Meliorationswesen, in: Cronau, Curt (Hg.): Hinterpommern. Wirtschafts- und Kulturaufgaben eines Grenzbezirkes, Stettin 1929, 191–204.

Jägerskiöld, Olof: Den svenska utrikespolitikens historia. Bd. II:2, 1721–1792. Stockholm 1957.

Jahn, Hans Edgar: Pommersche Passion, 2. Aufl. Leer 1980.

Jähnig, Bernhart: Johann v. Wallenrode O. T. (Quellen und Studien zur Geschichte des Deutschen Ordens 24), Bonn-Bad Godesberg 1970.

Jany, C.: Die Kantonsverfassung des altpreußischen Heeres, in: Büsch, Otto/Neugebauer, Wolfgang (Hg.): Moderne preußische Geschichte. 1648–1947. Eine Anthologie, 3 Bde., Berlin, New York 1981, hier: Bd. 2, 767–809.

Jeserich, Kurt G. A.: Die preußischen Provinzen (Schriftenreihe des Kommunalwissenschaftlichen Instituts der Universität Berlin, 6), Berlin 1931.

Jordan, Erich: Die Entstehung der konservativen Partei und die preussischen Agrarverhältnisse von 1848, München, Leipzig 1914.

Jordan, Karl: Die Bistumsgründungen Heinrichs des Löwen. Untersuchungen zur Geschichte der ostdeutschen Kolonisation (Schriften des Reichsinstituts für ältere deutsche Geschichtskunde, 3), Leipzig 1939.

Ders.: Heinrich der Löwe. Eine Biographie, München 1979.

Kantzenbach, Friedrich Wilhelm: Die Erweckungsbewegung. Studien zur Geschichte ihrer Entstehung und ersten Ausbreitung in Deutschland, Neuendettelsau 1957.

Ders. (Hg.): Baron H. E. von Kottwitz und die Erwekkungsbewegung in Schlesien, Berlin und Pommern. Briefwechsel (Quellenhefte zur ostdeutschen und osteuropäischen Kirchengeschichte), Ulm 1963.

Kattinger, Detlef: Heinrich der Löwe, Kasimir I. von Demmin und Bogislaw I. von Stettin. Ein Versuch über das Lehnsverhältnis Heinrichs des Löwen gegenüber den pommerschen Herzögen, in: Buchholz, Werner/Mangelsdorf, Günter (Hg.): Land am Meer. Pommern im Spiegel seiner Geschichte. FS Roderich Schmidt (Veröffentl. d. Historischen Kommission für Pommern, V, 29), Köln, Weimar, Wien 1995, 63–84.

Kausche, Dietrich: Geschichte des Hauses Putbus und seines Besitzes im Mittelalter (Greifswalder Abhandlungen zur Geschichte des Mittelalters, 9), Greifswald 1938.

Kehn, Wolfgang: Der Handel im Oderraum im 13. und 14. Jahrhundert (Veröffentl. d. Historischen Kommission für Pommern, V, 16), Köln, Graz 1968.

Kessel, Eberhard: Zur Geschichte des Feldzuges von 1761 in Pommern und der dritten Belagerung von Kolberg im Siebenjährigen Krieg, in: Balt. St. NF 38 (1936), 317–342.

Anonym [Geh. Oberfinanzrat *Keßler*]: Über die Veränderungen, welche die Benutzung und der Ertrag der Landgüter durch politische und wirtschaftliche Einflüsse und durch die Gesetzgebung in neuerer Zeit erfahren haben, in: Historisch-politische Zeitschrift 2 (1833), 154–231.

Kettner, W.: Die öffentliche Elektrizitätswirtschaft, in: Cronau, Curt: Hinterpommern. Wirtschafts- und Kulturaufgaben eines Grenzbezirkes, Stettin 1929, 184–190.

Keup, Erich: Innere Kolonisation, Berlin 1918.

Keyser, Erich: Bevölkerungsgeschichte Deutschlands, Leipzig 1938.

Kielmansegg, Peter Graf: Deutschland und der Erste Weltkrieg, Frankfurt am Main 1968.

Klän, Werner: Die evangelische Kirche Pommerns in Republik und Diktatur. Geschichte und Gestaltung einer preußischen Kirchenprovinz 1914–1945 (Veröffentl. d. Historischen Kommission für Pommern, V, 30), Köln, Weimar, Wien 1995.

Knobelsdorff-Brenkenhoff, Benno von: Eine Provinz im Frieden erorbert. Brenckenhoff als Leiter des friderizianischen Retablissements in Pommern 1762–1780 (Studien zur Geschichte Preußens, 37) Berlin, Köln 1984.

Koebner, Richard: Locatio. Zur Begriffssprache und Geschichte der deutschen Kolonisation, in: Zeitschrift des Vereins für die Geschichte Schlesiens 63 (1929), 1–32.

Koepp, Wilhelm: August Hermann Cremer als Wissenschaftler, in: Festschrift zur 500-Jahrfeier der Universität Greifswald. 17. Oktober 1956, Bd. II, hg. v. der Ernst-Moritz-Arndt-Universität, Greifswald 1956, 56–60.

Koeppen, Hans: Führende Stralsunder Ratsfamilien vom Ausgang des 13. bis zum Beginn des 16. Jahrhunderts (Greifswalder Abhandlungen zur Geschichte des Mittelalters, 10) Greifswald 1938.

Kohte, Wolfgang: Die staatliche Ansiedlungspolitik im deutschen Nordosten (1866 bis 1914). Voraussetzungen, Ziele und Folgen. In: Deutsche Ostsiedlung in Mittelalter und Neuzeit, Köln, Wien 1971, 219–240.

Konow, Karl-Otto: Die Münzstätten und Prägezeiten der frühen Denare des Herzogtums Pommern, in: Balt. St. NF 85 (1999) [im Druck].

Koppe, Wilhelm: Der Haushalt des schwedischen Reiches unter Gustav Adolf und Christina. Habilschr. (masch.), Kiel 1938.

Körmendy, Adrienne: Kształtowanie się pojęcia »prawa niemieckiego« (ius Theutonicum) w Europie Środkowo-wschodniej w XIII–XIV w., in: Przegląd Historyczny 75 (1984), 481–490.

Kornow, Johannes: Zur Entstehung des Bezirkes Rostock. In: Greifswald-Stralsunder Jahrbuch 10 (1972/73), 229–243.

Kossmann, Oskar: Das unbekannte Ostseeland Selencia und die Anfänge Pommerns, in: ZfO 20 (1971), 641–684.

Ders.: Polnische Prinzessinnen auf pommerschem Thron?, in: ZfO 25 (1976), 403–437.

Ders.: Rügen im hohen Mittelalter, in: ZfO 32 (1983), 173–233.

Ders.: Polen im Mittelalter. Bd. 2: Staat, Gesellschaft, Wirtschaft im Bannkreis des Westens, Marburg/Lahn 1985.

Kotelmann, Albert: Die preußische Landwirthschaft nach den amtlichen Quellen statistisch dargestellt, Berlin 1853.

Kötzschke, Rudolf: Die Anfänge des deutschen Rechtes in der Siedlungsgeschichte des Ostens (ius teutonicum) (Berichte über die Verhandlungen der Sächsischen Akademie der Wissenschaften zu Leipzig. Philologisch-historische Klasse 93, 1941, 2. H.), Leipzig 1941.

Kraus, Hans Christof: Ernst Ludwig von Gerlach. Politisches Denken und Handeln eines preußischen Konservativen (Schriftenreihe der Historischen Kommission bei der Bayerischen Akademie der Wissenschaften 53), Teil 1, Göttingen 1994.

Kreis Kammin Land. Bearb. v. Gerhard Bronisch und Walter Ohle (Die Kunst- und Kulturdenkmäler der Provinz Pommern [2]), Stettin 1939.

Krenzlin, Anneliese: Dorf, Feld und Wirtschaft im Gebiet der großen Täler und Platten östlich der Elbe. Eine siedlungsgeographische Untersuchung (Forschungen zur deutschen Landeskunde, 70), Remagen 1952.

Dies.: Historische und wirtschaftliche Züge im Siedlungsformenbild des westlichen Ostdeutschland unter besonderer Berücksichtigung von Mecklenburg-Vorpommern und Sachsen (Frankfurter Geographische Hefte, 27–29), Frankfurt am Main 1955.

Kriesche, Ulrich: Bauerntum und Großgrundbesitz in West- und Mittelpommern. Eine geographische Untersuchung über die Grundbesitzverteilung im Regierungsbezirk Stettin (Beiheft zum 57./58 Jahrbuch der Pommerschen Geographischen Gesellschaft zu Greifswald), Greifswald 1939.

Kröning, Hans: Die Stettiner Vulcan-Werft, in: Stettiner Bürgerbrief 7 (1981), 19–24.

Kuhn, Walter: Bauernhofgrößen in der mittelalterlichen Nordostsiedlung, in: ders.: Vergleichende Untersuchungen zur mittelalterlichen Ostsiedlung (Ostmitteleuropa in Vergangenheit und Gegenwart, 16), Köln, Wien 1973, 53–111.

Ders.: Kirchliche Siedlung als Grenzschutz 1200 bis 1250 (am Beispiel des mittleren Oderraumes), in: ders.: Vergleichende Untersuchungen zur mittelalterlichen Ostsiedlung (Ostmitteleuropa in Vergangenheit und Gegenwart, 16), Köln, Wien 1973, 369–417.

Ders.: Die deutschen Stadtgründungen des 13. Jahrhunderts im westlichen Pommern, in: ZfO 23 (1974), 1–58.

Kühne, Thomas: Handbuch der Wahlen zum Preußischen Abgeordnetenhaus 1867–1918. Wahlergebnisse, Wahlbündnisse und Wahlkandidaten (Handbücher zur Geschichte des Parlamentarismus und der Politischen Parteien, 6), Düsseldorf 1994.

Ders.: Aus der Geschichte des pommerschen Museumswesens, in: Balt. St. NF 58 (1972), 77–113.

Kunkel, Otto: Erwin Ackerknecht. 15. XII. 1880 – 24. VIII. 1960. In: Balt. St. NF 47, 1960, 7–12.

Kunstdenkmäler der Bezirke Neubrandenburg, Rostock, Schwerin. Bildband, bearb. v. Sibylle Badstübner, Beate Becker, Christa Stepansky, Heinrich Trost, Berlin 1975.

Die *Kunstdenkmäler des Kreises* Rügen, bearb. v. Walter Ohle und Gerd Baier (Die Kunstdenkmale im Bezirk Rostock), Leipzig 1963.

Kurze, Dietrich: Zur Ketzergeschichte der Mark Brandenburg und Pommerns vornehmlich im 14. Jahrhundert, in: JGMOD 16/17 (1958), 50–94.

Laabs, Richard: Die Altlutheraner im Kreis, in: Der Kreis Cammin. Ein pommersches Heimatbuch, Würzburg 1970, 225f.

Lage und Entwicklung der landwirtschaftlichen Großbetriebe in den östlichen Landesteilen, hg. v. d. Preußischen Zentralgenossenschaftskasse, Berlin 1930.

Lammers, Walther: Verzicht auf Reichsgebiet. Friedrichs II. Urkunde von Metz 1214, in: ders.: Vestigia Mediaevalia. Ausgewählte Aufsätze zur mittelalterlichen Historiographie, Landes- und Kirchengeschichte (Frankfurter Historische Abhandlungen, 19), Wiesbaden 1979, 303–337.

Landberg, Georg: Den svenska utrikespolitikens historia. Bd. I, 3, 1648–1697, Stockholm 1952.

Die *Landkreise* nach dem Vorwiegen der verschiedenen Größenklassen der landwirtschaftlichen Hauptbetriebe, 1895, in: Festschrift des Königlich Preußischen Statistischen Bureaus, 2. Teil: Tabellen und Übersichten zum statistischen Atlas für den Preußischen Staat, Berlin 1905.

Laubert, Manfred: Die preußische Polenpolitik von 1772–1914, 3. verb. Aufl. Krakau 1944.

Leciejewicz, Lech: Kilka uwag o najstarszych ośrodkach państwa zachodniopomorskiego, in: Studia i Materiały do Dziejów Wielkopolski i Pomorza 5, H. 1 (1959), 5–22.

Ders.: Die Entstehung der Stadt Szczecin im Rahmen der frühen Stadtentwicklung an der südlichen Ostseeküste, in: Jankuhn, Herbert/Schlesinger, Walter/Steuer, Heiko (Hg.): Vor- und Frühformen der europäischen Stadt im Mittelalter. Bericht über ein Symposion in Reinhausen bei Göttingen in der Zeit vom 18. bis 24. April 1972 (Abhandlungen der Akademie der Wissenschaften in Göttingen. Philologisch-historische Klasse, Dritte Folge, Nr. 84), Teil 2, Göttingen 1974, 209–230.

Ders.: Slawen und Deutsche in Pommern. Beiträge der Archäologie, in: Müller-Wille, Michael/Meier, Dietrich/Unverhau, Henning (Hg.): Slawen und Deutsche im südlichen Ostseeraum vom 11. bis zum 16. Jahrhundert. Archäologische, historische und sprachwissenschaftliche Beispiele aus Schleswig-Holstein, Mecklenburg und Pommern. Vorträge. Symposion Kiel, 18.–19. Oktober 1993 (Landesforschung. Sprache – Vor- und Frühgeschichte – Geschichte – Literatur. Veröffentlichungen des Instituts für Landesforschung der Christian-Albrechts-Universität zu Kiel, 2), Neumünster 1995, 43–57.

Lehmann, K.: Staatsgelder für die Vulcan-Werke in Hamburg und Stettin AG 1925–1927, in: Jahrbuch für Wirtschaftsgeschichte, 1980, H. III, 38f.

Lemcke, Hugo: Die älteren Stettiner Straßennamen im Rahmen der älteren Stadtentwicklung, 2., neubearb. Aufl. v. C. Fredrich, Stettin 1926.

Lemke, Werner: Der ritterschaftliche Kreis Neustettin nach der Klassifikation von 1717, in: Balt. St. NF 36 (1934), 202–231.

Lengerke, Alexander: Schilderungen der baltischen und westfälischen Landwirtschaft, 1. Abt., Berlin 1849.

Lenz, Karl: Die Wüstungen der Insel Rügen (Forschungen zur Deutschen Landeskunde, 33), Remagen 1958.

Lesiński, Henryk: Udział wojsk polskich w wojnach Pomorza Zachodniego z Brandenburgi w latach 1419–1427, in: Zapiski Historyczne 27 (1962), 523–539.

Lindenblatt, Helmut: Pommern 1945. Eines der letzten Kapitel in der Geschichte vom Untergang des Dritten Reiches, Leer 1984.

Lingenberg, Heinz: Das pommerellische Herzogtum. Vom Ende des 12. Jahrhunderts bis zum Aussterben des Herrscherhauses 1294 und dessen Folgen, in: Westpreußen-Jahrbuch 45 (1995), 136–157.

Lips, Kurt: Die Hufenklassifikationen in Hinterpommern und der Neumark von 1717 bis 1719, in: Allgemeine Vermessungs-Nachrichten 1933, H. 41, 646–658.

Ders.: Hinterpommersche Höfeverzeichnisse seit dem Dreißigjährigen Kriege, in: Monatsblätter der Gesellschaft für pommersche Geschichte und Altertumskunde, 48 (1934), 9–12.

Ders.: Die Lubinschen Karten von Rügen und Pommern 1608 bis 1619 (Mitteilungen des Reichsamts für Landesaufnahme, 2), Berlin 1938.

Lisch, Georg Christian Friedrich: Urkunden und Forschungen zur Geschichte des Geschlechts Behr, Bd. III, B, Schwerin 1864.

Loos, Wilhelm: Die Beziehungen zwischen dem Deutschordensstaat und Pommern, Phil. Diss. Königsberg i. P. 1937.

Lucht, Dietmar: Die Städtepolitik Herzog Barnims I. von Pommern 1220–1278 (Veröffentl. d. Historischen Kommission für Pommern, V, 10), Köln, Graz 1965.

Ders.: Die Außenpolitik Herzog Barnims I. von Pommern, in: Balt. St. NF 51 (1965), 15–32.

Ders.: Die pommerschen Lehrerseminare. Ein Überblick, in: Buchholz, Werner/Mangelsdorf, Günter (Hg.): Land am Meer. Pommern im Spiegel seiner Geschichte. FS Roderich Schmidt (Veröffentl. d. Historischen Kommission für Pommern, V, 29), Köln, Weimar, Wien 1995, 561–579.

Ders.: Pommern. Geschichte, Kultur und Wirtschaft bis zum Beginn des Zweiten Weltkrieges (Historische Landeskunde. Deutsche Geschichte im Osten, Bd. 3), Köln 1996.

Lütge, Friedrich: Geschichte der deutschen Agrarverfassung vom frühen Mittelalter bis zum 19. Jahrhundert, 2. Aufl. Stuttgart 1967.

Lutter, Harald: Zur verfassungsgeschichtlichen Stellung des Provinzialverbandes Pommern und seiner ständischen Vorformen, in: Balt. St. NF 80 (1994), 52–80.

Mager, Friedrich: Geschichte des Bauerntums und der Bodenkultur im Lande Mecklenburg (Deutsche Akademie der Wissenschaften zu Berlin. Veröffentl. d. Historischen Kommission, 1), Berlin 1955.

Malettke, Klaus: Die französich-preußischen Beziehungen unter Friedrich Wilhelm I. bis zum Frieden von Stockholm (1. Februar 1720), in: Oswald Hauser (Hg.): Preußen, Europa und das Reich (Neue Forschungen zur brandenburgisch-preußischen Geschichte, 7), Köln, Wien, 1987, 123–150.

Malmström, Oscar: Bidrag till Svenska Pommerns historia 1630–1653. Diss., Lund 1892 (I).

Ders.: Bidrag till Svenska Pommerns historia 1653–1660, Helsingborg 1894 (II).

Malotki, Martin von: Die Entwicklung der Landwirtschaft Hinterpommerns bis zum Ende des 18. Jahrhunderts unter besonderer Berücksichtigung der durch Friedrich d. Gr. geschaffenen großen Meliorationen, Treptow an der Rega 1931.

Mangelsdorf, Günter: Slawisch-deutsche Beziehungen im Lichte mittelalterarchäologischer Forschung in Mecklenburg-Vorpommern, in: Müller-Wille, Michael/Meier, Dietrich/Unverhau, Henning (Hg.): Slawen und Deutsche im südlichen Ostseeraum vom 11. bis zum 16. Jahrhundert. Archäologische, historische und sprachwissenschaftliche Beispiele aus Schleswig-Holstein, Mecklenburg und Pommern. Vorträge. Symposion Kiel, 18.–19. Oktober 1993 (Landesforschung. Sprache – Vor- und Frühgeschichte – Geschichte – Literatur. Veröffentlichungen des Instituts für Landesforschung der Christian-Albrechts-Universität zu Kiel, 2), Neumünster 1995, 29–42.

Mann, Bernhard: Biographisches Handbuch für das preussische Abgeordnetenhaus 1867–1918, Düsseldorf 1988.

Mannheim, Karl: Konservatismus. Ein Beitrag zur Soziologie des Wissens, hg. v. David Kettler, Volker Meja und Nico Stehr, Frankfurt am Main 1984.

Marciniak, Ryszard: Kolonizacja Ziemi Kamieńskiej w XIV wieku, in: Materiały Zachodniopomorskie 17 (1971), 173–225.

Maschke, Erich: Der Peterspfennig in Polen und dem deutschen Osten (Schriften des Kopernikuskreises Freiburg im Breisgau, 11), 2., erw. Aufl. Sigmaringen 1979.

Mecklenburg. Ausgewählt und erläutert von Gerd Baier (Deutsche Kunstdenkmäler. Hg. v. Reinhard Hootz), Darmstadt 1971.

Mecklenburgisches Urkundenbuch Bd. 16–25 B, Schwerin 1893–1936.

Medem, Friedrich Ludwig Baron von: Geschichte der Einführung der evangelischen Lehre im Herzogthum Pommern. Nebst einigen erläuternden Beilagen, Greifswald 1837.

Menzel, Josef Joachim: Die schlesischen Lokationsurkunden des 13. Jahrhunderts. Studien zum Urkundenwesen, zur Siedlungs-, Rechts- und Wirtschaftsgeschichte einer ostdeutschen Landschaft im Mittelalter (Quellen und Darstellungen zur schlesischen Geschichte, 19), Würzburg 1977.

Messerschmidt, Manfred: Preußens Militär in seinem gesellschaftlichen Umfeld, in: Puhl, H.-J./Wehler, H.-U. (Hg.): Preußen im Rückblick, Göttingen 1980, 43–88.

Metz, Brigitte: Zur Lebensgeschichte des Bischofs Otto von Bamberg, in: Bischof Otto I. von Bamberg. Beginn der Christianisierung des Peenegebietes, hg. v. Norbert Buske unter Mitwirkung von Günther Ott und Joachim Wächter (Kirchengeschichtliche Beiträge), Greifswald 1978, 21–44.

Mielcarz, Jan: Dzieje społeczne i polityczne księstwa słupskiego w latach 1372–1411 (Biblioteka Słupska, 29) Poznań 1976.

Modéer, Kjell Åke: Gerichtsbarkeiten der schwedischen Krone im deutschen Reichsterritorium. I. Voraussetzungen und Aufbau 1630–1657 (Rättshistoriskt bibliotek, 24), Stockholm 1975.

Mohnike, Gottlieb Christian (Hg.): Stralsundische Chroniken, 1, Stralsund 1833.

Moldenhauer, Rüdiger: Mühlen und Mühlenrecht in Mecklenburg, in: ZRG (GA) 79 (1962), 195–236.

Mommsen, Hans: Zur Verschränkung traditioneller und faschistischer Führungsgruppen in Deutschland beim Übergang von der Bewegungs- zur Systemphase, in: Schieder, Wolfgang (Hg.): Faschismus als soziale Bewegung, Hamburg 1976.

Morré, Fritz: Die Swenzonen in Ostpommern. Aufstieg und Herrschaft 1269–1357, in: Balt. St. NF 41 (1939), 35–98.

Müller, Franzisca: Kloster Buckow. Von seiner Gründung bis zum Jahre 1325, in: Balt. St. NF 22 (1919), 1–84.

Müller, Gerhard: Das Fürstentum Kammin. Eine historisch-geographische Untersuchung, in: Balt. St. NF 31 (1929), 109–205.

Müller, K.: Zur Reichskriegserklärung im 17. und 18. Jahrhundert, in: ZRG (GA, 90) (1973), 250f.

Müller, Wolfgang/Kramer, Reinhard: Gesunken und verschollen. Menschen- und Schiffsschicksale Ostsee 1945, 2. Aufl. Hamburg 1996.

Münch, Ernst: Zum Problem der slawischen »Relikte« in den Agrarverhältnissen an der südwestlichen Ostseeküste im Mittelalter und in der frühen Neuzeit, in: Müller-Wille, Michael/Meier, Dietrich/Unverhau, Henning (Hg.): Slawen und Deutsche im südlichen Ostseeraum vom 11. bis zum 16. Jahrhundert. Archäologische, historische und sprachwissenschaftliche Beispiele aus Schleswig-Holstein, Mecklenburg und Pommern. Vorträge. Symposion Kiel, 18.–19. Oktober 1993 (Landesforschung. Sprache – Vor- und Frühgeschichte – Geschichte – Literatur. Veröffentlichungen des Instituts für Landesforschung der Christian-Albrechts-Universität zu Kiel, 2), Neumünster 1995, 105–126.

Murawski, Erich: Der Wehrkreis II, in: Balt. St. NF 51 (1965), 99–114.

Ders.: Die Eroberung Pommerns durch die Rote Armee, Boppard am Rhein 1969.

Müsebeck, Ernst: Die Feldzüge des Großen Kurfürsten in Pommern 1675–1677, in: Balt. St. NF 1 (1897), 1–141.

Myśliński, Kazimierz: Księstwo Saskie a Polska w XII wieku, in: Niemcy – Polska w średniowieczu. Materiały z konferencji naukowej zorganizowanej przez Instytut Historii UAM w dniach 14–16 XI 1983 roku, hg. v. Jerzy Strzelczyk (Uniwersytet imienia Adama Mickiewicza w Poznaniu. Seria Historia, 126), Poznań 1986, 171–186.

Nagel, Johannes: Die Errettung der evangelisch-lutherischen Kirche in Preußen von 1817–1845, 3. Aufl. Elberfeld 1895.

Nerée, Donata von: Die Revolution in Pommern. Forschungsstand im Überblick, in: Pommern. Geschichte, Kultur, Wissenschaft, 1. Kolloquium zur Pommerschen Geschichte 13.–15. November 1990, Greifswald 1991, 204–211.

Neueste Grundgesetze der Staats-Verfassung in Pommern und Rügen Königlich-Schwedischen Antheils, Greifswald 1757.

Neugebauer, Wolfgang: Zur neueren Deutung der preußischen Verwaltung im 17. und 18. Jahrhundert in vergleichender Sicht, in: Büsch, Otto/Neugebauer, Wolfgang (Hg.): Moderne preußische Geschichte. 1648–1947. Eine Anthologie, 3 Bde., Berlin, New York 1981.

Niehaus, Heinrich: Die Osthilfe, in: Die deutschen Ostgebiete zur Zeit der Weimarer Republik, Köln, Graz 1966, 187–211.

Nießen, Paul von: Geschichte der Neumark im Zeitalter ihrer Entstehung und Besiedlung (Von den ältesten Zeiten bis zum Aussterben der Askanier.) (Geschichte der Neumark in Einzeldarstellungen [2] = Schriften des Vereins für Geschichte der Neumark), Landsberg a. W. 1905.

Ders.: Die Groß- oder Landvögte in Pommern bis 1325 als Herrschaftsbeamte gegenüber den Städten, in: Monatsblätter der Gesellschaft für pommersche Geschichte und Altertumskunde 44 (1930), 68–81.

Normann, Käthe von: Ein Tagebuch aus Pommern 1945–1946, 3. Aufl. München 1977.

Nowak, Zenon: Die politische Zusammenarbeit zweier Unionen: der nordischen und der polnisch-litauischen in der ersten Hälfte des 15. Jahrhunderts, in: Studia Maritima 3 (1981) 37–48.

Ders., Sprawa przyłączenia Pomorza Słupskiego do Polski w latach 1419–1425, in: Zapiski Historyczne 39, 3 (1974) 99–124.

Ders.: Współpraca polityczna państw unii polsko-litewskiej i unii kalmarskiej w latach 1411–1425, Toruń 1996.

Oeckel, F.: Die Boldevitzer Bauernunruhen (1797), in: Das Bollwerk 6 (1935), H. 3, 122ff., 242ff.

Oestreich, Gerhard: Friedrich Wilhelm I., Göttingen, Zürich, Frankfurt am Main 1977.

Landesbaurat *Ohlendorf:* Das Verkehrswesen in Pommern, in: Murawski, Erich/Stein, E. (Hg.): Pommern, das Grenzland am Meer, Berlin 1931, 86–89.

Oldewage, Rolf: Die wirtschaftliche Bedeutung und Entwicklung der Seehäfen in den deutschen Ostgebieten, in: Die deutschen Ostgebiete zur Zeit der Weimarer Republik, Köln, Graz 1966, 212–232.

Opgenoorth, Ernst: Friedrich Wilhelm – Der Große Kurfürst von Brandenburg, 2 Bde., Göttingen, Frankfurt am Main, Zürich 1971, 1978.

Opitz, Eckart: Österreich und Brandenburg im Schwedisch-Polnischen Krieg 1655–1660. Vorbereitung und Durchführung der Feldzüge nach Dänemark und Pommern (Wehrwissenschaftliche Forschungen, Abt. Militärgeschichtliche Studien 10), Boppard 1968.

Osięgłowski, Janisław: Polityka zewnętrzna Księstwa Rugii (1168–1328) (Polska Akademia Nauk – Oddział w Poznaniu, Seria: Historia, 2), Warszawa, Poznań 1975.

Pagel, Karl-Heinz: Stolp in Pommern – eine ostdeutsche Stadt. Ein Buch über unsere pommersche Heimat, Lübeck 1977.

Paravicini, Werner: Die Preußenreisen des europäischen Adels, Teil 1 (Beihefte der Francia, 17,1), Sigmaringen 1989.

Peiser, Jacob: Die Geschichte der Synagogen-Gemeinde zu Stettin. Eine Studie zur Geschichte des pommerschen Judentums, 2. Aufl. Würzburg 1965.

Peters, Jan: Schwedische Bauernpolitik in Vorpommern vor 300 Jahren, in: Wissenschaftliche Zeitschrift der Ernst-Moritz-Arndt-Universität Greifswald 9 (1959/60), Gesellschafts- und sprachwissenschaftliche Reihe Nr. 2/3, 151–157.

Ders.: Die Landarmut in Schwedisch-Pommern. Zur sozialen Entwicklung und politischen Bedeutung der landarmen und landlosen ländlichen Produzenten in Vorpommern und Rügen 1630–1815, Phil. Diss. (masch.) Greifswald 1961.

Ders: Sonntagsverbrecher in Schwedisch-Pommern. Zur bäuerlichen Belastbarkeit durch die Arbeitsrente, in: Jahrbuch für Wirtschaftsgeschichte 1982/4, 89–112.

Petersdorff, Herman von: Kleist-Retzow. Ein Lebensbild, Stuttgart, Berlin 1907.

Petersohn, Jürgen: Reichspolitik und pommersche Eigenstaatlichkeit in der Bamberger Stiftung Herzog Barnims III. zu Ehren des hl. Otto (1339), in: Balt. St. NF 49 (1962/1963), 19–38.

Ders.: Apostolus Pomeranorum. Studien zur Geschichte und Bedeutung des Apostelepitheton Bischof Ottos I. von Bamberg, in: Historisches Jahrbuch 86 (1966), 257–294.

Ders.: Die räumliche Entwicklung des Bistums Kammin, in: Balt. St. NF 57 (1971), 7–25.

Ders.: Zur Lage des slavischen Prenzlau, in: JGMOD 20 (1971), 245–250.

Ders.: Der südliche Ostseeraum im kirchlich-politischen Kräftespiel des Reichs, Polens und Dänemarks vom 10. bis 13. Jahrhundert. Mission – Kirchenorganisation – Kultpolitik (Ostmitteleuropa in Vergangenheit und Gegenwart, 17), Köln, Wien 1979.

Ders.: Pommerns staatsrechtliches Verhältnis zu den Nachbarmächten im Mittelalter, in: Gemeinsame deutsch-polnische Schulbuchkommission: Die Rolle Schlesiens und Pommerns in der Geschichte der deutsch-polnischen Beziehungen im Mittelalter. XII. deutsch-polnische Schulbuchkonferenz der Historiker vom 5. bis 10. Juni 1979 in Allenstein/Olsztyn (Polen). Redaktion: Rainer Riemenschneider (Schriftenreihe des Georg-Eckert-Instituts für internationale Schulbuchforschung, 22/III), Braunschweig 1980, 98–115.

Ders.: Kolonisation und Neustammbildung – das Beispiel Pommern, in: Rothe, Hans (Hg.): Ostdeutsche Geschichts- und Kulturlandschaften Teil 3: Pommern (Studien zum Deutschtum im Osten, 19/III), Köln, Wien 1988, 59–83.

Ders.: Jubiläum, Heiligsprechung und Reliquienerhebung Bischof Ottos von Bamberg im Jahre 1189, in: Berichte des Historischen Vereins für die Pflege der Geschichte des ehemaligen Fürstbistums Bamberg 125 (1989), 35–57.

Ders.: Gründung, Vorgeschichte und Frühzeit des pommerschen Bistums, in: Balt. St. NF 78 (1992), 7–16.

Ders.: Grobe – Marienberg – Usedom. Die Aussagen der Urkunden zur Entwicklung und Topographie des Usedomer Prämonstratenserstifts im 12. und 13. Jahrhundert, in: Die Insel Usedom in slawisch-frühdeutscher Zeit, hg. v. Günter Mangelsdorf (Greifswalder Mitteilungen. Beiträge zur Ur- und Frühgeschichte und Mittelalterarchäologie, 1), Frankfurt am Main, Berlin, Bern, New York, Paris, Wien 1995, 137–149.

Petrich, Hermann: Adolf und Henriette von Thadden und ihr »Trieglaffer Kreis«. Bilder aus der Erweckungsbewegung in Pommern (Forschungen zur Kirchengeschichte Pommerns, 2), Stettin 1931.

Petsch, Reinold: Verfassung und Verwaltung Hinterpommerns im siebzehnten Jahrhundert bis zur Einverleibung in den brandenburgischen Staat (Staats- und sozialwissenschaftliche Forschungen, 126), Leipzig 1907.

Piskorski, Jan M.: Prawo magdeburskie w miastach Pomorza Zachodniego od XIII do XVIII wieku, in: Niemcy – Polska w średniowieczu. Materiały z konferencji naukowej zorganizowanej przez Instytut Historii UAM w dniach 14–16 XI 1983 roku, hg. v. Jerzy Strzelczyk (Uniwersytet im. Adama Mickiewicza w Poznaniu. Seria Historia, 126), Poznań 1986, 255–262.

Ders.: Miasta księstwa szczecińskiego do połowy XIV wieku (Poznańskie Towarzystwo Przyjaciół Nauk. Prace Komisji Historycznej, 40), Warszawa, Poznań 1987.

Ders.: Die steile Karriere der Familie von Wobbermin. Ein Beitrag zur Geschichte des Greifenhagener und Stettiner Patriziats im 14.–16. Jahrhundert, in: Acta Poloniae Historica, 58 (1988), 5–31.

Ders.: Stadtentstehung im westslawischen Raum: Zur Kolonisation und Evolutionstheorie am Beispiel der Städte Pommerns, in: ZfO 44 (1995), 317–355.

Plantiko, Otto: Pommersche Reformationsgeschichte (Schriften der pommerschen Gesellschaft zur Förderung evangelisch-theologischer Wissenschaft, 1), Greifswald 1922.

Pohlandt, R.: Reich, Länder und Selbstverwaltungskörper. Grundsätzliches zur deutschen Verfassungs- und Verwaltungsreform, Berlin 1931, 142.

Polte, Hans-Joachim: Peenemünde. Militärgeschichtlicher Reiseführer, Berlin, Bonn, Hamburg 1995.

Pommersches Urkundenbuch. Bd. 1, 2., v. Klaus Conrad neubearb. Aufl. (Veröffentl. d. Historischen Kommission für Pommern II, 1), Köln, Wien 1970, Bde. 2 bis 7, bearb. v. Rodgero Prümers, Georg Winter, Otto Heinemann, Hans Frederichs, Erich Sandow, Stettin 1885 bis 1934/1940, Bd. 8, bearb. v. Erwin Aßmann (Veröffentl. d. Historischen Kommission für Pommern, II, 8), Köln, Graz 1961, Bd. 10, bearb. v. Klaus Conrad (Veröffentl. d. Historischen Kommission für Pommern, II, 10), Köln, Wien 1984, Bd. 11, bearb. v. Klaus Conrad (Veröffentl. d. Historischen Kommission für Pommern, II, 11), Köln, Wien 1990.

Pomniki sztuki w Polsce. Bd. 2. Teil 1: Pomorze. Bearb. v. Jerzy Z. Łoziński, 1992.

Popielas-Szultka, Barbara: Rozwój przedlokacyjnego Białogardu i jego zaplecza osadniczego, in: Rocznik Koszaliński 17 (1981), 72–91.

Preußen. Zur Sozialgeschichte eines Staates. Eine Darstellung in Quellen, bearb. v. P. Brandt u. a., Reinbek 1981.

Produktionskräfte in Deutschland 1917/18 bis 1945, Wissenschaftliche Redaktion Rudolf Berthold, Berlin 1988, 230–32.

50 Jahre *Provinzialverband* von Pommern, hg. v. Landeshauptmann der Provinz Pommern, Stettin 1926.

Puhle, H.-J./Wehler H.-U. (Hg.): Preußen im Rückblick, Göttingen 1980.

Puttkamer, Ellinor von (Bearb.): Geschichte des Geschlechts von Puttkamer, Neustadt/Aisch 1984.

Raabe, Gotthard: Bündnisse der wendischen Städte bis 1315, Phil. Diss. Hamburg 1971.

Rachel, Hugo: Die Handels-, Zoll- und Akzisepolitik Brandenburg-Preußens bis 1713, 3 Bde., Berlin 1911–1928.

Rachfahl, Felix: Der Stettiner Erbfolgestreit 1464–1472, Breslau 1890.

Radacki, Zbignew: Średniowieczne zamki Pomorza Zachodniego, Warszawa 1976.

Rahn, Dietrich: Die Orts- und Flurnamen des Stadt- und Landkreises Greifswald. Ihre Entstehung und ihre Bedeutung für die Pommersche Heimatkunde, Greifswald 1923.

Ramm, Siegfried: Die Landwirtschaftskammer für die Provinz Pommern in Stettin, in: Balt. St., NF 47 (1960), 137–149.

Raum und Bevölkerung in der Weltgeschichte. Bevölkerungs-Ploetz, bearb. v. Kirsten, Ernst/Buchholz, Ernst Wolfgang/ Köllmann, Wolfgang, Bd. 2, Würzburg 1965.

Die *Recesse* und andere Akten der Hansetage, Bd. 1–8, Leipzig 1870–1896, 2. Abteilung Bd. 1–7, Leipzig 1876–1892.

Reichenbach, Johann David von: Patriotische Beyträge zur Kenntnis und Aufnahme des Schwedischen Pommerns. Stück 1–8, Stralsund 1784–1787.

Ders.: Pommerns Staats-Krankheit, Manuskript in: Stadtarchiv Greifswald, Rep. 5, Nr. 3988.

Reincke, Heinrich: Bevölkerungsprobleme der Hansestädte, in: Hansische Geschichtsblätter 70 (1951), 1–33.

Reißland, Manfred: Grundzüge der Ständepolitik in dem Gebiet von Neuvorpommern und Rügen während der ersten Hälfte des 19. Jahrhunderts, Phil. Diss. (masch.), Greifswald 1963.

Renn, Gerhard: Die Bedeutung des Namens »Pommern« und die Bezeichnung für das heutige Pommern in der Geschichte (Greifswalder Abhandlungen zur Geschichte des Mittelalters, 8), Greifswald 1937.

Reuß, Eleonore Fürstin: Adolf von Thadden-Trieglaff. Ein Lebensbild gezeichnet nach Erinnerungen seiner Kinder und Freunde, Berlin 1894.

Rhode, Gotthold: Geschichte Polens. Ein Überblick. 3., verbesserte Aufl. Darmstadt 1980.

Ribbe, Wolfgang: Zur rechtlichen, wirtschaftlichen und ethnischen Stellung der Kossäten, in: Fritze, Wolfgang H. (Hg.): Germania Slavica, 2 (Berliner Historische Studien, 4), Berlin 1981, 21–40.

Richter, Hans-Peter: Zu den machtpolitischen Hintergründen und Zielen der Pommernzüge von 1178 bis 1180 in die Lausitz und das Land Jüterbog, in: Jahrbuch für die Geschichte des Feudalismus 11 (1987), 83–104.

Riemann, Hermann: Geschichte der Stadt Greifenberg, Greifenberg 1862.

Ders.: Geschichte der Stadt Colberg. Aus den Quellen dargestellt, Colberg 1873.

Ritter, Gerhard A.: Wahlgeschichtliches Arbeitsbuch. Materialien zur Statistik des Kaiserreichs 1871–1918, München 1980.

Rodigast, Rolf: Die Greifswalder Stadtbauern im Spätfeudalismus. Untersuchungen zur Entwicklung der wirtschaftlichen und sozialen Lage der bäuerlichen Produzenten im Bereich der Greifswalder Gutsherrschaft 1648–1806, Diss. A (masch.), Greifswald 1974.

Rohr-Demmin, Hans-Joachim von: Die Schuld des Systems. Warum Volksbegehren?, Stettin 1931.

Rosén, Jerker: Den svenska utrikespolitikens historia. II,1, 1697–1721.

Roth, Elisabeth: Sankt Otto-Legendentradition in Bamberg und Pommern, in: Berichte des Historischen Vereins für die Pflege der Geschichte des ehemaligen Fürstbistums Bamberg 125 (1989), 197–233.

Rymar, Edward: O pochodzeniu żon Warcisława I i Racibora w powiązaniu ze stosunkami pomorskimi w pierwszej połowie XIII w, in: Materiały Zachodniopomorskie 24 (1978), 169–190.

Ders.: Międzynarodowy kontekst genezy przywileju raweńskiego w sprawie lenna pomorskiego ze szczególnym uwzględnieniem roli arcybiskupstwa magdeburskiego, in: Polska, Prusy, Ruś. Rozprawy ofiarowane prof. zw. dr. hab. Janowi Powierskiemu w trzydziestolecie pracy naukowej pod redakcją Błażeja Śliwińskiego (Gdańskie studia z dziejów średniowiecza, 2), Gdańsk 1995, 137–147.

Salis, F(riedrich): Forschungen zur älteren Geschichte des Bistums Kammin, in: Balt. St. NF 26 (1924), 1–155.

Salomon, Karl-Heinz: Die innere Kolonisation auf Rügen 1890–1945 und ihre Auswirkungen auf die Besitzstruktur, in: Greifswald-Stralsunder Jahrbuch 10 (1972/73), 139–163.

Sandow, Erich: Pommern, in: Sante, Georg Wilhelm (Hg.): Geschichte der deutschen Länder, Bd. II, Würzburg 1971, 118–142.

Saring, Hans: Lorenz Christoph v. Somnitz, ein Staatsmann des Großen Kurfürsten, in: Balt. St. NF 35 (1933), 134–173.

Sauer, Eberhard, Der Adel während der Besiedlung Ostpommerns (der Länder Kolberg, Belgard, Schlawe, Stolp) 1250–1350 (Stettin 1939).

Scheibe, Michaela: Formen pommerschen Geschichtsbewußtseins im 14. Jahrhundert, in: Schmidt, Roderich (Hg.): Tausend Jahre pommersche Geschichte (Veröffentl. d. Historischen Kommission für Pommern, V, 31), Köln, Weimar, Wien (im Druck) vorauss. 1999.

Scheil, Ursula: Zur Genealogie der einheimischen Fürsten von Rügen (Veröffentl. d. Historischen Kommission für Pommern, V, 1), Köln, Graz 1962.

Scheurig, Bodo: E. von Kleist-Schmenzin – ein Konservativer gegen Hitler, Hamburg 1968.

Schich, Winfried: Ecclesia forensis im 12. Jahrhundert. Die ecclesia forensis in Pasewalk – Markt- oder Sendkirche, in: Beck, Friedrich/Neitmann, Klaus (Hg.): Brandenburgische Landesgeschichte und Archivwissenschaft. FS Lieselott Enders (Veröffentl. d. Brandenburgischen Landeshauptarchivs, 34), Weimar 1997, 37–55.

Schildhauer, Johannes: Soziale, politische und religiöse Auseinandersetzungen in den Hansestädten Stralsund, Rostock und Wismar im ersten Drittel des 16. Jahrhunderts (Abhandlungen zur Handels- und Sozialgeschichte, 2), Weimar 1959.

Ders.: Die Hanse. Geschichte und Kultur, Leipzig 1984.

Schilling, Heinz: Höfe und Allianzen. Deutschland 1648–1763, Berlin 1994.

Schilling, Renate: Schwedisch-Pommern um 1700. Studien zur Agrarstruktur eines Territoriums extremer Gutsherrschaft (Abhandlungen zur Handels- und Sozialgeschichte, 27), Weimar 1989.

Schissler, Hanna: Die Junker. Zur Sozialgeschichte und historischen Bedeutung der agrarischen Elite in Preußen, in: Puhle, H.-J./Wehler, H.-U. (Hg.): Preußen im Rückblick, Göttingen 1980, 89–122.

Schlange, Hans: Am Tage danach, Hamburg 1946.

Schlenke, M. (Hg.): Preußen. Beiträge zu einer politischen Kultur (Preußen. Versuch einer Bilanz, 2), Reinbek 1981.

Schmidt, Berthold: Die Herkunft der Familie von Maltzahn und ihr Auftreten in Pommern. Eine genealogische Studie, in: Balt. St. NF 5 (1901), 99–129.

Schmidt, Hermann/Blohm, Georg: Die Landwirtschaft von Ostpreussen und Pommern. Geschichte, Leistung und Eigenart der Landwirtschaft in den ehemals ostdeutschen Landesteilen seit dem Kriege 1914/18 und bis Ende der dreißiger Jahre (Marburger Ostforschungen, 36), Marburg/Lahn 1978.

Schmidt, Roderich: Die Anfänge der Universität Greifswald, in: Festschrift zur 500-Jahrfeier der Universität Greifswald, Bd. 1, Greifswald 1956, 9–52.

Ders.: Pommern und Sachsen in der Zeit der Reformation, in: Balt. St. NF 46 (1959), 57–78.

Ders.: Das Stift Cammin, sein Verhältnis zum Herzogtum Pommern und die Einführung der Reformation, in: Balt. St. NF 61 (1975), 17–31.

Ders.: Die Ausstattung der Universität Greifswald durch Herzog Wartislaw IX. und Bürgermeister Heinrich Rubenow, in: Pommern und Mecklenburg, hg. v. Roderich Schmidt (Veröffentl. d. Historischen Kommission für Pommern, V, 19), Köln, Wien 1981, 133–167.

Ders.: Kräfte, Personen und Motive bei der Gründung der Universitäten Rostock (1416) und Greifswald (1456), in: ders. (Hg.): Beiträge zur pommerschen und mecklenburgischen Geschichte, Marburg/Lahn 1981, 1–33.

Schmitt, Walter: Ernst Ferdinand Sauerbruch, in: Festschrift zur 500-Jahrfeier der Universität Greifswald. 17. Oktober 1956, Bd. II, hg. v. der Ernst-Moritz-Arndt-Universität, Greifswald 1956, 399f.

Schmoller: Die Entstehung des preußischen Heeres, in: Büsch, Otto/Neugebauer, Wolfgang (Hg.): Moderne preußische Geschichte. 1648–1947, 3 Bde., Berlin, New York 1981, hier: Bd. 2, 749–766.

Schoebel, Martin: Pommern 1815–1945, in: Buchholz, Werner u. a. (Hg.): Historischer und Geographischer Atlas von Mecklenburg und Pommern, Bd. 2, Mecklenburg und Pommern. Das Land im Rückblick, o. O. u. J. [Schwerin 1996], 80–83.

Schorn-Schütte, Luise: »Papacaesarismus« der Theologen? Vom Amt des evangelischen Pfarrers in der frühneuzeitlichen Stadtgesellschaft bei Bugenhagen, in: Archiv für Reformationsgeschichte 79 (1988), 230–261.

Schröder, Konrad: Pommern und das Interim, in: Balt. St. 15 (1911), 1–75.

Schröder, Uwe: Zur faschistischen Kriegsvorbereitung im Regierungsbezirk Stettin von 1935 bis 1939, Diss. A (masch.), Greifswald 1985.

Ders.: Pommern in der Weimarer Republik, in: Pommern. Geschichte, Kultur, Wissenschaft, 2. Kolloquium zur Pommerschen Geschichte 13. und 14. September 1991, Greifswald 1991, 130–139.

Schroeder, Horst-Diether: Kämpfe um Rügen im Mittelalter, in: Greifswald-Stralsunder Jahrbuch 8 (1968/69), 7–18.

Ders.: Der Erste Rügische Erbfolgekrieg – Ursachen, Verlauf und Ergebnisse, in: Porada, Haik Thomas (Hg.): Beiträge zur Geschichte Vorpommerns. Die Demminer Kolloquien 1985–1994, Schwerin 1997, 129–139.

Ders./Hornemann, Wolfgang: Die Sitze der Redarier und die Lage Rethras, in: Greifswald-Stralsunder Jahrbuch 10 (1972/73), 35–71.

Schubel, Friedrich: Universität Greifswald, Frankfurt am Main 1959.

Schubert, Friedrich Wilhelm: Handbuch der Allgemeinen Staatskunde von Europa, 2. Abt.: Deutsche Staaten, II. Theil: Der Preussische Staat, Bd. II, 1. Hälfte, Königsberg 1848.

Schultze, Johannes: Die Mark Brandenburg, 5 Bde., Berlin 1961–1969.

Schultze-Plotzius, Manfred: Ein Überblick über die Tätigkeit der Provinzialverwaltung von Pommern in den Jahren 1933 bis 1945, in: Balt. St. NF 49 (1962/63), 69–100.

Schulz, Franz Erdmann: Die Orts- und Flurnamen des Kreises Köslin und ihre Auswertung als Bausteine für die Kultur- und Siedlungsgeschichte des Kreises, Köslin o. J. [1935].

Schulze, Berthold: Die Kantone Pommerns 1733–1786, in: Balt. St. NF 38 (1936), 265–316.

Schulze, Hagen: Weimar. Deutschland 1917–1933, Berlin 1982.

Schulze, Hans K.: Die Besiedlung der Mark Brandenburg im hohen und späten Mittelalter, in: JGMOD 28 (1979), 42–178.

Schwarz, Uwe: Die niederadligen Befestigungen des 13. bis 16. Jahrhunderts im Bezirk Neubrandenburg (Beiträge zur Ur- und Frühgeschichte der Bezirke Rostock, Schwerin und Neubrandenburg, 20), Berlin 1987.

Schwarz, Werner: Pommersche Musikgeschichte. Historischer Überblick und Lebensbilder. 2 Teile (Veröffentl. d. Historischen Kommission für Pommern, V, 21 und 28), Köln, Wien 1988 bzw. Köln, Weimar, Wien 1994.

Sehling, Emil (Hg.): Die evangelischen Kirchenordnungen des XVI. Jahrhunderts, Bd. 4, Leipzig 1911.

Seraphim, Peter-Heinz: Die Heimatvertriebenen in der Sowjetzone, Berlin 1954.

Simon, Ingeborg: Der Golm wird zur Kriegsgräberstätte, in: Der Golm auf Usedom. Wahrzeichen, Ausflugsziel und Gräberstätte – Deutsche Geschichte an einem Ort. Hg. v. d. Interessengemeinschaft Gedenkstätte Golm e. V., Zirchow 1996, 31–59.

Ślaski, Kazimierz: Zasięg lasów Pomorza w ostatnim tysiącleciu, in: Przegląd Zachodni 7 (1951), 207–263.

Ders.: Agrarverhältnisse in Pommern am Beginn der deutschrechtlichen Kolonisation im Lichte neuester Forschungen, in: ders.: Beiträge zur Geschichte Pommerns und Pommerellens, hg v. Kirchhoff, Hans Georg (Veröffentl. d. Forschungsstelle Ostmitteleuropa an der Universität Dortmund, A 49), Dortmund 1987, 36–60.

Ders.: Volkstumswandel in Pommern vom 12. bis zum 20. Jahrhundert, in: ders.: Beiträge zur Geschichte Pommerns und Pommerellens, hg. v. Kirchhoff, Hans Georg (Veröffentl. d. Forschungsstelle Ostmitteleuropa an der Universität Dortmund, A 49), Dortmund 1987, 94–109.

Die *Slawen* in Deutschland. Geschichte und Kultur der slawischen Stämme westlich von Oder und Neiße vom 6. bis 12. Jahrhundert. Ein Handbuch. Neubearb., hg. v. Joachim Herrmann (Veröffentlichungen des Zentralinstituts für Alte Geschichte und Archäologie der Wissenschaften der DDR, 14), Berlin 1985.

Śliwiński, Błażej: W sprawie elekcji Władysława Łokietka na księcia Pomorza Gdańskiego w lutym/marcu 1296 r., in: Polska, Prusy, Ruś. Rozprawy ofiarowane prof. zw. dr. hab. Janowi Powierskiemu w trzydziestolecie pracy naukowej pod redakcją Błażeja Śliwińskiego (Gdańskie studia z dziejów średniowiecza, 2), Gdańsk 1995, 193–203.

Sobel, Leopold: Ruler and Society in Early Medieval Western Pomerania, in: Antemurale 25 (1981), 19–142.

Sommerfeld, Wilhelm von: Geschichte der Germanisierung des Herzogtums Pommern oder Slavien bis zum Ablauf des 13. Jahrhunderts (Staats- und socialwissenschaftliche Forschungen, 13,5), Leipzig 1896.

Sonnenschmidt, Friedrich Hermann: Sammlung der für Neu-Vorpommern und Rügen in den Jahren 1802 bis Schluß 1817 ergangenen Gesetze, Königl. Schreiben, Regierungs-Patente, Rescripte und sonstigen Bekanntmachungen und Verordnungen, 2 Bde., Stralsund 1844–1847.

Spors, Józef: Dzieje polityczne ziem sławieńskiej, słupskiej i białogardzkiej XII–XIV w. (Polskie Towarzystwo Historyczne. Oddział i Stacja Naukowa Województwa Koszalińskiego w Słupsku. Biblioteka Słupska, 25), Poznań 1973.

Ders.: Jeszcze o dziejach Pomorza Sławieńsko-Słupskiego w XIII i pierwszej połowie XIII wieku, in: Rocznik Gdański 40 H. 1 (1980), 5–38.

Ders.: Urzędnicy terytorialni i nadworni na Pomorzu Gdańskim i Sławieńsko-Słupskim w XIII i początku XIV wieku, in: Czasopismo Prawno-Historyczne 33 (1981), H. 2, 31–64.

Ders.: Podziały administracyjne Pomorza Gdańskiego i Sławieńsko-Słupskiego od XII do początku XIV w., Słupsk 1983.

Ders.: Lokalizacja wczesnośredniowiecznego Koszalina, in: Koszalińskie Zeszyty Muzealne 13 (1983), 23–40.

Ders.: Pochodzenie dynastii książęcych na Pomorzu w XI i XII wieku – w szczególności Świętobora i Świętopełka z Kroniki Anonima Galla, in: Roczniki Historyczne 48 (1983), 1–46.

Ders.: Początki brandenburskiego zwierzchnictwa lennego nad Pomorzem Zachodnim na tle rywalizacji o ziemie nad środkową Odrą i dolną Wartą w latach 1234–1261, in: Niemcy – Polska w średniowieczu. Materiały z konferencji naukowej zorganizowanej przez Instytut Historii UAM w dniach 14–16 XI 1983 roku, hg. v. Jerzy Strzelczyk (Uniwersytet imienia Adama Mickiewicza w Poznaniu. Seria Historia, 126), Poznań 1986, 186–200.

Sontheimer, Kurt: Antidemokratisches Denken in der Weimarer Republik. Die politischen Ideen des deutschen Nationalismus zwischen 1918 und 1933, München 1978 (zuerst 1962).

Stabenow, Ulf: Die Entstehung der Pomoranen, in: Müller-Wille, Michael/Meier, Dietrich/Unverhau, Henning (Hg.): Slawen und Deutsche im südlichen Ostseeraum vom 11. bis zum 16. Jahrhundert. Archäologische, historische und sprachwissenschaftliche Beispiele aus Schleswig-Holstein, Mecklenburg und Pommern. Vorträge. Symposion Kiel, 18.–19. Oktober 1993 (Landesforschung. Sprache – Vor- und Frühgeschichte – Geschichte – Literatur. Veröffentlichungen des Instituts für Landesforschung der Christian-Albrechts-Universität zu Kiel, 2), Neumünster 1995, 127–148.

Stachura, Peter D.: Nazi Youth in Weimar Germany, Santa Barbara Oxford 1975.

Stępiński, Włodzimierz (Hg.): Szlachta i ziemiaństwo polskie oraz niemieckie w Prusach i Niemczech w XVIII–XX w. Der polnische und deutsche Adel und Großgrundbesitz in Preußen und Deutschland vom 18. bis 20. Jahrhundert, Szczecin/Stettin 1996.

Stern, Alfred: Die preußische Verfassungsfrage im Jahre 1817 und die Rundreise von Altenstein, Klewitz, Beyme, in: Deutsche Zeitschrift für Geschichtswissenschaft 9 (1983), 62–99.

Stern, Carola: Hitlerlieder singend zogen wir durchs Dorf, in: Reich-Ranicki, Marcel (Hg.): Meine Schulzeit im Dritten Reich. Erinnerungen deutscher Schriftsteller, München 1984, 153–161.

Stoob, Heinz: Kaiser Karl IV. und der Ostseeraum, in: Hansische Geschichtsblätter 88/I (1970), 163–213.

Strecker, Werner: Die äußere Politik Albrechts II. von Mecklenburg, in: Jahrbücher des Vereins für mecklenburgische Geschichte und Altertumskunde 78 (1913), 1–300.

Stüttgen, Dieter: Pommern, Marburg/Lahn 1975.

Suhle, Arthur: Beiträge zur Geschichte des Münzwesens in Pommern (bis 1330). Mit besonderer Berücksichtigung des herzoglichen Münzwesens, in: Balt. St. NF 39 (1937), 119–146.

Svenska Riksdagsakter (SRA) jämte andra handlingar som höra till statsförfattningens historia, 2. Serie, Bd. 1–3. Tidehvarvet 1719–1734: Rikets ständers och Sekreta utskottets skrifvelser till Kungl. Majestät, Stockholm 1909–1922.

Szczeponik, Benedikt: Herzog Ernst Bogislav von Croy, der letzte Bischof von Cammin, im Streite Schwedens und Brandenburgs um den Besitz des Bistums, in: Balt. St. NF 17 (1913), 1–58.

Tartler, Georg: Geschichte des Hygiene-Instituts, in: Festschrift zur 500-Jahrfeier der Universität Greifswald. 17. Oktober 1956, Bd. II, hg. v. der Ernst-Moritz-Arndt-Universität, Greifswald 1956, 328–337.

Tägil, Sven: Valdemar Atterdag och Europa (Bibliotheca Historica Lundensis, 8), Lund 1962.

Tessin, Georg: Die deutschen Regimenter der Krone Schweden, 2 Bde. (Veröffentl. d. Historischen Kommission für Pommern, V, 13/14), Köln, Graz 1967.

Thévoz, Robert/Branig, Hans/Lowenthal-Hensel, Cécile: Pommern 1934/35 im Spiegel von Gestapo-Lageberichten und Sachakten, 2 Bde., Köln, Berlin 1974.

Thomas, Friederike/Volksdorf, Dietmar: Die Altstadtinsel Stralsund – ein städtebauliches Denkmal, hg. v. der Hansestadt Stralsund, Stralsund 1998.

Treitschke, Heinrich von: Deutsche Geschichte im neunzehnten Jahrhundert, Teil 2: Bis zu den Karlsbader Beschlüssen, Leipzig 1927.

Trippe, C. F.: Konservative Verfassungspolitik 1918–1923. Die DNVP als Opposition im Reich und in den Ländern (Beiträge zur Geschichte des Parlamentarismus in den politischen Parteien, 105), Düsseldorf 1995.

Übersicht der Vorlagen und Beschlüsse des Provinziallandtages von Pommern, Stettin 1875–1933.

Uckeley, Alfred: Der Werdegang der kirchlichen Reformbewegung im Anfang des 16. Jahrhunderts in den Stadtgemeinden Pommerns, in: PomJbb. 18 (1917), 1–108.

Ulrich, Albert: Chronik des Kreises Greifenberg in Hinterpommern, o. O. 1990.

Unruh, Georg-Christoph: Provinz Pommern, in: Heinrich, Gerd/Henning, Friedrich Wilhelm/Jeserich, Kurt G. A. (Hg.): Verwaltungsgeschichte Ostdeutschland 1815–1945. Organisation – Aufgaben – Leistungen der Verwaltung, Stuttgart, Berlin, Köln 1993, 589–676.

Unterstell, Rembert: Klio in Pommern. Die Geschichte der pommerschen Historiographie 1815 bis 1945 (Mitteldeutsche Forschungen, 113), Köln, Weimar, Wien 1996.

Urban, Josef: Otto-Jubiläen in Bamberg und Pommern, in: Berichte des Historischen Vereins für die Pflege der Geschichte des ehemaligen Fürstbistums Bamberg 125 (1989), 59–95.

Valentin, Veit: Geschichte der deutschen Revolution von 1848/49, Bd. 2, Berlin 1931.

Die *Vertreibung* der deutschen Bevölkerung aus den Gebieten östlich der Oder-Neiße, Bd. I in drei Teilen, hg. v. Bundesministerium für Vertriebene, München 1984 (Nachdruck).

Vertreibung und Vertreibungsverbrechen 1945–1948. Bericht des Bundesarchivs vom 28. Mai 1974. Archivalien und ausgewählte Erlebnisberichte, hg. v. der Kulturstiftung der deutschen Vertriebenen, Bonn 1989.

Voges, Hermann: Beiträge zur Geschichte des Feldzuges von 1715, in: Balt. St. NF 7 (1903), 1–73 (I), 8 (1904), 47–95 (II), 9 (1905), 159–209 (III).

Ders.: Die Belagerung von Stralsund im Jahre 1715. Mit drei Plänen, Stettin 1922.

Völker, Ernst: Stettin. Daten und Bilder zur Stadtgeschichte, Leer 1986.

Das Deutsche *Volkseinkommen* vor und nach dem Kriege (Einzelschriften zur Statistik des Deutschen Reiches, 24), Berlin 1932.

Vollack, Manfred: Entwicklung des Eisenbahnnetzes von 1842–1945 (Historischer Atlas von Pommern NF, Karte 7), Köln, Wien 1992.

Wächter, Joachim: Die Entwicklung des Kirchenwesens auf Rügen im 13. Jahrhundert und in der ersten Hälfte des 14. Jahrhunderts, in: Wiberg, Bertil (Hg.): Bistum Roskilde und Rügen, Roskilde 1987, 93–102.

Ders.: Die Anfänge Greifswalds im Rahmen der Siedlungsgeschichte, in: Buchholz, Werner/Mangelsdorf, Günter (Hg.): Land am Meer. Pommern im Spiegel seiner Geschichte. FS Roderich Schmidt (Veröffentl. d. Historischen Kommission für Pommern, V, 29), Köln, Weimar, Wien 1995, 133–144.

Ders.: Änderungen der Verwaltungsgebiete Vorpommerns seit 1945, in: Pommern zwischen Zäsur und Kontinuität, Schwerin 1999, 269–283.

Walachowicz, Jerzy: Immunitet ekonomiczny na Pomorzu Zachodnim w okresie wczesnofeudalnym, in: Czasopismo Prawno-Historyczne 15 (1963), H. 1, 21–59.

Ders.: Monopole książęce w skarbowości wczesnofeudalnej Pomorza Zachodniego (Poznańskie Towarzystwo Przyjaciół Nauk. Wydział Historii i Nauk Społecznych. Prace Komisji Historycznej, 20, 2), Poznań 1963.

Ders.: Landwójtostwo na Pomorzu Zachodnim. Kształtowanie się zarządu terytorialnego w dobie pokasztelańskiej (Uniwersytet im. Adama Mickiewicza w Poznaniu. Prace Wydziału Prawa, 43), Poznań 1969.

Ders.: Pierwotne uposażenie biskupstwa kamieńskiego, in: Studia i Materiały do Dziejów Wielkopolski i Pomorza 25 (1979), 177–188.

Ders.: Geneza i ustrój polityczny Nowej Marchii do początków XIV wieku (Poznańskie Towarzystwo Przyjaciół Nauk. Wydział Historii i Nauk Społecznych. Prace Komisji Historycznej, 31), Warszawa, Poznań 1980.

Warnke, Dieter: Wieken an der südlichen Ostseeküste. Zur wirtschaftlichen und gesellschaftlichen Rolle der Wieken im mittelalterlichen Feudalstaat (Akademie der Wissenschaften der DDR. Zentralinstitut für Alte Geschichte und Archäologie. Schriften zur Ur- und Frühgeschichte, 31), Berlin 1971.

Weczerka, Hugo: Kartographische Beiträge zur kirchlichen Gliederung Ost-Mitteleuropas, in: ZfO 11 (1962), 292–323.

Wegener, Eginhard: Das Land Loitz zwischen 1200 und 1700. Ein Beitrag zu einer historisch-geographischen Untersuchung Ostmecklenburgs, Diss. math.-nat. (masch.) Greifswald 1959 [Teil 1].

Wehler, Hans-Ulrich: Deutsche Gesellschaftsgeschichte, Bd. 3: Von der »Deutschen Doppelrevolution« bis zum Beginn des Ersten Weltkrieges: 1849–1914, München 1995.

Wehrmann, Martin: Pommern auf der Universität Bologna, in: Monatsblätter der Gesellschaft für Pommersche Geschichte und Alterthumskunde 4 (1890), 17–20, 33–39, 54–60.

Ders.: Bischof Johann I. von Cammin. 1343–1370, in: Balt. St. 46 (1896), 1–44.

Ders.: Kaiser Karl IV. in seinen Beziehungen zu Pommern, in: Monatsblätter der Gesellschaft für pommersche Geschichte und Altertumskunde 11 (1897), 113–121, 130–139, 152–157.

Ders.: Der Streit der Pommernherzöge mit den Wittelsbachern um die Lehnsabhängigkeit ihres Landes 1319–1338, in: Balt. St. NF 4 (1900), 17–64.

Ders.: Herzogin Sophia von Pommern und ihr Sohn Bogislaw X., in: Balt. St. NF 5 (1901), 131–175.

Ders.: Geschichte der Stadt Stettin. Stettin 1911 [Nachdruck: Würzburg 1979].

Ders.: Geschichte von Pommern, 2 Bde., 2. Aufl. Gotha 1919–1921 [Reprint Würzburg 1982].

Ders.: Die Lehr- und Predigttätigkeit des Bischofs Otto von Bamberg in Pommern, in: Balt. St. NF 26 (1924), 157–189.

Ders.: Geschichte von Land und Stadt Greifenberg. Greifenberg 1927.

Ders.: Genealogie des pommerschen Herzogshauses (Veröffentl. d. Landesgeschichtlichen Forschungsstelle für Pommern 1,5), Stettin 1937.

Wehrstedt, Friedrich Wilhelm/Hubatsch, Walther: Preußen (Grundriß zur deutschen Verwaltungsgeschichte 1815–1945, 12), Marburg/Lahn 1978.

Weise, Erich: Die Staatsverträge des Deutschen Ordens in Preußen im 15. Jahrhundert. Bd. 1, 2. Aufl. Marburg 1970, Bd. 2–3, ebd. 1958 und 1966, Register zu Bd. 1–2 ebd. 1958.

Weißthanner, A.: Die Kämpfe des Kurfürsten Albrecht Achilles gegen die Herzöge von Pommern 1478, in: Forschungen zur brandenburgischen und preußischen Geschichte 54 (1943), 374–380.

Werlich, Ralf-Gunnar: Bogislaw X. von Pommern-Stolp – ein Pommer in den dynastischen Plänen der nordischen Reiche in der ersten Hälfte des 15. Jahrhunderts, in: Pommern. Geschichte, Kultur, Wissenschaft, Greifswald 1991, 37–58.

Wernicke, Horst: Die Städtehanse 1280–1418. Genesis – Strukturen – Funktionen (Abhandlungen zur Handels- und Sozialgeschichte, 22), Weimar 1983.

Ders.: Zwischen Herzögen und Hanse. Der Vierstädtebund in Vorpommern, in: Buchholz, Werner/Mangelsdorf, Günter (Hg.): Land am Meer. Pommern im Spiegel seiner Geschichte. FS Roderich Schmidt (Veröffentl. d. Historischen Kommission für Pommern, V, 29), Köln, Weimar, Wien 1995, 197–213.

Wessel, Klaus: Victor Schultze, in: Festschrift zur 500-Jahrfeier der Universität Greifswald. 17. Oktober 1956, Bd. II, hg. v. d. Ernst-Moritz-Arndt-Universität, Greifswald 1956, 63–68.

Witkowski, Teodolius: Die Ortsnamen des Kreises Greifswald (Berliner Beiträge zur Namenforschung, 5), Weimar 1978.

Witt, Werner (Gesamtbearb.): Verkehrs- und wirtschaftsgeographischer Atlas von Pommern, Stettin 1934.

Witte, Hermann: Die pommerschen Konservativen, Männer und Ideen 1810–1860 (Gestalten und Geschlechter, 2), Berlin 1936.

Wochnik, Fritz: Die Schaugiebel Hinrich Brunsbergs und seiner Schule, in: Balt. St. NF 76 (1989) 27–54.

Wriedt, Klaus: Die kanonischen Prozesse um die Ansprüche Mecklenburgs und Pommerns auf das rügische Erbe 1326–1348 (Veröffentl. d. Historischen Kommission für Pommern, V, 4), Köln, Graz 1963.

Wulle, Armin: Daten zur Geschichte der Stettiner Maschinenbau A. G. Vulcan ab 1907, in: Stettiner Bürgerbrief 7 (1981), 24–28.

Wunder, Heide: Die bäuerliche Gemeinde in Deutschland (Kleine Vandenhoeck-Reihe, 1483), Göttingen 1986.

Zarnglaff, Pommersche Kalksteinwerke in Z., in: Der Kreis Cammin. Ein pommersches Heimatbuch, hg. v. Göttinger Arbeitskreis, Würzburg 1970, 499–503.

Zaske, Nikolaus: Hinrich Brunsberg, ein ordenspreußischer Baumeister, in: Balt. St. NF 44 (1957), 49–72.

Ders.: Die St.-Marien-Kirche zu Stralsund (Das christliche Denkmal, 121), 2. Aufl. Berlin 1989.

Zdrenka, Joachim: Die Pilgerfahrten der pommerschen Herzöge ins Heilige Land in den Jahren 1392/1393 und 1406/1407, in: Balt. St. NF 81 (1995), 7–17.

Ders.: Polityka zagraniczna książąt szczecińskich w latach 1295–1411 (Biblioteka Słupska, 34) Słupsk 1987.

Zeidler, Manfred: Kriegsende im Osten. Die Rote Armee und die Besetzung Deutschlands östlich von Oder und Neiße 1944/45, München 1996.

Zeumer, Karl (Bearb.): Quellensammlung zur Geschichte der deutschen Reichsverfassung in Mittelalter und Neuzeit, 2. Aufl. Tübingen 1913.

Zientara, Benedykt: Możni słowiańscy na dworze Ottona I szczecińskiego, in: Wieki średnie – Medium Aevum. Prace ofiarowane Tadeuszowi Manteufflowi w 60 rocznicę urodzin, Warszawa 1962.

Ders.: Polityczne i kościelne związki Pomorza Zachodniego z Polską w drugiej połowie XII wieku, in: Przegląd Historyczny 61 H. 2 (1970), 192–232.

Ders.: Stosunki polityczne Pomorza Zachodniego z Polską za Bolesława Krzywoustego, in: Przegląd Historyczny 61 H. 4 (1970), 546–576.

Ders.: Rozdrobnienie feudalne (1295–1464), in: Labuda, Gerard (Hg.): Historia Pomorza, Band 1, Teil 2, 2. Aufl. Poznań 1972, 168–326.

Ders.: Der Ursprung des »deutschen Rechtes« (ius Theutonicum) auf dem Hintergrund der Siedlungsbewegung in West- und Mitteleuropa während des 11. und 12. Jahrhunderts, in: Jahrbuch für Geschichte des Feudalismus 2 (1978), 119–148.

Zilm, Franz-Rudolf: Die Geschichte der Reederei Franz L. Nimtz, in: Stettiner Bürgerbrief 9 (1983), 9–13.

Zitzewitz, Ernst von, Landeshauptmann: Die Tätigkeit der Provinzialverwaltung und die Anstalten der Provinz im Regierungsbezirk Köslin, in: Cronau, Curt (Hg.): Hinterpommern. Wirtschafts- und Kulturaufgaben eines Grenzbezirkes, Stettin, 1929, 15–23.

Zöllner, Johann Friedrich: Reise durch Pommern nach der Insel Rügen und einem Theile des Herzogthums Mecklenburg im Jahre 1795 in Briefen, Berlin 1797.

Zunker, Paul: Das Kirchspiel Neuenkirchen bei Greifswald um die Zeit des Dreißigjährigen Krieges, in: PomJbb. 15 (1914), 39–62.

PERSONENREGISTER

Absalon von Roskilde 37
Aepinus, Johannes 212
Adalbert von Cammin 29, 39, 43
Adelheid, Gem. Bogislaws V. von Pommern 199
Agnes, Gem. Barnims III. von Pommern 160
Agnes, Gem. Friedrichs d. J. von Brandenburg 181
Agnes, Gem. Wartislaws VIII. von Pommern 150, 153
Albrecht I., röm.-dt. König 101f., 106
Albrecht I., der Bär, von Brandenburg 29
Albrecht II. von Brandenburg 35
Albrecht III. Achilles von Brandenburg 184, 186, 189f., 192
Albrecht II. von Magdeburg 46
Albrecht II. von Mecklenburg 111, 129, 143, 160ff.
Albrecht von Schweden 129, 133, 145f., 150, 157
Alexander V., Papst 160
Alexander VI., Papst 205
Altenstein, Karl Freiherr von Stein zum 386, 390f.
Amandus, Johannes 211
Anastasia, Gem. Bogislaws I. von Pommern 36, 38, 43
Andrae, Alexander 406, 408, 410
Anna Maria, Gem. Barnims X. von Pommern 171
Anna, Gem. Bogislaws XIII. von Pommern 216
Anna, Mutter Ernst Bogislaws von Croy 230, 308
Anselm von Havelberg 30, 32
Arndt, Ernst Moritz 289, 299, 301ff., 366, 400
Arndt, Johann 385f.
Arnim, Hans Georg von 235
Arnim (Justizrat) 375
Arnold von Eltz 108f., 121
Aschersleben, Georg Wilhelm von 330f., 350
Askar von Lund 47
August II., der Starke, von Sachsen und Polen 280
Augustinus (Mönch) 125

Back, Pär-Erik 249f.
Balthasar von Werle 147
Balthasar, Augustin von 290
Banér, Johann 240
Barbara, Tochter Johanns I. von Brandenburg 180f.
Barnekow, Jaroslaw 179, 189
Barnekow, Raven 178ff.
Barnim I. von Pommern 45f., 48f., 51f., 55ff., 77ff., 82, 85, 87ff., 94, 96f., 101, 104, 131, 191, 247
Barnim II. von Pommern 104
Barnim III. von Pommern 78, 108ff., 115f., 121, 125f., 128, 160f., 199, 202, 247
Barnim IV. von Pommern 112, 143
Barnim V. von Pommern 155, 158
Barnim VI. von Pommern 147f., 150, 164, 193, 195
Barnim VII. von Pommern 150, 154, 165, 175, 181, 193
Barnim VIII. von Pommern 154, 165, 173, 175, 178, 181, 193
Barnim IX. von Pommern 171, 208, 214ff., 218, 222, 226, 419
Barnim X. von Pommern 171, 216
Barnim von Pommern (Sohn Erichs II.) 190
Barnuta von Rügen 100
Baumann, Eberhard 510
Bauwerts, Heinrich 194
Behr, Henneke 153
Behr-Behrenhoff, Carl Graf von 445
Behrend, Georg 420
Behrend, Moritz 420
Behr-Negendank, Ulrich von 417, 427, 452
Below, Carl von 385
Below, Gustav von 385
Below, Heinrich von 385, 389
Below-Hohendorf, Alexander von 408, 420
Bennigsen, Rudolf von 418
Beringer (Baumeister) 43
Bernadotte, Jean-Baptiste s. Karl XIV. Johann von Schweden
Bernhard von Clairvaux 30
Berthold VII. von Henneberg (-Schleusingen) 108
Beseler, Georg 409
Bethmann Hollweg, Moritz August von 385
Beyme, Karl Friedrich von 370ff., 375, 381
Bismarck, Ferdinand von 381, 420f.
Bismarck, Johanna von 380, 413
Bismarck, Otto Fürst von 378, 380, 383f., 387, 393, 406f., 410, 413, 416ff., 420f., 439f.
Bismarck-Lasbeck, Herbert von 489
Blanckenburg, Henning Karl Moritz von 383f.
Blanckenburg, Jenny von 384
Blankensee-Wulkow, Peter von 330
Blok, Thideke 73
Blücher, Gebhardt Leberecht von 364
Bock, Siegfried 174, 199
Bodelschwingh-Velmede, Ernst von 407
Bogislaw I. von Pommern 28, 32, 34ff., 88
Bogislaw II. von Pommern 36, 38, 100
Bogislaw IV. von Pommern 78, 90, 95, 102, 104ff., 116, 122f.
Bogislaw V. von Pommern 109, 112, 115, 122, 143, 154f., 158f., 199
Bogislaw VI. von Pommern 129, 136, 143, 146f., 161f.
Bogislaw VII. von Pommern 160ff.
Bogislaw VIII. von Pommern 155f., 158ff., 163f., 168, 173
Bogislaw IX. von Pommern 148, 168, 170, 173ff., 182, 185, 247
Bogislaw X. von Pommern 128, 142, 185f., 190, 192, 202, 204ff., 208, 210, 214, 247, 362
Bogislaw XIII. von Pommern 216, 233
Bogislaw XIV. von Pommern 148, 236, 239, 247, 311
Bogislaw (II.) von Schlawe-Stolp 38

Bogislaw (III.) von Schlawe-Stolp 38
Bogislaw von Schwerin 309, 311, 320
Bohlen, Julius von 19
Böhme, Jakob 386
Boije af Gennäs, Gustaf Reinhold Freiherr 303f.
Boldewan, Johann 210f., 217
Bolesław I. Chrobry von Polen 25
Bolesław III. Krzywousty von Polen 25, 29f., 38, 98
Bolesław V. von Polen 87
Bolko III. von Oppeln 159
Böll, Heinrich 14
Bonhoeffer, Dietrich 510
Bonifaz IX., Papst 152, 159, 162
Bonin, Gustav von 412
Bonin, Wedego von 325
Bonnus, Hermann 213
Bonow, Kord 150, 152f., 160, 199
Borcke, Matzke von 156f.
Borke (Landschaftsdirektor) 383
Borwin von Mecklenburg (Sohn Pribislaws) 35
Borwin III. von Mecklenburg 52, 88
Boyen, Herrmann von 373, 381
Brahe, Per 251
Branig, Hans 18
Braun, Wernher von 512
Braunschweig, Matthäus 309
Braunschweig-Lübsow, Eberhard von 505
Braunschweig-Standemin, Friedrich von 505
Braunschweig-Standemin, Vollrath von 505
Brenckenhoff, Franz Balthasar von 354, 356, 358
Brentano, Clemens von 383, 385
Bretislaw I. von Böhmen 23
Brock (Ingenieur) 460
Broemel, Max 440
Bruckmann, Nikolaus 175
Brun, Nicolaus 215
Brunonis, Johannes von 159
Brunsberg, Hinrik (Heinrich) 114, 200, 202
Brunward von Schwerin 48
Büchsel, Johannes 438
Bugenhagen, Johannes 210, 215, 217f., 220, 223, 226, 230f.
Buggenhagen, Degener 153
Bukow, Heinrich 213
Bülow-Cummerow, Ernst von 381, 408f., 412
Burkhard von Vehlefanz 51, 56
Busseler, Henning 194

Calixtus III., Papst 177
Caminecci-Zettuhn, Oscar 512
Carith, Martin 206, 208, 210
Christian I. von Dänemark 175, 179
Christian August von Holstein-Gottorf 284, 341
Christian von Sparrenfelde 69
Christine von Schweden 238, 241, 249, 251, 255, 259, 272, 306, 309, 317
Christoph von Bayern s. Christoph III. von Dänemark
Christoph II. von Dänemark 115
Christoph III. von Dänemark (Ch. I. von Schweden und Norwegen) 158, 173
Christoph von Halland 107
Churchill, Winston 512
Clemens III., Papst 28
Clemens VI., Papst 122, 125
Corswant, Walther von 473, 475, 494, 497
Cranach, Lucas d. J. 216
Cremer, Hermann 434
Czarniecki, Stefan 272

Damitz, Christoph 224
Damitz, Jacob 224
Detlev von Gadebusch 77
Dewitz, Jobst von 215, 222f.
Dewitz, Johann Georg von 472
Dietrich von Quitzow 163f.
Długosz, Jan 185f.
Dohrn, Carl August 437
Dohrn, Heinrich 437
Drevs, J. 283
Drews, Wilhelm (Bill) 427
Dücker, Karl Gustav Graf 239, 283f.
Dummert, J. H. 389

Eberstein, Ludwig von 176, 206
Eggert, Oskar 381
Ehrenström, Wilhelm 392
Ehrismann, Gustav 434
Eisenhart-Rothe (Landeshauptmann) 462
Elisabeth, Gem. Bogislaws V. von Pommern 154f.
Elisabeth, Gem. Joachims d. J. von Pommern 181ff.
Elisabeth, Gem. Johanns von Brandenburg 181
Elisabeth, Gem. Kaiser Karls IV. 115, 155
Empacher, Walter 512
Engelbrekt Engelbrektsson 170
Engels, Friedrich 407
Erdmuthe, Gem. Johann Friedrichs von Pommern 362
Erich V. Menved von Dänemark 101f., 106f.
Erich I. (Bogislaw) von Norwegen, Dänemark und Schweden 142, 157f., 166ff., 170f., 173ff., 180, 182f., 185, 199f., 202
Erich II. von Pommern 142, 148, 175f., 179f., 182ff., 186, 189f., 195, 204
Erich von Sachsen-Lauenburg 122, 166
Ernst Bogislaw von Croy 230, 236, 308, 434
Ertmar von Pommern 183, 195
Essen, Hans Henrik von 300
Eugen IV., Papst 174, 177
Eugen von Savoyen 296
Eulenburg, Friedrich Albrecht Graf zu 420f.

Fleming, Hans Heinrich von 227
Fontane, Theodor 435
Franz V. von Braunschweig-Lüneburg 216
Ferdinand I., röm.-dt. Kaiser 223
Ferdinand III., röm.-dt. Kaiser 241
Ferdinand IV., röm.-dt. König 241
Freder, Johann 231
Fregeno, Marinus de 176, 206
Friedrich I. Barbarossa, röm.-dt. Kaiser 32, 35
Friedrich II., röm.-dt. Kaiser 35, 46, 87, 106
Friedrich III., röm.-dt. Kaiser 177, 181, 184f., 189
Friedrich I. von Brandenburg 163ff., 168, 170, 180f.
Friedrich II., der Eiserne, von Brandenburg 131, 170, 181ff., 186, 189f., 192

Friedrich d. J. von Brandenburg 181
Friedrich Wilhelm von Brandenburg (der Große Kurfürst) 241, 243, 272, 274ff., 281, 304, 306, 308f., 311ff., 315, 317ff., 322, 325, 328, 332, 341
Friedrich III. von Brandenburg s. Friedrich I. in Preußen
Friedrich von Cammin 78
Friedrich IV. von Dänemark 285
Friedrich von Eickstedt 100, 109, 121, 124
Friedrich Karl von Hessen-Kassel 343
Friedrich von Magdeburg 30
Friedrich VI. von Nürnberg s. Friedrich I. von Brandenburg
Friedrich der Schöne von Österreich 108
Friedrich I. in Preußen 321, 329, 341
Friedrich Wilhelm I. von Preußen (Soldatenkönig) 284, 295, 322, 324, 329f., 335ff., 340ff., 344f., 347ff., 363, 375, 383
Friedrich II., der Große, von Preußen 330f., 335, 340, 349f., 354, 356, 358, 414
Friedrich Wilhelm III. von Preußen 303, 357, 363f., 369f., 372f., 377f., 388ff., 396, 418
Friedrich Wilhelm IV. von Preußen 372, 384, 386, 389f., 392, 405ff., 409, 413, 417f.
Friedrich, Caspar David 248, 496
Fritsche (Regierungsrat) 303
Fürchtenicht (Ingenieur) 460
Galhard von Chartres 124f.
Gallas, Matthias 263
Gardie, Gustaf Adolf Graf de la 263
Gardie, Magnus Gabriel de la 251
Georg I. von Pommern 211, 214ff., 222, 419
Gerhard von Belkow 55
Gerhard III. von Holstein 115f.
Gerlach, Carl Heinrich von 371, 375
Gerlach, Ernst Ludwig von 383ff., 389, 406, 408, 417, 420
Gerlach, Leopold von 383f.
Gerlach, Wilhelm von 383
Gerlach-Parsow 475
Gichtel 386
Giesebrecht, Ludwig 409
Gildehusen, Albert 136
Gildemeister, Dietrich 72
Glasenapp, Auguste von 383
Glasenapp, Liutgarde von 383
Glaser, Fritz 381
Gneisenau, August Neidhardt von 359f.
Godeke von Schmogerow 56
Goebbels, Joseph 507
Goertz, Georg Heinrich Baron von 284, 341
Goltz (Landtagspräsident) 476
Gorbatschow, Michail 520
Goßner, Johannes Evangelista 385
Grabau, Johann Andreas 392
Grass, Günther 261
Gregor XII., Papst 150, 160
Groß, Christian 315
Grotius, Hugo 251
Grumbkow, Friedrich Wilhelm von 330
Guderian, Heinz 511, 514
Gunzelin III. von Schwerin 57
Gustav II. Adolf von Schweden 233, 240
Gustav IV. Adolf von Schweden 19, 293f., 298ff., 303

Haese, Georg Friedrich 394, 397, 400
Hainhofer, Philipp 225
Haken, Hermann 429
Hakon VI. Magnusson von Norwegen 143
Halfern, Carl von 444, 473, 490, 509
Haller, Carl Ludwig von 384
Hans von Hohenlohe 164
Hansemann, David 410
Hardenberg, Karl August von 360, 363f., 366, 370f., 373, 375, 377f., 382, 393, 418
Hartmansdorff, Jakob August 303
Haupt, Joachim 491, 494
Hauptmann, Gerhart 480, 495
Haussmann, Georges Eugène Baron 483
Hedwig, Tochter Władysławs II. von Polen 168, 170, 173, 185
Heinrich III., röm.-dt. Kaiser 23
Heinrich (VII.), röm.-dt. König 238
Heinrich II. von Brandenburg 107
Heinrich IV. von England 168
Heinrich von Holstein-Stormarn 166
Heinrich II. von Mecklenburg 107f., 115f.
Heinrich III. von Mecklenburg 143, 146
Heinrich von Mecklenburg-Stargard 180f.
Heinrich von Plauen 158
Heinrich der Löwe von Sachsen und Bayern 32, 34f.
Heinrich I., der Bärtige, von Schlesien 46, 51, 89
Heinrich II. von Schlesien 89
Heinrich von Wachholz 100, 121
Henning von Putbus 130, 133, 146
Hermann Billung 28
Hermann von Cammin 56, 78, 96, 99, 102, 209
Hermes, Justus Gottfried 384
Heydebreck, Hans Peter von 500
Heydebreck, Jakob von 309, 311
Heyden, Hellmuth 510
Heymans, Peter 230
Hindenburg, Paul von 442, 446, 509
Hintze, Klaus 225
Hitler, Adolf 491, 494, 498f., 502f., 505ff., 509, 512
Hogensee, Jacob 212, 221
Horn, Andreas von 308
Horn, Gustav 240
Horn, Henning Rudolph Graf 239, 286
Huchtenburgh, Jan van 278
Hugenberg, Alfred 487ff.
Humboldt, Wilhelm von 366, 373, 381

Ilgen, Heinrich Rüdiger von 329
Ingardis, Gem. Kasimirs II. von Pommern 38
Ingeborg, Gem. Heinrichs III. von Mecklenburg 143

Ingersleben, Karl Heinrich Ludwig Freiherr von 303f., 364, 369
Innozenz II., Papst 29, 31, 97
Innozenz VIII., Papst 206
Iwen, Henning 175ff., 199

Jaenicke, Johannes 384
Jageteufel, Otto 200
Jakzo von Köpenick 46
Jakzo I. von Salzwedel 88
Jaromar I. von Rügen 27, 36f., 48, 50, 100, 113
Jaromar II. von Rügen 62, 80, 101
Jaromar (Sohn Wizlaws II. von Rügen) 102f.
Jesko von Neuenburg 105
Joachim d. J. von Pommern 180, 182, 193
Johann von Böhmen 109
Johann I. von Brandenburg 45f., 87ff., 180f.
Johann Cicero von Brandenburg 189f., 192
Johann (Hans) Georg von Brandenburg 225
Johann von Cammin 96
Johann IV. von Gützkow 116
Johann V. von Gützkow 116
Johann von Mecklenburg 88
Johann I. von Mecklenburg-Stargard 111, 161
Johann III. von Mecklenburg-Stargard 165
Johann I. von Neumark 158
Johann Kasimir von Polen 317
Johann Friedrich von Pommern 216, 225f., 362
Johann der Beständige von Sachsen 216, 223
Johann Friedrich der Großmütige von Sachsen 223, 230
Johann I. von Sachsen-Lauenburg 122f., 125, 158f.
Johann von Schleswig 160
Johann von Sinten 162
Johann Voß 65
Johann von Wachholz 65
Johann von Wallenrode 162
Johannes XXII., Papst 108f., 124
Jordan, Erich 384
Jost von Mähren 162ff.
Julius III., Papst 226
Junge (Bildhauer) 202

Kadłubek, Vincentius 125
Kameke, Alexander von 512
Kameke, Margaretha 224
Kameke, Peter 224
Kantzow, Thomas 183, 209
Karl IV., röm.-dt. Kaiser 102, 110ff., 115, 122f., 143, 154f., 161, 165, 170
Karl V., röm.-dt. Kaiser 223, 226
Karl VI., röm.-dt. Kaiser 296, 298
Karl VI. von Frankreich 156
Karl Friedrich von Holstein-Gottorp 284, 341
Karl X. Gustav von Schweden 251, 259, 317f.
Karl XI. von Schweden 259, 261f., 279
Karl XII. von Schweden 283f., 288, 341ff.
Karl XIII. von Schweden 300
Karl XIV. Johann von Schweden 301, 303
Karpenstein, Wilhelm 489ff., 497, 500, 504, 509
Kasimir II. von Polen 23, 30
Kasimir III., der Große, von Polen 115, 125, 143, 154f.
Kasimir IV. von Polen 185f., 190, 192
Kasimir I. von Pommern 32, 34ff., 40, 42, 45f., 96
Kasimir II. von Pommern 36ff., 100
Kasimir III. von Pommern 112, 160f.
Kasimir IV. von Pommern 155, 157
Kasimir V. von Pommern 138, 164ff., 170, 180
Kasimir VI. von Pommern 190
Katharina II., Zarin 352
Katharina von Wenden 178
Katharina, Gem. Johanns I. von Neumark 157f., 173
Kellman, Carl Hermann 300, 304
Keßler, Georg Wilhelm 402
Ketelhut, Christian 210ff., 228
Kindermann, Gustav Adolf 392
Klän, Werner 510
Klara, Gem. Bogislaws XIII. von Pommern 216
Kleist, Ewald von 241, 308, 314
Kleist-Retzow, Hans Jürgen von 383f., 407f., 420f.
Kleist-Schmenzin, Ewald von 471f., 505, 512
Kleist-Schmenzin, Konrad Graf von 439
Klewitz, Wilhelm Anton 371
Klinckowström, Leonhard von 258
Klopfer, Jost 419
Knebel-Doeberitz, Karl Magnus von 505
Knipstro, Johannes 210, 213, 221, 228, 231
Knöpke, Andreas 210
Knut VI. von Dänemark 35f.
Koch, Robert 434
Köller, Georg von 440
Konrad von Brandenburg 89
Konrad I. von Cammin 28, 39f., 43
Konrad II. von Cammin 43
Konrad III. von Cammin 52, 96
Konrad IV. von Cammin 108, 121
Konrad von Wallenrode 156, 162
Konstantia, Gem. Konrads von Brandenburg 89
Kortüm, Otto 518
Krampehl, Arnold 137
Krassow, Ernst Detlof von 280
Kropidło, Johann 159
Kruse, Wichmann 213
Kruus, Peter Baren 270
Kureke, Johannes 210, 212

Lagerström, Magnus 262, 280, 293
Lasius 389, 392
Lasker, Eduard 417
Laurent-Stargard, Johann Albrecht 330
Lehwaldt, Hans von 352
Lejeune, Fritz 492, 494
Lemcke, Hugo 437
Lenné, Joseph Peter 403
Lenz, Friedrich 432
Leonhard von München 110
Leopold von Anhalt-Dessau 350
Leopold I., röm.-dt. Kaiser 272, 274f., 279, 341
Liewen, Johann Heinrich von 292
Lillienstedt, Johann Graf 239, 286
Lilliieströhm, Johann Nicodemi 241, 249, 251, 253

Lippmann, Julius 440, 444, 473
Lisola (kaiserl. Gesandter) 317
Löben, Johann Friedrich von 311
Loeffler, Friedrich 434
Loewe-Calbe, Wilhelm 417
Loitz, Hans 219
Loitz, Michael 219
Lorentz, Friedrich 18
Lorenz von Neuenburg 105
Lothar III. von Supplinburg, röm.-dt. Kaiser 26, 29, 32
Lothar von Brüsewitz 91
Loucadou (Oberst) 360
Ludwig III., der Blinde, röm.-dt. Kaiser 110
Ludwig IV., der Bayer, röm.-dt. Kaiser 102, 108f., 111
Ludwig Wilhelm I. von Baden (Türkenlouis) 280
Ludwig d. Ä. von Brandenburg 108ff., 112, 124
Ludwig der Römer von Brandenburg 112
Ludwig XIV. von Frankreich 274f.
Ludwig V. von der Pfalz 215
Ludwig I., der Große, von Ungarn 155
Luther, Martin 208, 210f., 218, 230f.
Lüttwitz, Walther Freiherr von 472

Magdalene, Tochter Friedrichs IV. von Nürnberg 164
Mager, Friedrich 263
Magnus von Braunschweig-Lüneburg 161
Magnus von Cammin 152
Magnus von Sachsen-Lauenburg 160, 174
Magnus von Schweden 128
Malmström, Oscar 249
Maltzahn-Gültz, Helmut Freiherr von 427, 452
Manasse, Georg 443
Mann, Thomas 141
Mannheim, Karl 383
Manteuffel, Erasmus von 206, 210, 214, 218, 220f., 226
Manteuffel, Hasso von 514
Manteuffel, Otto von 410
Margarete von Dänemark 130, 143, 146, 150, 157f., 166
Margarete, Gem. Bogislaws IV. von Pommern 105
Margarete, Gem. Bogislaws X. von Pommern 190, 192
Margarete, Tochter Friedrichs IV. von Nürnberg 164
Maria, Gem. Bogislaws IX. von Pommern 185
Maria, Gem. Philipps I. von Pommern 216, 223, 230
Maria, Gem. Wartislaws VII. von Pommern 157
Martin V., Papst 174
Matthias I. Corvinus von Ungarn 190f.
Mazuw, Emil 510
Mechthild, Gem. Bogislaws IV. von Pommern 104f.
Meinders, Franz von 319
Meißner-Zuckers 505
Melanchthon, Philipp 212, 220, 226, 230f.
Mendelssohn, Joseph 412
Menžikoff 342
Mestwin I. von Pommerellen 38
Mestwin II. von Schlawe-Stolp (Pommerellen) 60, 87, 102f., 105
Metternich, Klemens Wenzel Fürst 372, 390
Mevius, David 249ff.
Meyerfeldt, Johann August 283, 286, 342
Michaelis, Georg 443f., 471, 473
Miermeister, Walter 512
Mieszko I. von Polen 122
Mieszko III. von Polen 30, 32, 38
Miroslawa, Gem. Bogislaws II. von Pommern 38
Moritz von Anhalt-Dessau 338, 349ff., 354, 358
Most, Ludwig August 437
Müller von der Lühnen, Burchard 274
Münchhausen, Ferdinand Freiherr von 427, 452
Münzenberg, Willi 470
Mussolini, Benito 487

Napoleon 294, 300f., 363f., 372
Nettelbeck, Joachim 357, 360
Niklot I., Abodritenherrscher 32, 34f., 37
Nikolaus I. von Mecklenburg 88
Norbert von Xanten 29
Normann, Oskar von 439
Notke, Bernt 202

Oertzen, Auguste von 383
Oertzen, Henriette von 385
Oertzen, Ida von 386
Olaf von Norwegen 146, 157
Osiander, Lukas 233
Osten, Dinnies von der 175f.
Ottilie von Arnim 222
Otto der Große, röm.-dt. Kaiser 28
Otto von Bamberg 22ff., 28f., 33, 47, 53, 99
Otto II. von Bamberg 28
Otto, der Faule, von Brandenburg 161
Otto II. von Brandenburg 35f.
Otto III. von Brandenburg 45f., 87, 90, 101
Otto IV. von Brandenburg 103
Otto I. von Everstein 96
Otto I. von Pommern 89, 92, 104f., 107ff., 111, 116, 119
Otto II. von Pommern 160, 162, 164ff., 170, 180
Otto III. von Pommern 148, 179, 181ff., 189, 195, 202
Otto von Schwerin 309
Oxenstierna, Axel Gustavsson Graf 249, 251
Oxenstierna, Bengt 251
Oxenstierna, Johann 249

Pachelbel, Heinrich Christian Friedrich von 369
Papen, Franz von 473, 490
Pelow-Peetz, Heinrich Friedrich von 330
Peter I., Zar 283
Peter von Neuenburg 105
Peters, Heinz 512
Petrus von Cammin 121
Philipp I. von Pommern 215f., 218, 222f., 226, 230, 291
Philipp Julius von Pommern 281
Philipp von Rehberg 159, 199
Philippa, Gem. Erichs I. von Norwegen, Dänemark und Schweden 168
Pleskow, Jakob 133
Poppo von Schletzen 71
Pribislaw von Mecklenburg 34f., 37
Pribislaw I. von Mecklenburg 88

Pribislaw II. von Mecklenburg 102
Pribislawa, Gem. Ratibors I. von Pommern 39
Pristaff (Chronist) 281
Prittwitz, Karl Ludwig Wilhelm Ernst von 407
Przemysł II. von Polen 87, 89, 102f.
Putbus, Malte I. Fürst von 303
Puttkamer, Heinrich von 383, 385, 406, 408
Puttkamer, Robert von 427, 452f., 475

Rahden, Bogislav von 279
Ranke, Leopold von 404
Ratibor I. von Pommern 29f., 32, 38f.
Ratibor II. von Schlawe-Stolp 38, 87
Redern, Wilhelm Friedrich Graf von 417
Reichenbach, Johann David von 272, 296
Reinhard, Wilhelm 438
Remmelding, Antonius 213
Rendtorff, Heinrich 510
Renskiöld (Reinschild), Karl Gustav Graf 239, 286
Rewoldt, Max 440
Rhegius, Urbanus 215
Riezler, Walter 438
Ritschl, Karl 390
Rochow, Gustav von 390, 412
Rode, Paul vom 208, 211, 221, 228, 231
Rohr, Karl Georg Heinrich von 392
Rohr-Demmin, Hans-Joachim von 487, 489
Roon, Albrecht von 384, 421
Rubenow, Heinrich 176ff.
Rudolf I. von Habsburg, röm.-dt. König 90, 101
Rudolf von Belkow d. Ä. und d. J. 55
Rudolf von Sachsen 164f.
Rudolf I. von Sachsen-Wittenberg 111
Runge, Friedrich 241, 308, 311, 317
Runge, Jacob 231
Ruprecht von der Pfalz 158

Sack, Johann August von 368f., 372, 375, 386
Sailer, Johann Michael 385
Sambor von Rügen 101, 103
Sarnow, Karsten 136
Sarnow, Otto 445
Sasse, Johann 199
Sauerbruch, Ernst Ferdinand 434
Savigny, Friedrich Karl von 385
Saxo Grammaticus 35
Scheunemann, Anton 406
Schill, Ferdinand von 299, 359f.
Schinkel, Karl Friedrich 374
Schippenbeil, Nikolaus von 159f.
Schlange-Schöningen, Hans 446, 481, 487f., 492
Schlatter, Adolf 434
Schlieffen, Alfred Graf von 441
Schlieffen, Hans von 174f.
Schmidt, Theodor 417
Schönenberg, Mathias 194
Schuckmann, Kaspar Friedrich Freiherr von 405
Schulenburg, Werner von der 190, 192
Schultze, Victor 434, 437
Schulz von Ascheraden 289
Schulz, Robert 497, 500, 510
Schwalenberg, Heinrich 241
Schwede-Coburg, Franz 489f., 497, 499f., 503, 506f., 509, 516
Schwerin-Löwitz, Hans Graf von 439f.
Semlow, Gerwin 107
Senfft von Pilsach, Ernst Freiherr 386, 418
Siegfried I. von Cammin 43
Siegfried II. von Cammin 174f.
Sigismund, röm.-dt. Kaiser 115, 158, 160ff., 165f., 168, 170, 173, 180
Sigwin von Cammin 43
Sinclair, Malcolm Graf 292, 297
Sixtus IV., Papst 176, 206
Sofia, Gem. Władysławs II. von Polen 170
Somnitz, Lorenz Christoph 317
Sophia, Gem. Bogislaws III. von Pommern 173f.
Sophia, Gem. Erichs II. von Pommern 148, 182, 185f., 190, 204
Sophie, Gem. Johanns I. von Brandenburg 88
Souches, Ludwig Raduit de 274
Stanislaus Leszczyński 296
Steen, Tidemann 167
Stein, Heinrich Friedrich Karl Reichsfreiherr vom und zum 302, 360, 363f., 375, 382, 393
Steinmeyer, J. G. 403
Steinwer, Hippolyt von 213
Stenbock, Magnus Graf 283
Stephan II. von Bayern 109
Stephani, Joachim 228
Stern, Carola 507
Stoewer, Bernhard 431, 461
Strindberg, August 284
Suawe, Bartholomäus 226, 228
Suawe, Peter 211
Sunkel, Reinhard 491, 494
Swantibor von Pommern 38
Swantibor I. von Pommern 160ff.
Swantibor II. von Pommern 154, 158, 165
Swantibor von Pommern (Sohn Wartislaws) 183, 195
Swantopolk, Pommernherrscher 38
Swantopolk II. von Schlawe-Stolp 87, 101, 172
Swenza (Palatin Mestwins II.) 105
Swerting, Gregor 150

Tersteegen, Gerhard 385
Tetzel, Johann 210
Tezlaw von Rügen 27
Thadden-Trieglaff, Adolf Ferdinand von 383ff., 386f., 389, 402, 406, 408
Thadden-Trieglaff, Reinold von 488, 505f., 510
Thom, Karl 506, 510
Thun, Andreas von 308, 311
Tilebein, Carl Gotthilf 374
Tüngen, Nikolaus von 172

Uhlenhuth, Paul 434
Ulrich von Bevenhusen 63
Ulrich von Mecklenburg-Stargard 164, 178, 185
Ulrike Eleonore von Schweden 343

Unruh, Hans Viktor von 410
Urban V., Papst 112, 115

Vahlen, Karl Theodor 491f., 494
Veltheim, Malte von V., Fürst zu Putbus 512
Venediger (Generalsuperintendent) 231
Virchow, Rudolf 410f.
Voge, Otto 176ff.
Vretekowe (Bauer) 73

Wachsmann, Alfons 506, 512
Waldemar von Brandenburg 78, 96, 101, 103, 105ff., 112
Waldemar I., der Große, von Dänemark 27, 32, 34f., 37, 100, 106
Waldemar II. von Dänemark 35f., 45, 87, 101
Waldemar III. von Dänemark 115
Waldemar IV. Atterdag von Dänemark 112, 128ff., 133, 143, 157, 160f., 167, 173
Waldow, Wilhelm von 427, 443, 452, 469
Waldstein, Benedikt von 206, 208
Wallenstein, Albrecht Wenzel Eusebius von 233, 235
Walrave, C.C. 344
Walter, Georg 189
Walter, Peter 269f.
Walter (Münzmeister) 37
Wartislaw I. von Pommern 16, 25f., 29f., 36, 38
Wartislaw II. Swantiboriz von Pommern 34, 36, 38, 42
Wartislaw III. von Pommern 45, 48, 52, 57f., 77, 79, 87f., 90f., 104, 209
Wartislaw IV. von Pommern 78, 92, 103, 105ff., 115
Wartislaw V. von Pommern 112, 143
Wartislaw VI. von Pommern 129, 136, 143, 146f., 161
Wartislaw VII. von Pommern 155ff., 173
Wartislaw VIII. von Pommern 147, 150, 152ff., 164
Wartislaw IX. von Pommern 138, 148, 150, 153f., 160, 164ff., 173, 175ff., 181f.
Wartislaw X. von Pommern 148, 182ff., 189, 190, 192, 195, 202, 204
Wartislaw XI. von Pommern 190
Wartislaw, Sohn Wartislaws VIII. von Pommern 164
Wartislaw von Schlawe-Stolp 87
Wedel, Christof von 311
Wedel, Hans von 156
Wehrmann, Martin 18
Weiher, Martin von 226
Wenck, Walther 514
Wendt, Gerhard 491
Wenzel, röm.-dt. König 159ff.
Wenzel II. von Böhmen und Polen 103, 105
Wenzel III. von Böhmen, Ungarn und Polen 103
Wiesenthal 412
Wigger von Brandenburg 30, 32
Wilamowitz-Moellendorff, Ulrich von 434
Wilhelm I., dt. Kaiser 407, 417
Wilhelm II., dt. Kaiser 458
Wilhelm von Braunschweig 166
Wilhelm von Cammin 96
Wilhelm II. von Geldern 156
Wilhelm Malte I. von Putbus 369, 372, 379, 403
Wilhelm von Wenden 180
Wilhelm, Eugen 512
Wilkini, Johannes 159
Willekin, Schulze 72
Wimpina, Konrad 210
Windischgrätz (Gesandter) 274
Winkelmann, Christoph Ludwig 329
Winkelsesser (Pastor) 386
Wirtz, Paul 274, 276
Witold von Litauen 162, 170
Wittenburg, Heinrich 199
Wizlaw I. von Rügen 48, 81, 88, 91, 100f.
Wizlaw II. von Rügen 49, 62, 78, 88, 90, 101ff., 105, 107, 115, 172
Wizlaw III. von Rügen 78, 80, 87, 101f., 106f., 115
Władysław II. (Jagiełło) von Polen 135, 155f., 158, 168, 170
Władysław Łokietek von Polen 103, 105, 108, 124
Wolde, Eckhard von dem 156
Wolff (Stahlhelm-Führer) 488
Wolfram (Abt) 28
Wrangel, Carl Gustaf 239, 249, 252, 259, 275, 318
Wrangel, Friedrich Graf von 407, 409f.
Wulflam, Bertram 133, 136, 138
Wulflam, Wulf 133, 136, 138, 146
Wurm, Michael 232

Yorck von Wartenburg, Johann David Ludwig 364

Zemuzil von Pommern 23
Ziller, Hermann Freiherr von 443, 452
Zitzewitz, Ernst von 445, 509f.
Zitzewitz, Friedrich Karl von 505, 512
Zöllner, Johann Friedrich 254
Zühlsdorf 389, 391
Zwicker, Peter 199

ORTSREGISTER

Aachen 195
Ahlbeck 507, 515, 522
Ahrenshoop 147, 522
Alexandria 162
Altdamm 77, 86, 104, 150, 319, 485, 502, 507
Altefähr 257, 463
Altenkamp 223
Altenkirchen 27, 515
Altentreptow s. Treptow an der Tollense
Alt Falkenberg (Cabowe) s. Falkenberg
Altona 283, 287
Alt-Torgelow s. Torgelow
Altwarp 515
Amsterdam 357
Angermünde 112, 166, 180ff., 413
Anklam 54, 77, 82, 85, 93, 95, 99, 104, 111, 115, 120f., 136, 138, 142f., 146, 150, 153, 176, 179, 243, 245, 253f., 256, 258, 364, 428, 433, 439, 454, 462, 494, 507, 512, 522
Arles 112
Arnhausen 96
Arnswalde 90, 490, 511
Auerstedt 358
Augsburg 214, 223, 225f., 231, 236, 351
Avignon 108, 112, 124, 198

Baabe 464
Bahn 73, 77, 86, 186, 238, 241, 243
Bahrenbusch 188
Bamberg 24, 26, 28f., 39, 42f., 47, 126
Barth 49, 62, 64, 80, 83f., 86, 94f., 116, 146f., 178f., 200, 210, 216, 233, 243, 257f., 261, 266, 269, 271, 444, 471, 473
Bartikow 71
Bärwalde 332
Basel 174f., 177, 358, 409
Behlkow 58, 72
Behren-Lübchin 34
Belbuck 42, 58, 73, 79, 208, 210f., 217
Belgard 23, 25, 43, 59, 78, 104, 142, 315f., 324, 326, 383, 385, 407, 410, 432, 439, 445, 462, 464, 472f., 485
Belkau 72
Belkow (Niznaw) 72
Below 91
Bender 283
Bergen 36, 50, 99, 138, 244, 253, 257f., 300, 464, 522
Berlin 46, 163, 182, 190, 258, 314, 324, 342f., 350, 359, 366, 370ff., 378, 383f., 393f., 397, 399, 405ff., 409f., 412f., 430f., 433f., 437, 445, 448f., 456, 458, 464f., 472, 481, 485, 502, 505, 514
Bernau 413
Bertkow 71
Beßwitz 462
»Betsin« 62
Biesenthal 413
Billerbeck 392
Binow 195
Binz 464f.
Böbbelin 59
Bochwalt 73
Boitzenburg 164
Böken 71
Boldekow 67
Bologna 100, 222
Boltenhagen 404
Bornhöved 45, 87, 106
Bötzow 163
Brandenburg 29, 202
Brandenburg (Ostpreußen) 157
Brandshagen 300, 304
Braunschweig 215
Bredow 414, 416, 500, 509
Bremen 28, 30, 246, 250ff., 272, 279, 413f., 456
Bresewitz 49, 62
Breslau 389f., 392, 438, 458
Bretwisch 52
Brietzig 84
Broda 46
Bromberg 318, 432
Brömsebro 257
Brudersdorf 116
Brügge 117
Brüssel 351
Brüssow 112, 186, 252
Bublitz 78, 324, 338, 445, 449, 473
Buchholz 241
Buckow 59, 61, 99, 199
Buda 163, 170
Bukarest 468
Bulgrin 59
Burg 62
Burggraben 36
Bütow 78, 106, 158, 187, 444, 467, 471, 481
Bützow 152
Cammin 25f., 28, 31, 34ff., 39ff., 47, 52, 56f., 60, 63, 67, 70, 78, 80, 82, 86, 89ff., 93, 95ff., 102ff., 106, 108f., 121ff., 142, 150f., 154, 158ff., 165, 167, 173ff., 199, 205f., 214f., 220f., 226f., 229, 229, 233, 236, 238, 241, 243, 308ff., 316, 384, 388ff., 426, 426, 431, 439, 449, 454
»Clodena« 25
Coburg 503
Cottbus 485
Cuntzow 494
Curau 274

Daber 71, 86, 222
Dadow 58
Dalarna 170
Damerow 57, 72, 261
Damgarten 80, 129, 146, 243, 257f., 282f., 515, 519
Damm 238, 241, 243, 274, 351
Danzig 103, 117, 137, 141f., 190, 219, 296, 337, 351, 413, 432, 445, 458, 464, 481, 484f., 514
Dargun 42, 46, 59, 65, 99, 113
Deep 334
Demmin 26, 29f., 34ff., 52, 54, 75, 77, 85f., 88, 91, 93, 95, 99f., 104, 111, 115, 120ff., 138, 150, 153, 161, 176, 179f., 200, 243, 254, 258, 264, 274, 318, 352, 364, 432, 454, 462, 464, 482, 514, 522
Den Haag 283
Dersekow 54
Deutsch Krone 490, 511
Deutsch Pribbernow 58
Deutsch Weckow 57
Dischenhagen 232
Doberan 42
Dömitz 166
Dorpat 162
Draheim 236
Dramburg 337, 424, 428, 450, 490, 511

Dresden 485
Driesen 89f.
Duckow 72
Dünamünde 57

Eberswalde 164, 180f.
Eckenberg 457
Eckernförde 271
Edessa 30
Eichstätt 28
Elbing 317, 351, 512
Eldena 42, 48, 54, 76f., 113, 154, 177, 199f., 213, 236, 244, 263, 420, 457
Engelswacht 258
Erfurt 177
Esrom 42

Falkenberg 51, 72
Falkenburg 156, 337
Falkenhagen 376
Falköping 146
Falsterbo 130, 135, 146
Fehrbellin 275, 318
Fiddichow 78, 241, 243, 514
Finkenwalde 416, 510
Finkenwalde-Friedensburg 416
Flackenheide 335
Flatow 490, 511
Flensburg 167f., 271
Frankfurt am Main 109ff., 165, 351, 409f., 497
Frankfurt an der Oder 89, 119f., 210, 482, 485
Franzburg 233, 243, 300, 444, 452, 454, 472f.
Frätow 73
Fraustadt 286
Freienwalde 78
Friedeberg 490, 511
Friedenshof 435
Friedrichsdorf 505
Friedrichshagen 71
Friedrichshall 343
Friedrichshuld 346
Friedrichswalde 225, 316
Friedrichswalde-Hinzendorf 225
Fürstenwalde 161

Gadebusch 71
Galenbeck 179
Garbodenhagen 153
Gartz an der Oder 83ff., 99, 104, 111, 119, 150, 184, 186, 189f., 192, 243, 274, 351, 514f., 519, 522
Garz 54, 80, 238, 243
Gaulitz 67
Gävle 271
Gdingen 445, 484
Genua 292
Gnesen 16, 25f., 29, 32, 98, 124f., 159
Gnojen 153
Gollnow 78, 82, 85, 104, 111, 150, 191, 232, 238, 241, 243, 319, 351
Gören 464
Gorlosen 166
Görmin 264
Göteborg 271
Gottesfriede 199
Gottesgnade 199
Göttingen 434
Grabow 71, 428
Grammendorf 62
Gramzow 39
Grandshagen 58
Graudenz 514
Greifenberg an der Rega 58, 78f., 86, 98, 104, 142, 150, 180f., 195, 315f., 339f., 385, 387f., 392, 439, 490, 511
Greifenhagen 55, 71, 78, 84ff., 104, 111, 119, 150, 243, 274, 340, 351, 383, 491
Greifswald 19, 71, 73, 76f., 82ff., 88, 93, 95, 98ff., 104, 106, 111, 113ff., 117, 119ff., 128f., 133, 135, 138, 143, 146, 150, 153f., 175ff., 189, 199f., 202, 205, 210, 213, 215f., 220, 228, 230f., 233, 236, 243ff., 248ff., 257f., 263f., 268, 271, 274, 290f., 300, 303, 319, 369, 371, 376, 393, 404, 409, 417, 420, 427f., 433f., 436f., 440, 445, 449, 454, 457, 462, 471, 482, 487, 491ff., 497, 501, 512, 514, 518f., 521, 522
Griebenow 54
Grimmen 80, 94, 116, 179, 243, 257f., 300, 376, 417, 440, 482, 518, 522
Grimnitz 306
Grobe 32, 39f., 42, 54, 61
Groß-Behnitz 412
Groß Borckenhagen 68
Groß Ernsthof 252
Groß Kiesow 153
Groß Küssow 72
Groß Latzkow 72
Groß Mokratz 56
Groß Rakow 52
Groß Sabow 62
Groß Schlönwitz 510
Groß Schönfeld 46, 48
Groß Stepenitz 57
Groß Weckow 72
Groß Zapplin (Deutsch Zapplin) 58
Grünhof 402
Guben 119, 485
Gülzow 72
Gumbinnen 453
Güstrow 23, 152
Gützkow 26, 29, 35, 78, 88, 146, 180, 243
Gützlaffshagen 58

Hagenow 58, 73
Halberstadt 152, 308
Halle 373
Hamburg 28, 30, 35, 120, 167, 212, 215, 257, 294, 351, 391f., 412ff., 456, 458
Hammerstein 158, 162
Hannover 251, 294
Havelberg 29f., 39
Heidelberg 215f., 222, 383, 409, 434
Heiligenstadt 392
Helsingborg 129f.
Heringsdorf 504
Hermshagen 71
Hertesburg 94, 116
Hildesheim 174
Hillerød 169
Hinrichshagen 71
Hoff 426
Hohenkrug 419, 502
Hökendorf 502
Hubertusburg 354, 356
Husum 276

Jacobshagen 78
Jarchelin 420
Jarmen 96, 243, 491
Jasenitz 54, 99, 171, 199f., 216
Jatznick 431
Jena 290, 358
Jerusalem 468
Jestin 72
Juditten 156
Jüterbog 211

Kallies 514
Kalmar 157f., 166, 168ff., 173, 185
Karlsbad 373, 381, 384
Karolinenhorst 358
Karthaus 469
Karzin 453
Kaseburg 54, 161
Kasimirsburg 324
Kattowitz 445
Kenz 147, 195
Kiel 120, 301, 409, 414
Kiew 468
Kirch Baggendorf 62
Klaipeda 522
Klein Küssow 72
Klein Latzkow 72

Klein Mokratz 56
Klein Rakow 52
Klein Sabow 62
Klein Schönfeld 46, 48
Klein Stepenitz 57
Klein Weckow 72
Klein Zapplin (Wendisch Zapplin) 58
Klempenow 186, 189
Kleve 368
Kniephof 383, 406, 420
Kolbatz 42, 46, 51, 61, 72f., 195, 199, 241, 316, 335
Kolberg 23, 25, 35, 37, 42f., 56, 58, 64, 72, 75, 78, 80, 82ff., 93, 95, 97, 99f., 120, 133, 135, 142f., 150, 154, 167, 173ff., 178f., 195, 200, 205, 209, 214, 224, 226, 231, 236, 309, 311ff., 315f., 320, 322ff., 329, 332, 337, 352ff., 357, 359f., 364, 402, 428, 430, 433, 444, 449, 457f., 464, 467, 472, 491, 494, 506, 514
Kolbitzow 502
Koldemanz 58
Köln 39, 47, 129, 133
Kolow 84
Königsberg 161, 211, 458, 485, 488
Königsberg in der Neumark 90, 192
Königsholland 347
Konitz 464, 514
Konstantinopel 468
Konstanz 160, 164f., 170, 174
Kopenhagen 129, 147, 301
Körlin 78, 97, 308, 324, 408f., 449
Koserow 261
Köslin 43, 59, 64, 71f., 78, 80, 99, 108, 142, 159, 174, 176, 195, 214, 309ff., 316, 324, 330, 340, 347, 369, 392, 396, 402, 406, 413, 418, 420, 427f., 430f., 433, 440, 444f., 448f., 454f., 457, 461, 464, 471ff., 479, 482, 490f., 494, 505, 508, 510f.
Krakau 115, 125, 155, 317
Kreisau 512
Krongraben 36
Krummin 99, 252
Kulm 124, 159, 187
Külz 383, 420
Kummerow 84
Kunow 84
Kuntzow 491
Küstrin 337

Labes 78, 86, 104
Labiau 317
Landsberg an der Warthe 89, 97
Langenhanshagen 270
Lassan 29, 54, 78, 84, 202, 243
Lauenburg 78, 158, 190, 340, 444, 481f., 506
Lebbin 25
Lebus 25, 89, 97
Leiden 251
Leipzig 301, 364, 434
Leslau (Włocławek) 98, 125, 236
Levin 48
Lindholm 150
Lindow 84
Lippehne 56, 99, 109
Lissabon 357
Liverpool 392, 398
Löcknitz 96, 186, 189f., 192, 243
Loitz 28, 73, 77, 88, 94, 116, 146, 152, 243, 258
Lotstich 73
Lottin 462
Lübeck 35, 81f., 84, 88, 106, 117, 119ff., 128, 133, 135ff., 141ff., 146f., 150, 152, 167, 169, 202, 215, 271f., 431, 456
Lublin 510
Lubmin 522
Lund 42, 47
Lüneburg 117, 119, 167, 215
Lützen 233, 240

Magdeburg 16, 26, 29f., 32, 34, 39, 42, 46, 77, 82, 85, 111, 308, 392, 406
Malchin 52, 72
Malchow 59
Malmö 130
Marienburg 190, 317
Marienbusch 99
Marienfließ 99, 316
Mariengaarde 42
Marienkrone 199
Marienthron 99
Märkisch Friedland 514
Marstrand 286
Massow 57, 78, 82, 142, 462, 485
Mellen 71
Memel 366
Merseburg 23, 28
Mescherin 515
Mesekenhagen 71
Metz 35, 453
Michaelsdorf 49, 62
Minden 308
Mölln 199
Mölschow 252
Mönkeberg 72
Mühlberg 223
Mukran 522
Müllrose 337
München 494, 497, 500
Münster 308, 418
Muttrin 505

Nakel 157
Naugard 57, 78, 96, 196, 225, 332, 392, 445, 462, 482
Naulin 84
Nehringen 289
Neu-Angermünde s. Angermünde
Neubrandenburg 432, 464
Neuenkamp 61, 80, 99, 199, 216, 223
Neuenkirchen 263
Neuklenz 72
Neumark (Cirnow) 51
Neumühl 163
Neuruppin 164
Neustadt 80, 469
Neustadt-Eberswalde 413
Neustettin 78, 99, 188, 315f., 324, 335, 340, 356, 432, 462, 467, 471f., 482, 490, 494, 511f., 514
Neu-Torgelow s. Torgelow
Neuwarp 78, 80, 82, 243
Nonnendorf 252
Nördlingen 240
Nowgorod 117
Nürnberg 112, 184, 241, 308, 351, 493
Nustrow 153
Nystad 343

Obliwitz 68
Oderberg 181
Odermünde 431
Ofen 279
Oldenburg (in Holstein) 28f.
Oliva 318, 321
Olmütz 206
Onolzbach 190
Oranienburg 510
Osnabrück 236, 238f., 241, 243, 272, 306, 308

Pakulent 84
Parduin 39
Paris 251, 274, 296, 300f., 319
Pasewalk 35, 55, 78, 98, 112, 116, 131, 181f., 200,

243, 267, 274, 433, 471, 519, 522
Passow 71, 413
Pätschow 52
Patzig 268
Peenemünde 506f., 512
Penkun 52, 78, 111, 186, 189, 192, 243, 274
Pentz 91
Perleberg 166
Petrikau 186
Pflugrade 196
Pisa 160
Plathe 78, 104
Płock 25
Pölitz 78, 243, 507
Pollnow 195
Poltawa 280
Poppenhagen 71
Posen 431, 458, 512
Potsdam 412, 514f.
Prag 112, 155, 160f.
Prenzlau 36, 52, 77f., 95, 98, 163f., 166, 180f., 184, 186, 189, 519
Preußisch Friedland 158, 511, 514
Prilipp 43
Prittisch (Posen) 389
Pritzier 252
Pudagla 150, 199
Pustamin 506, 510
Putbus 379, 403, 464f.
Pütnitz 147
Pyritz 25, 43, 52f., 56, 75, 77, 80, 83ff., 90, 95, 98f., 104, 111, 139, 200, 202, 210f., 315f., 324, 335f., 392, 424, 450, 482, 494, 497, 500, 512
Pyzdry 157

Ralswiek 37, 252
Randow 392, 424, 449f., 471, 485, 511, 519
Rastatt 298
Rathenow 180
Rathenowe 65
Ratzebuhr 354
Ratzeburg 39
Reddentin 385
Reetz 392
Regensburg 112, 189, 274, 296
Regenwalde 78, 86, 332, 392, 400, 402, 408, 424, 450, 490, 511
Reinfeld 383, 408
Reval 117
Ribnitz 129, 136, 282, 519
Richtenberg 80, 243
Riga 117, 137, 162, 210, 272, 366
Rittermannshagen 23
Roderbeck 51
Rom 150, 175, 195, 205f., 226
Roman 406
Rörchen 189
Rosengarten 502
Roskilde 16, 37, 50, 98f., 102, 220
Rostock 80, 90, 92, 106, 119f., 128, 135, 142, 146f., 167, 177, 251, 258, 409
Rottmannshagen s. Rathenowe
Rottnow 386
Rügen 19, 454
Rugendal 80
Rügenwalde 68, 78, 105, 120, 142, 150, 171ff., 182, 199f., 204, 316, 324, 332, 337, 399, 454, 514
Ruhnow 464
Rummelsburg 188, 332, 346, 402, 444, 462, 514

Saatzig 315, 424, 450, 482
Sabow 84
Saint-Germain-en-Laye 319, 322, 344
Salzwedel 96
Sankt Gotthard 274
Santiago di Compostela 195
Saßnitz 432f., 464, 466f., 514
Scharpzow 72
Schillersdorf 67
Schivelbein 158, 199, 410f., 424, 445, 450, 457, 473
Schlawe 42, 64, 78, 80, 105, 142, 316, 327, 482, 506, 510
Schlawin 334
Schleswig 271f.
Schlochau 158, 490, 511
Schmolsin 195, 356
Schneidemühl 464, 490, 511f.
Schojow 462
Schönbeck 329
Schönfließ 90
Schwedt 112, 186, 192, 283
Schwerin 37, 48, 67, 71, 91, 97ff., 101, 115f., 152, 212f., 220, 431
Seefeld 56
Seehof 385, 389, 392
Sellin 464
Sidelowe 72
Skanör 130, 135, 150
Soldin 56, 89, 97f., 184ff.
Spandowerhagen 252
Spantekow 142
Sparrenfelde 69
Speck 382
Speyer 213f.
Spycker 252
Stade 257
Stalingrad 507
Stargard (an der Ihna) 35, 42f., 75, 77, 82, 85f., 95, 99f., 104, 114, 125, 135, 139f., 142, 150, 175, 190, 194f., 200, 202, 208, 214f., 234, 310f., 316, 322, 325, 329, 332, 337, 350, 363f., 375, 404, 427f., 430, 433, 449, 457, 462, 464, 471, 482, 494, 506, 514
Stavenhagen 152
Stendal 72, 392
Stettin 14ff., 20, 23ff., 28, 30, 32ff., 36ff., 43, 48, 51ff., 61, 69, 71f., 75, 77f., 80, 82ff., 92f., 95, 98ff., 104, 106, 111f., 114, 117, 119ff., 129, 133, 135, 138f., 142f., 148, 150, 161ff., 171, 181ff., 189, 192, 195, 199f., 202, 205, 208, 211, 214f., 219ff., 225, 228, 231, 233, 236, 238, 243, 245, 247, 252ff., 257, 262, 271f., 274, 276ff., 283, 303, 306, 314, 318f., 329, 336f., 340ff., 347ff., 360, 363f., 368f., 374f., 377, 392, 406f., 409f., 412ff., 425, 427ff., 437f., 441ff., 447ff., 454, 456ff., 464f., 468, 470ff., 482ff., 488ff., 497f., 500, 502f., 505ff., 509ff., 514ff.
Stockholm 146, 150, 239, 241, 250, 256ff., 262, 271f., 274f., 295f., 308, 343
Stolp 60f., 78, 93, 98f., 114, 120, 142, 150, 167f., 175, 200, 210f., 215, 221, 308, 316, 324, 345, 351, 356, 362, 377, 394, 413, 427f., 430f., 433, 444, 449, 453f., 462, 464, 471, 481f., 485, 491, 494, 506
Stolpe an der Peene 30, 32, 39, 48, 67, 99f., 181
Stolpmünde 337, 465, 514
Stolzenburg 189
Stolzenhagen 72
Stolzenhagen-Kratzwieck 430, 461
Storkow 335
Stralow 78
Stralsund 19, 49, 78, 80f., 83ff., 94f., 98, 100, 106f., 111, 114ff., 128ff., 132ff., 142ff., 146f., 150, 152f.,

167, 176ff., 195, 199f., 202, 210ff., 215, 231, 233, 235, 239, 243, 245f., 249, 251ff., 257f., 271ff., 280, 283ff., 287f., 294ff., 301, 303f., 336, 343, 352, 359f., 369, 375ff., 395, 404, 413, 417f., 427f., 430, 432f., 437, 444f., 448f., 452ff., 457f., 462ff., 467, 471f., 482, 485, 491, 503, 507, 512, 516f, 520ff.
Stramehl 157
Strasburg 166
Strausberg 163
Strohsdorf 410
Subzow 54
Swinemünde 351, 364, 392, 413, 433, 456, 458, 465, 471, 491, 503, 507, 512, 514f.
Sydney 398
Sydowsaue 431, 502
»Szarnekevitz« 62
Szczecin s. Stettin

Tangermünde 162
Tannenberg 158, 163
Tantow 413
Tauroggen 364
Techlipp 188
Tempelburg 236
Templin 107, 180
Thorn 158, 163, 186, 317
Tilsit 360
Tönning 284, 342
Torgau 230
Torgelow 112, 116, 161, 181f., 186, 189, 431, 461
Trelleborg 432
Treptow an der Rega 35, 42, 58, 62, 72f., 78f., 86, 95, 99, 104, 137, 142, 150, 174f., 210, 215, 217f., 220, 223, 324, 339
Treptow an der Tollense 42, 77, 104, 111, 152, 186, 243, 316, 340
Tressin 58
Tribsees 80, 84, 94, 116, 146f., 152, 243, 257f., 267, 284
Trieglaff 58, 383, 385ff., 389, 392
Trinwillershagen 269
Tuchel 514

Ueckermünde 54, 72, 78, 82, 84, 99, 104, 165, 186, 243, 264, 267, 398, 431, 467, 519
Uecker-Randow 522
Usedom 23, 26, 39f., 52, 75, 78, 86, 93, 95, 100, 146, 153, 243, 267, 364, 504
Utrecht 341

Varzin 380, 420
Vasvár 274
Verchen 42, 198
Verden 246, 250ff., 279
Versailles 444f., 488
Vierow 54
Vierraden 92, 102, 180, 186, 189f., 192, 243
Voigdehagen 152
Völschendorf 71
Völschow 116, 152
Vordingborg 129, 168
Vorwerk 252

Warp (Neuwarp) 25
Warschau 274, 317, 321, 351
Wehlau 318
Weimar 444f.
Weitenhagen 71
Wendisch Baggendorf 62
Wendisch-Mellen 241
Wendisch Pribbernow 58
Wendisch Weckow 57
Werben 78, 96
Wien 179, 185, 223, 303, 343, 364, 437, 491
Wildenbruch 226, 241
Wildeshausen 250
Wisby 129
Wismar 106, 119f., 128, 133, 142, 146f., 167, 250f., 253f., 257, 286, 290, 298, 341, 369
Wittenberg 208, 210ff., 218, 220, 231
Wittow 257f.
Wittstock 181, 240
Włocławek (siehe Leslau)
Woldenburg 175
Wolfshorst 347
Wolgast 14, 16, 23, 26, 32, 35, 64, 75, 78, 85, 88, 104, 116, 129f., 146, 150, 154, 161f., 164ff., 179, 181ff., 190, 197, 221f., 228, 230f., 243, 249, 252, 254, 257f., 271, 281, 283f., 287, 291, 343, 413, 521
Wollin 23, 25f., 29, 34, 39f., 54, 57, 72, 75, 78, 80, 84, 86, 99, 142, 150, 176, 191, 210, 243, 253, 261, 392, 416
Woltersdorf (Zipberese) 51, 72
Woltin 241
Worms 208
Wrangelsburg 252
Würzburg 28, 410
Wüstenhagen 270

Ystad 257f., 284

Zabelsdorf (Nebuzcowe) 72
Zachan 226
Zanow 78, 106, 156
Zantoch 25, 89f., 97
Zarnglaff 431, 461
Zarow 61
Zarowmühle 467
Zehden 52
Zehdenick 165
Zettemin 65
Zezenow 60
Zichelesbrukke 73
Ziegenhagen 392
Ziethen 29
Zimdarse 73
Zimmerhausen 384
Złotoryja 155
Znaim 111
Zoppot 431
Züllchow 374, 416, 430
Züssow 413

KONKORDANZ DER ORTSNAMEN

Alt Falkenberg *Chabowo*
Altdamm *Dąbie*
Arnhausen *Lipie*
Arnswalde *Choszczno*

Bahn *Banie*
Bahrenbusch *Brokęcino*
Bartikow *Bartkowo*
Bärwalde *Barwice*
Behlkow *Bielikowo*
Belbuck *Białoboki*
Belgard *Białogard*
Belkau *Białków*
Belkow *Bielkowo*
Beßwitz *Biesowiec*
Billerbeck *Nadarzyn*
Binow *Binowo*
Böbbelin *Bobolin*
Bredow/Stettin-Bredow *Drzetowo/Szczecin-Drzetowo*
Breslau *Wrocław*
Brietzig *Brzesko*
Bromberg *Bydgoszcz*
Bublitz *Bobolice*
Buchholz *Buczek*
Buckow *Bukowo*
Bulgrin *Białogórzyno*
Bütow *Bytów*

Cammin *Kamień Pomorski*
Curau *Kurowo Braniewskie*

Daber *Dobra*
Dadow *Dziadowo*
Damm *Dębowe*
Danzig *Gdańsk*
Deep *Mrzeżyno*
Deutsch Krone *Wałcz*
Deutsch Pribbernow *Przybiernówko*
Deutsch Weckow *Wiejkowo*
Dischenhagen *Dzisna*
Draheim *Szeszki*
Dramburg *Drawsko Pomorskie*
Driesen *Drezdenko*

Elbing *Elbląg*

Falkenberg *Chabowo*
Falkenburg *Złocieniec*
Fiddichow *Widuchowa*
Finkenwalde *Zdroje*
Flackenheide *Wielawino*
Flatow *Złotów*
Freienwalde *Chociwel Strzelce*
Friedeberg *Krajeńskie*
Friedrichsdorf *Łękinia*
Friedrichshuld *Bożanka*

Gaulitz *Gogolice*
Gollnow *Goleniów*
Grabow/Stettin-Grabow *Grabowo/Szczecin-Grabowo*
Grandshagen *Grądy*
Graudenz *Grudziądz*
Greifenberg *Gryfice*
Greifenhagen *Gryfino*
Groß Borckenhagen *Borkowo Wielkie*
Groß Küssow *Koszewo*
Groß Latzkow *Laskowo*
Groß Mokratz *Mokrzyca Wielka*
Groß Sabow *Żabowo*
Groß Schlönwitz *Słonowice*
Groß Schönfeld *Żarcyn*
Groß Weckow *Jagniątkowo*
Groß Zapplin *Czaplin Wielki*
Gülzow *Golczewo*
Gumbinnen *Gussew*
Gützlaffshagen *Gosław*

Hammerstein *Czarne*
Hohenkrug *Struga/Szczecin-Struga*

Jacobshagen *Dobrzany*
Jarchelin *Jarchlino*
Jasenitz *Jasienica*
Juditten *Judyty*

Kallies *Kalisz Pomorski*
Karolinenhorst *Reptowo*
Karzin *Karsina*
Kaseburg *Karsibór*
Kasimirsburg *Kazimierz*
Klein Küssow *Koszewko*
Klein Latzkow *Laskówko*
Klein Mokratz *Mokrzyca Mała*
Klein Sabow *Zabówko*
Klein Stepenitz *Stepniczka*
Klein Weckow *Wiejkowko*
Klein Zapplin *Czaplin Mały*
Kniephof *Konarzewo*
Kolbatz *Kołbacz*
Kolberg *Kołobrzeg*
Koldemanz *Kołomąć*
Kolow *Kołowo*
Königsberg Nm. *Chojna*
Körlin *Karlino*
Köslin *Koszalin*
Krakau *Kraków*
Kunow *Kunowo*
Küstrin *Kostrzyn*

Labes *Łobez*
Landsberg/W. *Gorzów Wielkopolski*
Lauenburg *Lębork*
Lebbin *Lubin*
Leslau *Włocławek*
Lindow *Lubicz*
Lippehne *Lipiany*
Lottin *Lotyń*
Lublin *Lublin*

Marienburg *Malbork*
Marienbusch *Wielka Bieda*
Marienfließ *Marianowo*
Märkisch Friedland *Mirosławiec*
Massow *Maszewo*
Mellen *Mielno*
Marienthron *Świątki*
Muttrin *Motarzyn*

Naugard *Nowogard*
Naulin *Nowielin*
Neustettin *Szczecinek*
Neuwarp *Nowe Warpno*

Obliwitz *Obliwiec*
Odermünde *Szczecin Skolwin*
Ofen *Pieczyska*
Oliva *Oliwa*
Olmütz *Olomouc*

Pakulent *Pacholęta*
Patzig *Piaski*
Petrikau *Piotrków*
Pflugrade *Redło*
Plathe *Płoty*
Pölitz *Szczecin-Police*
Pollnow *Polanów*
Poppenhagen *Popowo*
Posen *Poznań*
Preußisch Friedland *Debrzno*
Prilipp *Przylep*
Pustamin *Postomino*
Pyritz *Pyrzyce*

Ratzebuhr *Okonek*
Ratzeburg *Racibórz*
Reddentin *Redęcin*

Reetz *Recz*
Regenwalde *Resko*
Roman *Ryman*
Rörchen *Rurka*
Rottnow *Rotnowo*
Rügenwalde *Darłowo*
Ruhnow *Runowo*
Rummelsburg *Miastko*

Saatzig *Szadzko*
Sabow *Zabów*
Schillersdorf *Moczyły*
Schivelbein *Świdwin*
Schlawe *Sławno*
Schlawin *Słowino*
Schlochau *Człuchów*
Schmolsin *Smołdzinow*
Schneidemühl *Piła*
Schönbeck *Dzwonowo*
Schönfließ *Trzcińsko Zdrój*
Seefeld *Grzędzice*
Soldin *Myślibórz*
Sparrenfelde *Skarbimierzyce*
Speck *Mosty*
Stargard *Stargard Szczeciński*
Stettin *Szczecin*
Stolp *Słupsk*
Stolpmünde *Ustka*
Stolzenhagen *Ognica*
Stolzenhagen-Kratzwieck *Szczecin-Glinki*
Storkow *Storkowo*
Stramehl *Strzmiele*
Strohsdorf *Stróżewo*
Swinemünde *Świnoujście*
Sydowsaue *Zydowce*

Techlipp *Ciecholub*
Tempelburg *Czaplinek*
Treptow an der Rega *Trzebiatów*
Tressin *Trzeszyn*
Trieglaff *Trzyglów*

Varzin *Warcino*
Völschendorf *Wołczkowo*

Warp (Neuwarp) *Nowe Warpno*
Warschau *Warszawa*
Wehlau *Snamensk*
Wendisch Pribbernow *Przybiernowo*
Wendisch Weckow *Wiejkowo*
Wendisch Mellen *Mielno*
Werben *Wierzbno*
Wolfshorst *Jedliny*
Wollin *Wolin*
Woltin *Wełtyń*

Zachan *Suchań*
Zanow *Sianów*
Zantoch *Santok*
Zarnglaff *Czarnogłowy*
Zezenow *Cecenowo*
Ziegenhagen *Rybaki*
Zimdarse *Siemidarżno*
Zimmerhausen *Mechowo*
Zoppot *Sopot*
Züllchow *Żelechnowa*

ABBILDUNGSNACHWEIS

Archiv für Kunst und Geschichte, Berlin: 81u., 144, 355, 442, 504, 508, 516li.
Bildarchiv Foto Marburg: 27, 50, 76, 118
Bildarchiv Preußischer Kulturbesitz, Berlin: 209, 248, 278
Dr. Ferdinand von Bismarck-Osten: 148, 204
Ernst-Moritz-Arndt-Universität Greifswald: 291 (Aufnahme Grzegorz Solecki, Zbigniew Ryngwelski)
Ralf Freyer, Freiburg: 24, 33, 81o., 113, 114, 131, 132, 172, 188re., 197, 229, 247, 344, 361, 362, 379, 380, 398, 401, 466, 477, 478, 496
Galerie Brumme, Frankfurt am Main: 134
Landesarchiv Greifswald: 31, 40, 41, 47, 53, 68, 79, 110, 123, 137, 139, 140, 141, 151, 171, 187, 188li., 191, 194, 196, 198, 201, 217, 219, 222, 224, 225, 227, 232, 234, 235, 260, 261, 266, 281, 310, 313, 326, 327, 334, 338, 339, 346, 348, 353, 357, 359, 368, 382, 387, 399, 411li., 415, 419, 426, 429, 459, 498, 499, 501
Nationalmuseum Frederiksborg, Hillerød: 169
Staatsarchiv Stetttin (Archiwum Państwowe w Szczecinec): 516re., 517, 520
Stadtarchiv Stralsund: 55o., 240, 252, 267, 273, 276, 277, 282, 290, 297, 302, 349, 373, 376, 395, 403, 463li.,
Stiftung Pommern, Kiel: 216, 230, 374 (Sammlung Cnotka)
Strähle KG (Abt. Luftbild), Schorndorf: 55u., 483
Ullstein Bilderdienst, Berlin: 411re., 435, 436, 460, 463re., 470, 480, 493, 495, 502

CIP-Titelaufnahme der Deutschen Bibliothek

Deutsche Geschichte im Osten Europas. – Berlin: Siedler.
ISBN 3-88680-200-0

Pommern / Werner Buchholz. –
1. Aufl. – 1999
ISBN 3-88680-272-8
NE: Werner Buchholz

Gestaltung: Brigitte und Hans Peter Willberg, Eppstein
Umschlagphoto: Seebrücke in Ahlbeck auf Usedom
(Ullstein Bilderdienst, Berlin)
Rücken: Detail der Rathausfassade in Szczecin / Stettin
(Vintage, Bonn, Photo Rainer Hackenberg)

Redaktion: Ditta Ahmadi, Berlin
Layout: Iga Bielejec, Mainz
Satz und Zeichnungen: Ditta Ahmadi, Berlin
Reproduktionen: Haußmann Reprotechnik, Darmstadt
Druck: ARA Druck, Stuttgart
Buchbinder: Lüderitz & Bauer, Berlin
Printed in Germany 1999
ISBN 3-88680-272-8